Tilmann Köppe/Simone Winko

Neuere Literaturtheorien

Eine Einführung

Verlag J. B. Metzler Stuttgart · Weimar

Autoren:

Tilmann Köppe ist Junior Fellow an der School of Language and Literature des Freiburg Institute for Advanced Studies (FRIAS).

Simone Winko ist Professorin für Neuere deutsche Literatur (Schwerpunkt Literaturtheorie) an der Universität Göttingen.

Bibliografische Information der Deutschen Nationalbibliothek
Die Deutsche Nationalbibliothek verzeichnet diese Publikation in der Deutschen Nationalbibliografie; detaillierte bibliografische Daten sind im Internet über <http://dnb.d-nb.de> abrufbar.

Gedruckt auf chlorfrei gebleichtem, säurefreiem und alterungsbeständigem Papier.

ISBN 978-3-476-02059-8

Dieses Werk einschließlich aller seiner Teile ist urheberrechtlich geschützt. Jede Verwertung außerhalb der engen Grenzen des Urheberrechtsgesetzes ist ohne Zustimmung des Verlages unzulässig und strafbar. Das gilt insbesondere für Vervielfältigungen, Übersetzungen, Mikroverfilmungen und die Einspeicherung und Verarbeitung in elektronischen Systemen.

© 2008 J. B. Metzler'sche Verlagsbuchhandlung
und Carl Ernst Poeschel Verlag GmbH in Stuttgart
www.metzlerverlag.de
info@metzlerverlag.de
Umschlaggestaltung: Ingrid Gnoth | www.gd90.de
Satz: Marianne Wagner
Druck und Bindung: CPI – Ebner & Spiegel GmbH, Ulm
Printed in Germany
November 2008

Verlag J. B. Metzler Stuttgart · Weimar

Vorwort

Dieses Buch ist der Versuch, Studierenden und Lehrenden auf dem unübersichtlichen Feld moderner Literaturtheorien eine klare Orientierung zu bieten. Es ist aus verschiedenen literaturtheoretischen Seminaren hervorgegangen und richtet sich nach den Bedürfnissen, die Teilnehmerinnen und Teilnehmer dieser Seminare formuliert haben: Es will einen strukturierten und umfassenden Überblick über aktuelle Literaturtheorien und Interpretationsmethoden geben, Kriterien formulieren, mit denen die Ansätze voneinander unterschieden werden können, und den Blick für die theoretischen Voraussetzungen von Interpretationen schärfen. Besonderen Wert legen wir in der Darstellung der unterschiedlichen Theorien auf Vergleichbarkeit.

Eine weniger ausführliche Version einiger Kapitel ist erschienen in: Thomas Anz (Hg.): Handbuch Literaturwissenschaft. Bd. 2: Theorien und Methoden. Stuttgart/Weimar: Metzler 2007, 285-372. Für den vorliegenden Band wurden diese Kapitel überarbeitet, erweitert und um die Analyse exemplarischer Interpretationen ergänzt.

Bei den Mitarbeiterinnen und Mitarbeitern der Göttinger »Arbeitsstelle für Theorie der Literatur« bedanken wir uns für ihre Ideen in der Planungsphase dieses Bandes. Unser besonderer Dank gilt Fotis Jannidis, Tom Kindt, Jan Borkowski, Dorothee Birke und der Lektorin Ute Hechtfischer: Sie haben verschiedene Manuskriptversionen gelesen, auf ihre Praxistauglichkeit überprüft und, natürlich, kritisiert.

Göttingen und Freiburg, im August 2008

Inhalt

Vorwort V

1. Einleitung: Von der Unmöglichkeit, theoriefrei Literatur zu lesen, und der Notwendigkeit, sich literaturtheoretisch zu bilden 1
2. Was heißt ›Literaturtheorie‹? 6
3. Vorläufer 19
   3.1 Einführung 19
   3.2 Hermeneutik 20
   3.3 Formalismus und früher Strukturalismus 30
   3.4 Werkimmanenz und *New Criticism* 39
4. Strukturalismus 47
5. Psychoanalytische Literaturwissenschaft 64
   5.1 Das psychoanalytische Modell Sigmund Freuds 64
   5.2 Die strukturale Psychoanalyse Jacques Lacans 76
6. Rezeptionsästhetik 85
7. Poststrukturalismus 97
   7.1 Was ist Poststrukturalismus? 97
   7.2 Diskursanalyse 98
   7.3 Dekonstruktion 113
   7.4 Intertextualitätstheorien 127
8. Hermeneutischer Intentionalismus (Neohermeneutik) 133
9. Gesellschaftswissenschaftliche Literaturtheorien 149
   9.1 Begriffsklärungen 149
   9.2 Marxismus und Ideologiekritik 150
   9.3 Sozialgeschichte der Literatur 163
   9.4 Systemtheorie der Literatur 175
   9.5 Bourdieus Theorie des literarischen Feldes 189

10. Feministische Literaturwissenschaft und *Gender Studies* 201

11. Kulturwissenschaftliche Ansätze 217
    11.1   Begriffsklärungen 217
    11.2   *New Historicism* 221
    11.3   Kulturwissenschaftlich orientierte Literaturwissenschaft 234

12. Medienwissenschaftliche Ansätze 255

13. Analytische Literaturtheorie 275

14. Empirische und kognitionswissenschaftliche Ansätze 293
    14.1   Empirische Literaturwissenschaft 293
    14.2   *Cognitive Poetics* 300

15. Anthropologie der Literatur 313

Personenregister 322

1. Einleitung: Von der Unmöglichkeit, theoriefrei Literatur zu lesen, und der Notwendigkeit, sich literaturtheoretisch zu bilden

Die Beschäftigung mit Literaturtheorie gilt als schwirig, und die Vielzahl der vertretenen Ansätze scheint kaum überschaubar zu sein, nicht allein für die Studierenden der ersten Semester. Während die Bezeichnungen ›Sozialgeschichte‹ und ›Gender Studies‹ zumindest nahelegen, welche Fragestellungen im Rahmen der Ansätze verfolgt werden, ist das für andere Richtungen nicht der Fall. Was ist unter ›New Historicism‹ zu verstehen, was unter ›Dekonstruktion‹? Ist Literaturwissenschaft eine Medien- oder eine Kulturwissenschaft oder beides? Wie verhalten sich die offenbar ähnlich gebrauchten Begriffe ›Interpretation‹ und ›Lektüre‹ zueinander, wenn mit letzterem offenbar mehr als ›Lesen‹ gemeint ist? Was heißt ›soziale Energie‹, was ›Textbegehren‹, was ›Unbestimmtheitsstelle‹ – Begriffe, die ab und zu in Interpretationen literarischer Texte zu finden sind? Lassen sich eine diskursanalytische und eine psychoanalytische Verfahrensweise im Umgang mit Literatur vereinbaren? Angesichts dieser unübersichtlichen Situation ist der Impuls verständlich, sich mit dem terminologischen Wirrwarr gar nicht erst zu befassen, sondern sich einfach auf die literarischen Texte zu konzentrieren und sie ohne theoretisches Instrumentarium aus sich selbst bzw. aus ihrer historischen Situation herauszulesen oder zu deuten.

Diese Hoffnung ist allerdings trügerisch: **Keine Leserin und kein Leser kann ›theoriefrei‹ Literatur lesen**, geschweige denn interpretieren. Auch wer den Eindruck hat, sich ganz ohne Voraussetzungen auf einen Text einzulassen, bringt tatsächlich zumindest sog. ›Subjektive Theorien‹ in Anschlag, die die Wahrnehmung und das Verständnis des Textes leiten. **Subjektive Theorie** ist ein Fachbegriff, mit dem komplexe Zusammenhänge von Konzepten gemeint sind, die durch mindestens implizite argumentative Strukturen miteinander verbunden sind und mit deren Hilfe Menschen unter anderem Dinge bzw. Sachverhalte erklären oder prognostizieren (vgl. Groeben 1988, 18f.). Für den Einzelnen erfüllen sie damit dieselben Funktionen wie die wissenschaftlichen Theorien für die Gemeinschaft der Wissenschaftler, und man kann die Subjektiven Theorien verschiedener Personen explizit formulieren, vergleichen und beurteilen (vgl. ebd., 22). Es ist anzunehmen, dass solche Theorien viele, wenn nicht gar alle Aspekte des Textverstehens betreffen. Die Deutung der fiktiven Welt dürften sie (etwa in Form alltagspsychologischer Erklärungen für die Handlungsweise von Figuren) ebenso prägen wie die Auffassung von der angemessenen Haltung, die dem Gelesenen gegenüber einzunehmen sei, etwa die Einstellung, dass man Informationen, die in fiktionalen Texten wie Romanen mitgeteilt werden, nicht ohne Weiteres glauben sollte. Was für das Lesen und Verstehen literarischer Texte gilt, trifft auf das Interpretieren in mindestens demselben Maß zu. Auch die von vielen Studierenden für selbstverständlich und damit für voraussetzungslos gehaltene Vorgehensweise, einen Text nach ›seiner Bedeutung‹ zu befragen und dabei möglichst viele seiner Elemente zu berücksichtigen, ist von Vorannahmen bestimmt, und die inzwischen meist mit schlechtem Gewissen vollzogene, aber offenbar ungebrochen attraktive Praxis, biographische Informationen zum Autor in eine Interpretation einzubeziehen, ist es nicht minder.

Subjektive Theorien werden, gerade wenn sie als ›evident‹ empfunden werden, oft nicht als solche erkannt. Dies ändert sich, wenn sie explizit formuliert und als ›Literaturtheorie‹ wahrgenommen werden. Vergleicht man die Vorannahmen von Lesern mit den Annahmen etablierter Literaturtheorien, so werden viele Berührungspunkte deutlich: Eine oft unreflektierte, um ›Verstehen‹ in einem Alltagssinne bemühte Variante hermeneutischer Verfahren dürfte am häufigsten vertreten sein, sozialgeschichtliche, feministische oder *gender*theoretische sowie auch psychologische Annahmen kommen ebenfalls oft zum Einsatz. Schon dies sollte Grund genug für Studierende der Literaturwissenschaft sein, sich mit jenen etablierten Ansätzen zu befassen, die die lebensweltlich gewonnenen Intuitionen/Evidenzen theoretisch fundiert haben. **Eine Beschäftigung mit diesen Theorien** erfüllt **mehrere Ziele:**

- Sie hilft, implizite theoretische Vorannahmen bewusst zu machen, die den eigenen interpretierenden Umgang mit literarischen Texten leiten. (Dabei kann es sich erweisen, dass die intuitiven Vorannahmen durchaus angemessen waren.)
- Sie zeigt neue bzw. alternative Perspektiven auf literarische Texte und hilft dabei, den Gegenstand in seiner Komplexität zu begreifen.
- Sie ermöglicht eine Einsicht in die unvermeidliche Komplexität des Faches und kann helfen, den anfänglichen Eindruck von dessen Unüberschaubarkeit zu revidieren. Zwar wird die Beschäftigung mit Literaturtheorien kein homogenes Bild der Literaturwissenschaft entstehen lassen, jedoch zeigt sie, dass die Vielfalt doch nicht ganz so groß ist, wie es auf den ersten Blick scheinen mag, und dass man sich durchaus einen Überblick über die Ansätze verschaffen kann.
- Sie vermittelt eine in der literaturwissenschaftlichen Praxis unumgängliche Orientierungskompetenz: Die im Folgenden dargestellten Theorien finden sich selten in Reinform. Vielmehr prägen sie mehr oder minder nachdrücklich vorliegende Interpretationen oder Lektüren literarischer Texte. Nicht immer ist es möglich, einer vorliegenden Interpretation eine grundlegende Literaturtheorie zuzuordnen, da Interpreten des Öfteren Versatzstücke aus verschiedenen Theorien kombinieren, ohne dies zu thematisieren. Diese Umsetzungen oder Anleihen erkennen zu können, gehört zur disziplinären Kompetenz von Literaturwissenschaftlern.

Dass das Bedürfnis der Studierenden nach Orientierung groß ist, belegt die Tatsache, dass es Einführungen in Theorien und Methoden der Literaturwissenschaft und Überblicke über vorliegende Ansätze in großer Zahl gibt. Solche Einführungen und Überblicke erscheinen in Form von Aufsatzsammlungen und Monographien einzelner oder mehrerer Autoren nach einer Blütezeit in den 1970er Jahren (z.B. Maren-Griesebach 1970; Hauff u.a. 1971) verstärkt seit der Jahrtausendwende (z.B. Culler 2002; Geisenhanslüke 2003; Jahraus 2004; Sexl 2004). Warum erscheint nun ein weiteres Werk dieses Typs? Vor allem in drei Hinsichten setzt unser Lehrbuch andere Akzente als die vorliegenden Darstellungen:

- Das Spektrum der dargestellten neueren Literaturtheorien ist breiter.
- Angestrebt sind möglichst einfache und klare Reformulierungen der Theorien mit dem Ziel der besseren Vermittelbarkeit.
- Es wird besonderer Wert auf die Vergleichbarkeit der Theorien gelegt.

Theorienspektrum: Die Fülle der vorhandenen literaturtheoretischen Ansätze macht eine Auswahl unumgänglich. Wichtigstes Kriterium der Auswahl ist die Aktualität der Theorien: In eigenen Kapiteln werden in erster Linie die **neueren Literaturtheorien seit den 1980er Jahren** dargestellt, die heute noch vertreten werden oder die heute aktuelle Theorien maßgeblich als Bezugspunkte für Weiterentwicklungen oder für kritische Angrenzungen und Gegenentwürfe beeinflusst haben. Wichtige Vorläufertheorien werden in einem vorangestellten Kapitel (s. Kap. 3) umrissen. Zum anderen werden dezidiert auch solche Ansätze einbezogen, die in anderen Überblicksdarstellungen nicht zu finden sind, so die Analytische Literaturtheorie (s. Kap. 13) und die erst in den letzten Jahren ausgearbeiteten *Cognitive Poetics* (s. Kap. 14.2). Innerhalb der Kapitel konzentriert sich die Darstellung auf typische Vertreter einer Theorie. Diese Beschränkung stellt immer dann ein Problem dar, wenn Varianten in Auseinandersetzung mit den typischen Vertretern der eigenen Richtung gebildet und diesen entgegengesetzt worden sind. In einigen solcher Fälle – etwa der Hermeneutik, der Psychoanalyse und der Diskursanalyse – werden Spielarten etwas ausführlicher behandelt.

Vermittelbarkeit: Es wird versucht, die Theorien möglichst verständlich und voraussetzungsarm darzustellen, ohne den Sprechgestus der referierten Texte wiederzugeben. Mit dieser Konzentration auf das ›Was‹ des Gesagten zu Ungunsten des ›Wie‹ und mit dem weitgehenden Verzicht auf die Formeln, die sich in den Theorien selbst finden, widerspricht unsere Darstellung in einigen Fällen dem Anspruch der behandelten Theoretiker bzw. bleibt hinter der Komplexität und Bedeutungsvielfalt des Gesagten zurück. Da zudem der Rahmen eines Lehrbuchs keine sehr ausführliche Darstellung erlaubt, vielmehr jede Theorie nur selektiv erläutert werden kann, lassen sich Reduktionen nicht vermeiden. Den Leserinnen und Lesern sei daher empfohlen, sich mit den Primärtexten der Theorien genauer zu beschäftigen.

Vergleichbarkeit: Im Unterschied zu anderen einführenden literaturtheoretischen Überblicksbänden legt unsere Darstellung besonderen Wert auf die Vergleichbarkeit der Ansätze. Dieses Ziel antwortet auf den Eindruck, dass die Vielzahl vorliegender Theorien nur schwer überschaubar ist, und führt zu einer **besonderen Anlage des Bandes:** Alle Kapitel sind nach einem bestimmten Muster aufgebaut, das es ermöglicht, gezielt nach bestimmten Themen oder Begriffen zu suchen, die alle behandelten Theorien verwenden, aber unterschiedlich bestimmen. Die Kapitel (mit Ausnahme des Vorläufer- und des letzten Kapitels) sind in fünf Abschnitte untergliedert:

1. **Einleitende Kurzcharakteristik:** Im ersten Abschnitt wird ein besonders prägnantes Merkmal der behandelten Theorie genannt, sie wird zu vorausgehenden oder zeitgleich vertretenen Theorien in Beziehung gesetzt, und es werden ihre Entstehung und gegebenenfalls ihre Varianten benannt.
2. **Bezugstheorien und Rahmenannahmen:** Die in aller Regel aus anderen Disziplinen stammenden Theorien oder – schwächer – theoretischen Annahmen, auf die sich die behandelte Literaturtheorie bezieht, sowie die Terminologie, die sie übernimmt, werden hier dargestellt.
3. **Grundbegriffe:** Jede Literaturtheorie setzt Begriffe wie ›Literatur‹, ›Autor‹, ›Text‹, ›Leser‹, ›Kontext‹, ›Sinn‹ bzw. ›Bedeutung‹ oder ›Interpretation‹ ein, bestimmt sie allerdings oft auf eigene Weise. Die jeweils spezifischen Verwendungsweisen dieser literaturwissenschaftlichen Grundbegriffe werden im dritten Abschnitt erläutert.
4. **Methode der Textinterpretation:** In den meisten Literaturtheorien werden Vor-

stellungen entwickelt oder Vorgaben gemacht, auf welche Weise angemessen mit literarischen Texten umzugehen sei. In ihren Überlegungen zur Methode der Textinterpretation oder einem analogen Verfahren weichen die behandelten Ansätze ebenfalls voneinander ab.
5. **Beispielinterpretation:** Um vorzuführen, wie die Interpretationsmethoden in der Praxis auf literarische Texte angewendet werden, wird jeweils eine typische Beispielinterpretation analysiert. Sie soll den konkreten Umgang mit Literatur aus der Sicht und unter den Voraussetzungen der behandelten Theorie illustrieren. Gewählt wurden viel zitierte und/oder besonders prägnante Beispiele aus der literaturwissenschaftlichen Praxis, nur in Ausnahmefällen handelt es sich um Interpretationen aus Sammelbänden, in denen zu demonstrativen Zwecken verschiedene Methoden auf einen literarischen Text angewendet werden.
6. **Verwendete und empfohlene Literatur:** Da die Darstellung der Theorien nur knapp ausfallen kann, werden abschließend Literaturhinweise gegeben, mit deren Hilfe sich Interessierte tiefer in die jeweilige Theorie einarbeiten können.

Dieser Kapitelaufbau wird nur dann nicht befolgt, wenn die behandelte Theorie eine entsprechende Kategorie nicht aufweist. Das Schema hat den Vorteil, dass sich die Kapitel nicht nur in ihrem Zusammenhang linear lesen lassen. Vielmehr kann auch auf der Ebene der Abschnitte ›quergelesen‹ werden, etwa unter der Fragestellung, wie in den verschiedenen Theorien der Literaturbegriff bestimmt oder welche Methode der Textinterpretation als angemessen betrachtet wird. An einzelnen Stellen wird der Darstellungszusammenhang durch vom Haupttext abgesetzte Abschnitte unterbrochen, in denen besonders wichtige Begriffe oder Thesen genauer erläutert oder Kritik thematisiert wird. Insbesondere kritische Exkurse wurden nur selektiv und exemplarisch aufgenommen: Sie sollen die in der Forschung vorgetragene Kritik zumindest in Ansätzen abbilden und zudem vor allem zur vertieften Auseinandersetzung mit den jeweiligen Thesen und Argumenten anregen. (Umgekehrt bedeutet das Fehlen eines solchen Exkurses natürlich nicht, dass eine kritische Auseinandersetzung mit den jeweiligen Inhalten nicht lohnend wäre.)

Im folgenden Kapitel sind zunächst die wichtigsten Begriffe zu klären, die unsere Darstellung der verschiedenen Literaturtheorien organisieren.

Literatur

Culler, Jonathan: *Literaturtheorie. Eine kurze Einführung.* Stuttgart 2002 (am. 1997).
Geisenhanslüke, Achim: *Einführung in die Literaturtheorie. Von der Hermeneutik zur Medienwissenschaft.* Darmstadt 2003.
Groeben, Norbert: Explikation des Konstrukts ›Subjektive Theorie‹. In: N.G./Diethelm Wahl/Jörg Schlee/Brigitte Scheele: *Das Forschungsprogramm Subjektive Theorien. Eine Einführung in die Psychologie des reflexiven Subjekts.* Tübingen 1988, 17-24.
Hauff, Jürgen/Albrecht Heller/Bernd Hüppauf/Lothar Köhn/Klaus-Peter Philippi: *Methodendiskussion. Arbeitsbuch zur Literaturwissenschaft.* 2 Bde. Frankfurt a.M. 1971.
Jahraus, Oliver: *Literaturtheorie. Theoretische und methodische Grundlagen der Literaturwissenschaft.* Tübingen u.a. 2004.

Maren-Grisebach, Manon: *Methoden der Literaturwissenschaft*. Bern/München 1970.
Sexl, Martin (Hg.): *Einführung in die Literaturtheorie*. Wien 2004.

2. Was heißt ›Literaturtheorie‹?

2.1 Zum Begriff ›Literaturtheorie‹

Seit seinem ersten Auftreten im Russischen Formalismus wird der Begriff ›Literaturtheorie‹ in der Literaturwissenschaft sehr unterschiedlich verwendet. Ziel dieses Kapitels ist es zu erläutern, wie der für dieses Lehrbuch zentrale Begriff im Folgenden eingesetzt wird.

In der Literaturwissenschaft kommt der Begriff ›**Literaturtheorie**‹ im Singular und im Plural vor und kann in diesen beiden Formen jeweils Unterschiedliches bezeichnen (vgl. Lamping 1996, 7f.). Mit dem Begriff ›Literaturtheorie‹ wird ein **Teilbereich der Literaturwissenschaft** neben anderen Bereichen wie Literaturgeschichte oder Editionsphilologie benannt. Die Literaturtheorie als disziplinärer Teilbereich befasst sich mit Grundlagenproblemen der Theoriebildung und Methodologie in der Literaturwissenschaft sowie mit **den verschiedenen gegenstandsbezogenen Theorien**, die über die Bedingungen der Produktion und Rezeption von Literatur sowie über ihre Beschaffenheit und ihre Funktionen aufgestellt worden sind. Diese werden meistens ›Literaturtheorien‹ genannt. ›Literaturtheorie‹ (im Singular) bezeichnet also einen Bereich übergeordneter, metareflexiver Tätigkeit, in dem unter anderem die verschiedenen Literaturtheorien (im Plural) untersucht werden. Da ein einzelnes Exemplar dieser Literaturtheorien ebenfalls ›Literaturtheorie‹ genannt wird, ist eine klare Unterscheidung beider Gegenstandsbereiche allein über die Wortform allerdings unmöglich. Dennoch ist es wichtig, den sachlichen Unterschied festzuhalten; dies nicht zuletzt deshalb, weil die eingangs behauptete Uneinheitlichkeit in der Verwendung des Begriffs ›Literaturtheorie‹ nur in Bezug auf die Einzeltheorien zum Tragen kommt: Während über die Verwendung von ›Literaturtheorie‹ als Bezeichnung für den disziplinären Arbeitsbereich weitgehend Konsens herrscht, weichen die Auffassungen des Begriffs als Bezeichnung für einzelne Theorien oder auch ›literaturtheoretische Ansätze‹ deutlich voneinander ab, und zwar (1) hinsichtlich des Begriffsumfangs und (2) – damit zusammenhängend – in Hinsicht auf den wissenschaftlichen Status der unter ihn fallenden Theorien:

1. Begriffsumfang: Literaturwissenschaftler sind unterschiedlicher Auffassung darüber, was alles unter den Begriff ›Literaturtheorie‹ fällt. Gesprochen wird z.B. (a) von der Literaturtheorie eines Autors, wenn seine Äußerungen gemeint sind, mit denen er Wesen und Bedingungen von Literatur reflektiert; (b) von der vorherrschenden Literaturtheorie einer Epoche, wenn man sich auf die Auffassungen von der Beschaffenheit und den Funktionen von Literatur bezieht, die zu einer bestimmten Zeit dominiert haben; und (c) beispielsweise von der marxistischen oder diskursanalytischen Literaturtheorie, wenn man den Komplex der Äußerungen bezeichnen will, die im institutionellen Rahmen des Marxismus und der Diskurstheorie über Literatur getätigt worden sind. Sollen diese *unterschiedlichen* Größen unter den Begriff ›Literaturtheorie‹

gefasst werden, dann wird der Begriff recht weit verwendet; in einem engeren Sinne handelt es sich nur bei den unter (c) genannten Einheiten um Theorien.

2. Wissenschaftlicher Status: Damit zusammenhängend weichen die Ansprüche, mit denen der Begriff verwendet wird, voneinander ab: Die Bedingungen, unter denen von einer ›Theorie‹ gesprochen werden kann, hängen davon ab, ob man den Begriff ›Literaturtheorie‹ im unverbindlicheren Sinne von (a) bis (c) oder nur im engeren Sinne von (c) gebraucht. Dass die durchaus reflektierten Äußerungen zur Funktion von Literatur, die beispielsweise von Autoren wie Lessing oder Schiller überliefert sind, als wissenschaftliche Aussagen gelten können, lässt sich mit guten Gründen bezweifeln (s.u.).

Mit dem letzten Punkt ist eine umstrittene Frage angesprochen: In welchem Sinne können theoretische Äußerungen in der Literaturwissenschaft überhaupt den Status von Theorien beanspruchen? ›Theorie‹ wird hier als ein normativer (restriktiver) Begriff verstanden; um den Status einer Theorie zu erlangen, muss ein System von Aussagen bestimmte Bedingungen erfüllen, die über die Behandlung eines einheitlichen Themas hinausgehen. Wissenschaftstheoretisch betrachtet, erfüllen Literaturtheorien nicht alle Forderungen, die an Theorien im naturwissenschaftlichen Sinne zu stellen sind. In den 1970er Jahren wurde der Literaturwissenschaft unter anderem aus diesem Grund attestiert, sie befinde sich (noch) in einer »vortheoretischen Phase« (Finke 1976, 39; ähnlich Pasternack 1975). Die Tatsache, dass Literaturtheorien nicht in einem strengen Sinne als Theorien gelten, kann mindestens drei Reaktionen auslösen – und hat sie auch ausgelöst:

- **Option 1: Forderung nach Verwissenschaftlichung:** In den 1970er Jahren wird eine »Theoretisierung der Literaturwissenschaft« gefordert (Pasternack 1975, 40), die über das übliche Adaptieren von Theoremen aus anderen Disziplinen hinausgehen soll. Im Einzelnen werden dabei unterschiedliche Wege eingeschlagen. Eine prominente Richtung orientiert sich an wissenschaftstheoretischen Forderungen, die in der Anlehnung an die Naturwissenschaften formuliert werden (vgl. Göttner/Jacobs 1978, Kap. 2). Im Anschluss an Thomas S. Kuhn und Joseph D. Sneed etwa werden die Kriterien der Explizität, der Präzision und der Nachprüfbarkeit aller Behauptungen auf Literaturtheorien übertragen (vgl. ebd., 8). Dabei wird allerdings nicht nur die Nachprüfbarkeit – als Kriterium, das eine empirische Theorie erfordert –, sondern auch das an quantitativen Sprachen ausgerichtete und z.B. mit formallogischen Mitteln einlösbare Konzept der Präzision als problematisch erkannt (vgl. ebd., 58f.). Eine zweite Richtung misst der disziplinären Abhängigkeit von Kriterien für ›Wissenschaftlichkeit‹ größeres Gewicht bei (vgl. Schmidt 1972, 59; Pasternack 1975, 40f.). Auch hier bleibt jedoch ungeklärt, wie die Forderung nach Überprüfbarkeit eingelöst werden soll; denn auch die zweite Richtung zielt auf einen empirisch-theoretischen Wissenschaftsbegriff (vgl. ebd., 40, 173). Es scheint nur konsequent, dass sich unter anderem als Folge dieser Debatte die Empirische Literaturwissenschaft herausbildet und unter dem Postulat eines strengen Wissenschaftsbegriffs neue Ziele mit neuen, eben empirischen Methoden verfolgt (s. Kap. 14.1).
- **Option 2: Ablehnung einer Verwissenschaftlichung:** Eine zweite Möglichkeit besteht in der Zurückweisung entsprechender Verwissenschaftlichungsbestrebungen. Vertreter dieser Option sprechen konsequenterweise nicht mehr von ›Theorien‹ und

›Methoden‹, sondern in einem unverbindlicheren Sinne von »Positionen« (Wellbery 1985) oder »Modellen«, um auch Ansätze einbeziehen zu können, die sich den engen wissenschaftstheoretischen Vorgaben programmatisch verweigern und die dezidiert keine Methode bereitstellen wollen (ebd., 10).
- **Option 3: Einbeziehen fachspezifischer Standards:** Als dritter Weg bleibt die Möglichkeit, wissenschaftstheoretische Standards heranzuziehen, die den Fragestellungen und Fachtraditionen der Geisteswissenschaften angemessen sind (s. auch Kap. 13.2).

Das in der dritten Option genannte Theorieverständnis liegt auch diesem Band zugrunde und soll daher nachstehend in drei Hinsichten näher erläutert werden: (1) Es stellt bestimmte Anforderungen an ›Theorien‹ genannte Überlegungen. Darüber hinaus gestattet das gewählte Theorieverständnis (2) eine Abgrenzung von anderen Typen literaturbezogener Reflexionen, die diese Anforderungen nicht erfüllen. Und (3) erfordert es eine Entscheidung darüber, in welcher Weise auch solche Ansätze in unsere Darstellung einbezogen werden können, die einen anderen Theoriebegriff vertreten.

1. Anforderungen: Welche Minimalbedingungen müssen Überlegungen zum Gegenstand Literatur erfüllen, um als ›Literaturtheorie‹ gelten zu können? Wir schlagen folgende Bedingungen vor:
- **Abstraktion:** Literaturtheorien sind nicht mit der Beschreibung, Auslegung oder Kommentierung einzelner literarischer Texte befasst, sondern bestimmen vielmehr die Begriffe, Modelle und Methoden, die eine Auseinandersetzung mit Einzeltexten leiten (vgl. Spree 1995, 30-32). In dieser Hinsicht sind literaturtheoretische Aussagen allgemeiner oder abstrakter als beispielsweise interpretatorische Aussagen; ihr Anspruch ist es, auf mehrere, eventuell sogar alle Einzelphänomene eines bestimmten Typs zuzutreffen bzw. ein Modell der Phänomene bereitzustellen. Ein Kommunikationsmodell, das eine Interaktion zwischen Autor, literarischem Text und Leser entwirft, ist ein Beispiel für eine solche Darstellung.
- **Funktionen/Leistungen:** Literaturtheoretische Äußerungen dienen der Zusammenfassung, Koordination, Erklärung und Voraussage allgemeiner literarischer Phänomene (vgl. Speck 1980, 636). Die Leistungen der Zusammenfassung und Koordination ergeben sich zum Teil schon aus dem Abstraktionsgrad literaturtheoretischer Äußerungen; eine allgemeine theoretische Äußerung koordiniert alle Einzelphänomene, auf die sie zutrifft. Die erklärende Kraft literaturtheoretischer Äußerungen kann beispielsweise im Aufzeigen gesetz- oder regelmäßiger Zusammenhänge, in Kausalerklärungen oder der übersichtlichen Darstellung eines Gegenstandsbereichs liegen. Voraussagen lassen sich auf der Basis einer Literaturtheorie beispielsweise insofern treffen, als eine bestimmte Definition des Literaturbegriffs erwarten lässt, dass einzelne literarische Texte die in der Definition genannten Merkmale aufweisen.
- **Systematizität:** Um die Leistungen der Zusammenfassung, Koordination, Erklärung und Voraussage erbringen zu können, müssen Literaturtheorien einen systematischen Aufbau haben: Ihre Aussagen müssen folgerichtig aufeinander bezogen sein, was im Einzelnen bedeutet, dass sie z.B. in argumentativen oder explikativen Beziehungen zueinander stehen. Das schließt nicht aus, dass Theorien auch über

nicht näher begründete oder explizierte Annahmen verfügen: Es handelt sich dabei um sogenannte Axiome, die die ›Basis‹ der Theorie bilden und in deren Rahmen vorausgesetzt werden. Ein Axiom des Strukturalismus etwa lautet ›Bedeutung erhält ein Zeichen allein durch seinen Unterschied zu den anderen Zeichen des Systems‹. Auf diese Annahme berufen sich z.B. methodische Vorgaben der Analyse literarischer Texte. Solche Axiome einer Literaturtheorie müssen sich, wie das Beispiel zeigt, nicht immer auf spezifisch Literarisches beziehen; vielmehr werden diese Annahmen oft aus anderen Disziplinen ›importiert‹ (s. Kap. 2.2), im Fall des Strukturalismus etwa aus der Linguistik.

- **Explizitheit:** Die wichtigsten Begriffe einer Theorie sollten im Rahmen der Theorie expliziert sein, oder die Explikation muss aus der Theorie mit hinreichender Deutlichkeit hervorgehen (vgl. Pawłowski 1980, 52f.). Nur auf der Basis hinreichend klar explizierter (oder explizierbarer) Begriffe lässt sich der Gehalt zusammenfassender, koordinierender, erklärender oder voraussagender Äußerungen bestimmen und verstehen.

2. Abgrenzungen: Aus den Bedingungen, die unter (1) genannt worden sind, ergibt sich, dass nicht jede Reflexion eines Autors oder Wissenschaftlers über Literatur und nicht jedes umfangreichere Werk über Wesen, Formen und Regeln der Literatur allein aufgrund seines Gegenstands oder Umfangs als Literaturtheorie gelten kann. In unserem Untersuchungszeitraum erfüllen viele der Vorschläge, Literatur und ihre Kontexte zu modellieren, die im akademischen Zusammenhang entstanden sind, diese Bedingungen, nur selten aber die poetologischen Überlegungen einzelner Autoren. Literaturtheorien im hier erläuterten Sinne sind daher abzugrenzen von Poetiken bzw. Poetologien und von Ästhetiken.

- Unter ›**Ästhetiken**‹ sind systematische Überlegungen zu allen Aspekten der Kunst zu verstehen. Sie haben eine lange, bis in die Antike zurückreichende Geschichte und einen weiteren Gegenstandsbereich als die Literaturtheorie, ihr wichtigster disziplinärer Ort ist die Philosophie. Der Begriff leitet sich von griechisch *aisthesis* her, was ›Wahrnehmung‹ bedeutet; dies legt nahe, dass in der Ästhetik vor allem Aspekte der Rezeption von Kunstwerken theoretisch behandelt werden. Da jedoch auch Probleme der Produktion und Struktur von Kunst Gegenstand vieler Ästhetiken sind, ist in jüngerer Zeit vermehrt vorgeschlagen worden, den Ausdruck ›Ästhetik‹ durch das allgemeinere ›Kunstphilosophie‹ zu ersetzen, um die Vielfalt der behandelten Fragestellungen hervorzuheben (vgl. Carroll 2001, 20-41). Literaturtheorien können Annahmen aus Ästhetiken übernehmen, insofern diese literarische Sachverhalte betreffen oder sich auf diese beziehen lassen.

- **Poetiken:** Der Ausdruck ›Poetik‹ wird in der literaturwissenschaftlichen Praxis besonders uneinheitlich verwendet (eine klare Differenzierung findet sich bei Fricke 2003). Allgemein versteht man unter ›Poetik‹ die »Reflexion auf Prinzipien des dichterischen Schreibens« (ebd., 100), als Tätigkeit und als ihre Manifestation im Text. Poetiken kommen in Form von Abhandlungen oder auch in literarischer Form – hier explizit oder implizit – vor und können normativ oder deskriptiv auftreten. **Deskriptive Poetiken** enthalten z.B. Aussagen darüber, was Literatur ist, welche Gattungen und Formen zur Literatur gehören und welche Funktionen Literatur erfüllt. **Normative Poetiken** geben – gegebenenfalls zudem – Anleitungen oder Regeln vor, nach denen Literatur zu verfassen ist bzw. literarische Texte qualitativ bemessen werden können. Poetiken treten mit einem unterschiedlich weiten Geltungsanspruch auf: Es gibt Autorpoetiken, für Epochen typische Poetiken oder solche mit Anspruch auf universale Geltung.

Die zunehmende Praxis, ›Poetik‹ mit ›Literaturtheorie‹ gleichzusetzen, verwischt zumindest den Unterschied im Fokus: Der Schwerpunkt des Interesses von Poetiken liegt traditionellerweise auf der **Reflexion der Machart literarischer Texte** oder der »Selbstreflexion der Schreibenden« (Jung 1997, 8), während Literaturtheorien weitere Zusammenhänge behandeln. Poetiken können allerdings Elemente von Literaturtheorien sein und dort zu den gegenstandsspezifischen Annahmen bzw. der Interpretationskonzeption zählen (s. Kap. 2.2 und Abb., S. 11)

- **Poetologien:** Zu dem vor allem seit den 1980er Jahren im deutschsprachigen Raum geradezu inflationär verwendeten Begriff ›Poetologie‹ gibt es bislang keine kodifizierte Bedeutung, d.h. keinen eigenen Eintrag in einem Fachlexikon (dazu Barner 2005, 390f.). Wenn auch seine Verwendung uneinheitlich ist, scheint er doch überwiegend als **Synonym für ›Poetik‹** eingesetzt zu werden und unterscheidet sich – wegen der Komponente ›-logie‹ – von diesem Begriff allenfalls durch stärkere Konnotationen von ›Wissenschaftlichkeit‹. Was für den Begriff ›Poetik‹ und seinen Unterschied zur Literaturtheorie gesagt wurde, gilt daher auch für ›Poetologie‹.

3. Rekonstruktionen: Was aber ist mit den im akademischen Kontext entstandenen literaturtheoretischen Ansätzen, die der hier zugrunde gelegten Auffassung von Theorie nicht zustimmen? Diese Frage betrifft beispielsweise – aus im Einzelnen recht unterschiedlichen Gründen – die Hermeneutik Gadamers (s. Kap. 3.2), die Empirische Literaturwissenschaft (s. Kap. 14.1) oder Niklas Luhmanns Systemtheorie (s. Kap. 9.4). Besonders deutlich ist die Ablehnung des Theoriekonzepts in verschiedenen poststrukturalistischen Ansätzen (s. Kap. 7): Sie lehnen auf der Basis einer allgemeinen Wissenschaftskritik unter anderem die Forderungen nach klar bestimmten Grundbegriffen, einem systematischen Aufbau und stringenter Argumentation ab und setzen dem eine Praxis entgegen, die Begriffe bewusst mehrdeutig verwendet, sich durch ein komplexes und anspielungsreiches Sprechen auszeichnet und Bedeutungsvielfalt einer präzisen Ausdrucksweise vorzieht. Auch diese Ansätze sollen im Folgenden in unsere Darstellung einbezogen werden, weil wir davon ausgehen, dass sie *post festum* als Theorien im oben skizzierten Sinne rekonstruierbar sind. Eine rationale Rekonstruktion ist darum bemüht, die Inhalte und Denkweise der Ausgangstheorie verständlich und damit anschlussfähig zu machen; wo dies nötig ist, wird dabei eine der Ausgangstheorie fremde Begrifflichkeit verwendet bzw. die Ausgangstheorie entsprechend ›übersetzt‹ (vgl. Stegmüller 1974, 1-5). Dabei bleibt nicht aus, dass die Bedeutungsvielfalt der Ansätze im Rahmen der Rekonstruktion verkürzt wird; nur um diesen Preis ist das Ziel unserer Darstellung, die Vergleichbarkeit und Vermittelbarkeit der Ansätze, zu erreichen.

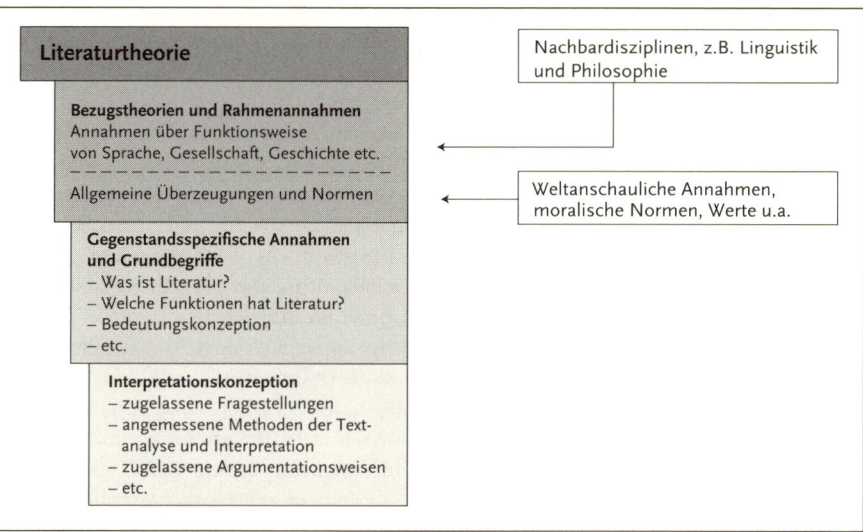

Aufbau von Literaturtheorien

2.2 Zum Aufbau von Literaturtheorien

Fragt man nach den Bausteinen von Literaturtheorien und damit nach den Typen von Axiomen oder weitergehenden Annahmen, die eine Literaturtheorie enthält, so ist es zweckmäßig, weitere Differenzierungen vorzunehmen. Sie dienen dazu, die Zusammensetzung dieser Theorien aus unterschiedlichen Annahmen transparenter zu machen, und werden die Darstellungen verschiedener Literaturtheorien in den nachfolgenden Kapiteln strukturieren (siehe Abb.).

- **Bezugstheorien:** Von den Literaturtheorien selbst sind Bezugs- oder Rahmentheorien zu unterscheiden. Als ›Bezugstheorien‹ werden hier solche Theorien bezeichnet, die in anderen Disziplinen entwickelt worden sind und deren Annahmen oder Konzepte in eine Literaturtheorie übernommen werden. Literaturwissenschaftler importieren ihre Bezugstheorien am häufigsten aus der Soziologie, Psychologie, Philosophie und Linguistik. Diese Importe finden sich in Literaturtheorien z.B. in der Form von Annahmen über die Funktionsweise von Sprache und Gesellschaft, über die menschliche Psyche oder die Verlaufsgesetze von Geschichte. Sie zählen oft zu den Grundannahmen der Theorie und prägen deren Terminologie.
- **Allgemeine Überzeugungen und Normen:** Neben diesen stets zu findenden theoretischen Annahmen können in Literaturtheorien auch weltanschauliche Ansichten, moralische Überzeugungen, Werte und Normen eine Rolle spielen; auch sie zählen oft zu den Grundannahmen, über die im Rahmen der Theorie nicht mehr argumentiert werden kann. Beispiele hierfür sind etwa Auffassungen darüber, wie der Mensch in der Postmoderne denken oder schreiben könne, oder Überzeugungen von der generellen Überlegenheit der Literatur weißer Männer aus der Mittelklasse – oder ihrer moralischen Unterlegenheit.

- **Gegenstandsspezifische Annahmen und Grundbegriffe:** Die beiden gerade erläuterten Typen von Annahmen bestimmen die Auffassungen mit, die als charakteristisch für eine Literaturtheorie gelten, nämlich die Auffassungen vom Gegenstand ›Literatur‹, von seinen Eigenschaften, Funktionen, Entstehungs- und Rezeptionsbedingungen und anderem. In diesem Zusammenhang werden Antworten auf Fragen wie ›Was ist Literatur?‹ oder ›Wie konstituiert sich Bedeutung in Literatur?‹ gegeben und die Grundbegriffe der Literaturtheorie definiert. Zusammen mit den anderen angeführten Annahmen bestimmen diese gegenstandsspezifischen Annahmen die Interpretationskonzeption, die in einer Literaturtheorie als die angemessene gilt.
- **Interpretationskonzeption:** Ob und auf welche Weise das Ziel, literarische Texte zu interpretieren, verfolgt werden soll und unter welchen Bedingungen es erreicht werden kann, wird in Interpretationskonzeptionen festgelegt, die in aller Regel – jedoch nicht immer – zu den Bestandteilen einer Literaturtheorie gehören. Auch sie enthalten unterschiedliche Typen von Annahmen: solche über die zugelassenen und für sinnvoll gehaltenen Fragestellungen in Interpretationen und über die angemessene Methode, Bedeutungen in literarischen Texten zu rekonstruieren. Darüber hinaus enthalten sie terminologische Festlegungen sowie Annahmen über Argumentationsweisen, die als zielführend und als plausibel angesehen werden.

Einige der hier unterschiedenen Bestandteile von Literaturtheorien sollen im Folgenden genauer betrachtet werden, weil sich an ihnen die Unterschiede zwischen den einzelnen Ansätzen besonders gut zeigen lassen und sie daher den Aufbau unserer Darstellungen in den anschließenden Kapiteln strukturieren: (1) die gegenstandsspezifischen Grundbegriffe und ihre Bestimmungen und (2) die Annahmen zur Methode der Textinterpretation.

1. **Literaturtheoretische Grundbegriffe:** Als Grundbegriffe der Literaturtheorie werden hier solche Termini aufgefasst, die besonders häufig und an zentraler Stelle in literaturtheoretischen Argumentationen verwendet werden. Sie werden in den verschiedenen Ansätzen oft unterschiedlich bestimmt und können daher als Ausgangspunkte einer Charakterisierung dieser Ansätze dienen.
    - **Literatur/literarischer Text:** Der Literaturbegriff wird ebenso wie der Begriff des literarischen Textes in einem breiten Spektrum von Bedeutungen verwendet. So steht z.B. dem Bemühen um eine definitorisch exakte Bestimmung von ›Text‹ und die Entwicklung präziser Analyseverfahren im Rahmen des Strukturalismus (s. Kap. 4) eine programmatisch weite und offene Verwendung des Begriffs auf Seiten der Dekonstruktion (s. Kap. 7.3) gegenüber. Bestimmungen des Literaturbegriffs zielen in der Regel auf genetische, strukturelle, funktionale oder institutionelle Eigenschaften oder Kombinationen solcher Eigenschaften ab, d.h. der Literaturbegriff wird unter Verweis auf die Genese, Struktur, Funktionen oder den institutionellen Rahmen literarischer Texte bestimmt (vgl. Gottschalk/Köppe 2006, 17f.).
    - **Autor:** Der Autorbegriff, vor allem aber die Funktion der Instanz ›Autor‹ für einen angemessenen wissenschaftlichen Umgang mit literarischen Texten, ist besonders umstritten (vgl. Jannidis u.a. 2000). In einigen Ansätzen ist der Autor als empirische Person von Bedeutung, in anderen als texttheoretisches Konstrukt (›impliziter Autor‹, s. Kap. 6.3), in wiederum anderen als ›Funktion‹ (s. Kap. 7.2). Zudem un-

terscheiden sich Literaturtheorien erheblich in Bezug auf die Frage, welche Art der Bezugnahme auf die Instanz des Autors für sinnvoll oder notwendig erachtet wird: Der Bezug kann als entscheidend für die Rekonstruktion der Bedeutung eines Textes (s. Kap. 8) oder auch als irrelevant oder sogar verfälschend aufgefasst werden (s. z.B. Kap. 3.4 und 14.1).

- **Leser:** Auch wenn für den Begriff des Lesers weniger stark abweichende Begriffsverwendungen festzustellen sind, unterscheiden sich die literaturtheoretischen Ansätze doch deutlich in der Funktion, die sie dieser Instanz zuweisen. Das Spektrum der Auffassungen reicht von der zentralen Instanz für die wissenschaftliche Analyse literaturbezogener Handlungen im Rahmen der Empirischen Literaturwissenschaft (s. Kap. 14.1) bis zur Rolle des unmündigen Adressaten, dem literarische Texte die Möglichkeit der Erkenntnis und (richtigen) Bewusstseinsbildung eröffnen sollen, in einigen Varianten ideologiekritischer Literaturwissenschaft (s. Kap. 9.2).
- **Kontext:** Als ›Kontext‹ wird hier mit Lutz Danneberg allgemein die »Menge der für die Erklärung eines Textes relevanten Bezüge« bezeichnet (Danneberg 2000, 333). Zu unterscheiden sind intratextuelle Kontexte, die die Beziehung von Textteilen zueinander betreffen; infratextuelle Kontexte als Beziehung einzelner Textteile zum Textganzen; intertextuelle Kontexte, also andere Texte oder Textklassen; und extratextuelle Kontexte wie ›die Geschichte‹, ›die Sprache‹, ›die Gesellschaft‹ (vgl. ebd.). Literaturtheorien lassen sich auch danach charakterisieren, welche Kontexte jeweils als besonders wichtig aufgefasst werden.
- **Interpretation/Lektüre:** ›Interpretation‹ ist ein systematisch mehrdeutiger Begriff, der in Literaturtheorien den Vorgang der Auslegung literarischer Texte oder ihrer Teile sowie das Ergebnis dieses Vorgangs bezeichnet. Was jeweils unter dem Begriff verstanden wird, unterscheidet sich ebenso wie die Antworten auf die Frage, ob und in welchem Sinne Interpretation eine wichtige Aufgabe literaturwissenschaftlicher Beschäftigung mit literarischen Texten sein sollte (vgl. dazu Hermerén 1983). In hermeneutischen Konzeptionen z.B. gilt ›Interpretation‹ als Ziel der Auseinandersetzung mit Literatur (s. Kap. 3.2 und 8), in der Dekonstruktion dagegen als ein zu überwindendes Konzept, das sich komplementär zu dem bevorzugten der – subjektiveren und weniger regelgebundenen – ›Lektüre‹ verhält (s. Kap. 7.3).
- **Bedeutung:** Die Bedeutungskonzeptionen literaturtheoretischer Ansätze unterscheiden sich zum einen erheblich darin, was jeweils unter ›Bedeutung‹ verstanden wird und worauf dieser Begriff sich bezieht: auf ›die‹ oder eine ›Gesamtbedeutung‹ eines literarischen Textes oder auf einzelne Passagen oder Aspekte (vgl. Stout 1982). Zum anderen weichen sie auch in Bezug auf den Stellenwert, den sie den Instanzen ›Text‹, ›Autor‹, ›Leser‹ oder ›Kontext‹ für die Bildung von Bedeutung zuschreiben, voneinander ab (vgl. genauer Jannidis u.a. 2003, 13-24).

2. Methode der Textinterpretation: In Bezug auf die Textinterpretation wird üblicherweise zwischen der **Analyse oder Beschreibung einerseits** und der **Interpretation literarischer Texte andererseits** unterschieden. Zwar sind die Kriterien dieser Differenzierung nicht einheitlich bestimmt, so dass kein Konsens darüber besteht, woran genau der Unterschied zwischen dem Beschreiben oder Analysieren und dem Interpretieren literarischer Texte festgemacht werden soll (vgl. dazu Kindt/Müller 2003). Dennoch ist diese Unterscheidung sinnvoll, da sie es erlaubt, eine komplexe literaturwissenschaftliche Tätigkeit nach bestimmten Kriterien zu differenzieren und damit klarer beschreibbar zu machen. Textanalysen gelten als eher neutral gegenüber den spezifischen Rahmenannahmen eines literaturtheoretischen Ansatzes, für Interpretationen dagegen wird der Grad der Abhängigkeit von solchen Rahmenannahmen als hoch angesetzt. Damit liegt es nahe, auch die unterschiedlichen Annahmen zur Interpretationsmethode als distinktive Merkmale in den Darstellungen der verschiedenen Literaturtheorien genauer zu beleuchten. Diese Vorgehensweise liegt umso näher, als es oft Interpretationen sind, in denen sich die Literaturtheorien in der Praxis manifestieren.

Ob es allerdings überhaupt angemessen ist, Verfahrensweisen im Umgang mit Literatur als ›**Methoden**‹ zu bezeichnen, ist im Fach mindestens ebenso kontrovers wie der Theoriebegriff. Eine Methode im engeren Sinne etwa der naturwissenschaftlich experimentellen Verfahren oder des logisch-deduktiven Folgerns muss klare Anweisungen zur Abfolge festgelegter Schritte enthalten, die zu wiederholbaren Ergebnissen führen. Verfahren zur Analyse oder Interpretation dagegen verfügen im Regelfall weder über solche klaren Anweisungen noch über eine festgelegte Abfolge von Untersuchungsschritten, und ihre Ergebnisse, etwa die von Gedichtinterpretationen, sind nicht exakt reproduzierbar. Dennoch weisen auch diese Verfahren Regelmäßigkeiten auf, die es erlauben, sie als Methoden in einem schwächeren Sinne aufzufassen. Um in diesem schwächeren Sinne von ›Methode‹ sprechen zu können, müssen drei Bedingungen erfüllt sein:

- **explizite oder** *post festum* **explizierbare Ziele;**
- **verfahrenstechnische Annahmen** darüber, auf welchem Weg die Ziele am geeignetsten zu erreichen sind;
- **eingeführte Begriffe**, mit denen die Ergebnisse im wissenschaftlichen Text dokumentiert werden.

Literaturtheorien bilden den Rahmen, in dem Methoden in diesem Sinne formuliert werden.

2.3 Theorienpluralismus in der Literaturwissenschaft?

An dieser Stelle soll ein genauerer Blick auf die in der gegenwärtigen Literaturwissenschaft geläufige Rede vom **Theorien-, Methoden- oder auch Interpretationspluralismus** geworfen werden. ›Pluralismus‹ bedeutet, dass es mehrere verschiedene systematische Auffassungen zu einem bestimmten Thema gibt – in unserem Fall verschiedene Theorien, Methoden oder Interpretationsweisen –, die alle mit dem Anspruch auftreten, gültige Aussagen über ihren Gegenstand zu treffen. Der Pluralismus als solcher ist zunächst einmal ein wertneutraler Befund. Unter bestimmten Bedingungen kann er jedoch problematisch werden: dann nämlich, wenn die einzelnen Theorien, Methoden oder Interpretationen mit dem Anspruch auftreten, allein gültig zu sein, oder auch dann, wenn verschiedene Theorien mit dem Anspruch der Wahrheit oder Richtigkeit auftreten, einander jedoch widersprechen.

Der vorliegende Band zeichnet ein Bild des gegenwärtigen Theorienpluralismus in der Literaturwissenschaft. Für diese Situation gibt es unter anderem folgende **Ursachen** und **Gründe**:

- **Historische und wissenschaftssoziologische Ursachen:** Literaturtheoretische Überlegungen sind von verschiedenen Personen angestellt worden, die zu unterschiedlichen Zeiten an unterschiedlichen Orten gelebt und gearbeitet haben. Diese Personen haben ihren Forschungen unterschiedliche Rahmennahmen und literarische Texte zugrunde gelegt, die einzelnen Theorien sind oftmals eng mit den politischen, ethischen oder sonstigen persönlichen Einstellungen der Forscher verbunden und der Kommunikation zwischen den einzelnen Forscherpersönlichkeiten und Forschungszentren in der Geschichte des Fachs standen oftmals außerfachliche (etwa geographische oder sprachliche) Hindernisse entgegen, so dass die einzelnen Ansätze oft in gegenseitiger Unkenntnis entstehen konnten und mussten. Eine wichtige wissenschaftssoziologische Ursache ist ferner in der Tatsache zu sehen, dass sich wissenschaftliche Entwicklungen, aber auch – weniger grundlegend – Profilierungen oft aus einer programmatischen Absetzung von Vorgängerpositionen ergeben: In diesem Fall führt gerade die Kenntnis einer etablierten Position dazu, dass eine als neu und überlegen ausgewiesene Theorie vorgeschlagen wird – und zwar nicht zuletzt, weil es auf diese Weise einzelnen Forschern gelingen kann, Aufmerksamkeit oder Renommee zu erlangen oder ihren Einfluss zu stärken.
- **Gegenstandsbezogene Begründungen** des Pluralismus gehen davon aus, dass Theorien in aller Regel nur partielle Modelle eines als komplex aufgefassten Gegenstandes bilden können. Entsprechend ist das Verhältnis der einzelnen Theorien, Methoden oder Interpretationen in erster Linie als komplementär zu betrachten (vgl. Strube 1993, 94). Dies leuchtet insofern ein, als die einzelnen Theorien unterschiedliche *Aspekte* ihres Gegenstandes beleuchten. Karl R. Popper hat den nützlichen Vergleich von Scheinwerfern und wissenschaftlichen Theorien zur Beschreibung dieses Phänomens geprägt: So wie ein Scheinwerfer immer nur einen bestimmten Ausschnitt eines Gegenstandes beleuchten kann (und andere Aspektes des Gegenstandes außerhalb des Lichtkegels liegen), beleuchtet auch eine wissenschaftliche Theorie stets nur ausgewählte Aspekte ihres Gegenstandes, während anderes im Rahmen der Theorie ›unterbelichtet‹ bleibt (vgl. Popper 1958, 322 u. 464f.). Eben diese Dinge kann eine andere Theorie erfassen, die ihrerseits bestimmte Dinge nicht berücksichtigt (beschreibt, erklärt etc.). Zugrunde liegt dem Scheinwerfervergleich die Auffassung, dass jeder Gegenstand über eine Vielzahl von Aspekten verfügt, die in aller Regel nicht im Rahmen (nur) einer Theorie erfasst werden können.

Illustrieren lässt sich dies an einem Beispiel für den Pluralismus von Interpretationen. So kann ein Gedicht sowohl über eine bestimmte interne Struktur verfügen, die im Rahmen einer strukturalistischen Interpretation erfasst werden kann; es kann Ausdruck der Aussageabsichten seines Autors sein (intentionalistische Interpretation) und sein Unbewusstes spiegeln (psychoanalytische Interpretation); es kann ein bestimmtes Frauenbild exemplifizieren (feministische Interpretation) und am Medizindiskurs seiner Zeit partizipieren (Diskursanalyse). In dieser Perspektive ist der Interpretationspluralismus nicht nur unproblematisch, sondern durchaus begrüßenswert: Die einzelnen Interpretationen stehen in einem Verhältnis der Komplementarität zueinander und können allenfalls vereint beanspruchen, ein umfassendes Bild ihres Gegenstandes zu zeichnen. Unterstützt wird dieses Bild von der literaturwissenschaftlichen Praxis. Die Tatsache, dass sich vorliegende Interpretationen oft nur schwer bzw. mit Abstrichen einer bestimmten Theorie zuordnen lassen, hängt unter anderem damit zusammen, dass Interpreten ›Anleihen‹ bei diversen Theorien machen, um ihren Gegenstand angemessen erfassen zu können. Analoges wird auch für Methoden und Theorien beansprucht.

Eingefordert wird der Theorienpluralismus ferner von Theoretikern, die Literatur als besonders vielfältiges Phänomen ansehen, das folglich nur von einer Vielzahl von Theorien erfasst werden könne. Eine weit verbreitete Annahme lautet, dass »nur eine perspektivenreiche Wissenschaft literarischem Schreiben« als Gegenstand angemessen sei (Wellbery 1985, 7). Jede Literaturtheorie könne zwar nur eine bestimmte, begrenzte Auffassung von Literatur zum Ausdruck bringen, Literatur aber könne »immer mehr und anderes sein als das, was die jeweiligen Theorien aus ihr machen« (Pechlivanos u.a. 1995, 2). Zugrunde liegt diesen Aussagen zum einen ein emphatisches Literaturverständnis, das nur im Rahmen einer spezifischen Literaturtheorie ausgeführt und begründet werden kann. Zum anderen formulieren sie, genau genommen, einen Sachverhalt, der nur bedingt etwas mit dem spezifischen Gegenstand Literatur zu tun hat, sondern, wie erläutert, das Verhältnis von Theorie und komplexerem Gegenstand generell betrifft.

Konsequenzen: Die komplementaristische Sicht auf den Pluralismus ist nur solange plausibel, wie die einzelnen Theorien tatsächlich unterschiedliche Aspekte ihres Gegenstandes beleuchten und einander nicht in Bezug auf denselben Aspekt *widersprechen*. In diesem Fall stehen die Theorien in einem Verhältnis der Konkurrenz zueinander, das allenfalls argumentativ aufgelöst werden kann. Die Interpretationspraxis liefert dafür viele Beispiele. Hier kann nicht jede Annahme, die im Rahmen einer Theorie begründet worden ist, ohne Weiteres mit den Annahmen einer anderen Theorie verbunden werden. Wenn es Widersprüche zwischen den Grundannahmen der Theorien gibt, lassen sich oft auch deren Begriffe, die ja mit Bezug auf diese Grundannahmen bestimmt worden sind, nicht ohne internen Widerspruch in einer Interpretation zusammenführen. Zu solchen Konsistenzproblemen kommt es etwa, wenn ein Interpret diskursanalytisch argumentiert, zugleich aber auf die Instanz des Autors Bezug nimmt, um einer Textpassage Bedeutung zuzuschreiben. Mit dem Autorkonzept der Diskursanalyse ist dieses Vorgehen nicht vereinbar (vgl. dazu Winko 2002, 351ff.). Um entscheiden zu können, welche theoretischen Annahmen miteinander vereinbar sind und welche einander widersprechen, müssen die Darstellungen der Theorien so angelegt sein, dass sie einen Vergleich ermöglichen. Dies zu erleichtern gehört zu den Zielen dieses Bandes (s. Kap. 1).

Tritt der Fall ein, dass ein Konflikt zwischen zwei theoretischen (oder methodischen oder interpretatorischen) Annahmen nicht argumentativ aufgelöst werden kann, so geht der Pluralismus oftmals in eine Spielart des Relativismus über. Zwei wichtige Spielarten des **Relativismus** sind die folgenden (vgl. Harré/Krausz 1996, 3):
- **Permissiver Relativismus:** Der permissive Relativismus besagt, dass alle Theorien, Methoden oder Interpretationen gleichermaßen berechtigt, wahr oder richtig sind.
- **Skeptizistischer Relativismus:** Der skeptizistische Relativismus besagt, dass keine Theorie, Methode oder Interpretation mit dem Anspruch auf Wahrheit, Richtigkeit oder Angemessenheit auftreten kann.

Wichtig ist, dass der Relativismus keine notwendige Konsequenz des Pluralismus ist. Oftmals ist es voreilig, aus der Tatsache, dass es verschiedene, einander ausschließende Auffassungen zu einem Thema gibt, zu schließen, es sei eben entweder keine Auffassung richtig oder aber alle. Vielmehr kann es in diesem Fall ratsam sein, das eigene Urteil zu suspendieren und sowohl von der Akzeptanz als auch von der Ablehnung der in Rede stehenden Annahmen zurückzutreten. Man behandelt die Auffassungen in diesem Fall als Hypothesen, über deren Wahrheit, Richtigkeit oder Angemessenheit schlicht (noch) kein Urteil getroffen werden kann. Möglicherweise zeigt eine gründlichere Untersuchung des Gegenstandsbereichs, dass die anscheinend einander widersprechenden Theorien (1) tatsächlich doch komplementär sind, oder (2) ineinander übersetzbar sind, d.h. einander nicht wirklich widersprechen, oder (3) doch argumentativ zurückgewiesen werden können. Ob entsprechende Anstrengungen unternommen werden, hat jedoch nicht zuletzt etwas mit der grundsätzlichen Einstellung des Forschers zu tun; der Relativismus tritt, gerade in ›postmodernen‹ Strömungen, als eine Art Weltanschauung auf, die als solche selten problematisiert wird (vgl. Sandkühler 1999).

Literatur

Barner, Wilfried: Poetologie? Ein Zwischenruf. In: *Scientia Poetica* 9 (2005), 389-399.
Carroll, Noël: *Beyond Aesthetics. Philosophical Essays.* Cambridge 2001.
Danneberg, Lutz: Kontext. In: Harald Fricke u.a. (Hg.): *Reallexikon der deutschen Literaturwissenschaft.* Bd. 2. Berlin/New York 2000, 333-337.
Finke, Peter: Kritische Überlegungen zu einer Interpretation Richard Alewyns. In: Walther Kindt/Siegfried J. Schmidt (Hg.): *Interpretationsanalysen. Argumentationsstrukturen in literaturwissenschaftlichen Interpretationen.* München 1976, 16-39.
Fricke, Harald: Poetik. In: Jan-Dirk Müller u.a. (Hg.): *Reallexikon der deutschen Literaturwissenschaft.* Bd. 3. Berlin/New York 2003, 100-105.
Göttner, Heide/Joachim Jacobs: *Der logische Bau von Literaturtheorien.* München 1978.
Gottschalk, Jürn/Tilmann Köppe: Was ist Literatur? Eine Einleitung. In: J.G./T.K. (Hg.): *Was ist Literatur?* Paderborn 2006, 7-21.
Harré, Rom/Michael Krausz: *Varieties of Relativism.* Oxford/Cambridge (Mass.) 1996.
Hermerén, Göran: Interpretation. Types and Criteria. In: *Grazer Philosophische Studien* 19 (1983), 131-161.
Jannidis, Fotis/Gerhard Lauer/Matías Martínez/Simone Winko (Hg.): *Texte zur Theorie der Autorschaft.* Stuttgart 2000.
Jannidis, Fotis/Gerhard Lauer/Matías Martínez/Simone Winko: Der Bedeutungsbegriff in der Literaturwissenschaft. Eine historische und systematische Skizze. In: F.J. u.a. (Hg.): *Regeln der Bedeutung. Zur Theorie der Bedeutung literarischer Texte.* Berlin/New York 2003, 3-30.
Jung, Werner: *Kleine Geschichte der Poetik.* Hamburg 1997.
Kindt, Tom/Hans-Harald Müller: Wieviel Interpretation enthalten Beschreibungen? Überlegungen zu einer umstrittenen Unterscheidung am Beispiel der Narratologie. In: Fotis Jannidis u.a. (Hg.): *Regeln der Bedeutung. Zur Theorie der Bedeutung literarischer Texte.* Berlin/New York 2003, 286-304.
Lamping, Dieter: Wie betreibt man Literaturtheorie? Polemische und programmatische Überlegungen. In: D.L.: *Literatur und Theorie. Über poetologische Probleme der Moderne.* Göttingen 1996, 7-19.

Pasternack, Gerhard: *Theoriebildung in der Literaturwissenschaft. Einführung in Grundfragen des Interpretationspluralismus.* München 1975.
Pawłowski, Tadeusz: *Begriffsbildung und Definition.* Berlin 1980.
Pechlivanos, Miltos/Stefan Rieger/Wolfgang Struck/Michael Weitz (Hg.): *Einführung in die Literaturwissenschaft.* Stuttgart/Weimar 1995.
Popper, Karl R.: *Die offene Gesellschaft.* Bd. 2: *Falsche Propheten. Hegel, Marx und die Folgen.* Bern 1958.
Sandkühler, Hans Jörg: Pluralismus. In: H.J.S. (Hg.): *Enzyklopädie Philosophie.* Bd. 2. Hamburg 1999, 1256-1265.
Schmidt, Siegfried J.: Bemerkungen zur Wissenschaftstheorie einer rationalen Literaturwissenschaft. In: S.J.S. (Hg.): *Zur Grundlegung der Literaturwissenschaft.* München 1972, 41-65.
Speck, Joseph (Hg.): *Handbuch wissenschaftstheoretischer Begriffe.* Bd. 3. Göttingen 1980.
Spree, Axel: *Kritik der Interpretation. Analytische Untersuchungen zu interpretationskritischen Literaturtheorien.* Paderborn u.a. 1995.
Stegmüller, Wolfgang: Gedanken über eine mögliche rationale Rekonstruktion von Kants Metaphysik der Erfahrung. In: W.S.: *Aufsätze zu Kant und Wittgenstein.* Darmstadt 1974, 1-61.
Stout, Jeffrey: What is the Meaning of a Text? In: *New Literary History* 14 (1982), 1-12.
Strube, Werner: *Analytische Philosophie der Literaturwissenschaft. Untersuchungen zur literaturwissenschaftlichen Definition, Klassifikation, Interpretation und Textbewertung.* Paderborn u.a. 1993.
Wellbery, David E. (Hg.): *Positionen der Literaturwissenschaft. Acht Modellanalysen am Beispiel von Kleists »Das Erdbeben in Chili«.* München 1985.
Winko, Simone: Autor-Funktionen. Zur argumentativen Verwendung von Autorkonzepten in der gegenwärtigen literaturwissenschaftlichen Interpretationspraxis. In: Heinrich Detering (Hg.): *Autorschaft. Positionen und Revisionen.* Stuttgart 2002, 334-354.

3. Vorläufer

3.1 Einführung

Auch wenn sich diese Darstellung auf die ›neueren Literaturtheorien‹ beschränkt, müssen doch auch deren Vorläufer betrachtet werden. Jede neue Literaturtheorie steht in vielfältigen Bezügen zu älteren Ansätzen, sei es, dass sie deren Annahmen aufgreift und weiterführt, sei es, dass sie sich kritisch mit ihnen auseinandersetzt. Ohne zumindest eine rudimentäre Kenntnis dieser Traditionslinien sind die aktuellen literaturtheoretischen Positionen nicht zu verstehen.

In einem weiten Sinne aufgefasst, der auch systematische poetologische und ästhetische Überlegungen einbezieht, reichen diese ›älteren literaturtheoretischen Traditionen‹ zurück bis zu den poetologischen Reflexionen in der Antike, etwa zur aristotelischen Poetik. Zur Übersicht über diese Traditionen verweisen wir auf die Darstellung von Walter Erhart, die von den Anfängen bis zur Mitte des 20. Jahrhunderts reicht. Da wir, unserer einleitend gegebenen Bestimmung von ›Literaturtheorie‹ entsprechend, den Begriff enger fassen, spielen für unsere Darstellung die Institutionalisierung und Ausdifferenzierung des Faches eine wichtige Rolle. So sind Kants oder Hegels ästhetische Entwürfe zwar für einige der neueren Modellbildungen wichtig, stellen aber in unserem Sinne keine Literaturtheorien dar.

In den folgenden Kapiteln sollen Theorien skizziert werden, auf die sich die neuere Theoriebildung bezogen hat und auch immer noch bezieht. Es handelt sich um Ansätze, die heute in dieser Form nicht mehr vertreten werden, aber ein großes Potenzial als Vor- wie auch als Feindbild entfaltet haben. Wir zählen dazu die **Hermeneutik**, den **Formalismus** und **frühen Strukturalismus** sowie den *New Criticism* und seine deutschsprachige Variante, die **Werkimmanenz**. Die psychoanalytische Literaturwissenschaft nach Freuds Modell und die marxistische Literaturtheorie, die man ebenfalls unter den Vorläufern erwarten könnte, werden in den entsprechenden Hauptkapiteln behandelt, weil sie noch sehr eng mit aktuellen Positionen verbunden sind. Die knappen Darstellungen der Vorläufer-Theorien konzentrieren sich vor allem auf die besonders einflussreichen Begriffe und Annahmen.

Literatur

Erhart, Walter: *Theorie der Literatur. Von der Antike bis zum 20. Jahrhundert.* Stuttgart/Weimar [in Vorbereitung].

3.2 Hermeneutik

Die Hermeneutik gilt als die **wirkungsmächtigste Denktradition** in den philologischen Fächern. Zu den historischen Marksteinen in der Entwicklung der Hermeneutik zählen Origines und Augustin in der Spätantike, Luther im 16. Jahrhundert, Schleiermacher zu Beginn des 19. Jahrhunderts, Dilthey um 1900 sowie Heidegger und Gadamer im 20. Jahrhundert. Von einer ›Entwicklung der Hermeneutik‹ zu sprechen, ist allerdings nicht unproblematisch. Die jeweiligen Hermeneutiken sind nicht nur in sehr unterschiedlichen Kontexten und vor dem Hintergrund entsprechend unterschiedlicher Voraussetzungen und Bedürfnislagen institutioneller (u.a. religiöser, philosophischer oder philologischer) Art entstanden. Es finden sich darüber hinaus auch durchaus unterschiedliche Auffassungen vom Gegenstandsbereich, den Anliegen und der Reichweite hermeneutischer Theorien. Die vielleicht wichtigste Binnendifferenzierung unterscheidet zwei Gruppen von Hermeneutiken:
- **Hermeneutiken als Methodenlehren** des Interpretierens, vor allem im theologischen und philologischen Kontext, und
- **philosophische Hermeneutiken**, die Aspekte der menschlichen Welt- und Selbsterfahrung behandeln und über die Darstellung, Erläuterung und Begründung interpretationsbezogener Methodologien hinauszugehen beanspruchen.

Zu Wort und Begriff
Das Wort »Hermeneutik« geht auf das griechische Verb *hermenéuein* zurück, das »erklären«, »auslegen«, »übersetzen« bedeutet (zum Wortfeld vgl. Grondin 2001, 36-40). Als Bezeichnung für die Theorie des Verstehens oder Interpretierens von Texten ist »hermeneutica«/»Hermeneutik« seit dem 17. Jahrhundert nachgewiesen (Weimar 2000, 26). Sowohl das regelgeleitete Auslegen von Texten als auch die theoretische Erörterung solcher Regeln sind allerdings bedeutend älter; beides lässt sich bis in die Antike zurückverfolgen.

Auf eine ausführliche Rekonstruktion historischer Hermeneutiken muss hier verzichtet werden (zur Einführung vgl. Seiffert 1992, 17-36; Bühler/Cataldi Madonna 1996, VII-CII, bes. XXI-LIII). Vielmehr werden zwei Ansätze knapp vorgestellt, die für die neueren literaturtheoretischen Diskussionen wichtig sind:
- **Friedrich Schleiermachers Variante einer philologischen Hermeneutik**, die methodische Voraussetzungen weiter Teile der literaturwissenschaftlichen Interpretationspraxis am besten wiedergibt;
- **Hans-Georg philosophische Hermeneutik**, die für das Selbstverständnis der deutschsprachigen Literaturwissenschaft bis in die 1980er Jahre von Bedeutung gewesen ist und für hermeneutikkritische Positionen als negativer Bezugspunkt gedient hat.

3.2.1 Die philologische Hermeneutik Schleiermachers

In der langen Hermeneutiktradition sind zum einen zahlreiche allgemeine und spezielle Auslegungslehren verfasst worden, die fächerübergreifende oder disziplininterne Regeln richtigen Auslegens formulieren (z.B. Bibelexegese), und zum anderen einige allgemeine Verstehenslehren von grundlegenderem Anspruch (ein Überblick bei Alexander 1993). Philologische Hermeneutiken zählen zur ersten Gruppe; sie richten sich auf das Verstehen von Schrifttexten und ihre regelgeleitete Interpretation. Einer der einflussreichsten Entwürfe für eine allgemeine Hermeneutik, die mit Bezug auf traditionelle Regeln der Auslegung dennoch auf **eine universale Theorie des Verstehens** zielt und somit ein philologisches Anliegen mit einer philosophischen Fragestellung verbindet, stammt von dem Theologen und Philosophen Friedrich D.E. Schleiermacher. Obwohl seine Hermeneutik nur in Form von Vorlesungsmitschriften und Nachlassfragmenten überliefert ist und erst 1838 postum erschien, wurde sie breit rezipiert und beeinflusste alle Texte auslegenden Disziplinen.

> **Zur Bedeutung von Schleiermachers Hermeneutik**
> Schleiermachers Theorie des Verstehens war wissenschaftsgeschichtlich von großer Bedeutung. Im Anschluss an seinen Lehrer versuchte Schleiermachers Schüler **August Boeckh**, eine gemeinsame methodologische Grundlage für die – weit gefassten – philologischen Fächer zu formulieren. Er bestimmte ihre Aufgabe als »Erkennen des vom menschlichen Geist Producirten, d.h. des Erkannten« (Boeckh 1977, 10). Noch grundsätzlicher argumentierte **Wilhelm Dilthey**, indem er das Verstehen als angemessene Zugangsweise nicht allein zu den Gegenständen der Philologien, sondern der Geisteswissenschaften insgesamt etablierte und damit ihre Eigenständigkeit gegenüber den ›erklärenden‹ Naturwissenschaften behauptete (Dilthey 1958).
> In den 1960er und 1970er Jahren wurden weitere hermeneutische Entwürfe vorgelegt, die – wie etwa die Arbeit von **Emilio Betti** (1962) – von der Spezifität des geisteswissenschaftlichen Verstehens im Allgemeinen oder des literaturwissenschaftlichen Interpretierens im Besonderen ausgingen wie z.B. **Paul Ricœur** (Ricœur 1973 und 1974). **Peter Szondi** begrüßte Schleiermachers hermeneutisches Modell als einen Ansatz, den eine spezifisch »literarische Hermeneutik« fruchtbar machen könne (z.B. Szondi 1975, 12 und 155-191; dazu auch Japp 1977), und **Manfred Frank** sah in Schleiermachers Hermeneutik »gerade in der gegenwärtigen Situation eines unfruchtbaren Methodenstreits zwischen strukturalistischen und hermeneutisch-sprachanalytischen Auslegungstheorien« einen hochgradig aktuellen Ansatz (Frank 1977, 63).
> Die am Autor als Bezugsinstanz orientierte **literaturwissenschaftliche Interpretationspraxis** bezieht sich zwar nur selten explizit auf Schleiermachers Hermeneutik; dennoch finden verschiedene ihrer Interpretationsoperationen ein methodisches Fundament in Schleiermachers hermeneutischem Modell, dessen Hauptthesen – vermittelt z.B. durch Dilthey (z.B. in Dilthey 1957) – zum stillschweigend akzeptierten ›Praxiswissen‹ im Fach zählen.

3. Vorläufer

Im Folgenden soll (1) eine knappe Darstellung von Schleiermachers hermeneutischen Grundannahmen gegeben sowie seine Auffassung der Konzepte (2) ›Werk‹, (3) ›Autor‹ und (4) ›Interpretation‹ skizziert werden.

1. Hermeneutische Grundannahmen: Schleiermacher entwirft das Modell einer Hermeneutik als »Kunst des Verstehens« (Schleiermacher 1977, 75) mit universalem Geltungsbereich. »Kunst« meint hier keine ästhetische Operation, sondern eine Verbindung von Technik bzw. Regelwissen und dem Talent des Interpreten in der Anwendung dieser Regeln (vgl. ebd., 80f.). **Zwei grundlegende Prämissen** bilden Schleiermachers Ausgangspunkt:
- Die erste liegt in der Überzeugung, dass nicht das Verstehen der Regelfall menschlicher Kommunikation sei, sondern das Missverstehen. Um gezielt Verstehen herzustellen, sind bestimmte Mittel einzusetzen.
- Die zweite Prämisse besagt, dass sich jede sprachliche Kommunikation als »Rede« einerseits auf »die Gesamtheit der Sprache« und andererseits »auf das gesamte Denken ihres Urhebers« beziehe (ebd., 77).

Entsprechend unterscheidet Schleiermacher **zwei Arten des Verstehens** und damit auch **zwei Arten der Interpretation:**
- die »**grammatische Interpretation**«, die sich auf die Sprache richtet, und
- die »**psychologische Interpretation**«, die auf das Denken des Einzelnen zielt (ebd., 79).

Beide Arten der Interpretation sind gleich wichtig und gehören zusammen.

Will man das **Auslegen als Kunstlehre** betreiben und Verstehen herbeiführen, genügt es, so Schleiermacher, nicht, diese Auslegungsweisen gewissermaßen mechanisch anzuwenden (vgl. ebd., z.B. 81). Vielmehr müssen Interpreten einer »positiven Formel« folgen, die Schleiermachers Auffassung der hermeneutischen Tätigkeit *in nuce* enthält: Die »Kunst des Verstehens« ist aufzufassen als »das *geschichtliche* und *divinatorische (profetische) objektive* und *subjektive Nachkonstruieren der gegebenen Rede*« (ebd., 93; Hervorhebung im Original).
- Das Attribut ›**objektiv**‹ bezieht sich auf den Status der zu verstehenden Rede bzw. des zu verstehenden Textes als manifestes sprachliches Objekt.
- ›**Subjektiv**‹ dagegen meint den Status eben dieses Texts als gedankliche, in einem Subjekt präsente Größe.
- ›**Geschichtlich**‹ bezieht sich auf die historisch-rekonstruktive Perspektive des Interpreten, die sich auf das Erkennen von (sprachlichen wie nicht-sprachlichen) Sachverhalten und deren Entstehung richtet.
- Mit ›**divinatorisch**‹ oder ›prophetisch‹, dem schwierigsten Element der ›Formel‹, ist dagegen ein Modus des Vermutens (»ahnden«; ebd., 94) gemeint, der weniger den Status des Wissens als vielmehr den schwächerer Hypothesen hat (siehe dazu unten, Punkt 4.)

Die vier Auslegungstätigkeiten führen nur gemeinsam zum Ziel, und dieses **Gesamtziel der hermeneutischen Arbeit** liegt darin, »›die Rede zuerst ebenso gut und dann besser zu verstehen als ihr Urheber‹« (ebd., 94).

Schleiermacher geht hier von einer Variante des ›**hermeneutischen Zirkels**‹ aus (s. Kap. 3.2.2), nach dem das Besondere eines Textes sich nur mit Bezug auf das Allgemeine (die Sprache zu einem bestimmten Zeitpunkt und die Geschichte) verstehen ließe, während zugleich das Allgemeine nur aus dem einzelnen Text erschlossen werden könne. Dasselbe Verhältnis gilt textintern für die Beziehung zwischen Textganzem und einzelner Textpassage.

2. Werk: Den Werkbegriff reserviert Schleiermacher nicht für literarische Texte, sondern ordnet ihn auch z.B. religiösen und juristischen Texten zu. **Hauptmerkmale** eines Werkes sind seine »**Einheit**«, die in der Regel thematisch bestimmt wird, und seine »**Komposition**« (ebd., 167). Formal betrachtet sind Werke abgeschlossene Gebilde, innerhalb derer die einzelnen sprachlichen Elemente in einer signifikanten – wie man sie nennen kann – syntagmatischen Beziehung zueinander stehen. Zugleich wird aber diese geschlossene Einheit auch durch externe Bezüge bestimmt, insofern ihre sprachlichen Elemente mit dem Sprachsystem insgesamt und dem ›Geist‹ ihres Urhebers verbunden sind. In jedem Werk sind also **sprachliche und autorbezogene Komponenten** zu unterscheiden, die mit entsprechenden Verfahrensweisen erschlossen werden müssen. Für die psychologische Auslegung liegt die thematische Einheit eines Werkes in dem »den Schreibenden bewegende[n] Prinzip« (ebd., 167), das es zu verstehen gilt. Die besondere Komposition des Werkes ist über die stilistischen Eigenheiten des jeweiligen Autors zugänglich.

3. Autor: Als Urheber der zu verstehenden Rede oder des zu interpretierenden Werkes bildet der Autor also neben der Sprache die zweite Bezugsgröße zum Verständnis eines Textes. Auf ihn richtet sich die **psychologische Interpretation**. Sie erkennt – näherungsweise – den »**Stil**« (ebd., 168), in dem ein Autor seinen Gegenstand betrachtet und mit dem er ihn sprachlich gestaltet. Das Konzept des »Stils« fasst Schleiermacher also sehr weit. Der Autor steht in einem Geflecht aus sprachlichen, themen- und gattungsbezogenen Konventionen und Traditionen, so dass er kein völlig ›autonomer Schöpfer‹ ist, sondern eben Vorgefundenes einsetzt. Allerdings kommt ihm beim Verfassen des Textes eine **individualisierende Funktion** insofern zu, als sich sowohl seine persönlichen Einstellungen zu diesen Traditionen und Konventionen als auch seine spezifischen sprachlichen Kompetenzen beim Schreiben niederschlagen und dem Text seine besondere thematische Ausrichtung und seine Form geben.

Die **Rekonstruktion biographischer Daten** ist also eine wichtige Komponente für das Verstehen von Texten. Allerdings stellt sich im Fall sprachlicher Kunstwerke, so Schleiermacher, die Frage nach dem Wert, den der Entschluss zu einem bestimmten Werk im Leben seines Verfassers hat, als Frage nach der Beziehung von »Stoff und Form« (ebd., 186). D.h. in literarischen Werken ist es nicht die biographische Perspektive, die dominiert, sondern die Perspektive der Integration von Intention und Werkgestalt (zu neueren intentionalistischen Positionen s. Kap. 8).

4. Kunstgerechtes Auslegen ist nach Schleiermacher die einzige Möglichkeit, einen verstehenden Zugang zu einem Text zu erlangen. Es umfasst der oben zitierten »positiven Formel« entsprechend allgemeine und individuelle Aspekte des Textes und verbindet rekonstruktive und hypothetische Verfahren.

Zusammengefasst postuliert Schleiermachers Modell des Interpretierens das **Ineinandergreifen von grammatischer und psychologischer Auslegung**:

- **Die grammatische Auslegung** zielt auf das sprachlich Allgemeine, auf die vom Autor und seinen Zeitgenossen geteilte Sprachgemeinschaft und ihre Regeln, die den Text mit allen anderen Texten seiner Zeit verbinden. Zudem untersucht sie den Zusammenhang der Zeichen im Text. Als Hilfsmittel der Rekonstruktion sind Wörterbücher und Grammatiken heranzuziehen, zur Rekonstruktion des historischen Wissens entsprechende geschichtliche Darstellungen.
- **Die psychologische Auslegung** zielt dagegen – unter der Prämisse, dass »jede Rede immer nur zu verstehen [ist] aus dem ganzen Leben, dem sie angehört« (ebd. 78) – auf die Besonderheit des einzelnen Autors, der den Spielraum der Sprachverwendung auf seine spezifische Weise nutzt, bestimmte idiosynkratische Wendungen ausbildet, eigene Bilder verwendet etc. Zu rekonstruieren sind daher nicht allein die geschichtliche Situation, in der der Autor geschrieben hat, die Sprache, über die er verfügen konnte, und die Art und Weise, auf die ihm sein Gegenstand – Thema, Gattung, literarische Tradition – gegeben war, als er zu schreiben begann; darüber hinaus sind die Lebensumstände des Autors zu berücksichtigen, soweit sie im Zusammenhang mit der zu rekonstruierenden ›Eigentümlichkeit‹ seines Schreibens stehen. Diese lässt sich nun nicht nur aus einer Ansammlung historischer Kenntnisse der genannten Art erschließen. Vielmehr muss zu dieser rekonstruktiven noch eine zweite »Methode« dazutreten, die »divinatorische« (ebd. 169).

Mit Hilfe der ersten, **rekonstruktiven Methode**, die Schleiermacher auch die »komparative« Methode nennt, gewinnen Interpreten zwar die Vergleichsbasis, die ihnen die Besonderheit des Textes vor der Folie früherer oder zeitgenössischer anderer Texte vor Augen führt; damit haben sie aber den Text noch nicht verstanden. Es fehlt der »unmittelbar[e]« (ebd.) Zugang zum Text, den erst die **divinatorische Methode** bringt. Was genau unter diesem Verfahren zu verstehen ist, ist umstritten und wird aus Schleiermachers Ausführungen nicht völlig klar. In der Rezeption seiner Hermeneutik wurde unter »Divination« die Fähigkeit des Interpreten zur Nachschöpfung, ein Einfühlungsmodus oder eine korrespondierende Bewusstseinshaltung verstanden, die »der stilistischen Produktivität des Autors« entspricht (Frank 1977, 47). Weniger voraussetzungsreich ist es, die »Divination« als bestimmten Typus eines Schlusses aufzufassen: Er beruht auf der Annahme der Gleichartigkeit aller Menschen und ihrer allgemeinen Empathiefähigkeit, die es ihnen ermöglicht, ausgehend von menschlichen Äußerungen Sinnhypothesen zu bilden. Die Funktion der divinatorischen Methode liegt darin, die im vergleichenden grammatischen und psychologischen Zugriff auf den Text rekonstruierten Interpretationsergebnisse zu verbinden: Ohne divinatorische Auslegung stehen die Ergebnisse unvermittelt nebeneinander; erst sie integriert das ansonsten Separierte.

> **Das Konzept des ›Besserverstehens‹**
>
> Wenn Schleiermacher als **Ziel der Auslegung** das ›Besserverstehen‹ des Textes angibt, so macht er zum einen deutlich, dass Kenntnisse über den Autor und seine spezifischen Bedingungen zwar eine notwendige Stufe im Prozess des Verstehens bilden, dass der Interpret aber über darüber hinausgehende Informationen verfügen kann, die dem Autor selbst nicht zugänglich gewesen sind. Zum anderen verweist diese Zielformulierung auf Schleiermachers Auffassung, dass das

Auslegen eine nicht abschließbare Tätigkeit ist (vgl. Schleiermacher 1977, 94 und 101). Ein Grund für die Offenheit des Auslegungsgeschäfts liegt darin, dass das einzubeziehende, die Perspektive des Autors übersteigende Wissen im Laufe der Geschichte anwachsen bzw. sich wandeln kann (zum hermeneutischen Konzept des ›Besserverstehens‹ vgl. Strube 1999).

3.2.2 Literaturwissenschaftliche Adaptionen der philosophischen Hermeneutik Gadamers

In dezidierter Abgrenzung zu den »Kunstlehre[n] des Verstehens« (Gadamer 1990, Bd. 1, 3) entwickelt Hans-Georg Gadamer in seinem Hauptwerk *Wahrheit und Methode* (1960) eine philosophische Hermeneutik. Wie auch anderen Hermeneutikern des 20. Jahrhunderts, etwa Martin Heidegger, geht es ihm nicht mehr allein um das angemessene Verständnis von mündlichen und schriftlichen Texten, sondern das Verstehenskonzept erstreckt sich auf Lebenszusammenhänge insgesamt (dazu genauer Grondin 2001, Kap. V-VII): Es geht um eine **›Hermeneutik des Daseins‹**. Schon wegen dieser Zielsetzung scheint Gadamers Hermeneutik für die Belange der Literaturwissenschaft von geringerer Bedeutung zu sein. Dennoch ist sie im Fach lebhaft rezipiert worden und hat Konsequenzen für die Auffassung des Gegenstandes ›Literatur‹ und die Wissenschaftskonzeption gehabt. Darüber hinaus wurden einige Thesen Gadamers in Theorien integriert, die für eine nicht-autorintentional ausgerichtete Hermeneutik stehen.

Es ist hier nicht der Ort, an dem die philosophische Grundlage von Gadamers Hermeneutik erläutert werden kann (vgl. dazu Grondin 2001). Stattdessen sollen nur knapp (1) sein **Verstehenskonzept** dargestellt und dessen Konsequenzen für die Auffassung von (2) **Literatur**, (3) **Interpretation** und (4) **Bedeutung** beleuchtet werden; abschließend wird (5) eine **literaturwissenschaftliche Anwendung** Gadamer'scher Annahmen skizziert.

1. Verstehenskonzept: In *Wahrheit und Methode* geht es Gadamer um die Fundierung des Verstehens als Grundbedingung menschlicher Existenz. Sein Ziel ist, »das allen Verstehensweisen Gemeinsame aufzusuchen und zu zeigen, daß Verstehen niemals ein subjektives Verhalten zu einem gegebenen ›Gegenstande‹ ist, sondern [...] zum Sein dessen gehört, was verstanden wird« (ebd., 441). ›Verstehen‹ ist für Gadamer also nicht in erster Linie eine Leistung, die man erbringen kann, indem man bestimmte, im Rahmen einer Methodenlehre beschreibbare und regelgeleitete Operationen ausführt. Vielmehr handelt es sich um ein wesentliches Moment der menschlichen Verfassung, dessen Analyse Aufschluss über die Existenz des Menschen und ihre besonderen Bedingungen geben soll.

Wesentlich für seine Auffassung von Verstehen ist **der kunstontologische Rahmen**, in dem Gadamer seine Überlegungen vornimmt. Für ihn bildet die Untersuchung der Erfahrung von Kunst den Ausgangspunkt, um seine Frage nach Status und **Zugänglichkeit der Wahrheit** zu beantworten. Wesentlich für das Kunstwerk als Gebilde ist, so Gadamers These, die Vermittlung zweier Bereiche, die üblicherweise als getrennt angesehen werden und die in Gegensatzpaare wie ›Abbild und Urbild‹, ›Darstellung und Dargestelltes‹ gebracht werden. Sie sind im Kunstwerk gerade nicht unterschieden (ebd., 122). Unter anderem wegen dieser Verbindung enthält ein ästhetisches Gebilde im Moment seiner Erschaffung »Sinn«, der sich im Laufe der Geschichte, wenn nur noch der materiale Träger des Kunstwerkes tradiert wird, in eine »Spur« von Sinn verwandelt. Erst im Akt des Verstehens kann »die Rückverwandlung toter Sinnspur in lebendigen Sinn« (ebd., 169) gelingen. Diese ›Sinn wiederherstellende‹ Art des Verstehens bedarf einer besonderen, hermeneutischen Zugangsweise zum Artefakt. Sie verbindet die historische Rekonstruktion mit einer Integration der geschichtlichen Situation des Verstehenden.

Bezogen auf das **Verstehen von Literatur** läuft, so Gadamer, jeder Versuch, *die Bedeutung eines Textes festzustellen*, darauf hinaus, dass der Interpret den Text **unter den Bedingungen seiner eigenen historischen Situation** – d.h. in der ihm zur Verfügung stehenden Sprache und vor dem Hintergrund seiner eigenen Überzeugungen – beschreibt: »Jede Begegnung mit der Überlieferung, die mit historischem Bewußtsein vollzogen wird, erfährt an sich das Spannungsverhältnis zwischen Text und Gegenwart.« (ebd., 311) Das Verstehen als wissenschaftliche Aufgabe erfordere es, den »Horizont« dessen, der verstehen will, von dem »Horizont« dessen, was verstanden werden soll, zu unterscheiden. Dazu, so Gadamer, ist zunächst ein »historischer Horizont« zu entwerfen; die Distanz, die zu dieser rekonstruktiven Leistung erforderlich ist, muss aber im Prozess des Verstehens reflexiv überwunden werden: »Im Vollzug des Verstehens geschieht eine wirkliche Horizontverschmelzung, die mit dem Entwurf des historischen Horizonts zugleich dessen Aufhebung vollbringt« (ebd., 312).

Die »**Horizontverschmelzung**« soll in einem »kontrollierten« Akt vollzogen werden (ebd.). Man kann demnach nicht vermeiden, einen Text vor dem Hintergrund der eigenen historischen Situation zu lesen; aber man kann sich der Historizität des eigenen Verstehens bewusst werden, sich reflektierend dazu verhalten und die eigenen ›Vorurteile‹ infrage zu stellen versuchen. Gelungen ist die Interpretation, wenn ein Interpret die rekonstruierte geschichtliche Überlieferung und die »Gegenwart seines eigenen Lebens« (ebd., 346) miteinander vermitteln kann.

2. **Literatur** erhält in Gadamers Ansatz einen besonders hohen Status unter den wissenschaftlich zu untersuchenden Gegenständen. Diese ›Dignität‹ kommt in Gadamers ›Ontologie des Kunstwerks‹ jedem ästhetischen Objekt zu. Sie ermöglicht der Kunst, Wahrheit zu vermitteln. Gadamers Auffassung vom Kunstwerk unterstützt einen voraussetzungsreichen Begriff des literarischen Werkes: Ein literarisches Werk ist gekennzeichnet durch die Merkmale ›**Stimmigkeit**‹, ›**Ganzheit**‹ und ›**Einheit**‹. Zudem hängen in ihm Form und Inhalt auf unlösliche Weise miteinander zusammen. Diese im Fach lange Zeit verbreiteten Annahmen sind keineswegs selbstverständlich, sondern gelten nur mit Bezug auf Rahmenannahmen, wie sie – unter anderem – die oben skizzierte philosophische Hermeneutik zur Verfügung stellt.

3. **Interpretation:** Die Rahmenannahmen beeinflussen auch die Auffassung vom angemessenen Umgang mit Literatur. Denn einem solcherart bestimmten literarischen Werk wird, wie bereits gesagt, eine besondere Art des Zugangs als adäquat zugeordnet: das **Verstehen** und das sich an ihm orientierende hermeneutische Interpretieren.

Zentrale Denkfigur ist hier die des **hermeneutischen Zirkels**; Gadamers Formulierung ist oft zitiert worden:

> Wer einen Text verstehen will, [...] wirft sich einen Sinn des Ganzen voraus, sobald sich ein erster Sinn im Text zeigt. [...] Im Ausarbeiten eines solchen Vorentwurfs, der freilich beständig von dem her revidiert wird, was sich bei weiterem Eindringen in den Sinn ergibt, besteht das Verstehen dessen, was dasteht. (Gadamer 1990, Bd. 1, 271)

Der Vorgang des Verstehens selbst ist für Gadamer durch das geprägt, was er den »Vorentwurf« und den »Vorgriff der Vollkommenheit« nennt: Man unterstellt dem Text bereits zu Beginn der Lektüre u.a., dass dessen Worte in einem gewöhnlichen, vertrauten Sinn verwendet sind und dass er »eine vollkommene Einheit von Sinn« (ebd., 299) darstellt, d.h. sowohl formal konsistent als auch inhaltlich stimmig und wahr ist. Im Verstehensprozess selbst ist der Interpret dann gezwungen, solche ›Vormeinungen‹ mit dem Text abzugleichen und gegebenenfalls zu modifizieren.

Dieses Modell des Verstehens und Interpretierens von Texten, das sich in ähnlicher Form bereits in zahlreichen hermeneutischen Entwürfen vor Gadamer findet, hat in einer **normativen Variante** die Literaturwissenschaft besonders stark geprägt. Um einem Text gerecht zu werden, *muss* ein Leser demnach seine, z.B. sozialisationsbedingten, »Vormeinungen« bzw. »Vorurteile«, die er an den Text heranträgt, auf ihre »Legitimation« hin überprüfen (ebd.). Verstehensprobleme, die sich aus unangemessenen sprachlichen und inhaltlichen »Vormeinungen« des Lesers ergeben – etwa solchen, die aus dem historischen Abstand zum Text resultieren –, sind Anlass, über die Differenz zwischen der eigenen Sprache und der Sprache des Textes nachzudenken, d.h. erst aufgrund dieser Probleme wird Interpretation erforderlich. Von dem Auslegenden wird gefordert, dem Text gegenüber »offen« zu sein und sich die eigenen Vorurteile bewusst zu machen bzw. sie zu korrigieren. Das **Korrektiv** liegt für Gadamer im Text selbst: Irgendwann wird »die Meinung des Textes« (zumindest für den ›gesprächsbereiten‹ und den »hermeneutisch geschulten« Leser) »unüberhörbar« und nötigt den Leser zur Revision seiner Vormeinungen (ebd., 272). Textinterpretation hat damit Dialogcharakter, wobei einer der ›Gesprächspartner‹ der Text ist.

4. Bedeutungskonzept: Aus Gadamers Annahme, dass Verstehen nichts Willkürliches ist, sondern dass es etwas gibt, das verstanden werden kann, folgt, dass Texte Bedeutungen haben und dass wir sie unter bestimmten Bedingungen verstehen können. Diese Annahme einer zumindest näherungsweise auffindbaren Bedeutung zählt zu den meist kritisierten hermeneutischen Thesen. Nach Gadamer ist die Bedeutung keine objektive, vollständig erkennbare Größe, sondern eine **erfahrbare, zukunftsoffene Größe**. Wie sich aus den Erläuterungen zum Verstehenskonzept ergibt, ist sie immer Bedeutung eines Objektes für ein Subjekt in einer geschichtlichen Situation. Sie setzt sich also aus objektiven und subjektiven Komponenten zusammen und resultiert aus der Vermittlung beider Komponenten im Akt des Verstehens.

5. Literaturwissenschaftliche Anwendung: Diese sehr vagen Ausführungen, die allerdings – wie gesagt – auch keine Methode des Textauslegens entwickeln oder vorgeben wollen, sind in der Literaturwissenschaft in methodische Anweisungen des Umgangs mit literarischen Texten übertragen worden. Ein Beispiel für ein literaturwissenschaftliches Verfahren, das sich auf das Verstehensmodell philosophischer Hermeneutik stützt, hat **Hans Robert Jauß** (1982) vorgelegt.

Jauß hält aus Gründen methodischer Klarheit drei Bestandteile philologischer Auslegepraxis auseinander, die in der Praxis meist nicht getrennt, sondern miteinander verbunden sind:

- Der **erste Schritt** besteht im »**unmittelbare[n] Aufnehmen**« des Textes. Dieses noch nicht ›auslegende‹ Verstehen wird im Akt fortlaufender Lektüre vollzogen und besteht in einer Art des Freisetzens eines noch offenen Potenzials an Bedeutungen, die Leser mit den Lauten, Worten und Bildern des Textes verbinden. Mit fortschreitender Lektüre wird dieses Potenzial immer weiter eingeschränkt. In diesem ersten Stadium des Umgangs mit dem Text siedelt Jauß auch »ästhetisches Verstehen« an, das für ihn hermeneutisch auf den »Erfahrungshorizont der ersten Lektüre« (oder der ersten Lektüren) bezogen ist (ebd., 816).
- Erst an die **zweite Stelle** setzt Jauß **das Interpretieren als** »**reflektierende[s] Auslegen**« (ebd., 815). Es grenzt das Bedeutungspotenzial durch begriffliche Fixierung und Fokussierung auf Textstrukturen ein. Selektionskriterien sind Kohärenz, Textganzes und Stimmigkeit. In dieser interpretierenden, auslegenden Lektüre versucht der Interpret, »einen bestimmten Bedeutungszusammenhang aus dem Sinnhorizont [eines] Textes zu konkretisieren« (ebd., 816).
- Der **dritte Schritt** besteht in der **Anwendung des verstandenen und interpretierten Textes**, die Jauß als historische Rekonstruktion seiner Rezeptionsgeschichte bestimmt. Hier hat der Interpret den »Erwartungshorizont[]« (ebd., 822) der Zeitgenossen zu rekonstruieren, in dem der Text gelesen wurde, und seine ›Wirkungsgeschichte‹ bis zur Gegenwart des Interpreten hin zu skizzieren.

Die ersten beiden Schritte philologischer Auslegungspraxis – auch wenn sie im Einzelnen unterschiedlich beschrieben werden können – nehmen die meisten literaturwissenschaftlichen Interpretationstheorien vor, die von einem hermeneutischen Grundmodell ausgehen. ›Hermeneutisch‹ heißt hier so viel wie ›auf eine Rekonstruktion der Bedeutung(en) eines Textes bezogenes Auslegen‹, wobei Verstehen als grundlegende Operation aufgefasst wird und Interpretation als auf dem primären Verstehen aufbauendes, reflektiertes Verstehen nach bestimmten disziplinären Regeln gilt. Der dritte Schritt kann je nach Ansatz variieren. Jauß' Auffassung von der Rekonstruktion des »Erwartungshorizonts« und der Geschichte der unterschiedlichen Auslegungen eines Textes im Verlauf seiner Tradierung ist spezifisch für einen rezeptionsgeschichtlichen Ansatz (s. Kap. 6).

> **Kritik an Gadamer**
> Gadamers hermeneutische Position wurde in literaturwissenschaftlichen Zusammenhängen oft und vehement kritisiert. Zu Recht ist gegen sie eingewandt worden, dass wichtige Konzepte ebenso **vage** bleiben wie die Auffassung vom Vorgang des Verstehens und dass sie Termini verwendet, die **metaphorisch und unklar** sind, allen voran das Konzept der ›Horizontverschmelzung‹. Obwohl Gadamer sich gegen Interpretationsverfahren ausspricht, die den Interpreten klare Handlungsanweisungen geben – vor allem historistische Verfahren –, scheint er eine distinkte Vorstellung vom angemessenen hermeneutischen Interpretieren zu haben, die er auch in seinen eigenen Deutungen literarischer Texte umsetzt. Es werden aber **keine Kriterien zur Beurteilung von Interpretationen** erkennbar. Nach

Gadamer entfaltet sich die ›vollständige‹ Bedeutung eines Textes erst im Laufe der Zeit, im Rahmen der ›Wirkungsgeschichte‹ bzw. des ›Überlieferungsgeschehens‹. Aus diesem Grund kann selbst der Autor eines Textes dessen Bedeutung nicht abschließend bestimmen: »Nicht nur gelegentlich, sondern immer übertrifft der Sinn eines Textes seinen Autor.« (Ebd., 301) Die Intention des Autors ist folglich kein brauchbarer Standard zur Evaluation von Deutungshypothesen. Offen bleibt, ob bei Gadamer ein anderer Standard diese Funktion übernehmen kann (vgl. Hirsch 1967, 245-264).

Literatur

Alexander, Werner: *Hermeneutica Generalis. Zur Konzeption und Entwicklung der allgemeinen Verstehenslehre im 17. und 18. Jahrhundert*. Stuttgart 1993.
Betti, Emilio: *Die Hermeneutik als allgemeine Methodik der Geisteswissenschaften*. Tübingen 1962.
Boeckh, August: *Enzyklopädie und Methodenlehre der philologischen Wissenschaften*. Reprografischer Nachdruck der Ausg. von 1886. Darmstadt 1977.
Bühler, Axel/Luigi Cataldi Madonna: Einleitung. In: Georg Friedrich Meier: *Versuch einer Allgemeinen Auslegungskunst*. Hg. von A.B. und L.C.M. Hamburg 1996, VII-CII.
Dilthey, Wilhelm: Der Aufbau der geschichtlichen Welt in den Geisteswissenschaften [1910]. In: Ders.: *Gesammelte Schriften*. Bd. 7. Stuttgart u.a. ²1958.
Dilthey, Wilhelm: Die Entstehung der Hermeneutik [1900]. In: Ders.: *Gesammelte Schriften*. Bd. 5. Die geistige Welt: Einleitung in die Philosophie des Lebens, Hälfte 1. Abhandlungen zur Grundlegung der Geisteswissenschaften. Stuttgart u.a. ²1957, 317-331.
Frank, Manfred: Einleitung. In: Schleiermacher 1977, 7-72.
Gadamer, Hans-Georg: *Wahrheit und Methode. Grundzüge einer philosophischen Hermeneutik* [1960]. 2 Bde. Tübingen ⁴1990.
Grondin, Jean: *Einführung in die philosophische Hermeneutik*. Darmstadt ²2001.
Hirsch, Eric Donald: *Validity in Interpretation*. New Haven/London 1967.
Jauß, Hans Robert: Der poetische Text im Horizontenwandel der Lektüre (Baudelaires Gedicht »Spleen II«). In: H.R.J.: *Ästhetische Erfahrung und literarische Hermeneutik*. Frankfurt a.M. 1982, 813-865.
Japp, Uwe: *Hermeneutik. Der theoretische Diskurs, die Literatur und die Konstruktion ihres Zusammenhangs in den philologischen Wissenschaften*. München 1977.
Ricœur, Paul: *Hermeneutik und Strukturalismus. Der Konflikt der Interpretationen I*. München 1973 (frz. 1969).
Ricœur, Paul: *Hermeneutik und Psychoanalyse. Der Konflikt der Interpretationen II*. München 1974 (frz. 1969).
Schleiermacher, Friedrich D.E.: *Hermeneutik und Kritik* [1838]. Mit einem Anhang sprachphilosophischer Texte Schleiermachers. Hg. und eingel. von Manfred Frank. Frankfurt a.M. 1977.
Seiffert, Helmut: *Einführung in die Hermeneutik. Die Lehre von der Interpretation in den Fachwissenschaften*. Tübingen 1992.
Strube, Werner: Über verschiedene Arten, den Autor besser zu verstehen, als er sich selbst verstanden hat. In: Fotis Jannidis u.a. (Hg.): *Rückkehr des Autors. Zur Erneuerung eines umstrittenen Begriffs*. Tübingen 1999, 135-155.

Szondi, Peter: *Einführung in die literarische Hermeneutik* [1967/68]. Frankfurt a.M. 1975.
Weimar, Klaus: Hermeneutik. In: Harald Fricke u.a. (Hg.): *Reallexikon der deutschen Literaturwissenschaft*. Bd. II. Berlin/New York 2000, 25-33.

Weitere Lektüreempfehlungen

Gadamer, Hans-Georg: Vom Zirkel des Verstehens. In: H.-G. G.: Kleine Schriften. Bd. 4. Tübingen 1977, 54-61.
Enthält eine Zusammenfassung einiger Kernthesen aus *Wahrheit und Methode*.
Weimar, Klaus: Gibt es eine literaturwissenschaftliche Hermeneutik? In: *Sprache und Literatur in Wissenschaft und Unterricht* 57 (1986), 11-19.
Der Verfasser unterscheidet klar zwischen verschiedenen Verstehenstätigkeiten im wissenschaftlichen Umgang mit Literatur. Dabei skizziert er die Aufgabe einer noch auszuarbeitenden literaturwissenschaftlichen Hermeneutik, das literaturwissenschaftliche Verstehen in Interpretationsprozessen reflexiv zu vollziehen, nachzuvollziehen und auszuwerten.

3.3 Formalismus und früher Strukturalismus

Im Formalismus sowie den frühen Ausprägungen des Strukturalismus wurden für die spätere Literaturtheorie wichtige Grundlagen entwickelt. Literarische Texte werden als sprachliche Gebilde betrachtet, deren Eigenheit nicht etwa in der Persönlichkeit oder Begabung des Autors oder inhaltlichen Aspekten, sondern vielmehr in besonderen Formen der Sprachverwendung zu sehen ist. Die Literaturwissenschaft und -theorie wird infolgedessen als ein eigenständiges Arbeitsfeld konzipiert, auf dem diese spezifisch literarischen Eigenheiten der Sprache, die sogenannte **Literarizität**, untersucht werden sollen.

Der frühe Strukturalismus ist aus dem Formalismus hervorgegangen, hat dabei jedoch weitere, insbesondere linguistische Einflüsse aufgenommen und eigenständige (nicht nur literaturwissenschaftliche) Traditionslinien begründet. In den folgenden Abschnitten werden zentrale Theoreme des Formalismus sowie für den späteren Strukturalismus wichtige Grundlagen skizziert.

3.3.1 Formalismus

Der Russische Formalismus bildete sich ab etwa 1915 und in den 1920er Jahren in Moskau und St. Petersburg. Er wendet sich gegen eine literaturwissenschaftliche Praxis, die in erster Linie am Autor, an den Inhalten und der gesellschaftlichen Bedeutung von Literatur interessiert ist. Für seine Theoriebildung spielt die Auseinandersetzung sowohl mit der zeitgenössischen Linguistik als auch mit der russischen avantgardistischen Literatur eine wichtige Rolle. Zu seinen wichtigsten Vertretern zählen u.a. Boris Ėjchenbaum, Roman Jakobson, Viktor Šklovskij, Boris Tomaševskij sowie Jurij Tynjanov. In den späten 1920er Jahren verliert der Formalismus nicht zuletzt unter dem Druck auch politisch motivierter marxistischer Theorien an Einfluss. Prominente

Vertreter wenden sich anderen Theorien zu oder emigrieren. Insbesondere auf Roman Jakobson geht der auch personelle Übergang in den frühen (Prager) Strukturalismus zurück (vgl. Rudy/Waugh 1998).

Zu den wichtigsten Aspekten formalistischer Arbeiten gehört (1) ein bestimmtes Konzept der **Wissenschaftlichkeit**, (2) die Rekonstruktion von **Verfahren des sprachlichen Aufbaus literarischer Texte**, (3) eine Neukonzipierung des spezifischen **Gegenstandsbereichs der Literaturwissenschaft** sowie (4) Modelle der ›literarischen Evolution‹:

1. **Wissenschaftlichkeit:** Das Ziel des wissenschaftlichen Arbeitens wird in der Formulierung allgemeiner Hypothesen gesehen, die Gesetzmäßigkeiten über einen bestimmten Gegenstandsbereich – beispielsweise die ›literarische Sprache‹ oder die Entwicklung literarischer Genres – zum Ausdruck bringen. Die Gesetzmäßigkeiten bilden keine unantastbare Doktrin, sondern müssen sich vielmehr anhand der Daten – d.h. anhand konkreter literarischer Texte – bewähren. Für die Formalisten bestand der **Prozess des wissenschaftlichen Arbeitens** in einer beständigen Modifikation einerseits gegenstandsbezogener und andererseits möglichst allgemeiner Hypothesen. Aus diesem Grund wurde der Gedanke einer Literaturtheorie im Sinne einer festgeschriebenen Doktrin abgelehnt und vielmehr am Konzept beständig zu modifizierender und zu ergänzender Forschungsergebnisse festgehalten (vgl. Striedter 1971a, XII-XVIII).

2. **›Die Kunst als Verfahren‹:** In seinem für den Formalismus wegweisenden Aufsatz »Die Kunst als Verfahren« (1916) stellte Viktor Šklovskij die These auf, dass die »dichterische Sprache« über eigene Gesetzmäßigkeiten verfüge, die von denen der »prosaischen Sprache« abweichen (Šklovskij 1971, 11). Während es in alltäglichen Sprachverwendungszusammenhängen (der »prosaischen Sprache«) darauf ankomme, vermittels sprachlicher Benennungen Dinge möglichst schnell und unkompliziert wieder erkennen zu können, habe die fiktionale literarische Sprache (»dichterische Sprache«) die Aufgabe und den Vorzug, ihre Gegenstände durch **Verfahren der Verfremdung** so darzustellen, dass man meint, sie zum ersten Mal wahrzunehmen:

> Ziel der Kunst ist es, ein Empfinden des Gegenstandes zu vermitteln, als Sehen, und nicht als Wiedererkennen; das Verfahren der Kunst ist das Verfahren der ›Verfremdung‹ der Dinge und das Verfahren der erschwerten Form, ein Verfahren, das die Schwierigkeit und Länge der Wahrnehmung steigert, denn der Wahrnehmungsprozeß ist in der Kunst Selbstzweck und muß verlängert werden [...]. (Ebd., 15)

Der **Unterschied zwischen dichterischer Sprache und Alltagssprache** wird hier in erster Linie über funktionelle Merkmale bestimmt: Die Sprache der Dichtung hat die Funktion einer ›**Entautomatisierung**‹ **der Wahrnehmung**. Einerseits bezieht sich dies auf die dargestellten (fiktiven) Gegenstände, von denen in einem fiktionalen literarischen Werk die Rede ist. Wenn Tolstoi, so Šklovskijs Beispiel, ein Pferd über menschliche Eigentumsverhältnisse räsonieren lasse, so habe man den Eindruck, die Institution des Eigentums auf völlig neue Weise zu ›sehen‹. Andererseits deutet Šklovskij zumindest an, Verfahren der Verfremdung führten dazu, dass das sprachliche Kunstwerk selbst Gegenstand einer verlängerten und vertieften Wahrnehmung sei. Für die Formalisten stehen im Übrigen nicht die naheliegenden, beispielsweise ethischen

Konsequenzen einer Entautomatisierung der Wahrnehmung im Vordergrund; dass Verfahren der Verfremdung genutzt werden können, um Leser zu moralischen oder sonstigen Einsichten zu verhelfen, ist erst später u.a. von Bertolt Brecht hervorgehoben worden (vgl. Brecht 1984). Wichtig ist den Formalisten vielmehr, *dass* sich die dichterische Sprache aufgrund ihrer funktionalen Eigenschaften als solche von anderen Typen der Sprachverwendung (im folgenden Zitat als »Prosa« bezeichnet) abheben lässt: »Die dichterische Sprache ist Konstruktions-Sprache. Die Prosa hingegen ist gewöhnliche Sprache: ökonomisch, leicht, regelmäßig [...]« (ebd., 34).

Die Qualität der Verfremdung lässt sich anhand unterschiedlicher Elemente eines literarischen Werkes, etwa der Syntax, der Lexik oder des Sujets, nachvollziehen. Nach formalistischer Auffassung ist das literarische Werk ein **System**, in dem die verschiedenen Elemente miteinander korrelieren (vgl. Tynjanov 1971, 437). Welche Funktion ein einzelnes Element des Werkes hat, kann man oftmals nur erkennen, indem man erstens werkinterne Korrelationen sowie zweitens Beziehungen zu anderen Werken berücksichtigt. Tynjanovs Beispiel ist die Verwendung von Archaismen in einem Text: *Dass* bestimmte Wörter überhaupt als Archaismen wahrgenommen werden, hängt von der Stellung des Werkes innerhalb seines literatur- und sprachgeschichtlichen Kontextes ab; welche *Funktion* ein Archaismus innerhalb eines Werkes hat – ob er beispielsweise einen ›hohen Stil‹ anzeigt oder vielmehr als parodistisch zu verstehen ist –, hängt von seiner Korrelation mit anderen Elementen des Werksystems ab (zur formalistischen Theorien der Prosa vgl. die Beiträge in Striedter 1971; zu formalistischen Lyriktheorien vgl. die Beiträge in Stempel 1972).

Die Verfremdungsthese ist in jüngerer Zeit u.a. von der analytischen Literaturwissenschaft präzisiert worden (vgl. Fricke 1981); die Empirische Literaturwissenschaft hat in mehreren Untersuchungen die empirische Tragfähigkeit der These überprüft (s. Kap. 14.1.4).

3. Gegenstandsbereich einer Literaturwissenschaft: Die Annahme einer spezifisch literarischen Sprachverwendung begründet und rechtfertigt den Gegenstandsbereich einer Literaturwissenschaft, die nicht Biographie, Soziologie, (Lebens-)Philosophie oder Ähnliches ist, sondern die sich vielmehr der Literarizität als dem *proprium* literarischer Werke widmet (vgl. Ėjchenbaum 1965, 7-9). Aus der Einzeltext-bezogenen Beobachtung, dass es spezifische Formen einer dichterischen Sprachverwendung gibt, ist also zunächst eine generelle Hypothese abgeleitet worden (›Literarische Kunstwerke zeichnen sich durch eine besondere Form der Sprachverwendung aus‹), und diese Hypothese mündete dann in die methodologische Forderung der Konzeption einer Literaturwissenschaft, die sich um die Erforschung der Literarizität zu kümmern habe.

> **Literarizität**
> Die spezifische Sprachverwendungsweise literarischer Texte wird im Anschluss an den Formalismus oftmals als ›Literarizität‹ bezeichnet. Dabei darf nicht übersehen werden, dass der Ausdruck in mindestens vier Verwendungsweisen gebraucht wird:
> 1. als Bezeichnung bestimmter **sprachlicher Merkmale** z.B. auf syntaktischer, lexematischer oder stilistischer Ebene, die eine ›literarische‹ oder ›poetische‹ Sprache

von einer Gebrauchs- oder Alltagssprache abheben; in dieser Verwendungsweise wird ›Literarizität‹ als graduell aufgefasst, d.h. eine sprachliche Äußerung kann sich durch mehr oder weniger Literarizität auszeichnen;
2. als Bezeichnung einer **Textsortenzugehörigkeit**; Literarizität ist demnach genau die Eigenschaft, die ›literarische‹ bzw. ›poetische‹ Texte von anderen Texten unterscheidet; ›Literarizität‹ wird hier als klassifikatorischer Begriff aufgefasst;
3. als Bezeichnung bestimmter **Umgangsweisen**, die einem Text gegenüber eingenommen werden: Nicht dem Text, sondern seiner Verarbeitung durch Leser kommt ›Literarizität‹ zu. Dieser Verarbeitungsmodus führt z.B. dazu, die Aufmerksamkeit des Lesers auf die sprachliche Gestalt bzw. Struktur des Textes zu fokussieren;
4. als Bezeichnung für den **Untersuchungsgegenstand einer Literaturwissenschaft**.

Es liegt auf der Hand, dass diese Verwendungsweisen von ›Literarizität‹ nicht koextensiv sind: So ist durchaus denkbar, dass ein Text zur Literatur hinzugezählt wird (Verwendungsweise 2), obwohl er sich nicht durch eine von der Alltagssprache abweichende Sprachverwendung auszeichnet (Verwendungsweise 1); ein Text kann Gegenstand der Literaturwissenschaft sein (Verwendungsweise 4), obwohl seine literaturwissenschaftlich interessanten Gesichtspunkte vor allem die Einordnung in einen literarhistorischen Kontext, nicht jedoch eine etwaige ›Aufmerksamkeitsfokussierung‹ (Verwendungsweise 3) betreffen (zur Kritik am Literarizitätskonzept im Sinne von Verwendungsweise 3 s. Kap. 4 sowie Posner 1976 u. 1980; zur Kritik an Verwendungsweise 4 vgl. Ellis 1974, Kap. 3).

4. Literarische Evolution: Šklovskijs Verfremdungsthese weist auf ein Modell der literaturgeschichtlichen Entwicklung voraus, das als ›literarische Evolution‹ bezeichnet wurde. Wenn sich die dichterische Sprache durch innovative Verfremdungsmechanismen auszeichnet, so liegt auf der Hand, dass sich die Verfremdungswirkung in dem Maße abschwächen muss, wie ein bestimmtes Darstellungsverfahren habitualisiert wird. Neu und ungewöhnlich ist ein Verfahren immer nur eine gewisse Zeit lang; anschließend müssen neue Verfahren entwickelt werden. Der Gedanke der literarischen Evolution bringt eben dies zum Ausdruck: dass es einen innerliterarischen Prozess der Ablösung verschiedener Darstellungsverfahren gibt, die gleichsam natürlich auseinander hervorgehen. Deutlich wird dies, wenn das einzelne literarische Werk als Bestandteil einer ›literarischen Reihe‹ aufgefasst wird. In »Über die literarische Evolution« (1971) hat Tynjanov eine entsprechende Theorie rückblickend systematisch dargestellt. Tynjanov stellt überdies heraus, dass die literarische Sprachverwendung nur vor dem Hintergrund anderer (literarischer und nicht-literarischer) Reihen existieren könne:

> Daß ein Faktum als *literarisches* Faktum existiert, hängt von seiner Differenzqualität ab (d.h. von seiner Korrelation sei es zur literarischen, sei es zur außerliterarischen Reihe) […]. Was in der einen Epoche als literarisches Faktum erscheint, gilt für die andere als alltagssprachliche, außerliterarische Erscheinung (und umgekehrt), je nachdem, in welchem literarischen System sich das betreffende Faktum befindet. (Ebd., 441)

Wissenschaftstheorie des Formalismus

Zu den besonders bemerkenswerten **wissenschaftstheoretischen Auffassungen** des Formalismus gehören Bestimmungen des **Ziels wissenschaftlichen Arbeitens** und Vorstellungen vom **wissenschaftlichen Fortschritt**. So liest man bei Ėjchenbaum:

> Wir stellen konkrete Grundsätze auf und halten uns daran, sofern sie vom Material verifiziert werden. Wenn das Material ihre Differenzierung oder Veränderung erheischt, dann ändern und differenzieren wir die Grundsätze. [...] Fertige Wissenschaften gibt es nicht – Wissenschaft vollzieht sich nicht in der Aufstellung von Wahrheiten, sondern in der Überwindung von Irrtümern (Ėjchenbaum 1965, 8).

Auffällig ist hier zunächst, dass nicht die Erforschung einzelner literarischer Werke (beispielsweise ihres Inhalts oder die Beziehung zum Autor) im Vordergrund steht, sondern dass es vielmehr um die **Formulierung allgemeiner Gesetzmäßigkeiten** (»Grundsätze«) geht. Solche Gesetzmäßigkeiten müssen sich anhand einzelner Texte bewähren und sind, wenn das Textmaterial dies erfordert, zu modifizieren. Insofern wird der Forschungsprozess betont dynamisch aufgefasst: Es kann nicht Aufgabe des Forschers sein, ein abschließendes Lehrgebäude zu entwickeln, sondern es müssen **Hypothesen aufgestellt und gegebenenfalls verworfen** werden.

Problematisch an diesem Modell ist die Konzeption des Zusammenhangs zwischen einzelnen literarischen Werken (dem »Material«) und den hypothetischen Gesetzmäßigkeiten. Wenn man es mit einer unüberschaubaren Menge literarischer Texte zu tun hat, so kann man allgemeine Gesetzmäßigkeiten nicht *direkt* »verifizier[en]«, indem man prüft, ob die Gesetzmäßigkeit auch tatsächlich auf jeden einzelnen Text zutrifft. Tatsächlich kann die **Bestätigung einer hypothetischen Gesetzmäßigkeit** in aller Regel nur *indirekt* vorgenommen werden, indem man an Stichproben nachweist, dass diese Proben der Gesetzmäßigkeit nicht zuwiderlaufen. Dass eine hypothetische Gesetzmäßigkeit ›bestätigt‹ ist, bedeutet dann lediglich, dass sie – trotz einiger Prüfung am Material – *noch nicht widerlegt* ist. Ėjchenbaums Aussage, die Dynamik der Forschung sei als »Überwindung von Irrtümern« zu verstehen, deutet auf eben diesen Punkt hin: Allgemeine Gesetzmäßigkeiten über unüberschaubare Gegenstandsbereiche kann man nicht direkt bestätigen, sondern man muss sich damit begnügen, unzureichende (da am »Material« widerlegte) Kandidaten solcher Gesetzmäßigkeiten auszusortieren (vgl. Popper 1994).

3.3.2 Früher Strukturalismus

Der sich um die Mitte der 1920er Jahre formierende Prager Linguistische Zirkel nahm die Arbeiten des Russischen Formalismus auf und verband sie mit weitergehenden philosophischen und linguistischen Einflüssen (vgl. Winner 1998, 2249f.). Das erste schriftliche Dokument des Zirkels besteht aus acht »Thesen« (1928), in denen gefordert wird, die Strukturgesetze der Literatur in synchroner und diachroner Perspektive auf eine wissenschaftlichen Ansprüchen genügende Weise zu erforschen (vgl. Tynjanov/Jakobson 1966).

Ein wesentlicher Einfluss, der auch für den späteren Strukturalismus bestimmend bleibt, geht dabei von **Ferdinand de Saussures** *Cours de linguistique générale* aus. Es handelt sich um eine erstmals 1916 erschienene Nachschrift verschiedener Vorlesungen, die Saussure zwischen 1906 und 1911 in Genf gehalten hatte (Saussure 2001). Der eigentliche Gegenstand sprachwissenschaftlicher Untersuchungen ist für Saussure die Sprache (*langue*). Diese unterscheidet sich vom Sprechen (*parole*), das ein von einzelnen Personen vollzogener ›psychophysischer‹ Akt ist, durch ihren überindividuellen und konventionellen (regelhaften) Charakter. Die **Sprache** bildet zu einem bestimmten Zeitpunkt (synchron) in zweierlei Hinsicht **ein System**: Erstens verfügt sie über ein bestimmtes Zeicheninventar und eine bestimmte »Grammatik«, d.h. ein Ensemble von »Konstruktionsregeln« möglicher Verknüpfungen sprachlicher Einheiten oberhalb und unterhalb der Zeichenebene: Geregelt ist – bis zu einem bestimmten Grad – sowohl, wie einzelne Zeichen aufgebaut werden können, als auch ihre Verknüpfung zu größeren Einheiten. Zweitens herrschen zwischen den einzelnen Elementen des Sprachsystems Beziehungen, die für die Konturen der einzelnen Elemente konstitutiv sind. Wie beispielsweise die Lautgestalt eines Zeichens beschaffen ist und welchen begrifflichen Inhalt das Zeichen hat, hängt vom sonstigen Lautbestand und dem sonstigen Begriffsrepertoire der Sprache ab (vgl. Saussure 2001, 132-147, sowie Kapitel 4.2 u. 6.3).

Saussure unterscheidet zwei verschiedene »Sphären«, auf denen sich die Beziehungen – insbesondere Ähnlichkeiten und Unterschiede – zwischen verschiedenen sprachlichen Einheiten manifestieren können (vgl. Saussure 2001, 147-159). Einerseits sind die Bestandteile einer Äußerung bzw. eines Satzes nach- bzw. nebeneinander aufgereiht und bilden ›Syntagmen‹ bzw., in einer späteren Formulierung, eine **syntagmatische Achse**. Andererseits steht jede sprachliche Einheit in verschiedenen Beziehungen zu anderen sprachlichen Einheiten, die nicht Bestandteil der Äußerung sind, mit denen sie jedoch z.B. inhaltliche, morphologische oder phonetische Aspekte gemeinsam hat. Saussure spricht hier von »assoziativen Beziehungen«:

> So läßt das Wort *Belehrung* unbewußt vor dem Geist eine Menge anderer Wörter auftauchen (*lehren, belehren* usw., oder auch *Bekehrung, Begleitung, Erschaffung* usw., oder ferner *Unterricht, Ausbildung, Erziehung* usw.). Auf der einen oder andern Seite haben alle diese Wörter irgend etwas unter sich gemein. (Ebd., 147, Hervorhebungen im Original)

Später ist für diesen Typ von Beziehungen zwischen den Einheiten einer Sprache die Bezeichnung ›Paradigma‹ bzw. ›**paradigmatische Achse**‹ eingeführt worden. Jede sprachliche Äußerung repräsentiert demnach eine **Selektion** (Auswahl) bestimmter Elemente auf der paradigmatischen Achse und deren **Kombination** (Anordnung) auf der syntagmatischen Achse. Schematisch lässt sich der Beispielsatz ›Die Sonne scheint‹ folgendermaßen darstellen:

3. Vorläufer

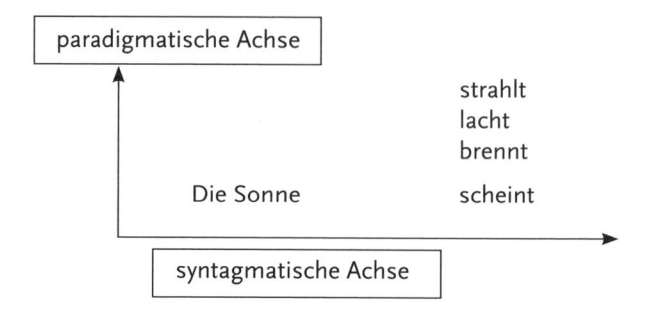

```
                    ┌─────────────────────────┐
                    │ paradigmatische Achse   │
                    └─────────────────────────┘
                              ▲
                              │           strahlt
                              │           lacht
                              │           brennt
                        Die Sonne         scheint
                              │                              ▶
                    ┌─────────────────────────┐
                    │ syntagmatische Achse    │
                    └─────────────────────────┘
```

Aus dem paradigmatischen Repertoire (›strahlt‹, ›lacht‹, ›brennt‹, ›scheint‹, usw.) möglicher Einsetzungsinstanzen für die syntaktische Stelle, die durch den Ausdruck besetzt wird, der anzeigt, was von der Sonne ausgesagt wird, wurde ein bestimmter Ausdruck ausgewählt. Die Ausdrücke ›strahlen‹, ›lachen‹, ›brennen‹ und ›scheinen‹ (usw.) sind in Hinblick auf ihre Bedeutung ähnlich – sie unterscheiden sich jedoch in recht spezifisch benennbaren Hinsichten. So bringt ›brennen‹ das Bedeutungselement einer unwillkommenen Stärke der Sonnenstrahlung zum Ausdruck, während ›scheinen‹ dieses Element fehlt. ›Lachen‹ dagegen klingt, weil es sich in diesem Kontext um eine Metapher handelt, im Gegensatz zu ›scheinen‹ eher poetisch. Nach strukturalistischer Auffassung sind diese Bedeutungsunterschiede als **Oppositionen distinkter semantischer Merkmale** fassbar, die man nur dann in den Blick bekommt, wenn man sich größere Einheiten des Sprachsystems – eben ein bestimmtes paradigmatisches Repertoire – ansieht.

> **Komponentialsemantik**
> Um den Begriff der Bedeutungsähnlichkeit zu erklären, greifen Strukturalisten oft auf die **Merkmals- oder Komponentialsemantik** zurück. Die Bedeutung eines sprachlichen Ausdrucks wird hier als aus verschiedenen elementareren Bedeutungseinheiten, den sogenannten Semen, zusammengesetzt verstanden. Bei diesen Bedeutungselementen handelt es sich um semantisch distinktive Merkmale, an denen sich die Bedeutungsverschiedenheit zweier Zeichen festmachen lassen soll: So sind beispielsweise die Wortbedeutungen von ›Fluss‹ und ›Kanal‹ insofern ähnlich, als beide über die Seme ›Gewässer‹ und ›fließend‹ verfügen; sie stehen jedoch in Hinblick auf das Sem ›natürlich‹ in der Relation der Opposition zueinander, weil ein Fluss ein natürliches fließendes Gewässer ist und ein Kanal nicht (vgl. Linke/Nussbaumer/Portmann 1996, 145-151).

Der Russische Formalismus und Saussures linguistische Theorie sind die beiden wichtigsten Einflussgrößen des frühen literaturwissenschaftlichen Strukturalismus, der sich, bevor er in den 1960er Jahren in Deutschland rezipiert wurde, in verschiedenen regionalen Zentren u.a. in Frankreich (Roland Barthes), der Sowjetunion (Jurij M. Lotman) und der ehemaligen Tschechoslowakei (Roman Jakobson, Jan Mukařovský) ausprägte. Die einflussreichen Arbeiten Jan Mukařovskýs, eines der wichtigsten Vertreter des Prager Strukturalismus, können als exemplarisch für die Weiterentwicklung gelten, die der Strukturalismus ab den 1930er und 1940er Jahren erfahren hat.

Ein wichtiger Schwerpunkt der Forschung blieb **die Suche nach einem Charakteristikum der dichterischen Sprache** im Unterschied zur Alltagssprache. Mukařovský vertieft und präzisiert einen Ansatz, dessen Anlage bereits in Šklovskijs Verfremdungstheorie gesehen werden kann: Die **poetische Sprache hat eine spezifische Funktion**, die sie von der Alltagssprache abhebt. An einer pragmatischen Äußerung interessieren beispielsweise ihr Wirklichkeitsbezug und Wahrheitsgehalt. Nimmt man eine Äußerung dagegen als poetische auf, so wird ein anderes Set von Fragestellungen an den Text herangetragen – etwa, an welcher Stelle des Gedichts sich der Satz findet und in welchen Beziehungen er zu den anderen Sätzen steht: »Die poetische Benennung wird also nicht in erster Linie durch das Verhältnis zur angenommenen Wirklichkeit bestimmt, sondern durch die Art ihrer Einordnung in den Text« (Mukařovský 1967, 45f.). Entsprechend verschieben sich auch die Wertmaßstäbe, nach denen der Text beurteilt werden kann: »Der Wert der poetischen Benennung besteht allein in der Aufgabe, die sie im semantischen Gesamtaufbau des Werks erfüllt« (ebd., 47). Im Anschluss an Karl Bühlers Schema der Funktionen sprachlicher Äußerungen (Bühler 1999, 28) ergänzt Mukařovský die bestehenden drei Funktionen – Darstellung (der Wirklichkeit), Ausdruck (der Befindlichkeit des Sprechers) und Appell (an den Hörer) – um eine vierte, »**ästhetische Funktion**«. Diese stellt das Sprachzeichen selbst in den Mittelpunkt der Aufmerksamkeit und ist eine direkte Folge der »Autonomie« ästhetischer Objekte (Mukařovský 1967, 48). Betont wird, dass ›praktische‹ Funktionen und ›ästhetische‹ Funktion Bestandteil sowohl von Kunstwerken als auch alltäglicher kommunikativer Akte sein können und in der Regel sind; die ästhetische Funktion kann jedoch mehr oder weniger stark dominieren.

Wichtig für Mukařovskýs Position ist die Auffassung, dass – so der Titel einer einflussreichen ästhetiktheoretischen Schrift – »[ä]sthetische Funktion, Norm und ästhetischer Wert als soziale Fakten« aufzufassen seien (vgl. Mukařovský 1970, 31). Ob ein Objekt (Kunstwerk oder Alltagsgegenstand) eine ästhetische Funktion aufweise, ist für Mukařovský keine intrinsische, sondern eine kontextuell bestimmte, z.B. durch das »kollektive Bewußtsein« festgelegte Eigenschaft (ebd.). Eine Analyse der ästhetischen Funktion eines literarischen Kunstwerkes nimmt also über die kunstimmanente Perspektive hinaus zugleich auch eine **soziale Perspektive** ein und bezieht sich damit auf gesellschaftliche Phänomene.

Literatur

Brecht, Bertolt: *Neue Technik der Schauspielkunst* [1940]. In: Hermann Helmers (Hg.): *Verfremdung in der Literatur*. Darmstadt 1984, 99-132.
Bühler, Karl: *Sprachtheorie* [1934]. Stuttgart ³1999.
Ejchenbaum, Boris: *Aufsätze zur Theorie und Geschichte der Literatur*. Frankfurt a.M. 1965 (russ. 1918-1926).
Ellis, John M.: *The Theory of Literary Criticism. A Logical Analysis*. Berkeley u.a. 1974.
Fricke, Harald: *Norm und Abweichung. Eine Philosophie der Literatur*. München 1981.
Linke, Angelika/Markus Nussbaumer/Paul R. Portmann: *Studienbuch Linguistik*. Tübingen ³1996.
Mukařovský, Jan: Ästhetische Funktion, Norm und ästhetischer Wert als soziale Fakten. In: J.M.: *Kapitel aus der Ästhetik*. Frankfurt a.M. 1970, 7-112 (tschech. 1936).

Mukařovský, Jan: Die poetische Benennung und die ästhetische Funktion der Sprache. In: J.M.: *Kapitel aus der Poetik*. Frankfurt a.M. 1967 (tschech. 1938).
Popper, Karl R.: *Logik der Forschung*. Tübingen [10]1994.
Posner, Roland: Poetic Communication vs. Literary Language. Or: The Linguistic Fallacy in Poetics. In: *PTL: A Journal for Descriptive Poetics and Theory of Literature* 1 (1976), 1-10.
Posner, Roland: Linguistische Poetik. In: Hans Peter Althaus u.a. (Hg.): *Lexikon der germanistischen Linguistik*. Tübingen [2]1980, 687-698.
Posner, Roland/Klaus Robering/Thomas A. Sebeok (Hg.): *Semiotik / Semiotics. Ein Handbuch zu den zeichentheoretischen Grundlagen von Natur und Kultur* (HSK 13.2). Teilbd. 2. Berlin/New York 1998.
Rudy, Stephen/Linda Waugh: Jakobson and Structuralism. In: Posner/Robering/Sebeok 1998, 2256-2271.
Saussure, Ferdinand de: *Grundfragen der allgemeinen Sprachwissenschaft*. Hg. von Charles Bally u. Albert Sechehaye unter Mitw. v. Albert Riedlinger. Berlin/New York [3]2001.
Šklovskij, Viktor: Die Kunst als Verfahren. In: Striedter 1971, 5-35 (russ. 1916).
Stempel, Wolf-Dieter (Hg.): *Texte der Russischen Formalisten*. Band 2: *Texte zur Theorie des Verses und der poetischen Sprache*. München 1972.
Striedter, Jurij (Hg.): *Russischer Formalismus. Texte zur allgemeinen Literaturtheorie und zur Theorie der Prosa*. München 1971.
Striedter, Jurij: Zur formalistischen Theorie der Prosa und der literarischen Evolution. In: Striedter 1971, IX-LXXXIII (=1971a).
Tynjanov, Jurij: Über die literarische Evolution. In: Striedter 1971, 434-461 (russ. 1927).
Tynjanov, Jurij/Roman Jakobson: Probleme der Literatur- und Sprachforschung. In: *Kursbuch* 5 (1966), 74-76 (russ. 1928).
Winner, Thomas G.: Prague Functionalism. In: Posner/Robering/Sebeok 1998, 2248-2255.

Weitere Lektüreempfehlungen

Grübel, Rainer: Der Russische Formalismus. In: *Semiotik / Semiotics. Ein Handbuch zu den zeichentheoretischen Grundlagen von Natur und Kultur* (HSK 13.2). Teilbd. 2. Hg. von Roland Posner, Klaus Robering u. Thomas A. Sebeok. Berlin/New York 1998, 2233-2248.
Umfassende Überblicksdarstellung des Russischen Formalismus, die u.a. verschiedene Arbeitsbereiche wie Filmsemiotik, Verstheorie oder Übersetzungstheorie unterscheidet.
Erlich, Victor: *Russischer Formalismus*. München 1987 (engl. 1955).
Enthält eine umfassende Darstellung der Entstehung, Entwicklung und wichtigsten Gedanken sowie eine wissenschaftsgeschichtliche Einordnung des Formalismus.

3.4 Werkimmanenz und *New Criticism*

3.4.1 Einleitung

Als ›werkimmanente Interpretation‹ wird eine in der ersten Hälfte des 20. Jahrhunderts besonders populäre Weise des Zugriffs auf literarische Texte bezeichnet. Zu den wichtigsten Vertretern zählen Wolfgang Kayser und Emil Staiger, die der verbreiteten Praxis der werkimmanenten Interpretation eine programmatisch-theoretische Grundlage gegeben haben (vgl. Kayser [20]2000; Staiger 1955). Im angelsächsischen Sprachraum spielt der *New Criticism* eine vergleichbare Rolle, dem u.a. Arbeiten von Cleanth Brooks, William K. Wimsatt, John C. Ransom und William Empson zugeordnet werden. Die wichtigsten **Kennzeichen und Gemeinsamkeiten beider Ansätze** sind die folgenden:
- Das literarische Werk wird als **stilistisch geschlossener** und **ästhetisch autonomer Gegenstand** angesehen.
- Der **Wert des literarischen Werkes** liegt in seinem spezifischen **ästhetischen Wirkungspotenzial**; das Werk kann weder durch inhaltliche Paraphrasen noch durch Erläuterungen vollständig erfasst oder gar ersetzt werden.
- Die Interpretation des Werkes hat dessen **ästhetische Wirkung** bzw. **Komplexität** zu **beschreiben** und zu **erläutern**.
- Dem **Werkkontext** (etwa dem Entstehungskontext des Werkes oder geistesgeschichtlichen Zusammenhängen) kommt im Rahmen der Interpretation lediglich eine Hilfsfunktion zu; die **Kontextualisierung eines Werkes** ist **nicht das eigentliche Ziel** der Interpretation.

Sowohl für die werkimmanente Interpretation als auch für den *New Criticism* gilt, dass sie in der Regel als homogene Ansätze wahrgenommen werden. Dieser Eindruck darf jedoch nicht darüber hinwegtäuschen, dass zum einen die Vertreter der einzelnen Ansätze auch über unterschiedliche Ansichten verfügten; im Rahmen der Werkimmanenz betrifft dies beispielsweise die Bestimmung des zentralen Stilbegriffs, im *New Criticism* ist etwa umstritten, wie die Kategorien der Mehrdeutigkeit oder Ironie bestimmt werden sollten und welche Reichweite sie haben (vgl. Crane 1948). Zum anderen gibt es innerhalb beider Ansätze eine Divergenz zwischen theoretisch-methodologischer Programmatik und der literaturwissenschaftlichen Praxis. Zurückzuführen ist dies nicht zuletzt darauf, dass werkimmanente Interpretationen nur selten explizit an methodischen Richtlinien orientiert sind; sie werden dem Ansatz meist *ex post* zugeordnet, weil sie einige der genannten Merkmale aufweisen, nicht jedoch, weil sich die Interpreten auf ein einschlägiges interpretationstheoretisches Programm berufen würden. (Dabei handelt es sich im Übrigen um ein verbreitetes Phänomen innerhalb der Literaturwissenschaft.)

Insbesondere dank der Konzentration auf den Text selbst wie auch auf das sprachliche Detail gibt es theoretische und methodische Berührungspunkte zwischen werkimmanenter Interpretation und *New Criticism* einerseits und dem Formalismus (s. Kap. 3.3) sowie der französischen *explication de texte* andererseits (vgl. Spitzer 1969). Wissenschaftshistorisch lässt sich die Popularität der werkimmanenten Interpretation nach dem Zweiten Weltkrieg unter anderem damit erklären, dass sie einer nationalsozialistisch desavouierten Germanistik einen ideologisch unverdächtigen, da am

›Ästhetischen‹ des autonomen Kunstwerkes orientierten, Umgang mit deutscher Literatur ermöglichte (vgl. Hermand 1994, 125, 130).

> **Zur Autonomie der Literatur**
> ›Autonom‹ heißt, wörtlich übersetzt, ›eigengesetzlich‹. Die Annahme, dass Literatur bzw. ein literarisches Werk ›autonom‹ ist, gehört zu den Gemeinplätzen der Ästhetiktheorie und Literaturwissenschaft. Im Einzelnen kann die Rede von der Autonomie des Literarischen aber sehr Unterschiedliches besagen – nämlich unter anderem:
> - **Institutionelle Autonomie:** Produktion und Rezeption literarischer Werke unterliegen eigenen Konventionen oder Regeln (s. z.B. Kap. 9.5.3).
> - **Ideologische Autonomie:** Literatur ist unabhängig von ›herrschenden‹ Ideologien (etwa seitens des Staats oder der Kirche) und kann gegenüber diesen eine kritische Funktion ausüben (s. Kap. 9.2).
> - **Interpretationstheoretische Autonomie:** Das literarische Werk wird, wenn es einmal veröffentlicht ist, als unabhängig von seinem Entstehungskontext angesehen. Das gilt insbesondere für die Irrelevanz von Autorintentionen: Was das Werk bedeutet, entscheiden Interpreten, nicht Autoren (s. auch Kap. 8).
> - **Semantische Autonomie:** Fiktionale Literatur referiert nicht auf die Wirklichkeit.
> - **Fiktionslogische Autonomie:** Fiktive Welten sind eigengesetzlich und unterscheiden sich in verschiedenen Hinsichten von der Wirklichkeit.
> - **Autonomie des ästhetischen Urteils:** In seiner *Kritik der Urteilskraft* hat Kant dargelegt, dass ästhetische Urteile eine eigene Struktur und Logik haben, die sich von sonstigen empirischen Urteilen unterscheidet; das ästhetische Urteil hat vor allem eigene Geltungsvoraussetzungen und Wahrheitsbedingungen. Im Anschluss an Kant ist oft betont worden, dass bereits die Erfahrungen, aus denen ästhetische Urteile hervorgehen, eine eigene Struktur haben.
>
> Es liegt auf der Hand, dass es sich hier nicht um eine Autonomiethese handelt, sondern dass vielmehr recht unterschiedliche (soziologische, interpretationstheoretische, sprachphilosophische, wahrnehmungspsychologische usw.) Sachverhalte in Rede stehen (vgl. Hermerén 1983).

Die **theoretischen Nachwirkungen** von Werkimmanenz und *New Criticism* sind durch **Abgrenzungen**, aber auch durch **Kontinuitäten** geprägt:
- **Strukturalismus:** Vertreter des Strukturalismus teilen die Aufmerksamkeit für das sprachliche Detail, verwenden jedoch eine eigene Beschreibungssprache und verwerfen die (›unwissenschaftliche‹) Aufwertung des interpretierenden Subjekts, das den Kunstcharakter des Werkes ›erfahren‹ müsse.
- **Poststrukturalismus:** Insbesondere auf Seiten der Dekonstruktion wird die These von der Unabschließbarkeit der Interpretation sowie der Bedeutungsvielfalt von Texten – wenngleich aufgrund anderer theoretischer Rahmenannahmen – bejaht und radikalisiert, die These von der Geschlossenheit des literarischen Werkes dagegen abgelehnt. Gerade der *New Criticism* ist die Folie, von der sich die (amerika-

nische) Dekonstruktion vehement abgrenzt, wobei Ersterem nicht selten pauschal ›Theoriefeindlichkeit‹ vorgeworfen wird.
- **Analytische Literaturtheorie/Empirische Literaturwissenschaft:** Im deutschen Sprachraum lassen sich entsprechende Abgrenzungsbestrebungen auf Seiten der frühen analytischen Literaturtheorie (s. Kap. 13) sowie der Empirischen Literaturwissenschaft feststellen (s. Kap. 14.1). Kritisiert wird insbesondere die mangelnde intersubjektive Nachvollziehbarkeit werkimmanenter Interpretationen sowie die mangelnde Trennung der Ebenen der Objektsprache (d.h. der Sprache des literarischen Textes) und der Metasprache (d.h. der Sprache, derer sich der Interpret bedient), außerdem werden terminologische Präzisierungen und größere argumentationslogische Transparenz eingefordert (vgl. Fricke 1977). Die Empirische Literaturwissenschaft propagiert weiterhin eine Abkehr von der herkömmlichen Interpretation und die Zuwendung zu anderen Fragestellungen wie der empirischen Untersuchung von Rezeptionsprozessen (vgl. Schmidt 1983).

Werkimmanenz und *New Criticism* werden – im Unterschied zu den genannten anderen Ansätzen – in der gegenwärtigen Theoriedebatte nicht mehr fortentwickelt; sie sind heute vielmehr vornehmlich Gegenstand wissenschaftshistorischer Darstellungen (vgl. Lentricchia 1980).

3.4.2 Werkimmanente Interpretation

Eines der wichtigsten Dokumente der werkimmanenten Interpretation ist Emil Staigers Aufsatz »Die Kunst der Interpretation« (1951). In dem Aufsatz wird das Programm der Werkimmanenz bereits rückblickend untersucht; zugleich wird der Anspruch erhoben, dem etablierten Verfahren eine wissenschaftliche Basis zu geben. Für Staiger besteht die **Interpretation eines literarischen Textes** – sein Beispiel ist Mörikes Gedicht *Auf eine Lampe* – aus verschiedenen Phasen:

1. **Ästhetische Erfahrung:** An erster Stelle steht die ästhetische Erfahrung: Der Interpret muss durch das Werk affektiv angesprochen werden und einen gefühlsmäßigen Eindruck empfangen. Diese Phase der Interpretation ist ausdrücklich nicht kognitiv. Sie ist dem Verstehen zum einen zeitlich vorgelagert und bildet zum anderen eine unabdingbare Voraussetzung für alle weiteren Interpretationsbemühungen. Für Staiger ist daher jemand, der durch Dichtung nicht (ästhetisch oder affektiv) angesprochen wird, nicht fähig zu interpretieren: »Begabung wird erfordert, außer der wissenschaftlichen Fähigkeit ein reiches und empfängliches Herz, ein Gemüt mit vielen Saiten, das auf die verschiedensten Töne anspricht« (Staiger 1955, 13).

2. **Stil:** Die Erfahrung, die der Interpret anhand des Gedichts macht, zeigt dessen »Stil« an. Dieser drückt sich in inhaltlichen und formalen Eigenschaften gleichermaßen aus und ist »das, worin ein vollkommenes Kunstwerk […] in allen Aspekten übereinstimmt« (ebd., 14; vgl. 19f.). Wenn ein Kunstwerk einen einheitlichen Stil hat, so teilt sich dies dem Interpreten anhand der ebenfalls einheitlichen und ungetrübten ästhetischen Erfahrung mit. Das Ziel der Interpretation besteht darin, eine solche ästhetische

Erfahrung zu beschreiben und zu erklären. In Staigers Worten: »Diese Wahrnehmung abzuklären zu einer mitteilbaren Erkenntnis und sie im einzelnen nachzuweisen, ist die Aufgabe der Interpretation« (ebd., 15).

3. Aufweis der stilistischen Geschlossenheit des Textes: Dies geschieht, indem verschiedene Aspekte des Textes – etwa die Metrik, Lexik, Syntax, Phonetik oder auch die zum Ausdruck kommende Weltanschauung – zueinander in Beziehung gesetzt werden. Dabei bedient sich der Interpret einer Variante des hermeneutischen Zirkels, indem er einzelne Befunde zur Gesamtwirkung des Werkes in Beziehung setzt (vgl. ebd., 11, sowie Kayser 2000, 300ff.): Einerseits wird die Bedeutung und Rolle des einzelnen Werkelements vor dem Hintergrund der ästhetischen Gesamtwirkung des ganzen Werkes erläutert; andererseits wird die ästhetische Gesamtwirkung auf das ›Zusammenstimmen‹ der Einzelelemente zurückgeführt. Mit entsprechenden Beobachtungen kann man den **Stil** eines Werkes gleichwohl stets nur annäherungsweise erfassen; dieser bleibt das »Unaussprechlich-Identische« (Staiger 1955, 23), das sich nur einmal in der individuellen Gestalt des Werkes ausdrückt und vom Leser entweder erfahren wird oder nicht.

4. Kontext: Um die für den Stil eines Werkes relevanten Elemente zu identifizieren, kann es erforderlich sein, Kontextdaten zur Kenntnis zu nehmen; dies gilt etwa für gattungstypologische Zusammenhänge, die Zuordnung des Werkes zu einer bestimmten Schaffensphase des Dichters oder die Feststellung epochentypischer (etwa metrischer oder lexikalischer) Merkmale. Informationen über den Kontext des Werkes kommt im Rahmen der Interpretation allerdings lediglich eine heuristische Funktion zu: Der Interpret kann und sollte sich solche Informationen aneignen, wenn sie ihm helfen, dem Kunstcharakter des Werkes auf die Spur zu kommen; da sich der Kunstcharakter als solcher indessen nicht auf Kontextinformationen zurückführen bzw. aus diesen rekonstruieren lässt, ist die ›eigentliche‹ Interpretation von ihnen unabhängig.

Münden kann die Beschreibung des Stils eines Werkes in eine literarhistorische, auf die Gattung oder Epoche des Werkes bezogene Generalisierung. Es handelt sich dabei um einen optionalen literaturwissenschaftlichen Arbeitsschritt, der über die eigentliche Interpretation des Werkes hinausgeht und künftige Interpretationen erleichtern soll. Verbreitet ist in der Werkimmanenz insbesondere die Vorstellung, dass es neben dem Stil eines bestimmtes Werkes auch den Stil eines Dichters sowie Epochenstile gibt (vgl. Kayser 2000, 300).

Auffällig an diesem Interpretationsprogramm sind die folgenden Elemente:
- Den **Empfindungen des Interpreten** wird ein hoher Stellenwert zugemessen. Die Empfindungsfähigkeit ist Voraussetzung der Interpretation; darüber hinaus sagt dem Interpreten sein Gefühl, ob er mit seiner Analyse richtig liegt (vgl. Staiger 1955, 13): Staiger zufolge kann man spüren, wenn die stilistische Analyse eines Werkes misslingt, weil das Werk stilistisch nicht geschlossen ist.
- **Interpretation** und **Wertung** eines literarischen Werkes werden vermischt. Der Aufweis der stilistischen Geschlossenheit eines Werkes ist nur dann möglich, wenn das Werk zur ›hohen‹ bzw. ausgezeichneten Kunst gehört (»Kunstgebilde sind vollkommen, wenn sie stilistisch einstimmig sind«, ebd., 14).

- Zugrunde liegt dem eine **klassizistische Kunstauffassung,** der zufolge literarische Werke ›stilistisch einstimmig‹ bzw. ›geschlossen‹ sind.
- **Abgelehnt** wird die als ›**positivistisch**‹ **gebrandmarkte Auffassung,** man könne ein literarisches Kunstwerk erklären, indem man seine Ursprünge in der Biographie des Autors, der Kultur oder Geistesgeschichte untersucht. Das Kunstwerk lässt sich aus seinen Entstehungsbedingungen nicht ableiten.

Ästhetische Erfahrung

Für die Theorie der werkimmanenten Interpretation spielt das Konzept der ästhetischen Erfahrung eine wichtige Rolle. Zwar wird das Konzept im Rahmen der Werkimmanenz nicht eigens theoretisch durchdrungen; in seinen Grundzügen lässt es sich jedoch erschließen und auf traditionelle philosophische Konzepte beziehen. Zu den wichtigsten **Bestandteilen traditioneller Konzepte ästhetischer Erfahrung,** deren wichtigster Bezugspunkt Kants *Kritik der Urteilskraft* (1790) ist, gehören die Folgenden:

- **Interesselosigkeit:** Die Bestimmung ästhetischer Erfahrungen als ›interesselos‹ bezieht sich meist auf die Motive des Betrachters und besagt, dass die Rezeption des Kunstwerkes um ihrer selbst willen unternommen wird: Man betrachtet ein Kunstwerk nicht, weil man sich davon die Beförderung bestimmter Ziele verspricht, die von der Betrachtung selbst verschieden sind, sondern die Betrachtung ist ›Selbstzweck‹.
- **Intrinsischer Wert:** Mit der ›Interesselosigkeit‹ ist das Konzept eines besonderen evaluativen Status solcher Erfahrungen verbunden; die ästhetische Erfahrung wird um ihrer selbst willen geschätzt bzw. verfügt über einen intrinsischen Wert.
- **Affektivität:** Ästhetische Erfahrungen involvieren wesentlich das Gefühlsvermögen des Betrachters. Es handelt sich um keine (oder zumindest keine reinen) ›kognitiven‹ Vorgänge.
- **Unabschließbarkeit:** Die Affektivität ästhetischer Erfahrungen bringt mit sich, dass diese sich nicht problemlos (oder vollständig) verbalisieren bzw. mitteilen lassen. Man kann Versuche unternehmen, ästhetische Erfahrungen zu beschreiben und sprachlich zu vermitteln, aber solche Beschreibungen bleiben stets unvollständig. Insbesondere ist es unmöglich, diejenigen manifesten Eigenschaften eines Objekts aufzuzählen, die für eine spezifische ästhetische Erfahrung verantwortlich sind bzw. die die Wahrheit eines ästhetischen Urteils (etwa ›Dieser Gegenstand ist schön‹) begründen können.

Im Rahmen der werkimmanenten Interpretation spielen alle genannten Momente ästhetischer Erfahrungen eine Rolle. Zur Theorie der ästhetischen Erfahrung vgl. Carroll 2001; zur Kategorie des ästhetischen Urteils, das aus solchen Erfahrungen hervorgeht, vgl. Bittner/Pfaff 1977.

3.4.3 New Criticism

Der *New Criticism* verfolgt ein ähnliches Programm wie die werkimmanente Interpretation. Grundlegend ist die Auffassung, dass ein literarisches Werk eine kohärente, nicht paraphrasierbare Einheit bildet, die als von ihren Ursachen und Wirkungen unabhängig angesehen werden muss; überdies besteht weder die Funktion literarischer Werke in der Vermittlung von Einsichten oder Ideologien, noch kann ihr Wert auf dergleichen reduziert werden. Die Interpretation literarischer Werke hat sich dementsprechend auf das Werk selbst zu konzentrieren (vgl. Wellek 1995, 71; Brooks 1995, 45).

Intentional Fallacy: Eines der berühmtesten Dokumente des *New Criticism* ist der Aufsatz »The Intentional Fallacy« (»Der intentionale Fehlschluss«) von Monroe C. Beardsley und William K. Wimsatt (1946). In diesem Beitrag begründen die Autoren, dass literaturwissenschaftliche Interpretationen dem Werk selbst zu gelten haben und von Untersuchungen zur Biographie und Psyche des Autors unterschieden werden können und müssen. Die wichtigsten Argumente für den **interpretationstheoretischen Anti-Intentionalismus** sind die folgenden:

- **Mentale Zustände sind aus der Perspektive der dritten Person nicht zugänglich.** Entsprechend schreibt Beardsley in seiner Monographie *Aesthetics*: »The artist's intention is a series of psychological states or events in his mind: what he wanted to do, how he imagined or projected the work before he began to make it and while he was in the process of making it« (Beardsley 1981, 17). Was zu einem bestimmten Zeitpunkt im Kopf eines Autors vorgeht, kann nur dieser selbst unmittelbar wissen; andere Personen sind auf Evidenzen (etwa Äußerungen oder Handlungen) angewiesen, die ihnen (fallible) Schlüsse auf das Denken des Autors gestatten. Gerade Interpreten stehen zudem oftmals vor dem Problem, dass die Autoren, um deren werkbezogene Intentionen es geht, bereits verstorben sind und nur wenige oder gar keine aussagekräftigen Selbstäußerungen (etwa in Briefen oder Tagebüchern) vorliegen.
- **Annahmen über werkbezogene Intentionen sind entweder überflüssig oder irreführend.** Für Wimsatt und Beardsley führt die Auffassung, die Intentionen des Autors könnten oder müssten bei der Interpretation berücksichtigt werden, zu folgendem Dilemma: Entweder dem Dichter ist es gelungen, seine Intentionen im Werk umzusetzen; dann kann man sich bei der Interpretation an das Werk selbst halten (da es die Intentionen gleichsam verkörpert), und die Berufung auf Werkexterne Intentionen ist überflüssig. Oder dem Dichter ist es nicht gelungen, seine Intentionen umzusetzen; dann können die Intentionen auch nicht zur Erklärung des Werkes herangezogen werden und die Berufung auf (Werk-externe) Intentionen ist irreführend (vgl. Wimsatt/Beardsley 1967, 4). Für welche der Alternativen man sich auch entscheidet: Die Berufung auf Autorintentionen ist entweder überflüssig oder irreführend.
- **Literarische Werke stehen außerhalb pragmatischer Kommunikationszusammenhänge.** Während es in der pragmatischen Kommunikation durchaus darauf ankommt, ein ›Gemeintes‹ (d.h. eine intendierte Botschaft) zu verstehen, geht es im Falle literarischer Werke darum, das vorliegende Werk *als solches* zu verstehen. Dem Intentionalisten wird mithin (implizit) vorgeworfen, er verfüge über ein undifferenziertes und falsches Bild verschiedener Kommunikationsformen, das für seine Annahmen verantwortlich sei.

- **Bedeutungen sind öffentlich.** Die Feststellung der Bedeutung eines Werkes ist Sache kompetenter Sprecher, die zusätzlich über relevantes kulturelles Wissen verfügen. Was das Werk bedeutet, ist mithin *konventionell* geregelt: Es ergibt sich aus den allgemein zugänglichen Konventionen der Sprache und weiteren, ebenfalls allgemein zugänglichen Wissensbeständen (vgl. ebd., 10). Den konventionellen Bedeutungsregeln der Sprache sind auch die Dichter selbst unterworfen; werden individuelle sprachliche Bedeutungen erschaffen, so geschieht dies auf der Basis der Gemeinsprache und auf prinzipiell rekonstruierbare Weise.

Close reading: Das von den *New Critics* propagierte Interpretationsprogramm wird als *close reading* bezeichnet. Ein wichtiges Interpretationsziel liegt demnach in der Erhebung des Bedeutungsspektrums einzelner Ausdrücke, Verse oder Textteile, vor allem durch mikrostilistische Analysen. Beispielhaft sind etwa die Analysen William Empsons (1963), der sieben verschiedene Typen literarischer Mehrdeutigkeit (*ambiguity*) unterscheidet. Unter einer Mehrdeutigkeit wird ein sprachliches Element verstanden, das mehr als nur eine Bedeutungszuweisung erlaubt (vgl. ebd., 1). Die poetische Sprache ist an entsprechenden Mehrdeutigkeiten besonders reich und muss in Zuge der Interpretation daraufhin untersucht werden. Besonders ergiebig sind sprachliche Bilder, etwa Metaphern oder Metonymien, aber auch Paradoxa oder sonstige rhetorische Texteigenschaften.

Paraphrasierungsverbot: Verbunden mit dem Programm des *close reading* ist die Auffassung, literarische Texte ließen sich weder vollständig interpretieren noch paraphrasieren, d.h. unter Absehung von der je werkspezifischen Ausdrucksgestalt auf eine ›message‹ reduzieren. Cleanth Brooks hat in Bezug auf Versuche, das literarische Kunstwerk durch eine Paraphrase gleichsam zu ersetzen, die eindrückliche Bezeichnung der *heresy of paraphrase* (etwa: Paraphrasierungs-Irrlehre) geprägt. Eine solche Paraphrase kann niemals gelingen: »Indeed, whatever statement we may seize upon as incorporating the ›meaning‹ of the poem, immediately the imagery and the rhythm seem to set up tensions with it, warping and twisting it, qualifying and revising it.« (Brooks 1960, 180; vgl. Wimsatt 1967, 83). Die Vorstellung, man könne den Gehalt eines Gedichts paraphrasieren, führt Brooks zufolge oft dazu, dass das Gedicht auf diesen Gehalt reduziert wird: Es wird (dann) nur noch danach beurteilt, ob die durch das Gedicht (vermeintlich) ausgedrückten Auffassungen oder Ideen wahr oder richtig sind. Außerdem bestehe die Gefahr, dass das Gedicht durch eine Paraphrase schlicht ersetzt werde: Sobald wir zugestanden haben, dass Gedichte über einen paraphrasierbaren Gehalt verfügen, der sich unabhängig von seiner dichterischen ›Einkleidung‹ beurteilen lässt, wird das Gedicht letztlich überflüssig (vgl. Graham 2000, 117f.).

Literatur

Beardsley, Monroe C.: *Aesthetics. Problems in the Philosophy of Criticism* [1958]. Indianapolis, Cambridge ²1981.
Bittner, Rüdiger/Peter Pfaff (Hg.): *Das ästhetische Urteil. Beiträge zur sprachanalytischen Ästhetik*. Köln 1977.
Brooks, Cleanth: The Heresy of Paraphrase [1947]. In: C.B.: *The Well Wrought Urn. Studies in the Structure of Poetry*. London ²1960, 176-195.

Brooks, Cleanth: My Credo – The Formalist Critics [1951]. In: Spurlin/Fischer 1995, 45-53.
Carroll, Noël: Four Concepts of Aesthetic Experience. In: N.C.: *Beyond Aesthetics. Philosophical Essays*. Cambridge 2001, 41-62 u. 400-402.
Crane, Ronald S.: Cleanth Brooks; Or, the Bankruptcy of Critical Monism. In: *Modern Philology* 45 (1948), 226-245.
Danneberg, Lutz/Hans-Harald Müller: Der ›intentionale Fehlschluß‹ – ein Dogma? Systematischer Forschungsbericht zur Kontroverse um eine intentionalistische Konzeption in den Textwissenschaften. Teil I. und II. In: *Zeitschrift für allgemeine Wissenschaftstheorie* 16/1 (1983), 103-137, u. 16/2 (1983), 376-411.
Empson, William: *Seven Types of Ambiguity* [1930]. London ³1963.
Fricke, Harald: *Die Sprache der Literaturwissenschaft. Textanalytische und philosophische Untersuchungen*. München 1977.
Graham, Gordon: *Philosophy of the Arts. An Introduction to Aesthetics* [1997]. London/New York ²2000.
Hermand, Jost: *Geschichte der Germanistik*. Reinbek bei Hamburg 1994.
Hermerén, Göran: *Aspects of Aesthetics*. Lund 1983.
Kayser, Wolfgang: *Das sprachliche Kunstwerk. Eine Einführung in die Literaturwissenschaft* [1948]. Tübingen/Basel ²⁰1992.
Lentricchia, Frank: *After the New Criticism*. London 1980.
Schmidt, Siegfried J.: Interpretation: Sacred Cow or Necessity? In: *Poetics* 12 (1983), 239-258.
Spitzer, Leo: *Texterklärungen. Aufsätze zur Europäischen Literatur*. München 1969 (engl. u. frz. 1948ff.).
Spurlin, William J./Michael Fischer (Hg.): *The New Criticism and Contemporary Literary Criticism. Connections and Continuities*. New York/London 1995.
Staiger, Emil: Die Kunst der Interpretation [1951]. In: E.S.: *Die Kunst der Interpretation*. Zürich 1955, 9-33.
Wellek, René: The New Criticism: Pro and Contra [1978]. In: Spurlin/Fischer 1995, 55-72.
Wimsatt, William K.: *The Verbal Icon. Studies in the Meaning of Poetry*. Lexington 1967.
Wimsatt, William K.: The Concrete Universal. In: Wimsatt 1967, 69-83 u. 283f.
Wimsatt, William K./Monroe C. Beardsley: The Intentional Fallacy. In: Wimsatt 1967, 3-18. Eine deutsche Übersetzung findet sich in: Fotis Jannidis u.a. (Hg.): *Texte zur Theorie der Autorschaft*. Stuttgart 2000, 84-101.

Weitere Lektüreempfehlungen

Alewyn, Richard: Clemens Brentano: ›Der Spinnerin Lied‹. In: *Wirkendes Wort* 11 (1961), 45-47.
  Kurzes und übersichtliches Beispiel einer werkimmanenten Interpretation des Gedichts.
Finke, Peter: Kritische Überlegungen zu einer Interpretation Richard Alewyns. In: Walther Kindt/Siegfried J. Schmidt (Hg.): *Interpretationsanalysen. Argumentationsstrukturen in literaturwissenschaftlichen Interpretationen*. München 1976, 16-39.
  Kritische Auseinandersetzung mit der Werkimmanenz aus wissenschaftstheoretischer, insbesondere argumentationslogischer Sicht. Untersucht wird Richard Alewyns Interpretation von *Der Spinnerin Lied*.
Danneberg, Lutz: Zur Theorie der werkimmanenten Interpretation. In: Wilfried Barner/ Christoph König (Hg.): *Zeitenwechsel. Germanistische Literaturwissenschaft vor und nach 1945*. Frankfurt a.M. 1996, 313-342.
  Übersichtliche theoretische Darstellung der wichtigsten Züge der Werkimmanenz.

4. Strukturalismus

4.1 Einleitung

Der Strukturalismus ist eine Forschungsrichtung in verschiedenen Geistes- und Kulturwissenschaften, beispielsweise in der Ethnologie, der Psychologie, der Linguistik und Literaturwissenschaft. In der Literaturwissenschaft gibt es eine Reihe nebeneinander bestehender Forschungsfelder, etwa die Interpretationstheorie und -methodologie sowie die Dramen- und Erzähltheorie, in denen sich strukturalistische Einsichten niedergeschlagen haben. Da verschiedene Theoretiker dem Strukturalismus eine je eigene Ausprägung gegeben haben, werden im Einzelnen recht unterschiedliche theoretisch-methodische Auffassungen als ›strukturalistisch‹ bezeichnet.

Die wichtigsten **Wurzeln des Strukturalismus** liegen zum einen in der linguistischen Theorie Ferdinand de Saussures und zum anderen in den Arbeiten der Russischen Formalisten (s. Kap. 3.3). Beide Tendenzen wurden im Prager Linguistischen Zirkel aufgenommen und fanden von dort aus internationale Verbreitung, u.a. in Frankreich und den USA. In Deutschland findet eine breitere Auseinandersetzung mit dem Strukturalismus seit den 1960er Jahren insbesondere im Zuge von Verwissenschaftlichungsbestrebungen der Literaturwissenschaft statt.

Als eine Theorie, die den semiotischen (zeichenhaften) Charakter literarischer Texte analysiert, fällt der Strukturalismus mit Teilen der **Literatursemiotik** zusammen. ›Literatursemiotik‹ ist dann nur ein anderer Name für den Strukturalismus (vgl. Titzmann 2003). Es gibt jedoch auch andere Spielarten einer literaturwissenschaftlichen Semiotik, die sich nicht auf Saussure, sondern beispielsweise auf den amerikanischen Philosophen Charles Sanders Peirce berufen; das gilt etwa für Umberto Ecos Zeichentheorie (vgl. Eco 1999). Weiterhin werden auch verschiedene poststrukturalistische Ansätze als ›semiotisch‹ (bzw. ›semiologisch‹) bezeichnet, weil die Bezugnahme auf zeichentheoretische Annahmen eine wichtige Rolle für sie spielt; das gilt etwa für Intertextualitätstheorien sowie die Dekonstruktion (s. Kap. 7.3 u. 7.4).

Da aus dem Strukturalismus die bislang leistungsfähigste Erzähltheorie hervorgegangen ist, werden strukturalistische Analysekategorien in der textanalytischen Praxis auch für Literaturwissenschaftler wichtig, die diese Richtung eigentlich nicht vertreten (s. Kap. 4.3.1). Die Erzähltheorie ist ein Beispiel dafür, dass viele Einsichten und Verfahren strukturalistischen Ursprungs mittlerweile zum ansatzübergreifenden Basiswissen der Literaturwissenschaften geworden sind.

4.2 Bezugstheorie und Rahmenannahmen

Der Kernbegriff des Strukturalismus ist der des Zeichens. Texte sind nach strukturalistischer Auffassung strukturierte Zeichensysteme, deren Analyse im Wesentlichen darin besteht, dass man diese Strukturen nach wissenschaftlichen Methoden freilegt bzw. rekonstruiert:

1. Zeichenmodell: Ein einfaches und gängiges Zeichenmodell, das sich auf Saussure und Peirce berufen kann, unterscheidet mindestens drei Elemente: den Zeichenkörper, den Referenten sowie den Inhalt oder die Bedeutung des Zeichens. Im Falle sprachlicher Zeichen besteht der Zeichenkörper (Signifikant) aus einer Laut- oder Graphemfolge (je nachdem, ob das Zeichen gesprochen oder geschrieben wird). Als ›Referent‹ wird der Gegenstand bezeichnet, auf den das Zeichen zutrifft; dabei kann es sich natürlich auch um mehrere Gegenstände handeln. Ein Beispiel: Die Graphemfolge B A U M trifft im Deutschen auf alle Bäume (als Referenten) zu. Der Inhalt bzw. die Bedeutung des Zeichens (Signifikat) ist dasjenige, was man wissen muss, um eine Verbindung zwischen Zeichenkörper und Referent herstellen zu können. Es handelt sich um sprecherbezogenes Wissen, das (je nach semiotischem Ansatz) als Kenntnis bestimmter Merkmale des Referenten oder aber als Kenntnis der Verwendungsregeln des Zeichens konzeptualisiert wird.

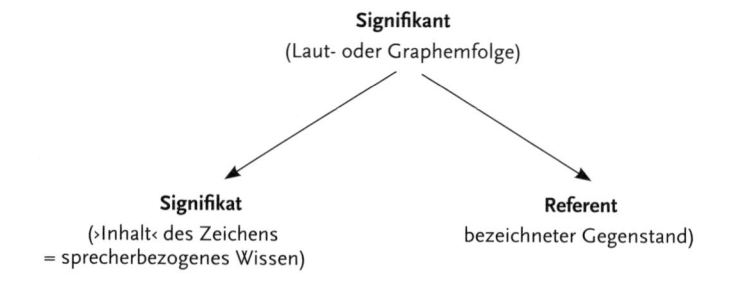

Signifikant
(Laut- oder Graphemfolge)

Signifikat
(›Inhalt‹ des Zeichens
= sprecherbezogenes Wissen)

Referent
bezeichneter Gegenstand)

2. Struktur: Zu den grundlegenden Rahmenannahmen des Strukturalismus gehört die Auffassung, dass sich die **Erkenntnis eines kulturellen Artefakts** den Strukturen widmen muss, in die dessen Elemente eingebunden sind und denen diese Elemente ihre Rolle oder Funktion verdanken. Eine **Struktur** ist die **geordnete Menge von Relationen** (Beziehungen), die zwischen den einzelnen Elementen eines Systems bestehen. Strukturalisten versuchen, diese Relationen zu identifizieren und zu bestimmen. Je nachdem, auf welcher Ebene des Sprachsystems – beispielsweise auf der phonetischen (lautlichen) oder der semantischen (Bedeutungs-)Ebene – man sich bewegt, können die Relationen unterschiedlichen Typs sein, und sie können beispielsweise die logische Form von Äquivalenzen (z.B. ›zwei Laute klingen gleich‹) oder Oppositionen annehmen (z.B. ›zwei Zeichen sind in Hinblick auf ihre Bedeutung verschieden‹). Entscheidend ist jeweils, dass erst der Blick auf die Relationen bzw. die Struktur, deren Teil das jeweilige Element ist, die Funktion oder Rolle des Elements bestimmt.

Dieser – zunächst einmal sehr abstrakte – Gedanke lässt sich anhand eines einfachen Beispiels aus dem Bereich des phonetischen Systems einer Sprache erklären. Dass etwa der Unterschied zwischen den Lauten ›l‹ und ›r‹ im Deutschen wichtig ist, kann man den Lauten als isolierten nicht ansehen. Deutlich wird dies vielmehr erst, wenn man die Lautgestalt mehrerer Wörter betrachtet und dann feststellt, dass allein der besagte lautliche Unterschied zwischen ›laufen‹ und ›raufen‹ oder ›leiten‹ und ›reiten‹ zu differenzieren erlaubt: Dem lautlichen Unterschied kommt die Rolle eines distinktiven Merkmals zwischen den ansonsten gleich lautenden Zeichen zu. Der Unterschied zwischen dem Zungen-r und dem Gaumen-r spielt im Deutschen dagegen keine Rolle, weil es keine zwei Zeichen gibt, die nur in diesem lautlichen Merkmal variieren würden (vgl. Patzig 1981, 104). Ob ein lautliches Merkmal signifikant ist, kann man dem Merkmal als solchem also nicht ansehen. Ob es die Rolle oder Funktion eines unterscheidenden Merkmals hat, zeigt sich erst mit Blick auf das lautliche System der Sprache.

Die Phonologie ist nur ein Bereich, in dem die Beziehung, in der ein sprachliches Element zu anderen Elementen steht, für dessen Funktion oder Rolle zentral ist. Für Strukturalisten kommt den Beziehungen (Relationen) zwischen den Elementen eines Systems stets eine grundlegende Bedeutung zu. Ein weiteres Beispielfeld, in dem dieses Prinzip einschlägig ist, ist die **Semantik**: Auch die Bedeutung eines sprachlichen Zeichens hängt nach strukturalistischer Auffassung vom Bedeutungssystem der Sprache – von den Beziehungen, die zwischen den Bedeutungen einzelner Zeichen bestehen – ab (s. ausführlicher Kapitel 3.3.2 sowie die Kritik in Kap. 7.3). Im Bereich der Semantik sind grundsätzlich zwei verschiedene Typen von Beziehungen zwischen Zeichen wichtig, die sich jeweils einer ›Ebene‹ oder ›Achse‹ des Sprachsystems zuordnen lassen: der **syntagmatischen Achse**, die das Nacheinander bzw. Nebeneinander von Zeichen in gesprochener bzw. geschriebener Rede betrifft, und der **paradigmatischen Achse**, die als Klasse bedeutungsähnlicher Zeichen aufgefasst wird. Jedes Zeichen, das Bestandteil einer Äußerung ist, bezieht sich demnach sowohl auf weitere Zeichenbestandteile der Äußerung als auch auf bedeutungsähnliche bzw. -verschiedene Alternativen, die in der fraglichen Äußerung nicht zum Zuge gekommen sind und das Repertoire der paradigmatischen Achse ausmachen. Zu den **Kernannahmen der strukturalistischen Semantik** gehören die folgenden zwei Auffassungen:

- **Merkmalssemantik:** Die Elemente der paradigmatischen Achse verdanken ihre Bedeutung den semantischen Merkmalen, die sie unterscheiden (s. Kap. 3.3). Die Bedeutungsverschiedenheit der Zeichen beruht auf der Opposition, die zwischen einzelnen semantischen Merkmalen der Zeichen besteht. Zum Beispiel: Die Opposition zwischen ›See‹ und ›Teich‹ besteht in dem semantischen Merkmal ›groß‹, das einmal vorliegt und einmal nicht.
- **Selektion und Kombination:** Eine konkrete Äußerung verdankt ihre Bedeutung der Selektion bestimmter Elemente der paradigmatischen Achse und der Kombination der Elemente auf der syntagmatischen Achse. Wenn man die Bedeutung eines Zeichens bestimmen will, muss man nach paradigmatischen Alternativen suchen und klären, weshalb das vorliegende Zeichen gewählt wurde (d.h. welche semantischen Merkmale es gegenüber seinen paradigmatischen Konkurrenten auszeichnen), und ferner die Beziehungen bestimmen, in denen das Zeichen zu anderen Zeichen auf der syntagmatischen Achse steht.

3. **Die »strukturalistische Tätigkeit«:** Die von Saussure inspirierte Grundidee der »strukturalistischen Tätigkeit« besteht darin, einen Untersuchungsgegenstand in seine Bestandteile zu zerlegen, um das Arrangement seiner Zusammensetzung zu durchschauen (vgl. Barthes 1966). Einen Untersuchungsgegenstand zu analysieren bedeutet, die Relationen zwischen dessen einzelnen Elementen zu identifizieren, wobei bestimmte Konstruktionsregeln zutage treten. Mit den Worten Barthes': Es geht

nicht darum, »den Objekten [...] Bedeutungen zuzuweisen, als vielmehr zu erkennen, wodurch die Bedeutung möglich ist, zu welchem Preis und auf welchem Weg« (ebd., 195). Verbunden wird diese Auffassung oft mit einer bildlichen Metaphorik: Während der Hermeneutiker versucht, eine Bedeutung ›hinter‹ dem Text zu suchen, und sich dabei vom Text selbst abwendet, um ›in die Tiefe‹ zu gehen, versucht der Strukturalist, das Konstruktionsprinzip des Textes selbst zu durchschauen: Die Bedeutung des Textes entsteht im Text selbst, sie wird sichtbar, wenn man seine Strukturen analysiert.

Gegenüber der sprachwissenschaftlichen Theorie Saussures zeichnet sich eine solche Analyse durch eine erhebliche Ausweitung des Gegenstandsbereichs aus: Die Rede ist nun nicht mehr von (einzelnen) sprachlichen Zeichen, deren Bestandteilen und deren Grammatik, sondern von den Konstruktionsprinzipien und Strukturen größerer textueller Einheiten oder ganzer Texte. Der Strukturalist rekonstruiert, wenn er solchen Strukturen auf der Spur ist, mithin eine »**Linguistik des Diskurses**«, nicht nur die eines Wortes oder Satzes einer natürlichen Sprache (Genette 1972, 77). So konstituiert sich beispielsweise auch eine bestimmte Strophenform durch (paradigmatische) Abgrenzung von anderen Strophenformen, und ihre Auswahl und (syntagmatische) Anordnung – isoliert oder wiederkehrend (rekurrent), d.h. in bestimmten Äquivalenz- oder Oppositionsbeziehungen – kann ein wichtiges Bedeutung tragendes Element eines Gedichts sein.

Ähnliches gilt für alle Elemente bzw. Aspekte eines Textes. Literarische Texte sind nach strukturalistischer Auffassung **sekundäre semiotische Systeme**, die »nach dem Typ der Sprache gebaut sind« und mit den Mitteln einer primären (natürlichen) Sprache und nach deren Konstruktionsprinzipien eigene Bedeutungen aufbauen (Lotman 1993, 23). Das heißt: Wie ein Element einer natürlichen Sprache seine Rolle und Funktion – etwa die Funktion, eine bestimmte Bedeutung zu tragen – dem System der natürlichen Sprache verdankt, so verdankt ein Element eines Gedichts seine spezifische Rolle und Funktion zum einen der natürlichen Sprache und zum anderen dem sekundären System des Gedichts selbst. Hinzu kommen weitere (z.B. ideologische) Systeme, an denen das Gedicht partizipiert (vgl. Krah 2006, Kap. 4). So kann beispielsweise ein Wort im Rahmen eines Gedichts eine besondere metaphorische Bedeutung annehmen, die es im System der natürlichen Sprache nicht hat; man kommt dieser Bedeutung nur dann auf die Spur, wenn man das Gedicht als ein eigenes (sekundäres) System begreift, dessen Elemente in spezifischen Relationen zueinander stehen und eine eigenständige Struktur bilden.

> **Ecos Textmodell**
> Ein **alternatives semiotisches Textmodell**, das sich als **Kritik und Erweiterung (früher) strukturalistischer Modelle** verstehen lässt, hat Umberto Eco entwickelt. Grundlegend ist hier die Einsicht, dass sich nicht erklären lässt, was es mit einem Text als einer zusammenhängenden und verstehbaren Einheit auf sich hat, wenn man nicht berücksichtigt, dass der Textsinn zwar in den Strukturen eines Textes angelegt ist, jedoch zugleich erst aus der aktiven, interpretativen Mitarbeit des Lesers hervorgeht. Ein einfaches Beispiel kann illustrieren, was damit gemeint ist (vgl. Eco 1998, 62f.). Um die Sätze »Giovanni trat in das Zimmer. ›Du bist ja wieder zurück!‹ rief Maria freudestrahlend« verstehen zu können, müs-

sen wir eine Reihe verschiedener Operationen ausführen. So muss der Leser unter anderem ›Koreferenzen‹ erkennen, d.h. er muss bemerken, dass sich »Du« auf dieselbe Person bezieht wie »Giovanni«. Gestützt wird dieser Erkenntnisakt durch die Konversationsregel, dass sich ein Sprecher in Anwesenheit nur einer anderen Person normalerweise an eben diese wendet. Weiterhin führt der Leser eine ›extensionale Operation‹ aus, indem er annimmt, dass es sich bei Maria und Giovanni um zwei Personen handelt, die in ein und demselben Zimmer sind. Außerdem wird der Leser das Gesagte mit Hintergrundwissen verbinden, das er beispielsweise aus vorangegangenen Textausschnitten gewonnen haben kann, und er wird Erwartungen in Bezug auf das zukünftige Geschehen entwickeln: Nicht zuletzt lässt das Wort »zurückkehren« darauf schließen, dass sich Giovanni zuvor entfernt hatte, während »ja« und »freudestrahlend« erkennen lassen, dass Maria die Rückkehr freudig, wenngleich auch (noch) nicht zum fraglichen Zeitpunkt, erwartet hatte.

Analysen wie diese legen die Einsicht nahe, dass es zum Verstehen einer sprachlichen Einheit nicht ausreicht, einen sprachlichen Kode – wir können hier an Saussures Konstruktionsregeln sprachlicher Elemente denken – zu beherrschen (vgl. ebd., 65). Um einen Text zu verstehen, müssen wir vielmehr eine Vielzahl inferenzieller Operationen (Schlüsse) ausführen, die ihrerseits die Beherrschung eines oftmals umfassenden situationsbezogenen (enzyklopädischen) Wissens voraussetzen. Dieser Tatsache muss Eco zufolge in einem angemessen Textmodell Rechnung getragen werden. Die einzelnen Elemente des Textes beinhalten demnach eine ›virtuelle‹ Aktualisierungsmöglichkeit, und der Text wird als ein Produkt verstanden, das notwendig auf die Interpretationsakte eines Lesers bezogen ist – oder anders gesagt: Einen Text hervorzubringen bedeutet, »eine Strategie zu verfolgen, in der die vorhergesehenen Züge eines Anderen miteinbezogen werden« (ebd., 65f.).

Eco versucht, diese Einsicht auch für kleinere sprachliche Einheiten, also einzelne Zeichen, fruchtbar zu machen. Zeichen tragen demnach einen ›virtuellen Text‹ in sich, der als Gesamtheit ihrer Aktualisierungsmöglichkeiten verstanden wird. Die Aufgabe einer Theorie der Interpretation besteht unter anderem darin anzugeben, wie es möglich ist, dass Texte dennoch zur Kommunikation bestimmter Aussagen verwendet werden können und sich ihr Sinn nicht – in einer ›unbegrenzten Semiose‹ – verliert (vgl. ebd., 57).

4. **Wissenschaftlichkeit:** Zentral für strukturalistische/literatursemiotische Untersuchungen ist der Anspruch der Wissenschaftlichkeit, d.h. der Anspruch, allgemeinen wissenschaftstheoretischen Standards in besonderem Maße gerecht zu werden. Zu diesen zählen:
- Präzision der Aussagen
- Systematik
- Nachvollziehbarkeit
- Überprüfbarkeit/Zulassung empirischer/theoretischer Falsifikation/Modifikation
- Eindeutigkeit/Widerspruchsfreiheit von Aussagen
- Wahrheitsfähigkeit von Aussagen

- Gegenstandsbezogenheit der Argumentation
- Trennung von Objekt- und Metaebene (alle in: Krah 2006a, 284)

Ausgangspunkt ist dabei nicht zuletzt die Abgrenzung von einer traditionellen Hermeneutik etwa Dilthey'scher Prägung, die mit als zu unklar empfundenen Konzepten wie dem ›Sinnverstehen‹, der ›Einfühlung‹ oder dem ›hermeneutischen Zirkel‹ in Verbindung gebracht wird (vgl. Titzmann 1993, 15-44; Titzmann 2003, insbes. 3036-3039; zur Hermeneutik s. oben, Kap. 3.2). Der Strukturalismus hat es seinem eigenen Anspruch nach dagegen in erster Linie mit manifesten sprachlichen Daten zu tun, die gemäß allgemeinen Regeln und auf der Grundlage einer allgemeinen semiotischen Theorie untersucht werden. Zu den einschlägigen wissenschaftlichen Standards gehört insbesondere die Forderung nach terminologischer Präzision, weshalb im Rahmen des Strukturalismus eine (von Kritikern gern als übertrieben gebrandmarkte) Fülle neuer Begrifflichkeiten eingeführt worden ist.

4.3 Grundbegriffe: Literatur/Literarizität, Autor, Analyse/Interpretation, Kontext

Im Rahmen des Strukturalismus sind verschiedene Auffassungen zu literaturtheoretischen Grundbegriffen entwickelt worden:

1. **Literatur/Literarizität:** Strukturalistische Bestimmungen des Literaturbegriffs konzentrierten sich (in der Nachfolge des Formalismus, s. Kap. 3.3) auf **sprachliche Merkmale der ›Literarizität‹ bzw. ›Poetizität‹**, die allen literarischen Texten und nur diesen zukommen und daher literarische Texte von allen anderen Texttypen unterscheiden. Das Literarische an der Literatur sollte sich, mit anderen Worten, mit linguistischen Mitteln feststellen lassen. Der vielleicht populärste Bestimmungsversuch dieser Art stammt von Roman Jakobson. In sprachlichen Äußerungen kommen nach Jakobson verschiedene ›Funktionen‹ zur Geltung; so kann beispielsweise ein Sprecher seine emotionale Einstellung gegenüber seiner Nachricht ausdrücken (›emotive‹ Funktion), dem Empfänger etwas über die Wirklichkeit zu verstehen geben (›referentielle‹ Funktion), ihn zu einer Handlung bewegen wollen (›konative‹ Funktion) oder mit seiner Äußerung die kommunikative Verbindung zum Empfänger aufrechterhalten wollen (phatische Funktion). Zudem kann er den »Code« thematisieren, den er verwendet, indem er etwa einen seiner Begriffe erklärt (metasprachliche Funktion; vgl. Jakobson 1989a). Für poetische Texte ist nun charakteristisch, dass in ihnen die **›poetische‹ Funktion** dominiert. Diese besteht darin, die Aufmerksamkeit des Empfängers auf die sprachliche Struktur der Nachricht selbst zu lenken. Auf die Frage, wodurch sich Poetizität manifestiere, antwortet Jakobson:

> Dadurch, daß das Wort als Wort, und nicht als bloßer Repräsentant des benachbarten Objekts oder als Gefühlsausbruch empfunden wird. Dadurch, daß die Wörter und ihre Zusammensetzung, ihre Bedeutung, ihre äußere und innere Form nicht nur indifferenter Hinweis auf die Wirklichkeit sind, sondern eigenes Gewicht und selbständigen Wert erlangen. (Jakobson 1989b, 79)

Erreicht wird die Rücknahme der emotiven und referentiellen Funktion zugunsten der poetischen Funktion durch den Einsatz sprachlicher Besonderheiten, die sich nach strukturalistischem Verständnis als regelhafte (und gegenüber denjenigen der natürlichen Ausgangssprache sekundäre) Ordnungsbeziehungen beschreiben lassen. Einschlägig sind insbesondere Äquivalenzbeziehungen, die auf mehreren sprachlichen Ebenen auftauchen und sich etwa (phonetisch) als Assonanzen und Reime, (syntaktisch) als Parallelismen oder (semantisch) als Mehrdeutigkeit äußern können. In Jakobsons Worten: »Die poetische Funktion projiziert das Prinzip der Äquivalenz von der Achse der Selektion auf die Achse der Kombination.« (Jakobson 1989a, 94 [im Original kursiv]) Das heißt: Äquivalenzbeziehungen finden sich nicht nur auf der Achse des Paradigmas, sondern auch auf der syntagmatischen Achse. Es handelt sich hier um die linguistische Basis der (bereits von Šklovskij postulierten) ›**Entautomatisierung der Wahrnehmung**‹: Sprachliche Äußerungen werden nicht als bloße Kommunikationsmittel angesehen, sondern vielmehr als Gegenstand geschärfter Aufmerksamkeit (s. Kap. 3.3).

Während Jakobson Poetizität am Beispiel lyrischer Texte erläutert, haben andere Vertreter des Strukturalismus nach einer **linguistischen Manifestation des Literarischen auch in anderen Gattungen** gesucht und dabei strukturale Beziehungen etwa auf der Ebene narrativer Einheiten identifiziert (vgl. Todorov 1972, 32-40).

> **Strukturalistische Bestimmungen von Literarizität**
> Strukturalistische Bestimmungsversuche von Literarizität sind recht grundsätzlichen Einwänden ausgesetzt:
> - **Mangelnde Trennschärfe:** Man kann bezweifeln, dass Äquivalenzen (oder sonstige linguistisch manifeste sprachliche Besonderheiten) notwendige oder hinreichende Kriterien für Literarizität sind. Es gibt sowohl Texte, die wir als literarische bezeichnen würden, obwohl sie entsprechende Merkmale kaum aufweisen, als auch Texte, die wir nicht als literarische bezeichnen würden, obwohl sie zahlreiche Merkmale der genannten Art aufweisen (z.B. Werbetexte). Da nicht eindeutig geregelt ist, was (alles) als strukturale Besonderheit eines Textes gelten kann, lassen sich irgendwelche linguistischen Strukturen, beispielsweise Äquivalenzen, in so gut wie jedem Text in (fast) beliebiger Anzahl ausmachen.
> - **Empirizität/Wissenschaftlichkeit:** Damit ist zugleich der mit dem Postulat der empirischen Überprüfbarkeit verbundene Anspruch der Wissenschaftlichkeit entsprechender Literarizitätsdefinitionen in Frage gestellt: Offenbar genügt es nicht, eine Struktur als Datum vorzufinden; man muss sie auch noch theoriegemäß bewerten/einordnen können.

Die strukturalistische Suche nach einer spezifisch literarischen Sprachverwendung gilt daher heute im Allgemeinen als gescheitert. Die strukturalistischen Textbeschreibungskategorien sind damit natürlich nicht obsolet geworden; ihr Ort wird nur eher in der Textanalyse bzw. -interpretation gesehen und nicht in theoretischen Bestimmungen des Literaturbegriffs (vgl. Culler 1975, Kap. 3).

2. Autor: Der Begriff des Autors spielt im Strukturalismus eine untergeordnete Rolle. Dass jeder Text von mindestens einer Person verfasst wurde, ist ein Gemeinplatz, der nicht bestritten wird. Auch Strukturalisten nutzen die ›Minimalfunktion‹ der Autorzuschreibung, nämlich die raum-zeitliche Fixierung des Textes, für ihre Analysen: Wann und wo ein Text geschrieben wurde, muss bei der Identifikation des sprachlichen Primärkodes, also der Sprache, in der der Text verfasst ist, sowie bei der Selektion relevanter Kontexte berücksichtigt werden. Entscheidend ist gleichwohl, dass Analyseoperationen *textuellen* Aspekten gelten, die sich nach strukturalistischem Verständnis beschreiben lassen, ohne dass man den Autor erwähnen müsste: Es interessieren die linguistisch manifesten Strukturen, die ein Text aufweist, daraus ableitbare Ordnungsprinzipien, die Rekonstruktion von Auswahlprozessen aus einem paradigmatischen Inventar usw. *Wer* diese Auswahl vorgenommen hat und warum, gilt dagegen nicht als zulässige Fragestellung und wird (als hermeneutische Altlast, als unmöglich zu beantworten oder schlicht unwissenschaftlich) zurückgewiesen (vgl. Genette 1972, 77f., 81f.; Titzmann 2003, 3037 u. 3090).

3. Analyse/Interpretation: Das Verhältnis von Analyse und Interpretation kann im Rahmen des Strukturalismus unterschiedlich bestimmt werden. So können beide Ausdrücke gleichbedeutend gebraucht werden: Eine Interpretation ist dann nichts anderes als eine strukturale Textanalyse (Titzmann). Eine andere Möglichkeit besteht darin, den Analysebegriff für Beschreibungen linguistischer Daten zu reservieren und von Interpretationen abzugrenzen, die Bedeutungszuweisungen vornehmen und sich damit von der Untersuchung textinterner Strukturen entfernen. Eine solche Abgrenzung ist dann oft mit einer Aufwertung der Textanalyse (als wissenschaftlich, exakt, objektiv) bei gleichzeitiger Abwertung der Interpretation verbunden; die Ergebnisse der Analyse können jedoch auch als Basis einer Interpretation konzipiert werden (vgl. Jahraus 1994). Als besonders fruchtbar können hier erzähltheoretische Analysen gelten: Die Bestimmung der narrativen Struktur eines Textes kann im Rahmen verschiedener Interpretationen gleichermaßen Verwendung finden.

Strukturalistisch untersuchen kann man nicht nur Einzeltexte, sondern auch größere Textkorpora, beispielsweise **literarische Gattungen**. In solchen Studien wird der Begriff der ›literarischen Reihe‹ zugrunde gelegt, der aus dem Russischen Formalismus stammt und auf den literaturgeschichtlichen Zusammenhang zielt, in dem einzelne Werke stehen: Einzelne Texte werden durch eine ›interne Funktion‹ in ihren Elementen zusammengehalten, während eine ›externe, literarische Funktion‹ sie mit den ihnen vorangehenden und nachfolgenden Texten verbindet (s. Kap. 3.3 sowie Tynjanov 1971). Die entsprechenden Untersuchungen können nicht nur synchron, sondern auch diachron angelegt sein: Im letzteren Falle wird der literarischen Strukturwandel, etwa die Transformationen einer Gattung innerhalb einer bestimmten Zeitspanne, analysiert (vgl. Titzmann 1991).

4. Kontext: Auch wenn strukturalistische Theorien sich in erster Linie um textinterne Bezüge kümmern, spielt der Kontext eines Textes bei der Analyse/Interpretation eine wichtige Rolle, wenn es darum geht, das System eines Textes zu anderen Systemen in Beziehung zu setzten. Dies ist etwa dann erforderlich, wenn festgestellt wird, aus welchen Systemen ein Text sein Zeichenrepertoire bezieht und auf welche Weise er diese

Systeme affirmiert oder kritisiert. In Frage kommen dabei sowohl semiotische Systeme, d.h. die Sprache(n), derer sich der Text bedient, sowie semiotisch vermittelte Systeme, d.h. beispielsweise religiöse, ideologische, politische oder sonstige Wertsysteme, Wissensbestände oder Weltanschauungen. In jüngerer Zeit ist verstärkt versucht worden, relevante Kontextinformationen unter dem Begriff des kulturellen Wissens zu erläutern und zu systematisieren (vgl. Titzmann 2006, 74-91).

4.3.1 Exkurs: Grundzüge der Erzähltheorie

Historisch steht die strukturalistische Narratologie zwischen ersten erzähltheoretischen Ansätzen, die sich um die Mitte des 19. Jahrhunderts vornehmlich auf die überlieferte Rhetorik und Poetologie, das praktisch orientierte Wissen literarischer Autoren sowie die Literaturkritik stützten, und einer immensen Expansion der Erzähltheorie seit etwa der Mitte des 20. Jahrhunderts. Diese Expansion betrifft sowohl die Gegenstände der Narratologie – narratologisch untersucht werden nicht länger nur Erzähltexte, sondern auch Gerichtsverhandlungen, Wahrnehmungsprozesse, Identitätskonzepte oder Comicstrips – sondern auch die Disziplinen, die sich mit narratologischen Fragestellungen auseinandersetzen. Der ›narrative turn‹ hat in so unterschiedlichen Bereichen wie der Ethnologie, der Geschlechterforschung, der Sozialpsychologie oder der Geschichtswissenschaft Fuß gefasst (vgl. Nünning/Nünning 2002, 9-19; Kreiswirth 2005). Angesichts dieser Ausweitung ist es kaum überraschend, dass in der Forschung weder in Bezug auf die Definition des zentralen Begriffs der Erzählung (vgl. Livingston 2001), noch in Bezug auf die Agenda der Narratologie Einigkeit besteht (vgl. Kindt/Müller 2003).

Für die literaturwissenschaftliche Erzähltheorie grundlegend sind insbesondere die Arbeiten von Gérard Genette, der die Ergebnisse formalistischer und strukturalistischer Erzählforschung zu einem differenzierten Modell ausgearbeitet hat (Genette 1994). Genette nimmt Abstand von der strengen Forderung nach einer strukturalen ›Erzählgrammatik‹, die alle Regeln spezifiziert, nach denen Erzählungen konstruiert werden können (»high structuralism«), und vertritt stattdessen einen »low structuralism«, der ein analytisches Instrumentarium zur Beschreibung konkreter Erzähltexte zur Verfügung stellen will. Die Grundzüge von Genettes Modell sollen nachstehend kurz dargestellt werden.

1. **Narrative Ebenen:** Innerhalb eines Erzähltextes lassen sich zunächst die Ebenen der Geschichte, der Erzählung und der Narration unterscheiden:
   - Als **Geschichte** (*histoire*) wird der narrative »Inhalt« der Erzählung bezeichnet, also das zumeist kausal verknüpfte und motivierte Geschehen, von dem erzählt wird. Im Falle fiktionaler Erzählungen spielt sich die Geschichte in der fiktiven Welt des Werkes ab.
   - Mit **Erzählung** (*récit*) ist demgegenüber die textuelle Seite der Erzählung gemeint, also der narrative Text als solcher.
   - Die **Narration** (*narration*) meint den Akt des Erzählens, also das Hervorbringen der Erzählung, die von der Geschichte handelt. In fiktionalen Erzählungen übernimmt ein fiktiver Erzähler den Erzählakt, der vom Autor zu unterscheiden ist.

Neben der Unterscheidung dieser Ebenen spezifiziert Genette die Dimensionen der Zeitbehandlung, des Modus und der Stimme:

2. Zeit: Eine Erzählung kann erstens in Hinblick auf die **Reihenfolge** der Geschehnisse von der Geschichte abweichen: die Erzählung kann chronologisch oder anachronisch geordnet sein. Zweitens kann eine Erzählung von unterschiedlicher **Dauer** sein, d.h. Erzählzeit und erzählte Zeit können mehr oder minder zur Deckung kommen. Drittens kann ein bestimmtes Geschehen unterschiedlich oft, d.h. in unterschiedlicher **Frequenz**, erzählt werden.

3. Modus: Die Kategorie des Modus umfasst sowohl die Distanz zum Geschehen als auch die Perspektive auf das Geschehen (Fokalisierung):
- **Distanz:** Der Eindruck einer mehr oder minder großen Distanz zum erzählten Geschehen kann durch verschiedene narrative Mittel erzeugt werden. Ist beispielsweise ein Erzähler präsent, der von einem vergangenen Geschehen zusammenfassend berichtet, so ist die Distanz zum Geschehen hoch (»**narrativer Modus**«); ist der Erzähler dagegen nicht figürlich anwesend und wird das Geschehen direkt ›präsentiert‹, so ist die Distanz zum Geschehen gering (»**dramatischer Modus**«). Ein erzähltechnisches Mittel, anhand dessen sich der Grad der Distanz zum Geschehen bestimmen lässt, ist die Behandlung der Figurenrede. So zeigt ein Redebericht in aller Regel einen (distanzierten) narrativen Modus an, während wörtliche Rede für einen dramatischen Modus spricht. Zwischen dem narrativen und dem dramatischen Modus gibt es fließende Übergänge.
- **Fokalisierung:** Mit der Kategorie der Fokalisierung werden unterschiedliche Perspektiven auf das Geschehen erfasst. Genette unterscheidet zwischen der **Nullfokalisierung** (die Erzählerperspektive ist nicht an die Perspektive einer Figur gebunden und der Erzähler sieht bzw. weiß mehr als die Figuren), der **externen Fokalisierung** (der Erzähler sieht die Figuren von außen und weiß weniger als sie) und der **internen Fokalisierung** (der Wissenshorizont des Erzählers entspricht dem einer Figur).

4. Stimme: Die Kategorie der Stimme bezieht sich auf die Position der erzählenden Instanz relativ zur erzählten Geschichte. Genette unterscheidet zwei Dimensionen, die hier von Belang sind:
- **Person:** Der Erzähler kann in der erzählten Geschichte vorkommen; in diesem Fall ist eine **homodiegetische** Erzählerfigur präsent, über die wir notwendigerweise verschiedene Dinge erfahren. Ein **heterodiegetischer** Erzähler kommt dagegen nicht in der Geschichte vor und berichtet über diese ›von außen‹. (›Diegese‹ ist Genettes Ausdruck für die erzählte Welt.)
- **Rahmen- und Binnenstrukturen:** Erzählungen können über eine mehr oder minder komplexe Schachtelung von Rahmen- und Binnenstrukturen, d.h. von Erzählungen innerhalb einer Erzählung, verfügen. Im Falle einer einfachen Schachtelung unterscheidet Genette zwischen einem **extradiegetischen** Rahmenerzähler und einem **intradiegetischen** Binnenerzähler.

Genettes Unterscheidungen greifen traditionelle (vor-strukturalistische) Kategorien und Thesen der Erzähltheorie auf, und sie lassen sich durch vielfältige Binnendifferenzierungen verfeinern (vgl. Martinez/Scheffel 1999). Es ist gleichwohl nicht ganz einfach, das genaue Verhältnis der einzelnen Ebenen und Kategorien zueinander zu bestimmen. Im Sinne einer Annäherung kann man sagen, dass die Kategorie der Stimme das Verhältnis zwischen Narration und Geschichte bestimmt, während Zeitbehandlung und Modus das Verhältnis zwischen Erzählung und Geschichte betreffen (vgl. Jahn 1995, 30ff.).

Die dargestellten Elemente von Genettes Modell erlauben eine differenzierte Beschreibung verschiedener Antworten auf die Frage ›*Wie* wird erzählt?‹. Dass damit jedoch nur eine Hälfte des Erzählens erfasst wird, hat folgenden Grund: Erzähltexten gegenüber können wir nicht nur eine ›externe‹ Perspektive einnehmen, die auf das ›Wie‹ des Erzählens gerichtet ist, sondern auch eine ›interne‹ Perspektive, die auf das ›Was‹ des Erzählens, das Erzählte bzw. die Ebene der Geschichte, gerichtet ist (vgl. Lamarque 1996, 2, 146 u.ö.). Eben dieser Sachverhalt wird durch Unterscheidung von ›Erzählung‹ und ›Geschichte‹ abgebildet.

Auf der Ebene der Geschichte fiktionaler Erzählungen lassen sich u.a. handelnde Personen sowie Ereignisse unterscheiden, die in einer fiktiven Welt lokalisiert sind. Einen einflussreichen Vorschlag, wie die Rede von ›fiktiven Welten‹ zu verstehen ist, hat Kendall L. Walton vorgelegt (vgl. Walton 1990). Die Sätze eines fiktionalen Textes sind demnach als Einladung zu verstehen, sich den Gehalt der Sätze vorzustellen (bzw. sich vorzustellen, die Sätze identifizierten wirkliche Sachverhalte). Da keine Erzählung die mit ihr verbundene fiktive Welt erschöpfend beschreiben kann, müssen Leser eine Reihe von Zusatzannahmen über das Inventar fiktiver Welten machen und dabei ihr Weltwissen in Anschlag bringen. Ob sich diese Zusatzannahmen als prinzipiengeleitet verstehen lassen, ist umstritten; tatsächlich spielen bei der Bildung von Annahmen über die Konturen fiktiver Welten etwa Genrekonventionen, Annahmen über die kommunikativen Absichten des Autors oder auch historisches Wissen über den Entstehungszeitraum des Werkes eine Rolle. An dieser Stelle überschneiden sich die Gegenstände der Narratologie mit denen einer allgemeinen Fiktions- und Interpretationstheorie (s. Kap. 13.4). Im Rahmen strukturalistischer Analysen der mit einzelnen Texten verbundenen fiktiven Welten werden Elemente wie Handlungsschauplätze, Geschehen, handelnde Figuren sowie deren Handlungen meist als (komplexe) Zeichen aufgefasst, die in verschiedenen Relationen zueinander stehen können. Das Ziel der Analyse besteht dann darin, diese Relationen zu identifizieren und zu klassifizieren.

4.4 Methode des Interpretierens

Im Rahmen des Strukturalismus sind ausgesprochen ausführliche Methoden der Textanalyse und -interpretation entwickelt worden, in denen das oben vorgezeichnete literaturtheoretische Beschreibungsinventar zur praktischen Anwendung kommt. Eine solche Methodologie kann die Form expliziter Interpretationsregeln annehmen und erfüllt dann eine zweifache Funktion:

- Einerseits werden auszuführende **Analyse- bzw. Interpretationsoperationen** benannt, d.h. es wird angegeben, was man tun muss, wenn man analysiert bzw. interpretiert (vgl. etwa Lotman 1993, 141f.).

- Andererseits **formulieren Interpretationsregeln Standards** des gelungenen Analysierens/Interpretierens, d.h. sie geben an, wann eine Analyse/Interpretation als erfolgreich gelten kann und wann nicht.

In Michael Titzmanns grundlegendem Buch *Strukturale Textanalyse* (1977) werden nicht weniger als 114 solcher Regeln benannt und diskutiert. Hier kann es lediglich darum gehen, typische Bestandteile einer strukturalen Textanalyse und -interpretation im Sinne Titzmanns zu skizzieren.

Das **Ziel der strukturalen Textanalyse** besteht in der Erhebung der »semantische[n] Organisation des Textes als eines sekundären Bedeutungssystems« (ebd., 404). In einem ersten Schritt kann der Interpret eine Gliederung seines Textes in syntaktische Einheiten (etwa Strophen, Kapitel, Abschnitte) und semantische Segmente (etwa Orte, Figuren, Figurencharakteristika, Handlungselemente) vornehmen. Sodann muss er nach deren (syntagmatischer) Verteilung und (paradigmatischen) Selektionsmechanismen Ausschau halten und Relationen auf beiden Ebenen sowie zwischen ihnen identifizieren. Typischerweise lassen sich Äquivalenzen oder Oppositionen beispielsweise auf der Ebene der Figuren ausmachen, d.h. die Charakteristiken der Figuren stehen in verschiedenen Hinsichten in Einklang miteinander oder eben nicht. Um diese Beziehungen herauszufinden, muss der Interpret beachten, mit welchen Ausdrücken eine Figur auf der Textoberfläche geschildert ist (und mit welchen nicht) und welche Aspekte der Figur beschrieben sind (und welche nicht). Der Text repräsentiert auf der lexematischen Ebene eine ›Wahl aus Alternativen‹ aus dem paradigmatischen Repertoire der Ausgangssprache, aber auch aus poetologischen, ideologischen oder sonstigen semiotisch vermittelbaren Systemen (vgl. Titzmann 2003, 3045-3047). An dieser Stelle treten zwei unterschiedliche Probleme auf:

- **Kontexte:** Erstens muss man entscheiden, welche Kontexte für die Analyse eines Textes wichtig sind. Offensichtlich muss sich der Interpret einerseits im paradigmatischen Repertoire der natürlichen Ausgangssprache auskennen, in der sein Untersuchungsobjekt verfasst ist; andererseits muss er über unterschiedlichstes kulturelles Wissen verfügen. Beide Wissenstypen sind Voraussetzungen dafür, dass man über die Signifikanz der vorliegenden ›Wahl aus Alternativen‹ entscheiden und die mit einem bestimmten Ausdruck oder einer bestimmten Charakterisierung verbundenen Konnotationen erschließen kann.
- **Relevanz:** Zweitens stellt sich die Frage, welche textuellen und kontextuellen Daten für die Analyse relevant sind. Das dabei entstehende Problem der Relevanz lässt sich folgendermaßen umreißen: Sprachliche Daten kann man meist in Hülle und Fülle erheben, aber nicht alles, was man erheben kann, ist auch im Rahmen einer Analyse aussagekräftig. Titzmann versucht, diesem Problem zu begegnen, indem er verschiedene Grade der Signifikanz von ›Textentscheidungen‹ voneinander abhebt: Besonders signifikant sind einerseits Abweichungen, von denen man spricht, wenn ein Text gegen eine textintern etablierte oder textexterne Norm verstößt, sowie andererseits das wiederholte Auftreten eines Textelements (Rekurrenz).

Neben der Auswahl der Elemente, aus denen ein Text besteht, ist deren **syntaktische Distribution** (Verteilung) signifikant (vgl. ebd., 3053f.). Potenziell bedeutsam ist etwa, an welcher Stelle im Text und in welchem Kontext ein bestimmtes Element auftaucht und wie oft es auftaucht. Die Analyse wird dabei Aspekte des Textes untersuchen, die traditionell beispielsweise der Metrik, der Stilistik oder auch der Pragmatik zugeordnet sind.

Grundsätzlich gilt, dass die (paradigmatische) ›Wahl aus Alternativen‹ und die syntaktische Distribution aufeinander bezogen werden sollen, wobei besonders Homologien (traditionell oft als Entsprechungen von ›Form‹ und ›Inhalt‹ beschrieben) signifikant sind (vgl. ebd., 3054f.). Vereinfachend kann man sagen: Die Beschreibung einer semantischen Ebene eines Werkes, beispielsweise der Figurenebene, sollte von möglichst vielen (signifikanten) sprachlichen Daten gestützt werden, die etwa von einer gattungstypologischen, narratologischen oder metrischen Analyse zutage gefördert werden können. Eine vollständige Analyse dieser Art würde sämtliche Textebenen einbeziehen und ein komplexes ›Modell‹ des Textes – d.h., die Darstellung sämtlicher Textelemente und -relationen sowie Bedeutung generierende Selektions- und Distributionsmechanismen – zum Ergebnis haben. Der Text wäre dann im Sinne eines »sekundären Bedeutungssystems« (s.o.) verstanden: als ein System, das auf nachvollziehbare Weise Bedeutungen schafft, die über diejenigen des primären Bedeutungssystems (der natürlichen Ausgangssprache) hinausgehen.

> **Lotmans Theorie des Ereignisses**
> ›Interpretation‹ kann im Rahmen des Strukturalismus im Einzelnen recht verschiedenes heißen – je nachdem, mit welcher Textgattung man es zu tun hat und welchem Zweig des sich spätestens in den 1960er Jahren ausdifferenzierenden Strukturalismus man folgt. Einen weiteren, recht einflussreichen Interpretationsansatz stellt **Jurij M. Lotmans Theorie des** ›**Ereignisses**‹ dar, mit deren Hilfe sich die ›narrative Tiefenstruktur‹ eines Textes analysieren lässt.
> Nach Lotman ist die dargestellte Welt eines Textes auf bestimmte Weise organisiert: Manche Dinge – Normen und Sachverhalte – gelten als normal und andere nicht. Ein **Ereignis** ist definiert als ein **Geschehen, das eine solche textinterne Normalitätsannahme** verletzt; es liegt etwa vor, wenn ein Mord geschieht oder eine bislang sesshafte Figur auswandert. Entscheidend ist, dass sich ein Element der Geschichte stets nur relativ zu dem spezifischen »semantischen Strukturfeld« eines Textes bestimmen lässt: Ein Mord ist nur dann ein Ereignis, wenn man dergleichen im Allgemeinen nicht tut. Lotman zufolge werden Ereignisse einerseits zumeist durch räumliche Vorstellungen angezeigt (z.B. ist die Normverletzung mit einer Ortsveränderung verbunden oder die Ortsveränderung stellt eine Normverletzung dar). Andererseits werden Normverletzungen oder Statusänderungen vermittels räumlicher Metaphern zum Ausdruck gebracht; entsprechend definiert Lotman »Ereignis« als »die Versetzung einer Figur über die Grenze eines semantischen Feldes« (Lotman 1993, 332); die Rekonstruktion von Ereignissen ist eine der Hauptaufgaben der Interpretation nach Lotman (vgl. auch Krah 2006, Kap. 5.2).

4.5 Beispielinterpretation

Als Beispielinterpretation können hier die Grundzüge einer strukturalistischen Interpretation von Bertolt Brechts *Gegen Verführung* skizziert werden.

Gegen Verführung

Laßt euch nicht verführen!
Es gibt keine Wiederkehr.
Der Tag steht in den Türen;
Ihr könnt schon Nachtwind spüren:
Es kommt kein Morgen mehr.

Laßt euch nicht betrügen!
Das Leben wenig ist.
Schlürft es in vollen Zügen!
Es wird euch nicht genügen
Wenn ihr es lassen müßt!

Laßt euch nicht vertrösten!
Ihr habt nicht zu viel Zeit!
Laßt Moder den Erlösten!
Das Leben ist am größten:
Es steht nicht mehr bereit.

Laßt euch nicht verführen!
Zu Fron und Ausgezehr!
Was kann euch Angst noch rühren?
Ihr sterbt mit allen Tieren
Und es kommt nichts nachher.

Aus: *Bert Brechts Hauspostille mit Anleitungen, Gesangsnoten und einem Anhange*. Berlin 1927, 133f. Zitiert nach: Grübel 1975, 285.

Rainer Grübel unterscheidet in seiner Analyse des Gedichts **sieben verschiedene Textebenen**, nämlich (in dieser Reihenfolge) eine semantische, stilistische, syntaktische, lexematische, metrisch-rhythmische, phonologische und pragmatische, und analysiert auf diesen Ebenen des Gedichts **identifizierbare Strukturen** (vgl. ausführlich Grübel 1975). Hier seien exemplarisch Befunde der semantischen und stilistischen Ebene rekonstruiert.

Der erste Vers des Gedichts zitiert die biblische Mahnung des Apostels Paulus im ersten Brief an die Korinther. Paulus ermahnt die Mitglieder der korinthischen Gemeinde, sie sollten sich nicht von jenen ›Irrlehrern‹ verführen lassen, die die Auferstehung der Toten und damit die christliche Lehre von den letzten Dingen (Eschatologie) in Frage stellten. Das Zitat evoziert ein christliches Bedeutungssystem, in das sich weitere textuelle Befunde einordnen lassen, die zugleich erst aus dem System ihre spezifische Bedeutung erhalten: So steht der Tag (V. 3) für das Leben, die Nacht hingegen für den Tod (vgl. ›sterben‹, V. 19) und der anschließende Morgen (V. 5) für die Auferstehung bzw. das Leben nach dem Tod. Dem dreigliedrigen eschatologischen Schema ›Leben-Tod-Auferstehung‹ wird nun aber im Gedicht ein nihilistisches, zweigliedriges Schema entgegen gesetzt: Neben oder nach dem Leben gibt es nur den Tod und keine Auferstehung – statt dieser folgt dem Tod »nichts« (V. 20). Die zitierte Paulinische Ermahnung wird im Rahmen des nihilistischen Bedeutungsschemas aufgenommen, sie zielt jedoch auf das Gegenteil: Gewarnt wird nunmehr vor einer Geringschätzung des Lebens zugunsten einer Vertröstung auf das Jenseits. Das Gedicht verfügt damit auf semantischer Ebene über eine komplexe Verschränkung von Oppositionen und Äquivalenzen. Einerseits stehen innerhalb beider Bedeutungsschemata Leben und Tod in Opposition zueinander – sie werden jedoch als in genau entgegen gesetzter Weise wertbesetzt aufgefasst. Während das Leben im Paulinischen Weltbild eine Stätte der (potenziellen) Verführung ist, vor deren Gefahren gewarnt werden muss, kommt im nihilistischen Schema der christlichen Auferstehungslehre eben diese Rolle zu, während es das Leben

»in vollen Zügen« (V. 8) zu genießen gilt. Dass »Tag«, »Nacht[]« und »Morgen« in entsprechender Weise wertbesetzt sind und für Leben, Tod und Auferstehung stehen, kann dabei als Funktion erstens des christlichen Bedeutungsschemas und zweitens (und vor allem) des sekundären Bedeutungssystems des Gedichts verstanden werden.

Untermauern lässt sich diese Analyse durch weitere Beobachtungen auf der stilistischen Ebene. Hier »kehrt Brecht [...] das Argumentationsinstrument der christlichen Lehre, ihre Sprache, gegen sie selbst« (ebd., 292). Deutlich wird das am Beispiel des 13. Verses. »Laßt Moder den Erlösten« kann man als Aufforderung verstehen, die Erlösten dem Moder zu überlassen. Im Rahmen des christlichen Deutungsschemas ist das nicht möglich, denn erlöst zu sein bedeutet ja gerade, dem Tod und dessen Begleiterscheinungen entronnen zu sein. Im Rahmen des nihilistischen Deutungsschemas kann sich die Erlösung dagegen allenfalls auf das Leben beziehen, da man vom Tod nicht erlöst werden kann:

> Zwar bleibt das Sem der Veränderung, der Überführung von einem (negativ gewerteten) Zustand in einen anderen (weniger negativ oder sogar positiv gewerteten) für das Erlösen gewahrt, doch werden Ausgangs- und Zielpunkt umgekehrt. Diejenigen Erlösten, die dem Moder zu überlassen sind, sind vom Leben erlöst. (Ebd., 293)

Das nihilistische Deutungsschema des Gedichts bildet damit wiederum ein (sekundäres) semiotisches System, in dessen Rahmen das Lexem ›erlösen‹ eine eigene, spezifische Bedeutung bekommt.

Die skizzierte Analyse macht deutlich, dass man auf **verschiedene Kontexte** zurückgreifen muss, um die Struktur des Gedichts zu erhellen: Einerseits muss man mit der biblischen Sprache vertraut sein (und also ein bestimmtes semiotisches System kennen), und andererseits muss man über kulturelles Wissen verfügen, das hier insbesondere die Kenntnis von Grundzügen der christlichen Eschatologie – als eines semiotisch vermittelten ideologischen Systems – umfasst.

Die im engeren Sinne strukturalistische Analyse des Gedichts lässt sich um weitere interpretatorische Überlegungen zu dessen Bearbeitungen, Veröffentlichungskontexten sowie zu dessen Stellung in Brechts Werk ergänzen (vgl. ebd., 308-311). Eine solche umfassendere Interpretation kann auch nach strukturalistischen Gesichtspunkten durchgeführt werden: Als System, dessen Strukturen erhellt werden sollen, gilt dann nicht mehr der Einzeltext, sondern beispielsweise ein Gedichtband oder sogar das Gesamtwerk Brechts.

Das Wichtigste in Kürze

Der Strukturalismus ist eine theoretisch-methodische Forschungsrichtung in verschiedenen Geistes- und Kulturwissenschaften.

Eine **Struktur ist eine geordnete Menge von Relationen** zwischen den Elementen eines Systems. Nach strukturalistischer Auffassung erhalten die Elemente eines Systems ihre Funktion oder Rolle dank der Relationen, in denen sie zu anderen Elementen des Systems stehen. (Beispiel: Die Bedeutung, die einem sprachlichen Zeichen zukommt, hängt von den sonstigen Zeichen ab, mit denen es ein semiotisches System bildet.)

4. Strukturalismus

> Die strukturalistische Analyse/Interpretation eines literarischen Textes zielt darauf, den **Text als sekundäres semiotisches System** transparent zu machen: Es geht darum, Strukturen aufzuzeigen, die für den spezifischen – vom System der Ausgangssprache ausgehenden – Bedeutungsaufbau des Textes verantwortlich sind.
>
> Strukturalistische Analysen können **mit anderen (z.B. hermeneutischen) Interpretationszugängen kombiniert** werden und beispielsweise als deren (Beschreibungs-) Grundlage dienen.
>
> Strukturalistisch untersuchen kann man – **in synchroner und diachroner Perspektive** – **auch größere Textkorpora.**

Literatur

Barthes, Roland: Die strukturalistische Tätigkeit. In: *Kursbuch* 5 (1966), 190-196 (frz. 1963).
Culler, Jonathan: *Structuralist Poetics. Structuralism, Linguistics and the Study of Literature.* London 1975.
Eco, Umberto: *Lector in Fabula. Die Mitarbeit der Interpretation in erzählenden Texten.* München ³1998.
Eco, Umberto: *Die Grenzen der Interpretation.* München ²1999 (ital. 1990).
Genette, Gérard: Strukturalismus und Literaturwissenschaft. In: Heinz Blumensath (Hg.): *Strukturalismus in der Literaturwissenschaft.* Köln 1972, 71-88 (frz. 1966).
Genette, Gérard: *Die Erzählung.* Hg. von Jürgen Vogt. München 1994 (frz. 1972).
Grübel, Rainer: Bertolt Brecht, *Gegen Verführung.* In: Dieter Kimpel/Beate Pinkerneil (Hg.): *Methodische Praxis der Literaturwissenschaft. Modelle der Interpretation.* Konberg i. Taunus 1975, 284-318.
Jahn, Manfred: Narratologie: Methoden und Modelle der Erzähltheorie. In: Ansgar Nünning u.a. (Hg.): *Literaturwissenschaftliche Theorien, Modelle und Methoden. Eine Einführung.* Trier 1995, 29-50.
Jahraus, Oliver: Analyse und Interpretation. Zu Grenzen und Grenzüberschreitungen im struktural-literaturwissenschaftlichen Theoriekonzept. In: Internationales Archiv für Sozialgeschichte der deutschen Literatur 19 (1994), 1-51.
Jakobson, Roman: *Poetik. Ausgewählte Aufsätze 1921-1971.* Hg. von Elmar Holenstein u. Tarcisius Schelbert. Frankfurt a.M. ²1989.
Jakobson, Roman: Linguistik und Poetik. In: Jakobson ²1989, 83-121 (engl. 1960) (=1989a).
Jakobson, Roman: Was ist Poesie? In: Jakobson ²1989, 67-82 (tschech. 1934) (=1989b).
Kindt, Tom/Hans-Harald Müller (Hg): *What Is Narratology? Questions and Answers Regarding the Status of a Theory.* Berlin/New York 2003.
Krah, Hans: *Einführung in die Literaturwissenschaft/Textanalyse.* Kiel 2006.
Krah, Hans: Kommunikation im wissenschaftlichen Kontext. In: Krah/Titzmann 2006, 281-302 (=2006a).
Krah, Hans/Michael Titzmann (Hg.): *Medien und Kommunikation. Eine interdisziplinäre Einführung.* Passau 2006.

Kreiswirth, Martin: Narrative Turn in the Humanities. In: David Herman/Manfred Jahn/ Marie-Laure Ryan (Hg.): *Routledge Encyclopedia of Narrative Theory*. London/New York 2005, 377-382.
Lamarque, Peter: *Fictional Points of View*. Ithaca/London 1996.
Livingston, Paisley: Narrative. In: Berys Gaut/Dominic McIver Lopes (Hg.): *The Routledge Companion to Aesthetics*. London/New York 2001, 275-284.
Lotman, Jurij M.: *Die Struktur literarischer Texte*. München ^{4}1993 (russ. 1970).
Martinez, Matias/Michael Scheffel: *Einführung in die Erzähltheorie*. München 1999.
Nünning, Ansgar/Vera Nünning: Von der strukturalistischen Narratologie zur ›postklassischen Erzähltheorie‹. Ein Überblick über neue Ansätze und Entwicklungstendenzen. In: A.N./V.N. (Hg.): *Neue Ansätze in der Erzähltheorie*. Trier 2002, 1-33.
Patzig, Günther: Der Strukturalismus und seine Grenzen. In: G.P.: *Sprache und Logik*. Göttingen ^{2}1981, 101-125.
Saussure, Ferdinand de: *Grundfragen der allgemeinen Sprachwissenschaft*. Hg. v. Charles Bally u. Albert Sechehaye unter Mitw. v. Albert Riedlinger. Berlin/New York ^{3}2001 (frz. 1916).
Titzmann, Michael: Skizze einer integrativen Literaturgeschichte und ihres Ortes in einer Systematik der Literaturwissenschaft. In: M.T. (Hg.): *Modelle des literarischen Strukturwandels*. Tübingen 1991, 395-438.
Titzmann, Michael: *Strukturale Textanalyse. Theorie und Praxis der Interpretation* [1977]. München ^{3}1993.
Titzmann, Michael: Semiotische Aspekte der Literaturwissenschaft: Literatursemiotik. In: Roland Posner/Klaus Robering/Thomas A. Sebeok (Hg.): *Semiotik/Semiotics. Ein Handbuch zu den zeichentheoretischen Grundlagen von Natur und Kultur*. Berlin/New York 2003, 3. Teilbd., 3028-3103.
Titzmann, Michael: Propositionale Analyse – kulturelles Wissen – Interpretation. In: Krah/ Titzmann 2006, 67-92.
Todorov, Tzvetan: Sprache und Literatur. In: T.T.: *Poetik der Prosa*. Frankfurt a.M. 1972, 32-40 (frz. 1966).
Tynjanov, Jurij: Über die literarische Evolution. In: Jurij Striedter (Hg.): *Russischer Formalismus*. München 1971, 434-460 (russ. 1927).
Walton, Kendall L.: *Mimesis as Make-Believe. On the Foundations of the Representational Arts*. Cambridge/London 1990.

Weitere Lektüreempfehlungen

Albrecht, Jörn: *Europäischer Strukturalismus. Ein forschungsgeschichtlicher Überblick* [1988]. Tübingen/Basel ^{2}2000.
Eine sehr übersichtliche Darstellung mit Schwerpunkt auf dem linguistischen Strukturalismus.
Scheffel, Michael: Das Urteil – Eine Erzählung ohne ›geraden, zusammenhängenden, verfolgbaren Sinn‹? In: Oliver Jahraus/Stefan Neuhaus (Hg.): *Kafkas »Urteil« und die Literaturtheorie. Zehn Modellanalysen*. Stuttgart 2002, 59-77.
Eine Interpretation von Kafkas Erzählung, die sich auf die Erkenntnisse der strukturalistischen Erzählforschung stützt. Deutlich wird bei dieser Form des »low structuralism« (ebd., 60) die Kombinierbarkeit narratologisch-strukturalistischer Analysen und herkömmlicher Interpretationsverfahren.

5. Psychoanalytische Literaturwissenschaft

Die Psychoanalytische Literaturwissenschaft zählt zusammen mit einer Reihe von empirischen Ansätzen der Erforschung von Literatur zur Gruppe der **literaturpsychologischen Ansätze**. Deren Vertreter ziehen sehr unterschiedliche psychologische Theorien heran, um literarische Texte sowie psychische Prozesse auf Seiten der Autoren und Leser unter verschiedenen Fragestellungen zu untersuchen. Die psychoanalytische Richtung zählt, im Gegensatz etwa zur empirischen Leserforschung (s. Kap. 14.1), zu den Ansätzen, die weniger an Rezeptionsvorgängen, als vielmehr vor allem an der Interpretation literarischer Texte interessiert sind.

Die Bezeichnung ›Psychoanalytische Literaturwissenschaft‹ ist ihrerseits eine Sammelbezeichnung für diejenigen Varianten zur Erklärung der Produktion, Beschaffenheit und Rezeption literarischer Texte wie auch zu ihrer Deutung, die auf das Werk Sigmund Freuds zurückgehen und seine Kategorien anwenden, sich aber auch kritisch auf sie beziehen, sie modifizieren oder durch eigene ersetzen. Als kleinster gemeinsamer Nenner psychoanalytischer Literaturwissenschaft kann das Interesse an – vor allem **unbewussten – psychischen Prozessen** und ihrer Manifestation in literarischen Texten gelten.

Psychoanalytische Interpretationen literarischer Texte gibt es seit Beginn des 20. Jahrhunderts; sie spielten aber bis zum Ende der 1960er Jahre in der Literaturwissenschaft an den deutschsprachigen Universitäten nur eine geringe Rolle. Dies änderte sich entschieden im Kontext der Methodendiskussionen in den 1970ern, als im Zuge der Kritik an traditionellen Interpretationsverfahren die Psychoanalytische Literaturwissenschaft als eine vielversprechende Möglichkeit gesehen wurde, literarische Texte auf neue, fruchtbare Weise zu erschließen und ihr subversives Potenzial zu erfassen. Seitdem zählt sie – mit unterschiedlichen Konjunkturen – in ihren verschiedenen Varianten zu den kontinuierlich präsenten und zugleich zu den besonders umstrittenen Ansätzen in der Literaturwissenschaft.

5.1 Das psychoanalytische Modell Sigmund Freuds

5.1.1 Einleitung

Obwohl Sigmund Freud (1856-1939) Psychologe und kein Literaturwissenschaftler war, legt sein eigenes Werk bereits den Grundstein einer psychoanalytischen Literaturwissenschaft. Sein Interesse an der Literatur hat drei verschiedene Wurzeln, die drei Weisen einer **Verbindung zwischen Literatur und Psychoanalyse** entsprechen:
- **Figurenanalyse:** Das Verhalten literarischer Figuren kann psychoanalytisch gedeutet werden. Freud diskutiert beispielsweise die Psyche Hamlets aus Shakespeares gleichnamigem Drama (vgl. *Die Traumdeutung*, Freud 2000, Bd. 2, 268-270). Die

als Figurenanalyse in Anspruch genommene Psychoanalyse leistet also einen Beitrag zur Interpretation literarischer Werke.
- **Kooperationsmodell:** Literarische Figuren und ihr Verhalten können für die psychoanalytische Theoriebildung fruchtbar gemacht werden. Dichter sind für Freud insofern »Bundesgenossen«, die in ihren Werken Einsichten der wissenschaftlichen Psychologie vorwegnehmen (vgl. »Der Wahn und die Träume in W. Jensens *Gradiva*«, vgl. Freud 2000, Bd. 10, 82, Zit. 14). Aufgabe der Psychologie ist es, das in literarischen Texten implizit zum Ausdruck kommende psychoanalytische Wissen explizit zu machen und theoretisch auszuformulieren.
- **Dichtungstheorie:** Das Dichten selbst und die Dichtung lassen sich psychoanalytisch erklären. Die Psychoanalyse tritt also mit dem Anspruch auf, eine Theorie der Produktion und Rezeption (fiktionaler) literarischer Texte bereitstellen zu können (»Der Dichter und das Phantasieren«, in: Freud 2000, Bd. 10, 171-179).

Schon bald nach ihren Anfängen ist die Psychoanalyse keine homogene Forschungsrichtung mehr. Mit der Fortentwicklung und Umbildung der Theorien Freuds durch Mitarbeiter und Schüler hat sich zugleich ein weiteres Spektrum literaturbezogener Anwendungsmöglichkeiten ergeben, die oft als ›**tiefenpsychologische**‹ **Zugänge zur Literatur** zusammengefasst werden (vgl. Schönau/Pfeiffer 2003). Zu nennen sind etwa C.G. Jungs ›Analytische Psychologie‹, Norman Hollands Rezeptionstheorie sowie Jacques Lacans ›strukturale Psychoanalyse‹, die in Kap. 5.2 genauer dargestellt wird. Die Ausführungen dieses Kapitels konzentrieren sich auf die ›klassische‹ psychoanalytische Literaturwissenschaft, die sich vornehmlich auf Freud selbst beruft.

5.1.2 Bezugstheorie und Rahmenannahmen

Die Freud'sche Psychoanalyse ist ein umfassendes Theoriegebäude, das unter anderem die folgenden Aspekte umfasst:
- ein Modell des Aufbaus und der Wirkungen des psychischen Apparats (der ›Seele‹)
- Thesen zur Individualentwicklung
- Erklärungsansätze für menschliches Verhalten und menschliche Hervorbringungen (u.a. Träume, Handlungen, Kunstwerke)
- eine ausgeprägte Psychopathologie (d.h. eine Lehre seelischer Krankheiten)
- Therapiemodelle

Literaturwissenschaftlich bedeutsam sind insbesondere das **Seelenmodell** sowie die Thesen zur **Individualentwicklung** und zur **Verhaltenserklärung**:

1. Seelenmodell: Freuds Modell der menschlichen Seele sondert drei Hauptkomponenten voneinander ab, die sich vor allem in funktionaler Hinsicht unterscheiden und zu unterschiedlichen Zeitpunkten der Individualentwicklung ausgeprägt werden (vgl. die konzise Darstellung im »Abriß der Psychoanalyse« [1938], in: Freud 1953). Der älteste (und für die Psychoanalyse zugleich wichtigste) Bestandteil der Seele ist das ›Es‹. Es ist der Träger der Triebe und des ›Unbewussten‹. Unter Letzterem werden jene Gehalte der Seele verstanden, die uns weder unmittelbar bewusst sind, noch ebenso schnell wie leicht bewusst gemacht werden können. Ein Teil dieses Unbewussten ist von Geburt an vorhanden, ein Teil entsteht unter bestimmten Bedingungen im Zuge der Ich-Entwicklung und wird als das ›Verdrängte‹ bezeichnet. Hierbei handelt es sich um seelische Regungen (Erinnerungen, Wünsche usw.), die als nicht normgerecht empfunden und daher aus dem bewussten Horizont des Subjekts ausgeschlossen (›verdrängt‹) werden. Die zweite Hauptkomponente der Seele und das Zentrum willensgesteuerter Aktivität ist das ›Ich‹. Seine Funktion ist es, die Ansprüche von Es, Außenwelt und ›Über-Ich‹ zu integrieren. Das Über-Ich ist die dritte Hauptkomponente, die sich zuletzt zu entwickeln beginnt und die internalisierte (verinnerlichte) Instanz insbesondere des elterlichen Einflusses darstellt. Das Über-Ich übernimmt als beobachtende, beurteilende und gegebenenfalls strafende Instanz fortan die Funktion der Eltern und wird vom Handelnden als sein Gewissen empfunden.

2. **Individualentwicklung:** Besonders wichtig für die Individualentwicklung ist nach psychoanalytischer Auffassung die Entwicklung des Sexuallebens, die bereits kurz nach der Geburt einsetzt (und entsprechend weiter gefasst wird als nach herkömmlichem Verständnis, das sie in der Pubertät beginnen lässt). Diese Entwicklung verläuft in zwei getrennten Stufen. Bereits das Kleinkind durchläuft demnach eine Reihe von Phasen (›orale Phase‹, ›sadistisch-anale Phase‹, ›phallische Phase‹), die um das fünfte Lebensjahr abgeschlossen sind und von einer Pause (›Latenzzeit‹) abgelöst werden. Zu Beginn der Pubertät setzt sich die Sexualentwicklung in der zweiten Stufe fort, wobei die Einflüsse der ersten prägend bleiben. Die Latenzzeit wird durch die libidinöse Hinwendung des Kindes zum gegengeschlechtlichen Elternteil bei gleichzeitiger Rivalität gegenüber dem gleichgeschlechtlichen Elternteil eingeleitet. (Bei Jungen spricht man von der ›**ödipalen Phase**‹.) Beide Impulse werden im Prozess der Individualentwicklung – im Zuge der Ausbildung des Über-Ichs – zugunsten einer Identifizierung mit dem gleichgeschlechtlichen Elternteil aufgegeben; sie können jedoch auch für späteres Verhalten bestimmend werden.

3. **Verhaltenserklärung:** Zum Kernbestand der Psychoanalyse gehört die Auffassung, dass sich umfassende Erklärungen menschlichen Verhaltens nicht nur auf das stützen können, was der handelnden Person selbst bewusst ist. Vielmehr speisen sich Handlungen und Verhaltensweisen aus unbewussten Quellen, zu denen die Person in der Regel keinen unmittelbaren Zugang hat (weil sie im Bereich des ›Es‹ angesiedelt sind). So können etwa die eigentlichen Triebkräfte einer Handlung vom Handelnden unter dem Druck sozialer Erwartungen verdrängt werden. Fragt man ihn nach den Gründen oder Motiven seiner Handlung, so könnte er – durchaus aufrichtig – eine Antwort geben, die die wahren Ursachen der Handlung – etwa den Wunsch nach der Erfüllung enttäuschter, oftmals sexuell konnotierter Wünsche – verkennt. Entsprechende Mechanismen der ›Transformation‹ nicht normgerechter Wünsche beginnen früh in der Individualentwicklung und finden ihren Niederschlag in verschiedensten Lebensbereichen. Eines der berühmtesten Beispiele ist der Ödipuskomplex, der auftritt, wenn im Erwachsenenalter die verdrängten Wünsche der ödipalen Phase das Handeln einer Person bestimmen. Ein weiteres, von Freud selbst ausführlich untersuchtes Beispielfeld sind die **Träume** (vgl. *Die Traumdeutung*, Freud 2000, Bd. 2). Hinter dem ›manifesten‹ Inhalt eines Traumes, den der Träumende mehr oder minder

gut wiederzugeben in der Lage ist, kann der Analytiker einen ›latenten‹ Trauminhalt erkennen, der durch bestimmte Mechanismen der ›**Traumarbeit**‹ (u.a. ›Verdichtung‹ und ›Verschiebung‹) ›entstellt‹ wurde. Träume geben also einerseits Auskunft über die spezifische seelische Befindlichkeit einer Person; andererseits geben sie Aufschluss über ein wichtiges allgemeines Funktionsprinzip der Seele: »Das Studium der Traumarbeit lehrt uns an einem ausgezeichneten Beispiel, wie unbewußtes Material aus dem Es, ursprüngliches und verdrängtes, sich dem Ich aufdrängt, vorbewußt wird und durch das Sträuben des Ichs jene Veränderungen erfährt, die wir als die Traumentstellung kennen« (»Abriß der Psychoanalyse«, in: Freud 1953, 31). Techniken der Traumanalyse werden daher auch zur Analyse von Literatur herangezogen.

5.1.3 Grundbegriffe: Literatur, Autor, Leser, Interpretation, Kontext

Im Anschluss an die ›klassische‹ Psychoanalyse Freud'scher Prägung sind verschiedene Auffassungen zu den gegenstandsbezogenen Grundbegriffen der Literaturtheorie entwickelt worden.

1. Literatur: Literatur ist, wie jedes kulturelle Phänomen, ein Produkt der ›Sublimierung‹, der Umwandlung von Triebenergien in kulturell schöpferische Tätigkeiten. Was ihre Spezifika sind, hat Freud z.B. in »Der Dichter und das Phantasieren« erläutert, wo er die Umrisse einer **produktionsästhetischen Theorie des literarischen Werkes** entwickelt. ›Produktionsästhetisch‹ ist diese Theorie insofern, als sie die Besonderheit fiktionaler literarischer Werke – Freud spricht von ›Dichtung‹ – auf deren Genese zurückführt. Das Dichten ist demnach eine Fortsetzung des kindlichen Spiels unter den Vorzeichen des Erwachsenenalters. Der Lustgewinn, den Kinder aus dem Spielen gewinnen können, wird im Falle Erwachsener durch das ›**Fantasieren**‹, durch ›Tagträume‹ gewährt, in denen der Fantasierende die Erfüllung unbefriedigter Wünsche erlebt: »Unbefriedigte Wünsche sind die Triebkräfte der Phantasien, und jede einzelne Phantasie ist eine Wunscherfüllung, eine Korrektur der unbefriedigenden Wirklichkeit« (Freud 2000, Bd. 10, 173f.). Dabei treten Elemente der Vergangenheit, der Gegenwart und Zukunft des Fantasierenden zusammen:

> Die seelische Arbeit knüpft an einen aktuellen Eindruck […] an, der imstande war, einen der großen Wünsche der Person zu wecken, greift von da aus auf die Erinnerung eines früheren, meist infantilen, Erlebnisses zurück, in dem jener Wunsch erfüllt war, und schafft nun eine auf die Zukunft bezogene Situation, welche sich als die Erfüllung jenes Wunsches darstellt […]. (Ebd., 174)

Fantasien oder Tagträume sind indessen kein unverfälschter Ausdruck der oftmals verdrängten Wünsche der Person. Wie auch bei Träumen transformieren bestimmte seelische Mechanismen den ›latenten‹ Gehalt einer Fantasie, der sich hinter ihrem ›manifesten‹ Gehalt verbirgt. Freud zufolge lässt sich das Dichten nach demselben Muster verstehen wie das Fantasieren: Es stellt eine Form der **Erfüllung eines verdrängten, unbewussten Wunsches** dar und zielt darauf ab, den Rezipienten eine analoge Wunscherfüllung zu ermöglichen.

Ein Problem liegt darin, dass eine solche Wunscherfüllung zu personinternen

Konflikten führen und Gefühle von Angst und Schuld auslösen kann. Hier kommt, so z.B. Carl Pietzcker, die **literarische Form** ins Spiel: Ihre Aufgabe ist es, entsprechende Konflikte mit dem Über-Ich zu verhindern und »angstfreie Wunscherfüllung zu gewährleisten« (Pietzcker 1978, 125). Ihr gelingt dies, indem sie

- »Vorlust« ermöglicht, d.h. den Lesern zu einem ästhetischen Lustgewinn verhilft; dieser Lustgewinn wiederum verweist auf den größeren Gewinn an Lust, der mit dem verborgenen Wunsch verbunden ist, und dient Freud zufolge als »Verlockungsprämie« (Freud 2000, Bd. 10, 179; auch Freud 2000, Bd. 6, 129);
- den anstößigen Wunsch in eine gefällige und annehmbare Gestalt bringt (manifestes Thema, Figuren u.a.);
- mit Hilfe der Aufnahme literarischer Muster die subjektiven Fantasien des Dichters in eine intersubjektiv vermittelbare Form bringt – im Unterschied zum Traum oder Tagtraum.

Freuds Auffassung von den Funktionen der literarischen Form, die er teilweise nur angedeutet und nicht ausgeführt hat, ist in späteren Arbeiten der psychoanalytischen Literaturwissenschaft problematisiert und weitergeführt worden (vgl. dazu den Überblick bei Pietzcker 1978).

Wenn Literatur eine Wunscherfüllung nach dem Muster der Tagträume oder Träume darstellt, dann lässt sich ihr latenter **Gehalt** auch analog zur Analyse des latenten Fantasie- oder Trauminhalts **rekonstruieren**. Grundsätzlich scheint hier allerdings eine kritische Einschränkung angebracht zu sein. Es ist nicht plausibel, dass *alle* literarischen Werke nach dem Muster einer Korrektur unerfüllter Wünsche verstanden werden können; gleichwohl mag dies für *manche* Werke gelten (vgl. Rühling 2001, 490). Es spricht einiges dafür, dass der Geltungsbereich bzw. die Allgemeinheit der betreffenden Theoreme beschränkt ist. Über die Berechtigung entsprechender Aussagen oder Verfahren muss im Einzelfall entschieden werden.

2. Autor: Der Autor ist in psychoanalytischen Studien immer dann eine relevante Größe, wenn die Gestalt eines Textes psychologisch erklärt werden soll. Solche Erklärungen können in zwei Richtungen gehen: Einerseits wird die Textgestalt erklärt, indem auf seelische Umstände des Autors verwiesen wird; andererseits ist das literarische Werk nach psychoanalytischer Auffassung auch ein Ausdruck der psychischen Befindlichkeit des Autors und kann daher bei deren Analyse berücksichtigt werden. Ein Analytiker, der die Psyche eines Autors untersuchen (und gegebenenfalls therapieren) möchte, wird sich neben dessen Träumen auch dessen literarische Produktion ansehen. In diesem Fall tritt das literaturwissenschaftliche Interesse am Text zugunsten eines psychologischen Interesses am Autor mehr oder minder vollständig zurück. Im psychoanalytischen Kommunikationsmodell gilt der Autor als Gestalter einer »unbewußten Szene«, in die er seine Leser einbindet, um bei ihnen bestimmte emotionale Reaktionen hervorzubringen (Schönau 1996, 38). Leser wiederum reagieren auf dieses (unbewusste) ›Angebot‹ im Text, nehmen es entweder an oder lehnen es ab.

3. Leser: Psychoanalytisch beschreiben kann man auch Aspekte der Leserrolle. Dabei lassen sich zwei unterschiedliche Theorietypen unterscheiden:

- **Psychoanalytische Rezeptionstheorien** beschreiben die psychischen Prozesse, die beim Lesen literarischer Werke ablaufen, und suchen insbesondere die unbewussten

Wirkungen der Literatur systematisch zu erfassen. Eine Rezeptionstheorie ist also im Wesentlichen eine (deskriptive) Darstellung faktischer Leseprozesse.

- **Psychoanalytische Interpretationstheorien** stellen dagegen auf psychoanalytischen Annahmen beruhende Verfahren und Standards auf, anhand derer sich literarische Werke deuten lassen. Eine Interpretationstheorie ist also im Wesentlichen eine (normative) Handlungsanleitung. (Um es etwas überspitzt zu sagen: Eine Rezeptionstheorie beschreibt, was in und mit einem Leser *geschieht*, während eine Interpretationstheorie beschreibt, was ein Interpret *zu tun hat*.)

Bereits Freud hat Aspekte der **Wirkung literarischer Werke** beschrieben. So wird das mit der Rezeption einhergehende **Lesevergnügen** zum Teil als eine Konsequenz künstlerischer Gestaltungselemente (der literarischen Form) angesehen: »Der Dichter mildert den Charakter des egoistischen Tagtraumes durch Abänderungen und Verhüllungen und besticht uns durch rein formalen, d.h. ästhetischen Lustgewinn [...]« (ebd., 179; zur Kritik vgl. Rühling 2001, 490-492). Einer solchen »Vorlust« kann sodann eine kathartische Lust »aus tiefer reichenden psychischen Quellen« an die Seite treten – dies wohl nicht zuletzt deshalb, weil »uns der Dichter in den Stand setzt, unsere eigenen Phantasien nunmehr ohne jeden Vorwurf und ohne Schämen zu genießen« (»Der Dichter und das Phantasieren«, Freud 2000, Bd. 10, 179). Das Konzept der »Vorlust« entspricht im Wesentlichen klassischen Konzepten eines ästhetischen Vergnügens, das durch ästhetische Eigenschaften eines Kunstwerkes hervorgerufen werden kann. Spezifischer für die Psychoanalyse ist die Annahme, dass Kunstwerke ein Medium sind, das es Personen erlaubt, einem seelischen Bedürfnis stattzugeben und einen als genussvoll erlebten Zugang zu eigenen (verborgenen) Antrieben zu bekommen.

Um den Reaktionen des Lesers auf einen bestimmten Text auf die Spur zu kommen, kann man das im Anschluss an Freud entwickelte Verfahren der **Gegenübertragungsanalyse** anwenden. Grundlegend für dieses Verfahren ist die Annahme, dass dem Analytiker im therapeutischen Gespräch von Seiten des Patienten eine bestimmte Rolle zugeschrieben wird (›Übertragung‹), die der Analytiker auf bestimmte Weise, nämlich auf der Grundlage seiner eigenen, teils unbewussten Wünsche beantwortet (›Gegenübertragung‹). Die Analyse einer Gegenübertragung soll nun, angewandt auf die literarische Kommunikation, dabei helfen, das Kommunikationsangebot des literarischen Werkes zu verstehen (vgl. Schönau/Pfeiffer 2003, 50-53). Ausgangspunkt ist der Befund, dass das literaturwissenschaftliche Interpretieren den Vorgang der Rezeption (d.h. den primären Akt des Verstehens) fortsetzt und damit die »Stimmungen, Wünsche, Ängste und Phantasien« (Pietzcker 1992, 11), die dieses erste Lesen im Rezipienten erweckt, zumindest zum Teil aufnimmt und weiter transportiert. Hermeneutische Interpretationen können, so die Annahme, solche in der Regel unreflektierten Einstellungen nicht »objektivieren« (ebd., 12); dies könne erst die Gegenübertragungsanalyse. Sie fordert eine Selbstanalyse vom Interpreten, der sich seiner affektiven Einstellungen zu den beunruhigenden und irritierenden Textfaktoren bewusst werden müsse, um daraus Erkenntnisse auch über den Text zu ziehen (vgl. ebd., 35). Im ständigen Wechsel zwischen einer Haltung, die sich »emphatisch« auf den Text einlässt, und einer Position des distanziert Analysierenden, gewinnt der Interpret Einsicht insbesondere in die spezifischen Wirkungspotenziale des Textes (zu den Gelingensbedingungen von Gegenübertragungsanalysen vgl. ebd., 37-41).

Da eine solche Analyse darauf zielt, nicht nur die Psyche des Interpreten, sondern (etwa nach dem Muster der Traumdeutung) latente oder manifeste Gehalte des Werkes selbst zu verstehen und zu beschreiben, überschreitet sie die Grenze von der Rezeptionstheorie zur Interpretationstheorie.

4. Interpretation: Eine psychoanalytische Interpretationstheorie betrachtet das literarische Werk als Bedeutung tragende Hervorbringung einer Person, bezieht sich jedoch, um die Textgestalt zu erklären, nicht nur auf die (bewussten) Intentionen des Autors, sondern auch auf dessen Unbewusstes. Im Unterschied zu nicht-intentionalistischen Interpretationsverfahren, für die die Größe des Autors keine wichtige Rolle spielt, und intentionalistischen Interpretationsverfahren, für die Bedeutungszuschreibungen mit den Intentionen (Absichten) des Autors zusammen hängen, ist eine psychoanalytisch verfahrende Interpretation **trans-intentionalistisch**: Die Größe des Autors spielt eine wichtige Rolle, da dessen unbewusste Antriebe herangezogen werden, um die Textgestalt zu erklären (vgl. Strube 2000).

Dabei sollte nicht vergessen werden, dass auch einzelne Aspekte des literarischen Werkes Gegenstand einer psychoanalytischen Interpretation sein können (so wie sich etwa auch einzelne Elemente eines Traumes analysieren lassen). Einschlägig sind insbesondere die **Analyse der Figuren** bzw. des Plots sowie die Analyse (sprachlicher) **Symbole**: Im Falle der Figurenanalyse behandelt der Interpret die fiktiven Figuren wie reale Personen, um ihr Verhalten psychoanalytisch zu erklären (vgl. z.B. »Der Wahn und die Träume in W. Jensens *Gradiva*«, Freud 2000, Bd. 10, 67-72); es handelt sich um einen der Fälle psychoanalytischen Interpretierens, in denen die Biographie des Autors völlig unberücksichtigt bleiben kann. Die Analyse von Symbolen kann beispielsweise auf die Dechiffrierung einzelner Metaphern oder selbst größerer narrativer Einheiten hinauslaufen (zur Symbolik in der Traumanalyse vgl. das Symbolregister in Freud 2000, Bd. 2, 629-631).

> **Kritik**
> Kritischen Einwänden ist die psychoanalytische Interpretationstheorie von grundsätzlicher wissenschaftstheoretischer Seite ausgesetzt. Der Vorwurf lautet hier, dass die Interpretation eines Werkes im Wesentlichen aus den allgemeinen psychoanalytischen Theoremen selbst ›abgeleitet‹ wird und durch textuelle Befunde nicht falsifiziert – und lediglich in kaum nennenswertem Maße bestätigt – werden kann. Psychoanalytische Interpretationen wären insofern schlimmstenfalls ›selbstbestätigend‹ und damit letztlich ohne erklärende Kraft. Ein einfaches Beispiel kann diese Kritik verdeutlichen. Psychoanalytische Diagnosen beziehen sich wesentlich auf nicht-manifeste, d.h. nicht beobachtbare bzw. latente, Befunde. Wenn von einer Person behauptet wird, ihr Verhalten verdanke sich latenten Wünschen, so kann auf der Basis der psychoanalytischen Theorie *erwartet* werden, dass die Person dies abstreitet. Was immer die Person sagt oder tut, kann im Sinne der Theorie ausgelegt bzw. ›uminterpretiert‹ werden. In dieser Situation ist dann allerdings nicht mehr klar, was überhaupt *gegen* eine psychoanalytische Diagnose eingewendet werden könnte. Die Theorie wäre (wie gesagt: schlimmstenfalls) mit *jedem* empirischen Befund kompatibel. Eine solche Theorie ist je-

> doch empirisch ›leer‹: Sie macht letztlich überhaupt keine gehaltvolle Aussage mehr über den empirischen Einzelfall, da ja jede Konfiguration des Einzelfalls mit der Theorie kompatibel wäre (vgl. zu diesem Problemzusammenhang Salmon 1974).
> Eine Lösungsmöglichkeit – von der jedoch nicht klar ist, inwiefern sie sich auf literaturwissenschaftliche Kontexte übertragen lässt – besagt, dass sich der Erfolg psychoanalytischer Diagnosen erst in der Therapie offenbart: Dass eine Diagnose richtig war, zeigt sich erst, wenn eine der Diagnose entsprechende Therapie erfolgreich ist (vgl. Balmuth 1965, 234).

5. **Kontext:** Als Kontexte, die für die psychoanalytische Interpretation relevant sind, können Daten aus der Biographie des Autors herangezogen werden; als einschlägig gelten hier insbesondere Informationen über Erlebnisse der Kindheit. Wichtige Dokumente, um Interpretationshypothesen zu bilden und zu stützen, sind zudem Selbstäußerungen in Briefen, Tagebüchern oder Ähnlichem und andere literarische Texte des Autors. Allerdings kann der Kontext auch ausgeweitet werden: Das literarische Werk gilt dann als Ausdruck ›zeittypischer‹ Faktoren, die vom Werk eines bestimmten Autors gewissermaßen verkörpert werden (vgl. Rühling 2001, 488).

5.1.4 Methode der Textinterpretation

Die Verfahrensweisen psychoanalytischer Textinterpreten hängen stark von den jeweils zugrunde gelegten psychoanalytischen Theoremen ab. Welche Elemente des Textes untersucht werden, welche Fragen an diese Elemente gestellt und welche Antworten akzeptiert werden, wird darüber hinaus von der jeweils gewählten Spielart der psychoanalytischen Textinterpretation bestimmt (vgl. Anz 2002).

Allgemein betrachtet, besteht das **Ziel einer Interpretation**, die nach dem Muster der (klassischen) Traumdeutung verfährt, in der Aufdeckung des latenten Gehalts des literarischen Werkes sowie einer damit verbundenen Benennung der Mechanismen, die das manifeste Werk haben entstehen lassen. In einer neueren Methodenreflexion hat Walter Schönau das **konkrete Vorgehen** in psychoanalytischen Textinterpretationen wie folgt skizziert: In der ersten Phase hat der Interpret, um das Unbewusste erfassen zu können, dezidiert nur der einen Regel zu folgen, möglichst ungefiltert alle »inneren Bilder und Assoziationen«, die der Text in ihm freisetzt, zuzulassen (Schönau 1996, 36). Dieser Phase größtmöglicher Offenheit dem Text gegenüber folgen die der Deutungen (»Semiosis«), die nach den textinternen Beziehungen etwa der Figuren und ihren Bedeutungen fragen, und der Erklärungen (»Metasemiosis«), in denen das Verstehen selbst und seine Bedingungen mit Bezug auf theoretische Annahmen analysiert werden (ebd., 37).

Der Interpret benutzt mithin **psychoanalytische Rahmenannahmen**, um die vorliegende **Textgestalt zu erklären** (zum Folgenden vgl. Strube 2000, 57-63). Als **heuristischer Ausgangspunkt** der Analyse dienen Auffälligkeiten des Textes – etwa Unstimmigkeiten, Metaphern oder Symbole –, anhand derer sich ein Bezug zur psychoanalytischen Theorie – etwa der Verdrängung eines tabuisierten Wunsches – herstellen lässt. Von solchen Auffälligkeiten ausgehend kann der Interpret Hypothesen über weitere Werkbestandteile aufstellen und auf diese Weise eine kohärente Gesamtinterpretation zu erstellen versuchen.

Ob eine solche Interpretation gelungen ist oder nicht, kann man anhand herkömmlicher hermeneutischer **Standards** absehen, zu denen **Kohärenz, Relevanz, Einfachheit** und **Fruchtbarkeit** gehören:

- **Negative** und **positive Kohärenz:** Die einzelnen interpretativen Aussagen dürfen weder einander noch der hinzugezogenen Rahmentheorie widersprechen, und sie sollen eine inhaltlich zusammenhängende Aussagenmenge darstellen.
- **Relevanz:** Die interpretativen Aussagen sollten wichtige und zentrale Aspekte des Textes betreffen. (Eine Interpretation, die nur zu vereinzelten Aspekte eines Textes etwas zu sagen hat, wird als unbefriedigend empfunden.)
- **Einfachheit:** Von zwei konkurrierenden Interpretationshypothesen ist diejenige zu wählen, die weniger (problematische) Zusatzannahmen erfordert (denn es wird angenommen, dass sich diese Zusatzannahmen möglicherweise als falsch herausstellen können) und als im Rahmen der Theorie erwartbarer/wahrscheinlicher gilt.
- **Fruchtbarkeit:** Die einzelnen interpretativen Aussagen sollten sich zu einer stimmigen Gesamtinterpretation integrieren lassen.

Problematisch ist allerdings das Kriterium der **Korrektheit**. Da psychoanalytische Hypothesen keine manifesten Sachverhalte betreffen, lassen sie sich auch nicht etwa durch einen bloßen Blick in den Text oder die bloße Befragung des Autors überprüfen. Eine Hypothese über latente Gehalte lässt sich (wenn überhaupt) nur anhand einer Kombination von manifesten (textuellen oder biographischen) Daten und psychoanalytischen Rahmenannahmen bestätigen. Im Falle kontroverser psychoanalytischer Theoreme, über deren Anwendungsbedingungen Uneinigkeit herrscht, kann das Kriterium der Korrektheit daher vermutlich nicht einfach im Sinne einer Übereinstimmung von Hypothese und Textbefund verstanden werden. Als korrekt könnten vielmehr solche Hypothesen gelten, denen die Mehrheit psychoanalytisch geschulter Interpreten zustimmen würde. So spielt in methodologischen Überlegungen der psychoanalytischen Literaturwissenschaft das schwer operationalisierbare Kriterium der **Evidenz** eine wichtige Rolle, das auf die subjektive oder eben gruppenspezifisch-kollektive Plausibilität bzw. Überzeugungskraft einer Interpretation zielt (vgl. Schönau 1996, 40). Kollektive Evidenzerfahrungen wiederum dürften durch die Verpflichtung auf eine gemeinsame Bezugstheorie gefördert werden. Diese Aussage gilt allerdings nicht allein für psychoanalytische Interpretationsgemeinschaften.

> **Zur Vermittelbarkeit psychoanalytischer Auslegungskompetenzen**
> Aus wissenschaftstheoretischer Sicht ist es problematisch, wenn die psychoanalytische Interpretation als letztlich weder kriteriell geleitet noch als erklär- oder vermittelbar ausgewiesen wird (vgl. Schönau/Pfeiffer 2003, 102f.). Wenn der psychoanalytische Interpret behauptet, dem »wahren Verstehen tieferer Zusammenhänge« könne man erklärend nicht beikommen (ebd., 103), so beruft er sich auf eine intuitiv-individuelle Deutungskompetenz, zu deren Charakterisierung bereits Freud treffende Worte gefunden hat: »Eine solche Kunst ist [...] nicht allgemein vor-

> auszusetzen, ihre Leistungsfähigkeit ist jeder Kritik entzogen, und ihre Ergebnisse haben daher auf Glaubwürdigkeit keinen Anspruch.« (*Die Traumdeutung*, Freud 2000, Bd. 2, 345) Solche psychoanalytischen Interpretationen wären zumindest in wissenschaftlichen Kontexten unbrauchbar – wie übrigens auch hermeneutische oder werkimmanent vorgehende, die sich allein auf die Kompetenz des Interpreten berufen. Zu den weiteren Problemen, denen sich eine psychoanalytische Interpretationstheorie stellen muss, gehören etwa die Fragen der Möglichkeit einer Trennung der psychischen Involviertheit des Lesers von Werkstrukturen und die damit verbundene Gefahr des ›Hineinprojizierens‹ oder die Möglichkeit einer Analyse des Autors eines literarischen Werkes *in absentia* (vgl. z.B. Schönau/Pfeiffer 2003, 104-106).

5.1.5 Beispielinterpretation

Freuds eigene *Hamlet*-Interpretation in *Die Traumdeutung* ist einerseits ein Exempel der **psychoanalytischen Figurenanalyse**; andererseits deutet Freud an, dass Shakespeares Drama als ganzes vor dem Hintergrund der seelischen Lage des Dichters verstanden werden kann.

Freud beginnt seine Interpretationsskizze mit einer knappen Zusammenfassung bereits bestehender **Deutungen der Hamlet-Figur**. Dass Hamlet nicht sofort und unumwunden Rache am Mörder seines Vaters nimmt, wird als rätselhaft und erklärungsbedürftig empfunden. Zugleich erkennt Freud im Zögern Hamlets in zentrales Strukturmoment des Dramas (genauer: der Plotstruktur):

> Das Stück ist auf die Zögerung Hamlets gebaut, die ihm zugeteilte Aufgabe der Rache zu erfüllen; welches die Gründe oder Motive dieser Zögerung sind, gesteht der Text nicht ein; die vielfältigsten Deutungsversuche haben es nicht anzugeben vermocht. (Freud 2000, Bd. 2, 269)

Freuds Deutung zufolge ist Hamlets Zögern Ausdruck einer ödipalen Krise:

> Hamlet kann alles, nur nicht die Rache an dem Mann vollziehen, der seinen Vater beseitigt und bei seiner Mutter dessen Stelle eingenommen hat, an dem Mann, der ihm die Realisierung seiner verdrängten Kinderwünsche zeigt. Der Abscheu, der ihn zur Rache drängen sollte, ersetzt sich so bei ihm durch Selbstvorwürfe, durch Gewissensskrupel, die ihm vorhalten, daß er, wörtlich verstanden, selbst nicht besser sei als der von ihm zu strafende Sünder. (Ebd.)

Das Zögern Hamlets wird, mit anderen Worten, erklärt, indem dem Protagonisten eine bestimmte psychologische Konstitution zugeschrieben wird: Hamlet zögert bei der Ausübung seiner Rache, weil er sich (unbewusst) im Mörder seines Vaters wieder erkennt. Den Wunsch, den eigenen Vater zu ermorden und dessen Stelle einzunehmen, hat Hamlet selbst während seiner kindlichen ödipalen Phase verspürt, jedoch als nicht normgerecht verdrängt. Nun äußert sich der verdrängte Wunsch ›indirekt‹, indem er Hamlets Zögern motiviert.

In einem weiteren Interpretationsschritt deutet Freud an, dass Shakespeares eigene psychische Disposition in *Hamlet* ihren Ausdruck gefunden haben müsse:

Es kann natürlich nur das eigene Seelenleben des Dichters gewesen sein, das uns im Hamlet entgegentritt; ich entnehme dem Werk von Georg Brandes über Shakespeare (1896) die Notiz, daß das Drama unmittelbar nach dem Tode von Shakespeares Vater (1601), also in der frischen Trauer um ihn, in der Wiederbelebung, dürfen wir annehmen, der auf den Vater bezüglichen Kindheitsempfindungen gedichtet worden ist. Bekannt ist auch, daß Shakespeares früh verstorbener Sohn den Namen Hamnet (identisch mit Hamlet) trug. (Ebd., 269f.)

Diese Bemerkungen entsprechen den Thesen, die Freud in »Der Dichter und das Phantasieren« zur **Produktion literarischer Texte** aufgestellt hatte (s. Kap. 3.4.3): Ein aktueller Anlass (der Tod des Vaters) ruft die Erinnerung an eine Kindheitserfahrung (ödipale Wünsche) wach, die einer fiktiven ›Lösung‹ im Drama zugeführt werden. Deutlich wird ferner die Bedeutung, die **Kontextdaten** bei der Interpretation spielen. Herangezogen werden erstens Informationen aus der Dichterbiographie, zweitens wird auf weitere Werke Shakespeares verwiesen (vgl. ebd., 270).

Abschließend weist Freud einschränkend darauf hin, dass seine Deutung nicht als umfassend verstanden werden kann: »[J]ede echte dichterische Schöpfung [wird] aus mehr als aus einem Motiv und einer Anregung der Seele des Dichters hervorgegangen sein und mehr als eine Deutung zulassen.« (Ebd.)

> **Das Wichtigste in Kürze**
>
> Die Psychoanalyse trifft Aussagen u.a. zur **Struktur der menschlichen Psyche**, zur **Individualentwicklung**, zur **Verhaltenserklärung** und zur **Psychopathologie**; außerdem umfasst sie psychotherapeutische Modelle.
>
> ›Psychoanalytische Literaturwissenschaft‹ ist eine Sammelbezeichnung für verschiedene tiefenpsychologische Ansätze zur **Erklärung** der **Literatur-Produktion** und **-Rezeption**, der **Beschaffenheit literarischer Texte** sowie zu ihrer **Deutung**.
>
> Die ›klassische‹ psychoanalytische **Literaturinterpretation** ist trans-intentionalistisch und versucht, den **latenten Gehalt eines literarischen Textes** zu entschlüsseln, indem auf das **Unbewusste des Autors** Bezug genommen wird. Die Textgestalt wird erklärt, indem beispielsweise aufgezeigt wird, auf welche verborgenen Wünsche eine bestimmte Plotkonstellation zurückgeführt werden kann.
>
> Eine weitere Spielart der psychoanalytischen Interpretation ist die **Figurenanalyse**, d.h. die Erklärung des Verhaltens einzelner Figuren mit psychoanalytischen Mitteln.
>
> Die Produktion (fiktionaler) literarische Texte wird von Freud in **Analogie zu Tagträumen** erklärt: Ein Autor erfüllt sich in der Fantasie einen Wunsch, dessen Erfüllung ihm in der Realität versagt ist.

Literatur

Anz, Thomas: Praktiken und Probleme psychoanalytischer Literaturinterpretation – am Beispiel von Kafkas Erzählung *Das Urteil*. In: Oliver Jahraus/Stefan Neuhaus (Hg.): *Kafkas »Urteil« und die Literaturtheorie. Zehn Modellanalysen*. Stuttgart 2002, 126-151.
Balmuth, J.: Psychoanalytic Explanation. In: *Mind* 74 (1965), 229-235.
Freud, Sigmund: *Abriß der Psychoanalyse/Das Unbehagen in der Kultur*. Frankfurt a.M./Hamburg 1953.
Freud, Sigmund: *Studienausgabe*. 10 Bde. mit Ergänzungsband. Hg. von Alexander Mitscherlich/Angela Richards/James Strachey. Frankfurt a.M. 2000.
Pietzcker, Carl: Zur Psychoanalyse der literarischen Form. In: Sebastian Goeppert (Hg.): *Perspektiven psychoanalytischer Literaturkritik*. Freiburg i.Br. 1978, 124-157.
Pietzcker, Carl: *Lesend interpretieren. Zur psychoanalytischen Deutung literarischer Texte*. Würzburg 1992.
Rühling, Lutz: Psychologische Zugänge. In: Heinz Ludwig Arnold/Heinrich Detering (Hg.): *Grundzüge der Literaturwissenschaft* [1996]. München ^{4}2001, 479-497.
Salmon, Wesley C.: Psychoanalytic Theory and Evidence. In: Richard Wollheim (Hg.): *Freud. A Collection of Critical Essays*. Garden City 1974, 271-284.
Schönau, Walter: Methoden der psychoanalytischen Interpretation aus literaturwissenschaftlicher Perspektive. In: Johannes Cremerius u.a. (Hg.): *Methoden in der Diskussion*. Würzburg 1996, 33-43.
Schönau, Walter/Joachim Pfeiffer: *Einführung in die psychoanalytische Literaturwissenschaft* [1991]. Stuttgart/Weimar ^{2}2003.
Strube, Werner: Die literaturwissenschaftliche Textinterpretation. In: Paul Michel/Hans Weder (Hg.): *Sinnvermittlung. Studien zur Geschichte von Exegese und Hermeneutik I*. Zürich 2000, 43-69.

Weitere Lektüreempfehlungen

Da Freuds eigene Texte leicht zugänglich und gut lesbar sind, empfiehlt es sich, Grundkenntnisse zur Psychoanalyse anhand der Originaltexte zu erwerben. Darüber hinaus:
Gallas, Helga: Psychoanalytische Positionen. In: Helmut Brackert/Jörn Stückrath (Hg.): *Literaturwissenschaft. Ein Grundkurs*. Reinbek bei Hamburg 1992, 593-606.
  Enthält eine knappe und kritische psychoanalytische Interpretationsskizze zu Heinrich von Kleists *Michael Kohlhaas*, S. 596-598.
Fricke, Harald: Thesen zur psychoanalytischen Literaturinterpretation. In: Ders.: *Literatur und Literaturwissenschaft. Beiträge zu Grundfragen einer verunsicherten Disziplin*. Paderborn u.a. 1991, 56-62.
  Kritische Auseinandersetzung mit der psychoanalytischen Literaturinterpretation.

5.2 Die strukturale Psychoanalyse Jacques Lacans

5.2.1 Einleitung

Die für die Literaturwissenschaft seit den 1980er Jahren wichtigste psychoanalytische Variante stellt die strukturale Psychoanalyse Jacques Lacans (1901-1981) dar. Lacan nimmt Theoreme Sigmund Freuds auf und führt sie, seiner eigenen Einschätzung nach, unter gewandelten Voraussetzungen weiter; Anhänger der ›klassischen Psychoanalyse‹ dagegen betonen eher den Bruch mit grundlegenden Annahmen Freuds (dazu z.B. Schönau/Pfeiffer 2003, 153f.). Lacans Annahmen zum Verhältnis von Sprache, Psyche und symbolischer Ordnung haben – ebenso wie Freuds Lehre – weitreichende kulturtheoretische Implikationen. Auch er gewinnt diese Annahmen unter Rückgriff auf Beobachtungen aus der psychoanalytischen Praxis und deren Deutungen.

Von Beginn seiner Rezeption in den 1970er Jahren an hat Lacans Modell in der deutschsprachigen Literaturwissenschaft polarisierend gewirkt. Das Spektrum reicht von der vehementen Ablehnung seines Ansatzes als pseudowissenschaftlich und prätentiös (z.B. Laermann 1986) über eine partielle Anerkennung seiner Thesen, die aber auf einer kritischen Auseinandersetzung mit einigen seiner Grundannahmen beruht, besonders durch feministische Theoretikerinnen (s. Kap. 10), bis zur Übernahme seiner Denkfiguren und Verfahrensweisen, überwiegend aus poststrukturalistischen Reihen (s. Kap. 7). Auch für Lacans Terminologie gilt, dass ihr Vorkommen in der literaturwissenschaftlichen Interpretationspraxis längst nicht immer darauf hinweist, dass der jeweilige Interpret tatsächlich ein konsequenter Anhänger der strukturalen Psychoanalyse ist.

5.2.2 Bezugstheorie und Rahmenannahmen

Charakteristisch für Lacans Position ist eine **Kombination von Zeichentheorie und Psychoanalyse**. Lacan schließt an Freuds Theorie an, übernimmt Konzepte wie das des Unbewussten und der psychischen Instanzen des Ich und Es, bestimmt sie aber abweichend und verbindet sie mit Grundannahmen strukturalistischer Sprachwissenschaft, die er ebenfalls auf eigenwillige Weise weiterführt. Seine strukturale Psychoanalyse ist so komplex wie voraussetzungsreich, seine Ausführungen sind – nicht zuletzt wegen ihrer oftmals bildlichen oder assoziativen sprachlichen Form und uneinheitlichen Begriffsverwendungen – meist schwer verständlich. Es kann im Folgenden nur eine Skizze gegeben werden.

1. Zeichentheorie: Lacan verwendet einen an Saussure orientierten **Zeichenbegriff** (s. Kap. 3.3.2 und 4.2), betont aber neben der Arbitrarität des Zeichens vor allem die **Trennung von Signifikant und Signifikat** (vgl. z.B. Lacan 1975a, 21-34). Signifikanten verweisen nach Lacan auf andere Signifikanten; zwischen ihnen und den Signifikaten dagegen steht eine »Schranke, die sich der Bedeutung widersetzt« (ebd., 21). Auch wenn Sprecher in aller Regel meinen, sich mit ihren Aussagen auf Objekte zu beziehen, so täuschen sie sich: Die referentielle Funktion der Sprache ist nur eine vermeintliche. Tatsächlich setzen sich sprachliche Zeichen dagegen, so Lacan, »nach den Gesetzen einer geschlossenen Ordnung« zusammen (ebd., 26). Sie bilden eine »signifikante Kette« (ebd.). Dieser Auffassung gemäß tragen Zeichen also keine stabile Bedeutung, über die ein Sprecher verfügen könnte; **Bedeutung** ist vielmehr ein »Signifikanteneffekt« (Gallas 1981, 36): Sie liegt den Signifikanten nicht zugrunde, sondern wird ›willkürlich‹ von ihnen hervorgerufen.

> Man kann also sagen, daß der Sinn in der Signifikantenkette *insistiert*, daß aber nicht ein Element der Kette seine *Konsistenz* hat in der Bedeutung, deren es im Augenblick gerade fähig ist. (Lacan 1975a, 27; Hervorhebung im Original)

Anstelle der Annahme einer fixierten oder doch zumindest in konventionell geregelten Grenzen festgelegten Verbindung von Signifikanten und Signifikaten vertritt Lacan die These, »daß das Signifizierte unaufhörlich unter dem Signifikanten gleitet« (ebd.). Die auch in der literaturwissenschaftlichen Interpretationspraxis des Öfteren zu findende Metapher vom **Gleiten der Bedeutung** oder der Signifikate hat hier ihren Ursprung (vgl. z.B. Kap. 7.3.5). Wegen seiner zeichentheoretischen Annahmen gilt Lacan als poststrukturalistischer Theoretiker.

2. Psychoanalytische Annahmen: Lacans **entwicklungspsychologisches Modell**, mit dem er von Freud abweicht, ist durch die Verbindung von Psyche und Sprache gekennzeichnet. In der Entwicklung des Kindes unterscheidet er **zwei Phasen**:

- In der **vor-ödipalen**, ›**imaginären**‹ **oder bildlichen Phase** kann ein Kind sich noch nicht klar von seiner Umwelt abgrenzen. Der Prozess der Individuierung beginnt im sogenannten ›**Spiegelstadium**‹, das durch eine besondere Mutter-Kind-Beziehung geprägt ist. Hier entdeckt das Kind ein einheitliches, immer klarer konturiertes Bild seiner selbst und entwickelt ein Gefühl für sein ›Ich‹ und ›das Andere‹, mit dem es sich – in Gestalt seines Spiegelbildes – identifiziert. Nach Lacan fällt die Ich-Bildung mit einer Ich-Spaltung zusammen: Das ›Ich‹ zerfällt in ein ›Ich‹, das das Kind im Blick in den Spiegel unmittelbar und zugleich ›von außen‹ wahrnimmt (»*je*«, Lacan 1973a, 64) und das in der späteren Entwicklung zum ›sozialen Ich‹ wird, und ein ›imaginäres Ich‹. Dieses imaginäre Ich – »*moi*«, zum Teil auch »Ideal-Ich« (ebd.) genannt – fasst Lacan als Konstruktion auf. Es entsteht im Spiegelstadium, bleibt aber »als Versprechen zukünftiger Ganzheit« (Evans 2002, 279; auch 139f.) auch über diese Phase hinaus wirksam. So wird

    > vor jeder gesellschaftlichen Determinierung die Instanz des *Ich* (moi) auf einer fiktiven Linie situiert, die das Individuum allein nie mehr auslöschen kann, oder vielmehr: die nur asymptotisch das Werden des Subjekts erreichen wird, wie erfolgreich immer die dialektischen Synthesen verlaufen mögen, durch die es, als *Ich* (je), seine Nichtübereinstimmung mit der eigenen Realität überwinden muß. (Lacan 1973a, 64; Hervorhebungen im Original)

    Auch wenn Lacan die Unterscheidung zwischen ›Ich/*je*‹ und ›Ich/*moi*‹ nicht trennscharf vorgenommen hat, ist sie – in Formulierungen wie ›Nichtidentität des Ich‹, ›Ich ist ein Anderer‹ oder ›Subjektspaltung‹ – einflussreich geworden.
    Die skizzierte Konstellation bildet die Voraussetzung für die anschließende ›symbolische‹ Phase.
- Am Anfang der **symbolischen Phase** steht die Wahrnehmung, von der Mutter getrennt zu sein, eine Trennung, die das Kind im Sinne Freuds dem Vater zuschreibt; auch Lacan nimmt also eine ödipale Konstellation an. Die Trennung fällt zusammen

mit dem **Eintritt** des Kindes **in die ›symbolische Ordnung‹**, die es mit der Sprache erlernt. Als symbolische Ordnung wird das Regelgefüge der Sprache, der Diskurse und gesellschaftlichen Herrschaftsverhältnisse aufgefasst; wie bei Foucault (dessen Theorie sich ansonsten in wesentlichen Punkten von Lacans unterscheidet, s. Kap. 7.2) ist diese Ordnung vor allem durch Macht bestimmt. Das Kind lernt diese Macht als **Gesetz des Vaters** kennen. Er repräsentiert die symbolische Ordnung.

Innerhalb dieser symbolischen Ordnung übernimmt für Lacan der **Phallus** eine wichtige Funktion. Er ist das erste Fetischobjekt des Kindes, insofern es sein Fehlen bei der – für kastriert gehaltenen – Mutter entdeckt, und zugleich ist er das erste imaginäre Objekt des Kindes, mit dem es »eine Erfahrung der Differenz hinter einer behaupteten Identität zu verbergen« versucht (Lindhoff 2003, 75). Eben diese Funktion – permanentes Schaffen imaginärer Objekte, um das Fehlen von Identität zu verschleiern – schreibt Lacan unter anderem der Sprache zu. In Engführung seiner entwicklungspsychologischen und kulturtheoretischen Annahmen über körperliche und semiotische Objekte kommt Lacan zu der These, der Phallus sei der »privilegierte Signifikant« (Lacan 1975b, 128) oder auch der primäre Signifikant der symbolischen Ordnung.

Dem Entwicklungsmodell entsprechend sind drei Bereiche zu unterscheiden, die sowohl als psychisch wie auch als semiotisch einzustufen sind, zugleich aber auch einen lebensweltlichen Bezug zu haben scheinen: **der imaginäre, der symbolische und der reale Bereich**. Lacan verwendet entsprechende Substantivierungen, die nicht völlig klar bestimmt werden (vgl. zum Folgenden Schönau/Pfeiffer 2003, 154 und Evans 2002, 146ff., 298-301, 250-253).

- ›**Das Imaginäre**‹ wird nach Lacan in der prä-ödipalen Phase gebildet und ist der Bereich der Phantasmen und der Bilder, die der Selbstidentifikation, aber auch der Täuschung dienen. Im Imaginären ist auch das Unbewusste angesiedelt.
- ›**Das Symbolische**‹ ist der Bereich der diskursiven Ordnung, der sprachlich vermittelt wird.
- ›**Das Reale**‹ ist der Bereich, den ein Individuum beim Eintritt in das imaginäre Stadium ›verliert‹. Nach Lacan können wir nicht wissen, wie dieses ›Reale‹ aussieht, und können uns mit der Sprache auch nicht auf es beziehen. Da wir diese Tatsache aber nicht akzeptieren können, schätzen wir unsere Vorstellungen vom Realen als dieses selbst ein und versuchen immer wieder vergeblich, es sprachlich zu erfassen.

Mit Bezug auf diese Annahmen lässt sich der Zusammenhang von **Sprache, Begehren** und **Unbewusstem** in Lacans Auffassung skizzieren.

Sprache vermittelt, wie erläutert, zum einen die geltende symbolische Ordnung, z.B. gesellschaftliche Normen und Geschlechterrollen. Sie bewegt sich immer im Rahmen der Normen und Konventionen, die in der herrschenden symbolischen Ordnung zugelassen sind. Zum anderen hat Sprache aber neben dieser »symbolischen Dimension«, der Ebene der Signifikanten, auch »eine imaginäre Dimension«, die Ebene der Signifikate und der Bedeutung (Evans 2002, 282). Sprache vermittelt hier die Erfahrung, dass das sprachliche Zeichen die Abwesenheit des bezeichneten Objekts voraussetzt (vgl. Eagleton 1997, 156f.). Solche Erfahrung der Nicht-Identität mit und der Abwesenheit von dem begehrten Objekt – Mutter und Signifikat gleichermaßen – sorgt personintern für die Dauerhaftigkeit des Begehrens als permanente Suchbewegung.

Die strukturale Psychoanalyse Jacques Lacans

Mit ›Begehren‹ ist ein Grundbegriff der strukturalen Psychoanalyse genannt. ›Begehren‹ ist bei Lacan nur zum Teil als – unbewusste – Haltung einer Person aufzufassen. Darüber hinaus bezeichnet der Begriff ein grundlegendes Prinzip, das verschiedene menschliche Aktivitäten, etwa Fühlen und Sprechen, verbindet und jeweils eine dynamische Beziehung meint. Im Bereich der Sprache ist unter »Begehren« »[eine] potentiell unendliche Bewegung von einem Signifikanten zum nächsten« zu verstehen (Eagleton 1997, 156). Diese Bewegung entsteht immer aus einem Mangel heraus. Sprache setzt, so Lacan, das abwesende Objekt voraus: Zeichen erhalten vorübergehend Bedeutung nur durch diese Abwesenheit und das Ausschließen anderer möglicher Bedeutungen.

Für die literaturwissenschaftlichen Adaptionen von Lacans psychoanalytischem Modell ist eine These von besonderer Bedeutung: die Annahme, das **Unbewusste sei wie eine Sprache aufgebaut**. Das Unbewusste ist, so Lacan, als eine Art subjektbezogene ›Sprache des Begehrens‹ aufzufassen:

> […] als Sprache, die das Begehren an eben dem Punkt ergreift, wo dieses sich vermenschlicht, indem es sich zu erkennen gibt, ist sie zugleich das absolut Besondere des Subjekts. (Lacan 1973b, 137)

Lacan kombiniert hier linguistische, rhetorische und psychoanalytische Begriffe, so dass sprachliche und damit auch literarische Strukturen in derselben Terminologie erfasst werden wie psychische Strukturen. Nach diesem Modell setzt sich das Unbewusste zum einen, wie auch die Sprache, aus Signifikanten ohne fixierte Signifikate zusammen; zum anderen wird es mit Hilfe der **Mechanismen des metaphorischen ›Verdichtens‹ und metonymischen ›Verschiebens‹ von Bedeutung** strukturiert. Verdeutlichen lässt sich diese Annahme am Beispiel des Traums: In der Operation des Verdichtens (»*condensation*«, Lacan 1975a, 36) werden im Traum mehrere Themenkomplexe oder Bildbereiche zu einem Bild zusammengefasst, das ›metaphorisch‹ für etwas anderes steht, während das ›Verschieben‹ (»*déplacement*«, ebd.) darin besteht, den Inhalt eines Traumes von einem ›verräterischen‹ Objekt auf ein anderes, unverdächtiges Objekt zu übertragen, das mit dem ›eigentlich Gemeinten‹ ein oder mehrere Merkmale teilen kann. Dieses »Umstellen der Bedeutung« nennt Lacan ›Metonymie‹ (ebd.; ausführlicher vgl. Eagleton 1997, 153-160). Während die Metapher durch die ihr eigene Funktionsweise des Kondensierens Bedeutung momentan festlegt, verweist die Metonymie auf den eigentlichen Mechanismus der Sprache: Bedeutung wird verschoben und flexibel gehalten (dazu auch Lindhoff 2003, 73). Hier zeigt sich ein wichtiger Unterschied zwischen Freuds und Lacans Einschätzung der Traummechanismen: Während sich nach Freud im Traum das Unbewusste manifestiert und seine Zeichen auf verdrängte Inhalte verweisen, geht Lacan davon aus, dass er allein »den Gesetzen der Signifikanten folgt« (Lacan 1975a, 37) und gerade nicht auf zu entschlüsselnde Bedeutungen hinweist.

Alle **semiotischen Tätigkeiten** in Sprache und Unbewusstem betreffen also – wie im Traum – ausschließlich die Ebene der Signifikanten, selbst wenn die Subjekte meinen, Bedeutungen vermitteln zu können; auch die Operationen der Verschiebung und Verdichtung sind damit als allgemeine sprachliche Mechanismen aufzufassen. Ausgehend von der Analogiebeziehung zwischen Sprache und Unbewusstem wurde das struktural-psychoanalytische Modell Lacans auf die Literatur übertragen.

Kritik an den psychoanalytischen Prämissen
Insofern sowohl die psychoanalytische Bestimmung literaturtheoretischer Grundbegriffe als auch Interpretationsverfahren von Rahmenannahmen abhängen, trifft eine Kritik solcher Annahmen auch die Literaturwissenschaft. So werden etwa **psychoanalytische Thesen zur Individualentwicklung oder zur Struktur der Seele** von der neueren psychologischen Forschung **in Zweifel gezogen**. Wenn es, um ein etwas plakatives Beispiel zu wählen, den Ödipuskomplex nicht gibt, dann lässt sich auch nicht sinnvoll behaupten, ein Autor reagiere mit seinem literarischen Text auf eine ödipale Zwangslage; und wenn die neuere Säuglings- und Kleinkindforschung Lacans Annahme eines Spiegelstadiums kritisiert, dann bricht ein wesentlicher Baustein im Modell der strukturalen Psychoanalyse weg, das auch seine literaturwissenschaftlichen Adaptionen voraussetzen müssen.

Entwicklungs- und kognitionspsychologische Befunde, die Freuds oder Lacans Annahmen widersprechen, werden allerdings von Vertretern psychoanalytischer Theorien oftmals nicht als potenzielle Falsifikationsinstanzen theoretischer Annahmen anerkannt. Statt einer Auseinandersetzung mit diesen Ergebnissen wird vielmehr grundsätzlich auf die Relativität jeder wissenschaftlichen Forschung verwiesen oder eingewandt, dass die Empiriker über ›naturalistische‹, die Psychoanalytiker aber über ›geistige Phänomene‹ sprächen. Von einer Außenperspektive betrachtet, **immunisiert** sich die Psychoanalyse auf diese Weise **gegen Kritik**.

5.2.3 Grundbegriffe: Literatur, Autor, Kontext

1. **Literatur** ist für Lacan nicht, wie in der ›klassischen‹ Psychoanalyse, Ausdruck regressiver Wünsche, sondern **Ausdruck des Begehrens** im oben skizzierten Sinne. Da das Begehren als konstitutiv für jeden Menschen angesehen wird, ist seine Manifestation in der Literatur intersubjektiv und lässt sich als solche erkennen (vgl. Gallas 1992, 603f.). Allerdings wird Literatur nicht als Schlüssel zum Begehren des Autors aufgefasst, sondern gewissermaßen als Wirkungsbereich des Begehrens in einem überindividuellen Sinne. Wenn die Mechanismen des Verdichtens und Verschiebens als Funktionsweise der Sprache generell eingeschätzt werden, kann der sprachliche Unterschied zwischen literarischen und nicht-literarischen Texten nur ein gradueller sein. Allerdings schlägt die Fiktionalitätskonvention (s. Kap. 13.2) für die Literatur positiv zu Buche: Insofern Autoren Welten selbst schaffen können und damit im Formulieren ihres ›Begehrens‹ konventionsgemäß weniger beschränkt sind als Verfasser etwa historischer Dokumentationen, ist für ihre Texte die Wirkung des Unbewussten höher zu veranschlagen.

2. Der **Autor** hat bei Lacan durchaus den Status eines Subjekts, insofern er versucht, sich in seinem Text mitzuteilen. Allerdings legt er den Sinn des Geschriebenen nicht fest, sondern bringt, nach den Regeln der Traum-Analogie und im Rahmen der Möglichkeiten, die ihm die verwendete Sprache gewährt, Bilder und Strukturen von relativer Eigendynamik hervor. Sein Ziel ist es, seinem Begehren Ausdruck zu verschaf-

fen – eine ›default position‹ für jeden Verfasser literarischer Texte. Dieses Ziel kann er allerdings nicht erreichen, zum einen, weil die Sprache als Instrument der symbolischen Ordnung das unbewusste Begehren nicht artikulieren kann, zum anderen, weil nicht der Autor die Sprache beherrscht, sondern sie ihn. Aber auch Autoren verkennen die tatsächlichen Leistungen und Mechanismen der Sprache und versuchen daher das Vergebliche immer wieder. Das imaginäre Ich (*moi*) des Autors konstruiert intentional Bedeutungen, die aber nicht existieren (Signifikate), während sein anderes Ich (*je*) sprachliche Zeichen (Signifikanten) hervorbringt, anhand derer sich der unbewusste Ausdruck des Begehrens analysieren lässt.

3. Als **Kontexte** der Lektüre eines literarischen Einzeltexts können extratextuelle, also z.B. sprachliche oder gesellschaftliche, sowie intertextuelle Kontexte herangezogen werden (s. dazu Kap. 7.4). Privilegierter Kontext ist jedoch die Theorie Lacans selbst, die zur Analyse der Signifikanten vorausgesetzt werden muss.

5.2.4 Methode der Textinterpretation

Das **Ziel** der psychoanalytischen Textanalyse besteht auch in den Lacan-Adaptionen darin, einen ›Subtext‹ zu rekonstruieren, der dem literarischen Text latent unterliegt. Um ihr Ziel zu erreichen, setzen Interpreten die Begriffe des Verschiebens und Verdichtens, des Begehrens sowie die oben skizzierten entwicklungspsychologischen Annahmen in einer für ihr Verfahren wie für ihre Argumentation entscheidenden Rolle ein. So wird in aller Regel nach den **Grundbegriffen der Lacan'schen Theorie** im zu analysierenden Text gefragt, etwa nach dem Einsatz und der literarischen Gestaltung des ›Begehrens‹ oder nach Strukturen, die als ödipale Konstellation interpretiert werden (vgl. z.B. Gallas 1981). Untersucht werden aber auch die **formalen Gesetzmäßigkeiten**, die den literarischen Signifikantenketten zugrunde liegen (vgl. ebd.). Zu diesem Zweck werden z.B. sprachliche Bilder oder Wörter in ihrem syntagmatischen Zusammenhang im Text betrachtet, wobei die Ausschnitte beliebig gewählt werden dürfen und die referentiellen Bezüge der untersuchten Segmente dezidiert unberücksichtigt gelassen werden. So stellen Interpreten etwa Verschiebungen im Buchstaben- oder Silbenmaterial des Textes heraus, die auf die Wirkung des Unbewussten hindeuten. Auch hier geht es, wie in den Freud-Varianten oftmals der Fall, darum, eine dem Verfasser unbewusste Bedeutung zu enthüllen oder ein nicht-intentional eingesetztes Verfahren aufzuzeigen. Beides darf allerdings weder auf den Verfasser rückbezogen noch als ›die eigentliche‹ oder ›tatsächliche Bedeutung‹ des Textes aufgefasst werden, sondern ist als eine Bedeutungsschicht des Textes einzustufen.

Schönau bringt den Unterschied zwischen der psychoanalytischen Interpretationspraxis nach Freud und der nach Lacan auf eine griffige Formel:

> Während der Freudsche Kritiker wie ein Archäologe nach den verborgenen Schätzen in der Tiefe sucht, sucht der ›Lacanien‹ wie ein rhetorisch und linguistisch geschulter Detektiv nach den **Brüchen und Unstimmigkeiten im Text**. (Schönau/Pfeiffer 2003, 158; Hervorhebung im Original)

Auf diese Weise wird mit Lacan nach den ›Spuren‹ gesucht, die die Wirkung des Begehrens im Text hinterlässt. Für den an Freud orientierten Interpreten sind solche Brüche und Unstimmigkeiten dagegen oftmals nur der heuristische Ausgangspunkt einer weitergehenden Deutung.

5.2.5 Beispielinterpretation

Als **Referenztext und Vorbild** für eine struktural-psychoanalytische Interpretation wird immer wieder Lacans eigene Analyse einer Erzählung von Edgar Allan Poe, *The Purloined Letter* (1844; dt.: *Der entwendete Brief*), zitiert, die er zu demonstrativen Zwecken in einem seiner Seminare vorgenommen hat (Lacan 1973c).

In **Poes Kriminalerzählung** geht es um einen Brief anscheinend kompromittierenden Inhalts, der einer adligen Dame (vielleicht der französischen Königin) von einem Minister gestohlen wird, um sie politisch unter Druck zu setzen. Da der Ehemann der Dame nichts erfahren soll, wird diskret der Polizeipräfekt von Paris eingeschaltet. Er kann jedoch in diversen Hausdurchsuchungen den Brief nicht finden; dem scharfsinnigen Auguste Dupin dagegen gelingt dies allein durch deduktives Schließen: Ausgehend von Informationen über den Charakter des Ministers erkennt er, dass der Brief an einem besonders offensichtlichen Ort aufbewahrt wird, und tauscht ihn gegen ein mit einem Spottvers versehenes Blatt aus.

Erzählt wird, so Lacan, eine »Urszene« – der Diebstahl des Briefes unter den Augen der Besitzerin – und deren »Wiederholung« (ebd., 10) – das Entwenden des Briefes hinter dem Rücken des Diebes –, die als »Wiederholungszwang« erscheint (ebd., 14). In seiner Analyse, deren komplexe Ausführungen hier nicht wiedergegeben werden können, nimmt Lacan zahlreiche Zuschreibungen vor, die Elemente der Erzählung mit Bausteinen seiner Theorie analogisieren. Um nur einige zu nennen:

- **Identifikation des Briefes,** dessen Inhalt wir in der gesamten Erzählung nicht kennenlernen, **als »der reine Signifikant«** (ebd., 14; Hervorhebung T.K./S.W.);
- **Aufzeigen verschiedener Dreierkonstellationen** (Raum, Zeit, Figuren; ebd., 13), die die ›Signifikantenkette‹ der Erzählung strukturieren und an die ödipale Dreieckskonstellation erinnern;
- **Konstatieren von Metonymien** bzw. »Verschiebungen« auf mehreren Ebenen der Erzählung: im Sprachmaterial wie auch in Bezug auf die Subjekte, die im Text vorkommen (ebd., 14, 28f., 33 und öfter);
- **Gewinnen legitimatorischen Potenzials** aus **etymologischen Ableitungen** verwendeter Wörter: So wird z.B. für das »anglo-französische Wort« ›to purloin‹ als eigentliche lexikalische Bedeutung etwas »*beiseite zu schieben*« oder »auf die Seite bringen« gefunden (ebd., 28; Hervorhebung im Original), und diese Bedeutung wird zum einen als Beleg für die These angesehen, dass der gesuchte Brief »unzustellbar[]« ist, und zum anderen als Bestätigung der eigenen »Umwege« aufgefasst, die Lacan in seiner Analyse unternimmt (ebd.);
- **Gewinnen interpretatorischer Einsichten aus Wortspielen**: Mit Hinweis auf die Tatsache, dass ›letter‹ sowohl ›Brief‹ als auch ›Buchstabe‹ heißt, wird – unter anderem – die These von der Identifikation des Briefes in der Erzählung mit dem (reinen) Signifikanten gestützt (vgl. ebd., 22f.);

5.2 Die strukturale Psychoanalyse Jacques Lacans

■ *Per analogiam* **gerechtfertigtes Auffüllen von ›Leerstellen‹ im Text durch Inhalte der eigenen Theorie**: Lacan formuliert den Inhalt des entwendeten Briefes, der in Poes Erzählung nie wiedergegeben wird (und der auch durch den deutungsbedürftigen Spottvers nicht vermittelt wird), als »Antwort des Signifikanten jenseits aller Bedeutungen« (ebd., 40). In dieser – nun wörtlich ›zitierten‹ – Antwort gibt der Signifikant (unter anderem) Einblick in die ambivalente Wirkung seiner Macht und die Verblendung der Subjekte, die sich handlungsmächtig wähnen.

Abschließend und unter Voraussetzung seiner vorherigen Zuschreibungen kann Lacan »die Lösung« angeben (ebd., 41), die der Text enthalte und die sich schon dem Titel entnehmen lasse:

> Ihr zufolge, sagen wir, empfängt der Sender seine Botschaft vom Empfänger in umgekehrter Form wieder. Somit will »entwendeter«, eben »unzustellbarer Brief« besagen, ein Brief (eine Letter) erreiche immer seinen (ihren) Bestimmungsort (ebd.).

Lacans Studie ist nicht als Analyse eines literarischen Textes in einem literaturwissenschaftlichen Sinne intendiert, sondern sie soll – so eine der Zielformulierungen – eine »Wahrheit […] illustrieren«, die sich in der Auseinandersetzung mit Freud ergeben hat, »daß nämlich die symbolische Ordnung konstitutiv sei für das Subjekt« (ebd., 9). Allerdings macht sie **Lacans Verfahren im Umgang mit Texten** deutlich, das im Folgenden **in literaturwissenschaftliche Fragestellungen integriert** wurde. (Exemplarische Literaturanalysen mit Bezug auch auf Lacan fassen wir in Kapitel 7.3.5 sowie 10.5. zusammen.)

Das Wichtigste in Kürze

Die strukturale Psychoanalyse Lacans nimmt **Theoreme Sigmund Freuds** auf, deutet sie z.T. um und verbindet sie mit einem an Saussure orientierten **Zeichenbegriff**.

Zentral ist die Annahme, dass das **Unbewusste wie eine Sprache aufgebaut** ist. Das Unbewusste wird als subjektbezogene ›**Sprache des Begehrens**‹ aufgefasst.

Literatur ist für Lacan kein Ausdruck regressiver Wünsche, sondern **Ausdruck des ›Begehrens‹**. Gesucht wird z.B. nach der literarischen Gestaltung des Begehrens, nach den formalen Gesetzmäßigkeiten, die den literarischen Signifikantenketten zugrunde liegen, oder nach den Wirkungen der psychischen Mechanismen des Verschiebens und Verdichtens, etwa im Buchstabenmaterial des Textes.

Das **Ziel** dieser Variante psychoanalytischer Textanalyse liegt darin, einen ›Subtext‹ zu rekonstruieren, der dem literarischen Text latent unterliegt.

Literatur

Eagleton, Terry: *Einführung in die Literaturtheorie*. Stuttgart/Weimar ⁴1997 (engl. 1983).
Evans, Dylan: *Wörterbuch der Lacanschen Psychoanalyse*. Wien 2002.
Felman, Shoshana: On Reading Poetry. Reflections on the Limits and Possibilities of Psychoanalytic Approaches. In: Joseph H. Smith 1: *The Literary Freud*. New Haven u.a. 1980, 119-148.
Gallas, Helga: *Das Textbegehren des ›Michael Kohlhaas‹. Die Sprache des Unbewußten und der Sinn der Literatur*. Reinbek bei Hamburg 1981.
Gallas, Helga: Psychoanalytische Positionen. In: Helmut Brackert/Jörg Stückrath (Hg.): *Literaturwissenschaft. Ein Grundkurs*. Reinbek bei Hamburg 1992, 593-606.
Lacan, Jacques: *Schriften I*. Hg. von Norbert Haas. Olten/Freiburg 1973.
Lacan, Jacques: Das Spiegelstadium als Bildner der Ichfunktion wie sie uns in der psychoanalytischen Erfahrung erscheint. In: J.L. 1973, 15-55 (frz. 1949) (=1973a).
Lacan, Jacques: Funktion und Feld des Sprechens und der Sprache in der Psychoanalyse. In: J. L. 1973, 71-169 (frz. 1953) (=1973b).
Lacan, Jacques: Das Seminar über E.A. Poes »Der entwendete Brief«. In: J.L. 1973, 7-60 (frz. 1955) (=1973c).
Lacan, Jacques: *Schriften II*. Hg. von Norbert Haas. Olten/Freiburg 1975.
Lacan, Jacques: Das Drängen des Buchstabens im Unbewussten oder die Vernunft seit Freud. In: J.L. 1975, 15-55 (frz. 1957) (=1975a).
Lacan, Jacques: Die Bedeutung des Phallus. In: J. L. 1975, 119-132 (frz. 1958) (=1975b).
Laermann, Klaus: Lacancan und Derridada. Über die Frankolatrie in den Kulturwissenschaften. In: *Kursbuch* 84 (1986), 34-43.
Lindhoff, Lena: *Einführung in die feministische Literaturtheorie*. Stuttgart u.a. ²2003.
Schönau, Walter/Joachim Pfeiffer: *Einführung in die psychoanalytische Literaturwissenschaft* [1991]. Stuttgart/Weimar ²2003.

Weitere Lektüreempfehlungen

Pagel, Gerda: *Jacques Lacan zur Einführung*. Hamburg ⁴2002.
  Knappe, aber gut lesbare Darstellung, die einen Einblick in wichtige Themen, Begriffe und Denkfiguren Lacans gibt.
Rabaté, Jean-Michel: *Jacques Lacan. Psychoanalysis and the Subject of Literature*. New York 2001.
  Der Verfasser versucht u.a. eine systematische Erläuterung dessen, was Lacan unter ›Literatur‹ versteht und welche Leistungen seine Herangehensweise an literarische Texte für die Literaturwissenschaft erbracht hat.

6. Rezeptionsästhetik

6.1 Einleitung

›Rezeptionsästhetik‹ ist ein Sammelbegriff für die Theorie und Analyse der Beziehungen zwischen literarischem Text und Leser. Innerhalb dieser Forschungsrichtung lassen sich zwei enger umrissene Ansätze unterscheiden:
- Eine **Wirkungstheorie** untersucht, inwiefern literarische Texte über eine implizite ›Leserrolle‹ verfügen, die steuert, wie Leser einen Text aufnehmen und verstehen. Der Ansatz ist insofern ›texttheoretisch‹, da die Konstitution und Wirkungsbedingungen konkreter literarischer Texte im Vordergrund stehen (vgl. Iser 1994, I, IV, 8).
- Die **Rezeptionsgeschichte** untersucht dagegen die Aufnahme, die ein literarischer Text im Laufe der Zeit bei seinem Publikum gefunden hat. Sie ist insofern historisch bzw. literaturgeschichtlich orientiert (vgl. ebd.).

Als ein neues Forschungsparadigma wurde die Rezeptionsästhetik in ihrer wirkungstheoretischen (Iser 1970) und rezeptionsgeschichtlichen (Jauß 1967) Spielart Ende der 1960er Jahre in Konstanz ausgerufen und im Rahmen eines Forscherkreises, der ›Konstanzer Schule‹, ausgearbeitet. Beide Spielarten der Rezeptionsästhetik beanspruchen, die Literaturwissenschaft durch eine Aufwertung der Leserrolle von einer Fixierung auf eine ›Darstellungs-‹ und ›Produktionsästhetik‹ zu befreien (vgl. ebd., 26; Iser 1975, 329; Jauß 1997, 736f.): Bezug genommen wird damit auf eine literaturwissenschaftliche Fachtradition, die sich entweder den Hervorbringungsbedingungen eines Werkes oder aber den Werkstrukturen gewidmet, die Größe des Lesers jedoch ausgeblendet habe.

Methodisch-theoretisch verpflichtet sind die texttheoretisch sowie historisch orientierten Varianten der Rezeptionsästhetik insbesondere der hermeneutischen (Jauß) sowie der phänomenologischen Tradition der Philosophie (Iser). Seit den 1980er Jahren verliert die Rezeptionsästhetik als eigene Forschungsrichtung an Einfluss. Die Untersuchung der Beziehungen von Text und Leser werden allerdings von anderen theoretischen Ansätzen aufgenommen und ansatzspezifisch reformuliert bzw. präzisiert:
- Die **empirisch orientierte Rezeptionsforschung** fällt in den Zuständigkeitsbereich der Literatursoziologie oder der (Leser-)Psychologie (vgl. Groeben 1982; Groeben/Vorderer 1988).
- Die *Cognitive Poetics* untersuchen das Zusammenspiel von Struktur und Wirkung mit kognitionspsychologischen Mitteln (s. Kap. 14.2 sowie Hamilton/Schneider 2002).
- Teile der **Empirischen Literaturwissenschaft** sind unter anderem an stärker soziologisch orientierten Fragestellungen zur literarischen Kommunikation interessiert (s. Kap. 14.1).
- Innerhalb der **Literatursemiotik** sind Modelle entwickelt worden, die die ›Mitarbeit des Lesers am Text‹ zeichentheoretisch bestimmen (s. Kap. 4.2 sowie Eco 1998).

- Die **produktive Rezeption**, d.h. die Verarbeitung literarischer Texte in neuen literarischen Texten, kann als ein eigener Gegenstand der Rezeptionsästhetik bzw. -forschung verstanden werden (vgl. Link 1976, 86-89; Grimm 1977, 147-153).

6.2 Bezugstheorien und Rahmenannahmen

Die Rezeptionsästhetik beruht auf verschiedenen Rahmenannahmen, die anderen literaturwissenschaftlichen Forschungsrichtungen (u.a. dem Strukturalismus, s. Kap. 3.3 u. 4 und der Hermeneutik, s. Kap. 3.2) sowie der Philosophie und der Psychologie entstammen. Von besonderer Bedeutung ist die **phänomenologisch orientierte Literaturtheorie Roman Ingardens**. Die philosophische Phänomenologie des 20. Jahrhunderts beruft sich in erster Linie auf das Werk Edmund Husserls, dessen Untersuchungen zur Intentionalität und weiteren Aspekten der Struktur und des Gehalts von Bewusstsein den Hintergrund für Ingardens Literaturtheorie bilden. In seinen literaturwissenschaftlichen Hauptwerken *Das literarische Kunstwerk* (1931) und *Vom Erkennen des literarischen Kunstwerks* (1968) entwickelt Ingarden eine differenzierte Theorie des Aufbaus und der Interpretation literarischer Werke. Wichtig für die Rezeptionsästhetik sind ferner Aufsätze zum ›ästhetischen Erlebnis‹, in dem die Erfahrungen beschrieben und erläutert werden, die Personen mit Kunstwerken machen (vgl. z.B. Ingarden 1969).

Das literarische Werk ist nach Ingarden hinsichtlich seiner Seinsweise sowohl ein ›realer‹ als auch ein ›idealer‹ Gegenstand: Einerseits besteht es aus manifesten (›realen‹) Schriftzeichen, andererseits haben diese Schriftzeichen (›ideale‹) Bedeutungen, d.h. sie repräsentieren ›Gegenständlichkeiten‹, die nicht selbst auf dem Papier stehen und zu denen man nur in der Vorstellung einen Zugang hat (vgl. Ingarden 1960, 6-17). Aufgebaut ist ein literarisches Werk aus mehreren ›Schichten‹: der »*Schicht der Wortlaute*«, der Schicht der »Bedeutungseinheiten«, der Schicht der »*schematisierten Ansichten*« sowie der Schicht der »*dargestellten Gegenständlichkeiten*« (ebd., 26; Hervorhebungen im Original).

Für die spätere Rezeptionsästhetik wichtig sind insbesondere die zwei letztgenannten Schichten. Bei den ›dargestellten Gegenständlichkeiten‹ handelt es sich um das Inventar der fiktiven Welt, das durch die Sätze eines Werkes beschrieben wird. Solche Beschreibungen fiktiver Welten sind stets unvollständig; kein literarisches Werk beschreibt sämtliche Aspekte der Personen, Räume, Begebenheiten usw., von denen es handelt: »Es ist immer nur so, als ob ein Lichtkegel uns einen Teil einer Gegend beleuchte, deren Rest im unbestimmten Nebel verschwindet, aber in seiner Unbestimmtheit doch da ist« (ebd., 230). Sind Informationen über einen fiktiven Gegenstand im Text ausgespart, so spricht Ingarden von einer »**Leer-**« oder »**Unbestimmtheitsstelle**«, die in der Lektüre ergänzt werden kann (ebd., 265; vgl. 267f.). Jene nicht ausgesparten Informationen dagegen, die ein Text zur Beschreibung fiktiver Gegenstände bereithält, nennt Ingarden ›schematisierte Ansichten‹; sie bilden (vereinfacht gesagt) eine bestimmte Hinsicht oder Perspektive, unter der ein fiktiver Gegenstand präsentiert wird (vgl. ebd., 270-293).

Ästhetische Erlebnisse bestehen Ingarden zufolge aus mehreren Phasen und bringen den ›ästhetischen Gegenstand‹ erst hervor, der vom Kunstwerk als materialem Objekt, das Gegenstand und Ursache des Erlebnisses ist, verschieden ist. In dieser Auffassung kann man eine rezeptionsästhetische Kernannahme *in nuce* sehen:

Das ästhetische Erlebnis führt zur Konstitution eines eigenen – des ästhetischen – Gegenstandes, der nicht zu identifizieren ist mit demjenigen Realen, dessen Wahrnehmung gegebenenfalls den ersten Impuls zur Entfaltung des ästhetischen Erlebnisses gibt und das manchmal, wenn es ein zu diesem Zweck gebildetes Kunstwerk ist, eine regulative Rolle beim Verlauf des ästhetischen Erlebnisses spielt. (Ingarden 1969, 3)

Der Betrachter, so wird auch die spätere Rezeptionsästhetik ausführen, hat keine bloß passive, sondern vielmehr eine aktive, konstitutive Rolle in Bezug auf das Kunstwerk, das seinerseits gleichwohl den Rezeptionsakt steuert bzw. ›reguliert‹.

6.3 Grundbegriffe: Literarische Kommunikation, Literatur, Sinn/Interpretation, Autor/Kontext

1. Literarische Kommunikation: Der Anspruch, die Literaturwissenschaft von den Einseitigkeiten einer Produktions- oder Darstellungsästhetik zu befreien, setzt voraus, dass der Rahmen der **literarischen Kommunikation** weiter gefasst wird: Literarische Texte werden nicht nur von Autoren hervorgebracht, sondern vor allem auch von Lesern aufgenommen. Das einfachste Schema der literarischen Kommunikation besteht insofern aus drei Instanzen: Autor, Text (bzw. Werk) und Leser:

Autor ⟶ Text ⟶ Leser

Wesentlich für die wirkungstheoretische Spielart der Rezeptionsästhetik ist die Überzeugung von der Ergänzungsbedürftigkeit dieses Modells. Weil literarische Texte wesentlich auf ihre Komplettierung durch Leser angewiesen sind, wird davon ausgegangen, dass eine Leserinstanz als mit dem Text verbunden – und somit selbst als textuelle Größe – angenommen werden muss.

Autor ⟶ Text / impliziter Leser ⟶ Leser

Die Einführung und theoretische Konturierung eines **impliziten Lesers** gehört daher zu den wichtigsten Anliegen einer wirkungsästhetisch orientierten Rezeptionsästhetik (s.u.). Komplettiert wird das theoretische Modell literarischer Kommunikation oft durch die Instanz des **impliziten Autors** als Korrelat des impliziten Lesers (vgl. Kindt/Müller 2006, insbes. Kap. 2.3.3). Ferner können, je nach Texttyp, weitere textinterne Sprecherinstanzen wie beispielsweise Erzähler oder Figuren eingeführt werden (vgl. Link 1976, 25-27).

2. Literatur: Ein fiktionaler literarischer Text bildet nach Iser nicht die Wirklichkeit ab. Seine Funktion ist es vielmehr, in Interaktion mit dem Leser eine eigene (vorgestellte) Wirklichkeit zu erschaffen. Entscheidend ist dabei der Gedanke, dass die Weise, in der die Vorstellungsaktivität eines Lesers gelenkt wird, im Text selbst angelegt ist. Die Vorstellungsbildung ist keine bloß externe Funktion, die mehr oder minder zufällig erfüllt werden kann; vielmehr ist die Steuerung bestimmter Vorstellungen ein wesentliches Strukturmerkmal fiktionaler literarischer Texte. Iser unterscheidet verschiedene Typen von Merkmalen, die die Funktion haben, die Aufnahme des Textes zu steuern und mithin über ein »Lenkungspotenzial für den Leser im Text« verfügen (Iser 1975, 328). Zu diesen Merkmalen gehören »**Unbestimmtheitsstellen**«, die nach einer Komplettierung der lediglich ausschnittartig beschriebenen fiktiven Welt verlangen, sowie verschiedene weitere Typen von »**Leerstellen**«, die auf unterschiedlichen Textebenen – Iser nennt u.a. die Ebenen der »Textsyntax«, »Textpragmatik« und »Textsemantik« – und in unterschiedlicher Häufigkeit vorliegen können (Iser 1970, 23; vgl. Iser 1994, 284). Beispiele sind etwa die Kommentare eines Erzählers, dessen Aussagen zu den Geschehnissen der fiktiven Welt in Beziehung gesetzt werden müssen, oder Montagetechniken, die nach einem Vergleich verschiedener Handlungsstränge verlangen. Leerstellen funktionieren als ›Aufforderung‹, ein im Text angelegtes Wirkungspotenzial zu aktualisieren und auf diese Weise an der Sinnkonstitution des Textes mitzuwirken. In der Rezeptionsästhetik hat sich für diesen Aufforderungscharakter des Textes die Bezeichnung ›Appellstruktur‹ etabliert (vgl. Scholz 1997).

Insofern eine **Aktualisierung** oder auch ›**Konkretisation**‹ des Wirkungspotenzials literarischer Texte bereits in ihnen angelegt ist, verfügen diese Texte über einen »**impliziten Leser**«, den Iser als »den im Text vorgezeichneten Akt des Lesens« bestimmt (Iser 1972, 9). Der implizite Leser »verkörpert die Gesamtheit der Vororientierungen, die ein fiktionaler Text seinen möglichen Lesern als Rezeptionsbedingungen anbietet« (Iser 1994, 60).

> **Der implizite Leser**
> Das Konzept des impliziten Lesers ist in der Literaturwissenschaft viel diskutiert und auch kritisiert worden. So ist insbesondere der Status des Konzeptes nicht klar. Nimmt man den impliziten Leser als **kommunikationstheoretische Größe**, so scheint er überflüssig zu sein: Er ist als Sprecherinstanz nirgends greifbar und verfügt über keine erklärende Kraft. Die herkömmlichen Sprecherinstanzen der Narratologie (Autor, Erzähler, Figuren) werden durch das Konzept nicht sinnvoll ergänzt.
> Nimmt man den impliziten Leser dagegen als **interpretationstheoretische Größe**, so ist das Konzept irreführend, denn es suggeriert, ein Text enthalte seine eigene Deutung. Das ist jedoch nicht der Fall: Texte enthalten lediglich Anhaltspunkte für Deutungen, die Leser vornehmen müssen. Die Rede vom ›impliziten Leser‹ ist daher vermutlich am besten als Metapher zu verstehen, mit der ausgesagt wird, dass ein gegebener Text einem Leser bestimmte Deutungs- und Erfahrungsangebote macht und andere nicht (vgl. Genette 2000).

Literarische Texte bestehen aus sprachlichen Zeichen, die eine bestimmte Form der Vorstellungsbildung (›Sinnkonstitution‹) anleiten. Diese Vorstellungsbildung ist ihrerseits ein wesentlicher Bestandteil des Werkes und für dessen »**Virtualität**« verantwortlich. Entsprechend heißt es bei Iser:

> Der Text [...] gelangt erst durch die Konstitutionsleistung eines ihn rezipierenden Bewußtseins zu seiner Gegebenheit, so daß sich das Werk zu seinem eigentlichen Charakter als Prozeß nur im Lesevorgang zu entfalten vermag. (Iser 1994, 38f.)

Nach rezeptionsästhetischer Auffassung gehören demnach sowohl die linguistischen (manifesten) Bestandteile eines Textes als auch dessen Wirkungspotenziale und ›virtuelle‹ Sinnebene zum Text (bzw. Werk) selbst. Damit verbunden ist die Vorstellung, dass man die **im Text angelegte Leserrolle** unterscheiden kann von tatsächlichen Lesern, die ein Buch in die Hand nehmen und lesen. Auf welche Weise sich empirische Leser mit einem Text auseinandersetzen – mit welchen Absichten und Einstellungen sie ihn lesen und welche Vorannahmen sie haben –, ist in gewisser Weise unberechenbar, da sich empirische Leser (synchron wie diachron) erheblich voneinander unterscheiden können (vgl. Iser 1994, 65). Mit der im Text selbst angelegten Leserrolle ist dagegen die Idee der intersubjektiven Zugänglichkeit bestimmter Wirkungspotenziale verbunden: Der Text enthält bestimmte, in der Regel identifizierbare Strategien der Leserlenkung, d.h. dem Leser werden »nur bestimmte Kombinationsmöglichkeiten vorgegeben« (ebd., 144; vgl. ebd., 145 und 267). Damit wird dem Text zugeschlagen, was nach hermeneutischer Auffassung Sache der Interpretation ist: Eine Interpretation besteht im Wesentlichen darin, zu beschreiben und zu erklären, was ein Text besagt oder was jemand mit der vorliegenden Komposition einzelner Textelemente zu verstehen geben will. Die hermeneutische Interpretation erhebt, kurz gesagt, was ein Text oder einzelne Elemente des Textes bedeuten, und Aufgabe einer Methodologie der Interpretation ist es, Kriterien anzugeben, anhand derer man gelungene Bedeutungshypothesen von weniger gelungenen unterscheiden kann (s. Kap. 8.3). Nach rezeptionsästhetischer Auffassung gibt es dagegen nicht nur eine Textgrundlage einerseits und (mehr oder weniger gelungene) Bedeutungszuschreibungen andererseits, sondern eben auch ein bestimmtes (identifizierbares, textimmanentes) Wirkungspotenzial des Textes, das bestimmte Aktualisierungen vorschreibt und andere nicht (vgl. Ingarden 1960, 268; Link 1976, Kap. 4; Grimm 1977, Kap. 3; Iser 1994, 45-50 u.ö.). Nach hermeneutischer Auffassung verschleiert diese Redeweise, dass jede Zuschreibung eines bestimmten Wirkungspotenzials, insofern sie über die Beschreibung manifester Textdaten hinausgeht, eine Interpretationshypothese darstellt, die anhand bestimmter Kriterien auf ihre Qualität beurteilt werden kann und muss.

3. Sinn/Interpretation: Angesichts solcher Kritik darf allerdings nicht vergessen werden, dass ›Sinn‹ im Rahmen der Rezeptionsästhetik nicht mit (sprachlich formulierbaren) Interpretationshypothesen identifiziert werden darf: Der ›im Text vorgezeichnete Akt des Lesens‹ ist nicht rein ›diskursiv‹ (sprachlich), sondern beinhaltet auch die Hervorbringung bildhafter Repräsentationen (vgl. Iser 1994, 219-227). Den Akt des Lesens darf man sich daher nicht als einen Prozess der sprachlichen Kommentierung eines Textes denken, in dem die Bedeutung eines Textes sozusagen auf den Begriff gebracht wird, sondern man muss ihn vielmehr als einen komplexen Prozess der Vorstellungsbildung verstehen, in den verschiedene mentale Vermögen (der Wahrnehmung, der bildlichen Imagination und sprachlichen Beschreibung) in ›aktivischer‹ und ›passivischer‹ Weise einbezogen sind. Der ›Sinn‹ eines literarischen Textes ist das Ergebnis eines solchen komplexen ›Sinnbildungsprozesses‹: Beides, Ergebnis und Prozess, konstituiert das (›virtuelle‹) Werk. Unklar bleibt dabei allerdings, inwiefern ›Akte der Vorstellungsbildung‹ als (in wörtlichem Sinne) *in* einem Text befindlich (und/oder intersubjektiv zugänglich) verstanden werden können.

Zur Kritik des rezeptionsästhetischen Literaturbegriffs

Isers Charakterisierung der Struktur und Wirkung fiktionaler Texte berührt verschiedene Problembereiche, die im Rahmen der Rezeptionsästhetik nur zum Teil hinreichend klar unterschieden und bearbeitet wurden. Dazu gehören Fragen, die **den ontologischen Status** sowie die **Identitätsbedingungen** literarischer Werke betreffen. Je nachdem, wie man sich zu diesen Problemen verhält, liegen bestimmte Konsequenzen für eine **Theorie der Interpretation** nahe:

- Wer nach dem **ontologischen Status literarischer Werke** fragt, möchte wissen, was für einer Sorte von Gegenständen solche Werke zugeordnet werden sollten. Handelt es sich beispielsweise um physikalische Gegenstände oder müssen wir annehmen, dass beispielsweise Bedeutungen oder ästhetische Eigenschaften literarischer Werke zwar auf physikalisch beschreibbaren Texten beruhen, dabei jedoch etwas ontologisch Eigenständiges sind (vgl. Patzig 2003)? Wird (wie bei Iser) zwischen dem Text bzw. der textuellen Grundlage eines Werkes und dem literarischen Werk selbst unterschieden, so müssen entsprechende Überlegungen für beide Elemente oder Aspekte des literarischen Werkes gesondert angestellt werden (vgl. Currie 1991). Klärungsbedürftig ist insbesondere, wie die Rede von einem ›virtuellen‹ Werk in ontologischer Hinsicht zu verstehen ist: Existiert ein ›virtuelles‹ Werk nur in der Vorstellung individueller Personen? Wie ist dann die Beziehung zwischen Text und Werk zu verstehen?

- Die Frage nach den **Identitätsbedingungen literarischer Werke** klärt, unter welchen Bedingungen wir davon sprechen sollten, dass zwei Gegenstände Instanzen desselben literarischen Textes/Werkes sind, und wann wir es vielmehr mit verschiedenen Texten/Werken zu tun haben. Dass sich die Antwort auf diese Frage keineswegs von selbst versteht, ergibt sich aus gewissen Grundannahmen der Rezeptionsästhetik: Wenn wir einerseits Bedeutungen als wesentliche Bestandteile literarischer Werke betrachten, und andererseits annehmen, dass einem bestimmten Text mehr als nur eine Bedeutung zugeschrieben werden kann, so muss die Frage geklärt werden, weshalb wir noch von *einem* literarischen Werk sprechen sollten, dem verschiedene Bedeutungen zugeschrieben werden, und nicht vielmehr von *mehreren* Werken, die erst durch den Akt der Bedeutungszuschreibung konstituiert werden. Geklärt werden muss an dieser Stelle unter anderem:
  - *wer* die Identitätsbedingungen eines bestimmten Kunstwerkes festlegt (Ist es der Autor oder sind es Leser/Interpreten?);
  - auf *wie viele* verschiedene Kunstwerke (beispielsweise) der Titel *Wilhelm Meisters Lehrjahre* eigentlich zutrifft;
  - *wann* die Produktion eines Kunstwerkes als abgeschlossen gelten kann (Ist dies dann der Fall, wenn Goethe die Arbeit an seinem Text abgeschlossen hat, oder erst, wenn der Text interpretiert wird?).

  (Für eine Reihe weiterer solcher Fragen vgl. Margolis 2003.)

- Wer literarische Kunstwerke als Gegenstände ansieht, deren Identität bereits vor der Interpretation feststeht, wird unter ›**Interpretation**‹ eher einen Prozess des Treffens von Feststellungen über das Kunstwerk verstehen als jemand, der die

> Auffassung vertritt, dass ein Kunstwerk überhaupt erst im Prozess des Lesens/ der Interpretation konstituiert wird: Einen unabhängig von der Interpretation bestehenden Gegenstand kann man offensichtlich korrekt oder nicht korrekt beschreiben oder interpretieren; inwiefern dies auch für einen Gegenstand gilt, der durch eine Interpretation allererst hervorgebracht wird, ist dagegen unklar. Im ersten Falle wird die Interpretation eher als eine Aktivität der Rekonstruktion, in letzterem Falle als eine Aktivität der Konstruktion aufgefasst. Entsprechend unterschiedlich sind auch die Konsequenzen, die in Bezug auf die Frage nach der intersubjektiven Verbindlichkeit und Ausschließlichkeit von Interpretationen naheliegen: Wer Interpretationen als Rekonstruktionen versteht, wird vermutlich weniger leicht der Auffassung sein, es könne mehrere auch einander ausschließende Interpretationen geben, als jemand, der den konstruktiven Charakter des Interpretierens betont (vgl. die Beiträge in Krausz 2002; Stecker 2005, Kap. 6).

4. **Autor/Kontext:** Die Instanzen des Autors und des Kontextes spielen im Rahmen der Rezeptionsästhetik keine prominente Rolle. Der Autor eines literarischen Textes kann allerdings in Bezug auf das Problem adäquater Aktualisierungen bzw. adäquater Konkretisationen zur normativen Instanz erhoben werden. Dann lassen sich solche Aktualisierungen des Textes als gelungen oder adäquat auszeichnen, die gemäß den Intentionen des Autors vorgenommen werden (vgl. Link 1976, Kap. 4; Grimm 1977, Kap. 3). Eine rezeptionsästhetische Interpretation nähert sich in diesem Fall dem Programm des Hermeneutischen Intentionalismus an (s. Kap. 8).

Über ein theoretisches Konzept von Kontexten, die im Zuge der Rezeption literarischer Werke einschlägig sind, verfügt die Rezeptionsästhetik nicht. Bei der Lektüre eines Werkes wird »im Leser sedimentiertes Wissen« aufgerufen (Iser 1975, 332); dabei bleibt jedoch unklar, ob oder wie Wissensbestände als erforderliche oder angemessene ausgezeichnet werden sollen.

6.4 Methoden der Textinterpretation

Die wirkungsästhetische und die rezeptionsgeschichtliche Spielart der Rezeptionsästhetik unterscheiden sich in ihrem **Verhältnis zur Methode der Textinterpretation:**

1. **Wirkungsästhetik:** Die wirkungsästhetische Rezeptionsästhetik erhebt den Anspruch, eine **Phänomenologie des Leseaktes** zu sein; eine Theorie oder Methodologie der Interpretation ist sie dagegen kaum: Die Rezeptionsästhetik beschreibt, wie literarische Texte aufgebaut bzw. strukturiert sind, und sie greift dazu auf bestimmte Auffassungen über den Leseakt zurück; eine explizite Handlungsanleitung des Lesens bietet sie nicht, und sie formuliert keine klaren Bedingungen für das Verstehen von Texten. Die Konturen eines entsprechenden Interpretationsprogramms lassen sich jedoch erschließen. Sie folgen aus der normativen Komponente der Rezeptionsästhetik, d.h. aus ihrer Annahme, es gebe eine im literarischen Text enthaltene Norm für einen angemesse-

nen Lesevorgang. Eine literaturwissenschaftliche Interpretation wäre in diesem Sinne als eine adäquate Konkretisation aufzufassen, als Rekonstruktion der Angebote und Vorschriften, die der Text macht. Man kann innerhalb dieses Rahmenprogramms **zwei verschiedene Interpretationskonzeptionen** unterscheiden:

- In einer **engen Auffassung** dieser textinternen Vorschriften geht es darum, die **autorintentionalen Strategien** herauszuarbeiten, die die Textwahrnehmung lenken. Eine rezeptionsästhetische Interpretation lässt sich dann mit den Verfahren der intentionalistischen Hermeneutik durchführen bzw. fällt mit dieser zusammen (s. Kap. 8).
- In einem **weiteren Verständnis** wären die dem Text immanenten ›ästhetischen Strukturen‹ zu konkretisieren, ohne dass Annahmen über Mitteilungsabsichten oder Kompositionsstrategien eine Rolle spielen könnten (vgl. dazu Link 1976, 144f.). Als ästhetische Strukturen können dabei unterschiedlichste Werkelemente bezeichnet werden, denen ein Beitrag zur ästhetischen Wirkung auf den Betrachter zugeschrieben werden kann; in Frage kommen ›formale‹ und ›inhaltliche‹ Elemente eines Werkes gleichermaßen. Dieses weite Verständnis eines rezeptionsästhetischen Interpretationsprogramms lässt sich allerdings nur dann als Methodologie verstehen, wenn deutlich gemacht wird, wann die Rekonstruktion ästhetischer Strukturen als gelungen gelten kann: Erst wenn feststeht, woran man erkennt, ob man das Ziel erreicht hat, kann man Interpretationsbemühungen beurteilen und kritisieren; ist dies nicht möglich, so sind Interpretationen beliebig bzw. ›subjektiv‹. Eine Möglichkeit, das Ziel einer rezeptionsästhetischen Interpretation im weiten Sinne auszuweisen, besteht in der Annahme, dass die Konkretisierung ästhetischer Strukturen genau dann gelungen ist, wenn sie eine maximale ästhetische Wertschätzung des betreffenden Werkes ermöglicht oder aber erklärt, worauf (d.h. auf welchen Strukturen) diese beruht (vgl. Olsen 1987, 121-137).

In beiden Varianten muss eine Interpretation die Identifikation und Beschreibung **rezeptionslenkender Textstrategien** zum Ziel haben. Aufgabe des Interpreten ist demnach, die Konkretisation von Unbestimmtheitsstellen zu beschreiben und aufzuzeigen, wie ein literarischer Text seine Leser dazu bringt, sich bestimmte Vorstellungen über Strukturelemente des Textes sowie die fiktive Welt zu bilden und diese Welt zu beschreiben und zu bewerten.

2. Rezeptionsgeschichte: Einen einflussreichen Entwurf einer rezeptionsgeschichtlich orientierten Interpretationskonzeption hat Hans Robert Jauß (1967) vorgelegt. Anschließend an Hans-Georg Gadamer argumentiert Jauß, das Bedeutungspotenzial eines literarischen Werkes entfalte sich erst im Verlauf der Rezeptionsgeschichte (s. Kap. 3.2). Darüber hinaus versucht er, das Konzept des ›**Erwartungshorizontes**‹ für rezeptionsgeschichtliche Untersuchungen fruchtbar zu machen. Leitend ist hier die Idee, dass sich für jedes literarische Werk ein Erwartungshorizont rekonstruieren lasse, der sich »im historischen Augenblick seines Erscheinens aus dem Vorverständnis der Gattung, aus der Form und Thematik zuvor bekannter Werke und aus dem Gegensatz von poetischer und praktischer Sprache ergibt« (Jauß 1967, 32). Jauß zufolge lässt sich der Erwartungshorizont, den ein Werk evoziert, aus dem Werk selbst rekonstruieren. Besonders augenfällig ist das Beispiel von Werken, die beispielsweise

Gattungskonventionen einerseits aufrufen, andererseits jedoch nicht komplett umsetzen bzw. erfüllen. Beim Leser werden auf diese Weise bestimmte Erwartungen geweckt, die im Verlauf der Lektüre sukzessive verändert bzw. zurückgenommen werden müssen: Von einem Text, der einzelne Merkmale einer bestimmten Gattung aufweist, erwartet man, dass er weitere Gattungskonventionen erfüllt. Tut er dies nicht, so korrigiert der Leser seine Erwartungen und entdeckt die Neuartigkeit des Textes.

Die Rekonstruktion des Erwartungshorizontes gestattet Jauß zufolge verschiedene **Erkenntnisse über literarische Werke**:

- Es lassen sich objektivierbare Aussagen über die **historische Aufnahme, Wirkung und Bedeutungsentfaltung eines Werkes** treffen, die über die Protokollierung individueller Rezeptionserlebnisse hinausgehen.
- Es wird ein **Maßstab für die ästhetische Beurteilung des Kunstwerkes** gewonnen: Je mehr ein literarisches Werk dem Erwartungshorizont entspricht, desto geringer ist seine Innovationskraft; je ausgeprägter die ›ästhetische Distanz‹ zwischen Werk und Erwartungshorizont, desto ausgeprägter der ›Kunstcharakter‹ des Werkes (vgl. ebd., 36f.).

Zur Kritik der Rezeptionsgeschichte
Jauß' Konzeption der Rezeptionsgeschichte ist vielfach kritisiert worden. Bemängelt wurden u.a.:
- die fehlende Präzision zentraler Begriffe (z.B. ›Erwartungshorizont‹);
- die Vermischung von literaturwissenschaftlicher Interpretation und Wertung;
- die Unklarheit der Maßstäbe für Interpretation und Wertung; sowie
- der – mit der ungeklärten Rolle von Rezeptionsdokumenten verbundene – prekäre Status der Theorie zwischen textbezogener Interpretationstheorie einerseits und (soziologischer) Rezeptionsforschung andererseits (vgl. Müller 1988).

Behoben wird ein Teil dieser Probleme durch eine konsequente empirische Ausrichtung der Rezeptionsforschung, die mit erfahrungswissenschaftlichen Methoden die faktischen Rezeptionsweisen genauer umrissener Personengruppen erhebt und beschreibt (s. Kap. 14.1). Der hermeneutische Anspruch der Rezeptionsästhetik, mit Hilfe eines Konzeptes der sich in der Rezeptionsgeschichte entfaltenden Bedeutung literarischer Werke einen Beitrag zur Theorie der Interpretation literarischer Werke zu leisten, geht mit dieser Ausrichtung allerdings verloren.

6.5 Beispielinterpretation

Einige Anliegen der Rezeptionsästhetik lassen sich anhand einer Interpretation von E.T.A. Hoffmanns Erzählung *Der Sandmann* veranschaulichen (vgl. Walter 1984). Was eine solche Interpretation motivieren kann, ist zunächst die Beobachtung, dass der Text im Laufe seiner Rezeptionsgeschichte auf sehr unterschiedliche Weisen ausgelegt wurde:

> Daß sich die Erzählung scheinbar immer wieder und letztendlich doch nicht den unterschiedlichsten Verstehenshorizonten ihrer Interpreten fügt, daß sie überhaupt in so gegensätzlicher Weise rezipiert werden konnte, ist vielleicht im Text selbst angelegt, ja könnte vom Autor auch gewollt sein. (Ebd., 16f.)

Eine rezeptionsästhetische Interpretation kann es sich zum Ziel machen, die **Ursachen dieser Interpretationsvielfalt** in bestimmten textuellen Merkmalen zu lokalisieren. Zu diesen Merkmalen gehört eine »mehrperspektivische Formstruktur der Erzählung« (ebd., 16), die zunächst darauf hinausläuft, dass verschiedene Figuren eine je unterschiedliche Interpretation des Geschehens nahelegen: Nathanael ist entweder Opfer unheimlicher Mächte (dies ist die Interpretation, die sich auf seine Perspektive stützt), oder aber keineswegs verfolgt, sondern vielmehr psychisch gestört (dies ist die Interpretation, die sich auf Claras Perspektive stützt; vgl. ebd., 20). Unterstützt wird dieser multiperspektivische Effekt durch eine changierende Haltung des Erzählers: Einerseits ist eine auktoriale Erzählhaltung angelegt, die suggeriert, dass man es mit einem Erzähler zu tun hat, von dem verlässliche Informationen über das Geschehen zu erwarten sind. Dies ändert sich jedoch gerade an Kulminationspunkten des Geschehens: Hier scheint die Erzählerperspektive mit einer Figurenperspektive zu verschmelzen – mit dem Effekt, dass gerade keine Eindeutigkeit in Bezug auf das Geschehen erzielt wird.

Ein weiteres, auf Uneindeutigkeit abzielendes Element der Textstrategie kann in der Verwendung verschiedener Motive gesehen werden. So tritt an verschiedenen Stellen der Erzählung das Motiv der Augen auf, ohne dass im Text klar gesagt oder gezeigt würde, dass die an verschiedenen Stellen auftauchenden Verweise auf Augen nicht-zufällig und bedeutungsvoll wären. Man kann sozusagen nicht anders, als eine solche Bedeutung anzunehmen, aber es findet sich keine zuverlässige Bestätigung solcher Annahmen:

> Die Motivstruktur bewirkt so, daß einzelne Teile des Geschehens zu Gliedern von Zusammenhängen werden, die herstellbar erscheinen, gerade weil sie nicht ausdrücklich hergestellt werden. Alles wird bedeutend, oder genauer: es provoziert Deutung, ohne seine eigentliche Bedeutung preiszugeben. Mit anderen Worten: die Motivstruktur der Erzählung ist auf reflektierende Enträtselung durch den Leser angelegt, gleichzeitig verhindert sie diese, da sie sich jedem eindeutigen Zugriff wieder entzieht. (Ebd., 27)

Gestützt werden diese Beobachtungen der Textstruktur anhand unterschiedlicher Textfassungen, anhand derer sich die Überarbeitungsschritte Hoffmanns und, darauf aufbauend, eine bestimmte **Wirkungsintention** nachvollziehen lassen:

> Hoffmann hat seine erste, eilige Niederschrift noch einmal rational auf eine von vornherein intendierte Leserwirkung hin überarbeitet. [...] Die Autorintention zielt darauf ab, dem Leser, obwohl die Darstellung der Ereignisse immer schon Deutung mitliefert, bewußt keine festen Deutungskategorien zu übermitteln. Hoffmanns Erzählstrategie ist vielmehr darauf aus, jede der mitgelieferten Deutungsmöglichkeiten, sobald sie sich gleichsam im Leser verfestigt, sofort auch wieder zu verunsichern. (Ebd., 23)

Spezifisch ›rezeptionsästhetisch‹ sind an dieser Interpretation die folgenden Elemente:
- Die Hervorhebung **rezeptionsgeschichtlich variierender Deutungen** der Erzählung. Dass *Der Sandmann* unterschiedlich gedeutet wurde, ist einerseits vor dem Hintergrund der rezeptionsästhetischen Theorie zu erwarten (die unterschiedlichen Deutungen werden als zumindest indirekter Beleg der Theorie angesehen);

andererseits legt die Theorie nahe, nach textuellen Strukturen zu suchen, die für die Deutungsvielfalt verantwortlich sein können.
- Die **Betonung der konstitutiven Offenheit der Erzählung**. Mit Iser ließe sich davon sprechen, dass die Erzählung über Leerstellen verfügt, die den Leser auffordern, im ›Akt des Lesens‹ Bedeutungshypothesen aufzustellen (vgl. ebd., 31).
- Es wird hervorgehoben, dass dem Text eine bestimmte **Erzählstrategie** zugrunde liegt. Die festgestellte ›Offenheit‹ der Erzählung wird damit als nicht-zufälliges, wichtiges Strukturmoment der Erzählung angesehen.
- Die Uneindeutigkeit, die durch den gezielten Einsatz bestimmter erzählerischer Mittel zustande kommt, steht im Dienste eines **intendierten Effekts**: Es soll beim Leser der Eindruck von Unheimlichkeit hervorgerufen werden. Deutlich wird damit die Nähe dieser Interpretation zu Verfahren der Hermeneutik – genauer: zum Hermeneutischen Intentionalismus (s. Kap. 8). Die skizzierte rezeptionsästhetische Interpretation beruht im Wesentlichen auf der Aufstellung von Interpretationshypothesen, die durch textuelle (u.a. Erzählhaltung, Motivstruktur) und kontextuelle Daten (insbesondere frühere Textfassungen) gestützt werden. Zusammen genommen ermöglichen diese Daten gut begründete Hypothesen über die Wirkungsintentionen des Autors.

Das Wichtigste in Kürze

›Rezeptionsästhetik‹ ist ein Sammelbegriff für die **Theorie und Analyse der Beziehungen zwischen Text und Leser.**

Unterscheiden lassen sich zwei Hauptrichtungen: Eine **Wirkungstheorie** untersucht, inwiefern literarische Texte über **eine implizite ›Leserrolle‹ verfügen**, die steuert, wie tatsächliche Leser einen Text aufnehmen und verstehen. Die **Rezeptionsgeschichte** untersucht dagegen die Aufnahme, die ein literarischer Text im Laufe der Zeit bei seinem Publikum gefunden hat.

Die Rezeptionsästhetik enthält Elemente einer **Theorie der Textkonstitution**, des **Leseaktes** und der **Interpretation**.

Nach wirkungstheoretischer Auffassung sind **literarische Texte einerseits wesentlich deutungsoffen**; sie verfügen über **Leerstellen**, mit denen Leser im ›Akt des Lesens‹ auf individuelle Weise umgehen. Andererseits verfügen Texte über einen **impliziten Leser**, d.h. eine Textstrategie, die bestimmte Aktualisierungen des Textes steuert.

Literatur

Currie, Gregory: Work and Text. In: *Mind* 100 (1991), 325-340.
Eco, Umberto: *Lector in Fabula. Die Mitarbeit der Interpretation in erzählenden Texten.* München ³1998.
Genette, Gérard: Impliziter Autor, impliziter Leser? In: Fotis Jannidis u.a. (Hg.): *Texte zur Theorie der Autorschaft.* Stuttgart 2000, 233-246 (frz. 1983).

Grimm, Gunter: *Rezeptionsgeschichte. Grundlegung einer Theorie.* München 1977.
Groeben, Norbert: *Leserpsychologie: Textverständnis – Textverständlichkeit.* Münster 1982.
Groeben, Norbert/Peter Vorderer: *Leserpsychologie: Lesemotivation – Lektürewirkung.* Münster 1988.
Hamilton, Craig A./Ralf Schneider: From Iser to Turner and Beyond: Reception Theory Meets Cognitive Criticism. In: *Style* 36 (2002), 640-658.
Ingarden, Roman: *Das literarische Kunstwerk. Eine Untersuchung aus dem Grenzgebiet der Ontologie, Logik und Literaturwissenschaft.* Tübingen ²1960.
Ingarden, Roman: *Vom Erkennen des literarischen Kunstwerks.* Tübingen 1968.
Ingarden, Roman: Das ästhetische Erlebnis [1937]. In: R.I.: *Erlebnis, Kunstwerk und Wert. Vorträge zur Ästhetik 1937-1967.* Darmstadt 1969.
Iser, Wolfgang: *Die Appellstruktur der Texte. Unbestimmtheit als Wirkungsbedingung literarischer Prosa.* Konstanz 1970.
Iser, Wolfgang: *Der implizite Leser. Kommunikationsformen des Romans von Bunyan bis Beckett.* München 1972.
Iser, Wolfgang: Im Lichte der Kritik. In: Rainer Warning (Hg.): *Rezeptionsästhetik. Theorie und Praxis.* München 1975, 325-342.
Iser, Wolfgang: *Der Akt des Lesens. Theorie ästhetischer Wirkung.* München ⁴1994.
Jauß, Hans Robert: *Literaturgeschichte als Provokation der Literaturwissenschaft.* Konstanz 1967.
Jauß, Hans Robert: *Ästhetische Erfahrung und literarische Hermeneutik.* Frankfurt a.M. ²1997.
Kindt, Tom/Hans-Harald Müller: *The Implied Author. Concept and Controversy.* Berlin/New York 2006.
Krausz, Michael (Hg.): *Is There a Single Right Interpretation?* University Park (Pa) 2002.
Link, Hannelore: *Rezeptionsforschung. Eine Einführung in Methoden und Probleme.* Stuttgart u.a. 1976.
Margolis, Joseph: Die Identität des Kunstwerks. In: Reinold Schmücker (Hg.): *Identität und Existenz. Studien zur Ontologie von Kunst.* Paderborn 2003, 28-46.
Müller, Hans-Harald: Wissenschaftsgeschichte und Rezeptionsforschung. Ein kritischer Essay über den (vorerst) letzten Versuch, die Literaturwissenschaft von Grund auf neu zu gestalten. In: Jörg Schönert/Harro Segeberg (Hg.): *Polyperspektivik in der literarischen Moderne. Studien zur Theorie, Geschichte und Wirkung der Literatur.* Frankfurt a.M. u.a. 1988, 452-479.
Olsen, Stein Haugom: *The End of Literary Theory.* Cambridge u.a. 1987.
Patzig, Günther: Über den ontologischen Status von Kunstwerken. In: Reinold Schmücker (Hg.): *Identität und Existenz. Studien zur Ontologie von Kunst.* Paderborn 2003, 107-120.
Scholz, Bernhard F.: Appellstruktur. In: Klaus Weimar u.a. (Hg.): *Reallexikon der deutschen Literaturwissenschaft.* Bd. 1. Berlin/New York 1997, 111-113.
Stecker, Robert: *Aesthetics and the Philosophy of Art. An Introduction.* Lanham (ML) u.a. 2005.
Walter, Jürgen: Das Unheimliche als Wirkungsfunktion. Eine rezeptionsästhetische Analyse von E.T.A. Hoffmanns Erzählung *Der Sandmann.* In: *Mitteilungen der E.T.A. Hoffmann-Gesellschaft* 30 (1984), 15-33.

Weitere Lektüreempfehlungen

Fish, Stanley: *Is There a Text in This Class? The Authority of Interpretive Communities.* Cambridge (Mass.) u.a. 1980.
Fish entwickelt parallel zur Rezeptionsästhetik die Auffassung, dass die Bedeutung literarischer Texte im Rezeptionsprozess von ›Lesergemeinschaften‹ festgelegt wird.

7. Poststrukturalismus

7.1 Was ist Poststrukturalismus?

›Poststrukturalismus‹ ist die nicht sehr klar bestimmte Bezeichnung für eine Gruppe semiotisch ausgerichteter Theorien und deren Anwendungen in verschiedenen, in aller Regel kulturwissenschaftlichen Disziplinen. Mit dem Strukturalismus benennt diese Bezeichnung eine wichtige Bezugstheorie, an die die Vertreter dieser Richtung anschließen und von der sie sich zugleich abgrenzen. Ein zweiter, nicht minder kritisierter Bezugspunkt ist die Hermeneutik. Welche Theoretiker dem Poststrukturalismus zuzurechnen sind, der in den 1960er Jahren in Frankreich entstand, und welche zwar strukturalistische Theoreme auf eigenwillige Weise modifizieren oder ergänzen, aber noch als Strukturalisten gelten können, ist in der Forschung umstritten. Als paradigmatisch für poststrukturalistisches Denken gilt die auf Jacques Derrida zurückgehende Dekonstruktion; aber auch die Diskursanalyse Michel Foucaults und die Psychoanalyse Jacques Lacans (s. Kap. 5.2) können mit guten Gründen als ›poststrukturalistisch‹ bezeichnet werden. Im – teilweise durchaus kritischen – Anschluss an diese ›Meisterdenker‹ sind mehrere Varianten poststrukturalistischer Ansätze erarbeitet worden, etwa im Rahmen der *Gender Studies* (s. Kap. 10) sowie der Kultur- und medienwissenschaftlichen Ansätze (s. Kap. 11 u. 12), und in der literaturwissenschaftlichen Praxis finden sich zahlreiche Bezugnahmen auf poststrukturalistische Annahmen, die allerdings nicht immer auf eine zugrunde liegende entsprechende Theorie schließen lassen.

Es gibt keine konsistente Theorie, die allen poststrukturalistischen Werken zugrunde liegt und sie verbindet. Stattdessen werden die unterschiedlichen Richtungen durch eine formale und mehrere inhaltliche Gemeinsamkeiten zusammengehalten. Als formale Verbindung gilt ein gemeinsamer »Stil« des Denkens und Schreibens, der gängige Standards wissenschaftlicher Kommunikation unterläuft, literarische Stilmerkmale aufweist und auf »Differenz« statt auf Identität setzt (vgl. Münker/Roesler 2000, X; zur wissenschaftlichen Karriere von Differenz-Konzepten vgl. Currie 2004). Der Gestus des Schreibens soll der einfachen Verständlichkeit der Texte Widerstand entgegensetzen, um so – unter anderem – auf in der Regel unreflektierte Voraussetzungen scheinbar selbstverständlicher sprachlicher und argumentativer Konventionen hinzuweisen. Eine damit zusammenhängende inhaltliche Gemeinsamkeit poststrukturalistischer Ansätze ist zum einen in der Ablehnung von Konzepten und Denkmodellen der abendländischen Tradition zu sehen (vgl. Münker/Roesler 2000, Xf.). Deren Begriffe z.B. der Rationalität und des Subjekts werden als metaphysisch kritisiert, ihr Streben nach totalisierenden Erklärungen (etwa im Rahmen philosophischer Systeme) als Ausdruck einer Verabsolutierung rationalistischer Standards abgelehnt. Zum anderen liegt der gemeinsame Nenner in ihrer – vom Strukturalismus übernommenen – konsequenten Ausrichtung auf die Sprache als Bezugspunkt ihrer Argumentationen. Dieser Orientierung liegt ein bestimmtes Zeichenkonzept zugrunde, das die herkömmliche Annahme einer festen Verbindung von Signifikant und Signifikat und damit die Möglichkeit der Rekonstruktion einer stabilen Bedeutung verneint. Von diesem Zeichenkonzept werden, auf unterschiedliche Weise, erkenntnis- wie auch subjektskeptische Positionen abgeleitet (vgl. Bossinade 2000, Kap. II.2). Vor allem die poststrukturalistische Ablehnung eines rationalistischen Erkenntnisbegriffs wie auch die Skepsis gegenüber der Annahme eines autonomen, selbstbestimmten Subjekts sind in den Kultur- und Sozialwissenschaften folgenreich geworden.

Literatur

Bossinade, Johanna: *Poststrukturalistische Literaturtheorie.* Stuttgart/Weimar 2000.
Currie, Mark: *Difference.* New York 2004.
Münker, Stefan/Alexander Roesler: *Poststrukturalismus.* Stuttgart/Weimar 2000.

7.2 Diskursanalyse

7.2.1 Einleitung

Die literaturwissenschaftliche Diskursanalyse wird seit Ende der 1970er Jahre betrieben. In Deutschland wurde ihre **Rahmentheorie, Michel Foucaults Diskursanalyse**, mit Zeitverzögerung rezipiert, so dass auch ihre Anwendungen auf Literatur sich später durchsetzten als etwa im französischsprachigen oder angloamerikanischen Raum. Die literaturwissenschaftliche Diskursanalyse wendet sich vor allem gegen den *mainstream* des Faches, d.h. gegen Interpretationen literarischer Texte auf einer diffus hermeneutischen Grundlage. Wesentliche Annahmen hermeneutischer Theorien und auf ihnen beruhende wichtige Fragestellungen im Umgang mit Texten werden als verfehlt betrachtet. Dies betrifft vor allem hermeneutische Bedeutungskonzeptionen und die gängigen Auffassungen vom Ziel und Verfahren wissenschaftlichen Interpretierens. Die **Kritik an der hermeneutischen Tradition** richtet sich zum einen gegen deren **Erkenntnisbegriff**, der vor allem im interpretationsleitenden Konzept der Autorintention verortet wird. Die Suche nach dem Sinn oder der Bedeutung ›hinter‹ den Texten wird als ein uneinlösbares Unterfangen angesehen, das die Literatur in prinzipieller Weise, moderne Literatur aber auch in historischer Hinsicht verfehlt: Da moderne Literatur sich spätestens seit Beginn des 20. Jahrhunderts der Suche nach Sinn verweigere und ›offene‹ Texte hervorbringe, tragen Theorien, die ihre Aufgabe in der Rekonstruktion von Sinn bzw. Bedeutung sehen und die ein geschlossenes Werkganzes voraussetzen, unangemessene und verfälschende Maßstäbe an diese Texte heran. Zum anderen wendet sich die Kritik gegen **verstehenstheoretische Grundannahmen** hermeneutischer Ansätze, etwa gegen die Auffassung von der Horizontverschmelzung (s. Kap. 3.2.2).

Ein weiterer, noch grundsätzlicher vorgehender Einwand betrifft traditionelle Wissenschaftskonzeptionen, denen auch literaturwissenschaftliche Positionen verpflichtet sind. Deren Objektivitätsideal, ihre Fixierung auf Rationalität und Wahrheit sowie die darauf basierenden Methoden werden als ›Machtstrategien‹ abgelehnt. Damit werden zugleich die seit den 1970er Jahren verstärkt auftretenden ›szientistischen‹

Gegenpositionen zur Hermeneutik kritisiert, so die strukturalistischen und textlinguistischen Ansätze.

7.2.2 Rahmentheorie und Terminologie

Die literaturwissenschaftliche Diskursanalyse basiert vor allem auf der **poststrukturalistischen Philosophie Michel Foucaults**. Foucault hat keine systematisch entfaltete Theorie vorgelegt, sondern ein bewusst variables, »irritierend bewegliches und diskontinuierliches ›work in progress‹« (Fink-Eitel 1989, 13). Es kreist um die Themenbereiche Wissen, Macht, Subjektivität und Geschichte und enthält neben dem philosophischen Zugriff Anleihen bei der Psychoanalyse, der Linguistik und der Ethnologie. Foucaults Interpreten betonen vor allem das Kreative und Wechselhafte seines Philosophierens, das durchaus einander widersprechende Positionen enthält. Jeder Versuch einer Rekonstruktion zentraler Thesen und Begriffe Foucaults setzt sich daher dem Vorwurf aus, seinen Gegenstand zu vereinfachen und der terminologischen Vielfalt bei Foucault nicht gerecht zu werden, und entsprechend gibt es unterschiedliche Vorschläge zur Auslegung des Foucault'schen Werkes (empfehlenswert: Dreyfus/Rabinow 1987, Sarasin 2005).

Für die literaturwissenschaftliche Adaption sind vor allem der **Diskursbegriff** (1) und Foucaults **Subjektkritik** (2) von Interesse.

1. Diskursbegriff: Foucault hat den Diskursbegriff in seinen programmatischen Schriften bewusst uneinheitlich verwendet (vgl. dazu ausführlicher Frank 1988); dennoch lassen sich eine weite, unklare und eine engere, wissenssoziologische Begriffsverwendung unterscheiden:

In der weiten Verwendungsweise ist unter ›Diskurs‹ eine »wuchernde« sprachliche Größe zu verstehen, der die Eigenschaften ›anarchisch‹ und ›gefährlich‹ zukommen. Dem oft reproduzierten Bild vom »großen unaufhörlichen und ordnungslosen Rauschen des Diskurses« (Foucault 1991, 33) ist diese Auffassung inhärent. Weil dieser Diskurs ordnungslos und unberechenbar ist, erzeugt er, so Foucault, Angst und wird mit Hilfe zahlreicher Verbote und Regeln gebändigt (vgl. Japp 1988, 231).

Mit ›**Diskurs**‹ **im engeren, wissenssoziologischen Sinne** bezeichnet Foucault »eine Menge von Aussagen, die einem gleichen Formationssystem zugehören« (Foucault 1973, 156). Eine Aussage (frz. *énoncé*) ist für Foucault – in Abgrenzung zur Auffassung von ›Aussage‹ in Logik oder Grammatik – eine vereinzelte, kontingente, materiale Einheit, die keinem konkreten Sprecher zuzuordnen ist. Mit ›Aussage‹ ist weniger der Aussageinhalt als vielmehr die »Materialität des zu einer bestimmten Zeit und an einem bestimmten Ort wirklich Gesagten« gemeint (Fink-Eitel 1989, 58). Aussagen transportieren für Foucault keine Bedeutung und verweisen auch nicht auf etwas außerhalb ihrer selbst. Vielmehr sind sie als schlichte sprachliche ›Ereignisse‹ ernst zu nehmen und, so Foucault, ›archäologisch‹ zu untersuchen, indem Fakten über sie zu sammeln sind (dazu das Beispiel in Kammler 1990, 33-38). Mehrere Aussagen in diesem Sinne bilden einen Diskurs; das ist eine Formation, die bestimmten, historisch variablen Regeln gehorcht. Diese Regeln ermöglichen und beschränken Aussagen; sie legen fest, welche Gegenstände in einem Diskurs zugelassen sind, mit welchen Worten und Begriffen und in welchem Modus über sie gesprochen wird. Diskurse sind also keine Einzeltexte oder Textgruppen, sondern Komplexe, die sich aus Aussagen und den Bedingungen und Regeln ihrer Produktion und Rezeption in einem bestimmten Zeitraum zusammensetzen. Das »allgemeine System der Formation und der Transformation von Aussagen« nennt Foucault »Archiv« (Foucault 1973, 188). Ein **Archiv** in diesem Sinne besteht demnach aus den Regeln, nach denen in einer Kultur in einem bestimmten Zeitraum Diskurse gebildet, tradiert und modifiziert werden.

Diskurse entstehen und regeln sich nicht aus sich selbst heraus. Vielmehr sind sie Bestandteil von **Machtpraktiken**. Mit ›Macht‹ ist die Größe bezeichnet, die in Diskursen Ordnung stiftet (zum schwierigen Machtbegriff vgl. z.B. Kögler 2004, 91-98). Sie manifestiert sich in verschiedenen Ausschlussmechanismen:

- in diskursexternen Ausschließungsprozeduren (z.B. in Verboten, in der Ausgrenzung bestimmter Redeweisen als ›wahnsinnig‹, im wissenschaftlichen ›Willen zur Wahrheit‹),
- in internen Kontrollmechanismen (z.B. im Kommentar, in der Zuschreibung eines Textes zum Autor, der Zuordnung zu Disziplinen) sowie
- in Kontrollmechanismen, die den Zugang zu Diskursen regeln (etwa im Erziehungssystem, in Ritualen, in Doktrinen verschiedener Art).

Der medizinische Diskurs des 18. Jahrhunderts etwa ist über seinen Gegenstand – Gesundheit und Krankheit –, über die Art und Weise, diesen Gegenstand zu thematisieren – zum Beispiel medizinische Terminologie, mechanistische Argumentationsweisen –, und über seine Beziehungen zu anderen Diskursen der Zeit, etwa zum theologischen oder juristischen Diskurs, zu bestimmen. Im Rahmen einer historischen Diskursanalyse, die nach diesen Komponenten von Diskursen fragt, spielen die Begriffe ›Episteme‹ und ›Dispositiv‹ eine wichtige Rolle.

›**Episteme**‹ bezeichnet das für eine Epoche charakteristische Denkschema, mit dem Wissen organisiert, verarbeitet und hervorgebracht wird. Typisch etwa für die Epoche der Klassik ist nach Foucault die Episteme ›Repräsentation‹, die Alltagswissen, Philosophie und Naturwissenschaften gleichermaßen bestimmt hat. Mit ›**Dispositiv**‹ ist nach Foucault eine komplizierte, machtstrategisch bestimmte Konstellation gemeint. Sie besteht aus Elementen, die zu einem Diskurs gehören, nicht-diskursiven Praktiken und den vielfältigen Beziehungen zwischen ihnen (s. Kap. 12.2). Ein solches Dispositiv bildet z.B. das Zusammenspiel von literarischen Institutionen, pädagogischem Diskurs und bildungspolitischen Richtlinien zur Etablierung bestimmter literarischer Texte als Schulbuchlektüre in der zweiten Hälfte des 19. Jahrhunderts.

2. Subjektkritik: Warum Foucault in den Aussagen und ihren diskursiven Formationen die zentralen Gegenstände seiner Forschung sieht, wird verständlicher, wenn man seine **Kritik an der modernen Erkenntnistheorie** betrachtet: Die leitenden Annahmen philosophischen Denkens seit der Aufklärung dienen, so Foucault, dazu, »die Realität« von Diskursen zu leugnen. Dies gelte vor allem für die Annahme eines »begründenden Subjekts«, das als Ursprung sprachlicher Äußerungen und Ursache ihrer Bedeutung angesehen wird, und die Philosophie der »ursprünglichen Erfahrung«, für die die »Dinge« Träger von Bedeutung bzw. Sinn darstellen, den »Sprache nur noch zu heben braucht« (Foucault 1991, 31f.). Beide verstellen die Einsicht in die Tatsache, dass es

›hinter‹ den Diskursen nichts gibt: Die Welt ist nur durch Sprache zu haben, und diese wird von vorgängigen symbolischen Ordnungen bestimmt. Das Subjekt kann nicht mehr als autonomes gedacht werden; es ist abhängig von den Diskursen, in denen es wahrnimmt, erkennt und spricht (vgl. Foucault 1971, 367-410).

> **Zur Verwendung des Diskursbegriffs**
> Der inflationär verwendet Begriff ›**Diskurs**‹ bedeutet je nach Verwendungszusammenhang Unterschiedliches:
> 1. In der **Linguistik** wird ›Diskurs‹ in der Regel als Bezeichnung für zusammenhängende Rede verwendet. Die Struktur dieser Rede bzw. der Texte wird mit Hilfe linguistischer Verfahren analysiert; gefragt wird z.B. nach Sprachfunktionen oder der Konstruktionsleistung beim Hervorbringen solcher Texte.
> 2. In der **Philosophie der Frankfurter Schule**, vor allem bei Jürgen Habermas, bezeichnet der Begriff den Kommunikationstyp, mit dem sich Personen über den Geltungsanspruch von Normen verständigen.
> 3. In der **Erzähltheorie** bezieht sich ›Diskurs‹ (*discours*) auf den sprachlich-formalen Aspekt einer Erzählung und bezeichnet das Erzählen, die Narration; der inhaltliche Aspekt, das Erzählte oder die Handlung, wird *histoire* genannt.
> 4. In seiner **diskurstheoretischen Verwendungsweise** findet sich der Begriff in verschiedenen Disziplinen, z.B. in der Philosophie, Soziologie, Psychologie, Geschichte und Literaturwissenschaft. Abhängig von den jeweils herangezogenen theoretischen Grundannahmen kommt der diskurstheoretische Diskursbegriff in zahlreichen Varianten vor. Foucaults Bestimmung (in ihrer engen und weiten Variante) ist nur eine unter anderen, wenn auch eine viel zitierte. Als eine Art kleinster gemeinsamer Nenner kann Titzmanns Definition gelten: Unter ›Diskurs‹ wird ein »System des Denkens und Argumentierens« verstanden, das durch einen gemeinsamen »Redegegenstand«, durch »Regularitäten der Rede« und durch »Relationen zu anderen Diskursen« bestimmt ist (Titzmann 1991, 406). Diskurse sind also keine Einzeltexte oder Textgruppen, sondern Komplexe, die sich aus Aussagen und den Bedingungen und Regeln ihrer Produktion und Rezeption in einem bestimmten Zeitraum zusammensetzen.

7.2.3 Grundbegriffe: Autor, Literatur, Kontext, Leser

Wer Annahmen wie die oben skizzierten akzeptiert, wird Literaturwissenschaft anders betreiben als Vertreter hermeneutischer oder strukturalistischer Theorien. Diskursanalytiker teilen die hermeneutische Zielvorgabe nicht, zum adäquaten Sinnverstehen eines literarischen Textes gelangen zu wollen. Schon das Kommunikationsmodell, das den meisten bis dahin vertretenen literaturwissenschaftlichen Theorien und Interpretationsverfahren zugrunde gelegt worden ist, widerspricht ihren theoretischen Prämissen. In der einfachsten Form dieses Modells wird eine triadische Beziehung zwischen eindeutig fixierbaren Instanzen angenommen: Es gibt den Autor als Urheber eines Textes, den als Einheit verstandenen und auf seinen Produzenten und seine Entstehungssituation verweisenden Text sowie den Leser, der im Verlauf des Verstehens in einen Dialog mit dem Text tritt und sich dessen ›Sinn‹ aneignet. Statt dieser Instanzen stehen für Diskursanalytiker **Prozesse, Relationen und intertextuelle Verweise** im Mittelpunkt des Interesses.

1. **Autor:** Der Autor eines literarischen Texts gilt nicht mehr als autonomes Schöpfersubjekt. Der Text, den er hervorbringt, ist nicht als Ausdruck seiner Individualität und seiner Absichten zu verstehen, sondern wird bestimmt von der vorgängigen symbolischen Ordnung, an die jeder Mensch durch seine Sprache gebunden ist. Mit jeder Aussage gibt sich ein Sprecher als von Diskursen geprägt zu erkennen und keineswegs als freies Subjekt. Im Anschluss an einen der bekanntesten Texte Foucaults, an seinen Vortrag »Was ist ein Autor?« (Foucault 1988), der Roland Barthes' These vom ›Tod des Autors‹ aufnimmt (Barthes 2000), wird der **Konstruktcharakter des Autorbegriffs** herausgestellt. Foucault geht in dieser Rede von Eigenschaften moderner Literatur aus und stellt die **These vom Verschwinden des Autors** auf. Damit leugnet er selbstverständlich nicht die Existenz einer empirischen Person, die einen Text verfasst; er lehnt aber die traditionelle Annahmen ab, diese Autor-Person sei ›autonom‹, könne aus sich selbst heraus schaffen und seine Intentionen im literarischen Text umsetzen.

Gegen Annahmen wie diese setzt Foucault seine Analyse der ›**Autorfunktionen**‹: Der Begriff ›Autor‹ wird in erster Linie als interne Ordnungskategorie für Diskurse verstanden, die verschiedene Funktionen erfüllt, zum Beispiel Texte zu Gruppen zusammenzufassen oder Identitäten herzustellen, die eigentlich nicht gegeben sind. Die Zuschreibung eines Textes zu einem Autor zählt Foucault zu den »Verknappungsprinzipien«, die den Diskurs (im weiten Sinne) beschränken (Foucault 1991, 34). Auch der »Kommentar«, die Wiedergabe eines Textes mit anderen Worten, zählt zu diesen Prinzipien (Foucault 1991, 18f.). Im Umgang mit literarischen Texten übernehmen Interpretationen diese Kommentarfunktion: Interpreten setzen voraus, dass literarische Texte etwas enthalten, das sie nicht explizit aussprechen, das ihnen aber erst Relevanz zuweist, und die Aufgabe der Interpretation ist es, dieses Ungesagte auszusprechen. Mit dieser Strategie soll, so Foucault, das Zufällige des Diskurses (im weiten Sinne) gebannt werden, indem die Kommentare sich an bereits geäußerte Texte ›anhängen‹ und sie nur permanent umformulieren. Diese Strategien, unter denen die Zuschreibung eines Textes zu einem Autor nur eine ist, gilt es kritisch zu analysieren.

2. **Literatur:** Entsprechend werden auch literarische Texte nicht als eigenständige, Bedeutung tragende Größen, sondern als ›**Knotenpunkte‹ im Netz verschiedener Diskurse** betrachtet. Literarische Texte sind demnach kontingent, weisen keine festen Grenzen auf und referieren nicht auf Wirklichkeit, sondern auf Sprache, mithin auf andere Texte und Diskurse: Die Diskursanalyse »verabschiedet [...] die Erkenntnisfunktion der Literatur [...]. Wenn sie Referenzbezüge statuiert, dann nicht auf Sachverhalte in oder jenseits einer Kultur, sondern immer nur von Diskursen auf Diskurse« (Kittler/Turk 1977, 40).

Auch wenn sie diese Annahmen teilen, beantworten verschiedene Vertreter der diskursanalytischen Richtung die Frage, welchen Status Literatur habe, unterschiedlich. Das Spektrum der Antworten ist bereits bei Foucault angelegt, der die Rolle, die

Literatur spielt, in den drei Phasen seines Werkes unterschiedlich fasst (vgl. Kögler 2004, 68-79). Generell ist zu betonen, dass Foucault sich nur am Rande mit Literatur beschäftigt hat; sie liefert ihm in aller Regel Beispiele, mit denen er seine wissensgeschichtlichen Überlegungen illustriert.

In Foucaults Frühwerk der 1960er Jahre hat Literatur die Funktion eines ›Gegendiskurses‹, der im Gegensatz etwa zum wissenschaftlichen Diskurs dem alles beherrschenden Machtmechanismus, dem »Willen zur Wahrheit«, nicht unterworfen ist (dazu Geisenhanslüke 1997). In anderen Diskursen gibt es Regeln, die Sprache beschränken und ihre genuinen Funktionsweisen verdecken; gelungene Kommunikation und Verstehen kommen nur auf diesem reglementierten Wege zu Stande. Die eigentliche Qualität der Sprache ist dagegen ihre Selbstreferentialität, aufgefasst als Bezugnahme der Sprache auf Sprache. Diese autonome Funktion macht für Foucault das Wesentliche der Sprache aus, und nur in literarischen Texten kommt diese Qualität der Sprache zur Geltung; in Alltagstexten z.B. wird sie hinter der nur scheinbaren Bezugnahme von Sprache auf Welt verdeckt. In der Literatur dagegen gelangt Sprache gewissermaßen ›zu sich selbst‹: Literatur »wird zur reinen und einfachen Offenbarung einer Sprache, die zum Gesetz nur die Affirmation [...] ihrer schroffen Existenz hat« (Foucault 1971, 366). Sie führt die Auflösung des Ich vor, ist also **subjektlos und verweist allein auf sich selbst.** Unter dieser Voraussetzung verliert eine hermeneutische Suche nach Bedeutung ›hinter‹ der Sprache literarischer Texte in besonderem Maße ihre Berechtigung. Als identifizierbare Charakteristika literarischer Texte treffen die genannten Merkmale allerdings allenfalls auf moderne Literatur zu; dementsprechend bezieht Foucault seine literarischen Beispiele überwiegend aus symbolistischen und surrealistischen Texten. (Eine ausführliche Rekonstruktion des frühen Foucault'schen Literaturbegriffs hat Klawitter 2003 vorgenommen.)

Während Foucault in seinen frühen Arbeiten der Literatur also allein schon wegen ihrer Sprachverwendung subversiven Charakter zuschreibt, wodurch sie ›wertvoll‹ wird, sieht er sie in späteren Schriften kritischer. Auch literarische Texte können Bestandteil von Herrschaftsdiskursen sein, können ›Macht ausüben‹ und damit Diskurse regulierende Funktionen übernehmen. ›Literatur‹ ist hier als **wertneutrale Bezeichnung für einen wechselnden Gegenstandsbereich** aufzufassen, der nach verschiedenen innerdiskursiven Faktoren (zum Beispiel poetologische Doktrinen) und von einander überlagernden anderen Diskursen (etwa politischen, juristischen) strukturiert ist. In dieser Auffassung kann auch Literatur Gegenstand einer Diskursanalyse sein.

Ist Literatur nun lediglich als Schnittmenge von Diskursen oder doch auch als eigener Diskurs aufzufassen? Und wenn sie einen eigenen Diskurs bildet, was zeichnet diesen aus? Diskursanalytiker in der Nachfolge Foucaults stimmen in der These überein, dass es **keine spezifisch literarische Qualität** gebe; Literarizität wird lediglich als »historisch variierende Zurechnungskonvention« (Fohrmann/Müller 1988, 17) aufgefasst. Jedoch wird ein Merkmal, das traditionellerweise dem literarischen Sprechen zugeschrieben wird, als Merkmal der Sprache generell aufgefasst: **ihr metaphorischer und metonymischer Charakter.** Obwohl es damit auch keinen Unterschied zwischen dem literarischen und dem nicht-literarischen Sprechen geben kann, wird dennoch zwischen beiden Arten der Sprachverwendung unterschieden. Vertreter einer historisierenden Variante der Diskursanalyse übernehmen die geschichtlichen Zuschreibungskonventionen, mit denen die Gruppe literarischer Texte von anderen Texten abgegrenzt wird – schon deshalb, weil es keine Alternative dazu gibt. Darüber hinausgehend wird aber – im Anschluss an den frühen Foucault – literarischen Texten das Potenzial zugeschrieben, Schemata der Wahrnehmung und Erkenntnis von Wirklichkeit in Frage zu stellen, die in der Wissenschaft wie im Alltag als normal gelten, und über sie hinauszugehen. Diese **Auffassung von der Höherwertigkeit literarischer Texte** gegenüber nicht-literarischen, die mit dem Argument der subversiven Leistung letzten Endes moralisch begründet wird, ist (nicht nur) in diskursanalytischen Ansätzen weit verbreitet. Wird **Literatur** aber **als ›immer schon‹ subversiver Gegendiskurs** verstanden, fällt es schwer zu erklären, warum literarische Texte dennoch dieselben Machtmechanismen wie andere Texte reproduzieren können. Wird sie dagegen als Schnittmenge verschiedener, einander überlagernder Diskurse verstanden, bleibt die Frage unbeantwortet, was denn das spezifisch Literarische dieser Redeformation sei (vgl. auch Kremer 1993, 103).

3. Kontext: Mit ihrer Ausrichtung auf Diskurse als komplexe, den einzelnen Text überschreitende Einheiten zählt die literaturwissenschaftliche Diskursanalyse zu den **kontextorientierten Theorien.** Anders als z.B. Vertretern hermeneutischer oder bestimmter sozialgeschichtlicher Positionen kann es Diskursanalytikern allerdings nicht darum gehen, durch Einbettung in einen geeigneten Kontext ›die Bedeutung‹ eines Textes interpretativ zu erschließen. Vielmehr werden Textpassagen durch die Identifikation relevanter Diskurse in einen erhellenden historischen Bezug gestellt und Verbindungen aufgezeigt, die zwischen Figuren, Bildern oder Handlungselementen in einem oder mehreren literarischen Texten und zeitgenössischen diskursiven Einheiten bestehen, z.B. um die Abhängigkeit der literarischen Texte von bestimmten zeitgenössischen Diskursen zu belegen. Von den Kontextarten, die prinzipiell unterschieden werden können (vgl. Danneberg 2000), sind für die Diskursanalyse allein intertextuelle Kontexte von Bedeutung: Der Kontextbegriff wird, der Rahmentheorie zufolge, **sprachlich bestimmt**; als Kontexte kommen allein andere Texte bzw. Textklassen in Betracht.

4. Leser: Folgen hat die Annahme, dass es keinen verbindlichen Sinn eines Textes gebe, auch für die Auffassung vom Leser: Nach Barthes ist es der Leser, in dem die vielfältigen Bezüge und Zitate, aus denen Texte bestehen, zusammentreffen. Er ist gewissermaßen als Gewinner der neuen Theorie anzusetzen: »Die Geburt des Lesers ist zu bezahlen mit dem Tod des *Autors*« (Barthes 2000, 193; Hervorhebung im Original). Wenn es weder den einen Sinn gibt, den sich Leser aneignen könnten, noch die Bedeutung, die sie rekonstruieren könnten, können Leser immer nur ihre eigene Auffassung des Textes konstruieren. Die Diskursanalytiker befassen sich allerdings in aller Regel ebenso wenig wie ihre hermeneutischen oder strukturalistischen Gegenspieler mit den ›Normallesern‹; in ihren Blick kommen mit wenigen Ausnahmen allein die dezidiert theoriegeleitet rezipierenden, professionellen Leser, meist aus dem akademischen Umfeld.

7.2.4 Methode des wissenschaftlichen Umgangs mit Literatur

Von ihren Zielen und Fragestellungen her ist die Diskursanalyse **kein Verfahren zur Untersuchung von Einzeltexten.** Nicht der einzelne Text steht im Zentrum des Interesses, sondern die Diskurse, an denen der Text partizipiert und zu denen er sich in einer je-

weils zu erforschenden Weise verhält. Dementsprechend werden die **Erkenntnisziele dieser Richtung** formuliert:
- Sie liegen erstens in Analysen der »singulären und kontingenten Ausübungsbedingungen« (Kittler/Turk 1977, 24) von Diskursen: Unter welchen Bedingungen sind Diskurse entstanden, nach welchen Mechanismen funktionieren sie? Auf Literatur bezogen zielt die Analyse auf die Regeln ab, »nach denen Kulturen Wiedergebrauchsreden bestimmt und Textcorpora hergestellt haben« (ebd., 38). Zu diesen Regeln gehören auch die unterschiedlichen Funktionen von Autorschaft, die damit ebenfalls zu den Gegenständen diskursanalytischer Betrachtungen zählen.
- Zweitens untersuchen Diskursanalytiker die Sachverhalte – in traditioneller Terminologie: Themen und Motive –, die in Literatur thematisiert werden, indem sie sie auf kulturelle Kodes bzw. auf die unter der ersten Fragestellung rekonstruierten Diskurse beziehen.

Wird die Diskursanalyse dennoch als **Verfahren zur Einzeltextanalyse** angewendet (etwa Kittler 1985a), dann geschieht dies in der Regel unter drei Perspektiven:
- Zum einen wird untersucht, welche Diskurse im einzelnen Text thematisiert werden bzw. sich in ihm nachweisen lassen und auf welche Art die nachweisbaren Diskurse zur Sprache kommen: ob der Text sie reproduziert, ob er sie modifiziert oder sogar unterläuft. Ergibt sich in der Untersuchung, dass ein literarischer Text etablierte diskursive Praktiken subversiv aufgreift, gilt dies zumeist als Argument für die besondere Qualität des Textes.
- Zum anderen wird nach den materialen und diskursiven Bedingungen gefragt, unter denen der Text entstanden ist.
- Unter der dritten Perspektive werden die textuellen ›Netzwerke‹ untersucht, in denen der Text steht; d.h. es werden in irgendeinem Sinne ähnliche Texte mit dem einzelnen Text in Beziehung gesetzt (›Intertextualität‹, s. Kap. 7.4).

Auf einen einfachen Nenner gebracht, werden in diskursanalytischen Untersuchungen einzelner Texte folgende Suchregeln und Beziehungsregeln befolgt: Gesucht wird
- nach Daten, die Materialität und Medialität der Texte betreffen,
- nach sprachlichen Mustern, Bildern oder Themen in einem Text sowie
- nach Texten, die ähnliche Muster, Bilder oder Themen enthalten.

Diese werden zueinander in Beziehung gesetzt, um einen Schluss auf begründende oder legitimierende Diskurse zu ermöglichen. Daran anschließend können Vergleiche zwischen rekonstruiertem Diskurs und Einzeltext vorgenommen werden, z.B. unter der Frage, ob der Text einen Diskurs reproduziert oder subvertiert.

Vergleich der Begriffe und Verfahren		
	›traditionelle‹ Literaturwissenschaft	Diskursanalyse
Autor	Urheber literarischer Texte, schöpferisches Subjekt, Kommunikationsabsicht unterstellt, historisch zuzuordnen	Schreiber literarischer Texte, bestimmt von der vorgängigen symbolischen Ordnung, abhängig von Diskursformationen, steht im Schnittpunkt verschiedener Diskurse
Werk, Text	sinnhafte, einheitliche und ganzheitliche Gebilde, erschließbar durch Zuordnung zu ihrem Ursprung	aus verschiedenen Elementen verschiedener Diskurse zusammengesetzte Konstrukte; kontingente ›Knoten‹ im Netz symbolischer Ordnungen; allenfalls Ausgangspunkt für Diskusanalysen
Leser	versteht den Sinn des Textes	konstruiert einen Sinn des Textes
Interpretation/ Diskursanalyse	Einordnung des Textes in Zeit- und Themenraster, Rekonstruktion von Textbedeutungen, Erstellen von deutenden Kommentaren, die einen Text seinem Ursprung zuordnen und seine Bedeutung aufdecken	Analyse der Bedingungen und Voraussetzungen der Diskurs-Produktion, keine Analyse von Einzeltexten; wenn Einzeltext-Analyse, dann ›Lektüre gegen den Strich‹, die nicht deutet, sondern Selbstbezüglichkeit oder Bezüge zu anderen Diskursen im Text nachweist

7.2.5 Beispielanalyse

Auch wenn es nicht das Anliegen der Diskursanalyse ist, Aussagen über einzelne literarische Texte zu gewinnen, gibt es doch eine Reihe diskursanalytisch vorgehender Einzeltextanalysen. Als Beispielanalyse sei hier der oft zitierte Beitrag von Friedrich A. Kittler »Ein Erdbeben in Chili und Preußen« (Kittler 1985a) vorgestellt.

Kittler sichtet zunächst die »**Randdaten**« (ebd., 25; Hervorhebung T.K./S.W.) der Novelle *Das Erdbeben in Chili* von Heinrich von Kleist, um »im Text selbst die Artikulation eines diskursiven Netzwerks« (ebd.) nachweisen zu können. Als solche Randdaten findet er aber nur den obligatorischen Autornamen und die Gattungszuordnung, mithin nicht genug Material, um eine Diskursanalyse durchzuführen, wie sie Foucault etwa für Gustave Flauberts *Die Versuchung des heiligen Antonius* unternommen hat. Er wählt also einen anderen Weg und bringt einige Texte mit der Novelle in Verbindung: »ein paar Musteraufsätze und Briefe, ein Edikt und ein Verbot« (ebd., 26). Diese Zusammenstellung, bezeichnet Kittler zwar als »Zufallsereignisse der Archivierung« (ebd.), diese allerdings »definieren« zugleich »eine strategische Lage« (ebd.), in der sowohl Kleist als auch seine Leser sich befinden.

Ausgangspunkt ist die »unerhörte Begebenheit«, die in der Novelle erzählt wird: Das Erdbeben rettet die Protagonisten vor Hinrichtung und Selbstmord, aber nur einen Tag später werden die beiden zusammen mit ihren neuen Freunden von einer aufgebrachten Menge erschlagen. Offen lässt Kleist, so Kittler, »worauf der Totschlag der zwei

Liebenden zurückgeht« (ebd., 26). Die Deutungsangebote, die in der Novelle gegeben werden, reichen nicht aus, um diese Frage zu beantworten; eine Antwort findet Kittler allerdings am Schluss seiner Diskursanalyse.

Kittler bezieht zeitgenössische Diskurse ein, die mit der Novelle in Verbindung stehen: Neben den beiden offenkundigen, Philosophie und Theologie, sind es vor allem der Bildungs- und der Kriegstechnik-Diskurs, auf die Kittler seine Analyse aufbaut. Dass der **Bildungsdiskurs** eine Rolle spielt, macht er auf verschiedene Weisen deutlich:

- Über eine **biographische Bezugnahme**: Kleist hatte seiner Braut zu Bildungszwecken bestimmte Aufsatzthemen moralischer Art vorgegeben, und einige dieser Themen findet Kittler in der Novelle wieder.
- Über das **Veröffentlichungsmedium**: Die Novelle ist im *Morgenblatt für gebildete Stände* erschienen.
- Über eine **Analogie mit einer textuellen Konstellation**: In der Novelle wird, so Kittler, deutlich, dass die Figuren der »heiligen Familie« in einer Wichtigkeitsskala der Reihenfolge Kind, Mutter, Vater angeordnet sind. Auf dieselbe Weise verläuft »die Rangfolge der Prioritäten, die den Diskurs deutscher Bildung regelt« (ebd., 29).
- Über eine **Analogie zwischen einer textuellen Konstellation und einem zeitgenössischen pädagogischen Text**: Im Mittelteil der Novelle wird ein idyllisches Miteinander aller Geretteten geschildert, in dem alle Standesgrenzen aufgehoben sind und alle, wie Kleist schreibt, »zu *einer* Familie« zu gehören scheinen (ebd., 30; Hervorhebung im Original). Kittler parallelisiert diese Konstellation mit den Idealen der Französischen Revolution und hebt hervor, dass es in Deutschland um 1800 üblicherweise das Muster der Familie ist, in dem diese Ideale umgesetzt werden. Kleist übernimmt nicht nur dieses Muster, sondern auch seine Spezifikation, die Vorstellung, dass sich eine Verbesserung der Verhältnisse nur im Zeichen einer wahren Mütterlichkeit vollziehen könne. Eben diese Auffassung, dass man die Mütter bilden und »reformiren« müsse (ebd. 31), formuliert Betty Gleim 1810 in einem Werk zu *Erziehung und Unterricht des weiblichen Geschlechts*, das Kittler hier zitiert.

Der Bildungsdiskurs reicht allerdings nicht aus, um die eingangs formulierte Frage nach den Gründen für den Totschlag zu beantworten. Wenn es Kleist nur um ihn ginge, wäre die Kirchenszene mit der Lynchjustiz am Schluss der Novelle nicht funktional. Eine Lösung bringt ein zweiter Bezugspunkt, auf den kaum ein Interpret vor Kittler gekommen ist: der **Kriegstechnik-Diskurs**. Er begründet seine Relevanz mit Hilfe dreier Strategien:

- Mit Bezug auf ein **stilistisches Merkmal der Novelle**: Die »technisch[e]« Nüchternheit, mit der der Erzähler von den grausamen Tötungen schreibt, belegt den »kalten Blick des Kriegstechnikers« (ebd., 34).
- Über eine **Motivierungslücke im Text**: Es bleibt offen, woher die Männer in der Kirche die Keulen haben, mit denen sie die Protagonisten erschlagen. In einer Novelle, in der ansonsten auch Kleinigkeiten gut motiviert werden, fällt eine solche Lücke auf. Kittler schließt, dass die »Hand am Körper des Schreibers« (ebd., 36) den Kirchgängern die Keulen zukommen ließ; mit anderen Worten, dass Kleist aus bestimmten verdeckten Motiven an diesen Waffen gelegen war.

- Mit Hilfe **thematisch ähnlicher Texte**: In einer »Propagandaschrift«, die Kleist 1809 zur *Rettung Österreichs* verfasst hat, analysiert der Autor die Kriegstechniken des französischen und des preußischen Heeres und kommt zu einem vernichtenden Urteil über die »Lineartaktik« der Preußen (ebd., 35); eben diese Taktik, so Kittler, wendet Don Fernando in der Kirche an, mit den bekannten großen Verlusten. Nachträglich legitimiert wurde der Einsatz der Keulen in Kittlers Sicht durch das preußische Landsturmedikt vom April 1813, das dem Volk Partisanentaktik und den Gebrauch aller Arten von Waffen zur Verteidigung gegen die feindlichen Mächte empfahl (ebd., 36f.).

Die Berücksichtigung dieses Diskurses bringt Kittler zu der These: »Ein entlassener preußischer Offizier [...] entwickelt unter Bedingungen und Masken des Bildungssystems die Diskurspraxis des Partisanen.« (ebd., 37) Der Kriegstechniker Kleist widerlegt damit zugleich die Topoi des Bildungsdiskurses seiner Zeit: Hinter der scheinbaren Idylle der Demokratie im Zeichen ›der *einen* Familie‹ steht die Gewalt, die am Schluss der Novelle unter den Keulenschlägen »alle Standesunterschiede liquidiert« (ebd., 36). Nur in dieser Hinsicht, »nur wenn es um Volksgewalt und Partisanentum geht« (ebd., 38), ist das grausame Ende der Protagonisten für die Novelle funktional.

Neben den Bezugnahmen auf Diskurse und diskursive Praktiken sind **Sprache und Argumentationsweise** charakteristisch für diskursanalytische Arbeiten – auch wenn die Personalstile selbstverständlich abweichen. Pointiertes Sprechen, die deutliche Lust an der gelungenen Formulierung und an überraschenden Gedankenverbindungen prägen den Text ebenso wie die Vermischung verschiedener Analyseebenen, etwa von textnaher Beschreibung bzw. Reformulierung einer Textpassage und voraussetzungsvoller Bedeutungszuschreibung (z.B. »Im Zeichen mütterlicher Anmut und Würde kommt es also zu einem Versöhnungsfest, das alle Blackouts des Novellenanfangs aufnimmt und sozialisiert.«, ebd., 29).

7.2.6 Spielarten des Ansatzes

Auf der in den vorangehenden Abschnitten skizzierten Grundlage sind in der Literaturwissenschaft verschiedene Spielarten der Diskursanalyse erarbeitet worden. Sie unterscheiden sich darin, welche Fragen sie stellen und welche Methoden sie bevorzugen. Eng an Foucault schließen mindestens zwei Spielarten an, die psychoanalytisch orientierte (1) und die historisch-philologische (2), während die semiotische Diskursanalyse (3) einige der Foucault'schen Prämissen nicht teilt. Eine weitere, wichtige und vor allem im angloamerikanischen Raum wirkungsmächtige Position, die sich auf Foucault beruft, ist der *New Historicism*. Da er außer der diskursgeschichtlichen auch eine stark ausgeprägte kulturwissenschaftliche Orientierung aufweist, wird er in Kap. 11.2 dargestellt.

1. Für **die psychoanalytische Variante** der Diskursanalyse ist die bereits 1977 verfasste Einleitung zu dem Band *Urszenen* (Kittler/Turk 1977) repräsentativ. Ausgangspunkt ist die These, dass es zum einen unbewusste kulturelle Faktoren gibt, Verbote, »die das Sprechen steuern« und sich einem reflexiven Erfassen entziehen (ebd., 24), und zum anderen »Mythen«, die diese Verbote verschleiern. Beides aufzudecken ist Ziel der Diskursanalyse, deren Anliegen damit nicht nur historisch-rekonstruktiv, sondern auch kritisch ist.

Als Gegenstände der literaturwissenschaftlichen Diskursanalyse gelten hier Diskurse, die diese Verbote und Mythen verwenden und reproduzieren; dazu Diskurse, denen in verschiedenen Kulturen »paradoxe Sprechakte« zugeschrieben werden: Rhetorik und Literatur. Zu untersuchen sind diese Gegenstände unter drei Perspektiven:

- Es müssen die **Regeln** herausgearbeitet werden, nach denen Literatur jeweils bestimmt und abgegrenzt worden ist.
- Die **Funktionen**, die dem Autor jeweils zugeschrieben worden sind, sind zu untersuchen.
- **Literarische Oberflächenphänomene**, etwa wiederkehrende Themen und Motive, sind zu analysieren.

Um diese Aufgaben zu erfüllen, werden Beziehungen zwischen literarischen Texten und anderen literarischen, medizinischen, pädagogischen u.a. Texten und Dokumenten hergestellt, die demselben Diskurs angehören sollen. Das Bindeglied wird meist in einem gemeinsamen Thema, einem Denkmuster oder einer Schreibtechnik gesehen. Es werden keineswegs immer zeitgenössische Texte herangezogen, teilweise sind es auch die eigenen Bezugstheorien (Foucault, Lacan), die mit den historischen Texten gekoppelt werden. Dabei gelten Grenzziehungen traditioneller Interpretationspraxis nicht mehr ohne Weiteres. Dies zeigt sich beispielsweise darin, dass direkte Verbindungen zwischen fiktionalen und nicht-fiktionalen Informationen hergestellt werden und dass Geschichte wie Literatur behandelt wird, wenn etwa historische Konstellationen mit literaturwissenschaftlichen Techniken als Zeichen gedeutet werden (so etwa in Kittler 1985, 15f.).

2. In **der historisch-philologischen Variante** der Diskursanalyse dominiert der historisierende Zugang, während ihre psychoanalytische Orientierung weniger stark ausgeprägt ist. Als exemplarisch seien hier die Arbeiten Nikolaus Wegmanns (z.B. Wegmann 1988) genannt. Auf der Grundlage Foucault'scher Prämissen bindet er die Diskursanalyse an ›philologische Qualifikationen‹ zurück, an die philologische Konzentration auf die Schrift und nicht auf einen ›dahinter liegenden‹, metaphysischen Sinn. Eine wichtige Aufgabe dieser Richtung liegt in der **Analyse, Kritik und Revision literarhistorischer Klassifikationen**, beispielsweise des Epochenbegriffs ›Empfindsamkeit‹. Das Vorgehen traditioneller Literaturwissenschaftler, nur bestimmte Typen von Kontextwissen zu berücksichtigen, also stark auszuwählen, und so ein einheitliches Bild der Epoche zu entwerfen, wird abgelehnt. Stattdessen soll differenzierter vorgegangen werden, indem nach den diversen Diskursen gefragt wird, die einander in der ›Empfindsamkeit‹ genannten Zeit überschneiden, ergänzen und widersprechen, nach den Abgrenzungsstrategien sowie nach der ›Leitdifferenz‹, die empfindsames Sprechen kennzeichnen. Von ihren Fragestellungen her weist diese Richtung Ähnlichkeiten mit neueren sozialgeschichtlichen Ansätzen auf (s. Kap. 9.3 u. 9.4).

3. **Die semiotische Variante** der Diskursanalyse löst sich stärker von Foucault. Sie zieht semiotische Theorien heran und erarbeitet ein Repertoire textanalytischer Kategorien

zur Beschreibung textueller Mikro- und Makrostrukturen. Ein Schwerpunkt ihres Interesses liegt auf der **besonderen Funktionsweise literarischer Texte**, ein zweiter auf dem **Verhältnis dieser Texte zu Diskursen**. Jürgen Link, prominentester Vertreter dieser Richtung in Deutschland, unterscheidet Diskurselemente, die nur in einem Diskurs vorkommen (spezialdiskursive Elemente), von den »interdiskursiven Elementen«, die in mehreren Diskursen vorkommen und die zahlreichen spezialisierten Einzeldiskurse verbinden. Literatur wird als ein **Spezialdiskurs** aufgefasst, der eben solche interdiskursiven Elemente, vor allem »Kollektivsymbole«, aufnimmt und verarbeitet (Link 1988, 300). Unter »Kollektivsymbolen« werden anschauliche »Sinn-Bilder« (ebd., 286) verstanden, die zur selben Zeit in verschiedenen diskursiven Zusammenhängen einer Kultur verwendet und jeweils mit unterschiedlichen Wertungen versehen werden. Eine semiotische Diskursanalyse kann demnach auf zwei Arten vorgehen: Zum einen kann sie die verschiedenen Funktionen untersuchen, die ein Kollektivsymbol in einem literarischen Text hat; zum anderen kann sie das Netzwerk der Beziehungen analysieren, in dem der Text mit der Verwendung dieses Symbols steht. Verfolgt man diese Beziehungen, so stößt man wiederum auf weitere Reihen von Symbolverwendungen, da die unterschiedlichsten Diskurse in vielfältigen Relationen zueinander stehen und miteinander kombiniert werden können. Links exemplarische Analyse des Ballon-Symbols zeigt, dass eine solche Analyse sehr komplex werden kann (Link 1983, 48-71). So verweist das Kollektivsymbol des Ballons um 1800 unter anderem auf verschiedene Topiken und auf die Symbolserien ›Maschine‹ und ›Mittel zur Fortbewegung‹; zugleich nimmt es aber auch in ideologisch besetzten Diskursen eine wichtige Funktion ein, in denen der Ballon etwa von einer revolutionären Position her positiv, aus einer konservativen Sicht negativ konnotiert sein kann.

In der literaturwissenschaftlichen Praxis finden sich profilierte Beispiele für die spezifischen Spielarten der Diskursanalyse deutlich seltener als Beiträge, die sich zwar auf Foucault beziehen und einige der diskursanalytischen Begriffe verwenden, aber keine konsequenten Anwendungen diskursanalytischer Theorie darstellen. Sie ziehen historische Informationen über Diskurse in erster Linie heran, um literarische Texte in einem traditionellen Sinne zu kontextualisieren, und zielen meist auf symptomatische Interpretationen einzelner Texte ab. Sie teilen also zumindest einige der Grundbegriffe ›traditioneller‹, hermeneutisch orientierter Literaturwissenschaft und ebenso einige der diskurstheoretischen Begriffe. Dass damit implizit auf zum Teil unvereinbare theoretische Annahmen Bezug genommen wird, kommt in der Interpretationspraxis meist nicht in den Blick (vgl. exemplarisch zur Verwendung des Autorkonzepts in neueren literaturwissenschaftlichen Arbeiten Winko 2002).

7.2.7 Leistungen und Probleme diskursanalytischer Literaturwissenschaft

Auch wenn diskursanalytisches Arbeiten als in der Literaturwissenschaft etabliert gelten kann, gibt es doch noch immer Kontroversen um die Vor- und Nachteile dieses Verfahrens. Als **Leistungen** diskursanalytischer Studien gelten
- **das Entfachen einer neuen Theoriediskussion:** Mit ihrem provokativen Gestus und ihrer radikalen Kritik an Theorie und Praxis der ›traditionellen‹ Literaturwissenschaft

haben die Diskursanalytiker ihre Kritiker zur Reflexion ihrer Prämissen angehalten. Die lebhafte Debatte um den Einsatz des Autorkonzepts in der Literaturwissenschaft zeigt dies eindrücklich (vgl. z.B. die Sammelbände Jannidis u.a. 1999 und Detering 2002).
- **das Erschließen neuer Kontexte und Fragestellungen:** Waren es in traditionellen geistesgeschichtlichen Interpretationen in aller Regel philosophische oder religiöse Kontexte und institutionalisierte Wissensbestände wie naturwissenschaftliche Erkenntnisse, die auf ihre Beziehungen zur Literatur untersucht wurden, so haben diskursanalytische Arbeiten das Spektrum um verschiedene Typen des Alltagswissens, kulturelle Wahrnehmungsmuster, Bereiche wie Mode oder Essgewohnheiten und das Thema Körperlichkeit in zahlreichen Varianten erweitert.
- **das konsequente Berücksichtigen der Materialität und Medialität von Literatur:** Wenn Texte nicht mehr als ›Transportmittel‹ für Bedeutungen verstanden werden, treten ihre materiale Beschaffenheit und die Tatsachen ihrer Präsentation – von der Schrift bis hin zum Publikationsmedium – stärker in den literaturwissenschaftlichen Blick.

Die **Einwände** betreffen vor allem
- **das Wissenschaftskonzept** der Diskursanalyse und seine erkenntnistheoretischen Prämissen (s. dazu auch Kap. 7.3.2)
- **die Akzeptanz des Erkenntnisinteresses:** Wer als Erkenntnisziel vertritt, einen literarischen Text deuten und Einsichten über ihn ›als Ganzes‹ gewinnen zu wollen, wird den Nachweis von Beziehungen zwischen literarischen Texten und Diskursen oder diskursiven Praktiken ihrer Zeit vielleicht interessant, aber wenig erkenntnisfördernd finden.
- **die Präsentationsform diskursanalytischer Untersuchungen:** Auch mit einigen Darstellungskonventionen für Interpretationen brechen Verfasser von Diskursanalysen, so dass ihre Texte besondere Rezeptionsanforderungen an ihre Leser stellen. Zum einen sind die Texte sehr voraussetzungsreich, weil die schwierigen theoretischen Prämissen und Begriffe oft nicht explizit werden; zum anderen ist die Verbindung von Argument und Konklusion in der Argumentation oftmals eher assoziativ. Der Eindruck von fehlender Stringenz in der Beweisführung wird u.a. dadurch bewirkt, dass auf eine kategoriale Unterscheidung zwischen Objekt- und Metasprache, zwischen literarischer Rede und Rede über Literatur, verzichtet wird. Was ein Leser eines literaturwissenschaftlichen Textes für ein plausibles Argument hält, hängt allerdings auch von seiner Literaturtheorie ab.

Das Wichtigste in Kürze

Die literaturwissenschaftliche Diskursanalyse bezieht ihre Begriffe und Verfahren von der **Diskursanalyse Michel Foucaults**. Die literaturwissenschaftliche Diskursanalyse wendet sich vor allem gegen die **hermeneutische Tradition** der Textauslegung und gegen ein szientistisches Wissenschaftskonzept.

Der für die Theorie zentrale **Diskursbegriff** wird unterschiedlich bestimmt. In einer wissenssoziologischen Bedeutung sind unter ›Diskursen‹ Einheiten zu verstehen, die sich aus Aussagen und den Bedingungen und Regeln ihrer Produktion und Rezeption in einem bestimmten Zeitraum zusammensetzen. **Literatur** wird nicht als eigenständige Größe mit gegebener Bedeutung aufgefasst, sondern als **Schnittpunkt verschiedener Diskurse**: Sie bezieht sich stets auf andere Texte und Diskurse. Literarische Texte gelten als kontingent und offen.

Die Diskursanalyse ist **kein Verfahren zur Untersuchung literarischer Einzeltexte,** sondern bezieht sich auf größere Zusammenhänge, auf Diskurse.

Wird die Diskursanalyse dennoch **auf einzelne literarische Texte angewendet,** fragt sie tendenziell
- nach Daten, die Materialität und Medialität der Texte betreffen;
- nach sprachlichen Mustern, Bildern oder Themen in einem Text, die auf zeitgenössische Diskurse verweisen;
- nach Texten, die ähnliche Muster, Bilder oder Themen enthalten.

Literatur

Barthes, Roland: Der Tod des Autors. In: Fotis Jannidis u.a. (Hg.): *Texte zur Theorie der Autorschaft.* Stuttgart 2000, 185-193 (frz. 1968).
Danneberg, Lutz: Kontext. In: Harald Fricke u.a. (Hg.): *Reallexikon der deutschen Literaturwissenschaft.* Bd. II. Berlin/New York 2000, 333-337.
Detering, Heinrich (Hg.): *Autorschaft. Positionen und Revisionen.* Stuttgart 2002.
Dreyfus, Hubert/Paul Rabinow: Michel Foucault. Jenseits von Strukturalismus und Hermeneutik. Frankfurt a.M. 1987 (engl. 1982).
Fink-Eitel, Hinrich: Foucault zur Einführung. Hamburg 1989.
Fohrmann, Jürgen/Harro Müller (Hg.): *Diskurstheorien und Literaturwissenschaft.* Frankfurt a.M. 1988.
Foucault, Michel: *Die Ordnung der Dinge.* Frankfurt a.M. 1971 (frz. 1966).
Foucault, Michel: *Archäologie des Wissens.* Frankfurt a.M. 1973 (frz. 1969).
Foucault, Michel: Was ist ein Autor? In: M. F.: *Schriften zur Literatur* (1962-1969). Frankfurt a.M. 1988, 7-31 (frz. 1969).
Foucault, Michel: *Die Ordnung des Diskurses.* Frankfurt a.M. 1991 (frz. 1970).
Frank, Manfred: Zum Diskursbegriff bei Foucault. In: Fohrmann/Müller 1988, 25-44.
Geisenhanslüke, Achim: *Foucault und die Literatur. Eine diskurskritische Untersuchung.* Opladen 1997.
Japp, Uwe: Der Ort des Autors in der Ordnung des Diskurses. In: Fohrmann/Müller 1988, 223-234.
Jannidis, Fotis u.a. (Hg.): *Rückkehr des Autors. Zur Erneuerung eines umstrittenen Begriffs.* Tübingen 1999.
Kammler, Clemens: Historische Diskursanalyse. In: Klaus-Michael Bogdal (Hg.): *Neue Literaturtheorien. Eine Einführung.* Opladen 1990, 31-55.
Kittler, Friedrich A.: *Aufschreibesysteme 1800/1900.* München ²1985.
Kittler, Friedrich A.: Ein Erdbeben in Chili und Preußen. In: David E. Wellbery (Hg.): *Positionen der Literaturwissenschaft. Acht Modellanalysen am Beispiel von Kleists »Das Erdbeben in Chili«.* München 1985, 24-38 (=1985a).

Kittler, Friedrich A./Horst Turk: Einleitung. In: F.K./H.T. (Hg.): *Urszenen. Literaturwissenschaft als Diskursanalyse und Diskurskritik.* Frankfurt a.M. 1977, 9-43.

Klawitter, Arne: *Die »fiebernde Bibliothek«. Foucaults Sprachontologie und seine diskursanalytische Konzeption moderner Literatur.* Heidelberg 2003.

Kögler, Hans Herbert: *Michel Foucault.* Stuttgart/Weimar ²2004.

Kremer, Detlef: Die Grenzen der Diskurstheorie Michel Foucaults in der Literaturwissenschaft. In: Jörg Drews (Hg.): *Vergessen, Entdecken, Erhellen. Literaturwissenschaftliche Aufsätze.* Bielefeld 1993, 98-111.

Link, Jürgen: Literaturanalyse als Interdiskursanalyse. Am Beispiel des Ursprungs literarischer Symbolik in der Kollektivsymbolik. In: Fohrmann/Müller 1988, 284-307.

Link, Jürgen: *Elementare Literatur und generative Diskursanalyse.* München 1983.

Sarasin, Philipp: *Michel Foucault zur Einführung.* Hamburg 2005.

Titzmann, Michael: Skizze einer integrativen Literaturgeschichte und ihres Ortes in einer Systematik der Literaturwissenschaft. In: M.T. (Hg.): *Modelle des literarischen Strukturwandels.* Tübingen 1991, 395-438.

Wegmann, Nikolaus: *Diskurse der Empfindsamkeit. Zur Geschichte eines Gefühls in der Literatur des 18. Jahrhunderts.* Stuttgart 1988.

Winko, Simone: Autor-Funktionen. Zur argumentativen Verwendung von Autorkonzepten in der gegenwärtigen literaturwissenschaftlichen Interpretationspraxis. In: Heinrich Detering (Hg.): *Autorschaft. Positionen und Revisionen.* Stuttgart 2002, 334-354.

Weitere Lektüreempfehlungen

Freundlieb, Dieter: Foucault and the Study of Literature. In: *Poetics Today* 16 (1995), 301-344.
Systematische Darstellung verschiedener Phasen von Foucaults Arbeiten zur Literatur. Unterschieden werden eine frühe und eine späte ›archäologische‹ Phase, eine genealogische Phase sowie eine Phase zur literarischen ›Selbstkonstitution‹. Der Verfasser entwickelt eine kritische Sicht auf die Übertragbarkeit Foucault'scher Ansätze in der Literaturwissenschaft.

Kammler, Clemens u.a. (Hg.): *Foucault-Handbuch. Leben – Werk – Wirkung.* Stuttgart/Weimar 2008.
Das umfangreiche Handbuch bietet Informationen zu allen Werken und Werkgruppen. Es gibt einen Überblick über wichtige diskursanalytische Begriffe und ihre Entwicklung in Foucaults Werk und enthält Abschnitte zur breiten Rezeption Foucaults in verschiedenen Disziplinen.

7.3 Dekonstruktion

7.3.1 Einleitung

Die literaturwissenschaftliche Dekonstruktion geht auf das Werk des französischen Philosophen **Jacques Derrida** (1930-2004) zurück. Zusammen mit Foucault und Lacan (s. Kap. 5.2) kann Derrida zu den für die Literaturwissenschaft wichtigsten und einflussreichsten französischen Poststrukturalisten gezählt werden.

Derridas Werk steht **in der Tradition Nietzsches und Heideggers**, insofern er die ›metaphysischen‹ Annahmen aufzudecken sucht, die unseren alltäglichen, philosophischen und wissenschaftlichen Auffassungen zugrunde liegen (vgl. Rorty 1995). Das Kunstwort ›Dekonstruktion‹ (frz. *déconstruction*) soll eben dies zum Ausdruck bringen: Es meint nichts weniger als »ein Niederreißen des Mauerwerks abendländischen Geistes nicht in der Absicht, es zu zerstören, sondern die Baupläne desselben freizulegen und angesichts seiner Krise eventuell neu und anders wieder aufzubauen (re-*kon*struieren)« (Frank 1986, 8). Ursprünglich ist die Dekonstruktion also nicht eigentlich ein literaturwissenschaftliches Verfahren.

Obwohl Derrida selbst auch literarische Texte der Dekonstruktion unterzogen hat, sind es vor allem amerikanische Literaturwissenschaftler gewesen – namentlich die *Yale-Critics* der ersten Stunde, J. Hillis Miller, Geoffrey Hartman und Paul de Man –, die in den 1970er und 1980er Jahren für eine **Übersetzung der Philosophie Derridas in die Literaturwissenschaft** gesorgt haben. Der Name ›*Yale-Critics*‹ rührt von der amerikanischen Elite-Universität Yale her, an der Derrida etwa zeitgleich Gastdozenturen absolvierte (vgl. die instruktive Zeittafel in Culler 2003, Bd. 1, insbes. xviii-xxi). Den *Yale-Critics* ging es fortan nicht so sehr darum, die fundamentalen Strukturen ›des abendländischen Geistes‹ freizulegen und zu rekonstruieren, sondern Strukturen literarischer Texte. Wie nicht anders zu erwarten, ging und geht mit dieser Popularisierung eine Veränderung des philosophischen Gehalts der Dekonstruktion einher: Nicht alles, was zum etablierten Repertoire der *literaturwissenschaftlichen* Dekonstruktion gezählt werden kann, kann tatsächlich in Derridas Werk belegt werden – einem Werk, das sehr schwierig und überdies auch nicht in allen Punkten von literaturwissenschaftlichem Interesse ist.

7.3.2 Bezugstheorien und Rahmenannahmen

Die wichtigste philosophische Rahmenannahme der Dekonstruktion besteht in einem bestimmten **Sprach- bzw. Zeichenverständnis** (1), das die diskursanalytische Kritik noch radikalisiert. Es soll hier zuerst darstellt werden; es folgen **erkenntnistheoretische Annahmen** (2) und solche zum **Status der Dekonstruktion als ›Theorie‹ bzw. ›Methode‹** (3):

1. Zeichenverständnis: Das dekonstruktivistische Zeichenverständnis beruht auf Überlegungen des schweizerischen Sprachwissenschaftlers Ferdinand de Saussure (2001; s. Kap. 3.3.2). Nach Saussure bestehen sprachliche Zeichen aus zwei Bestandteilen: einer ›Ausdrucks-‹ und einer ›Inhaltsseite‹, d.h. einer Phonem- oder Graphemfolge und einem Begriff. Der Zusammenhang zwischen Phonem- oder Graphemfolge und Begriff ist dabei in zwei Hinsichten ›arbiträr‹, d.h. willkürlich: Zum einen ist nicht von Natur aus festgelegt, was für eine Phonem- bzw. Graphemfolge in einer Sprache verwendet wird, um einen bestimmten Begriff zu bezeichnen; so wird beispielsweise im Deutschen das Wort ›Junggeselle‹ und im Englischen das Wort ›bachelor‹ verwendet, um den Begriff ›unverheirateter Mann im heiratsfähigen Alter‹ zu bezeichnen. Zum anderen ist nicht von Natur aus festgelegt, in welcher Weise das Begriffsrepertoire einer Sprache die Wirklichkeit aufteilt. Um es einfach auszudrücken: Die Natur sagt uns nicht, dass wir bestimmte Gegenstände in einer Klasse zusammenfassen und beispielsweise als ›Junggeselle‹ bezeichnen sollen. Ob eine solche Klasse gebildet wird, hat vielmehr etwas mit den weiteren Begriffen zu tun, über die die Sprache verfügt, und ist insofern abhängig vom Sprachsystem, das *als ganzes* eine begriffliche Aufteilung der Wirklichkeit leistet. Ein *einzelner* Begriff, so Saussures Idee, konstituiert sich in Abgrenzung zu *anderen* Begriffen, die auf andere Wirklichkeitsbereiche zutreffen (vgl. ebd., 132-146). Entsprechend können unterschiedliche Sprachen die Welt in unterschiedlicher Weise begrifflich aufteilen (vgl. Werlen 2002, Kap. 5.1).

In der Dekonstruktion wird die **Abgrenzung zwischen verschiedenen Begriffen** nun auf völlig neue Weise verstanden. Auch Derrida argumentiert, dass sich die Bedeutung eines sprachlichen Zeichens erst durch die »Differenz« zu anderen Zeichen ergebe. Damit meint er jedoch etwas anderes als Saussure (vgl. Derrida 1974, 49-129), was sich schon darin zeigt, dass er zur Erläuterung seiner Position eine oft zitierte Wortneuschöpfung verwendet: »différance«. **Derrida versteht die Differenz zwischen Begriffen als ›Aufschub‹**, wobei sowohl räumliche als auch zeitliche Metaphern eine Rolle spielen:

- Erstens ist uns die Bedeutung eines Zeichens nie ›gegeben‹, da sie stets ›anderswo‹, d.h. in Abgrenzung zur Bedeutung anderer Zeichen, entstehe. So etwas wie die »Präsenz« der Bedeutung eines Zeichens – eine Bedeutung, die mir als fest umrissene Größe vor dem ›geistigen Auge‹ steht und über die ich sozusagen hier und jetzt verfügen kann – gibt es demnach nicht (vgl. Derrida 1986, 56; vgl. auch Derrida 1988, 299-301).
- Zweitens kommen wir bei dem Versuch, die Bedeutung eines Zeichens festzustellen, nie an ein Ende, da wir stets neue bzw. weitere Begriffe zur Abgrenzung heranziehen können. Jedes Zeichen kann in unterschiedlichen Kontexten gebraucht werden, und in keinem dieser Kontexte verfügt es über eine ›identische‹ Bedeutung. Statt auf wohl bestimmte Bedeutungen stoßen wir bei dem Versuch, die ›Grenzen‹ eines Begriffs zu bestimmen, auf ein endloses »Spiel« bzw. die unendliche »Spur« einer Bedeutung, die wir nie einholen können, und die sich überdies auch nicht durch den Verweis auf eine nicht-sprachliche Wirklichkeit festschreiben lässt (vgl. Derrida 1986, 56, 67 f. u.ö.; Derrida 1988, 29-52).

Ein solches Verweisungsspiel der Zeichen nennt Derrida ›**Dissemination**‹. Gemeint ist damit die Eigenschaft sprachlicher Zeichen, keine feste Bedeutung zu haben: Ein sprachliches Zeichen kann demnach nicht nur in unterschiedlichen Kontexten Unterschiedliches bedeuten; vielmehr trägt jedes Zeichen die ›Spur‹ unterschiedlicher Bedeutungen, die es in unterschiedlichen Kontexten haben kann, an sich.

Différance
Die Wortneuschöpfung »différance« (die er weder als Wort noch als Begriff verstanden wissen möchte, dazu Derrida 1990, 82) bildet Derrida in Anlehnung an das französische Verb *differer*, das u.a. ›abweichen‹ und ›verzögern‹ heißt, und an dessen Partizip Präsens *differant*, mit dem das ›Abweichen‹ eine aktive Bedeutung im Sinne einer Tätigkeit, nicht eines Zustands bekommt (ebd., 84). Was *différance* heißt oder gar ist, lässt sich, so Derrida weder klar definieren noch auf andere Weise begrifflich oder sachlich festlegen. In einer Reihe von

> Funktionsbeschreibungen fasst er *différance* unter anderem als »die Möglichkeit der Begrifflichkeit, des Begriffsprozesses und -systems überhaupt« auf (ebd., 88), insofern er in ihr die »Spielbewegung« sieht, welche die sprachlichen Differenzen (etwa lautliche oder begriffliche Unterschiedenheiten) hervorbringt (ebd., 89). In diesem Sinne ist sie »jene Bewegung, durch die sich die Sprache oder jeder Code, jedes Verweisungssystem im allgemeinen ›historisch‹ als Gewebe von Differenzen konstituiert« (ebd., 90). Die *différance* legt demnach nicht die Bedeutung von Zeichen fest, sondern sie bewirkt die innersprachliche »Bewegung des Bedeutens«, in der »Verräumlichung« und »Temporisation« gleichermaßen zu zeichentheoretischen Notwendigkeiten werden (ebd., 91).

Die dekonstruktivistische Bedeutungstheorie ist **anti-essentialistisch**, insofern sie bestreitet, dass sich Begriffe (durch ein bestimmtes Set anderer Begriffe) klar definieren lassen, und sie ist keine sprachliche Abbildtheorie, insofern sie bestreitet, dass es ein ›naturgegebenes‹ Abbildungsverhältnis zwischen sprachlichen Zeichen und der Welt gibt. Mit beiden Konzepten wendet sich die dekonstruktivistische Sprachtheorie gegen den von Derrida sogenannten abendländischen ›**Logozentrismus**‹: die Vorstellung, dass bestimmte Ausdrücke die Wirklichkeit unmittelbar ›präsent‹ machen und die Wirklichkeit genau und umfassend repräsentieren – in einer Rekonstruktion von John M. Ellis:

> [L]ogocentrism is the illusion that the meaning of a word has its origin in the structure of reality itself and hence makes the truth about that structure seem directly present to the mind. The point is that if one allows the terms of a given language to become so predominant in one's thinking that one can neither conceive of any alternative to them nor of any analysis that might question their coherence and sufficiency, one will inevitably come to believe that the words of that language reflect the necessary structure of the world: its categories will seem to be the word's categories, its concepts the structure of reality. (Ellis 1989, 36f.)

2. **Erkenntnistheorie:** Die **Kritik am Logozentrismus** ist keine rein sprachphilosophische Angelegenheit; sie betrifft ebenso die Frage, was wir über die Welt wissen können bzw. für wahr halten, und hat insofern erkenntnistheoretische Implikationen. Einer – übrigens nicht nur unter Dekonstruktivisten – verbreiteten Vorstellung zufolge ist uns die Welt nicht unmittelbar ›gegeben‹, sondern die Weisen, auf die wir die Welt wahrnehmen und uns verständlich machen, sind in weiten Teilen von den Konturen unserer begrifflichen Ressourcen abhängig. Es hat demzufolge beispielsweise keinen Sinn so zu tun, als könnten wir gleichsam unvoreingenommen ›in der Welt nachsehen‹, was es mit ›der Natur‹ auf sich habe; denn wir sind stets in dem, was wir für Natur halten, durch bestimmte Vorannahmen geleitet, die der Struktur unserer Sprache und unseres Denkens innewohnen (vgl. Derrida 1986, 55). Diese Vorannahmen haben nach dekonstruktivistischem Verständnis die logische Form von **Oppositionen**, denen zudem eine wertende **Hierarchie** innewohnt: ›Natur‹ verstehen wir als das, was der ›Kultur‹ entgegengesetzt und beispielsweise ›primitiv‹ und ›ursprünglich‹ ist (vgl. Derrida 1988, 313f.; Culler 2003, Bd. 1, 5).

Solche Vorannahmen basieren nicht auf einer Erkenntnis natürlicher Fakten; sie sind metaphysisch in dem Sinne, dass sie jeder Erfahrung prinzipiell voraus liegen und diese strukturieren; wir übernehmen sie, indem wir das begriffliche Inventar einer Sprache erlernen, und sind fortan sozusagen von einer bestimmten (nämlich ›logozentristischen‹) Sicht der Dinge gefangen. Folgt man Derrida, so finden sich metaphysische Vorannahmen (problematische Oppositionen und Hierarchien) überall in unserer Sprache. Deshalb können wir ihnen auch nicht entkommen: Der Versuch, einen ›Fixpunkt‹ zu finden, einen Bereich, der gleichsam außerhalb des ›differenziellen Spiels‹ der Sprache liegt und von dem aus wir unsere Sprache neu und sozusagen unverfänglich strukturieren könnten, muss notwendig scheitern (vgl. etwa Derrida 1986, 50). Jeder Versuch, gegen die Sprache vorzugehen, bedient sich der Sprache, wiederholt das Problem, das es zu beheben galt, und ist überdies Ausdruck der ›Metaphysik der Präsenz‹.

3. Theorie/Methode: Die Dekonstruktion wird von ihren Anhängern weder als Theorie noch als Methode verstanden. Mit dem Ausdruck ›Theorie‹ ist beispielsweise die Vorstellung einer klaren Bestimmung von Begriffen verbunden: Eine Interpretationstheorie klärt unter anderem den Begriff der Bedeutung, eine Literaturtheorie den des literarischen Werkes. Die Möglichkeit klarer Definitionen wird von Dekonstruktivisten, wie dargelegt, bestritten (vgl. Ellis 1989, 29, 142 u.ö.). Überdies lässt sich der Ausdruck ›Theorie‹ im Rahmen einer dekonstruktivistischen Argumentation leicht kritisieren: Der Ausdruck suggeriert, dass es eine klare Trennung zwischen dem Gegenstandsbereich der Theorie (der ›Objektebene‹) und der Theorie selber (der ›Metaebene‹) gebe – letztere ist demnach ein System von Aussagen über ersteren und daher von diesem verschieden (vgl. Spree 1995, 141f.). Eben diese Voraussetzung zieht die Dekonstruktion allerdings gerade in Zweifel. Die Sprache der Theorie ist (auch) Gegenstandsbereich der Theorie – oder um es dekonstruktivistisch zu sagen: Die als hierarchisch aufgefasste Opposition zwischen Theorie und Gegenstandsbereich (als ›nicht-Theorie‹) ist Resultat bestimmter Annahmen, die man keinesfalls teilen muss.

Das Konzept einer **Methode** kommt dementsprechend kaum besser weg. Auch hier handelt es sich nach dekonstruktivistischer Auffassung um einen Ausdruck, der suggeriert, wir könnten der begrifflichen Ordnung der Sprache methodisch gesichert zu Leibe rücken, indem wir uns mit dem, was wir ›eigentlich meinen‹, der Sprache gegenüber stellen und sie untersuchen. Nach dekonstruktivistischer Auffassung ist das nicht möglich. Statt von einer theoretisch bestimmbaren ›Methode‹ zu sprechen, scheint es vielen Dekonstruktivisten daher unverfänglicher zu sein, die Dekonstruktion als ›Praxis‹ zu begreifen. – Derrida selbst geht freilich auch dies nicht weit genug: »Deconstruction takes place, it is an event that does not await the deliberation, consciousness, or organization of a subject, or even of modernity. *It deconstructs it-self*« (Derrida 2003, 26; Hervorhebung im Original). Die Dekonstruktion wird hier überhaupt nicht mehr als etwas verstanden, das von Personen an Texten ausgeführt (oder demonstriert) wird; vielmehr handelt es sich um ein ›Geschehen‹, das allenfalls bemerkt oder protokolliert werden kann. Dem entspricht, dass in Texten dekonstruktivistischer Literaturwissenschaftler die Sprache oft als ›eigendynamisch‹ oder sogar als Handlungssubjekt firmiert; nicht selten ist in diesem Sinne vom ›Zeichengeschehen‹ oder ›Signifikationsprozessen‹ die Rede.

> **Zur rationalen Rekonstruktion der Dekonstruktion**
> Welchen Zweck sollte der Versuch einer Darstellung theorie- und methodenbezogener Annahmen eines Ansatzes haben, der sich als dezidiert anti-theoretisch und anti-methodisch versteht? Auf diese Frage gibt es zwei Antworten. Zunächst: Wenn man die skizzierten dekonstruktivistischen Rahmenannahmen für richtig hält, dann muss man das Programm einer rationalen Rekonstruktion der Dekonstruktion vielleicht tatsächlich für verfehlt halten. Das heißt jedoch noch nicht, dass man diesen Ansatz nicht *von außen*, d.h. als jemand, der die Rahmenannahmen nicht bereits teilt, rekonstruieren und beurteilen können sollte. Aus dieser Perspektive sind die skizzierten Annahmen über die Struktur der Sprache, die Grenzen unserer Erkenntnis oder die Möglichkeit der Trennung von Objekt- und Metaebene keinesfalls von vornherein richtig und unantastbar, sondern es handelt sich um Annahmen, die – wie andere Annahmen auch – der Rekonstruktion und Kritik zugänglich sind. Wer die Möglichkeit einer solchen kritischen Außenperspektive bestreitet, immunisiert die Dekonstruktion nicht nur gegen Kritik; er verabschiedet sie zugleich aus dem rationalen Diskurs der Wissenschaft und verleiht der Dekonstruktion den Status einer dogmatischen Doktrin, deren fundamentale Annahmen von der Forderung nach rationaler Begründung ausgenommen sind (vgl. Kutschera 1991, 4 u. 10f.).

7.3.3 Grundbegriffe: Literarisches Werk, Interpretation und Bedeutung, Autor

Die angeführten Rahmenannahmen haben erhebliche Auswirkungen auf dekonstruktivistische Konzeptionen der literaturwissenschaftlichen Kernbegriffe ›Literatur‹ bzw. ›literarisches Werk‹, ›Interpretation‹ (›Lektüre‹) und ›Bedeutung‹ sowie ›Autor‹. Dabei findet man, wie nicht anders zu erwarten, in dekonstruktivistischen Texten kaum klare Begriffsbestimmungen; vielmehr konzentriert sich das dekonstruktivistische Bemühen oft auf den Nachweis, dass vorgeschlagene Definitionen zu kurz greifen (bzw. ›dekonstruiert werden können‹) oder dass der Versuch einer Definition schwierig oder unmöglich ist (in Bezug auf den Literaturbegriff vgl. Derrida 2006, insbes. 96-100). Dennoch kann man – aus der Außenperspektive – eine Reihe von Beobachtungen über dekonstruktivistische Konzeptionen der fraglichen Begriffe machen:

1. Literatur: In Bezug auf den **Literaturbegriff** fällt auf, dass die Unterscheidung zwischen literarischen und nicht-literarischen Texten abgelehnt wird (vgl. ebd. sowie bereits Derrida 1986, 30). In Texten, die als ›literarisch‹ bezeichnet werden, sind demnach dieselben sprachlichen Kräfte oder Mechanismen am Werk wie in nicht-literarischen Texten. Abgelehnt wird ferner das der traditionellen Hermeneutik zugeschriebene Konzept eines literarischen Werkes im Sinne einer (harmonisch) geschlossenen Ganzheit, die Gegenstand einer kohärenten Interpretation sein kann. Weder gelten die Identitätsbedingungen literarischer Werke als klar bestimmbar (d.h., es lässt sich nicht angeben, was zu einem Werk gehört und was nicht), noch werden Werke als Träger einer klar umrissenen Bedeutung oder als kohärent interpretierbar angesehen.

Der **Begriff des literarischen Werkes** wird im Rahmen der Dekonstruktion daher oft durch den des **Textes** ersetzt. Damit befindet sie sich im Einklang mit anderen hermeneutikkritischen Theorien, etwa dem Strukturalismus; allerdings fasst sie auch den Textbegriff auf eine besondere Weise. Einschlägig ist hier eine Formulierung Roland Barthes', der sich in Bezug auf das Textverständnis mit den Dekonstruktivisten trifft:

> Text heißt Gewebe; aber während man dieses Gewebe bisher immer als ein Produkt, einen fertigen Schleier aufgefaßt hat, hinter dem sich, mehr oder weniger verborgen, der Sinn (die Wahrheit) aufhält, betonen wir jetzt bei dem Gewebe die generative Vorstellung, daß der Text durch ein ständiges Flechten entsteht und sich selbst bearbeitet; in diesem Gewebe – dieser Textur – verloren, löst sich das Subjekt auf wie eine Spinne, die selbst in die konstruktiven Sekretionen ihres Netzes aufginge. (Barthes 1974, 94; vgl. Spree 1995, 163-167)

Die **Auflösung der Identitätsbedingungen von Texten** wird unter anderem dadurch ermöglicht, dass in die Bestimmung des Textbegriffs der dekonstruktivistische Zeichen- und Bedeutungsbegriff einbezogen werden: Weil die Bedeutung sprachlicher Zeichen weder durch den Autor des Textes noch auf irgendeine sonstige Weise festgelegt werden kann, kann auch die Identität des Textes nicht ›kontrolliert‹ werden – in Derridas Terminologie: Das ›differenzielle Spiel der Zeichen‹ endet nicht an vermeintlichen Textgrenzen, sondern setzt sich mit jeder neuen ›Kontextualisierung‹ eines Zeichens fort.

2. Interpretation: Der Begriff der Interpretation wird im Rahmen der Dekonstruktion zumeist als mit dem Begriff des literarischen Werkes verbunden aufgefasst und ebenfalls abgelehnt: Wenn ein Text keine klar umrissene **Bedeutung** hat, dann kann man eine solche Bedeutung auch nicht in einem Akt der Interpretation ans Licht fördern. An die Stelle der Interpretation tritt daher die Dekonstruktion – verstanden als Vorgang oder Tätigkeit des Umgangs mit Literatur – bzw. die (dekonstruktivistische) ›Lektüre‹ eines Textes. Unter einer **Lektüre** in dekonstruktivistischem Sinne wird eine Art der Rezeption verstanden, die dem Leseprozess ähnlicher ist als eine Interpretation. Sie hängt daher stärker vom lesenden Subjekt und sogar vom einzelnen Lektüre-Durchgang ab; auch gelten verschiedene Lektüren als gleich viel wert.

Allerdings zählt als Lektüre auch eine darüber hinausgehende Tätigkeit, die mit dem Lesen als kognitiver Textverarbeitung nur mittelbar etwas zu tun hat: Zwar geht, wer eine Lektüre vornimmt, vom semantischen Verstehen von Texten aus; jedoch wird in einem zweiten Schritt dieses Verstehen in Frage gestellt, indem Konflikte oder Widersprüche im Text ausgemacht werden, die das erste, ›naive‹ Verstehen problematisieren (vgl. Wellbery 1996). Auch für das Konzept der Lektüre ist die dekonstruktivistische Zeichen- bzw. Bedeutungstheorie wichtig. Was Derrida über die Bedeutung (einzelner) sprachlicher Zeichen gesagt hat, wird nunmehr auf (ganze) Texte – verstanden entweder als Zeichenketten oder aber als komplexe Zeichen – übertragen.

3. Autor: Wenn ein Autor einen Text produziert, so kann er dessen Bedeutung nicht ›kontrollieren‹. Entsprechend können sich Versuche, einen Text zu verstehen, nicht auf die Absichten oder Intentionen des Autors beziehen: Weder ist es ein legitimes Ziel herausfinden zu wollen, was ein Autor mit dem Einsatz eines bestimmten Textelements bezweckt hat, noch kann man Interpretationshypothesen begründen, indem man darauf hinweist, dass es sich um eine plausible Hypothese über kommunikative (ästhetische oder sonstige) Wirkungsabsichten eines Autors handelt. Insofern stimmen dekonstruktivistische Auffassungen über die Nicht-Interpretierbarkeit von Texten mit der poststrukturalistischen These vom ›Tod des Subjekts‹ überein, die im Rahmen der Literaturwissenschaft insbesondere mit Autor-kritischen Abhandlungen Michel Foucaults und Roland Barthes' in Verbindung gebracht worden sind (s. Kap. 7.2 sowie Lamarque 1990).

> **Kritik der Dekonstruktion**
> Vertretern der Dekonstruktion ist oft vorgeworfen worden, dass ihre Thesen – etwa zur Natur von Sprache und Kommunikation, zu den Grenzen unserer Erkenntnis, zur literaturwissenschaftlichen Interpretation – entweder nicht neu oder falsch sind (vgl. z.B. Ellis 1989; Hempfer 1993; Searle 1994). Bemerkenswert ist, dass viele Dekonstruktivisten auf diese Vorwürfe nicht eingehen. Statt in eine argumentative Auseinandersetzung einzutreten, in deren Verlauf Thesen klar bestimmt und auf ihre Begründbarkeit überprüft werden, besteht eine dekonstruktivistische Strategie des Umgangs mit Kritik darin, die Äußerungen der Kritiker zu dekonstruieren (vgl. Putnam 1992).
> Ein solches Verfahren ist zwar theorie-immanent konsequent, gleichwohl aber insofern problematisch, als es erstens einer am Prinzip der rationalen Überzeugungsbildung orientierten Wissenschaftspraxis entgegensteht und zweitens die Chance einer Fortentwicklung vergibt: Fortschritt geschieht auch in den Geisteswissenschaften unter anderem durch Falsifikation, d.h. auf der Basis einer Analyse und Kritik von Thesen, die es zu begründen und gegebenenfalls zu modifizieren oder zu verwerfen gilt (vgl. in Bezug auf dekonstruktivistische Thesen etwa Bearn 1995 u. Bearn 2003). Der poststrukturalistische Denk- und Schreibstil mit seiner oftmals hyperbolischen, ins Poetische oder aber Technische spielenden Ausdruckweise ist damit kaum vereinbar (vgl. Bauerlein 2004). Die sachlichen Auseinandersetzungen zwischen Vertretern einer literaturwissenschaftlichen Dekonstruktion und ihren Kritikern gelangen denn auch in aller Regel schnell zu den erkenntnistheoretischen Grundlagen und brechen dann mit dem Feststellen fundamentaler Unterschiede ab.
> Die Gründe für die Erfolge, die der Dekonstruktion in der Literaturwissenschaft insbesondere der 1980er und 1990er Jahre beschieden waren, dürften daher kaum in der *wissenschaftlichen* Attraktivität des dekonstruktivistischen Theorien- und Methodenrepertoires liegen; Erklärungen müssen hier wohl eher wissenschaftssoziologische, politische oder allgemein kulturelle Faktoren berücksichtigen (vgl. Eagleton 1997, 126-137).

7.3.4 Methode der Textinterpretation

Auch wenn sich dekonstruktivistische Lektüren als anti-methodisch verstehen, kann man – aus der Außenperspektive – nach Regelmäßigkeiten Ausschau halten, denen entsprechende Verfahren gehorchen, und dementsprechend **Ziele** (1), **Verfahrensweisen** (2) sowie **Standards von Lektüren** (3) rekonstruieren.

1. Ziele: Zu den wichtigsten Zielen dekonstruktivistischer Lektüren gehören der Nachweis, dass ein Text über keine kohärente Bedeutung verfügt, sowie eine in der Regel textnahe Begründung, weshalb dies so ist. Dabei kann sich eine Lektüre an bereits existierenden Interpretationen orientieren; die Dekonstruktion des Primärtextes geht dann mit der Dekonstruktion eines Sekundärtextes einher. Typisch wäre in diesem Sinne die Argumentation, dass der (›traditionelle‹) Interpret bei dem Versuch, dem Text eine einheitliche Aussageabsicht zu unterstellen, widerspenstige Textelemente ignoriert oder ausgeblendet hat. Die traditionelle Interpretation wird insofern als ein ungerechtfertigter Harmonisierungsversuch verstanden, der sich den ›**Kräften der Sprache**‹ gegenüber als blind erweist. Was immer der Autor hat sagen wollen oder ein Interpret als die Bedeutung des Textes unterstellt – der Text bedeutet immer auch etwas anderes, weil beispielsweise einzelne Metaphern, sprachliche Bilder, Ironie oder Inkongruenzen zwischen lautlicher Ebene und einzelnen Begriffen zu einer ›Verschiebung‹ der Bedeutung führen.

Die dekonstruktivistische Lektüre hat insofern nicht eigentlich das Ziel herauszufinden, *was* ein Text bedeutet; sie will vielmehr herausbekommen, *wie* **sich ein Text gegen bestimmte Bedeutungszuweisungen** *sperrt*, d.h. wie sich einzelne Elemente der verschiedenen Ebenen eines Textes (Laute, Grapheme, einzelne Begriffe, sprachliche Bilder, stilistische Eigenheiten usw.) erstens als Bedeutung tragend verstehen und zweitens so aufeinander beziehen lassen, dass Inkongruenzen entstehen. Unterschiedliche Bedeutungszuweisungen werden dabei oft nach dem oben erläuterten Muster als hierarchisch verstanden: Auf der Textoberfläche scheint der Text *A* zu bedeuten, und er *unterdrückt* damit eine Bedeutung *B*, die es ans Licht zu bringen gilt. Die anthropomorphisierende Ausdrucksweise (›Unterdrückung‹) ist kein Zufall: Nach dekonstruktivistischem Verständnis ist es nicht der Interpret, der die fraglichen Beziehungen herstellt, sondern der Text selbst (bzw. ›die Sprache‹) verfügt bereits über sie; der Text ›dekonstruiert sich selbst‹ und der Dekonstruktivist ist ein Protokollant von ›Signifikationsprozessen‹.

2. Verfahrensweisen: Die vielleicht wichtigste dekonstruktivistische Verfahrensweise besteht darin, einzelne Textelemente oder -aspekte auszumachen, die als ›marginalisiert‹ oder ›verdrängt‹ angesehen werden können und anhand derer sich die ›Bedeutungskrise‹ des Textes aufweisen lässt (für eine Beispielliste solcher Elemente s. den vorigen Absatz sowie Johnson 2003). Diese Elemente werden sodann in ihrem Bedeutungsreichtum ausgelotet, wobei beispielsweise Anspielungen, Konnotationen einzelner Ausdrücke oder Intertextualitätsrelationen herausgearbeitet werden können. Die Auffassung, dass grundsätzlich jedes Textelement als Bedeutung tragend angesehen werden kann, findet sich auch im Rahmen ›traditioneller‹ Interpretationsverfahren, insbesondere im *close reading* der *New Critics* (s. Kap. 3.4 sowie Wenzel 1987).

Neu im Rahmen der Dekonstruktion ist die Einordnung solcher Textelemente in bestimmte Argumentationszusammenhänge. Es geht nicht mehr darum (beispielsweise) zu zeigen, wie die Elemente zum Eindruck ästhetischer Geschlossenheit beitragen oder eine bestimmte Aussageabsicht oder Interpretationshypothese unterstützen können, sondern um den Nachvollzug der Art und Weise, wie die Elemente als ›Marginalisierte‹ die ›**Subversion**‹ vermeintlich eindeutiger Textbedeutungen betreiben. Während eine traditionell-hermeneutische methodische Heuristik lauten könnte: ›Suche Textelemente, mit denen sich eine möglichst umfassende Interpretationshypothese stützen lässt‹, könnte eine dekonstruktivistische Heuristik lauten:

›Suche Textelemente, die eine Interpretationshypothese untergraben können‹. Auch die Dekonstruktion verwendet insofern *in der Praxis* das (hermeneutische) Konzept von Interpretationshypothesen, die sich auf die Bedeutung eines Textes beziehen. Entscheidend ist jedoch, dass zugleich bestimmte Rahmenannahmen aufgegeben werden, die die Bildung von Interpretationshypothesen betreffen – etwa die Annahme, dass Interpretationshypothesen rational begründet werden können und sollen, dass Texte kohärent und konsistent interpretierbar sind und dass eben dies zu leisten Aufgabe der Interpretation ist.

> **Wie viele Bedeutungen hat ein literarischer Text?**
> Texten können, wie anderen Gegenständen auch, eine unendliche Menge von Eigenschaften oder Aspekten zugeschrieben werden, und sie stehen in beliebig vielen Beziehungen zu anderen Dingen. Welche Eigenschaften wir ausmachen und im Rahmen einer Interpretation verwenden, hängt von unserer Beschreibungssprache und unserer Suchoptik ab. Entscheidend ist dabei der Gedanke der **Relevanz**: Auch wenn man eingesteht, dass ein Text über unendlich viele (und im Wortsinne *diverse*) Aspekte verfügt, muss man nicht zugleich der Meinung sein, dass alle diese Aspekte relevant sind und im Rahmen einer Interpretation berücksichtigt werden sollten. Erst bestimmte Zusatzannahmen – beispielsweise dass einem Text eine kommunikative Absicht zugrunde liegt (dass also jemand mit dem Text etwas Bestimmtes hat zu verstehen geben wollen), dass er in einem bestimmten Kontext produziert wurde, der für sein Verständnis wesentlich ist, oder dass der Text bestimmten ästhetischen Konventionen gemäß als ›geschlossen‹ oder harmonisch angesehen werden soll – erlauben die zielgerichtete Auswahl von Elementen bzw. Aspekten eines Textes. Relevant ist dann, was zur Stützung oder Widerlegung einer Interpretationshypothese beispielsweise über eine kommunikative Absicht oder die ›Geschlossenheit‹ eines Werkes dient.
> Betrachtet man solche Zusatzannahmen – wie das im Rahmen der Dekonstruktion der Fall ist – nicht als bindend, so kann man erstens jedes beliebige Textelement herausgreifen und ihm zweitens unter Absehung von seinem konkreten kommunikativen, ästhetischen oder historischen Kontext eine ›Bedeutung‹ zuweisen (vgl. Rescher 2003). Und in der Tat: Wenn eine auf bestimmte Relevanzen ausgerichtete, an historischen, kommunikativen oder ästhetischen Konventionen ausgerichtete Suchoptik fehlt, dann kann jeder Aspekt eines Textes als mit nahezu beliebig vielen Bedeutungen verbunden aufgefasst werden: Die Textbedeutung ›disseminiert‹. In dieser Hinsicht gehen die dekonstruktivistischen Lektüren in der Offenheit ihrer Bedeutungszuschreibungen über die historischen Diskursanalysen hinaus (s. Kap. 7.2.6).

3. Standards: Eine erfolgreiche Lektüre erkennt man nicht mit Hilfe der Kriterien, die ›traditionelle‹ Interpretationen als gelungen ausweisen – etwa die Reichweite, Kohärenz oder Fruchtbarkeit von Interpretationshypothesen (s. Kap. 8). Solche Kriterien sind nur vor dem Hintergrund eines hinreichend klar bestimmten, ›traditionellen‹ Interpretationsziels sinnvoll, und sie können allenfalls von außen an die Dekonstruktion eines Textes herangetragen werden. Dem **Selbstverständnis dekonstruktivistischer Lektüren entsprechen** eher **Kriterien** wie

- **Originalität:** ›Hat die Lektüre Aspekte zu Tage gefördert, die zuvor unbeachtet blieben bzw. marginalisiert wurden?‹,
- **Subtilität:** ›Wie genau hat die Lektüre die Marginalisierungsstrategien des Textes durchschaut?‹ oder
- **Subversivität/Radikalität:** ›Wie gründlich wurden traditionelle Bedeutungszuweisungen entlarvt, d.h. auf den Kopf gestellt?‹.

Grundsätzlich gilt, dass dekonstruktivistische Lektüren nicht abgeschlossen werden können: Da es kein positiv bestimmtes Interpretationsziel gibt (etwa: ›Finde heraus, was jemand mit dem Text hat zu verstehen geben wollen‹), kann man stets nach neuen Textelementen suchen und das dekonstruktive Geschäft fortsetzen. Dies gilt umso mehr, als durch den Wegfall der Trennung von Objekt- und Metaebene jede dekonstruktive Lektüre selbst der Dekonstruktion offen steht.

7.3.5 Beispielinterpretation

Ein Landarzt gehört zu den besonders oft und unterschiedlich interpretierten Erzählungen Franz Kafkas. Nicht zuletzt dank ihres rätselhaften Charakters eignet sie sich besonders gut für eine dekonstruktivistische Lektüre, die nachweist, dass sich der Text gegen einsinnige Bedeutungszuweisungen sperrt. Eine solche ›Lektüre‹ hat Hans H. Hiebel vorgelegt (vgl. zum Folgenden Hiebel 2006).

Der traditionellen strukturalistischen Auffassung zufolge kann man zwei Aspekte einer sprachlichen Äußerung unterscheiden: die syntagmatische Achse, die das Nebeneinander bzw. Nacheinander der Wörter im Satz betrifft, und die paradigmatische Achse, auf der die sprachlichen Ressourcen angesiedelt sind, aus der der konkrete Satz eine bestimmte Auswahl darstellt (s. Kap. 3.3). Hiebel assoziiert die paradigmatische Achse mit Synchronie und Räumlichkeit, die syntagmatische Achse mit Teleologie und Zeitlichkeit und stellt die These auf, dass in Kafkas Erzählung das »Syntagma hinter das Paradigmatische« zurücktrete (ebd., 63). Statt der Handlungsfolge sei vielmehr ein System ›räumlicher‹ Anspielungen wichtig, das durch einzelne Textelemente entwickelt werde; auf diese Weise entstehe ein ›reversibler‹ Text:

> Der »reversible« Text zeichnet sich nach Barthes durch Umkehrbarkeit (Reversibilität), d.h. Ungerichtetheit, Räumlichkeit, Synchronie aus; in ihm herrschen der symbolische Code (der Antithesen und Analogien), der semische Code (der indirekten Charakterisierungen von Orten, Personen usw.) und der referentielle Code (der Anspielungen auf Wissensbestände oder Gemeinplätze usw.) vor und treten der aktionale (der Handlungssequenzen) und der hermeneutische Code (der Rätselsetzungen und Rätselauflösungen) zurück; d.h. es verschwinden tendenziell die gerichteten, vektorisierten, ideologischen Momente zugunsten der ungerichteten, paradigmatischen Signale, die über den gesamten Text verstreut sind. [...] Die Struktur von Kafkas ›Ein Landarzt‹ weist überwiegend Momente einer reversiblen, räumlichen, synchronen Textur auf. [...] Hinter der Scheinbewegung der Handlungssequenzen eröffnet sich in Anspielungen und Korrespondenzen der Raum der uneigentlichen Oppositionen und Analogien. (Ebd.)

Der erste Schritt der Lektüre besteht in einem Aufdecken entsprechender Oppositionen und Analogien. So besteht eine Beziehung zwischen dem Dienstmädchen Rosa und der »rosa Wunde«, die der Landarzt bei einem Patienten feststellt, zu dem er nächtens gerufen wird, sowie zwischen einer Wunde, die dem Dienstmädchen bei der Abfahrt des Arztes vom Knecht zugefügt wird (»rote Zahnreihe«). Oppositionen finden sich beispielsweise in Bezug auf die Beziehung des Arztes zu Rosa (während Rosa für den Landarzt zunächst nur ein Dienstmädchen ist, wird sie später zur begehrten Person) sowie Veränderungen seines Zustands (der Arzt ist zunächst souverän, dann geängstigt, zuerst bekleidet, dann nackt usw.). Die ›Reversibilität‹ des Textes ergibt sich daraus, dass dieses ›Verweisungsspiel‹ unabhängig vom (linearen) Handlungsverlauf besteht: Die Oppositionen und Analogien bestehen unabhängig davon, ob der Text »von vorn nach hinten oder von hinten nach vorn gelesen« wird (ebd.).

In einem weiteren Lektüreschritt werden psychoanalytische, literarhistorische, zeichentheoretische sowie Kafkas Biographie betreffende Zusatzannahmen herangezogen und zu Interpretationshypothesen verbunden, die hier (in Auswahl) zusammengefasst werden können:

- Die Wunde des Patienten liegt in der »Hüftengegend« und verweist damit auf etwas Verborgenes, d.h. das Unbewusste bzw. »das Tabu schlechthin«; außerdem ist sie als ›Kastrationswunde‹ »Zeichen eines Mangels« (ebd., 67).
- Dass Kafka in einer Tagebuchnotiz seine Verlobte Felice Bauer mit der »Entzündung« seiner Lungenkrankheit in Verbindung gebracht hat, kann auf die Erzählung übertragen werden: Rosa ist demnach für die Entzündung der Wunde verantwortlich, die »*längst* tief in den Körper des epischen Ichs (der Persona hinter Arzt *und* Patient) eingeschrieben« ist (ebd.; Hervorhebung im Original).
- Es kommt zu einer »Auflösung bzw. Verdoppelung der Identitäten« zwischen Rosa, Patient und Arzt, und damit zu einer Auflösung des ›*epischen Ichs*‹ (vgl. ebd., 66).
- »Rosa« als »euphemistischer Signifikant« verbirgt ein »unausgesprochenes Signifikat«, »das Verdrängtsein, das Unbewußtsein dieses Signifikates« (ebd., 68).
- Während in Wagners Oper der »Heiland Parzifal« Amfortas »erlöst«, bleibt »der Heiland Kafkas, der Landarzt, [...] mitleidslos und wird infiziert durch die Wunde des Patienten« (ebd., 71). In dieser Anspielung liegt eine »sarkastische Verkehrung« (ebd.).
- Kennzeichnend für die Erzählung sind nicht nur Oppositionen, sondern auch (bzw. sogar) Paradoxien: »Rosa« steht etwa einerseits für Lust und Leben und andererseits für den Tod, einerseits für den Wunsch und andererseits für die Kastration (vgl. ebd., 71). Gleichwohl sind diese Verhältnisse nicht eindeutig, sie können weiter gedeutet werden:

> Ist die Szene mit Rosa genetisch die Urszene, welche die Wunde verursacht, oder ist die Szene verursacht durch die Wunde als ›gewesene‹ Urszene? – Eins stellt sich vors andere. Dabei bildet sich stets eine differentielle Opposition heraus; wenn Rosa das Begehren inkarniert und die ›rosa‹ Wunde das Tabu, dann ergibt sich in dieser Trennung von Signifikant und verdrängtem Signifikat die Opposition Phallus/Kastration (bzw. Eros/Thanatos): Rosa/rosa [...]. Aber auch die Ur- bzw. Vergewaltigungsszene mit Rosa kann das verdrängte (eingeklammerte) Signifkat des Signifikanten »rosa Wunde« sein; rosa/Rosa: r/(R); Kastration/(Phallus), Thanatos/(Eros). Es kommt aber zugleich, wie gesagt, zur Löschung dieser Differenz, Kafka identifiziert die beiden Pole der Opposition in paradoxer Weise: Rosa/Rosa (R/R); diese Formel drückt Differenz und Identität zugleich aus (R/R i.e. R/r und R = R). (Ebd., 73)

- Da nicht geklärt werden kann, ob sich hinter dem Dienstmädchen Rosa die »rosa Wunde« verbirgt, oder ob sich hinter der »rosa Wunde« das Dienstmädchen Rosa verbirgt, liegt eine Dynamik ›zirkulärer Verdrängungen‹ vor:

> Der Text ist sozusagen eine zersplitterte Verdichtung, wobei die verstreuten Elemente durch eine Kraft der Irritation bzw. Kohäsion darauf drängen, daß der Leser einen Zusammenhang herstellt, oder: Der Text ist eine permanente Verschiebung, ja zirkuläre Verschiebung, wobei deren Elemente uns aber immer zur Konstruktion eines Paradigmas und eines logischen Zusammenhangs nötigen. (Ebd., 68)

Was in Kafkas Erzählung ›passiert‹, lässt sich abschließend zeichentheoretisch beschreiben; es handelt sich um ein »Gleiten der Signifikate unter all diesen Signifikanten«:

> Die gleitenden, in Paradoxien hineinführenden Metaphern gelangen indes niemals an ein Ziel, erhalten niemals eine letzte, fixierbare Bedeutung. Die Korrespondenzen formieren den Zirkel von Innen und Außen und führen hinein in eine Kreisbewegung. Stets weisen Signifikanten auf Signifikanten, die auf Signifikanten weisen, die auf Signifikanten weisen … Der Text schließt sich nicht, er vollführt einen unentwegten Sinn-Aufschub (»différance«) – und damit aber auch eine permanente Sinn-Produktion, Sinn-Wucherung. (Ebd., 71f.)

> Vergleichendes wird mit Verglichenem austauschbar. Ein ständiges Differenzieren, Verschieben, Aufschieben findet hier statt. […] Der Text vollführt, was in ihm beschrieben wird: den Aufschub, den fortwährenden Ersatz eines Signifikanten durch einen anderen; ein Gleiten, das die Kastration als *Schnitt* zwischen *Signifikant* und *Signifikat* in der *Urszene der Verdrängung* wiederholt, sie in metaphorischen und metonymischen Verschiebungen verewigt. (Ebd., 72)

Charakteristisch für dieses Beispiel einer dekonstruktivistischen Lektüre sind die folgenden Merkmale:

- **Ablehnung hermeneutischer Interpretationen:** Dass der Text einer hermeneutischen Interpretation unzugänglich ist, wird auf dessen Struktur zurückgeführt. Eine hermeneutische Interpretation verkennt demnach, dass der Text nach bestimmten Kodemodellen konstruiert ist, die dessen ›Reversibilität‹ bedingen.
- **Poststrukturalistische Rahmentheorien:** Als Bezugstheorien werden Theorien von Barthes und Lacan angeführt, die dem Poststrukturalismus zugeordnet werden können (s. Kap. 5.2). Die Bezugnahme ist affirmativ. Kritisch wird dagegen Freud gesehen, mit dessen Einsichten Kafka ›konkurriert‹ (vgl. ebd., 72).
- **Orientierung an Textdetails:** Interpretationshypothesen betreffen oft Textdetails sowie Bezüge zwischen diesen Details. Auffällig ist dabei die semiotische Beschreibungssprache: »Rosa« ist beispielsweise nicht in erster Linie der Name einer Person, die eine Rolle im Handlungskontext spielt, sondern ein isolierbarer Signifikant, der verschiedene (»gleitende« und austauschbare) Signifikate hat und dessen ›materiale‹ Seite (die Buchstaben »s« und »r« sowie deren Groß- bzw. Kleinschreibung) eine Rolle spielt (vgl. ebd., 69).
- **Oppositionen und Paradoxien:** Es wird betont, dass die Erzählung über viele Oppositionen bzw. Paradoxien verfügt, die nicht aufgelöst werden können.
- **Zeichentheoretische Konklusion:** Die Erzählung exemplifiziert die *différance* auf verschiedenen Ebenen: inhaltlich, insofern der Landarzt nie an sein Ziel kommt; semiotisch, insofern die Signifikate »gleiten« bzw. »austauschbar« sind; interpretationstheoretisch, insofern der Text keine »fixierbare Bedeutung« hat.

7. Poststrukturalismus

Das Wichtigste in Kürze

Die literaturwissenschaftliche Dekonstruktion geht auf das Werk des Philosophen Jacques Derrida zurück. Es handelt sich um einen **poststrukturalistischen Ansatz**, der mit dem Anspruch auftritt, die strukturalistische Zeichentheorie konsequent zu Ende zu denken.

Zu den wesentlichen Rahmenannahmen gehört die Auffassung, dass **sprachliche Zeichen keine fest umrissene Bedeutung** haben und dass die **Bedeutungen von Äußerungen nicht vom Aussagesubjekt kontrolliert** werden können.

Es kann **keine präzise Definition des Literaturbegriffs** (bzw. ›Essenz‹ des Literarischen) geben.

Interpreten literarischer Texte haben die Aufgabe, **das ›Bedeutungsgeschehen‹ eines Textes nachzuvollziehen**, d.h. aufzuzeigen, auf welche Weise **die Sprache eines Textes einsinnige Bedeutungszuweisungen unterläuft.**

Literatur

Barthes, Roland: *Die Lust am Text.* Frankfurt a.M. 1974 (frz. 1973).
Bauerlein, Mark: Bad Writing's Back. In: *Philosophy and Literature* 28 (2004), 180-191.
Bearn, Gordon C.R.: The Possibility of Puns: A Defense of Derrida. In: *Philosophy and Literature* 19 (1995), 330-335.
Bearn, Gordon C.R.: Derrida Dry. Iterating Iterability Analytically. In: Culler 2003, Bd. 1, 245-273.
Culler, Jonathan (Hg.): *Deconstruction. Critical Concepts in Literary and Cultural Studies.* 4 Bde. London/New York 2003.
Derrida, Jacques: *Grammatologie.* Frankfurt a.M. 1974 (frz. 1967).
Derrida, Jacques: *Positionen. Gespräche mit Henri Ronse, Julia Kristeva, Jean-Louis Houdebine, Guy Scarpetta.* Graz/Wien 1986 (frz. 1972).
Derrida, Jacques: *Randgänge der Philosophie.* Hg. von Peter Engelmann. Wien 1988. (frz. 1972).
Derrida, Jacques: Die différance. In: Peter Engelmann (Hg.): *Postmoderne und Dekonstruktion. Texte französischer Philosophen der Gegenwart.* Stuttgart 1990, 76-113.
Derrida, Jacques: Letter to a Japanese Friend [1988]. In: Culler 2003, Bd. 1, 23-27.
Derrida, Jacques: »Diese merkwürdige Institution namens Literatur«. In: Jürn Gottschalk/Tilmann Köppe (Hg.): *Was ist Literatur?* Paderborn 2006, 91-107 (engl. 1992).
Eagleton, Terry: *Einführung in die Literaturtheorie.* Stuttgart/Weimar ⁴1997 (engl. 1996).
Ellis, John M.: *Against Deconstruction.* Princeton (N.J.) 1989.
Frank, Manfred: *Die Unhintergehbarkeit von Individualität. Reflexionen über Subjekt, Person und Individuum aus Anlaß ihrer ›postmodernen‹ Toterklärung.* Frankfurt a.M. 1986.
Hempfer, Klaus W.: Diskursmaximen des Poststrukturalismus. In: *Zeitschrift für Semiotik* 15 (1993), 319-331.
Hiebel, Hans H.: Der reversible Text und die zirkuläre »Différance« in ›Ein Landarzt‹. In: Claudia Liebrand (Hg.): *Franz Kafka. Neue Wege der Forschung.* Darmstadt 2006, 62-74.
Johnson, Barbara: Teaching Deconstructively. In: Culler 2003, Bd. 2, 204-212.

Kutschera, Franz von: *Vernunft und Glaube*. Berlin/New York 1991.
Lamarque, Peter: The Death of the Author: An Analytical Autopsy. In: *British Journal of Aesthetics* 30 (1990), 319-331.
Putnam, Hilary: Irrationalism and Deconstruction. In: H.P.: *Renewing Philosophy*. Cambridge 1992, 108-133 u. 215-219.
Rescher, Nicholas: Hermeneutische Objektivität. In: Axel Bühler (Hg.): *Hermeneutik. Basistexte zur Einführung in die wissenschaftstheoretischen Grundlagen von Verstehen und Interpretation*. Heidelberg 2003, 177-190.
Rorty, Richard: Deconstruction. In: Raman Selden (Hg.): *The Cambridge History of Literary Criticism*. Bd. 8: *The Twentieth Century: Formalism, Structuralism, Poststructuralism, Reader-Response Theory*. Cambridge 1995, 166-196 u. 429-432.
Saussure, Ferdinand de: *Grundfragen der allgemeinen Sprachwissenschaft*. Hg. von Charles Bally u. Albert Sechehaye unter Mitw. v. Albert Riedlinger. Berlin/New York ³2001 (frz. 1916).
Searle, John R.: Literary Theory and Its Discontents. In: *New Literary History* 25 (1994), 637-667.
Spree, Axel: *Kritik der Interpretation. Analytische Untersuchungen zu interpretationskritischen Literaturtheorien*. Paderborn u.a. 1995.
Wellbery, David E.: Interpretation versus Lesen. Posthermeneutische Konzepte der Texterörterung. In: Lutz Danneberg/Friedrich Vollhardt (Hg.): *Wie international ist die Literaturwissenschaft? Methoden- und Theoriediskussion in den Literaturwissenschaften*. Stuttgart/Weimar 1996, 123-138.
Wenzel, Peter: »Dekonstruktion, danke!«. Eine Stellungnahme zur Debatte um den amerikanischen Poststrukturalismus. In: *Kodikas/Code* 10 (1987), 213-228.
Werlen, Iwar: *Sprachliche Relativität. Eine problemorientierte Einführung*. Tübingen/Basel 2002.

Weitere Lektüreempfehlung

Culler, Jonathan: *On Deconstruction. Theory and Criticism after Structuralism*. Ithaca, N.Y. 1982.
Gründliche und systematische Darstellung der Dekonstruktion sowie einschlägiger Vorgängertheorien.

7.4 Intertextualitätstheorien

Die Theorie der Intertextualität stellt die Beziehungen zwischen Texten dar. Sie klassifiziert und erläutert verschiedene Formen der Bezugnahme von Texten auf andere Texte, untersucht die Geschichte dieser Bezugnahmen, ihre Konsequenzen für literaturtheoretische Grundbegriffe und Interpretationsverfahren und erläutert ihre eigene Terminologie und Methodologie (vgl. Hermerén 1991, 38f.). Dank der Breite und Vielfalt dieser Anliegen verfügt die Intertextualitätstheorie über starke Berührungspunkte und Überschneidungen mit anderen Forschungsbereichen, etwa der Einflussforschung oder Gattungstheorie. Nicht zuletzt leistet die Theorie der Intertextualität einen Beitrag zum interpretationstheoretischen Problem des Kontextes, mit dem sich die meisten literaturtheoretischen Ansätze befassen.

7. Poststrukturalismus

Es ist sinnvoll und üblich, mindestens zwei verschiedene Spielarten zu unterscheiden: (1) die **poststrukturalistische Intertextualitätstheorie**, die sich seit den ausgehenden 1960er Jahren vor allem auf die Schriften der französischen Theoretikerin Julia Kristeva stützt, und (2) einen **strukturalistisch-hermeneutisch** geprägten Ansatz, der etwas später formuliert wird und sich als Kritik der poststrukturalistischen Theorie verstehen lässt. Beide Spielarten unterscheiden sich erheblich in ihren Kernaussagen sowie ihrem theoretischen Anspruch. Im Poststrukturalismus-Kapitel ist eigentlich nur die erstgenannte Spielart am Platz; die zweite wird an dieser Stelle aus Gründen der Vollständigkeit mitbehandelt. Die folgende Darstellung kann auf das übliche Kapitelschema verzichten, weil Intertextualitätstheorien in aller Regel mit anderen Ansätzen verbunden werden und daher auch keine eigenständigen Interpretationstheorien ausgebildet haben.

1. Poststrukturalistische Intertextualitätstheorien: Als Begründerin der poststrukturalistischen Intertextualitätstheorie gilt Julia Kristeva. Ausgehend von den Analysen des russischen Literaturwissenschaftlers Michail Bachtin (vgl. Martinez 2001, 430–441) entwickelt Kristeva zunächst ein Modell des literarischen Textes, das mit der Unterscheidung zweier Ebenen arbeitet: Auf der horizontalen Ebene steht das gesprochene oder geschriebene Wort zwischen dem Subjekt der Aussage und deren Adressat; auf einer vertikalen Ebene steht es in Beziehungen zu bereits gesprochenen oder geschriebenen Wörtern oder Texten. (Diese Ebenenunterscheidung erinnert an die strukturalistische Differenzierung zwischen syntagmatischer und paradigmatischer Achse, ist mit dieser jedoch nicht deckungsgleich, s. Kap. 3.3.) Kristeva betont nun die Bedeutung der vertikalen Ebene und stellt fest, dass sich jedem Text Verweise auf andere Texte entnehmen lassen: »[J]eder Text baut sich als ein Mosaik von Zitaten auf, jeder Text ist Absorption und Transformation eines anderen Textes. An die Stelle des Begriffs der Intersubjektivität tritt der Begriff der *Intertextualität*, und die poetische Sprache lässt sich zugleich als eine doppelte lesen.« (Kristeva 1996, 337; Hervorhebung im Original). Deutlich werden in diesem Zitat verschiedene für die poststrukturalistische Intertextualitätstheorie charakteristische Züge:

- **Universalität:** *Jeder* Text steht in intertextuellen Bezügen zu anderen Texten. Intertextualität ist deshalb keine Sache des bewussten Aufgreifens oder Zitierens eines Quellentextes, sondern ein universales Prinzip der Textkonstitution. Die vertikale Ebene und mit ihr die Intertextualitätsbeziehungen gehören zum Text als solchem dazu wie dessen Wortmaterial.
- **›Tod des Autors‹:** Die horizontale Ebene, auf der ein Aussagesubjekt und ein Adressat angesiedelt sind, ist von untergeordneter Bedeutung. Die Aussage, dass »Intertextualität« an die Stelle von »Intersubjektivität« trete, lässt sich also ganz wörtlich verstehen: Für Texte ist nicht wesentlich, dass sie (horizontal) *zwischen Subjekten kommuniziert* werden, sondern vielmehr, dass sie (vertikal) zwischen weiteren Texten stehen. Die Intertextualitätstheorie ist damit eine konsequente Erweiterung der These vom ›Tod des Autors‹, dessen Rolle als Urheber des Textes und Bedeutung kontrollierende Instanz in den Hintergrund tritt (s. Kap. 7.2.3).
- **Mehrdeutigkeit:** Die poetische Sprache ist dank ihres Verweisungscharakters mehrdeutig (bzw., in Kristevas Terminologie, eine »doppelte«).

Ergänzt wird dieses Textmodell um weitere Annahmen, die ebenfalls für den Poststrukturalismus charakteristisch sind:

- **Ausweitung des Textbegriffs:** Im Anschluss an Bachtin vertritt Kristeva einen ›weiten‹ Textbegriff, demzufolge auch »Geschichte und Gesellschaft« Texte sind, die gelesen werden können (Kristeva 1996, 335). Auf der vertikalen Ebene befinden sich damit nicht nur Texte im engeren sprachlichen Sinne, sondern schlicht alles, zu dem man in ein Verhältnis des Verstehens treten kann. Intertextualitätsrelationen werden daher nicht als rein innerliterarisches Phänomen aufgefasst, sondern sie bestehen zwischen semiotisch beschreibbaren Gegenständen unterschiedlichsten Typs. Auch der Begriff des Lesens wird hier ausgeweitet und fällt mit dem Begriff des Verstehens oder sogar dem des Wahrnehmens zusammen.
- **Zeichentheoretische und metaphysische Konsequenzen:** Kristeva ist der Auffassung, dass sich das »polyvalente und mehrfach bestimmte poetische Wort« nicht im Rahmen jener binären Oppositionen beschreiben lässt, die für das strukturalistische Denken charakteristisch sind. Statt auf klaren Oppositionen zu beruhen (wahr/falsch; Signifikant/Signifikat), oszilliert die poetische Sprache zwischen verschiedenen Bedeutungen, Referenzen und Wahrheitswerten (vgl. ebd., 342). An dieser Stelle mündet die Zeichentheorie in grundsätzliche metaphysische Annahmen, die in den Bereich der Subjektphilosophie, Erkenntnistheorie und Logik gehören. Diese Annahmen sind insofern ›poststrukturalistisch‹, als sie einerseits auf der strukturalistischen Terminologie und Denkweise aufbauen, andererseits jedoch beides kritisieren und zu modifizieren suchen.
- **Ideologische Implikationen:** Die klaren Oppositionen der strukturalistischen Tradition erscheinen bei Kristeva als politisch aufgeladen und stehen für Konservatismus und Rigidität. Eine Intertextualität, die sich gegen klare Ordnungen ausspricht, wird demgegenüber als progressiv, subtil und subversiv empfunden; sie hat einen entlarvenden Charakter, der durchaus auch als politische Einstellung zu verstehen ist: »At its best, intertextual interpretation is a liberating, empowering tool for social change.« (Irwin 2004, 229) Auch an dieser Stelle greift die Intertextualitätstheorie über eine Literaturtheorie im engeren Sinne hinaus und entwickelt eine kultur- oder gesellschaftskritische Stoßkraft (s. auch Kap. 9.2 und 11.3).

Kristevas Intertextualitätstheorie ist nicht im eigentlichen Sinne eine Interpretationstheorie und erarbeitet keine Interpretationsmethode. Vielmehr geht es darum, ein Modell der Konstitution von Texten zu entwickeln, das aus dem strukturalistischen Wunsch nach einer umfassenden Textgrammatik oder ›Semiologie‹ gespeist ist. Interpretationstheoretische Annahmen lassen sich allenfalls ableiten, und sie stehen dekonstruktivistischen Lektüren nahe, in denen ebenfalls das ungebundene ›Spiel der Zeichen‹ betont wird (s. Kap. 7.3.2). In der Tat kann die poststrukturalistische Intertextualitätstheorie als Element der Begründung dekonstruktivistischer Verfahren verstanden werden, insofern sie ein Textmodell bereitstellt, das die Elemente der Universalität, der Mehrdeutigkeit sowie die relative Bedeutungslosigkeit des Autors betont.

2. Strukturalistisch-hermeneutische Intertextualitätstheorien: Die strukturalistischen Intertextualitätstheorien lassen sich als Versuch verstehen, den im engeren Sinne literaturtheoretischen Problemen der poststrukturalistischen Intertextualitätstheorie zu begegnen. Die Kritik konzentriert sich auf folgende Aspekte (vgl. Pfister 1985):

- **Globaler Anspruch:** Da die poststrukturalistische Konzeption Intertextualität als ein *alle* Texte betreffendes Phänomen auffasst und zudem über einen sehr weiten Textbegriff verfügt, ist sie nicht geeignet, *spezifische* Textphänomene zu identifizieren oder zu charakterisieren. Das Konzept verliert damit letztlich an Distinktions- und Aussagekraft.
- **Mangelnde Operationalisierbarkeit:** Die poststrukturalistische Konzeption verfügt über kein differenziertes Instrumentarium zur Beschreibung und/oder Interpretation von Texten; die vorhandene Terminologie ist oft unscharf. Wenn beispielsweise jeder Text als »Mosaik von Zitaten« bezeichnet wird (Kristeva 1996, 337), so ist es nicht möglich, Texte, die Zitate im herkömmlichen Sinne enthalten, von anderen Texten zu unterscheiden.
- **Metaphysische Rahmenannahmen:** Die poststrukturalistische Intertextualitätskonzeption geht von nicht unerheblichen metaphysischen Rahmenannahmen aus, die man nicht teilen muss, wenn man an der Analyse und Interpretation literarischer Texte interessiert ist. Thesen zur Logik, Subjektphilosophie oder Erkenntnistheorie können und sollten aus der Literaturwissenschaft herausgehalten werden.

Im Rahmen strukturalistischer Theorieansätze wurden verschiedene Konzeptionen entwickelt, die die genannten Kritikpunkte vermeiden können. Insgesamt wird im Rahmen der strukturalistisch-hermeneutisch ausgerichteten Theorie Intertextualität als ein Verfahren der mehr oder weniger **bewusst eingesetzten und im Text markierten Bezugnahme eines Textes auf einen anderen Text** (den ›Prätext‹) verstanden.

Eine differenzierte **Typologie verschiedener Intertextualitätsrelationen** hat Gérard Genette vorgelegt. Genette verwendet ›Transtextualität‹, nicht ›Intertextualität‹, als Oberbegriff verschiedener Formen von Intertextualität (vgl. Genette 1993):

- **Intertextualität:** Als ›Intertextualität‹ bezeichnet Genette die manifeste Kopräsenz zweier Texte, also beispielsweise Zitate.
- **Paratextualität:** Paratextuelle Relationen bestehen zwischen einem Text und beigefügten Texten, etwa Titel, Vorwort oder Klappentext.
- **Metatextualität:** Eine metatextuelle Relation liegt vor, wenn ein Text einen anderen kommentiert; dies geschieht oft in kritischer Absicht.
- **Hypertextualität:** Eine hypertextuelle Relation liegt vor, wenn sich ein Text durch Transformation (Travestie, Parodie) oder Nachahmung (Persiflage, Pastiche) auf einen Vorgängertext bezieht.
- **Architextualität:** Eine architextuelle Relation verbindet einen Text mit einer Textsorte oder Gattung, der er angehört.

Genette unterscheidet innerhalb dieser fünf Typen zahlreiche Unterkategorien. Eine sinnvolle Differenzierung besteht beispielsweise in der Unterscheidung zwischen Einzeltext- und Systemreferenz, die die Frage aufgreift, ob sich ein Text auf einen einzelnen Vorgängertext oder eine Textgruppe, beispielsweise eine Gattung, bezieht.

Die Kriterien der **Intention** sowie der **Markierung** erlauben eine Abgrenzung intertextueller Verfahren von nicht-intertextuellen Phänomenen. Allerdings gibt es hier fließende Übergänge: Eine intertextuelle Bezugnahme kann mehr oder weniger klar intendiert und mehr oder weniger deutlich markiert sein, wobei die Deutlichkeit einerseits eine Funktion der Quantität und andererseits der Qualität der Markierung ist.

Typische Formen der Markierung finden sich auf den Ebenen von Nebentexten, der erzählten (fiktiven) Welt oder der Textstruktur (vgl. Broich 1985):
- **Nebentexte:** Explizite Verweise auf Prätexte können in Fußnoten, Titel oder Untertitel, als Motto, Vor- oder Nachwort oder im Klappentext erscheinen.
- **Fiktive Welt:** Auf einen Prätext kann innerhalb der fiktiven Welt eines literarischen Textes verwiesen werden, etwa, indem eine Figur einen Prätext liest oder indem Figuren eines Prätextes leibhaftig auftreten.
- **Textstruktur:** Im Rahmen der strukturalistischen Erzählforschung wird zwischen ›Geschichte‹, d.h. der erzählten (fiktiven) Welt, und der ›Erzählung‹, d.h. dem narrativen Text als solchem, unterschieden (s. Kap. 4.3.1). Auch auf der Ebene der Erzählung (hier als ›Textstruktur‹ bezeichnet), können sich Intertextualitätsmarkierungen befinden, etwa indem ein Prätext wörtlich zitiert wird oder indem die Handlungsstruktur oder stilistische Eigenheiten eines Prätextes übernommen werden.

Eine besonders deutliche und starke Intertextualität liegt vor, wenn ein Prätext nicht einfach verwendet, sondern wenn durch Formen der Markierung explizit auf ihn verwiesen wird; in diesem Fall kann man davon ausgehen, dass die Intertextualitätsrelation ein wichtiges ›autoreflexives‹ Moment des Textes bildet, und es stellt sich die Frage nach ihrer Funktion oder Bedeutung. Für die strukturalistisch-hermeneutische Spielart der Intertextualität ist wichtig, dass Intertextualitätsrelationen einen **Beitrag zur Bedeutungskonstitution eines Textes** leisten. Die Unterscheidung verschiedener Formen und Markierungstypen der Intertextualität sagt zunächst einmal noch nichts zu der Frage, weshalb ein Prätextverweis in einem Text zu finden ist. Die Theorie der Intertextualität kann an dieser Stelle mit verschiedenen Interpretationsmethoden kombiniert werden. Nahe liegende Kandidaten sind etwa der Hermeneutische Intentionalismus, dem zufolge zu fragen wäre, welche kommunikative Intention dem Prätextverweis zugrunde liegt (s. Kap. 8), oder der Strukturalismus. Die Beschreibung verschiedener Grade der Intensität von Intertextualitätsmarkierungen ist insofern eine sinnvolle Ergänzung strukturalistischer Interpretationsverfahren, als sie bei der Beantwortung der Frage helfen kann, welche Kontextdaten in die Analyse einbezogen werden müssen (s. Kap. 4.4). Hier kann dann als Faustregel gelten: je stärker die Markierung im Text, desto wichtiger der Prätext für die Interpretation. Wichtig ist, dass die Funktion oder Bedeutung intertextueller Verweise erst im Rahmen der Interpretation geklärt werden kann; von pauschalen Funktionszuweisen (›Der intertextuelle Verweis ist stets als Kritik oder Affirmation des Prätextes zu verstehen‹) sollte daher abgesehen werden, da stets dem jeweiligen Einzelfall Rechnung getragen werden muss.

Das Wichtigste in Kürze

Die Theorie der Intertextualität beschreibt **Beziehungen zwischen Texten**.

Poststrukturalistische Theorien legen einen weiten Textbegriff zugrunde und sehen jeden Text als intertextuell konstituiert an; **hermeneutisch-strukturalistische Theorien** sehen Intertextualität dagegen als ein lokales Phänomen an, das in verschiedenen Formen und Ausprägungen auftreten kann und bei der Interpretation von Texten berücksichtigt werden muss.

Literatur

Broich, Ulrich: Formen der Markierung von Intertextualität. In: Broich/Pfister 1985, 31-47.
Broich, Ulrich/Manfred Pfister (Hg.): *Intertextualität. Formen, Funktionen, anglistische Fallstudien.* Tübingen 1985.
Genette, Gérard: *Palimpseste. Die Literatur auf zweiter Stufe.* Frankfurt a.M. 1993 (frz. 1982).
Hermerén, Göran: *Art, Reason, and Tradition. On the Role of Rationality in Interpretation and Explanation of Works of Art.* Lund 1991.
Irwin, William: Against Intertextuality. In: *Philosophy and Literature* 28 (2004), 227-242.
Kristeva, Julia: Bachtin, das Wort, der Dialog und der Roman. In: Dorothee Kimmich/Rolf Günter Renner/Bernd Stiegler (Hg.): *Texte zur Literaturtheorie der Gegenwart.* Stuttgart 1996, 334-348 (frz. 1967).
Martínez, Matías: Dialogizität, Intertextualität, Gedächtnis. In: Heinz Ludwig Arnold/ Heinrich Detering (Hg.): *Grundzüge der Literaturwissenschaft.* München ⁴2001, 430-445.
Pfister, Manfred: Konzepte der Intertextualität. In: Broich/Pfister 1985, 1-30.

Weitere Literaturempfehlungen

Stocker, Peter: *Theorie der intertextuellen Lektüre. Modelle und Fallstudien.* Paderborn 1998.
  Stocker unterscheidet verschiedene Formen intertextueller Bezugnahmen und präsentiert Beispielinterpretationen.
Irwin, William: What Is an Allusion? In: *The Journal of Aesthetics and Art Criticism* 59 (2001), 287-297.
  Der Autor erarbeitet eine Definition des Anspielungsbegriffs und diskutiert verschiedene Argumente für und gegen intentionalistische Konzeptionen des Anspielens. Irwins Diskussion vermittelt einen guten Eindruck von der Komplexität des Anspielungsbegriffs.

8. Hermeneutischer Intentionalismus (Neohermeneutik)

8.1 Einleitung

Vertreter des Hermeneutischen Intentionalismus sind der Auffassung, dass der Autor eines literarischen Textes eine wesentliche Bezugsgröße bei der Interpretation sein muss. Wer einen Text verstehen will, so lautet die Kernannahme des hermeneutisch-intentionalistischen Interpretationsprogramms, will verstehen, was der Autor mit dem Text (aller Wahrscheinlichkeit nach) zu verstehen geben wollte. Bedeutungen sind demnach nichts, was Texten auf mysteriöse Weise innewohnen oder erst im Zuge der Lektüre erschaffen würde, sondern vielmehr eine Funktion der kreativen Handlungen des Autors: Autoren bedienen sich bestimmter sprachlicher Mittel, um bestimmte Dinge zum Ausdruck zu bringen, und das Ziel der Interpretation besteht darin herauszufinden, welche Mitteilungsabsichten dem Text zugrunde liegen. Diese Mitteilungsabsichten zu kennen bedeutet, den Text zu verstehen, und sie sind geeignet, den Text in seiner vorliegenden, nicht-zufälligen Komposition und Gestalt zu erklären.

Unter dem Einfluss dominierender textorientierter Interpretationsverfahren ist die Bezugnahme auf den Autor in der Theorie und Praxis der Literaturinterpretation im 20. Jahrhundert lange Zeit geradezu verpönt gewesen (s. Kap. 3.4 u. 7). Dennoch gab es engagierte und differenzierte Plädoyers für intentionalistische Interpretationsprogramme (vgl. Hirsch 1967). In neuerer Zeit kann von einer verstärkten Hinwendung zur Kategorie des Autors in der Literaturtheorie gesprochen werden (vgl. Jannidis u.a. 1999). Im Zuge dieser Diskussion ist der Hermeneutische Intentionalismus von philosophischer und literaturwissenschaftlicher Seite aufgegriffen und systematisch ausgearbeitet worden. Er präsentiert sich heute als eine aus mehreren Spielarten bestehende Methodenlehre des Verstehens, die – unabhängig von den Entwicklungen der Philosophischen Hermeneutik Heideggers und Gadamers – an die ursprünglichen Fragestellungen der traditionellen Hermeneutik anknüpft und diese neu ausbuchstabiert (s. Kap. 3.2).

8.2 Bezugstheorien und Rahmenannahmen

Obwohl man verschiedene Spielarten eines Hermeneutischen Intentionalismus unterscheiden kann, gibt es eine Reihe von Rahmenannahmen, die intentionalistischen Interpretationsprogrammen gemeinsam sind. Diese allgemeinen Annahmen sind vor allem sprachphilosophischer Natur und betreffen die Struktur und Funktion von Intentionen; die wichtigsten philosophischen Bezugstheorien sind die Sprechakttheorie (Searle 1969) sowie die Sprachphilosophie von Paul Grice (vgl. die Beiträge in Meggle 1993).

8. Hermeneutischer Intentionalismus (Neohermeneutik)

Der Ausdruck ›**Intention**‹ ist im Deutschen ungefähr gleichbedeutend mit ›Absicht‹. Man kann verschiedene **Typen oder Arten von Absichten** unterscheiden (vgl. Meggle 1997, 115f.).

- Zu sagen, jemand habe etwas absichtlich getan, heißt manchmal nur, dass die fragliche Handlung bewusst oder **willentlich** ausgeführt wurde (›Schiller hat Jena absichtlich verlassen‹).
- In einer weiteren Verwendung bedeutet ›Absicht‹ so viel wie **Plan** (›Schiller hatte die Absicht, sich in Weimar niederzulassen‹).
- Absichten können jedoch auch eine komplexere Struktur haben und die beabsichtigen **Zwecke** betreffen, die man mit dem Einsatz bestimmter **Mittel** verfolgt (›Durch die Gründung einer Zeitschrift beabsichtigte Schiller, sein Einkommen aufzubessern‹).

Für den Hermeneutischen Intentionalismus sind, wie im folgenden Abschnitt klar werden wird, insbesondere Absichten des letztgenannten Typs wichtig; es wird sich unter anderem zeigen, dass man verschiedene Typen solcher Absichten nach inhaltlichen Gesichtspunkten unterscheiden kann. An dieser Stelle soll der **Begriff der Absicht** selbst noch etwas näher erläutert werden:

- **Intersubjektive Zugänglichkeit:** Jede Identifikation einer Handlung beinhaltet (implizit) die Zuschreibung einer mit der Handlung verbundenen Absicht. Wer der Meinung ist, dass man Absichten aus der Perspektive der dritten Person nicht mit hinreichender Sicherheit zuschreiben kann, muss folglich auch der Meinung sein, dass man Handlungen anderer Personen nicht sicher identifizieren kann – in der Regel ist dies aber unproblematisch: Wir können sehr oft sogar unmittelbar sehen, welche Handlungen eine andere Person ausführt, und zwar ohne dass uns die Person erst umständlich über ihre Absichten aufklären müsste. Die Absicht drückt sich, wie man sagen kann, *in der Handlung aus*, und man kann nicht Eines ohne das Andere erkennen. Vor diesem Hintergrund wird die Allgegenwärtigkeit von (implizit oder explizit) absichtsbezogenen Ausdrücken in unserer Sprache verständlich:

  > Die Handlungssprache ist allenthalben mit intentionalistisch […] gefärbten Ausdrucksweisen durchsetzt. Selbst so einfache Sätze wie ›Er schenkte ihr sein Auto‹, ›Er machte das Licht an‹ oder ›Sie räumte sein Zimmer auf‹ sind keine bloßen behavioristischen Beschreibungen eines äußeren Verhaltens; sie sind aufschlussreiche Hinweise auf die intentionalen Aspekte des Geschehens (vgl. ›schenkte‹ mit ›gab‹, ›machte an‹ mit ›bewirkte, daß‹, ›räumte auf‹ mit ›machte sich zu schaffen in‹). (Rescher 1977, 6)

- **Kommunizierbarkeit:** Zumindest komplexere Absichten haben einen Gehalt, der sich sprachlich zum Ausdruck bringen lässt. Wenn wir selbst eine Absicht haben oder einer anderen Person eine Absicht zuschreiben, dann können wir sagen, was es ist, das wir beabsichtigen oder die andere Person beabsichtigt. In diesem Sinne kann man Absichten auch teilen bzw. mitteilen.

- **Bewusstheit:** Unsere Absichten müssen uns nicht immer bewusst sein. Bei vielen Handlungen, die wir ausführen, ist uns nicht klar, dass wir mit ihnen bestimmte Absichten verwirklichen, und vor allem denken wir nicht immerzu an unsere Absichten, während wir eine Handlung ausführen. Damit etwas, das wir tun, als absichtsvolle Handlung zählt, genügt es, wenn es eine Beschreibung der Handlung gibt, unter der sie als absichtsvolle identifiziert wird.

- **Gebündelte Absichten:** Mit einer bestimmten Handlung können wir verschiedene Absichten verbinden. Wer ein Buch schreibt, kann damit zugleich beabsichtigen, Geld zu verdienen, seine berufliche Qualifikation zu befördern, einen Forschungsbeitrag zu leisten, der Gesellschaft einen Dienst zu erweisen, der Langeweile zu entkommen und einen Konkurrenten auszustechen – und vieles mehr.

Die genannten Aspekte von Absichten (Intentionen) bilden wichtige Rahmenannahmen für den Hermeneutischen Intentionalismus. Dieser hat es allerdings nicht mit Handlungen im Allgemeinen, sondern vielmehr mit den Resultaten besonderer sprachlicher Handlungen – mit literarischen Texten – zu tun. In manchen Punkten unterscheiden sich sprachliche Handlungen von sonstigen Handlungen; dennoch werden sprachliche Zeichen erst dadurch zu bedeutungsvollen Einheiten, dass jemand etwas mit ihnen tut (vgl. Searle 1997, 31). Intentionalisten können dementsprechend argumentieren, dass die Rede von der Bedeutung, die ein sprachliches Zeichen *unabhängig* von den Absichten von Personen haben soll, unverständlich ist. Zwar verfügt eine Sprache über Bedeutungskonventionen, die vorgeben, was man mit einem Ausdruck meinen kann, aber auch diese Konventionen betreffen nicht eine metaphysische Bedeutungsrelation zwischen Worten und etwas Gemeintem, sondern es handelt sich um **Verwendungsregeln von Ausdrücken**: »There is no magic land of meaning outside human consciousness. Whenever meaning is connected to words, a person is making the connection [...]« (Hirsch 1967, 4).

8.3 Grundbegriffe: Literatur, literarische Kommunikation, Interpretation, Autor/Kontext

1. Literatur: Für die hermeneutisch-intentionalistische Position ist die Tatsache besonders wichtig, dass literarische Texte **Artefakte** sind. Sie unterscheiden sich von Naturgegenständen unter anderem dadurch, dass sie nicht ›einfach da‹ sind, sondern von Menschen in einem (mitunter langwierigen) Schaffensakt hervorgebracht wurden. Man kann diesen Aspekt hervorheben, indem man anstelle des Ausdrucks ›literarischer Text‹ den Ausdruck ›literarisches Werk‹ verwendet. Ein **literarisches Werk** beruht auf sprachlichen Äußerungen, es ist eine Komposition, deren einzelne Bestandteile in Art und Anordnung nicht dem Zufall überlassen wurden. Da ›hervorbringen‹, ›äußern‹ und ›komponieren‹ Handlungsverben sind, bezeichnen sie *per definitionem* absichtliche Tätigkeiten. Ein literarisches Werk ist nach hermeneutisch-intentionalistischer Auffassung **ein Bedeutung tragendes sprachliches Gebilde**, das der Interpretation bedarf, um verstanden zu werden.

> **Werk oder Text?**
> Bis in die 1970er Jahre wurde in der Literaturwissenschaft zur Bezeichnung des eigenen Untersuchungsgegenstandes in aller Regel ›Werk‹ bzw. ›literarisches Werk‹ gewählt. Dieser Werkbegriff ist mehrdeutig; mit ihm wird unter anderem bezeichnet:
> - das materiale, in sich abgeschlossene Ergebnis eines Produktionsaktes,
> - das autonome sprachliche Kunstwerk, das sich durch intrinsische ästhetische

Qualitäten, durch Ganzheitlichkeit, Geschlossenheit und Stimmigkeit auszeichnet,
- die juristische Größe, die dem Urheberrecht unterliegt,
- ein Einzelwerk oder das Gesamtwerk eines Autors.

Seit den 1970er Jahren ist der Werkbegriff umstritten und in weiten Teilen der Literaturwissenschaft vom Textbegriff abgelöst worden. Kritisiert wurde und wird der Werkbegriff aus unterschiedlichen Gründen:
- Vertreter verschiedener Positionen, die sich im Kontext des ›**Verwissenschaftlichungsschubes**‹ und des ›**linguistic turn**‹ etablieren, lehnen vor allem die Mehrdeutigkeit und die normativen Implikationen des Werkbegriffs ab. Der **Textbegriff**, der ihn ersetzt, ist nicht durch die Ästhetiktradition belastet und verspricht einen Anschluss an die Verfahren der Linguistik, die für kurze Zeit als neue Leitdisziplin galt. Vermieden werden sollen unter anderem die methodologischen Konsequenzen autonomieästhetischer Annahmen, die mit dem Werkbegriff etwa in seiner Verwendung im Kontext der Philosophischen Hermeneutik (s. Kap. 3.2) oder der Werkimmanenz (s. Kap. 3.4) einhergehen: Die ›Kunst der Werkinterpretation‹ soll durch Verfahren einer präzisen Textanalyse abgelöst werden. Auch wenn dieses Ziel nicht mehr oder nur von wenigen geteilt wird, gilt der Textbegriff als der voraussetzungsärmere und wird daher vorgezogen.
- Vertreter der **Diskursanalyse** lehnen den Werkbegriff wegen seiner Implikationen von Geschlossenheit und Ganzheitlichkeit sowie seiner Abhängigkeit von einem genieästhetischen Autorkonzept ab. Foucault arbeitet in seiner viel zitierten Rede »Was ist ein Autor?« (Foucault 1988) mit kritischem Impetus die Verwendungsbedingungen dieser Kategorie heraus, während Barthes dezidiert für ihre Verabschiedung plädiert (vgl. Spoerhase 2007, 281ff.).
- Im Zuge **performanztheoretischer Überlegungen** wird vor allem die Annahme von der Geschlossenheit des Werkes kritisiert, der die These von der performativen Offenheit, der Prozess- und Ereignishaftigkeit von Literatur entgegengehalten wird (vgl. Fischer-Lichte 2004, 19-22 und öfter).

In neuester Zeit wird versucht, den Werkbegriff – der z.B. in der Ästhetiktheorie kontinuierlich verwendet wird – auch in der Literaturtheorie wieder zu rehabilitieren, indem die wissenschaftsgeschichtlich berechtigten Kritikpunkte aufgenommen und Vorschläge für eine Differenzierung und Präzisierung dieses Konzepts vorgelegt werden (vgl. Spoerhase 2007). Im Rahmen der analytischen Ästhetik wird darauf hingewiesen, dass der Werkbegriff im Unterschied zum Textbegriff besser geeignet zu sein scheint, nicht-manifeste Eigenschaften unter sich zu begreifen; ein literarisches Werk basiert demnach auf einem Text, aber es ist nicht mit diesem Text identisch, sondern verfügt auch über ästhetische oder relationale Eigenschaften (etwa die Eigenschaft, eine wortgetreue Kopie eines anderen Textes zu sein). Aus diesem Grund können zwei verschiedene Werke dieselbe textuelle Grundlage haben (vgl. Currie 1991).

2. Literarische Kommunikation: Auf der Basis des genannten Literaturbegriffs lässt sich der oft ungenau gebrauchten Rede von ›literarischer Kommunikation‹ ein präziser Sinn abgewinnen: Autoren produzieren literarische Werke, um bestimmte Dinge zum Ausdruck zu bringen, und sie tun dies im Blick auf Leser, die über die zum Verständnis des Werkes erforderlichen Ressourcen verfügen. (Dies schließt nicht aus, dass der angesprochene Leserkreis sehr klein sein kann.) Um die Struktur der literarischen Kommunikation genauer beschreiben zu können, empfiehlt es sich aus hermeneutisch-intentionalistischer Sicht, **verschiedene Typen von Absichten** nach inhaltlichen Gesichtspunkten zu differenzieren (zu unterschiedlichen Klassifikationsmöglichkeiten vgl. Bühler 1993, 513; Hermerén 2003):

- **Kategoriale Intentionen:** Ein erster Typ von Absichten betrifft die Art und Weise, in der ein bestimmter Text als ganzer aufgenommen werden soll – etwa als Roman oder historische Abhandlung, als Detektivgeschichte oder Polizeireport. Je nachdem, ob ein Text als Kunstwerk oder Sachtext gemeint ist, wird ein bestimmtes Set von Verhaltensweisen dem Text gegenüber für angemessen gehalten oder nicht: So wird man vom Autor des Textes beispielsweise Aufrichtigkeit in Bezug auf die Gegenstände seiner Mitteilung verlangen (Sachtext) oder nicht (Kunstwerk), man wird versuchen, den Text einem literarhistorischen Kontext zuzuordnen (Kunstwerk) oder sich eine möglichst schnelle Auffassung der mitgeteilten Informationen bemühen (Sachtext). Entsprechende Absichten, die die Aufnahme eines Textes betreffen, werden als ›kategoriale Intentionen‹ bezeichnet (vgl. Levinson 1996, 64f.): Sie betreffen die Frage, welcher Kategorie ein Text zugeordnet werden soll und welcher Interpretationstyp oder pragmatische Zugriff auf den Text angemessen ist.
  Kompetente Leser können erkennen, welche kategorialen Intentionen einem bestimmten Text zugrunde liegen, und den damit verbundenen Appell auffassen, den Text aus diesem Grund auf bestimmte Weise zu behandeln. Die literarische Kommunikation zeichnet sich demnach durch ein hohes Maß an **regelgeleiteter kommunikativer Übereinkunft zwischen Autoren und Lesern** aus. Ein fiktionales literarisches Werk, so ist argumentiert worden, kann überhaupt nur dann geschrieben werden, wenn es die Institutionen der Fiktionalität und der Literatur gibt – das heißt, wenn Autoren und Leser Angehörige einer gemeinsamen institutionellen Praxis sind, in der geregelt ist, wie man mit fiktionalen im Unterschied zu nichtfiktionalen und literarischen im Unterschied zu nicht-literarischen Texten umgeht (vgl. Lamarque/Olsen 1994, Kap. 2 u. 10).
- **Semantische Intentionen:** Ein anderer Typ von Intentionen betrifft konkrete Inhalte, die ein Sprecher mit den von ihm eingesetzten sprachlichen Mitteln zu verstehen geben will. Mit der Äußerung ›Das Wetter ist so schön!‹ kann man beispielsweise zu verstehen geben, dass man das Wetter tatsächlich schön findet, oder aber ironisch anmerken, dass man die Wetterlage gar nicht schätzt, oder aber, unter bestimmten Umständen, dass man es vorziehen würde, wenn ein Fenster geöffnet würde. Solche Intentionen, die den Inhalt des Mitgeteilten betreffen, kann man ›semantische Intentionen‹ nennen. Semantische Intentionen sind nichts anderes als die eingangs erwähnten Mitteilungsabsichten – das also, was nach hermeneutisch-intentionalistischer Auffassung ein Autor mit seinem Text zu verstehen geben und ein Leser im Rahmen der Interpretation erschließen will.

3. Interpretation: Welche Rolle semantische Intentionen bei der Interpretation im Einzelnen spielen, kann erst auf der Basis einer Unterscheidung zweier verschiedener Ausprägungen des Hermeneutischen Intentionalismus genauer erläutert werden: Es handelt sich um den **Hypothetischen Intentionalismus** (*hypothetical intentionalism*) und den **Starken Intentionalismus** (*actual intentionalism*; vgl. Carroll 2001; Levinson 2002; Stecker 2006). Diese Unterscheidung basiert auf zwei verschiedenen Weisen, die Bedeutung sprachlicher Äußerungen zu bestimmen (vgl. Tolhurst 1979) – nämlich einerseits als das, was ein kompetenter Hörer (in einer gegebenen Situation und angesichts der verwendeten sprachlichen Mittel) dem Sprecher als intendierte Bedeutung vernünftiger Weise zuschreiben würde (›Äußerungsbedeutung‹), und andererseits als das, was ein Sprecher (in einer gegebenen Situation und in Übereinstimmung mit den sprachlichen Konventionen) zu verstehen geben will (›Sprecherbedeutung‹). Entsprechend sehen die **Ausprägungen des Hermeneutischen Intentionalismus** in Bezug auf die Interpretationskonzeptionen folgendermaßen aus:

- Dem **Hypothetischen Intentionalismus** zufolge sollte ein literarischer Text nach dem Modell der Äußerungsbedeutung interpretiert werden: Wenn man interpretiert, versucht man herauszufinden, was jemand, der einen Text verfasst hat, seinen Lesern *vermutlich* – das heißt auf der Basis des Textes selber sowie relevanter Informationen über den historischen Entstehungskontext, etwa zur Themengeschichte oder Gattungstradition – hat zu verstehen geben wollen. Als Ergebnis der Interpretation wird das Ergebnis dieses Zuschreibungsprozesses angesehen – und zwar auch dann, wenn der Autor *de facto* etwas anderes zu verstehen geben wollte.
- Dem **Starken Intentionalismus** zufolge sollte ein literarischer Text nach dem Modell der Sprecherbedeutung interpretiert werden: Wenn man interpretiert, versucht man herauszufinden, was der Autor mit dem vorliegenden Text *tatsächlich* zu verstehen geben wollte. Wohlbegründete Hypothesen über Mitteilungsabsichten, die für den Hypothetischen Intentionalismus das Ziel von Interpretationen darstellen, sind für den Starken Intentionalismus lediglich unvermeidbare Schritte auf dem Weg zum eigentlichen Ziel der Interpretation: der Ermittlung der tatsächlichen semantischen Intentionen des Autors.

Hypothetischer Intentionalismus und Starker Intentionalismus verfügen über eine wichtige Gemeinsamkeit, die noch einmal herausgestellt werden sollte: Beide Ansätze verstehen die Grundaufgabe des Interpretierens in derselben Weise. Wenn man sich ein Textelement (etwa die Figur des russischen Freundes in Kafkas *Das Urteil*) verständlich machen möchte, so fragt man nach dessen intendiertem Zweck. Man fragt beispielsweise: ›Weshalb wird über die Figur in dieser und jener Weise gesprochen?‹ oder ›Weshalb dominiert die interne Fokalisierung?‹. Die Frage nach dem Zweck ist für den Intentionalisten eine Frage danach, was jemand mit bestimmten Textelementen oder einem Text als Ganzem bezweckt hat – oder, anders gesagt, was jemand mit der Auswahl, Anordnung, und Kommunikation sprachlicher Elemente zu verstehen geben wollte.

4. Autor und Kontext: Unterschiede zwischen Hypothetischem Intentionalismus und Starkem Intentionalismus gibt es vor allem in Bezug auf die Autorkonzeption und die Kontextwahl, d.h. die Informationen, die neben der Textgrundlage bei der Interpretation berücksichtigt werden:

- **Starker Intentionalismus:** Für den Starken Intentionalismus markieren die tatsächlichen semantischen Intentionen des (historischen) Autors das Ziel der Interpretation. Es geht also darum herauszufinden, was der Autor bezweckt hat. Entsprechend muss man bei der Interpretation neben dem literarischen Text alles heranziehen, was ein besseres Verständnis der semantischen Intentionen des Autors befördern kann. Neben dem veröffentlichten Gesamtwerk kommen beispielsweise auch private Tagebuchaufzeichnungen oder sonstige Äußerungen in Frage.
- **Hypothetischer Intentionalismus:** Der Hypothetische Intentionalismus beschränkt den Bereich zulässiger Kontextinformationen. Was ein literarisches Werk zu verstehen gibt, muss aus dem Werk selbst sowie weiteren öffentlich zugänglichen Informationen erschlossen werden. Im Einzelnen ist die Abgrenzung zulässiger von nicht-zulässigen Kontextinformationen allerdings kaum stringent bestimmt. Entscheidend für den Vertreter des Hypothetischen Intentionalismus ist denn auch, dass die Suche nach literarischer Bedeutung nicht eine Suche nach den semantischen Intentionen ist, die der Autor *de facto* gehabt hat, sondern eine Suche nach semantischen Intentionen, die die Elemente des Werkes ›im besten Licht‹ – d.h. als in möglichst sinnvoller Weise arrangiert – erscheinen lassen. Diese Suche sollte an ihr Ziel kommen, auch ohne dass private Aufzeichnungen des Autors konsultiert würden: Es geht sozusagen darum, die semantischen Intentionen eines ›hypothetischen‹ historischen Autors zu erschließen, d.h. eines Autors, von dem man annimmt, dass er die semantischen Intentionen, die sich auf der Basis von Werk und (öffentlichem) Kontext erschließen lassen, vernünftiger Weise hätte haben können.

> **Wie intentionalistisch ist der Hypothetische Intentionalismus?**
> Verglichen mit dem Starken Intentionalismus kommt dem literarischen Werk in der Konzeption des Hypothetischen Intentionalismus eine größere Autonomie, d.h. Unabhängigkeit vom Urheber, zu. Man kann sich fragen, inwiefern dessen Programm überhaupt noch im eigentlichen Sinne ›intentionalistisch‹ zu nennen ist. Fällt nicht ein so konzipierter hermeneutischer Intentionalismus mit einer anti-intentionalistischen Position zusammen, die semantische Intentionen für schlichtweg irrelevant erklärt? Der Hypothetische Intentionalist wird hier antworten, dass der Rekurs auf semantische Intentionen schon aus begrifflichen Gründen erforderlich ist, da sich die Idee komplexer Werkbedeutungen kaum anders verständlich machen lasse (vgl. Juhl 1978; Searle 1994).

8.4 Methode des Interpretierens

Vertreter eines Hermeneutischen Intentionalismus können einräumen, dass die Suche nach intendierten Bedeutungen (bzw. den Mitteilungsabsichten des Autors) nur ein Ziel der Interpretation neben anderen ist. Auch wenn Autoren mit der Komposition ihrer Werke Bestimmtes bezwecken, so heißt das nicht, dass man die Werke nicht auch unter anderen Gesichtspunkten beschreiben oder deuten kann. Eine Mitteilung hat neben dem mitgeteilten Gehalt eine Vielzahl weiterer Aspekte, die man untersuchen kann (und natürlich können viele dieser Aspekte dem Urheber der Mitteilung verborgen gewesen sein). So kann man ein literarisches Werk beispielsweise nach epochentypischen Merkmalen oder dem zum Ausdruck kommenden Verständnis von Geschlechterrollen befragen. Der Hermeneutische Intentionalist kann die Suche nach möglicherweise nicht-intendierten Aspekten eines Werkes für sinnvoll und interessant halten; er wird aber darauf bestehen, dass solche Interpretationsziele kaum von sich beanspruchen können, einer **Werkbedeutung** auf der Spur zu sein, sondern dass es sich vielmehr um symptomatische Interpretationen (das Werk wird als Symptom seiner Epoche oder eines bestimmten Rollenverständnisses gesehen) handelt.

Das Ziel einer idealtypischen hermeneutisch-intentionalistischen Interpretation besteht darin, sich die Elemente eines literarischen Textes oder den Text als ganzen verständlich zu machen. Dabei muss die **Bedeutungskonzeption**, die diesem Anliegen zugrunde liegt, vom hermeneutisch-intentionalistischen **Interpretationsverfahren** unterschieden werden:

- Eine **Bedeutungskonzeption** legt fest, was es heißen soll, dass ein literarisches Werk etwas bedeutet. Im Falle des Hermeneutischen Intentionalismus wird, wie oben erläutert, die Frage mit Rückgriff auf die Intentionen des Autors beantwortet. Entsprechend kann die Bedeutungskonzeption (möglichst allgemein) folgendermaßen formuliert werden: Ein literarisches Werk X bedeutet genau dann Y, wenn es sich bei Y um die Mitteilungsabsicht handelt, die der Autor mit X zum Ausdruck bringen wollte.
- Das **Interpretationsverfahren** spezifiziert dagegen, *was man tun muss*, um der so bestimmten Bedeutung eines literarischen Werkes auf die Spur zu kommen.

Kritik

Der Hermeneutische Intentionalismus wird in seinen verschiedenen Spielarten kritisch diskutiert. Vorgeworfen wird seinen Vertretern unter anderem, dass sie **die literarische Kommunikation als zu nahe an der Alltagskommunikation konzipieren** und folglich die Autonomie literarischer Werke nicht ernst (genug) nehmen. In der Tat zeichnet sich die literarische Kommunikation gegenüber der Alltagskommunikation unter anderem durch eine zerdehnte Kommunikationssituation aus. Autoren und Leser sind oft räumlich und auch zeitlich voneinander getrennt; sie kommunizieren nicht in der Art miteinander, wie wir sie aus dem Alltag kennen. Was daraus im Einzelnen folgt, und ob insbesondere die Bedeutungskonzeption des Hermeneutischen Intentionalismus deswegen unangemessen ist, ist jedoch umstritten (vgl. Nathan 2006, 288-293; Dickie 2006). Es scheint jedenfalls, als werde mit dem Autonomieproblem eine Grundsatzfrage des Kunstverständnisses berührt: die Frage nämlich, ob man Kunstwerke überhaupt als Bestandteile eines Kommunikationszusammenhangs verstehen sollte, oder ob es sich nicht vielmehr um Gegenstände handelt, deren sozial anerkannte Funktion es ist, Betrachter beispielsweise zu unreglementierten ästhetischen Erfahrungen oder Assoziationen anzuregen, die unabhängig sind von den Auffassungen des Autors. Jemand, der die letztgenannte Auffassung vertritt, wird für den Hermeneutischen Intentionalismus wahrscheinlich nicht viel übrig haben; Kunstwerke sind für ihn sozusagen *per definitionem* Gegenstände, deren Beschreibung und Auslegung nicht durch die Absichten eines Autors reglementiert werden können oder sollten.

Methode des Interpretierens

Im Einzelnen kann diesem Problem hier nicht nachgegangen werden. Es steht in einer Reihe mit weiteren Problemen, denen sich der Hermeneutische Intentionalismus stellen muss und gestellt hat. So kann man u.a. folgende Fragen aufwerfen:
- Über welches Wissen muss ein Leser verfügen, um als optimal informiert zu gelten?
- Wie ist mit mehrdeutigen Texten umzugehen?
- Wie ist mit offensichtlich inakzeptablen Absichtsbekundungen von Autoren umzugehen?
- Sind die Konzepte geeignet, Interpretationskonflikte zu entscheiden?
- Macht es auch in Bezug auf lange und komplexe literarische Werke Sinn, von intendierten Bedeutungen auszugehen oder sind intentionalistische Bedeutungskonzeption nur auf der Ebene von Einzeläußerungen bzw. Sätzen sinnvoll?
- Können literarische Werke auch nicht intendierte (›symptomatische‹) Bedeutungen zum Ausdruck bringen?

Diskutiert werden diese und weitere Probleme u.a. in Carroll 2001 und Stecker 2006.

Hermeneutische Operationen beginnen mit einer **Problemstellung**, in der möglichst klar bezeichnet wird, welcher Aspekt des Textes gedeutet werden soll. Das kann geschehen, indem man eine Frage formuliert, etwa ›Worauf beruht die unheimliche Stimmung in Goethes *Erlkönig*?‹ oder ›Wofür stehen die Pferde in Kleists *Michael Kohlhaas*?‹ oder ›Welche Einstellung zum Künstlertum verkörpert Tonio Kröger in Thomas Manns gleichnamiger Erzählung?‹. Anschließend beschreibt man relevante Befunde des Textes, untersucht (im Sinne der gewählten hermeneutischen Spielart zulässige) Kontextinformationen und stellt Antworthypothesen auf, die anhand verschiedener Kriterien auf ihre Angemessenheit geprüft werden.

Eine **Hypothese** ist eine Annahme, von der (noch) nicht klar ist, ob sie wohlbegründet ist, d.h. ob man sie vernünftiger Weise als Antwort auf die Ausgangsfrage akzeptieren sollte. In der Wissenschaftstheorie ist es üblich, zwischen Entdeckung und Begründung einer Hypothese bzw. ihrer Genese und Rechtfertigung zu unterscheiden:
- Die **Genese einer Hypothese** lässt sich offenbar generell nicht als regelgeleitetes Verfahren beschreiben. Hier kann man allenfalls Heuristiken angeben, d.h. Verfahren, die das Finden einer Hypothese in bestimmten Bereichen erleichtern können.
- Die **Prüfung von Hypothesen** lässt sich dagegen als von Kriterien geleiteter Versuch der Begründung bzw. **Rechtfertigung** verstehen.

Die Kriterien, die im Rahmen der Rechtfertigung einer Hypothese zur Anwendung kommen können, sind im Rahmen der allgemeinen Wissenschaftstheorie ausführlich diskutiert worden, und sie sind nicht nur im Rahmen der Hermeneutik einschlägig (vgl. Quine/Ullian 1978, Kap. VI; Føllesdal/Walløe/Elster 1988, 62-66 u. 107-115; Strube 1992). Zu den **wichtigsten Kriterien** gehören die Folgenden:
- **Korrektheit:** Eine Hypothese ist korrekt, wenn sie einen wahren Satz über einen bestimmten Sachverhalt zum Ausdruck bringt. So kann man im Rahmen des Starken

Intentionalismus mit einer Behauptung über die Absichten eines Autors Recht haben oder eben nicht. Als Standard zur praktischen Evaluation von Hypothesen ist Korrektheit nur dann einschlägig, wenn man über die zur Feststellung der Korrektheit erforderlichen Ressourcen verfügt, d.h. hier: wenn die Absichten des Autors (entweder im Text selbst oder in kontextuellen Ressourcen) hinreichend klar dokumentiert sind.

- **Widerspruchsfreiheit:** Verschiedene Hypothesen, die gemeinsam zur Beantwortung einer hermeneutischen Ausgangsfrage herangezogen werden, müssen widerspruchsfrei sein. Stehen zwei Deutungshypothesen miteinander im Widerspruch oder lässt sich aus der Konjunktion zweier Hypothesen ein Widerspruch logisch-deduktiv ableiten, so muss eine der Hypothesen falsch sein.
- **Umfassendheit:** Eine Hypothese (oder ein Set zusammengehöriger Hypothesen) über intendierte Bedeutungsaspekte sollte möglichst viele und möglichst signifikante oder wichtige Aspekte eines Werkes erklären können und damit umfassend sein. Andernfalls läuft die Hypothese Gefahr, unbedeutend oder *ad hoc* zu sein, d.h. nur vereinzelte Aspekte eines Werkes – und dies auch nur vermeintlich – erklären zu können.
- **Historische Stimmigkeit:** Eine semantische Intention lässt sich einem (tatsächlichen oder hypothetischen) Autor nur dann zuschreiben, wenn der Autor die fragliche Intention tatsächlich gehabt haben kann und die Zuschreibung mithin historisch stimmig ist. Von ›anachronistischen‹ Bedeutungszuschreibungen spricht man, wenn diese Regel verletzt wird und dem Autor eine Absicht unterstellt wird, die nur eine Person gehabt haben kann, die zu einer späteren Zeit (etwa der des Interpreten) gelebt hat.
- **Einfachheit:** ›Einfachheit‹ wird als Sammelbezeichnung für folgende zwei (eigentlich verschiedene) Kriterien verwendet: Sind zwei oder mehr Hypothesen gleichermaßen gut zur Erklärung eines Sachverhalts geeignet und ist eine der Hypothesen handhabbarer (kürzer, eleganter) als der Rest, so sollte man dieser Hypothese den Vorzug geben. Dasselbe gilt, wenn eine Hypothese weniger Zusatzannahmen erfordert als ihre Konkurrenten, d.h., wenn sie sich zwanglos auf der Basis unseres Hintergrundwissens rechtfertigen lässt und nicht ihrerseits aufwändiger Begründungen bedarf.

Prüfen hermeneutische Intentionalisten ihre Hypothesen anhand solcher Kriterien, so können sie zu dem Ergebnis kommen, dass bestimmte Hypothesen als unangemessen aussortiert und andere modifiziert (und dann erneut geprüft) werden müssen. Das wiederholte Prüfen und Modifizieren kann man als **Variante des hermeneutischen Zirkels** auffassen (s. Kap. 3.2): Man trägt ein bestimmtes Set von Hypothesen an seinen Gegenstand heran, betrachtet diesen im Licht der Hypothesen und versucht im nachfolgenden Prüfungs- und Modifikationsprozess seine Hypothesen angesichts vorliegender Text- und Kontextdaten und anhand der genannten Kriterien so gut wie möglich zu schärfen. Resultat eines solchen Prozesses sind Hypothesen, die man als begründete Antwort auf die hermeneutische Ausgangsfrage akzeptieren kann. Dabei ist die Begründung in aller Regel *fallibel*, d.h. sie kann auf der Basis neuer Evidenzen außer Kraft gesetzt werden, und *pro tanto*, d.h. sie berechtigt uns nur zu einem gewissen Grad dazu, eine Hypothese zu akzeptieren. Hermeneutische Operationen können ein **breites**

Spektrum mehr oder weniger gut begründeter Auffassungen über ihren Gegenstand ergeben. Es ist insofern ebenso falsch zu sagen, das alleinige Ziel hermeneutischer Bemühungen sei die Gewissheit der Wahrheit von Annahmen über Textbedeutungen, wie es falsch ist zu sagen, hermeneutische Operationen bestünden im ›dezisionistischen‹ Erwerb von Meinungen, für die sich keine Gründe beibringen ließen.

Hervorzuheben ist schließlich folgender Punkt: Wird einer Interpretation ein intentionalistischer Bedeutungsbegriff zugrunde gelegt, so bedeutet das nicht notwendig, dass der Text selbst außer Acht gelassen würde. Der literarische Text ist im Rahmen des hermeneutischen Intentionalismus die wichtigste Basis für Hypothesen über Mitteilungsabsichten. Das wird bereits anhand des in Abschnitt 8.2 erläuterten formalen Schemas des hier relevanten Absichtstyps deutlich: Absichten der Form ›X beabsichtigt mit dem Tun von Y zu erreichen, dass Z‹ (›Autor X beabsichtigt mit der Äußerung Y zu verstehen zu geben, dass Z‹) kommt man am besten auf die Spur, wenn man sich die Äußerung Y genau ansieht. Weiteren Informationen kontextueller oder sonstiger Art kommt demgegenüber nur eine Hilfsfunktion zu.

> **Offene Fragen**
> Die vorgestellte Skizze einer hermeneutisch-intentionalistischen Methodenlehre lässt mehrere Fragen offen. Einige dieser Fragen betreffen das Verfahren als solches: So sind die einzelnen Kriterien genauer zu explizieren, anhand derer Interpretationshypothesen evaluiert werden, und es muss geklärt werden, in welcher Weise die Kriterien miteinander zusammenhängen und was zu tun ist, wenn sie in Konflikt geraten (d.h. wenn zwei Kriterien zwei unterschiedliche Hypothesen als vernünftig bzw. akzeptabel auszeichnen).
> Andere Desiderate sind eher grundsätzlicher Art:
> - Das hier vorgestellte Modell setzt ein bestimmtes, präzisionsbedürftiges Bild von **Rationalität** voraus, d.h. es basiert auf der Annahme, dass man bestimmte Auffassungen mit guten Gründen vertreten kann und sollte (vgl. grundlegend Rescher 2002).
> - Von einer umfassenderen Hermeneutik kann man ferner erwarten, dass sie den **Verstehensbegriff** als solchen genauer charakterisiert (vgl. Rosenberg 1981; Scholz 1999).
> - Insofern das Textverstehen durch Operationen befördert werden kann, die methodisch angeleitet werden können, scheinen die Begriffe ›**Verstehen**‹ und ›**Erklären**‹ eng miteinander zusammenzuhängen: Von jemandem, der etwas zu verstehen versucht, kann man oft auch sagen, er versuche, es sich zu erklären. In mehr oder minder expliziter Form finden sich solche Verfahren nicht nur sowohl in den Naturwissenschaften als auch in den Geisteswissenschaften, sondern in allen möglichen Lebenszusammenhängen, in denen man darum bemüht ist, sich einen Gegenstand auf rationale Weise verständlich zu machen (vgl. Patzig 1988). Das genauere Verhältnis von ›Verstehen‹ und ›Erklären‹ ist allerdings noch näher zu bestimmen.

8.5 Beispielinterpretation

Die Darstellung des Hermeneutischen Intentionalismus soll nun mit der Skizze einer Beispielinterpretation von Bertolt Brechts *Ballade von des Cortez Leuten* abgeschlossen werden:

Ballade von des Cortez Leuten

Am siebten Tage unter leichten Winden
Wurden die Wiesen heller. Da die Sonne gut war
Gedachten sie zu rasten. Rollen Branntwein
Von den Gefährten, koppeln Ochsen los.
Die schlachten sie gen Abend. Als es kühl ward
Schlug man vom Holz des nachbarlichen Sumpfes
Armdicke Äste, knorrig, gut zu brennen.
Dann schlingen sie gewürztes Fleisch hinunter
Und fangen singend um die neunte Stunde
Mit Trinken an. Die Nacht war kühl und grün.
Mit heisrer Kehle, tüchtig vollgesogen
Mit einem letzten, kühlen Blick nach großen
   Sternen
Entschliefen sie gen Mitternacht am Feuer.
Sie schlafen schwer, doch mancher wußte morgens
Daß er die Ochsen einmal brüllen hörte.
Erwacht gen Mittag, sind sie schon im Wald.
Mit glasigen Augen, schweren Gliedern, heben
Sie ächzend sich aufs Knie und sehen staunend
Armdicke Äste, knorrig, um sie stehen
Höher als mannshoch, sehr verwirrt, mit Blattwerk
Und kleinen Blüten süßlichen Geruchs.
Es ist sehr schwül schon unter ihrem Dach
Das sich zu dichten scheint. Die heiße Sonne
Ist nicht zu sehen, auch der Himmel nicht.
Der Hauptmann brüllte wie ein Stier nach Äxten.
Die lagen drüben, wo die Ochsen brüllten.

Man sah sie nicht. Mit rauhem Fluchen stolpern
Die Leute im Geviert, ans Astwerk stoßend
Das zwischen ihnen durchgekrochen war.
Mit schlaffen Armen werfen sie sich wild
In die Gewächse, die leicht zitterten
Als ginge leichter Wind von außen durch sie.
Nach Stunden Arbeit pressen sie die Stirnen
Schweißglänzend finster an die fremden Äste.
Die Äste wuchsen und vermehrten langsam
Das schreckliche Gewirr. Später, am Abend
Der dunkler war, weil oben Blattwerk wuchs
Sitzen sie schweigend, angstvoll und wie Affen
In ihren Käfigen, von Hunger matt.
Nachts wuchs das Astwerk. Doch es mußte
   Mond sein
Es war noch ziemlich hell, sie sahn sich noch.
Erst gegen Morgen war das Zeug so dick
Daß sie sich nimmer sahen, bis sie starben.
Den nächsten Tag stieg Singen aus dem Wald.
Dumpf und verhallt. Sie sangen sich wohl zu.
Nachts ward es stiller. Auch die Ochsen schwiegen.
Gen Morgen war es, als ob Tiere brüllten
Doch ziemlich weit weg. Später kamen Stunden
Wo es ganz still war. Langsam fraß der Wald
In leichtem Wind, bei guter Sonne, still
Die Wiesen in den nächsten Wochen auf.

Aus: Bertolt Brecht: *Gedichte I. Sammlungen 1918-1938*. Bearb. v. Jan Knopf u. Gabriele Knopf. Berlin u.a. 1988, S. 84f. (= Werke. Große Kommentierte Berliner und Frankfurter Ausgabe).

Hans-Harald Müllers intentionalistische Interpretation der Ballade beginnt mit einer Rekonstruktion von Datierung, Textgestalt, Varianten sowie der Überlieferungsgeschichte (vgl. Müller 1993): Die *Cortez*-Ballade wurde vermutlich 1919 geschrieben; Brecht hat sie mehrmals publiziert, unter anderem im Gedichtzyklus der *Hauspostille* (1927). Bei der Datierung sowie der Feststellung der Überlieferungsgeschichte handelt es sich um wichtige Voraussetzungen der Interpretation, denn der **Entstehungskontext** sowie der **Kontext**, den Brecht für die Publikationen vorgesehen hat, lassen **unterschiedliche Schlüsse auf die jeweiligen Aussageabsichten** zu. Müller entscheidet sich für eine Interpretation der Ballade »in ihrem entstehungsgeschichtlichen Kontext«, d.h. als »Einzelgedicht«. Die Fassung von 1927, in der die *Ballade von des Cortez Leuten* ein »integraler poetischer Bestandteil des Zyklus der ›Hauspostille‹« ist, bleibt demgegenüber unberücksichtigt; damit ist (implizit) ausgeschlossen, dass die Cortez-Ballade als Teil der »anti-theologischen Stoßrichtung« der *Hauspostille* betrachtet werden sollte (vgl. ebd., 579). Eine differenzierte Beschreibung von Struktur und Aufbau der Ballade fasst Müller zusammen wie folgt:

1. Der durch fehlende Strophengliederung, Reim und zahlreiche Enjambements beförderte eigenrhythmische epische Fluß der Ballade steht im Kontrast zur erkennbaren Form des Blankverses und seinem rhythmischen Schema.
2. Das Fehlen eines durch tektonische Merkmale indizierten sinnhaften Aufbaus der Ballade steht im Kontrast zu der Gliederung des Aufbaus, die durch die Distribution der adverbialen Bestimmungen der Zeit ermöglicht wird.
3. Die Häufigkeit dieser adverbialen Bestimmungen der Zeit steht im Kontrast zu deren Funktion; sie stellen keine deutliche chronologische Orientierung her.
4. Die Häufigkeit des Tempuswechsels steht im Kontrast zu der (ihm üblicherweise unterstellten) Funktion, eine erkennbare Intention in der Fokussierung von zeitlichem Hintergrund und Vordergrund zu realisieren (vgl. ebd., 575).

Die eigentliche **Interpretation** der Ballade beruht auf der These, »daß Brechts frühe Lyrik ein – wie auch immer verschlüsselter und hinter ironischen Rollen und Masken verborgener – Ausdruck der Subjektivität des Autors ist« (ebd., 578). Müller sieht die *Cortez*-Ballade als einer Reihe von »Untergangsgedichten« zugehörig, in denen Brecht das Motiv einer (Lebens-)Reise gestaltet. In diesen Texten weisen die Protagonisten kaum individuelle Züge auf und gehen schließlich in der Natur unter bzw. lösen sich in ihr auf, wobei es Brecht »auf den jeweils möglichst adäquaten Ausdruck spezifischer Varianten und Formen der Verschmelzung und der sie begleitenden Gefühle« ankommt (ebd., 586). In der *Cortez*-Ballade wird dies insbesondere am Schluss deutlich:

> Des Cortez Leute sind verschwunden, der Wald frißt die Wiesen, Friede liegt über der Szene. Durch vier adverbiale Bestimmungen, deren Parallelismus auch rhythmisch eine fast pathetische Ruhe ausstrahlt, wird der Vorgang bestimmt: ›langsam‹, ›In leichtem Wind, bei guter Sonne, still‹. Des Cortez Leute waren eine unbeachtliche Episode im immergleichen Kreislauf der Natur, der durch parallele Formulierungen zwischen Gedichtanfang und Schluß unterstrichen wird. (Ebd., 587)

Die in der Ballade zum Ausdruck kommende »Gefühlsunterdrückung und Erzählerdistanz« gegenüber dem Leid der Protagonisten hat Brecht, wie Müller anhand kontrastiver Analysen herausstreicht, auch in Überarbeitungen zweier weiterer Untergangsgedichte hergestellt (vgl. ebd., 587f., Zitat 589), was darauf hindeutet, dass es sich um einen nicht-zufälligen (intendierten) Effekt handelt, den Brecht durch den gezielten Einsatz bestimmter sprachlicher Mittel erreicht. Neben der fehlenden Anteilnahme des Erzählers deutet das Fehlen einer übersichtlichen chronologischen Ordnung auf die Abwesenheit sowohl eines ›metaphysischen‹ (etwa religiösen) oder historischen, als auch eines ›moralischen‹ Ordnungsschemas: »Fressen und Gefressenwerden ist die schicksalhafte Logik eines natürlichen Geschehens, in dem die Natur ein janusköpfiges, Untergang und Frieden verheißendes Antlitz trägt, und in dem des Cortez Leute nur eine ephemere Rolle spielen« (ebd., 592). Müller stützt diese Interpretation durch Belege aus anderen Werken Brechts, Beobachtungen zu Abwandlungen, die Brecht gegenüber seiner Vorlage, Leo Perutz' Roman *Die dritte Kugel* (1915), vorgenommen hat, sowie Notizen des Autors. Anhand eines Vergleichs

8. Hermeneutischer Intentionalismus (Neohermeneutik)

verschiedener Untergangsgedichte lässt sich, so Müller, letztlich ein »bestimmende[r] Entwicklungszug« im Frühwerk Brechts rekonstruieren: eine »›Panzerung‹ gegen die Empfindsamkeit« (ebd., 593).

Hermeneutisch-intentionalistisch ist diese Interpretationsskizze insbesondere aufgrund der folgenden Elemente:

- Der Interpretation liegt eine **intentionalistische Bedeutungskonzeption** zugrunde. Die einzelnen Interpretationshypothesen lassen sich dementsprechend als Antworten auf die Frage nach einer Aussageabsicht verstehen. Die Interpretationsskizze zeigt im Übrigen, dass intentionalistische Interpretation nicht permanent mit dem Wort ›Absicht‹ operieren müssen. Um intentionalistisch zu sein, genügt es, wenn sich die Interpretationshypothesen entsprechend reformulieren lassen.
- Zur **Stützung der Interpretationshypothesen** werden neben textuellen Befunden einschlägige Belegstellen aus dem Œuvre Brechts sowie sonstige Informationen über den Autor herangezogen. Wichtig sind z.B. rekonstruierbare Überarbeitungsschritte sowie Abwandlungen gegenüber einer Vorlage.

Das Wichtigste in Kürze

Literarische Werke werden als **Artefakte** und **Bestandteile der literarischen Kommunikation** zwischen Autoren und Lesern verstanden.

Im Rahmen der Interpretation fragt der Hermeneutische Intentionalismus nach den **Mitteilungsabsichten**, die einem literarischen Werk zugrunde liegen. Diese Mitteilungsabsichten bilden den Kern der **hermeneutisch-intentionalistischen Bedeutungskonzeption** (›Autor X beabsichtigt mit der Äußerung Y zu verstehen zu geben, dass Z‹).

Es gibt **verschiedene Spielarten des Hermeneutischen Intentionalismus** (**Hypothetischer Intentionalismus** und **Starker Intentionalismus**), die das Ziel des Interpretierens im Einzelnen unterschiedlich bestimmen.

Das hermeneutisch-intentionalistische Interpretationsverfahren lässt sich als **kriteriell geleiteter Vorgang des Aufstellens und Begründens von Hypothesen** verstehen.

Literatur

Bühler, Axel: Der hermeneutische Intentionalismus als Konzeption von den Zielen der Interpretation. In: *Ethik und Sozialwissenschaften* 4 (1993), 511-518 u. 574-585.

Bühler, Axel (Hg.): *Hermeneutik. Basistexte zur Einführung in die wissenschaftstheoretischen Grundlagen von Verstehen und Interpretation*. Heidelberg 2003.

Carroll, Noël: Interpretation and Intention: The Debate between Hypothetical and Actual Intentionalism. In: N.C.: *Beyond Aesthetics. Philosophical Essays*. Cambridge 2001, 197-213 u. 418-420.

Currie, Gregory: Work and Text. In: *Mind* 100 (1991), 325-340.

Fischer-Lichte, Erika: *Ästhetik des Performativen*. Frankfurt a.M. 2004.

Føllesdal, Dagfinn: Hermeneutik und die hypothetisch-deduktive Methode. In: Bühler 2003, 157-176.
Foucault, Michel: Was ist ein Autor? In: M.F.: *Schriften zur Literatur (1962-1969)*. Frankfurt a.M. 1988, 7-31 (frz. 1969).
Hermerén, Göran: Intention und Interpretation in der Literaturwissenschaft. In: Bühler 2003, 121-154.
Hirsch, Eric Donald: *Validity in Interpretation*. New Haven/London 1967.
Jannidis, Fotis u.a. (Hg.): *Rückkehr des Autors. Zur Erneuerung eines umstrittenen Begriffs*. Tübingen 1999.
Juhl, Peter D.: The Appeal to the Text: What Are We Appealing to? In: *The Journal of Aesthetics and Art Criticism* 36 (1978), 277-287.
Kieran, Matthew (Hg.): *Contemporary Debates in Aesthetics and the Philosophy of Art*. Malden 2006.
Lamarque, Peter/Stein H. Olsen: *Truth, Fiction, and Literature. A Philosophical Perspective*. Oxford 1994.
Levinson, Jerrold: Intention and Interpretation in Literature. In: J.L.: *The Pleasures of Aesthetics. Philosophical Essays*. Ithaca/London 1996, 175-213.
Levinson, Jerrold: Hypothetical Intentionalism: Statement, Objections, Replies. In: Michael Krausz (Hg.): *Is There a Single Right Interpretation?* University Park 2002, 309-318.
Meggle, Georg (Hg.): *Handlung, Kommunikation, Bedeutung*. Frankfurt a.M. 1993.
Meggle, Georg: *Grundbegriffe der Kommunikation*. Berlin/New York ²1997.
Müller, Hans-Harald: Brechts »Ballade von des Cortez Leuten«. Struktur, Quelle, Interpretation. In: *Zeitschrift für deutsche Philologie* 112 (1993), 569-594.
Nathan, Daniel O.: Art, Meaning, and Artist's Meaning. In: Kieran 2006, 282-295.
Patzig, Günther: Erklären und Verstehen. Bemerkungen zum Verhältnis von Natur- und Geisteswissenschaften. In: G.P.: *Tatsachen, Normen, Sätze*. Stuttgart ²1988, 45-75.
Quine, Willard V./Joseph S. Ullian: *The Web of Belief*. New York ²1978.
Rescher, Nicholas: Handlungsaspekte. In: Georg Meggle (Hg.): *Analytische Handlungstheorie. Bd. 1: Handlungsbeschreibungen*. Frankfurt a.M. 1977, 1-7 (engl. 1967).
Rescher, Nicholas: *Rationalität, Wissenschaft, Praxis*. Würzburg 2002.
Rosenberg, Jay F.: On Understanding the Difficulty in Understanding Understanding. In: Herman Parret/Jacques Bouveresse (Hg.): *Meaning and Understanding*. Berlin/New York 1981, 29-43.
Searle, John R.: *Sprechakte*. Frankfurt a.M. ⁷1997 (engl. 1969).
Searle, John R.: Structure and Intention in Language: A Reply to Knapp and Michaels. In: *New Literary History* 25 (1994), 677-681.
Scholz, Oliver Robert: Verstehen. In: Hans Jörg Sandkühler u.a. (Hg.): *Enzyklopädie Philosophie*. Hamburg 1999, Bd. 2, 1698-1702.
Spoerhase, Carlos: Was ist ein Werk? Über philologische Werkfunktionen. In: *Scientia Poetica* 11 (2007), 276-345.
Stecker, Robert: Interpretation and the Problem of the Relevant Intention. In: Kieran 2006, 269-281.
Strube, Werner: Über Kriterien der Beurteilung von Textinterpretationen. In: Lutz Danneberg/Friedrich Vollhardt (Hg.): *Vom Umgang mit Literatur und Literaturgeschichte*. Stuttgart 1992, 185-209.
Tolhurst, William: On What a Text Is and How It Means. In: *British Journal of Aesthetics* 19 (1979), 3-14.

Weitere Lektüreempfehlungen

Danneberg, Lutz/Hans-Harald Müller: »Der ›intentionale Fehlschluß‹ – ein Dogma? Systematischer Forschungsbericht zur Kontroverse um eine intentionalistische Konzeption in den Textwissenschaften«. In: *Zeitschrift für allgemeine Wissenschaftstheorie* 14 (1983), 103-137 (Teil I) u. 376-411 (Teil II).

Eine kommentierte Forschungsbibliographie zum Problem des hermeneutischen Intentionalismus. Ausgangspunkt ist die von M.C. Beardsley und W.K. Wimsatt aufgestellte These vom ›intentionalen Fehlschluss‹ (s. oben, Kap. 3.4).

Spoerhase, Carlos: Autorschaft und Interpretation. Methodische Grundlagen einer philologischen Hermeneutik. Berlin/New York 2007 (=2007a).

Eine ausführliche und systematische Darstellung, Analyse und Untersuchung der interpretationsbezogenen Autorschaftsdebatte.

9. Gesellschaftswissenschaftliche Literaturtheorien

9.1 Begriffsklärungen

Die Frage, wie sich **Literatur als gesellschaftliches Phänomen** beschreiben lässt und welche Funktion sie für die Gesellschaft haben kann, in der sie entstanden ist, vermittelt und gelesen wird, hat eine sehr lange Tradition. Bereits um 1800 versuchen Autoren wie Johann Gottfried Herder, Friedrich Schiller und Anne Louise Germaine de Staël, Literatur in einem gesellschaftlichen Zusammenhang zu betrachten, und in Poetiken des 19. Jahrhunderts, etwa in der Milieutheorie des Naturalismus, wird ein Bedingungsverhältnis zwischen Gesellschaft und Literatur angenommen. Von ›gesellschaftswissenschaftlichen Literaturtheorien‹ lässt sich aber erst seit der Rezeption marxistischer Theorie in literaturwissenschaftlichen Kontexten Anfang des 20. Jahrhunderts sprechen, und seit dieser Zeit ist eine Reihe von Modellen entwickelt worden, wie die Beziehung zwischen Literatur und Gesellschaft zu konzipieren sei.

In Arbeiten, die sich mit Phänomenen im Bereich ›Literatur und Gesellschaft‹ befassen, findet man recht **unterschiedlich verwendete Begriffe** zur Bezeichnung der eigenen Richtung:

- Als ›**Soziologie der Literatur**‹ oder ›**Literatursoziologie**‹ wird meist eine Richtung der Literaturwissenschaft betrachtet, die mit soziologischen Methoden die Produktions-, Distributions- und Rezeptionsbedingungen literarischer Texte untersucht. Es geht ihr nicht um eine Analyse der Bedeutung dieser Texte, sondern um die gesellschaftlichen Handlungen im Umgang mit ihnen (vgl. dazu Dörner/Vogt 1994, 7f.; s. auch Kap. 14.1).
- In anderen Arbeiten wird dieses Ziel nur der ›**Soziologie der Literatur**‹ zugeschrieben, während unter ›**Literatursoziologie**‹ textorientierte Studien gefasst werden, die nach sozialen Thematiken in literarischen Texten suchen oder die Genese und Entwicklung literarischer Formen mit Bezug auf gesellschaftliche Faktoren zu erklären versuchen (vgl. Köhler 1974, 257).
- Diese textorientierten Studien wiederum werden zum Teil auch unter die Bezeichnung ›**Sozialgeschichte der Literatur**‹ gefasst, die aber zugleich auch als Sammelbegriff für beide Typen, also für werk- und für handlungsorientierte Arbeiten verwendet wird (vgl. Bark 2000, 474f.). Der Begriff ›Sozialgeschichte der Literatur‹ wird in der literaturwissenschaftlichen Debatte mit zwei unterschiedlichen Bedeutungen gebraucht. In einer **weiten Begriffsverwendung** bezeichnet der Begriff jede Literaturtheorie, die gesellschaftlichen Strukturen einen bestimmenden Einfluss auf die Literatur zugesteht. In einem **engeren Sinne** wird eine bestimmte Richtung der gesellschaftswissenschaftlich begründeten Literaturtheorien als ›Sozialgeschichte der Literatur‹ bezeichnet, die seit Mitte der 1970er bis Ende der 1980er Jahre im deutschen Sprachraum besonders fruchtbar war und neben zahlreichen Interpretationen auch Anlage und Gestaltung großer Literaturgeschichten mitbestimmte.

9. Gesellschaftswissenschaftliche Literaturtheorien

Im Folgenden wird als übergeordneter Sammelbegriff für diese Richtungen die Bezeichnung ›gesellschaftswissenschaftliche Literaturtheorien‹ gewählt. Zu ihnen zählen diejenigen Theorien der Literatur, die sich auf ein **explizit formuliertes Gesellschaftsmodell** beziehen und ebenso explizit das **Verhältnis zwischen Literatur und Gesellschaft** modellieren. Ein wenn auch nicht notwendiges, so doch in den meisten Fällen mit einem gesellschaftstheoretischen Ansatz einhergehendes Merkmal ist die Fokussierung auf verschiedene Formen sozialer Ungleichheit und deren Auswirkung auf bzw. Verarbeitung durch Literatur. (Nach diesem Kriterium zählt auch die Gruppe feministischer Ansätze, die nach Ungleichheiten in der Behandlung und Bewertung der Geschlechter in Literatur fragt, zu den gesellschaftswissenschaftlichen Literaturtheorien; s. Kap. 10.)

Die wichtigsten dieser gesellschaftstheoretisch begründeten Ansätze werden in den folgenden Abschnitten dargestellt. Es sind die literaturwissenschaftlichen Adaptionen des Marxismus und der Kritischen Theorie bzw. Ideologiekritik, die ›Sozialgeschichte der Literatur‹ (im engen Sinne) sowie die Umsetzungen der Theorien Luhmanns und Bourdieus, die in der Literaturwissenschaft des 20. Jahrhunderts als die beiden einflussreichsten soziologischen ›Großtheorien‹ einzuschätzen sind. Als ›literatursoziologisch‹ werden wir einen Typ von Fragen bezeichnen, die im Rahmen jeder dieser Theorien gestellt werden können: Sie richten sich auf das Verhältnis zwischen Gesellschaft und literaturbezogenen Handlungen und lassen sich mit soziologischen Methoden beantworten.

Literatur

Bark, Joachim: Literatursoziologie. In: Harald Fricke u.a. (Hg.): *Reallexikon der deutschen Literaturwissenschaft*. Bd. 2. Berlin/New York 2000, 473-477.

Dörner, Andreas/Ludgera Vogt: *Literatursoziologie. Literatur, Gesellschaft, Politische Kultur*. Opladen 1994.

Köhler, Erich: Einige Thesen zur Literatursoziologie. In: *Germanisch-Romanische Monatsschrift* NF 24 (1974), 257-264.

9.2 Marxismus und Ideologiekritik

9.2.1 Einleitung

Im Rahmen des **Marxismus** wurde die erste ausformulierte Theorie zum Zusammenhang von geistigen Produkten (einschließlich der Literatur) und der Gesellschaft entwickelt. Sie beruht auf Grundannahmen von Karl Marx und Friedrich Engels und nimmt ein Abhängigkeitsverhältnis geistiger Produktion von den materialen Lebensverhältnissen (Gesellschaft, insbesondere Ökonomie) an. Auch wenn ihre Bezugstheorie am Ende des 19. Jahrhunderts entwickelt wurde und die ersten literaturwissenschaftlichen Adaptionen um 1900 entstanden, gibt es gute Gründe dafür, sie unter den ›Neueren Literaturtheorien‹ zu verorten. Zwar werden marxistische Annahmen heute nicht mehr in Reinform vertreten, jedoch hat sich – ähnlich wie im Fall der Psychoanalyse Freuds – eine ausgesprochen lebhafte und produktive Rezeption marxistischer Grundgedanken angeschlossen. Auf ihnen basierte etwa die offizielle Variante der Literaturwissenschaft in der DDR, und noch die auf einer gänzlich anderen semiotischen Basis argumentierenden Vertreter des *Cultural Materialism* (z.B. Williams 1980) und der *Cultural Studies* (s. Kap. 11.3.3) berufen sich auf Marx.

Ähnliches gilt für die **Ideologiekritik**, eine eigene Spielart marxistischer Literaturwissenschaft. Sie entsteht in Deutschland Ende der 1960er Jahre, als es im Zuge gesellschaftlicher Umbrüche und der Studentenrevolten zu einem erneuten starken Interesse an den Schriften von Marx und Engels und zu einem Wiederaufleben der marxistischen Literaturwissenschaft im Westen kommt. Als wirkungsmächtige Variante wird die Ideologiekritik im Anschluss an die **Kritische Theorie** vor allem Theodor W. Adornos und Max Horkheimers entwickelt. Sie richtet sich gegen formalistische und werkimmanente Methoden (s. Kap. 3.3 und 3.4) und fordert von den Literaturwissenschaftlern unter anderem,
- die gesellschaftliche Bedingtheit von Literatur konsequent zu reflektieren,
- nicht in scheinbarer Neutralität Texte ›wissenschaftlich‹ zu analysieren, sondern selbst politisch Stellung zu beziehen.

Auch die Ideologiekritik wird heute nicht mehr in der Ausprägung der 1970er Jahre vertreten. Dennoch haben ideologiekritische Denkfiguren nach wie vor Konjunktur und prägen bis heute in Verbindung mit verschiedenen anderen Theorien, z.B. feministischen und diskursanalytischen Ansätzen oder in den *Postcolonial Studies*, literaturwissenschaftliche Forschungen.

Die verschiedenen Varianten marxistischer und ideologiekritischer Literaturtheorie werden des Öfteren unter den Sammelbegriff ›**materialistische Literaturtheorie**‹ gefasst. Ihr gemeinsamer Bezugspunkt sind die Werke von Marx und Engels. Da diese selbst keine ausgeführte ästhetische Theorie oder Poetik vorgelegt haben, wurde zum einen die marxistische Gesellschaftstheorie direkt auf Literatur bezogen, zum anderen sammelte man die Äußerungen von Marx und Engels, um daraus eine Theorie marxistischer Literaturbetrachtung zu konstruieren. Ausführlichere Äußerungen zu Kunst und Literatur finden sich zumeist in Vorworten und Briefen. Die wichtigsten Dokumente sind je ein Brief von Engels an die Schriftstellerin Margaret Harkness (1888) und an Minna Kautsky (1885), in denen als Aufgabe des Schriftstellers nicht der »Tendenzroman« bestimmt wird, sondern eine »treue Schilderung der wirklichen Verhältnisse« (Marx/Engels 1967, Bd. 1, 156) und »außer der Treue der Details die getreue Wiedergabe typischer Charaktere unter typischen Umständen« (ebd., 157). Als weiteres wichtiges Dokument wird darüber hinaus ein Briefwechsel zu Ferdinand Lassalles Drama *Franz von Sickingen* einbezogen. In diesem Briefwechsel entfaltet Lassalle seine Dramenkonzeption, die in dezidiertem Gegensatz zur individualistischen Konzeption Schillers auf die dramatische Gestaltung großer kulturgeschichtlicher Entwicklungen und gesellschaftlicher Konflikte zielt, während Marx und Engels ihn in diesen Überlegungen unterstützen, die Umsetzung im *Sickingen*-Drama aber als zu zögerlich kritisieren. Zur sogenannten »Sickingen-Debatte« (Lukács) wurde dieser Briefwechsel allerdings erst in der »Konstruktion ihrer Rezipienten« (Hagen 1974, 10). Gemeinsam ist diesen Äußerungen, dass Literatur in erster Linie inhaltlich betrachtet und am Maßstab der eigenen Geschichts- und Gesellschaftsanalyse bewertet wird. Eine wesentliche Rolle für die Theoriebildung einer marxistischen Literaturwissenschaft spielten diese ursprünglich verstreuten Äußerungen erst, nachdem sie 1937 von Michail Lifschitz gesammelt publiziert wurden.

Als **Anfangspunkt** einer umfassenden Anwendung des historischen Materialismus auf die Literatur und damit einer wenn auch noch nicht institutionalisierten **marxistischen Literaturwissenschaft** wird das literaturkritische Werk des Publizisten Franz Mehring betrachtet (vgl. Koch 1959, 300). Von diesen Anfängen um 1900 entwickelt sich die marxistische Literaturwissenschaft bis in die 1980er Jahre weiter. Sie ist geprägt durch eine internationale Theoriedebatte und Interpretationspraxis, deren Vielfalt der Ansätze nur schwer auf Grundformen zurückführbar ist, da auf sehr unterschiedliche Weisen an das Werk von Marx und Engels angeknüpft wird und zudem die verschiedensten Synthesen mit anderen Theorietraditionen eingegangen werden. Neben einer relativ orthodoxen Tradition zählen zu den Vertretern einer marxistischen Literaturtheorie auch individuelle Denker wie Walter Benjamin, Georg Lukács, Theodor W. Adorno, Antonio Gramsci, Raymond Williams, Fredric Jameson und Terry Eagleton.

9.2.2 Bezugstheorien und Terminologie

Marxismus: Im Zentrum der marxistischen Literaturwissenschaft stehen als Erkenntnistheorie die Widerspiegelungs- oder Abbildtheorie (1) und die Geschichts- und Naturphilosophie des historischen Materialismus (2), wie Marx und Engels ihn entwickelt haben.

1. **Widerspiegelungstheorie:** ›Widerspiegelung‹ wird als Bezeichnung für die ›Umwandlung‹ von Wirklichkeit in gedankliche ›Abbilder‹ verwendet oder, anders ausgedrückt, für die gedankliche Aneignung objektiver Realität durch das Bewusstsein des wahrnehmenden und erkennenden Menschen. Die Annahme einer so verstandenen ›Widerspiegelung‹ der Wirklichkeit oder des ›Materiellen‹ im menschlichen Bewusstsein bildet das Kernstück marxistischer Erkenntnistheorie. Sie setzt einen Wirklichkeitsbezug nicht allein der Gedanken, sondern auch der Gefühle, Wahrnehmungen und Theorien voraus (dazu auch Klaus/Buhr 1972, 32). Dabei gilt die gesellschaftliche Praxis, in der Menschen leben und die sie mit konstituieren, als der Bereich der Wirklichkeit, der den Erkenntnisprozess entscheidend prägt. Die Annahme, dass Erkenntnis keine rein individuelle Leistung ist, sondern stets auf einem sozial bedingten Prozess basiert, ist spezifisch für die materialistische Widerspiegelungs- bzw. Abbildtheorie. In ihren anspruchsvolleren Varianten konzipiert sie den Prozess der Abbildung von gesellschaftlicher Wirklichkeit keineswegs als eindimensionalen, sondern als komplizierten, auch widersprüchlich verlaufenden Vorgang.

2. **Historischer Materialismus:** Dem historischen Materialismus zufolge gehorchen sowohl Geschichte und Natur als auch ihre gedanklichen Abbilder den allgemeinen Bewegungs- und Entwicklungsgesetzen der **Dialektik**. Dieses für die marxistische Theorie wichtige Konzept bestimmt Marx im Anschluss an Hegel und zugleich in Abgrenzung von dessen idealistischem Denken. Die Dialektik umfasst zwei miteinander verbundene Theorieperspektiven: Die Theorie der objektiven Dialektik erklärt die Bewegung und Entwicklung der objektiven Welt (Natur und Gesellschaft), während die

subjektive Dialektik sich als Erkenntnistheorie mit der »Widerspiegelung der objektiven Dialektik im Bewußtsein und Denken des Menschen« befasst (Klaus/Buhr 1972, 245). Zentral für das marxistische Denken ist die Annahme dreier Gesetze der Dialektik:

- **Einheit und Kampf der Gegensätze:** Jede Entwicklung ist insofern Selbstbewegung, als sie aus den internen Widersprüchen der Dinge entsteht. Diese Widersprüche oder Gegensätze stehen in einem permanenten Kampf miteinander und verursachen so Bewegung; zugleich bilden sie in dieser Beziehung aufeinander eine Einheit.
- **Umschlag von Quantität in Qualität:** An einem bestimmten Punkt der Entwicklung schlagen quantitative in qualitative Veränderungen um; auch Quantität und Qualität sind als Einheit aufzufassen.
- **Negation der Negation:** Im Prozess der Entwicklung, die eine Entwicklung zum Höheren ist, bleiben überwundene Stadien erhalten bzw. werden in höheren Stadien aufgehoben.

Für die **historische Entwicklung** wesentlich ist die Dialektik von Produktivkräften (menschliche Arbeitskraft, Produktionsmittel, natürliche, technische und organisatorische Ressourcen usw.) und Produktionsverhältnissen, worunter die gesamten gesellschaftlichen Verhältnisse, insbesondere das Eigentum an Produktionsmitteln (Besitz- und Verteilungsverhältnisse) verstanden werden. Die Produktionsverhältnisse und die Produktivkräfte bilden »die ökonomische Struktur der Gesellschaft, die reale Basis« (Marx/Engels 1956-1968, Bd. 13, 8), über der sich der Staat mit seinem politischen System und Rechtssystem als »Überbau« erhebt, dem wiederum verschiedene Formen des gesellschaftlichen Bewusstseins entsprechen. Diese sind ihrerseits organisiert und manifestieren sich als Religion, Wissenschaft, Kunst, Philosophie u.a. einer Gesellschaft. Auch wenn Marx und Engels zwischen Überbau und diesen ›Formen des Bewusstseins‹ unterscheiden (ebd.), hat sich doch die Formulierung vom religiösen, künstlerischen, philosophischen usw. Überbau etabliert. Das **Verhältnis von Basis und Überbau** wird als »Wechselwirkung auf Grundlage der *in letzter Instanz* stets sich durchsetzenden ökonomischen Notwendigkeit« (ebd., Bd. 39, 206; Hervorhebung im Original) aufgefasst, was einer Determination des Überbaus durch die Basis entspricht. Konstitutiv für die Basis und damit auch für alle Formen des Überbaus vor der Epoche des Sozialismus ist der antagonistische Widerspruch, »der auf dem unversöhnlichen Gegensatz zwischen den Interessen verschiedener gesellschaftlicher Klassen oder sozialer Gruppen beruht« (Klaus/Buhr 1972, 1166).

Ideologiekritik: Auch die Ideologiekritiker gehen von einer engen Verbindung zwischen ästhetischen Produkten wie Literatur und den realgesellschaftlichen Verhältnissen aus, fokussieren den Blick aber auf die Tendenz der Kunstprodukte, faktische Machtverhältnisse zu verschleiern. Zentral sind die Kritische Theorie als Bezugstheorie (1) und der Namen gebende Begriff der Ideologie (2).

1. Kritische Theorie: Die von Max Horkheimer und seinem Kreis erarbeitete Kritische Theorie schließt an marxistische Thesen an und stellt sich damit in die Tradition dialektischen Denkens, setzt aber eigene Schwerpunkte. Zu den wichtigsten Neuerungen zählen eine grundlegende Kritik am traditionellen Vernunftbegriff und das Anknüpfen an psychoanalytische Annahmen Freuds (s. Kap. 5.1). Für beides steht exemplarisch die gemeinsam verfasste Essaysammlung *Dialektik der Aufklärung* (1947) Horkheimers und Adornos, in der die Verfasser unter anderem die Probleme beleuchten, die sie als der Aufklärung inhärent betrachten und für ihr Scheitern verantwortlich machen. Das aufklärerische Leitkonzept, die Vernunft, sei unter den Bedingungen der modernen Welt zur ›instrumentellen Vernunft‹ verkommen und führe zum Bedeutungsverlust des Individuums in einer entfremdeten, von Zwängen der Technik, der Bürokratie und der Tauschbeziehungen beherrschten Lebenswelt. Dem entstellten Vernunftbegriff werden unter anderem das Primat kritischer Reflexion und die Suche nach den verborgenen Faktoren entgegengesetzt, die psychologische Erklärungen der untersuchten gesellschaftlichen und kulturellen Phänomene ermöglichen. So trägt die Aufklärung, dem Befund Adornos und Horkheimers entsprechend, ihre irrationalen Komponenten bereits in sich.

2. **Ideologie:** Der Ideologiebegriff dieser Richtung geht auf Marx und Engels zurück. ›Ideologie‹ bezeichnet die politischen, philosophischen, religiösen, ästhetischen und anderen Anschauungen, die von verschiedenen Klassen in einer Gesellschaft vertreten werden und deren Normen und Werte enthalten. Es gilt: »Die Gedanken der herrschenden Klasse sind in jeder Epoche die herrschenden Gedanken« (Marx/Engels 1956-1968, Bd. 3, 46). Spezifisch für ideologisches Denken ist ein Mechanismus der Verschleierung: Die Anschauungen werden zwar bewusst ausgebildet und reflektiert, jedoch täuscht sich der Denkende oder Schreibende über die eigentlichen Impulse und Motivationen seiner Gedanken. Er erkennt nicht, dass die wirklichen Antriebe seines Denkens die Interessen seiner Klasse sind, und gibt andere Antriebe – etwa ästhetische – als die eigentlichen aus. Diese nur scheinbaren oder auch nur am Rande wirksamen Motivationen der Anschauungen sind Ausdruck falschen Bewusstseins und verhindern eine wirkliche Erkenntnis der gesellschaftlichen Verhältnisse (dazu auch Eagleton 1976, 16f.). Die dem Kapitalismus entsprechende Ideologie ist nach Marx der »**Warenfetischismus**«. Auf der Basis der kapitalistischen Gesellschaftsform und ihres Denkens in Tauschbeziehungen und Profit verselbständigen sich die Waren und bekommen eine Art Eigenleben, das sie von Objekten zu scheinbar belebten Subjekten werden lässt. Sie erhalten den Status von Fetischen (dazu Marx/Engels 1956-1968, Bd. 23, 85-98, 107f.).

Bezogen auf das Verhältnis von **Ideologie und Literatur** lassen sich mindestens zwei Positionen unterscheiden. Die einfachere Variante nimmt an, dass sich in literarischen Texten stets die Ideologie ihrer Zeit manifestiert. Eine komplexere Sichtweise postuliert, dass Literatur zwar an die ideologischen Anschauungen ihrer Zeit gebunden ist und sie reproduziert; indem sie ihren Lesern die Anschauungen aber nicht begrifflich mitteilt, sondern erfahrbar macht, ermöglicht sie ihnen – unter bestimmten Umständen – sich von dieser Erfahrung zu distanzieren und Erkenntnis über die Bedingungen der Ideologie zu erlangen (vgl. Eagleton 1976, 17f.).

> **Zur Verwendung des Ideologiebegriffs**
> Der Ideologiebegriff gehört zu den schillerndsten Begriffen geisteswissenschaftlicher Forschung, nicht allein wegen seiner stark normativen Verwendungsweisen. Eagleton führt in seiner Monographie allein 16 Bestimmungen dieses Begriffs an,

die einander zum Teil widersprechen (vgl. Eagleton 1993, 7f.). Er plädiert überzeugend für eine Unterscheidung von sechs Begriffsbestimmungen, differenziert nach ihrem Allgemeinheitsgrad (vgl. ebd., 38ff.):

1. Ideologie wird aufgefasst als Hervorbringung von Ideen, Überzeugungen und Werten allgemein; der Begriff ›Ideologie‹ wird hier im Sinne eines weit verstandenen Kulturbegriffs verwendet;
2. Hervorbringung von Ideen, Überzeugungen und Werten einer herrschenden Klasse oder sozialen Gruppe;
3. »Propagierung und Legitimierung der Interessen sozialer Gruppen« (ebd., 39), in dezidierter Abgrenzung gegen die konträren Interessen anderer Gruppen; ›ideologisches Sprechen‹ heißt hier wie in allen weiteren Bedeutungen so viel wie ›strategisches, nicht wahrheitsorientiertes Sprechen‹;
4. Propagierung und Legitimierung der Interessen der Gruppe bzw. Klasse, die als ›herrschende‹ die gesellschaftliche Macht innehat;
5. Propagierung und Legitimierung der Interessen der herrschenden Gruppe bzw. Klasse durch diskursive Entstellung »der Wirklichkeit« (ebd., 40);
6. Propagierung und Legitimierung der Interessen nicht einzelner sozialer Gruppen, sondern der Interessen, die in der Gesellschaftsstruktur als solcher verankert sind; auch in dieser Bedeutung von ›Ideologie‹ werden die ›wirklichen‹ Verhältnisse entstellt.

In der Literaturwissenschaft sind am häufigsten die Bestimmungen (3) bis (5) zu finden; (6) entspricht dem Marx'schen Konzept des ›Warenfetischismus‹ (zur Debatte über den Ideologiebegriff vgl. auch Ertler 1998).

9.2.3 Grundbegriffe: Literatur, Autor, Leser, Kontext

1. **Literatur** wird, der Rahmentheorie entsprechend, als Produkt des Bewusstseins dem Überbau zugeordnet, der in einer Wechselbeziehung mit der ökonomischen Grundlage der Gesellschaft steht. Sie gilt als dialektisches Moment im gesellschaftlichen Prozess: Aus Sicht materialistischer Literaturwissenschaftler ist ein literarischer Text

> Produkt menschlicher Arbeit, entstanden durch und in Auseinandersetzung mit menschlicher Herrschaft. Das ästhetische Gebilde, das in der charakteristischen Auswahl bestimmter sprachlich-fiktionaler Formen eine gesamtgesellschaftliche Konstellation deutend umsetzt, wird wiederum zu einer gesellschaftlichen Kraft eigener Art. (Gansberg 1970, 7f.)

Auch Literatur ist also von der sozialen und ökonomischen Basis abhängig, kann aber zugleich auf die Basis einwirken. Sie nimmt immer »Material der jeweiligen gesellschaftlichen Realität« auf und verarbeitet es mit ihren Mitteln (ebd., 20). Wie jedes Produkt des Bewusstseins partizipiert sie *per definitionem* an der Ideologie der herrschenden Klasse, hat aber zugleich die Möglichkeit, utopisch »neue Möglichkeiten menschlicher Existenz« zu entwerfen (ebd.). Dabei sind es nicht allein die »Weltanschauungen«, in denen Literatur ideologisch werden kann, sondern auch ihre formalen, ästhetischen

Komponenten (vgl. Mecklenburg 1976, 116). Ihre inhaltlichen und formalen Mittel kann Literatur unterschiedlich einsetzen; ›ideologisch‹ wird sie, wenn sie dazu beiträgt, »die Wirklichkeit zu verfälschen, Irrationales zu rationalisieren, gesellschaftliche Verhältnisse zu verschleiern oder zu rechtfertigen« (ebd., 115).

Mit Bestimmungen wie diesen ist die **Frage der Autonomie von Literatur** berührt, zu der sich die verschiedenen Spielarten materialistischer Literaturtheorie unterschiedlich verhalten (s. auch Kap. 3.4). Während die marxistisch-orthodoxe Richtung die Annahme, Literatur sei autonom, generell als Relikt der bürgerlichen Literaturwissenschaft kritisiert und ihr die These von der prinzipiellen Abhängigkeit der Literatur von Herrschaftsverhältnissen entgegenhält (z.B. Gansberg 1970, 21), vertreten andere Theoretiker vermittelnde Positionen. So hält der an der literarischen Avantgarde orientierte Adorno an der Autonomie des Kunstwerkes fest, bestimmt diese Kategorie aber im Einklang mit Konzepten der Kritischen Theorie. Er nimmt eine besondere dialektische Beziehung zwischen Kunst und Wirklichkeit an: Kunst (in einem emphatischen Sinne) negiere stets die gesellschaftliche Realität, sei in diesem negativen Bezug auf Wirklichkeit aber zugleich durch sie bestimmt. Er lehnt das Vorgehen ab, die Deutung von Kunstwerken unvermittelt auf den sogenannten gesellschaftlichen Standort oder die gesellschaftliche Interessenlage der Werke oder gar ihrer Autoren zu beziehen; vielmehr müsse untersucht werden, wie das Ganze einer Gesellschaft im Kunstwerk erscheine (vgl. Adorno 1981, 51). Gerade die Form des gelungenen Kunstwerkes versöhnt, so Adorno, die Widersprüche, die die Realität wesentlich prägen, und in ihrer Autonomie gegenüber der ›verwalteten Welt des Unwahren‹ zeigt sich eine Gegenposition zur Realität, die sonst nur der höchsten Anstrengung des Begriffs zugänglich ist. Der »unversöhnlich klaffende Widerspruch zwischen der dichterisch integren Sprache und der kommunikativen« (Adorno 1981a, 130) führt dazu, dass Dichtung in der Moderne nur noch dort den Rang autonomer Kunst erreichen kann, wo sie sich in immer höherer Komplexität der leichten Konsumierbarkeit und damit der ›Kulturindustrie‹ verweigert.

Mit der Frage der Autonomie von Literatur ist eng das Problem verknüpft, wie sich im Rahmen materialistischer Theorie und Methode die **spezifisch ästhetischen Qualitäten** literarischer Texte erfassen lassen. Wenn Literatur nicht allein über ›Bewusstseinsinhalte‹ bestimmt werden soll, muss die Rolle formaler, ästhetischer Elemente für das Konzept der Literatur als gesellschaftliches Produkt bestimmt werden. Für dieses notorisch strittige Problem materialistischer Ansätze liegen verschiedene Lösungsversuche vor, von denen keiner völlig überzeugen kann. Eine Strategie besteht in der schlichten Behauptung, auch die ästhetischen Komponenten literarischer Texte seien Ergebnisse gesellschaftlicher Prozesse (vgl. z.B. Gansberg 1970, 21). Adorno argumentiert komplexer, wenn er behauptet, »das Asoziale der Kunst ist bestimmte Negation der bestimmten Gesellschaft« (Adorno 1970, 335). Für ihn manifestiert sich die Gegenposition, die (zu ergänzen ist: gelungene) literarische Werke zur Gesellschaft einnehmen, gerade in der ästhetischen Form. Lucien Goldmann vertritt die klarer operationalisierbare These, dass die Übereinstimmung von Basis und künstlerischem Überbau nicht als inhaltliche Größe zu fassen sei, sondern als strukturelle Homologie; während nach Peter Bürgers Konzept der ›Institution Literatur‹ diese sowohl autonomes Kunstwerk als auch zugleich gesellschaftlich bedingt sein kann (s. dazu Kap. 9.3.2). Annahmen wie diese sind entweder in ihrer Allgemeinheit trivial oder sie sind bis heute den Nachweis schuldig geblieben, dass sie Genese und Funktionsweise formaler Elemente literarischer Texte tatsächlich erklären können.

Wenn Literatur als sprachliches Produkt gesellschaftlicher Prozesse verstanden wird, dann hat das Folgen für die Auffassung vom **Gegenstandsbereich der Literaturwissenschaft** und den ihnen angemessenen Untersuchungsverfahren. Betrachtet werden nun nicht mehr allein kanonische Werke der ›Hochliteratur‹, sondern auch Werke der populären Literatur, die die akademische Literaturwissenschaft vor den 1970er Jahren fast völlig vernachlässigt hatte. Diese Werke erscheinen in den ideologiekritischen Untersuchungen jedoch durchweg als Träger falscher Ideologie und werden, eben als Produkte der Kulturindustrie, durchweg als ›affirmativ‹ abgelehnt. Der falschen Ideologie entziehen können sich nur wenige formal gelungene, und damit ›authentische Werke‹. (Insbesondere die Beschreibung der Kultur als ›Kulturindustrie‹ in Adornos und Horkheimers *Dialektik der Aufklärung* (1947) hat hier modellbildend gewirkt und die Beschäftigung mit Unterhaltungsliteratur in Deutschland über viele Jahre maßgeblich geprägt.)

2. Autor: Die Autorkategorie spielt in der materialistischen Literaturwissenschaft insofern eine wichtige Rolle, als der Urheber eines Textes zum einen Träger des Bewusstseins ist, das den Text hervorbringt, und zum anderen als Teil einer bestimmten Gesellschaft auf eine sehr konkrete Weise in die Produktions- und Machtverhältnisse seiner Zeit eingebunden ist (vgl. auch Eagleton 1976, Kap. 4). Walter Benjamin z.B. überträgt mit seiner Frage nach den »schriftstellerischen Produktionsverhältnisse[n] einer Zeit« (Benjamin 1977, 686) die marxistischen Kategorien auf den Autor und seine Arbeit. Zu untersuchen sind unter anderem das Verhältnis der Autoren zur herrschenden Klasse und ihr Umgang mit dem vorgefundenen »Produktionsapparat« (ebd., 691, 693). Zugleich werden – in einer normativen Wendung – aus den leitenden Kategorien aber auch Maßstäbe für die Bestimmung und Bewertung der stets politisch definierten Aufgabe von Autoren gewonnen (vgl. ebd., z.B. 693).

3. Leser: Die Kategorie des Lesers wird dagegen deutlich seltener reflektiert; jedoch lässt sich ein implizites Leserkonzept erschließen, das vielen marxistischen und ideologiekritischen Arbeiten zugrunde liegt. Es geht von unmündigen Lesern aus, denen mit Hilfe literarischer Texte die Möglichkeit der Erkenntnis und (richtigen) Bewusstseinsbildung eröffnet werden soll. Zugleich sind sie vor den Texten, die ›falsches Bewusstsein‹ vermitteln, zu schützen. Dem gegenüber steht die normative Auffassung eines ›idealen‹ Lesers, der an der Bewusstseinsbildung interessiert und reflektiert genug ist, die emanzipatorische Möglichkeit, die literarische Texte ihm bieten, auch zu nutzen.

4. Kontext: Marxistische und ideologiekritische Literaturtheorien gehören zu den kontextorientierten Ansätzen. Da literarische Werke durch die ›Klassenlage‹ ihrer Entstehungssituation bestimmt sind, werden sie entsprechend mit Rekurs auf Informationen zu den ökonomischen, sozialen und politischen Bedingungen ihrer Zeit analysiert, aber auch ihr Verhältnis zu anderen Überbau-Phänomenen kann aussagekräftig sein. Historische Kontextualisierungen sind also obligatorisch; ohne sie können die relevanten Beziehungen, die nicht allein über die Bedeutung, sondern auch den Wert literarischer Texte entscheiden, nicht erkannt werden.

9.2.4 Ziele und Methoden der Ansätze

Aufgaben und Vorgehen materialistischer Literaturwissenschaft lassen sich grob unter drei Aspekten zusammenfassen:

1. Analyse der Produktions-, Rezeptions- und Distributionsbedingungen von Literatur: Unter einer primär literatursoziologischen Perspektive sind die gesellschaftlichen Bedingungen des Umgangs mit Literatur (Autoren, Leser und Distributoren, gesellschaftliche Vermittlungsinstanzen, -strategien und -medien, Instanzen und Prozesse der Kanonbildung usw.) zu untersuchen, und zwar in ihren konkreten sozioökonomischen Bedingungen. Gewonnen werden auf diese Weise Einsichten in den Zusammenhang der »Verwertungsprozesse«, in denen Literatur situiert ist (vgl. z.B. Gansberg 1970, 8), und Erkenntnisse über deren Rückbindung an die sozialen und ökonomischen Bedingungen ihrer Zeit.

2. Analyse einzelner Werke und literarhistorischer Entwicklungen: Abhängig von der Annahme, was eine Analyse leisten soll, wird das konkrete Untersuchungsverfahren unterschiedlich bestimmt. Nur drei Ansätze seien genannt:

Nach Auffassung **Franz Mehrings** etwa ist die Literaturbetrachtung Teil der allgemeinen Geschichtswissenschaft, und ihre Aufgabe besteht darin, das ›literarische Erbe‹, in dem Autoren für die fortschrittlichen Klassen ihrer Zeit eingetreten sind, für die zukunftsbestimmende gesellschaftliche Klasse, das Proletariat, vor dem verfälschenden Zugriff der bürgerlichen Literaturwissenschaft zu retten (*Die Lessing-Legende*, 1893). Mehrings Methode besteht darin, die Basis-Überbau-Verhältnisse in der Entstehungssituation eines literarischen Textes zu analysieren und monokausal die politische Position des Autors oder den politischen Inhalt des Werkes auf den Klassenkampf als zentrales Moment der Basis zu beziehen.

Georg Lukács dagegen betont im Rückgriff auf Hegels Ästhetik den Erkenntniswert von Literatur und sieht als Aufgabe der Kunst »die treue und wahre Darstellung des Ganzen der Wirklichkeit« (Lukács 1969, 219). Diese umfassende Widerspiegelung wird im Kunstwerk vor allem mittels einer spezifischen Ausprägung der Figur, des »Typus«, geleistet, der Allgemeines und Konkretes vermittelt: »Der Typus wird nicht infolge seiner Durchschnittlichkeit zum Typus, auch nicht durch seinen nur – wie immer vertieften – individuellen Charakter, sondern dadurch, daß in ihm alle menschlich und gesellschaftlich wesentlichen, bestimmenden Momente eines geschichtlichen Abschnitts zusammenlaufen, sich kreuzen« (Lukács 1985, 244). Ihn gilt es daher vor allem zu analysieren.

Als Weiterentwicklung traditioneller hermeneutischer Ansätze versteht sich die **Kritische Hermeneutik** der 1970er Jahre, die im Rahmen der Kritischen Theorie vor allem von Jürgen Habermas entwickelt wurde. Idealistische Konzepte wie Gadamers Geschichtsverständnis werden konkretisiert und mit Verfahrensregeln verbunden, die auf eine Analyse konkreter gesellschaftlicher Verhältnisse zielen: ›Vorurteile‹ etwa (s. Kap. 3.2) sind konkret zu benennen und in ihrer historischen wie auch sozioökonomischen Bedingtheit zu reflektieren; auch das Gadamer'sche ›Überlieferungsgeschehen‹ wird nicht mehr als eher diffuse Größe, sondern als geprägt durch den jeweiligen gesellschaftlichen Bezugsrahmen, durch »Sprache, Arbeit und Herrschaft« (Habermas 1971,

52, 54 u.ö.), aufgefasst. Die Funktion der Sprache, als Instrument der Herrschaft und Legitimation von Gewalt zu dienen oder diese Wirkung gerade zu unterlaufen, ist im Einzelfall zu untersuchen.

Von den Besonderheiten der einzelnen Ansätze absehend lassen sich zusammenfassend **Ziele und Verfahren der Textanalysen** benennen:

- **Historische Erklärung literarischer Formen, Inhalte und Entwicklungen** in der Analyse und Interpretation von Einzelwerken, aber auch komplexeren Phänomenen der Literatur (Gattungen, Epochen). Diese Erklärungen basieren auf der von der Rahmentheorie her vorgegebenen Annahme einer Wechselbeziehung zwischen spezifisch literarischen Merkmalen der Texte und Faktoren des ideologischen und institutionellen Überbaus sowie der sozioökonomischen Basis.
- **Nachweis der systemstabilisierenden Funktion oder des emanzipatorischen Potenzials literarischer Texte:** Je nach Richtung wird dieses Anliegen auch als Frage nach der ›Wahrheit‹ oder ›Falschheit‹ bzw. ›Unwahrheit‹ von Dichtung formuliert (vgl. z.B. Mecklenburg 1976, 119, 125). Aufgabe literaturwissenschaftlicher Ideologiekritik ist es damit entweder, jene Literatur, die Machtverhältnisse affirmiert, zu entlarven, oder das kritische und subversive Potenzial von Literatur zu zeigen. Sie will deutlich machen, wie in literarischen Texten, auch in scheinbar harmlosen, nur unterhaltenden, Ideen formuliert und somit wirksam werden, die ›affirmativ‹ zur Stabilisierung der (verkehrten) Herrschaftsverhältnisse beitragen und die richtige Einsicht in sie verhindern.

3. **Reflexion der eigenen Voraussetzungen:** Als drittes Anliegen wird die »ideologiekritische Aufarbeitung der eigenen Wissenschaftstradition« (Hüppauf/Köhn/Philippi 1972, 133) formuliert. Es geht darum, das Erkenntnisinteresse des einzelnen Forschers ins Bewusstsein zu heben und zu reflektieren, aber auch die sozioökonomische Bedingtheit der Literaturwissenschaft selbst in den Blick zu nehmen, ihre akzeptierten Begriffe, Kategorien und Verfahren sowie die für interessant und wichtig gehaltenen Fragestellungen und ihre Institutionen.

In jeder marxistischen oder ideologiekritischen Untersuchung ist das **Parteilichkeitspostulat** zu beachten, das – aus Äußerungen von Marx und Engels abgeleitet – ebenfalls unterschiedlich formuliert wird. Im Kern besagt es, dass die Aufgabe des Wissenschaftlers nicht allein im Analysieren und Rekonstruieren besteht, sondern in der Parteinahme für eine der sozialen Gruppen im historischen Prozess. Für Lukács etwa geht es um »jene Klasse, die Trägerin des geschichtlichen Fortschritts ist« (Lukács 1985a, 119). Auch in nachfolgenden ideologiekritischen Ansätzen wird in diesem Sinne Partei genommen, in feministischer Literaturwissenschaft für die vom patriarchalen System ausgegrenzten bzw. benachteiligten Autorinnen (s. Kap. 10.4), in postkolonialistischen Ansätzen für Autoren unterdrückter Kulturen (s. Kap. 11.3.3).

> **Kritiker** marxistischer und ideologiekritischer Positionen setzen vor allem bei den Überlegungen zur Textanalyse an. Sie werfen den Theoretikern vor, keine befriedigenden Kriterien für eine Methode zur Untersuchung von Einzeltexten und literarischen Reihen angeben zu können. Die Textbetrachtungen, so der Vorwurf, gehen zum einen über eine Verbindung hermeneutischer Sinnparaphrasen mit gesellschaftlichem Kontextwissen nicht hinaus und setzen zum anderen textuelle

und textexterne Daten in eine kurzschlüssige Wechselbeziehung, der ein zu hohes Erklärungspotenzial zugeschrieben wird. Im Einzelnen steht die Anwendung der zentralen ideologiekritischen Gedankenfigur vor der Schwierigkeit, plausibel die Ideologie eines Kunstwerkes ermitteln zu müssen, um sie dann auf das gesellschaftliche Modell beziehen zu können. Versuche, über gesellschaftliche Positionen der Figuren und die sozialen Aspekte der Handlung zu argumentieren, können nur die Inhalte der Texte erfassen. Auch landen sie oft zu schnell beim Lob der Tendenzkunst, wenn sie die Texte auf der Grundlage weltanschaulicher Befunde werten. Dagegen haben Ansätze, die auf einem – wie auch immer bestimmten – Maß an Autonomie literarischer Texte bestehen, in der Vermittlung zwischen Kunstwerk und Sozialem einen begrifflichen und methodologischen Drahtseilakt zu vollziehen. Bezeichnenderweise haben sich Theoretiker neuerer marxistisch orientierter Literaturwissenschaft gerade um dieses Problem besonders bemüht (s. Kap. 11.2.2).

9.2.5 Beispielinterpretation

Als Beispiel für eine marxistische Interpretation sei Georg Lukács' oft zitierter Aufsatz »Die Leiden des jungen Werther« (1939) herangezogen. Lukács verfolgt in diesem Beitrag ein doppeltes Ziel: die ideologischen Voraussetzungen der herkömmlichen Literaturgeschichtsschreibung aufzudecken und den Roman sowohl in seiner gesellschaftlichen Bedingtheit als auch als Symptom für einen bestimmten gesellschaftlichen Zustand zu interpretieren:

1. **Kritik an der »bürgerliche[n] Literaturgeschichte«** (Lukács 1964, 53): In dezidierter Abgrenzung gegen die damals vorherrschende literarhistorische Auffassung rechnet Lukács Goethes *Werther* der Aufklärung zu. Es sei eine »Geschichtslegende«, den Sturm und Drang als »eine Revolte des ›Gefühls‹, des ›Gemüts‹, des ›Triebes‹ gegen die Tyrannei des Verstandes« (ebd., 54) aufzufassen. Ziel dieser Strategie sei es, die »irrationalistischen Tendenzen der bürgerlichen Dekadenz« (ebd.) zu legitimieren, der auch die bürgerliche Literaturwissenschaft zuzurechnen sei, und zugleich zu leugnen, dass im Sturm und Drang Aufklärer wie Goethe für einen »neuen Menschen« (ebd., 55) kämpfen: Nicht die Konfrontation der abstrakten menschlichen Vermögen ›Verstand‹ versus ›Gefühl‹ präge die Epoche, sondern der Kampf gegen die alte, feudalistische Gesellschaftsordnung.

2. **Neue Interpretation des *Werther*:** Vor dem Hintergrund dieser Annahme interpretiert Lukács Goethes frühen Roman als ein Dokument der »bürgerlichen Revolution« (ebd., 57), in dem sich die Widersprüche der bürgerlichen Gesellschaft manifestieren und das die – für eine bestimmte gesellschaftliche Gruppe repräsentative – Haltung des jungen Goethe ausdrückt. Auch wenn Goethe kein Revolutionär sei, stehe er doch, so Lukács, vor denselben »Grundproblemen« wie die Vertreter der bürgerlichen Revolution (ebd.). Diese Probleme und ihre Behandlung im *Werther* arbeitet Lukács im Folgenden heraus und gewinnt daraus Thesen zur Deutung des Romans:

- **Gegensatz zwischen Individuum und Gesellschaft:** Goethe sehe, so Lukács, die feudale Standesgesellschaft als Hindernis für die freie Entfaltung der Persönlichkeit und gestalte diese Einsicht am Beispiel seines Protagonisten. Er gehe aber noch über diese Erkenntnis hinaus.
- **Einsicht in einen grundlegenden gesellschaftlichen Widerspruch:** Goethe habe in einem vorbegrifflichen Sinne erkannt, dass es die bürgerliche Gesellschaft selbst sei, die zugleich mit der Forderung nach freier Entfaltung des Individuums eben die Hindernisse aufbaue, die eine freie Entfaltung verhindern. Lukács sieht die Ursache für diesen Mechanismus in der »kapitalistische[n] Arbeitsteilung« (ebd., 58), welche die ökonomischen Bedingungen für eine moderne Persönlichkeitsentwicklung bereitstelle, zugleich aber zu einem grundlegenden Entfremdungsphänomen führe: zur arbeitsteilig ›zerstückelten‹ anstatt zur ganzheitlichen Persönlichkeit. Dieses Bedingungsverhältnis – dessen ökonomische Basis, so Lukács, Goethe noch nicht erkennen konnte – sei im *Werther* dargestellt (vgl. ebd., 58f.).
- **Fixierung auf den Kampf um eine allseitige Entfaltung des Menschen:** Als »dichterische[n] Hauptinhalt des *Werther*« (ebd., 59) betrachtet Lukács dementsprechend den Kampf gegen die äußeren und inneren Hindernisse, die einer freien und umfassenden Entfaltung der Persönlichkeit des Protagonisten im Wege stehen. Dieser Kampf finde im öffentlichen Bereich statt und äußere sich in Werthers Konflikt mit der Gesellschaft, aber ebenso beherrsche er die Privatsphäre, z.B. im Liebeskonflikt und im Scheitern ethisch begründeter Handlungen.
- **Werther als Typus des ›neuen Menschen‹:** Werther repräsentiert für Lukács den ›neuen Menschen‹, der gegen die ständischen Konventionen (Adelskritik), aber auch gegen bürgerliche Institutionen und Philistertum (Ehekritik) revoltiert. In diesem Sinne sei der Protagonist zugleich »Repräsentant des volkstümlichen Lebendigen« (ebd., 62). Dass Lukács Werther Volkstümlichkeit attestiert, mag überraschen; er rechtfertigt diese Zuschreibung zum einen *ex negativo*, indem er die im Roman geäußerte Kritik an allen anderen Ständen hervorhebt, und zum anderen mit Hinweis auf die ›volkstümlichen‹ Dichter, die im *Werther* zur Sprache kommen, z.B. Homer und Ossian (vgl. ebd.).

Goethe gestalte demnach mit seinem Werther einen »vorrevolutionären« Protagonisten, der »an einem allgemeinen Konflikt der ganzen bürgerlichen Gesellschaft zugrunde geht« (ebd., 67):

> So wie die Helden der Französischen Revolution, von heroischen, geschichtlich notwendigen Illusionen erfüllt, heldenhaft strahlend in den Tod gingen, so geht auch Werther in der Morgenröte der heroischen Illusionen des Humanismus vor der Französischen Revolution tragisch unter. (Ebd.)

Lukács nutzt in dieser Interpretation seine marxistische Rahmentheorie und das auf ihr basierende Geschichtsbild für eine Diagnose der Gesellschaft, in der der Roman geschrieben worden und in der seine Handlung angesiedelt ist. Die zentralen Bezugspunkte für seine Deutung bilden seine Einsicht in die ökonomische Grundlage jeder gesellschaftlichen Beziehung und in die Bedingungszusammenhänge von Gesellschaft und Literatur sowie seine Deutung der geschichtlichen Entwicklung im Ausgang des 18. Jahrhunderts. Motivische und thematische Textbefunde dienen ihm zur Rechtfertigung, um die genannten Kontexte einbeziehen zu können. Zugleich setzt er seine Annahmen dazu ein, im Text nicht ausgeführte Handlungs- oder Beschreibungselemente – z.B. das Merkmal der ›Volkstümlichkeit‹ des Protagonisten – zu ergänzen.

Das Wichtigste in Kürze

Marxistische und ideologiekritische Literaturwissenschaft beziehen sich auf die **marxistische Gesellschaftstheorie** und konzipieren Literatur und Gesellschaft im Sinne des **Basis-Überbau-Modells**.

Unter Voraussetzung einer Wechselbeziehung zwischen literarischen Merkmalen der Texte und Faktoren des ideologischen und institutionellen Überbaus sowie der sozioökonomischen Basis verfolgen marxistische und ideologiekritische Literaturwissenschaftler **drei Ziele**. Sie
- analysieren die Produktions-, Rezeptions- und Distributionsbedingungen von Literatur;
- erklären literarische Formen, Inhalte und Entwicklungen und interpretieren Einzeltexte;
- plädieren für eine Reflexion der eigenen ideologischen Voraussetzungen und Erkenntnisinteressen.

Ideologiekritische Literaturwissenschaft untersucht Literatur schwerpunktmäßig unter der **Perspektive, welche Ideologie sie vermittle** und ob bzw. wie sie **tatsächliche Machtverhältnisse verschleiere**.

Literatur

Adorno, Theodor W.: *Ästhetische Theorie*. Frankfurt a.M. 1970.
Adorno, Theodor W.: Rede über Lyrik und Gesellschaft. In: Th.W. A.: *Noten zur Literatur*. Hg. von Rolf Tiedemann. Frankfurt a.M. 1981, 49-68.
Adorno, Theodor W.: Zur Schlußszene des Faust. In: Th.W. A.: *Noten zur Literatur*. Hg. von Rolf Tiedemann. Frankfurt a.M. 1981, 129-138 (=1981a).
Benjamin, Walter: Der Autor als Produzent. Ansprache im Institut zum Studium des Fascismus in Paris am 27. April 1934. In: W. B.: *Gesammelte Schriften*. Hg. v. Rolf Tiedemann und Hermann Schweppenhäuser. Bd. II,2: Aufsätze, Essays, Vorträge. Frankfurt a.M. 1977, 683-701.
Eagleton, Terry: *Ideologie. Eine Einführung*. Stuttgart 1993 (engl. 1991).
Ertler, Klaus-Dieter: Idola post modernam: Neuere Definitionen des Ideologiebegriffs. In: *Internationales Archiv für Sozialgeschichte der deutschen Literatur* 23/1 (1998), 112-146.
Gansberg, Marie Luise: Zu einigen populären Vorurteilen gegen materialistische Literaturwissenschaft. In: M. L. G./Paul Gerhard Völker: *Methodenkritik der Germanistik. Materialistische Literaturtheorie und bürgerliche Praxis*. Stuttgart 1970, 7-39.
Habermas, Jürgen: Zu Gadamers »Wahrheit und Methode«. In: Karl-Otto Apel u.a. (Hg.): *Hermeneutik und Ideologiekritik*. Frankfurt a.M. 1971, 45-56.
Hagen, Wolfgang: Zur Archäologie der marxistischen Geschichts- und Literaturtheorie. Die sogenannte ›Sickingen-Debatte‹. In: Heinz Schlaffer (Hg.): *Erweiterung der materialistischen Literaturwissenschaft durch Bestimmung ihrer Grenzen*. Stuttgart 1974, 7-108.

Hüppauf, Bernd/Lothar Köhn/Klaus-Peter Philippi: Marxismus. In: Jürgen Hauff u.a. (Hg.): *Methodendiskussion. Arbeitsbuch zur Literaturwissenschaft.* Bd. 2. Frankfurt a.M. 1972, 84-134.
Klaus, Georg/Manfred Buhr (Hg.): *Marxistisch-Leninistisches Wörterbuch der Philosophie.* Reinbek bei Hamburg 1972.
Koch, Hans: *Franz Mehrings Beitrag zur marxistischen Literaturtheorie.* Berlin 1959.
Lukács, Georg: Die Leiden des jungen Werther. In: G.L.: *Deutsche Literatur in zwei Jahrhunderten.* Neuwied u.a. 1964, 53-68.
Lukács, Georg: *Probleme der Ästhetik.* Neuwied 1969.
Lukács, Georg: Vorwort zu »Balzac und der französische Realismus«. In: G. L.: *Schriften zur Literatursoziologie.* Frankfurt a.M. 1985, 241-253.
Lukács, Georg: Tendenz oder Parteilichkeit? In: G. L.: *Schriften zur Literatursoziologie.* Frankfurt a.M. 1985, 109-121 (=1985a).
Marx, Karl/Friedrich Engels: *Werke.* Hg. vom Institut für Marxismus-Leninismus. Berlin 1956-1968.
Marx, Karl/Friedrich Engels: *Über Kunst und Literatur.* Hg. von Manfred Kliem. 2 Bde. Berlin 1967.
Mecklenburg, Norbert: *Kritisches Interpretieren.* München ²1976.
Mehring, Franz: *Die Lessing-Legende* [1893]. Frankfurt a.M. 1972.
Williams, Raymond: *Problems in Materialism and Culture.* London 1980.

Weitere Lektüreempfehlungen

Eagleton, Terry: *Marxism and Literary Criticism.* London 1976.
Der Verfasser gibt einen knappen, kenntnisreichen und gut lesbaren Überblick über die verschiedenen Richtungen marxistischer Literaturwissenschaft. Dargestellt werden die Gesellschaftstheorien von Marx und Engels, die Adaptionen von Lukács, Benjamin, Brecht, Goldmann und anderen bis hin zu Modellen von Theoretikern der 1970er Jahre.
Raddatz, Fritz J. (Hg.): *Marxismus und Literatur. Eine Dokumentation in drei Bänden.* Reinbek bei Hamburg 1969.
Die Bände enthalten wichtige Grundlagentexte der Richtung und ermöglichen so einen guten Einblick in Zielsetzungen und Argumentationsweisen marxistischer Literaturwissenschaft.

9.3 Sozialgeschichte der Literatur

9.3.1 Einleitung

Unter der Bezeichnung ›Sozialgeschichte der Literatur‹ im engen Sinne ist ein weitgehend auf Deutschland beschränktes Theorieprogramm bekannt geworden, das ab der zweiten Hälfte der 1970er entwickelt worden ist und seinen Höhepunkt in den 1980er Jahren hat. Es nimmt zwar wesentliche Impulse der marxistischen und ideologiekritischen Literaturwissenschaft auf, weicht aber in wichtigen Punkten von ihr ab. Auch die Vertreter sozialgeschichtlicher Ansätze sind daran interessiert, literarische Texte mit sozialen Strukturen zu korrelieren; aber sie übernehmen weder die relativ einfachen Widerspiegelungskonzepte der marxistischen Literaturwissenschaft noch folgen sie Adornos Ästhetikkonzeption. Vielmehr wird die Frage nach der Art und der Konzeptualisierbarkeit der Beziehung zwischen symbolischen Systemen und sozialen Prozessen bzw. zwischen Literatur und Gesellschaft, zum zentralen Problem dieser Ansätze (vgl. Schönert 1990). Allerdings sind die Grenzen durchlässig: Auch in Arbeiten, die als sozialgeschichtlich zu klassifizieren sind, kann mit Lukács und Adorno argumentiert werden, und Bezugnahmen auf Marx sind ebenfalls an der Tagesordnung. Generell ist aber festzuhalten, dass in sozialgeschichtlichen Ansätzen das geschichtsphilosophische Modell des Marxismus durch offenere Modelle historischer Beschreibung ersetzt wird.

Sozialgeschichtliche Literaturwissenschaft der 1980er Jahre wird vor allem auf zwei Gebieten betrieben:

- **Theoriebildung:** Gesucht wird eine theoretisch avancierte integrative Konzeption, die umfassend genug ist, um alle Aspekte der komplexen Fragestellung aufzunehmen, und zugleich einfach genug, um anwendbar zu sein. Theoretische Schützenhilfe wird in der zeitgenössischen Soziologie gesucht (s. Kap. 9.3.2). Keiner der in diesem Zeitraum entstehenden, mehr oder minder breit angelegten theoretischen Entwürfe kann sich allerdings großflächig in der Disziplin durchsetzen. Dennoch haben bestimmte Annahmen sozialgeschichtlicher Konzeptbildung seither für größere Gruppen im Fach einen konsensuellen Status (vgl. Huber/Lauer 2000, 2), etwa die Auffassung, dass die Untersuchung literarischer Institutionen wichtige Einsichten für das Verständnis der Literatur einer Zeit erbringe oder dass es eine Verbindung zwischen der Ausbildung literarischer Gattungen und gesellschaftlichen Entwicklungen gebe.
- **Literaturgeschichtsschreibung:** Den sozialgeschichtlich orientierten Forschern geht es nicht in erster Linie um Einzeltextinterpretationen, sondern um einen neuen und überzeugenderen Typ der Literaturgeschichtsschreibung auf dem Niveau der historiographischen Verfahren anderer Disziplinen. Bezeichnenderweise entstanden neben den theoretischen Entwürfen – und zum Teil sogar vor ihnen – gleich mehrere Sozialgeschichten der Literatur als groß angelegte historiographische Projekte (vgl. z.B. Glaser 1980ff., Grimminger 1980ff.). Sie machen allerdings das Fehlen einer integrativen sozialgeschichtlichen Theorie besonders deutlich (vgl. Schönert 1985).

9.3.2 Bezugstheorien und Terminologie

Als leitende Frage sozialgeschichtlicher Ansätze kann abstrahierend formuliert werden: Auf welche Weise hängen Symbolsystem und Sozialstruktur einer Gesellschaft zusammen? Sollen wenig plausible, weil vereinfachende Annahmen vom Typ einer Abbildrelation vermieden werden, dann stellt sich das Problem einer angemessen komplexen Modellierung dieses Zusammenhangs. Zwei Typen von Lösungsversuchen finden sich:

- **Import einzelner soziologischer Konzepte** zur Lösung abgegrenzter Problemzusammenhänge. Ein Beispiel hierfür ist der Begriff der **Institution**, den gleich mehrere Vertreter sozialgeschichtlicher Positionen übernehmen, jedoch in unterschiedlicher Weise verwenden. Ziel ist in jedem Fall, ein überzeugendes Konzept für die Vermittlung zwischen gesellschaftlichen Funktionen und symbolischen Formen zu entwickeln. Wilhelm Voßkamp etwa beruft sich in seiner Begriffsexplikation auf ein kommunikationssoziologisches Modell im Anschluss an Luhmann (vgl. Voßkamp 1977, 29); Hans Sanders bestimmt den Begriff mit Bezug auf aktuelle soziologische Lehrbücher und betont die subjektiven Funktionen des Institutionenkonzepts (vgl. Sanders 1981, 37-41). Weitgehend ohne solche expliziten Bezüge auf die Soziologie kommt Peter Bürger aus. Er versteht unter der »Institution Literatur« einen normativen Zusammenhang von Vorstellungen und Funktionszuschreibungen. Der Begriff bezeichnet die literarische ›Praxis‹, der wichtige Funktionen für die Gesellschaft zugeschrieben werden und die ein ästhetisches Regelsystem ausbildet, das wiederum legitimatorische Aufgaben erfüllt: Es legt fest, was als Literatur gelten darf, und welche literarischen Praktiken auszugrenzen sind (vgl. dazu Bürger 1983, 13). Entsprechend sind für Bürger z.B. Buchhandel und Verlagswesen keine Institutionen in diesem emphatischen Sinne, sondern »Distributionsapparate« (ebd.). Institutionen dagegen bilden Normengefüge aus, die auf das Verfassen, Lesen und die Struktur literarischer Texte einwirken und die zugleich gesellschaftlich geprägt sind. So steht im »normative[n] Zentrum« der bürgerlichen Gesellschaft die Autonomieästhetik, die dafür sorgt, dass Literatur zum »funktionale[n] Äquivalent der Institution Religion« wird (ebd., 27).

Ähnlich wie der Institutionsbegriff wird auch der soziologische Begriff der **Modernisierung** übernommen und zur Verbindung literarischer und gesellschaftlicher Phänomene eingesetzt. Mit seiner Hilfe wird die Vielfalt sozialer Prozesse seit dem 18. Jahrhundert gebündelt und in ein sinngebendes Erklärungsmuster integriert.

- **Import soziologischer Großtheorien** und Anpassung an literaturgeschichtliche Fragestellungen. Aktuelle soziologische Gesellschaftstheorien werden als Rahmen übernommen, um in ihnen die Rolle und Funktion von Literatur zu bestimmen. Erste an Luhmann und Bourdieu orientierte Entwürfe entstehen (vgl. den Überblick in Jendricke 1988). Am weitesten ausgearbeitet ist das Modell der Münchner Forschergruppe zur Sozialgeschichte der Literatur, das Talcott Parsons verpflichtet ist (Heydebrand/Pfau/Schönert 1988).

Bezugstheorie und Begrifflichkeiten sozialgeschichtlicher Ansätze lassen sich also nicht pauschal, sondern nur für einzelne Modelle bestimmen. Am Beispiel der Konzeption der **Münchner Forschergruppe** und ihres Bezugs auf **Talcott Parsons** seien theoretischer Rahmen und Terminologie knapp erläutert (vgl. zum Folgenden Meyer/Ort 1988). Literatur wird hier als »Sozialsystem« aufgefasst (ebd., 86f.), dessen Strukturen und Funktionen genau zu beschreiben sind. Ebenso wie die Sozialsysteme ›Religion‹, ›Wissenschaft‹ und ›Kunst‹ bildet ›Literatur‹ ein Subsystem des sozial-kulturellen Systems einer Gesellschaft. Das soziale System ›Gesellschaft‹ wiederum enthält neben dem sozial-kulturellen System noch drei weitere Subsysteme: Wirtschaft, Politik und soziale Gemeinschaft (vgl. ebd., 122-131). Dem sozial-kulturellen Subsystem sind Funktionen wie ›Institutionalisierung kultureller Werte‹ und ›Bildung und Erhaltung motivationaler Strukturen‹ zugeordnet (vgl. ebd., 128), und diese Funktionen übernimmt auch jedes seiner Subsysteme, also ebenfalls das Sozialsystem ›Literatur‹.

Grundlegend für dieses Konzept sind zwei systemtheoretische Annahmen:
- **Annahme funktionaler Gleichartigkeit der Subsysteme:** Nach Parsons bildet jedes komplexe Handlungssystem Subsysteme aus, die je eine bestimmte Funktion für das Gesamtsystem übernehmen. Diese Subsysteme können ihrerseits Subsysteme ausbilden, die ebenfalls funktional äquivalent sind, d.h. sie übernehmen dieselben Funktionen, die auch auf der Ebene des übergeordneten Systems zu finden sind, und übertragen sie gewissermaßen auf ihren eigenen Bereich. Angenommen werden **vier Funktionen:**
  - Verfügbarmachen von Ressourcen zur Anpassung des Systems an seine Umwelt;
  - Ausrichtung auf ein Ziel hin und entsprechende Hierarchisierung von Handlungsoptionen;
  - interne Verbindung der Systemelemente, d.h. der Handlungen, untereinander;
  - Bewahrung der Grundstruktur des Systems durch Ausrichten der Handlungen an einem »symbolische[n] Bezugsrahmen« (ebd., 107).

  Jedes System lässt sich intern nach diesen vier Funktionen differenzieren; die Funktionen müssen allerdings den jeweiligen Handlungstypen entsprechend konkretisiert werden.
- **Annahme generalisierter Austauschmedien:** Um den »Austausch« von Informationen über die Grenzen von Systemen und Subsystemen hinweg zu ermöglichen, muss es allgemeine Medien geben (dazu ebd., 108ff.), die diese Leistung übernehmen können. Erst diese »Austauschmedien« gewährleisten und steuern zugleich systemüberschreitende Kommunikation und Interaktion. Auf der Ebene des gesellschaftlichen Systems übernehmen Geld (für das Subsystem ›Wirtschaft‹), Macht (für ›Politik‹), Einfluss (für ›soziale Gemeinschaft‹) und Werte bzw. Wertbindung (für das sozial-kulturelle Subsystem) diese Aufgabe.

Da sich die vier Systemfunktionen in jedem Subsystem wiederholen, finden sie sich auch im Sozialsystem ›Literatur‹, ebenso wie die ihnen entsprechenden Interaktionsmedien (vgl. ebd., 144):
- wirtschaftliche Marktbeziehungen in literaturbezogenen Institutionen wie Verlagen oder Buchhandel (Medium ›Geld‹);
- konkurrierende kollektive Interessen und Ziele, die unterschiedliche Geltungsbereiche haben und von unterschiedlich mächtigen literaturbezogenen Institutionen verfolgt werden: von staatlich gelenkten Einrichtungen über kleinere kulturpolitische Gruppierungen bis hin zu einzelnen Autorengruppen (Medium ›Macht‹);
- Sozialisation und Normvermittlung durch literaturbezogene Institutionen von unterschiedlichem sozialen Ansehen: Schule, Einrichtungen der Erwachsenenbildung, Verleger, Literaturkritik u.a. (Medium ›Einfluss‹);
- innerliterarische Ausbildung und Tradierung von »Mustern *literarischen* Handelns« (ebd., 150; Hervorhebung im Original), etwa Gattungs- und Stilkonventionen, Maßstäbe der Wertung von Literatur u.a. (Medium ›Wertbildung‹).

Das hier nur angerissene Modell der Münchner Forschergruppe ist sehr anspruchsvoll und besonders komplex. Es hat sich im Fach nicht durchsetzen können und wurde in der literarhistorischen Praxis nur selten eingesetzt. Dennoch sind einige seiner ›Bausteine‹ charakteristisch für sozialgeschichtliche Ansätze der 1980er Jahre, z.B. die weite Bestimmung des Literaturbegriffs.

9.3.3 Grundbegriffe: Literatur, Autor und Leser, Kontext

Die dominante soziologische Orientierung sozialgeschichtlicher Theorien hat Konsequenzen für die Bestimmung literaturwissenschaftlicher Grundbegriffe, in erster Linie für den Literaturbegriff und für die Auffassung von ›Kontext‹.

1. Literatur: Im Mittelpunkt sozialgeschichtlicher Ansätze steht nicht der einzelne literarische Text, sondern ein komplexes Gefüge von Kommunikationshandlungen verschiedenen Typs (zum Folgenden vgl. Pfau/Schönert 1988, 3-8). Zu ihnen zählen
- **literarische Handlungen**, d.h. Handlungen, die literarische Texte hervorbringen oder von diesen Texten ausgehen, etwa das Schreiben eines Gedichts oder die Auseinandersetzung mit diesem Gedicht in der Literaturkritik. In diesen Handlungen geht es um die ›Verarbeitung‹ von Erfahrung und die Kommunikation von Sinn.
- **literaturbezogene Handlungen**, d.h. Handlungen, die literarische Kommunikation regeln. Hierunter fallen so unterschiedliche Größen wie die Produktions- und Distributionsbedingungen des Buchmarkts, Handeln in Institutionen der literarischen Sozialisation, Zensurmaßnahmen u.a.

Zwischen diesen beiden Handlungstypen besteht ein Wechselverhältnis, und sie werden vor allem aus heuristischen Gründen voneinander unterschieden. Sie stehen wiederum in engem Zusammenhang mit einer dritten Gruppe:
- **gesellschaftliche Handlungen**, die im Sozialsystem der jeweiligen Epoche vollzogen werden. Gefordert wird, den gesamtem »gesellschaftlichen Erfahrungsbereich« (ebd., 7) potenziell mit einzubeziehen.

Ein so verstandenes komplexes »Handlungssystem Literatur« (ebd., 4) ist Gegenstand sozialgeschichtlicher Literaturwissenschaft. Der einzelne literarische Text wird zum einen als den symbolischen Formen einer Kultur zugehörig betrachtet, zum anderen wird er aber stets als Bestandteil einer spezifischen, eben literarischen, Kommunikationshandlung gesehen, in der er eine bestimmte – sozial geregelte – Funktion übernimmt. Als solcher ist er sowohl gesellschaftlich bedingt als auch gesellschaftlich wirksam. Entsprechend wird die Besonderheit der literarischen Kommunikation nicht mit Bezug auf überzeitliche Textqualitäten, sondern unter Hinweis auf soziale Zuschreibungen bestimmt und gilt als historisch variabel:

> Die besonderen ›Leistungen‹ literarischer Verständigung [...] sind in variablen ›situativen Kontexten‹ darzustellen, die sich in der Regel aus der Wechselwirkung von literarischem, literaturbezogenem und allgemein gesellschaftlichem Handeln ergeben. (Ebd., 5)

Mit der Annahme einer »Wechselwirkung« ist das notorische Problem aller gesellschaftstheoretischen Literaturtheorien allerdings noch nicht gelöst: den Zusammenhang von Gesellschaft und Text in hinreichender Komplexität zu erfassen. Für dieses Problem gibt es in den sozialgeschichtlichen Ansätzen unterschiedliche Lösungen. Als besonders einflussreich für theoretische Überlegungen, vor allem aber für zahlreiche praktische Anwendungen im Rahmen historischer Studien hat sich die Konzeption eines **Sozialsystems ›Literatur‹** erwiesen, das sich auf eine historische Konstellation der Literatur seit dem 18. Jahrhundert bezieht, diese in ein Modell bringt (vgl. auch

Schmidt 1989) und so zugleich als Präzisierung des allgemeinen ›Handlungssystems Literatur‹ aufzufassen ist.

In der Variante eines Sozialsystems ›Literatur‹, das die Münchner Forschergruppe zur Sozialgeschichte der Literatur vorgeschlagen hat (zu den Grundlagen s. Kap. 9.3.2), wird auf den Zusammenhang zwischen Gesellschaft und Text besonderes Augenmerk gelegt. Innerhalb des Modells gewährleisten die Annahmen der funktionalen Gleichartigkeit der Subsysteme und der generalisierten Austauschmedien eine Verbindung aller Ebenen und Handlungen im Sozialsystem ›Literatur‹. Hinzu kommt als weiterer wichtiger Baustein die **Annahme einer »intermediären« Ebene**: Sie vermittelt zwischen der (Makro-)Ebene der Gesellschaft und der (Mikro-)Ebene des literarischen Textes (vgl. Meyer/Ort 1988, 134ff.). Auf dieser Beschreibungsebene wird mit rollen- oder institutionstheoretischen Analysekategorien gearbeitet. Mit ihrer Hilfe lässt sich eine Beziehung zwischen gesellschaftlichen Systemen – etwa dem politischen oder dem wirtschaftlich-technischen System – und dem Sozialsystem ›Literatur‹ über »literaturbezogene Institutionen« konzipieren (ebd., 135). Zu diesen zählen unter anderem kulturpolitische Institutionen oder Einrichtungen der literaturbezogenen Sozialisation (z.B. Schule), die kulturelle Normen im Umgang mit Literatur vermitteln. Diese Institutionen wiederum stehen in Verbindung mit dem »genuin ›literarische[n]‹ Bereich«, der sich aus bestimmten Handlungsprozessen zusammensetzt (ebd., 136). Er wird konstituiert durch die Produktion und Rezeption literarischer Texte, das Bilden und Tradieren von Gattungskonventionen sowie durch das Ausprägen und Umsetzen von ästhetischen Werten und bestimmten Haltungen oder Einstellungen gegenüber literarischen Texten (ebd.). Im Unterschied zur intermediären Ebene der Institutionen handelt es sich bei diesem ›literarischen‹ Bereich um das »System ›literarischer Institutionalisierungen‹« (ebd.), die sich in konkreten Handlungen im Umgang mit Literatur ausprägen.

Mit diesen Annahmen ist jedoch erst die Beziehung zwischen Literatur und Gesellschaft im Allgemeinen modelliert. Sie beantworten noch nicht die Frage, wie das ›Symbolsystem‹ eines literarischen Textes zu analysieren sei. Das Modell bietet also keine Handreichung im Umgang mit internen literarischen Zeichenprozessen und stellt keine Interpretationstheorie zur Verfügung.

Aus der handlungstheoretischen Bestimmung ergibt sich, dass in sozialgeschichtlichen Ansätzen ein **weit gefasster Literaturbegriff** vertreten wird. Zwar propagieren bereits marxistische Theoretiker eine weite Auffassung des Gegenstandsbereichs ›Literatur‹; im Gegensatz zu den oben vorgestellten ideologiekritischen Varianten wird dieses Konzept der Literatur nun aber auch in der Praxis umgesetzt. So wird dezidiert nicht mehr allein oder vornehmlich ›Höhenkammliteratur‹ untersucht, sondern auch die traditionell für weniger wertvoll gehaltenen Texte und Genres werden beachtet. Sie werden als literarische Produkte ernst genommen und gelten nicht von vornherein als ideologisch verdächtig. Unter der Fragestellung einer Sozialgeschichte der Literatur können die Romane von Erfolgsautoren wichtiger sein als die von wenigen Menschen gelesenen Romane kanonisierter Autoren (vgl. dazu Schneider 2004, S. 16f.).

2. Autor und Leser: Autoren und Leser werden in erster Linie als Akteure verstanden, die in verschiedenen Sozialsystemen handeln und deren Handlungsrollen ebenso wie die sie prägenden Konventionen rekonstruiert werden müssen. Ihre Handlungen im

Sozialsystem ›Literatur‹ richten sich nicht allein nach literarischen, sondern eben auch nach gesellschaftlichen Bezugsnormen. Untersucht werden daher die soziale Herkunft von **Autoren** und die gesellschaftlich und historisch variablen Rollen, in denen sie agieren, ebenso wie die Prozesse der Gruppenbildung, die zur Durchsetzung und Stabilisierung bestimmter literarischer Richtungen beitragen. Da **Leser** als Adressaten literarischer Texte zu den Hauptakteuren im Sozialsystem ›Literatur‹ zählen, haben auch sie eine besondere Bedeutung für sozialgeschichtliche Arbeiten mit entsprechender Fragestellung. Wenn Literatur bestimmte gesellschaftliche Funktionen erfüllt – verstanden als tatsächliche »Wirkungen von literarischer Kommunikation« (Schneider 2004, 14) –, dann müssen diese Funktionen mit Bezug auf Leser rekonstruierbar sein. Zu diesem Zweck sind verschiedene Faktoren im gesellschaftlichen und literaturbezogenen Handlungsbereich zu erheben: die Bildungsvoraussetzungen der Leser bzw. Lesergruppen zu verschiedenen Zeiten, ihre ökonomischen Bedingungen, ihre Mediennutzung, der Stellenwert, den literarische Kommunikation in ihrem Leben hat, und anderes mehr (genauer dazu ebd., 15f.). Literaturgeschichte wird so zu einer *Sozialgeschichte des Lesens* (Schneider 2004).

3. Kontext: Das Nachweisen und Rekonstruieren relevanter Kontexte, in denen literarische Texte stehen, gehört zu den wichtigsten Aufgaben sozialgeschichtlicher Praxis. Der vorausgesetzte Kontextbegriff ergibt sich aus der Auffassung von Literatur: Es geht vor allem um extratextuelle Kontexte, insofern alle drei Typen von Handlungen, mit deren Hilfe ›Literatur‹ bestimmt wird, zu berücksichtigen sind: literarisches, literaturbezogenes und gesellschaftliches Handeln. Da sich viele dieser Handlungen in Form von Texten manifestieren, werden zu den relevanten Kontexten auch intertextuelle gerechnet. Ein breites Spektrum solcher Kontexte gilt als potenziell relevant für die wissenschaftliche Untersuchung von Literatur: Einerseits sind soziologisch und historisch zu erhebende Daten zu den gesellschaftlichen Handlungsbereichen und zu allen literaturbezogenen Handlungen und Institutionen zu berücksichtigen, andererseits aber auch Kontexte in einem semiotischen Sinne als Zeichensysteme, auf die Literatur verweist.

9.3.4 Methode der Textinterpretation

In sozialgeschichtlichen Literaturtheorien geht es, wie gesagt, vornehmlich um die Modellierung von Zusammenhängen größerer Reichweite: um die systematische Erfassung des Verhältnisses von Gesellschaft und Literatur und der sozialen Prozesse, die Veränderungen hervorbringen. Auch wenn Vertreter dieser Richtung demnach **nicht in erster Line an der Analyse von Einzeltexten interessiert** sind, werden aber ›sozialgeschichtlich‹ genannte Einzeltextanalysen vorgelegt bzw. kommen in größer angelegten Untersuchungen etwa zum Wandel von Gattungen oder zu Epochenstrukturen selbstverständlich auch Aussagen über Einzeltexte vor. Deren Vorgehen sei im Folgenden zusammengefasst, was angesichts der Vielzahl theoretischer Positionen nur idealtypisch geschehen kann.

Wie die meisten Interpretationen, die im Rahmen gesellschaftstheoretischer Ansätze vorgelegt werden, zählen auch **sozialgeschichtliche Interpretationen** literarischer Texte in aller Regel zu den symptomatischen. Sie gehen also von einer vorgegebenen

Fragestellung aus, die sie an die Texte herantragen und die dazu führt, die Texte als Anzeichen, als ›Symptome‹ für etwas anderes, z.B. für gesellschaftliche Konventionen ihrer Entstehungszeit oder für sozialen Wandel, zu verstehen. Damit ist nicht gesagt, dass nicht zugleich wichtige Einsichten in interne Bedeutungszusammenhänge eines Textes gewonnen werden können. In themen- oder motivorientierten Untersuchungen wird zunächst nach charakteristischen Merkmalen im literarischen Text gesucht: nach Aussagen und Symbolen

- zum **Thema Gesellschaft** selbst oder zu gesellschaftlich relevanten Handlungsbereichen, die im Text thematisiert werden, z.B. Aussagen über Berufe oder Rollenkonflikte;
- zu **sozialen Kategorien** wie ›soziale Schicht‹, mit deren Hilfe sich z.B. Figurenkonstellationen beschreiben lassen;
- zu **gesellschaftlichen Institutionen** wie Bildungsinstitutionen, Regierungsapparat, Gerichtswesen etc.;
- zu **kulturellem Wissen** in einem allgemeinen Sinne, auf das im Text Bezug genommen wird.

Die gefundenen Textpassagen werden nicht textintern untersucht, sondern im Verhältnis zu historischen Sachverhalten; ihre Bedeutung soll durch geeignete Kontextualisierung erschlossen werden. Zu diesem Zweck werden historische Darstellungen oder Quellentexte, in denen entsprechende historische Informationen gefunden werden, zu den im Text angesprochenen Themen und Wissensbereichen in Beziehung gesetzt. Sehr allgemein betrachtet verbinden Interpreten auf diese Weise textinterne und textexterne Daten im Sinne einer Korrelation von Textstrukturen und Sozialstrukturen oder von Textinhalten und sozialen Problemen zur Entstehungszeit der Texte. Die historischen Informationen können nicht allein über Merkmale des Textes, sondern auch mit Hinweis auf den Autor und seine soziale Position einbezogen werden.

Die **Kritik an sozialgeschichtlichen Literaturtheorien** richtet sich vor allem auf die Methode der Textinterpretation, also auf die praktischen Anwendungen sozialgeschichtlicher Theorie. Ihnen wird eine kurzschlüssige Verbindung von sozialen Daten und Themen, Strukturen bzw. sprachlichen Befunden in den literarischen Texten vorgeworfen. Literarische Texte werden auf diese Weise, so der Einwand, auf Dokumente sozialer Verhältnisse reduziert, werden zu bloßen Belegspendern für anderweitig – etwa im Rahmen politischer oder gesellschaftlicher Theorien – gewonnene Thesen. Dieses Verfahren verfehle die spezifisch literarischen Qualitäten der Texte. In der Rückschau scheinen zwei Defizite das Bild ›der‹ Sozialgeschichte der Literatur zu prägen: die oft unterkomplexen Anwendungen, die hinter den anspruchsvollen Theorien zurückbleiben, und die theoretischen bzw. methodischen Probleme der Modellbildungen selbst. Allerdings sind bei aller berechtigten Kritik zwei Überlegungen zu bedenken: Zum einen liegen Interpretationen vor, in denen das Einbeziehen sozialgeschichtlicher Daten sehr plausible Ergebnisse zeitigt: Untersuchungen zum bürgerlichen Trauerspiel etwa können überzeugende Einsichten sowohl in die Einteltexte als auch in die Gattungsgeschichte gewinnen, wenn sie zeitgenössische sozialhistorische Kontexte berücksichtigen (s. dazu die folgende Beispielinterpretation). Die Plausibilität von Interpretationen hängt nicht allein davon ab, ob alle Probleme der Theoriebildung bzw. der Methodologie befriedigend gelöst worden sind. Zum anderen wurde zu Recht darauf hingewiesen, dass der Ansatz der Sozialgeschichte *ad acta* gelegt wurde, noch bevor seine theoretischen Möglichkeiten zufriedenstellend ausgelotet worden waren (z.B. Ort 2000, 127f.; Schönert 2007, 36). Die theoretischen Schwierigkeiten der Verbindung von symbolischem und sozialem System, von Text und Gesellschaft, lassen sich nicht dadurch lösen, dass auf die Kategorie des Sozialen verzichtet wird und nurmehr intertextuelle Bezüge angenommen werden (vgl. die Kritik in Ort 2000, 128; zur Intertextualität s. Kap. 7.4). Neue Wege, die in den folgenden Jahren zur Lösung der Probleme eingeschlagen werden, orientieren sich an den Theorien zweier Soziologen: Niklas Luhmann (s. Kap. 9.4) und Pierre Bourdieu (s. Kap. 9.5).

Kritik am traditionellen Modell der Historiographie
Neben der Kritik an der Praxis trug ein noch grundsätzlicherer Einwand mit dazu bei, dass Sozialgeschichte in dem hier skizzierten Sinne nicht weiter verfolgt wurde: die Absage an die Möglichkeit einer Geschichtsschreibung, die die sozialgeschichtlichen Ansätze noch für möglich halten. Seit den 1980er Jahren wurde in der Geschichtswissenschaft mit Verweis z.B. auf Michel Foucault, Jean-François Lyotard und andere die Annahme in Frage gestellt, dass Geschichte ›rekonstruierbar‹ sei und dass sich ›die‹ Geschichte in Form einer ›großen Erzählung‹ entfalten und vermitteln lasse. Nach Hayden White etwa verbinden historiographische Texte vorgefundene mit erfundenen Informationen, verwenden poetische Stilmittel und haben einen fiktionalen Status, so dass sie der Literatur ähnlicher sind als den Abhandlungen anderer Wissenschaften (vgl. z.B. White 1986, 102f.). In der in Deutschland immer stark historisch orientierten Literaturwissenschaft setzen sich Positionen durch, die mit den Schlagworten ›Konstruktion statt Rekonstruktion‹ oder ›Geschichten statt Geschichte‹ dieser Grundsatzkritik Rechnung tragen und mit anderen Modellen der Literaturgeschichtsschreibung arbeiten als die Sozialgeschichte (siehe dazu Kap. 11.2; zur Kritik an Whites Thesen vgl. die Beiträge in Roberts 2001).

9.3.5 Beispielinterpretation

Als exemplarische Interpretation sei die 1977 erschienene Untersuchung Karl Eibls zu Lessings Dramenwerk herangezogen. Wir beschränken uns in der Rekonstruktion weitgehend auf die Ausführungen zum Bürgerlichen Trauerspiel *Emilia Galotti*.

Die Prämisse der Interpretation zu *Emilia Galotti* bildet die Annahme, dass Lessings »›Bürgerdramen‹ [...] als Artikulation gesellschaftlicher Erfahrung« aufzufassen seien (Eibl 1977, 138). Eibl konzipiert das Verhältnis zwischen dem Bereich gesellschaftlicher Erfahrungen und literarischen Texten als eine Art Dreieck, bestehend aus einer »Problemsituation«, dem »Problemlösungsversuch« und der »problemlösende[n] Aktivität« des Autors (ebd., 139). Die Problemsituation umfasst die sozialen Bedingungen der Entstehungszeit – »von den ›Produktivkräften‹ bis zur ›Ideologie‹« (ebd.) – und prägt die Erfahrungen des Autors. Dieser versucht, das erfahrene Problem zu versprachlichen und eine Lösung zu skizzieren, wobei beide Faktoren – Erfahrung und Versprachlichung – von den individuellen Voraussetzungen des Autors mit bestimmt werden. Sein Versuch der Problemlösung, der auch in einer Problemformulierung bestehen kann, manifestiert sich im literarischen Text, den jedoch nicht allein diese ›sachlichen‹ Problembezüge, sondern auch formale Darstellungstraditionen prägen (vgl. ebd.).

Unter diesen Voraussetzungen stellt sich Lessings *Emilia Galotti* für Eibl als ein dramatischer Versuch dar, die konkrete gesellschaftliche »Erfahrung des konkurrierenden Nebeneinanders zweier Intersubjektivitätskontexte und Gesellschaftsentwürfe« (ebd., 160) in ihren Konsequenzen für das Individuum zu gestalten. Zugeordnet sind diese konkurrierenden Konzepte der Welt des Hofes und der adligen Lebensform auf der einen und der familialen Lebensform, der Welt der bürgerlichen Werte und Normen auf der anderen Seite. Lessing lässt beide in seinem Drama – in einem fast experimentellen Versuchsaufbau – aufeinandertreffen und zeigt die Folgen für alle Beteiligten auf: Sie resultieren in Identitätskonflikten und Kommunikationsstörungen.

- Die **Identitätskonflikte** hängen mit internen Rollenkonflikten der Figuren zusammen, was Eibl für alle Figuren des Dramas zeigt. Für den Prinzen etwa liegt dieser Konflikt darin, dass er die ›alten‹ Ansprüche des ganz auf die Staatsräson ausgerichteten höfischen Herrscherideals und die Anforderungen der ›neuen‹ höchsten moralischen Instanz des ›Herzens‹, nicht vereinbaren kann:

  > Der Fürst erlaubt sich ›bürgerliche‹ Gefühle und fällt damit aus der ihm zugewiesenen sozialen Rolle, gerät in ›Unruhe‹; entschließt er sich in solcher Situation der sozialen Desorientierung zum Handeln, dann *muß* das zu Fehlhandlungen führen, weil fürstliche und bürgerliche Handlungspartitur miteinander interferieren, die fremden Sphären von Macht und Empfindung vermischt werden. (Ebd., 148; Hervorhebung im Original)

- **Gestörte Kommunikation:** Die Dialoge der Figuren sind oftmals »durch Herrschaftszwänge« bestimmt (ebd., 153), so dass nicht das formuliert wird, was die Figuren ›eigentlich‹ sagen wollen. Die Kommunikation wird durch Einfluss von Macht – antizipierte oder ›real‹ gezeigte – verzerrt, und zwar in beiden Handlungsbereichen des Dramas: dem des Hofes und dem der – patriarchalisch organisierten – Familie. Diese gestörte Kommunikation führt insofern zur Katastrophe, als sie »eine Kette von Fehlhandlungen *aller* Beteiligten« nach sich zieht (ebd., 154; Hervorhebung im Original): Mit ihren Äußerungen verfolgen die Figuren bestimmte Zwecke, die aber in keinem Fall erreicht werden; vielmehr trägt jede einzelne Handlung, ohne dass die Figuren dies wollen, dazu bei, die Katastrophe eintreten zu lassen.

Unter diesen Aspekten betrachtet erscheinen beide Lebenswelten als brüchig (vgl. ebd., 154). Darüber hinaus liefern die beiden Deutungsaspekte dem Interpreten eine Folie für die in der Forschung umstrittene Antwort auf die Frage, warum Emilia sterben muss. Emilias Wunsch zu sterben wird hier nicht als Flucht vor der erotischen Anziehung durch den Prinzen gedeutet, sondern als Ausdruck einer tiefergehenden Auswegslosigkeit: Nachdem sie alle Sicherheit gebenden Orientierungsinstanzen, alle Autoritäten verloren hat, befindet sich Emilia in einem Zustand der Anomie und der zerbrochenen Identität, in dem erst sie prinzipiell verführbar wird (vgl. ebd., 157). In der Tatsache, dass sie überhaupt verführbar geworden ist, liegt »*die eigentliche, ›innere‹ Katastrophe des Dramas*« (ebd., 158; Hervorhebung im Original).

Lessings *Emilia Galotti* formuliert damit ein gesellschaftliches Problem in aller Deutlichkeit, ohne allerdings einen Lösungsvorschlag anzubieten:

> Die permanente Kommunikationskrise ist der Preis, den die bürgerliche Gesellschaft für die Wahrnehmung ihres Lebensgesetzes der Liberalität und Pluralität zu entrichten hat. (Ebd., 161)

Als typisch für eine sozialgeschichtlich argumentierende Interpretation kann die **Beziehung zwischen Text und gesellschaftlicher Wirklichkeit** gelten. Im untersuchten Text wird diese Beziehung nicht als ›Abbildung‹, sondern **als vermittelte Beziehung** aufgefasst, und diese Vermittlung übernimmt zum einen das Erfahrungskonzept, zum anderen das ›Dreieck-Modell‹ von Problemsituation, Aktivität des Autors und Problemformulierung bzw. -lösungsversuch im literarischen Text. Allerdings steht weder die Beschreibung der gesellschaftlichen Problemsituation noch die Lessing zugeschriebene Problemformulierung explizit im Text, sondern ihre Rekonstruktion ist die Leistung des Interpreten. Dabei leitet das ›Dreieck-Modell‹ seine Aufmerksamkeit auf bestimmte inhaltliche (handlungsbezogene) und formale (kommunikationsbezogene) Textmerkmale und bietet zugleich eine Begrifflichkeit für die Deutungen: Beispielsweise wird das widersprüchliche Verhalten des Prinzen im ersten Akt nicht als psychisches Problem der Figur, sondern als Rollenkonflikt gedeutet, was zwar plausibel, aber keinesfalls selbstverständlich ist. Um weitergehend bestimmen zu können, welche Rollen denn hier in Widerstreit geraten, sind nicht nur textuelle, sondern auch sozialgeschichtliche Kontextinformationen heranzuziehen; in der Beispielinterpretation leistet dies der Hinweis auf die zeitgenössischen Differenzen zwischen höfischen und bürgerlichen Werten. Dass solche **Kontextualisierung** nur selbstverständlich *scheint*, ihre Plausibilität aber ebenfalls **von der Fragestellung der Interpretation bestimmt** ist, macht ein Blick in die besonders umfangreiche Interpretationsgeschichte des Dramas *Emilia Galotti* deutlich: Um dieselben Konstellationen – etwa die Beziehung zwischen Emilia und ihrem Vater Odoardo – zu deuten, kann zum einen sozialgeschichtliches Wissen über das Modell der bürgerlichen Familie als Gegenmodell zum Hof und als Repräsentant positiver neuer Werte einbezogen werden; zum anderen aber auch sozialgeschichtliches Wissen über die strukturelle Gewalt, die in der patriarchal organisierten Familie auf die weiblichen Mitglieder ausgeübt wird. Entscheidend für die Plausibilisierung der einbezogenen Kontexte sind in jedem Fall die (von der Fragestellung geleitete) Textanalyse und die argumentative Einbindung in eine Gesamtinterpretation.

> **Das Wichtigste in Kürze**
>
> Sozialgeschichtliche Theorieansätze beziehen sich auf **neuere Gesellschaftstheorien**.
>
> Sie betrachten Literatur als **Sozialsystem ›Literatur‹**, d.h. als **Bereich sozialer Kommunikationshandlungen**, deren Beziehung zueinander sich als System konzipieren lassen.
>
> Das Sozialsystem ›Literatur‹ steht **in Wechselbeziehungen mit anderen gesellschaftlichen Systemen**.
>
> Je nach Untersuchungsperspektive lassen sich **literarische Texte als Bestandteil sowohl des Symbolsystems als auch des Sozialsystems** untersuchen.

Literatur

Bürger, Peter: Institution Literatur und Modernisierungsprozeß. In: P.B. (Hg.): *Zum Funktionswandel der Literatur*. Frankfurt a.M. 1983, 9-32.
Eibl, Karl: Identitätskrise und Diskurs. Zur thematischen Kontinuität von Lessings Dramatik. In: *Jahrbuch der deutschen Schillergesellschaft* 21 (1977), 138-191.
Glaser, Horst Albert (Hg.): *Deutsche Literatur. Eine Sozialgeschichte*. 10 Bde. Reinbek 1980ff.
Grimminger, Rolf u.a. (Hg.): *Hansers Sozialgeschichte der deutschen Literatur vom 16. Jahrhundert bis zur Gegenwart*. 12 Bde. München 1980ff.
Heydebrand, Renate von/Dieter Pfau/Jörg Schönert (Hg.): *Zur theoretischen Grundlegung einer Sozialgeschichte der Literatur. Ein struktural-funktionaler Entwurf*. Tübingen 1988.
Huber, Martin/Gerhard Lauer (Hg.): *Nach der Sozialgeschichte. Konzepte für eine Literaturwissenschaft zwischen Historischer Anthropologie, Kulturgeschichte und Medientheorie*. Tübingen 2000.
Huber, Martin/Gerhard Lauer: Neue Sozialgeschichte? Poetik, Kultur und Gesellschaft – zum Forschungsprogramm der Literaturwissenschaft. In: Huber/Lauer 2000, 1-11.
Jendricke, Bernhard: Sozialgeschichte der Literatur. Neuere Konzepte der Literaturgeschichte und Literaturtheorie. In: v. Heydebrand/Pfau/Schönert 1988, 27-84.
Meyer, Friederike/Claus-Michael Ort: Konzept eines struktural-funktionalen Theoriemodells für eine Sozialgeschichte der Literatur. In: v. Heydebrand/Pfau/Schönert 1988, 85-171.
Ort, Claus-Michael: ›Sozialgeschichte‹ als Herausforderung der Literaturwissenschaft. Zur Aktualität eines Projekts. In: Huber/Lauer 2000, 113-128.
Pfau, Dieter/Jörg Schönert: Probleme und Perspektiven einer theoretisch-systematischen Grundlegung für eine ›Sozialgeschichte der Literatur‹. In: v. Heydebrand/Pfau/Schönert 1988, 1-26.
Roberts, Geoffrey (Hg.): *The History and Narrative Reader*. London/New York 2001.
Sanders, Hans: *Institution Literatur und Roman. Zur Rekonstruktion der Literatursoziologie*. Frankfurt a.M. 1981.
Schmidt, Siegfried J.: *Die Selbstorganisation des Sozialsystems Literatur im 18. Jahrhundert*. Frankfurt a.M. 1989.
Schneider, Jost: *Sozialgeschichte des Lesens. Zur historischen Entwicklung und sozialen Differenzierung der literarischen Kommunikation in Deutschland*. Berlin u.a. 2004.
Schönert, Jörg: The Social History of German Literature. On the Present State of Distress in the Social History of German Literature. In: *Poetics* 14 (1985), 303-319.
Schönert, Jörg: The Reception of Sociological Theory by West German Literary Scholarship, 1970-85. In: Richard Sheppard (Hg.): *New Ways in Germanistik*. New York u.a. 1990, 71-94.
Voßkamp, Wilhelm: Gattungen als literarisch-soziale Institutionen. Zu Problemen sozial- und funktionsgeschichtlich orientierter Gattungstheorie und -historie. In: Walter Hinck (Hg.): *Textsortenlehre – Gattungsgeschichte*. Heidelberg 1977, 27-42.
White, Hayden: *Auch Klio dichtet oder Die Fiktion des Faktischen*. Stuttgart 1986.

Weitere Lektüreempfehlung

Schönert, Jörg: *Perspektiven zur Sozialgeschichte der Literatur. Beiträge zu Theorie und Praxis*. Tübingen 2007.
Der Band versammelt die ebenso kenntnisreichen wie klar formulierten Aufsätze des Verfassers zur Theorie und Praxis der Sozialgeschichte. Er gibt einen Überblick über die Entwicklungen dieser Richtung, legt ihre theoretischen und methodologischen Grundlagen offen und erläutert ihre Probleme.

9.4 Systemtheorie der Literatur

9.4.1 Einleitung

›Systemtheorie‹ ist ein Sammelbegriff für Theorien, die verschiedene Phänomene und die Zusammenhänge zwischen ihnen mit Hilfe unterschiedlich bestimmter Systemkonzepte zu beschreiben versuchen. Systemtheorien sind in mehreren Disziplinen entwickelt worden, so in der Mathematik, der Philosophie, der Biologie und der Soziologie. Den größten Einfluss auf die Literaturwissenschaft hat die Systemtheorie des Bielefelder Soziologen Niklas Luhmann gehabt. Mit dem Ziel, eine Theorie der Gesellschaft einschließlich all ihrer Teilbereiche zu entwerfen, hat Luhmann ein komplexes Theoriegebäude entwickelt und in einer umfangreichen Reihe von Büchern und Aufsätzen vorgelegt; in diesen Publikationen hat er seine Theorie nicht nur vorgestellt (z.B. Luhmann 1984), sondern auch auf einzelne gesellschaftliche Bereiche einschließlich der Kunst sowie auf die Gesellschaft insgesamt angewendet. Verbindendes Moment der Einzeldarstellungen ist Luhmanns Variante einer Systemtheorie und die Auffassung, dass es sich bei den einzelnen Bereichen um eigenständige Systeme handelt. Luhmann schließt an vorliegende soziologische Systemtheorien an, führt sie mit neueren biologischen und philosophischen Theorieelementen zusammen und gibt seiner Theorie so ihre spezifische Ausprägung.

In der Literaturwissenschaft gibt es mehrere Versuche, Luhmanns Annahmen auf Literatur zu übertragen. Bereits zur Zeit der Diskussion sozialgeschichtlicher Theorien (s. Kap. 9.3) beriefen sich einige Fachvertreter auf Luhmanns Systemtheorie. Seitdem ist sie im Fach präsent und wird vor allem zur Modellierung literarhistorischer Entwicklungen herangezogen (zur Kritik an unterkomplexen Anwendungen der Systemtheorie vgl. Jahraus 1999). In der **literaturwissenschaftlichen Adaption** der Luhmann'schen Systemtheorie sind zwei große Richtungen zu unterscheiden, die jeweils andere Aspekte der Theorie ins Zentrum ihres Interesses rücken:

- **Luhmann als Soziologe:** Die Tatsache, dass Luhmann seine Theorie zur Modellierung von Gesellschaftsformen entwickelt hat, steht für die eine Richtung im Mittelpunkt. Luhmanns Systemtheorie wird als eine ihren Vorgängerinnen überlegene Theorie zur Beschreibung der Zusammenhänge auch von Literatur und Gesellschaft sowie der Entwicklung (›Evolution‹) von Literatur betrachtet.
- **Luhmann als Differenztheoretiker:** Die zweite Richtung betont eine der Grundlagen von Luhmanns Systemtheorie besonders: seine Annahme, dass ›Differenz‹ die zentrale Kategorie der Modellbildung vor der ›Identität‹ sei. Unter dieser Perspektive werden Gemeinsamkeiten Luhmanns mit poststrukturalistischen Denkern wie Derrida herausgestellt.

Auch wenn sich die beiden Aspekte nicht trennscharf voneinander unterscheiden lassen, begründen sie doch verschiedene Rezeptionsstränge. Im Folgenden soll der Schwerpunkt der Darstellung auf den literaturwissenschaftlichen Anschluss an das soziologische Beschreibungsmodell Luhmanns gelegt werden. Die differenztheoretische Richtung wird im Kapitel zur Medientheorie (Kap. 12) stärker berücksichtigt werden.

9.4.2 Bezugstheorie und Terminologie

Luhmanns Systemtheorie ist ausgesprochen komplex und stellt an ihre Leser überdurchschnittlich hohe Anforderungen. Dies liegt nicht allein daran, dass sie besonders abstrakt und fern von der Alltagserfahrung formuliert ist, sondern auch an der Praxis, bekannte Begriffe neu und abweichend zu definieren. Als Faustregel gilt, dass Luhmann seine Begriffe in aller Regel zur Bezeichnung formaler und abstrakter Beziehungen einsetzt und von den konkreteren inhaltlichen Bestimmungen absieht, mit denen die Begriffe in anderen Theorien bzw. thematischen Zusammenhängen verwendet werden. Im Folgenden werden einige Grundlagen der Luhmann'schen Systemtheorie skizziert, die literaturwissenschaftliche Adaptionen übernommen haben (vgl. dazu auch Luhmann 1984; Luhmann 1997; Jannidis 2007; eine Einführung in die Terminologie gibt Berghaus 2003).

Systeme kommen in Luhmanns Theorie in der Akteursrolle vor: Sie führen Handlungen aus, operieren, beobachten usw. Nach der allgemeinen Systemtheorie bestehen Systeme nicht aus Dingen, sondern aus Operationen. Biologische Systeme operieren in Form von Leben, z.B. dem Stoffwechsel, psychische Systeme in Bewusstseinsprozessen. Soziale Systeme operieren dagegen in Form von Kommunikation und setzen als Medium ›Sinn‹ ein. Sie konstituieren sich durch eine Differenz zur Umwelt. Zwar sind soziale Systeme zur Umwelt hin offen, also nicht autonom, sondern mittels einer strukturellen Koppelung mit der Umwelt verbunden; zugleich aber sind sie operativ geschlossen. Sie können alles ›beobachten‹, bleiben dabei aber immer in den Grenzen der eigenen »internen Operationsmodalitäten« (Werber 1992, 61). Eine Veränderung der Umwelt führt durch die strukturelle Koppelung zu einer Veränderung der Operationen des Systems, aber diese Operationen beziehen sich immer nur auf die eigenen vorangehenden Operationen: Soziale Systeme sind, wie sie in Anlehnung an die biologische Systemtheorie Humberto Maturanas genannt werden, ›autopoietisch‹.

In dieser kurzen Beschreibung wurden wichtige Konzepte der Luhmann'schen Systemtheorie unerläutert verwendet; um den Systembegriff klarer werden zu lassen, sind nun sie genauer zu bestimmen:

Differenz: Als grundlegendes Moment der Systemtheorie Luhmanns ist der Differenzbegriff einzustufen. Differenz steht am Anfang jeder Operation, insofern sie Unterscheidungen trifft und z.B. ein Phänomen als von einem anderen verschieden markiert. In jedem System gibt es Leitdifferenzen, das sind besondere, das System von anderen unterscheidende Differenzen; sie werden in Form binärer Oppositionen wiedergegeben. Als Leitdifferenz der Systemtheorie selbst wird die Differenz zwischen Identität und Differenz bezeichnet; Leitdifferenzen z.B. der Wissenschaft sind ›wahr/falsch‹, des Rechtssystems ›recht/unrecht‹. Sie treten in historisch unterschiedlichen Gestalten auf. Welche Unterscheidungen ein System überhaupt treffen kann, hängt von dem binären Kode ab, der spezifisch für diesen Systemtyp ist. Erst dieser Kode ermöglicht durch Selektionsleistungen, eine Umwelt zu konturieren. Mit anderen Worten: Der Kode erlaubt es dem System, durch spezifische Auswahlhandlungen aus der überschaubaren Menge an Informationen eine ›Umwelt‹ zu konstruieren (vgl. Werber 1992, 61).

Operation: Unter ›Operationen‹ sind in Luhmanns Theorie Unterscheidungshandlungen zu verstehen. ›Systeme operieren‹ heißt damit so viel wie ›Systeme treffen

Unterscheidungen‹. Diese Operationen werden als einmalige und unwiederholbare Ereignisse (Handlungen, Kommunikationen etc.) angesehen, die aneinander anknüpfen.

Beobachtung: Unter ›Beobachtung‹ wird ein bestimmter Typ von Operationen verstanden, nämlich eine Unterscheidungsoperation, die zugleich sprachlich bezeichnet, was sie unterscheidet. Die Verbindung von Unterscheidung und Bezeichnung sorgt dafür, dass die formale Operation des Unterscheidens einen Inhalt bekommt, dass sich also begrifflich benennen lässt, *was* unterschieden wird. Was ein System ›beobachten‹ kann, wird von seinem Kode bestimmt und hängt von seiner Leitdifferenz ab. So kann ein Wissenschaftler über Kunst nur im Modus der Erkenntnis sprechen, also nach Maßgabe der Leitdifferenz ›wahr/falsch‹ seines Systems.

Im Anschluss an die Operation des Beobachtens wird der für Luhmanns Systemtheorie besonders wichtige und besonders missverständliche Begriff des ›Beobachters‹ bestimmt. **Beobachter** erhalten in dieser Theorie die Funktion, die in ›traditioneller‹ Sichtweise die Subjekte innehaben. Beobachter sind immer Systeme, und zwar solche Systeme, die mit »Sinn« operieren (Krause 1996, 82). Sie sind nicht als neutrale Wahrnehmungsinstanzen zu verstehen, wie der Begriff vielleicht nahe legen könnte; vielmehr wird der Begriff des Beobachters formal bestimmt als ein System, das auf der Basis seiner Fähigkeit, beobachten zu können, sich selbst als Beobachter ermöglicht, indem es beobachtet (vgl. ebd.). Solche Rekursivität anzeigenden Formulierungen sind typisch für Luhmanns Begriffsbestimmungen, sollten aber nicht allzu sehr irritieren. Hier muss nur festgehalten werden, dass unter Beobachtern Instanzen verstanden werden, die Unterscheidungen vornehmen und benennen und dabei immer im Rahmen ihrer ›Systemvoraussetzungen‹ bleiben. Unterschieden wird zwischen Beobachtern erster und zweiter Stufe. Ein Beobachter erster Stufe beobachtet in dem oben erläuterten Sinne; er agiert innerhalb eines Systems und kann dessen Umwelt nicht wahrnehmen. So nimmt z.B. ein Verlag als Unternehmen im Wirtschaftssystem im Moment des Handelns nur die ökonomischen Vorgänge wahr, an denen er beteiligt ist. Dagegen kann ein Beobachter zweiter Ordnung außer den internen System-Beziehungen auch noch die System-Umwelt-Relationen sehen, d.h. er untersucht den Bereich, in dem der Beobachter erster Ordnung handelt, von einer übergeordneten Perspektive aus. Diese Perspektive ist traditionellerweise die der Wissenschaft: Sie untersucht ihre Gegenstände von einer Metaperspektive aus und mit notwendigem zeitlichem Abstand. Zugleich ist der Beobachter zweiter Ordnung aber auch ein solcher erster Ordnung, weil auch er innerhalb seines Systems (z.B. dem der Wissenschaft) agiert, das nur im Vergleich mit dem Beobachter erster Ordnung eine übergeordnete Position innehat. Jede höherstufige Beobachtung hat diese zwei Aspekte: Sie vollzieht sich innerhalb der Grenzen ihres Systems, kann aber auf der Ebene unterhalb ihrer selbst die System-Umwelt-Beziehungen untersuchen (zum Beobachtungsbegriff und seinen Problemen vgl. Mussil 1993).

Kommunikation: Die grundlegende Operation sozialer Systeme ist in Luhmanns Theorie Kommunikation. Allerdings kommen in diesem Modell sozialer Systeme keine Personen vor: Die Menschen, die kommunizieren, gehören als psychisches bzw. biologisches System zur Umwelt des sozialen Systems, sind aber nicht dessen Bestandteile. Auch wenn Kommunikation die grundlegende Einheit sozialer Systeme bildet, kann sie zu analytischen Zwecken zerlegt werden und besteht dann aus drei zeitlich gestaffelten

›Selektionen‹: **Information, Mitteilung** und **Verstehen.** Der Sender wählt zunächst aus dem Repertoire von Möglichkeiten etwas aus, das für ihn eine Information ist. Dann entscheidet er sich für die Mitteilung und deren Form. Schließlich kann der Empfänger, indem er das Mitteilungsverhalten des Senders von dem unterscheidet, was es mitteilt, verstehen, dass es sich um eine Mitteilung handelt. Verstehen ist für Luhmann also nicht das Richtigverstehen des Mitgeteilten, sondern sehr viel allgemeiner die Zuschreibung, dass der Sender etwas mitteilt.

Autopoietische Systeme: Autopoietisch sind nach Luhmann diejenigen Systeme, die die Einheiten, aus denen sie bestehen, durch Verbindung der Einheiten, aus denen sie bestehen, selbst produzieren und reproduzieren. Sie sind damit rekursiv organisiert. Autopoietische Systeme erzeugen sich nach dieser Auffassung selbst, indem sie durch operative Verbindung ihrer Bestandteile eben diese Bestandteile hervorrufen; und sie ermöglichen sich zugleich selbst, weil sie zum einen durch keine Einheit außerhalb ihrer erzeugt werden und zum anderen ohne diese operative Verbindung nicht existieren würden. Mit dieser Annahme des sich selbst erzeugenden Systems überträgt Luhmann die aus der konstruktivistischen Variante der Neurobiologie (Humberto Maturana, Francisco Varela) gewonnene Auffassung, dass sich lebende Organismen als autopoietische Systeme beschreiben lassen, auf soziale Systeme (zum Radikalen Konstruktivismus s. Kap. 14.1.2). Es gibt keinen ›Verursacher‹ sozialer Systeme, sondern diese entstehen als Produkt des Zusammenspiels ihrer eigenen Komponenten. Diese notwendige Bezugnahme eines Systems auf seine eigenen Einheiten wird als ›**Selbstreferenz**‹ bezeichnet: Soziale Systeme beziehen sich auf ›ihre eigene Welt‹, indem ihre Kommunikationen immer an Kommunikationen anschließen. Auch ihre Umwelt können sie nur mittels Kommunikation wahrnehmen; alle ›Informationen von außen‹ werden in sozialen Systemen in Kommunikation umgewandelt.

Sinn: Den Sinnbegriff verwendet Luhmann ebenfalls in deutlich markierter Abgrenzung von herkömmlichen Auffassungen dieses ohnehin mehrdeutigen Konzepts. Er setzt ihn zur Bezeichnung einer abstrakten Größe ein: Sinn »erscheint in der Form eines Überschusses von Verweisungen auf weitere Möglichkeiten des Erlebens und Handelns« (Luhmann 1984, 93). Sinn wird mit jeder intentionalen Einheit (Erlebnis, Handlung, Kommunikation etc.) verbunden, denn jede dieser Einheiten stellt eine aktualisierte Möglichkeit des Wirklichen dar und verweist zugleich auf alle anderen, im Moment nicht realisierten Möglichkeiten. Luhmann bezeichnet dies als »appräsentierten Möglichkeitsüberschuß« (Luhmann 1980, 18). Anders betrachtet liegt hier ein Verhältnis vor, das mit der Beziehung sprachlicher Einheiten auf der paradigmatischen Achse im strukturalistischen Zeichenmodell vergleichbar ist (s. Kap. 3.3.2): Jede Handlung verweist auf die Handlungen, die anstelle der einen realisierten Handlung auch noch möglich gewesen wären. Diese Verweisung ist nach Luhmann in psychischen und sozialen Systemen unvermeidbar. Sinn ist ein übergreifendes Medium, dessen sich psychische und soziale Systeme bedienen. Angesichts der Vielzahl an Möglichkeiten muss ausgewählt werden, weil nur eine Möglichkeit realisiert werden kann. Diese aktualisierten ›Sinn‹-Bildungen als solche sind instabil und nicht mitteilbar; sie werden daher typisiert und generalisiert, um kommuniziert werden zu können und stabil zu sein (vgl. Luhmann 1980, 17f.).

Semantik: Während Sinn sich nach Luhmanns Auffassung in konkreten Ereignissen aktualisiert und an Situationen gebunden ist, bestimmt er ›Semantik‹ als »höherstufig generalisierten, relativ situationsunabhängig verfügbaren Sinn« (ebd., 19). ›Semantik‹ bezeichnet die Gesamtheit der Formen einer Gesellschaft, mit denen Sinn typisiert werden kann. Neben der Alltagssemantik einer Gesellschaft, über die jedes Mitglied verfügt, entwickelt sich schon früh Kommunikation, die als ›Wissen‹ kodifiziert und aufbewahrt wird: die »›gepflegte‹ Semantik«, aus der die Ideenevolution entsteht (ebd.).

Medien/symbolisch generalisierte Kommunikationsmedien: Der Medienbegriff wird in der Systemtheorie formal bestimmt als loser Zusammenhang von Elementen, die unter angebbaren Bedingungen zu bestimmten Formen geordnet werden, die bestimmten Zwecken dienen. Sprache etwa ist ein Medium, das zu Sätzen und Texten geformt werden kann und z.B. psychische und soziale Systeme miteinander verbindet; Luft ist ein Medium, das zu Schallwellen geformt werden und damit Hören ermöglichen kann.

Unter den Medien spielt eine spezifische Gruppe eine besonders wichtige Rolle: die symbolisch generalisierten Kommunikationsmedien. Luhmann entwickelt das Konzept dieser Medien im Anschluss an Talcott Parsons (s. Kap. 9.3.2). Bei zunehmender Systemdifferenzierung, die im Laufe der Zeit notwendigerweise auftritt, können die Beziehungen zwischen den Teilsystemen eines Gesamtsystems und die damit verbundenen Prozesse nicht mehr den Charakter von *direkten* Tauschbeziehungen haben. An ihre Stelle treten Tauschbeziehungen auf der Basis von ›Tauschmedien‹, z.B. Geld. Diese Medien sind symbolisch (im Gegensatz zum bedürfnisbezogenen Direkttausch) und verallgemeinert, d.h. sie sichern durch eine gemeinsame Basis die Vergleichbarkeit der getauschten ›Werte‹. Bei Luhmann bezieht der in Frage stehende Austausch die Kommunikation mit ein: Kommunikationsmedien werden ausgebildet, um den erfolgreichen Verlauf von Kommunikation sicherzustellen. (Was nicht heißt, dass bei Sender und Empfänger dieselben Bedingungen hergestellt werden sollen; es liegt keine Wechselseitigkeit vor.) Das Entstehen von symbolisch generalisierten Kommunikationsmedien ist also an die Differenzierung von Systemen und damit an Kontingenz gebunden.

Die konzeptuelle Basis von Luhmanns Systemtheorie kann hier nur verkürzt wiedergegeben werden. Sie stellt keinen Selbstzweck dar, sondern dient Luhmanns Ziel, eine komplexe Gesellschaftstheorie zu erarbeiten, die auch Bereiche wie Kommunikation, Motivation, Rationalität, Kultur etc. in einem adäquaten Begriffsrahmen erfassen kann. Diese Theorie berücksichtigt drei Perspektiven:
- Komplexität und Systemdifferenzierung nach Funktionen (sachlicher Aspekt)
- Evolution (zeitlicher Aspekt)
- Beziehungen von Systemen (sozialer Aspekt)

Da die ersten beiden Perspektiven für die Anwendung auf Literatur besonders wichtig geworden sind, seien sie im Folgenden kurz erläutert.

1. Komplexität und Systemdifferenzierung sind für Luhmann zentrale Dimensionen zur Beschreibung der Gesellschaftsstruktur. Während ›Komplexität‹ den Grad der direkten Verbindungen in einem System angibt, bezieht sich ›Systemdifferenzierung‹ auf die Bildung von Teilsystemen innerhalb des Gesamtsystems. In der wenig komplexen Gesellschaft etwa einer Stammeskultur können sich noch alle Mitglieder persönlich kennen und direkt kommunizieren; in komplexeren Hochkulturen ist dies in der Regel unmöglich, so dass die Kommunikation organisiert werden muss, z.B. über ein Botensystem, Herolde etc. In Bezug auf die Differenzierung eines Systems unterscheidet Luhmann drei Formen: segmentäre, stratifikatorische und funktionale Differenzierung:

- Die **segmentäre Differenzierung** bezeichnet Gesellschaftsformen, in denen die einzelnen Teilsysteme der Gesellschaft gleich oder ähnlich sind. Ein Beispiel dafür bieten Kulturen, die aus Familienverbänden bestehen.
- Eine **stratifikatorisch differenzierte Gesellschaft** besteht aus ungleichen Teilsystemen, die hierarchisch geordnet sind. Jedes Teilsystem kennt seinen Platz im Gesamtsystem, weil es sich der übergreifenden Hierarchie zuordnen kann. Aus der jeweiligen Perspektive eines Teilsystems ist damit jedes andere Teilsystem ungleich. Die Vorteile eines solchen Systems liegen in den weitergehenden Möglichkeiten der Arbeitsteilung. Stratifikatorisch differenziert ist z.B. die mittelalterliche Gesellschaft. Sie gliedert sich in hierarchische Teilsysteme: den Adel, die Geistlichkeit, die Bauern usw. Innerhalb eines Teilsystems, z.B. des Adels, findet sich dann weiterhin die Differenzierung nach Familien, also eine segmentäre Unterteilung.
- Die **funktionale Differenzierung** kennt ebenfalls ungleiche Teilsysteme, die sich jedoch nicht mehr auf eine übergeordnete Hierarchie beziehen lassen. Das liegt an der Art, wie die Teilsysteme gebildet werden: Sie werden durch die Ausrichtung auf ein Bezugsproblem konstituiert, z.B. »wirtschaftliche Produktion, politische Ermöglichung kollektiv bindender Entscheidungen, rechtliche Streitregulierung, medizinische Versorgung, Erziehung, wissenschaftliche Forschung« (Luhmann 1980, 27). Für jedes Teilsystem ist das eigene Bezugsproblem das wichtigste, für die Gesamtgesellschaft ist aber jedes Teilsystem wesentlich. Welches wichtiger als andere ist, lässt sich nur noch situationsabhängig festlegen. Das Verhältnis der Teilsysteme untereinander bleibt also ungeregelt. Für diesen Gesellschaftstypus gibt es nur ein Beispiel: die moderne Gesellschaft, die sich in Europa im Spätmittelalter zu entwickeln begann und heute zum weltweit dominanten Gesellschaftstypus geworden ist. In Luhmanns Modell bekommt die Zeit um 1800 eine besondere Bedeutung, da die Entwicklung dann eine »kaum mehr reversible Lage« (ebd.) erreicht hat; er befindet sich damit im Einklang mit der historischen Forschung, die hier ebenfalls einen epochalen Einschnitt, eine »Sattelzeit« sieht (vgl. dazu Koselleck 1972).

2. Evolution: Die Evolution eines Systems ist nicht als kontinuierliche und auf ein Ziel hin ausgerichtete Entwicklung zu verstehen, sondern als Reaktion auf Umweltveränderungen, die ein System als Irritationen wahrnimmt. Zu den besonderen Leistungen der Systemtheorie Luhmanns zählt, dass sie aufbauend auf den knapp skizzierten Konzepten das Verhältnis von sozialen Strukturen und Ideen (in einem sehr weiten Sinn) bzw. ›gepflegter Semantik‹ (in Luhmanns Terminologie) als eine solche Evolution modellieren kann. Damit bietet sie eine systematische Lösung auch für das Problem der Beziehung zwischen Gesellschaft und Text, für das es in marxistischen Ansätzen keinen überzeugenden Lösungsweg gibt (s. Kap. 9.2.4).

Dies wird deutlich, wenn man das oben erläuterte Konzept der Semantik mit dem der Systemdifferenzierung zusammenbringt. Veränderungen der Systemdifferenzierung bringen einen Wechsel der Komplexität des Systems mit sich. Ändert sich aber das

Komplexitätsniveau der Gesellschaft, muss sich die Semantik dieser Veränderung anpassen, da die sprachlichen Möglichkeiten das menschliche Erleben und Handeln sonst nicht mehr erfassen und steuern könnten (vgl. Luhmann 1980, 22). Die Beziehung zwischen Semantik und Gesellschaftssystem wird als Evolution konzipiert: Die Semantik ›evolviert‹ innerhalb des Gesellschaftssystems oder eines seiner Teilsysteme, was bedeutet, dass die Mechanismen der Variation, der Selektion und der Stabilisierung über die Entstehung, Weiterexistenz und dogmatische Verfestigung oder auch das Verschwinden von Ideen bestimmen.

- **Variation** im Bereich der Ideen entsteht durch den Versuch des Systems, interne Probleme zu lösen und Inkonsistenzen zu beseitigen, die durch Irritationen entstanden sind.
- **Selektion** geschieht nach Maßstäben der Plausibilität und Evidenz. »Plausibel sind Festlegungen der Semantik dort, wo sie ohne weitere Begründung einleuchten« (ebd., 49). Evidenz ist nach Luhmann gesteigerte Plausibilität; zu ›evidenten‹ semantischen Festlegungen wird keine Alternative gesehen. Die beiden Begriffe bezeichnen »Erfahrungsgehalte« (ebd.), die sich entweder auf die Gesamtgesellschaft oder, bei ausdifferenzierten Systemen, auf ein Teilsystem beziehen. Eine Semantik ›passt‹, wenn sie plausibel ist. Wenn sie nicht passt, z.B. weil die Komplexität der Gesellschaft sich geändert hat, dann wird sie als unplausibel und nicht evident erfahren.
- **Stabilisierung** erfolgt mittels Systematisierung und Dogmatisierung. Im System ›Literatur‹ sind typische Fälle dafür das Gattungssystem oder die Kanonisierung von Texten.

Umwelt der Semantik und damit Bezugspunkt der Evolution ist das System ›Gesellschaft‹ bzw. einzelne Teilsysteme; diese Umwelt bestimmt die Grenzen, innerhalb derer eine Semantik als plausibel und evident erfahren wird. Zugleich entwickeln sich auch das System ›Gesellschaft‹ bzw. die Subsysteme, für die wiederum die Semantik einen relevanten Umweltfaktor darstellt. Das Verhältnis der beiden Bereiche ist nach Luhmann als Koevolution aufzufassen.

> **Zum Problem der Verständlichkeit**
> Luhmanns Sprache ist alles andere als leicht verständlich. Das Postulat der Klarheit hat er mit Gründen verworfen: Er setzt auf Verfremdung und Irritation, auf bewusste Abweichung der Begriffe von ihrem ›Normalverständnis‹, um einem allzu schnellen ›Verstehen‹ vorzubeugen, das gar keines ist (vgl. Luhmann 1981, 173). Entsprechend findet sich in seinen Texten Widersprüchliches: äußerst knappe Begriffsbestimmungen auf der einen und erhebliche Redundanzen, die aber auch Bedeutungsverschiebungen zu implizieren scheinen, auf der anderen Seite. Auch geben sich manche Erläuterungen zirkulär; Zirkularität ist zwar für eine Theorie, in der Rekursion einen wichtigen Theoriebaustein darstellt, kein Problem, macht die Darstellung aber nicht verständlicher. Die Liste solcher Eigenheiten ließe sich verlängern. Sie läuft darauf hinaus, dass sich Verstehen bei Luhmanns Lesern nicht leicht einstellt, sondern ›erarbeitet‹ werden muss: Unter manchen Systemtheoretikern besteht Einvernehmen, dass Luhmanns Texte »erst nach etwa 300 bis 500 Seiten überzeugend« wirken (Reese-Schäfer 1992, 13).

9.4.3 Grundbegriffe: Literatur/literarisches Werk, Autor, Leser, Kontext

Luhmann hat keine eigene Literaturtheorie entwickelt, sondern in verschiedenen Beiträgen eine Beschreibung dessen vorgelegt, was seiner Auffassung nach ein zusammengehöriges System ›Kunst‹ darstellt. Bereits in seinem 1976 erschienenen Aufsatz »Ist Kunst codierbar?« hat er versucht nachzuweisen, dass Kunst als Kommunikationsmedium erklärbar ist. Kunstwerke fasst er als »gemachte« Gegenstände auf und zugleich als Träger »außergewöhnlicher Selektionen, die es in andere Selektionshorizonte zu vermitteln gilt« (Luhmann 1981, 246). Als systemspezifischer Kode, der selektive Operationen auf der Produktions- wie auf der Rezeptionsseite steuert, fungiert für die Kunst »schön/hässlich« (ebd., 250f.). Dieser Kode wird mit Bezug auf Selbstthematisierungen des Teilsystems, z.B. Kunstdogmatiken und Ästhetiken, erhoben. Er ist konstitutiv für das System und benennt zugleich dessen spezifische Leistung für andere Teilsysteme des Gesellschaftssystems: Kunst ist nicht durch andere Medien ersetzbar. In *Die Kunst der Gesellschaft* problematisiert Luhmann allerdings die Möglichkeit, eine Leitdifferenz für das Kunstsystem zu benennen, und stellt zumindest die Leitdifferenz ›schön/hässlich‹ in Frage (vgl. Luhmann 1995, 268ff., 301-340).

In zum Teil kritischer Auseinandersetzung mit Luhmanns Auffassung von Kunst, vor allem aber im Anschluss an seine Systemtheorie werden literaturtheoretische Grundbegriffe auf neue Weise bestimmt.

1. Literatur/literarisches Werk: Literatur wird als autopoietisches System und als Umwelt zugleich betrachtet, was Folgen für die Schwerpunkte der gegenstandsbezogenen Modellbildung hat. Sie hat die Fragen zu beantworten, wie die Operationen des Systems ›Literatur‹ zu konzipieren sind, welche spezifische und distinktive Leitdifferenz es gibt, welche Funktionen Literatur für die Gesamtgesellschaft übernimmt und wie sich ihre Beziehungen zu anderen Teilsystemen beschreiben lassen. Auf diese Fragen werden von verschiedenen systemtheoretischen Positionen aus unterschiedliche Antworten gegeben. Da sie sich nicht kategorial unterscheiden, seien hier stellvertretend nur zwei Positionen angeführt.

Abweichend von Luhmann schlagen Gerhard Plumpe und Niels Werber vor, den systemkonstitutiven Binärkode für Literatur als »**interessant/langweilig**« zu fassen (Werber 1992, 27, 65 u.ö.; Plumpe/Werber 1993); die Kategorie der Schönheit dagegen, die Luhmann vorgeschlagen hat, sei der Umwelt der Literatur entnommen, der Ästhetik (vgl. Werber 1992, 67ff.). These ist, dass das Literatursystem mit dieser Unterscheidung seine Kommunikationen kodiert und gegenüber der Gesellschaft in erster Linie eine Unterhaltungsfunktion einnimmt. Diese These wird mit Bezug auf die Annahme von der funktionalen Differenzierung der Gesellschaft um 1800 gestützt und mit Hilfe literarhistorischen Materials untermauert: Bevor sich das Teilsystem Kunst/Literatur ausdifferenziert hatte, übernahm Literatur Aufgaben, die auch von anderen Kulturprodukten ausgeübt werden konnten, etwa »Transportdienste philosophischer Wahrheiten« (ebd., 109). Erst nach Ausdifferenzierung des Kunstsystems dient Literatur nicht mehr der belehrenden Aufklärung, sondern erfüllt eine neue Funktion, die der Unterhaltung, mit Konsequenzen für die Gestalt der Texte: »Wiederholungen, Belehrungen oder Erbauungen« z.B. verschwinden als »langweilig« aus den literarischen Texten (ebd.). Mit dieser neuen Funktion löst Literatur zugleich das gesellschaftliche Problem des Übermaßes an freier Zeit.

Neu bestimmt wird in diesem Zusammenhang auch der in vielen aktuellen Ansätzen der Literaturtheorie problematisierte bzw. vermiedene Begriff des **literarischen Werkes** (s. Kap. 8.3); allerdings wird trotz der theoretischen Aufwertung des Begriffs in aller Regel nicht konsequent zwischen ›Werk‹ und ›Text‹ unterschieden. Werke erhalten die Funktion von Einheiten oder Elementen im Literatursystem. Nach Plumpe und Werber ist das literarische Werk als ein symbolisch generalisiertes Kommunikationsmedium aufzufassen, dessen Besonderheit in der Differenz von Medium und Form liegt (vgl. Plumpe/Werber 1995, 20f.; auch Reinfandt 1997, 48ff.; 97ff.). Diese Form kann interessant oder uninteressant gestaltet sein; in jedem Fall gibt sie Anlass zu literarischer Kommunikation.

In den Bestimmungen von Literatur wird stets auch auf das Kardinalproblem sozialwissenschaftlich fundierter Literaturtheorien Bezug genommen: auf die Frage, wie das **Verhältnis von Literatur und Gesellschaft** angemessen zu modellieren sei. In einer »polykontexturalen« Variante wird es als Verhältnis einer »wechselseitigen Beobachtung von Literatur und ihrer Umwelt« (Plumpe/Werber 1995, 8) verstanden. Als gesellschaftliches Teilsystem ›beobachtet‹ Literatur ihre Umwelt unter dem Aspekt, welche Themen etwa der Politik oder des Rechtssystems sie für »poesiefähig« hält (ebd., 7), und das heißt auch, ob sie als unterhaltend oder langweilig einzustufen sind. Die Integration der Umweltsysteme erfolgt also nach Maßgabe der systeminternen Operationen und ihres Kodes. Politische Themen etwa werden demnach stets ›aus literarischen Gründen‹ aufgenommen, nicht um z.B. gesellschaftliche Umbrüche zu bewirken. Sollten solche Veränderungen im politischen System nachzuweisen sein, dann erfolgt diese Zuschreibung immer nur literaturextern (vgl. ebd.). Mit dieser Auffassung ändert sich auch die für viele Literaturtheorien konstitutive Annahme der prinzipiellen Polyvalenz von Literatur (s. z.B. Kap. 3.4.3; 6.5; 7.4; 14.1). Mehrdeutigkeit ist keine Sache des Textes, sondern liegt »in der Pluralität möglicher Systemreferenzen«, die ein Leser in seine Lesart eines Textes einbeziehen kann (Werber 1992, 97).

Eine andere Richtung versucht, das Problem in Begriffen des **Symbol- und Sozialsystems** zu fassen, deren Beziehung schon in den älteren sozialgeschichtlichen Ansätzen in Frage stand (s. Kap. 9.3.2). Auch hier liegen unterschiedliche Versuche vor (vgl. genauer Ort 1995). Eine Richtung setzt stärker für die Bestimmung von Literatur auf die Differenz von Kommunikation und Bewusstsein. Bewusstsein ist nach Luhmann der Operationsmodus psychischer Systeme und Kommunikation der Operationsmodus sozialer Systeme; beide greifen auf das Medium ›Sinn‹ zu. Entsprechend werden literarische Texte als spezifische Einheiten von Symbol- und Sozialsystem aufgefasst, in denen psychisches und soziales System über ihr gemeinsames Medium ›Sinn‹ (in der oben erläuterten Bedeutung) miteinander verbunden sind (›Kopplung‹) (vgl. Jahraus/Schmidt 1998, 105; Reinfandt 1997, 55, 96).

2. Der **Autorbegriff** spielt für systemtheoretische Literaturuntersuchungen keine prominente Rolle. Autoren als Personen tauchen in diesen Studien eher selten auf, da sie nicht Teil des Literatursystems sind; ihre Namen sind vielmehr Platzhalter für bestimmte Formen der ›Semantik‹, die untersucht werden.

3. Für **Leser** gilt tendenziell dasselbe. Jedoch werden sie in manchen Studien als Teilnehmer an literarischer Kommunikation aufgefasst, die die entsprechenden Kodes dieser

Kommunikation beherrschen und zugleich erfassen können, welche externen Kodes in literarischen Texten aufgegriffen und ›umkodiert‹ werden. Unterhaltung als Effekt der Lektüre literarischer Texte auf Rezipientenseite resultiert daraus, dass Leser in der Position »des literarischen Beobachters« diese Umkodierungen erkennen (Werber 1992, 97).

4. Kontext: Wie oben gesehen, weisen systemtheoretische Ansätze dem Konzept des Kontexts eine entscheidende Rolle schon für die Bestimmung von ›Literatur‹ zu. Die Differenz von Text bzw. Werk und Kontext wird als wichtige Unterscheidungskategorie herangezogen. Dabei kann der Kontextbegriff unterschiedlich bestimmt werden. Er kann die ›Umwelt‹ der Literatur generell bzw. der einzelnen Texte bezeichnen, andere Teilsysteme bzw. Kommunikationen in diesen Teilsystemen oder auch alle die zeitgenössischen Möglichkeiten an ›Sinn‹, die ein Text nicht ausgewählt hat.

9.4.4 Methode der Textinterpretation

Ebenso wenig wie Luhmann literaturwissenschaftliche Grundbegriffe bestimmt hat, bieten seine Ausführungen eine Interpretationsmethode an; vielmehr geht er in seinen eigenen Auswertungen historischer (zumeist nicht-fiktionaler) Texte weitgehend nach einem traditionellen hermeneutischen Verfahren vor. Auch wenn die systemtheoretischen Ansätze in der Literaturwissenschaft nicht auf die Interpretation literarischer Texte zielen, sondern auf die Erklärung literarhistorischer Entwicklungen, sind doch in neuerer Zeit mehrere Versuche vorgelegt worden, den Textbezug der Theorie zu verstärken und Überlegungen zur Methodologie anzuschließen. Es lassen sich zwei Rezeptionsrichtungen danach unterscheiden, welche Fragen sie stellen und welche Theorie-Elemente sie aufnehmen.

1. Semantische Evolution und literarischer Text: Die eine Richtung ist – wie die Sozialgeschichte der Literatur im engeren Sinne (s. Kap. 9.3.4) – vor allem an komplexen literarhistorischen Modellen interessiert. Hier dient Luhmanns historisches Gesellschaftsmodell dazu, die Probleme früherer Ansätze zu vermeiden und einen Bezug von Text und sozialer Struktur herzustellen, der die Komplexität der Einzeltexte nicht unterschreitet (so Schmidt 1989; Werber 1992; Plumpe 1995; Eibl 1995; vgl. auch Eibl 1996). Für diese Richtung hat sich das Modell der Ausdifferenzierung des Sozialsystems Kunst um 1800 als integratives theoretisches Konzept erwiesen (vgl. z.B. Schmidt 1989). Ebenso fruchtbar ist das Modell der gesellschaftlichen Evolution und der Koevolution der zugehörigen Semantik, das Luhmann in einer Reihe von Aufsätzen (vgl. Luhmann 1980-1995) und dem vor allem in der Literaturwissenschaft intensiv rezipierten Band *Liebe als Passion* (1982) entfaltet hat.

Vertreter dieser Richtung der Luhmann-Adaption nehmen auch Einzeltextinterpretationen vor. Hier werden die Gedankenfiguren der historischen Soziologie auf literarische Texte angewendet und dienen dazu, bestimmte Phänomene der Semantik (im Sinne Luhmanns) sichtbar und erklärbar zu machen, etwa die Individualisierung (s. dazu die Beispielinterpretation im folgenden Abschnitt). Luhmanns Annahmen bilden einen Kontext der Interpretation. Diese Anwendungen des Modells auf Literatur können einen erhellenden kognitiven Verfremdungseffekt erzielen: Indem die literarischen Texte, in denen bestimmte Gedanken gestaltet sind, in den Kontext einer abstrakten Theorie gestellt werden, wird die Funktionalität dieser Gedanken, die ohne eine solche Einbettung nicht klar wird, transparent gemacht.

2. Text/Kontext-Modelle: Die andere Richtung geht von Luhmanns Kommunikations- und Medienbegriff aus und versucht, ihn auch für die Interpretation literarischer Texte fruchtbar zu machen (so Jahraus 2003, de Berg/Prangel 1995). Ihre Vertreter fassen Luhmanns Modell als derzeit avancierteste Theorie auf und ergänzen die für eine Analyse und Interpretation fehlenden Bausteine durch eigene Entwürfe. So schlägt Matthias Prangel auf der Basis eines systemtheoretisch begründeten Konzepts des Textverstehens ein Verfahren vor, mit dessen Hilfe in »objektivierbarer« Weise die Bedeutung eines literarischen Textes rekonstruiert werden könne (Prangel 1993, 9). Durch »kontextuelle Differenzmarkierung« (ebd.) soll deutlich gemacht werden, wie der Text im kommunikativen Zusammenhang seiner Entstehungszeit situiert gewesen ist. Konsequente Historisierung auf den ›einmaligen‹ Moment der ursprünglichen Kommunikationssituation und eine umfangreiche Berücksichtigung der Diskussionskontexte, in denen der zu analysierende Text steht, gelten als die Bedingungen, unter denen sich die Bedeutung eines Textes allein beschreiben lässt. Dabei ist die Annahme entscheidend, dass in die Texte – verstanden als »in Mitteilungsform gefaßte kontingente Selektionsentscheidungen« (ebd., 19) – immer auch das Nicht-Realisierte mit eingeht. Bedeutung ist demnach »die Einheit der Differenz zwischen dem, was ein Text sagt[,] und dem, was er negiert« (ebd.). Aus diesen Annahmen ergeben sich konkrete Rekonstruktionsschritte für die Textanalyse.

Trotz der verstärkten Bemühungen gibt es bislang kein gemeinsames Verständnis von ›systemtheoretischer Interpretation‹, das sich unter den Vertretern dieses Ansatzes durchgesetzt hat. Als Gemeinsamkeit lässt sich allenfalls die generelle Einschätzung festhalten, dass Interpretationen als ›Beobachtung zweiter Ordnung‹ (als ›Beobachtung‹ von Literatur, die ihrerseits eine ›Beobachtung erster Ordnung‹ darstellt) verstanden werden kann (zur Kritik vgl. Mussil 1993).

Probleme der Anwendung
Systemtheorie bewegt sich auf einem besonders hohen Abstraktionsniveau. Gemeinsam mit der Tatsache, dass Luhmanns Systemtheorie eine Theorie sozialer Systeme ist und systemische Beziehungen beschreibt, ergibt diese Abstraktheit ein Problem für literaturwissenschaftliche Adaptionen. Es betrifft weniger die Anwendung der Theorie auf historische Entwicklungen, als vielmehr die Frage nach ihrer Einsetzbarkeit in textinterpretatorischen Zusammenhängen. Da Literaturtheorien in aller Regel auch am Entwurf einer Interpretationskonzeption interessiert sind, um Aussagen über Einzeltexte bilden zu können, werden Theorien, die zur Modellierung größerer, textübergreifender Zusammenhänge erarbeitet worden sind, über kurz oder lang auch mit Erweiterungen ausgestattet, die sich zur Interpretation (in welchem Sinne auch immer) literarischer Texte eignen. Dieser Mechanismus ist zwar nicht zwingend, lässt sich aber mit wenigen Ausnahmen an den neueren Literaturtheorien nachweisen. Für die besonders abstrakte Systemtheorie ist eine solche Erweiterung auf die Ebene von Textanalyseverfahren auch besonders aufwändig.

9.4.5 Beispielinterpretation

Interpretationen mit systemtheoretischem Bezugspunkt müssen sich nicht durch ein hohes Maß an Terminologie auszeichnen. Vielmehr kann der systemtheoretische Bezug im Bereich der **Prämissen** liegen, **mit denen Textbefunde in einen Erklärungsrahmen integriert werden**. Als Beispiel für eine solche systemtheoretisch informierte Interpretation soll hier Marianne Willems' Deutung von Goethes umstrittenem Drama *Stella* (1775) dargestellt werden. Sie ist zu der Gruppe systemtheoretischer Textdeutungen zu zählen, die Luhmanns Modell der gesellschaftlichen Evolution und der Koevolution von Gesellschaft und Semantik als Kontext ihrer Textanalysen heranziehen; stärker differenztheoretisch angelegte Textdeutungen weichen hiervon in Fragestellung, Argumentationsweise und Begrifflichkeit ab.

Die Interpretation geht von dem Befund aus, dass die Zeitgenossen die frühe Fassung von Goethes Drama ebenso kontrovers wie irritiert aufgenommen haben. Irritation bereitet auch unter den wohlwollenden Rezensenten vor allem die »Liebessemantik« des Dramas (Willems 1996, 41) mit ihrer Verknüpfung von empfindsamer Liebe und Sexualität und deren Zuschreibung zu weiblichen Figuren. Nach Willems ist dies nur zum Teil auf die zeitgenössischen Konventionen und Moralvorstellungen zurückzuführen; entscheidend ist die interne Motivation des Dramas: Unklar bleibe, welches Problem der Schluss des Dramas – die Aussicht auf eine Verstetigung der Dreierbeziehung zwischen Stella, Cezilie und Fernando – löse und auf welche Weise seine Liebessemantik motiviert sei. Die Interpretin vertritt im Folgenden die These, dass diese Unklarheiten sich nur auflösen lassen, wenn man die zeitgenössische Ausdifferenzierung des Literatursystems unter der Vorgabe der Autonomieästhetik berücksichtigt.

Um ihre These zu stützen, wählt sie den Weg über Selbstzeugnisse des Autors, die Aufschluss über das Künstlerbild und die Wirkungsintentionen Goethes geben. Diese Einsichten dienen allerdings nicht als Maßstab der Textinterpretation, sondern als Hinweis auf einen allgemeinen gesellschaftlichen Konflikt, den Goethe in Begriffen der zeitgenössischen Kunstproduktion und ihrer Aporien zu fassen versucht: das Problem der Selbst- und Fremdbestimmung, das – vereinfacht gesagt – im Konflikt zwischen dem Dichtersubjekt und den Anforderungen des Publikums zur Sprache kommt. Das Bild des selbstbestimmten Individuums, das sich in der Analyse der biographischen Selbstzeugnisse nachweisen lässt, ist, so Willems, als »semantische Innovation« (ebd., 51) aufzufassen und damit erklärungsbedürftig. Den überzeugendsten Erklärungsrahmen sieht sie in Luhmanns Modell funktionaler Differenzierung: Nach diesem Modell lassen sich Goethes Überlegungen als Reflexionen des zentralen Problems der funktional differenzierten Gesellschaft verstehen, die dem Einzelnen keinen festen Ort mehr zuweisen kann und die ihn allenfalls mit heterogenen Rollen versieht. Sie fordert vom Einzelnen, seine Individualität auszubilden, um Identität zu gewinnen. Das von Goethe und anderen Autoren des Sturm und Drang vertretene Geniekonzept ist damit deutbar als ein »Selbstbeschreibungsmuster«, das dieser Situation »der sozialen Exklusion des Individuums« entspricht (ebd., 56), indem es vom (besonderen) Einzelnen fordert, »sich selbst seine Identität zu geben« (ebd.). Mit dieser Forderung wird Gesellschaft zugleich zum Bereich »potentieller Selbstentfremdung« gemacht (ebd., 56f.). Die zeitgenössische Auffassung von Literatur muss auf diese neue Situation reagieren. Sie formuliert erstmals das Individualitätskonzept, das als

Selbstdeutungs- und Orientierungsmodell den Anforderungen einer funktional differenzierten Gesellschaft entspricht« (ebd., 52).

Damit wird zugleich eine relevante gesellschaftliche Funktion für die Literatur gesichert, die jenseits jedes direkten Nutzens liegt: die Funktion »der Pflege, der Reflexion und Bestätigung der sozial exkludierten Individualität« (ebd.).

Unter diesem Aspekt lassen sich auch die Liebeskonzeption, die Liebe von der bürgerlichen Institution der Ehe trennt, und die Kunstkonzeption, die Literatur aus der Verpflichtung zur Nützlichkeit löst, miteinander verbinden: Beide Konzeptionen befassen sich auf ihre Weise mit dem sozial ›exkludierten‹ Individuum (vgl. ebd., 53). Sie lassen sich im Drama nachweisen, wie Willems in einer Analyse der Figurenkonfiguration und -konzeptionen in *Stella* belegt. Das dem Drama zugrunde liegende ›irritierende‹ Liebeskonzept stellt sich so als konsequent heraus, und auch der Dramenschluss lässt sich plausibel deuten. Er verbindet zwei widersprüchliche Lebensentwürfe und zugleich »Existenzweisen« (ebd., 73):

> [...] frei und selbstbestimmt nur der Entfaltung der Individualität verpflichtet zu leben und zugleich einen festen sozialen Ort in der Gesellschaft zu haben. Die Struktur dieser Lösung ist die Paradoxie. Sie verknüpft die Existenz außerhalb der Gesellschaft mit der Existenz innerhalb der Gesellschaft, Freiheit mit Bindung, Individualität mit Sozialität. (Ebd.)

Charakteristisch für diese Variante systemtheoretisch informierter Interpretationen ist die Strategie, unklare Befunde in literarischen Texten mit Bezug auf systemtheoretische Thesen verständlich zu machen und zu erklären. Zu diesem Zweck wird in erster Linie auf Erklärungen historischer Entwicklungen im Bereich der ›Semantik‹ (im Sinne Luhmanns) zurückgegriffen, die mit Hilfe des systemtheoretischen Instrumentariums gewonnen worden sind. Weniger das Interpretationsverfahren selbst ist also ›systemtheoretisch‹, als vielmehr die Genese der einbezogenen Kontexterklärungen.

Das Wichtigste in Kürze

Eine Systemtheorie der Literatur wird vor allem zur **komplexen Modellierung des Verhältnisses von Literatur und Gesellschaft** und zur **Beschreibung literarhistorischer Entwicklungen** herangezogen.

Literatur gilt meist als **autopoietisches System**, das zu den Teilsystemen der Gesellschaft gehört, sich durch eine besondere **Funktion** (Unterhaltung) und eine eigene **Leitdifferenz** (›interessant/langweilig‹) von anderen Teilsystemen unterscheidet.

Literatur kann auf unterschiedliche Weise untersucht werden: mit Bezug auf
- Luhmanns Modell der **gesellschaftlichen Evolution** und der **Koevolution der zugehörigen Semantik**,
- das Konzept des **Sinns** und der Kontingenz von Sinn-Entscheidungen,
- die komplexe **zeitgenössische Kommunikationssituation** des literarischen Textes.

Literatur

de Berg, Henk/Matthias Prangel (Hg.): *Kommunikation und Differenz. Systemtheoretische Ansätze in der Literatur- und Kunstwissenschaft.* Opladen 1993.
de Berg, Henk/Matthias Prangel (Hg.): *Differenzen. Systemtheorie zwischen Dekonstruktion und Konstruktivismus.* Tübingen/Basel 1995.
Eibl, Karl: *Die Entstehung der Poesie.* Frankfurt a.M. 1995.
Eibl, Karl: Literaturgeschichte, Ideengeschichte, Gesellschaftsgeschichte – und das »Warum der Entwicklung«. In: *Internationales Archiv für Sozialgeschichte der deutschen Literatur* 21/2 (1996), 1-26.
Jahraus, Oliver: Unterkomplexe Applikation. Ein kritisches Resümee zur literaturwissenschaftlichen Rezeption der Systemtheorie. In: *Zeitschrift für Literaturwissenschaft und Linguistik* 29/113 (1999), 148-158.
Jahraus, Oliver: *Literatur als Medium. Sinnkonstitution und Subjekterfahrung zwischen Bewußtsein und Kommunikation.* Weilerswist 2003.
Jannidis, Fotis: Gesellschaftstheoretische Ansätze. In: Thomas Anz (Hg.): *Handbuch Literaturwissenschaft.* Bd. 2: *Methoden und Theorien.* Stuttgart/Weimar 2007, 338-347.
Koselleck, Reinhart: Einleitung. In: Otto Brunner/Werner Conze/R.K. (Hg.): *Geschichtliche Grundbegriffe. Historisches Lexikon zur politisch-sozialen Sprache in Deutschland.* Bd.1. Stuttgart 1972, XIII-XXIII.
Krause, Dieter: *Luhmann-Lexikon. Eine Einführung in das Gesamtwerk.* Stuttgart 1996.
Luhmann, Niklas: Ist Kunst codierbar? [1976]. In: N.L.: *Soziologische Aufklärung.* Bd. 3: *Soziales System, Gesellschaft, Organisation.* Opladen 1981, 245-266
Luhmann, Niklas: *Gesellschaftsstruktur und Semantik. Studien zur Wissenssoziologie der modernen Gesellschaft.* 4 Bde. Frankfurt a.M. 1980-1995.
Luhmann, Niklas: Gesellschaftliche Struktur und semantische Tradition. In: Luhmann 1980-1995, Bd. 1, 9-71 (1980).
Luhmann, Niklas: *Soziologische Aufklärung.* Bd. 3: *Soziales System, Gesellschaft, Organisation.* Opladen 1981.
Luhmann, Niklas: *Liebe als Passion. Zur Codierung von Intimität.* Frankfurt a.M. 1982.
Luhmann, Niklas: *Soziale Systeme. Grundriß einer allgemeinen Theorie.* Frankfurt a.M. 1984.
Luhmann, Niklas: *Die Kunst der Gesellschaft.* Frankfurt a.M. 1995.
Luhmann, Niklas: *Die Gesellschaft der Gesellschaft.* Frankfurt a.M. 1997.
Mussil, Stephan: Literaturwissenschaft, Systemtheorie und der Begriff der Beobachtung. In: de Berg/Prangel 1993, 183-202.
Plumpe, Gerhard: *Epochen moderner Literatur. Ein systemtheoretischer Entwurf.* Opladen 1995.
Plumpe, Gerhard/Niels Werber: Literatur ist codierbar. Aspekte einer systemtheoretischen Literaturwissenschaft. In: Siegfried J. Schmidt (Hg.): *Literaturwissenschaft und Systemtheorie. Positionen, Kontroversen, Perspektiven.* Opladen 1993, S. 9-43.
Plumpe, Gerhard/Niels Werber (Hg.): *Beobachtungen der Literatur. Aspekte einer polykontexturalen Literaturwissenschaft.* Opladen 1995.
Prangel, Matthias: Zwischen Dekonstruktion und Konstruktivismus. Zu einem systemtheoretisch fundierten Ansatz von Textverstehen. In: de Berg/Prangel 1993, 9-31.
Reese-Schäfer, Walter: *Luhmann zur Einführung.* Hamburg 1992.
Reinfandt, Christoph: *Der Sinn der fiktionalen Wirklichkeiten. Ein systemtheoretischer Entwurf zur Ausdifferenzierung des englischen Romans vom 18. Jahrhundert bis zur Gegenwart.* Heidelberg 1997.

Schmidt, Siegfried J.: *Die Selbstorganisation des Sozialsystems Literatur im 18. Jahrhundert.* Frankfurt a.M. 1989.
Werber, Niels: *Literatur als System. Zur Ausdifferenzierung literarischer Kommunikation.* Opladen 1992.
Willems, Marianne: Stella. Ein Schauspiel für Liebende. Über den Zusammenhang von Liebe, Individualität und Kunstautonomie. In: *Aufklärung* 9/2 (1996), 39-76.

Weitere Lektüreempfehlungen

Berghaus, Margot: *Luhmann leicht gemacht. Eine Einführung in die Systemtheorie.* Köln 2003.
  Die Verfasserin gibt eine relativ leicht verstehbare und zugleich kenntnisreiche Einführung in wichtige Bausteine und Denkzusammenhänge der Luhmann'schen Theorie.
Jahraus, Oliver/Benjamin Marius Schmidt: Systemtheorie und Literatur. Teil III. Modelle systemtheoretischer Literaturwissenschaft in den 1990ern. In: *Internationales Archiv für Sozialgeschichte der deutschen Literatur* 23/1 (1998), 66-111.
Ort, Claus-Michael: Systemtheorie und Literatur. Teil II. Der literarische Text in der Systemtheorie. In: *Internationales Archiv für Sozialgeschichte der deutschen Literatur* 20/1 (1995), 161-178.
  Die beiden Aufsätze geben einen guten Überblick über systemtheoretische Positionen in der Literaturwissenschaft. Sie gehen auf Debatten und neuere Entwicklungen ein und werten zu diesem Zweck zahlreiche Forschungsbeiträge aus.

9.5 Bourdieus Theorie des literarischen Feldes

9.5.1 Einleitung

Der französische Soziologe Pierre Bourdieu hat eine anspruchsvolle und komplexe soziologische Theorie entwickelt, die auf umfangreichen empirischen Studien beruht. Schwerpunkt seiner Arbeiten sind **kultursoziologische Forschungen**, wie sie z.B. seiner oft als Hauptwerk bezeichneten Monographie *Die feinen Unterschiede* (1979) zugrunde liegen. In ihr untersucht Bourdieu auf einer breiten Materialbasis unter anderem die Position und die Mechanismen von Kultur und Kunst in der Gesellschaft und fragt nach ihren sozialen Funktionen. Die Architektonik seiner Theorie lädt dazu ein, anders als bei Luhmann, einzelne Begriffe oder Begriffszusammenhänge zu übernehmen, ohne sich damit auf die Gesamttheorie zu verpflichten. Das führt dazu, dass einige seiner Begriffe, z.B. ›Habitus‹ oder ›symbolisches Kapital‹, eine beeindruckende Erfolgsgeschichte aufweisen, während sich zumindest die deutschsprachige Literaturwissenschaft bis in die 1990er Jahre nur selten auf das theoretische Fundament dieser Termini eingelassen hat. Inzwischen dient Bourdieus Theorie jedoch als integrativer Rahmen für eine ganze Reihe empirisch und historisch angelegter Studien.

Anders als Luhmann hat Bourdieu sich seit den späten 1960er Jahren auch für Literatur als soziales Phänomen interessiert und umfangreiche literatursoziologische Studien sowohl selbst vorgelegt als auch angeregt, und er hat die **Theorie des literarischen Feldes** entworfen als eine **literaturspezifische Adaption seiner soziologischen Theorie** (zu den

Unterschieden zwischen Systemtheorie und Bourdieus Modell vgl. Dörner/Vogt 1994, 125-132). Auch diese Theorie erhebt den Anspruch, die Frage beantwortet zu haben, wie Soziales in literarischen Texten vermittelt wird. Im Unterschied zu den anderen Ansätzen zur Lösung dieses Problems, die im vorliegenden Kapitel dargestellt wurden, bezieht sich Bourdieu dabei allerdings in erster Linie auf den sozialen Kontext der Autoren und weniger auf die gesellschaftlichen Strukturen im Ganzen. Auch für ihn ist es damit nicht der literarische Text, der im Mittelpunkt seines Interesses steht.

9.5.2 Bezugstheorie und Terminologie

Bourdieus Theorie steht zum einen in der **Tradition des Marxismus** (s. Kap. 9.2), differenziert und relativiert aber einige von dessen Annahmen. Dies macht z.B. der Begriff der Klasse deutlich, dessen Erweiterungen zeigen, in welchem Sinne Bourdieu über marxistische Modelle hinausgeht: So unterscheidet er zwischen der »Klassenlage«, die durch ökonomische Bedingungen determiniert wird, und der »Stellung« oder »Position« in der Klasse; diese wird durch andere soziale Faktoren wie Geschlecht, Rolle, Status, Bildung, kulturelle Sozialisation, ethnische Zugehörigkeit etc. bestimmt. Neben dem Marxismus ist der **Strukturalismus** die zweite Bezugstheorie für Bourdieu, auf deren Begriffe er für die Beschreibung von Strukturen und Relationen im sozialen Raum bzw. in Feldern zurückgreift. Das Konzept der **Homologie** ist hier zu nennen, mit dem sowohl die strukturelle Vergleichbarkeit unterschiedlicher Felder als auch die Beziehung zwischen Habitus und Feld erfasst wird. ›Homologie‹ bezeichnet die Strukturgleichheit zweier Einheiten.

Auffällig ist, dass Bourdieu mit anschaulichen Konzepten arbeitet und oftmals Raummetaphern einsetzt, die theoretisch postulierte Zusammenhänge illustrieren. Im Mittelpunkt seines Modells steht nicht ›die Gesellschaft‹, sondern das **Konzept des ›sozialen Raums‹**. Nach Bourdieu ist die soziale Welt durch ›objektive Relationen‹ bestimmt, d.h. durch Beziehungen zwischen Positionen, die unabhängig vom Bewusstsein der Akteure bestehen, die diese Positionen einnehmen. Ein zusammengehöriges Ensemble solcher Relationen nennt Bourdieu ›sozialen Raum‹. Strukturiert wird der soziale Raum durch das Verhältnis der Akteure zueinander, aber zugleich werden »[d]ie Akteure oder Gruppen von Akteuren [….] anhand ihrer *relativen Stellung* innerhalb dieses Raums definiert« (Bourdieu 1985, 10). Die maßgeblichen Begriffe für das Modell des sozialen Raums sind ›Feld‹, ›Kapital‹ und ›Habitus‹.

Feld: Der Feldbegriff hat eine dynamische und eine räumliche Komponente. Im dynamischen Sinne ist ›Feld‹ in Analogie zum physikalischen Kräftefeld zu verstehen, das strukturiert ist, dessen Strukturen aber nicht immer offen zutage liegen. Strukturiert ist ein Feld durch verschiedene Macht- und Einflussbeziehungen aufgrund verschiedener Kapitalformen. In ihnen herrscht ein prinzipieller interner Antagonismus (vgl. Bourdieu 1997, 74). Felder sind differenzierte gesellschaftliche Handlungsbereiche von relativer Eigenständigkeit und Eigengesetzlichkeit; sie zeichnen sich durch spezifischen Funktionen, Bedingungen und Legitimierungsstrategien aus. Unter räumlicher Perspektive lassen sich die ›Positionen‹ untersuchen, die Akteure in Feldern einnehmen. Grundlage für diese Position der Akteure im Feld sind die verschiedenen Formen des Kapitals, die im jeweiligen Feld gültig sind. So ist etwa ökonomisches Kapital im

Feld der Wirtschaft entscheidend und bestimmt weitgehend die Stellung der Akteure in diesem Feld. Die Gesamtheit aller Felder konstituiert den sozialen Raum.

Formen des Kapitals: Bourdieu unterscheidet zwischen verschiedenen Formen des Kapitals, die ineinander konvertierbar sind; die wichtigsten sind:

- **ökonomisches Kapital:** Zu ihm zählt jede Form von materiellem Besitz.
- **kulturelles Kapital** in verschiedenen ›Zustandsformen‹: In objektiviertem Zustand fallen z.B. Bücher oder Gemälde darunter; in inkorporiertem Zustand zählen kulturelle Fähigkeiten, Fertigkeiten und Wissensformen dazu, die körpergebunden sind, z.B. Essmanieren; in institutionalisierter Form sind dies z.B. Titel, welche die Bildung ihrer Träger anzeigen.
- **soziales Kapital:** Hierunter fallen mehr oder weniger dauerhafte Beziehungen zu anderen Akteuren.
- **symbolisches Kapital:** Bourdieu bestimmt das viel zitierte symbolische Kapital »als legitim anerkannte Form der drei vorgenannten Kapitalien (gemeinhin als Prestige, Renommee, usw. bezeichnet)« (ebd., 11). Ein universitär erworbener Titel etwa stellt kulturelles Kapital, aber immer auch symbolisches Kapital dar, da er von den anderen Akteuren des Feldes anerkannt wird. Soziales Kapital ist zugleich auch symbolisches Kapital, da es auf Anerkennung angewiesen ist, um als Machtmittel einsetzbar zu sein. Allerdings ist symbolisches Kapital tendenziell auf ein bestimmtes Feld bezogen und gilt nicht ohne Weiteres in einem anderen Feld.

Die Akteure in den verschiedenen Feldern streben, so eine der leitenden Annahmen Bourdieus, nach möglichst großem Machtgewinn in dem Feld, in dem sie agieren. Sie verhalten sich damit ökonomisch, ohne dass diese ›Ökonomie‹ auf das ökonomische Kapital bezogen zu sein braucht. Ihr Streben wie ihr ökonomisches Handeln ist jedoch nicht in erster Linie bewusst, was auch für die Strategien gilt, die sie einsetzen. Die Strategien gründen vielmehr als grundlegende Formen sozialer Praxis im Habitus.

Habitus: Den Habitusbegriff hat Bourdieu komplementär zum Feldbegriff bestimmt. Er leistet die Vermittlung von Sozialem und Individuellem, insofern er sich auf die gesellschaftlichen Aspekte des Individuums bezieht, vor allem auf die in der Sozialisation erworbenen Muster. Als »System der organischen und mentalen Dispositionen und der unbewußten Denk-, Wahrnehmungs- und Handlungsschemata« (Bourdieu 1974, 40) bedingt der Habitus die Erzeugung von Einstellungen und bestimmt auf diese Weise sowohl die Freiräume als auch die Grenzen der Individuen (vgl. auch Bourdieu 1993, 98). Entsprechend legt das Habituskonzept die Handlungsfreiheit des einzelnen Akteurs als ›bedingte Freiheit‹ fest: im Sinne eines Bedingungsverhältnisses von individuellem Handeln und kollektiven Vorgaben.

9.5.3 Die Theorie des literarischen Feldes und literaturwissenschaftliche Grundbegriffe: Literatur, Autor, Leser, Bedeutung, Kontext

Bourdieus **Theorie des literarischen Feldes** basiert zum einen auf den oben knapp erläuterten Annahmen und Begriffen; zum anderen stützt sie sich auf historisch-empirische Befunde literatursoziologischer Analysen, die Einsichten in die soziale Funktion von Kunst generell und die Entstehung und Genese des literarischen Feldes erbringen:

9. Gesellschaftswissenschaftliche Literaturtheorien

1. Soziale Funktionen der Kunst: Bourdieu stellt in *Die feinen Unterschiede* eine der Grundannahmen der modernen Ästhetik in Frage, nämlich die Annahme, Kunst sei autonom in dem Sinne, dass sie keinen gesellschaftlichen Gebrauchswert habe. Er untersucht die Geschmacksurteile und Vorlieben unterschiedlicher Klassen und sozialer Gruppierungen der zeitgenössischen französischen Gesellschaft und kommt zu dem Ergebnis, dass Kunst und die Kompetenz, die notwendig ist, um sie adäquat wahrzunehmen, eine soziale Funktion und einen sozialen Wert haben. Sie tragen dazu bei, soziale Ungleichheit zu stabilisieren. Der Geschmack wird in dieser Perspektive zu einem Zeichen, das **soziale Distinktion** ermöglicht (vgl. Bourdieu 1982, 104f.). Das gilt auch und gerade für die von der modernen Ästhetik postulierte ›Interesselosigkeit‹ im Umgang mit Kunstwerken, die eine Abgrenzung gegen andere, ›vulgärere‹ Formen der Rezeption impliziert. Es zeigt sich, dass der Umgang mit Literatur schichtenspezifisch variiert; so wird etwa die ›professionelle‹ Forderung nach dem Primat der Form vor dem Inhalt nur in Gruppen mit hohem kulturellen Kapital umgesetzt (vgl. ebd., 100ff.; vgl. auch Joch/Wolf 2005, 11). Eine solche Sicht auf kulturelle Güter und deren Funktionsweise hat in der Literaturwissenschaft den Vorschlag motiviert, Literaturgeschichte nicht auf einen Kanon von Texten zu stützen, der unabhängig von jeder sozialen Realität der Literaturrezeption erhoben wird, sondern sie mit Bezug auf die sozialen Gruppen zu schreiben, in denen die literarische Kommunikation angesiedelt ist. Dies führt zu einer gruppenspezifischen Literaturgeschichte, die unter anderem verschiedene Textkorpora, Lesemodi und Funktionen von Literatur zu berücksichtigen hat (vgl. Schneider 2004, 7-17 u.ö.).

2. Entstehung und Struktur des literarischen Feldes: Neben diesem kultursoziologischen Modell über die Verwendung von Kunst hat Bourdieu in *Die Regeln der Kunst* die soziale Welt der Autoren und mit Literatur Beschäftigten (Verleger, Leser, Kritiker, Literaturwissenschaftler etc.) beschrieben und sich eingehend mit der Entstehung und Struktur des literarischen Feldes befasst. Allerdings bleibt seine Beschreibung auf die spezifischen Bedingungen der Literatur in Frankreich beschränkt. Inwieweit sie auf andere Nationalliteraturen übertragbar ist, wird unterschiedlich eingeschätzt; auf jeden Fall sind Anpassungen vorzunehmen. Bourdieu geht von einer Interpretation von Gustave Flauberts Roman *L'Éducation sentimentale* (*Die Erziehung des Herzens*, 1869) aus, der für seine Modellbildung drei Funktionen einnimmt:

- Bourdieu versteht den Roman als literarische Formulierung seiner Feldanalyse.
- Er weist den ›soziologischen Blick‹ des Romans sowohl in inhaltlicher wie formaler Hinsicht nach.
- Der Autor Flaubert steht auch in Bourdieus Analyse der Entstehung des literarischen Feldes im Mittelpunkt, da er zusammen mit Charles Baudelaire erheblich zu dessen Konstitution »als einer gesonderten Welt mit je eigenen Gesetzen« beigetragen habe (Bourdieu 1999, 84).

Diese Autonomisierung des literarischen Feldes vollzieht sich in einem mehrstufigen Prozess der Abgrenzung gegen die marktorientierte, aber auch gegen die sozial engagierte Kunst. Die Autonomie der Literatur (s. Kap. 3.4) ist immer eine **relative Autonomie**, da zwar die Regeln und Gesetze der anderen Felder, z.B. des ökonomischen oder politischen ›Macht‹-Feldes, keine uneingeschränkte Gültigkeit im literarischen Feld haben, aber doch auch nicht völlig außer Kraft gesetzt sind. Diese feldexternen Regeln kommen als ›heteronome‹ Ansprüche an Literatur ins Spiel (vgl. Bourdieu 1997, 36-45).

Für das literarische Feld wird das **symbolische Kapital** zur entscheidenden Kapitalform. Strukturiert wird es nach außen durch die Beziehung zu externen Instanzen, insbesondere zum Feld der Macht und zum Feld der Wirtschaft. Nach innen wird es durch das System der Positionen (als Positionen symbolischer Macht) und das System der Stellungnahmen (in Form von Werken oder theoretischen Aussagen) geordnet (vgl. Jurt 1995, 93). Eine Dynamik aller Felder wird dabei durch den **Gegensatz von Orthodoxie und Häresie** hervorgerufen, durch den unvermeidbaren Konflikt zwischen denjenigen, die Traditionen bewahren wollen, und den Abweichlern und Erneuerern, die sich z.B. als Avantgarde formieren (vgl. Bourdieu 1997, 34f.). Im Unterschied zur Systemtheorie (s. Kap. 9.4) bezieht die Feldtheorie »Fragen der Macht und der Agonalität« (Joch/Wolf 2005, 12) unter drei Perspektiven systematisch in ihre Überlegungen ein:
- als Abgrenzungskämpfe der Literatur gegenüber heteronomen Ansprüchen z.B. der Wirtschaft, der Politik, der Religion und des Journalismus;
- als Auseinandersetzungen der Akteure um mächtige Positionen im Feld;
- als Konflikt zwischen orthodoxen und häretischen Akteuren.

Das Erklärungsmodell der Bourdieu'schen Theorie des literarischen Feldes und seine Leistung hat Josef Jurt klar zusammengefasst:

> Die Feldtheorie nimmt den historischen Autonomisierungsprozeß der Literatur ernst und versucht, die literarische Produktion zu erklären aus der Dynamik der Auseinandersetzung der Kräfte im Feld, die entweder die bestehenden literarischen Normen verteidigen oder sie in Frage zu stellen trachten. Durch das Postulat einer Korrelation zwischen dem Habitus der Akteure und den Strukturen des Feldes wird die Antinomie zwischen einer subjektzentrierten und einer systemdeterministischen Sichtweise überwunden. (Jurt 1995, IX)

Analysen des literarischen Feldes beziehen die sozialen und symbolischen Praktiken von Akteuren ein und stützen sich vor allem auf Material wie Stellungnahmen von Künstlern in Briefen, Essays oder anderen Publikationen, auf Rezensionen etc., weniger auf literarische Texte. Dabei sind die Positionen der Sprecher im literarischen Feld wichtig für die Einschätzung des Gesagten. Sie lassen sich in einer genauen Untersuchung ihrer gesellschaftlichen Herkunft und ihrer Beziehung zu anderen Akteuren erschließen, z.B. über Gruppenbildungen, Zitierkartelle und Ähnliches. Eine auf dieser Basis verfasste Literaturgeschichte am Leitfaden der Entwicklung des literarischen Feldes kommt zu abweichenden Epocheneinteilungen; sie richten sich nach den Phasen der Autonomisierung des Feldes (vgl. Bourdieu 1999, Teil I).

Im Rahmen dieser Modellvorgaben werden literaturwissenschaftliche Grundbegriffe auf charakteristische Weise bestimmt:

1. Literatur: Literarische Werke werden nicht als Ausdruck einer schöpferischen Instanz betrachtet, sondern als kulturelle Produkte, die im Zusammenhang ihrer Entstehungsbedingungen zu untersuchen sind. Literatur wird immer als gesellschaftliches Phänomen, als ›soziale Tatsache‹, aufgefasst und beschrieben (vgl. Jurt 1995, 75). Vor dem Hintergrund dieser Annahme werden Textphänomene nicht nur schlicht als Gestaltung sozialer Mechanismen auf der fiktionalen Ebene beschreibbar, sondern sie lassen sich weitergehend als Differenzen zwischen Texten aufgrund von Positionskämpfen zwischen Vertretern der Orthodoxie und solchen der Häresie erklären (vgl. Joch/Wolf 2005, 2). Diese Positionskämpfe, verstanden als Auseinandersetzungen von Autoren um Positionen im literarischen Feld, werden zugleich zur Erklärung literarischen Wandels bzw. literarischer ›Evolution‹ herangezogen.

2. Autor: Autoren stellen für die Feldtheorie eine besonders wichtige Instanz dar. Die Analyse ihrer Positionen und Interaktionen im literarischen Feld ergänzt die traditionelle textzentrierte Literaturgeschichtsschreibung und bildet zugleich ein Korrektiv zu ihr. Zentrale Annahme ist, dass der Habitus eines Autors sich im literarischen Text manifestiert, d.h. dasselbe ›Grundmuster‹, das auch seinen anderen Lebensäußerungen zugrunde liegt, prägt seine literarische Produktion, dies allerdings in Reaktion auf die besonderen Konstellationen im literarischen Feld. Damit sind literarische Texte über die Autorinstanz sozial eingebunden.

Nach Bourdieu vollzieht sich die literarische (wie allgemein die künstlerische) Produktion innerhalb eines »intellektuellen Kräftefeldes« und wird von dessen Macht- und Einflussfaktoren in vielschichtiger Weise bestimmt, wirkt aber zugleich selbst auf diese Faktoren ein (Bourdieu 1974a, 76). Den Moment des Schreibens prägt dabei eine tendenziell antagonistische Situation: Der Autor antizipiert vor oder während der Produktion die Rezeptions- und Verarbeitungssituation der Leser und Kritiker (»sozialer Zwang«), will aber zugleich – wenn er keinen rein kommerziellen Erfolg anstrebt – eine **künstlerische Konzeption** realisieren (Bourdieu 1974a, 89f.). Diese künstlerische Konzeption ist für Bourdieu ein ergiebiges soziologisches Untersuchungsobjekt, in dem zwei oppositionelle Kräfte miteinander vermittelt werden: soziale »Determinismen«, insofern sie reflexiv »gebrochen« werden, und die ästhetisch orientierte »Motivation« des Künstlers (ebd., 123f.).

Anlass zu Missverständnissen gibt die Rede von den Positionskämpfen im literarischen Feld und dem Streben des Autors nach Abgrenzung von anderen. Das **Distinktionsstreben** des Autors fasst Bourdieu nicht zwingend im Sinne eines bewussten Einsatzes von Abgrenzungsstrategien auf, sondern eher als Effekt eines unvermeidlichen Mechanismus des Feldes. Dieser Mechanismus setzt auf Neues und ›Distinktives‹, damit Autoren und ihre Produkte als unterschiedlich wahrgenommen werden können. Mit diesen Vorgaben des Feldes können Autoren sehr unterschiedlich umgehen: Sie können sie ignorieren und werden als abweichend wahrgenommen, ohne dass sie dieses intendiert haben; oder sie können sich bewusst distinktiv inszenieren, wofür es zahlreiche Beispiele gibt, etwa die Strategien der Selbstinszenierung Stefan Georges um 1900.

3. Leser: In Bourdieus Theorie spielen vor allem die professionellen Leser, die Kritiker und Literaturwissenschaftler, daneben auch die Normalleser eine wichtige Rolle. Zusammen mit den Autoren sind sie die Akteure im literarischen Feld, deren Praktiken es zu analysieren gilt.

4. Bedeutung: Nach der Bestimmung der drei vorhergehenden Kategorien ist es deutlich, dass sowohl der Autor als auch sein Publikum an der Bedeutungskonstitution in einem literarischen Text mitwirken (vgl. Bourdieu 1974a, 89). Im Prozess fortschreitender Rezeption und Verarbeitung findet eine zunehmende »Objektivierung der künstlerischen Intention« statt (ebd., 95), die sich als kollektive »öffentliche Bedeutung« eines Textes manifestiert. Sie ist »Produkt unendlich verflochtener wechselseitiger Äußerungen« (ebd., 101), die von verschiedenen Instanzen des intellektuellen Kräftefeldes artikuliert werden. Die (idealtypische) ›letzte‹ Bedeutung eines Kunstwerks liegt damit in der Gesamtheit aller möglichen Bedeutungszuschreibungen, sein »letzter« Wert in der Totalität aller möglichen Urteile (ebd., 101f.). Um zu analysieren, welche öffentliche Bedeutung ein literarischer Text zu einem bestimmten Zeitpunkt gehabt hat, sind demnach nicht nur die Äußerungen über diesen Text, sondern auch die Positionen der sich äußernden Instanzen im intellektuellen Kräftefeld zu untersuchen.

5. Kontext: Die Theorie des literarischen Feldes zählt zweifellos zu den kontextorientierten Literaturtheorien. Nicht der literarische Text, sondern die Handlungen im literarischen Feld, dessen Dynamik wie auch die Regeln und Phasen seiner Entwicklung stehen im Mittelpunkt des Interesses. Vor allem extratextuelle Kontexte werden einbezogen, aber auch intertextuelle spielen eine Rolle in der Analyse etwa von Bezugnahmen eines literarischen Textes auf zeitgenössische Debatten (s. auch Kap. 7.4).

9.5.4 Methode der Textanalyse

Eine Analyse von Literatur im Sinne von Bourdieus Feldtheorie muss der Grundannahme, dass Literatur als gesellschaftliches Phänomen zu bestimmen sei, in ihren Verfahren entsprechen. Für das Problem, wie sich dieses ›Gesellschaftliche‹ der Literatur in konkreten Analysen aufzeigen lässt, hat Bourdieu zwei Lösungswege vorgeschlagen, aber nur eines dieser Analysemodelle hat er in *Die Regeln der Kunst* auch exemplarisch vorgeführt.

1. Sozioanalyse der Figuren: Das erste Modell entspricht Bourdieus Vorgehen in seiner Analyse von Flauberts Roman *L'Éducation sentimentale*, in der Begriffe und Verfahren der soziologischen Theorie auf die Welt im Text angewendet werden. »Vermittels der Fülle von Hinweisen, die Flaubert liefert, [...] läßt sich der soziale Raum der *Erziehung des Herzens* konstruieren und können die Positionen darin ausgemacht werden« (Bourdieu 1999, 23). Die unterschiedlichen Habitus der Figuren und die gesellschaftlichen Praktiken, die der Roman schildert, werden entsprechend der kultursoziologischen Perspektive als Zeichen für unterschiedliche soziale Sphären identifiziert, die Bourdieu als Bereich der politischen und ökonomischen Macht im Gegensatz zum Bereich der Kunst beschreibt. Zugleich versteht er den Roman als Stellungnahme Flauberts: »Frédérics Erziehung des Herzens ist das fortschreitende Erlernen der Unvereinbarkeit der beiden Welten: Kunst und Geld, reiner Liebe und käuflicher Liebe« (ebd., 47). Erst im autonom werdenden Feld der Literatur – ein Prozess, den Flaubert u.a. mit seinen literarischen Texten und seiner Form des Erzählens beförderte – gilt die Regel eben dieser Unvereinbarkeit. Bourdieu versteht die Darstellung des Protagonisten in seiner Welt als ›Selbstobjektivierung‹ des Autors, die allerdings nicht an der Oberfläche des Textes erkennbar ist, da »der literarische Text im Akt der Entschleierung selbst wieder verschleiert« (ebd., 67). Mit anderen Worten zeigt der Text zwar gesellschaftliche Wirklichkeit, stellt diese aber in einer impliziten, bildlichen bzw. indirekten Weise dar. Aufgabe der Sozioanalyse ist es, diese ›Verschleierung‹ zu enthüllen, indem sie die Erzählung auf ein Protokoll reduziert und die verdeckte Selbstobjektivierung aufzeigt (s. die folgende Beispielinterpretation von Wolf 2005).

2. Positionsanalyse des Textes: Der zweite Weg der Analyse führt über Bourdieus These, dass Autoren sich durch ihre Texte, durch die Wahl von Themen und von spezifischen formalen Mitteln immer im literarischen Feld positionieren, und dies unter dem Vorzeichen einer Verbesserung ihrer eigenen Position. Dieses Verfahren ist sehr aufwändig, wenn eine vollständige Rekonstruktion geleistet werden soll: Bourdieu fordert eine Gesamtanalyse des Feldes unter Einbeziehung aller Positionen, was schon für das 18. Jahrhundert kaum durchführbar ist und für spätere Epochen nur durch starke Vereinfachungen möglich wird (zur Problematisierung und zum Beispiel des österreichischen Feldes vgl. Beilein 2008). Der Vorteil dieses Ansatzes ist jedoch, dass er eine Methode bereitstellt, mit deren Hilfe die Besonderheit der Literatur (ihre Formgebung) auf Gesellschaftliches (die Auseinandersetzung zwischen Autoren) bezogen werden kann, ohne zugleich reduktionistisch zu wirken. In einer solchen Analyse geht es nicht um Intentionen der Akteure, sondern um Praktiken, die Autoren aufgrund ihres Habitus bevorzugen und mit denen sie sich auf charakteristische Weise zu einer bestimmten Situation in der Geschichte der Literatur bzw. des literarischen Feldes verhalten. So kann etwa die Wahl bestimmter Stillagen als Selbstpositionierung eines Autors im literarischen Feld verstanden werden (vgl. Meizoz 2005; Jannidis 2008).

Wie beziehen sich die Erforscher des literarischen Feldes aber im Einzelnen auf die Texte? Bezeichnenderweise stützen sich Bourdieus eigene Rekonstruktionen in *Die Regeln der Kunst* nicht auf eingehendere Textuntersuchungen, da für diese das formanalytische Instrumentarium der Literaturwissenschaft eine wichtige Voraussetzung bildet. In welchem Verhältnis spezifisch literaturwissenschaftliche und soziologische Herangehensweisen zu einer Rekonstruktion beitragen können, ist zumindest in der Theorie skizziert worden: Die formalen oder thematischen Besonderheiten eines Werkes lassen sich, so die Annahme, nur im Vergleich mit »standardisierten Schreibweisen und Sujets« (Joch/Wolf 2005, 7) nachweisen, die in der Analyse zu erheben sind. Eine solche »relationale Analyse« (ebd., 10) hat herauszufinden, welches die Ausgangssituation war, in der ein Autor schrieb, und wie er in dieser Situation agiert hat. Dabei kann eine textimmanente Beschreibung formaler und thematischer Merkmale der Ausgangspunkt für eine weitergehende relationale Analyse sein, auch wenn sie selbst stets innerhalb der Grenzen des Textes bleibt. Erst die relationale Analyse kann dann die distinktive Funktion der Merkmale erkennen, indem sie alle Positionen des literarischen Feldes bzw. einzelner Bereiche beachtet. In diesem Sinne können philologische und soziologische Kompetenzen in der Textanalyse zusammenwirken (vgl. auch ebd., 14).

9.5.5 Beispielinterpretation

Ein aussagekräftiges Beispiel für eine Interpretation nach dem Muster der Bourdieu'schen Sozioanalyse bietet Norbert Christian Wolfs Untersuchung von Robert Musils Roman *Der Mann ohne Eigenschaften* (1930/32). Wolf übernimmt damit ein Verfahren, das »in einem ersten Schritt die literarische (Re-)Präsentation der sozialen Welt im Text untersucht und diese Präsentation in einem zweiten Schritt als Medium der Selbstobjektivierung des Autors im literarischen Feld deutet« (Wolf 2005, 210).

Ausgangspunkt sind Überlegungen zur ›Geneigtheit‹ des Gegenstandes gegenüber dem gewählten Verfahren. So sind einerseits gesteigerte Schwierigkeiten zu erwarten, weil der Roman dezidiert kein mimetisches Anliegen verfolgt und gerade nicht (gesellschaftliche) Wirklichkeit wiedergeben will (vgl. Wolf 2005, 208). Andererseits stimmen aber einige Aussagen Musils, die auf ein »antiessentialistische[s]« Menschenbild schließen lassen (ebd., 209), so Wolf, mit dem Anliegen einer Untersuchung überein, die nach den sozialen Bedingtheiten der Figuren fragt.

Wolf untersucht den außerordentlich komplexen Roman zunächst unter zwei Aspekten: Er fragt (1) nach der »Akkumulation und Vererbung der verschiedenen Kapitalsorten« (ebd., 210) in der Familie des Protagonisten Ulrich und (2) nach Ulrichs Habitus bzw. nach dessen Entwicklung. Außer diesen textinternen Untersuchungen betrachtet er abschließend (3) die Folgen des Erarbeiteten »für eine Analyse der Selbstobjektivierung des Autors Musil« (ebd.) und für die Suche nach dessen Position im literarischen Feld.

1. **Kapitalverteilung:** Aus den Informationen, die der Roman bietet, werden Annahmen über das ökonomische, soziale und kulturelle Kapital abgeleitet, über das die Figuren in der fiktiven Welt verfügen, und über die Art und Weise, in der sie mit ihm umgehen, es erwerben, pflegen oder geringschätzen. Dies trägt zum einen zur Charakterisierung der Figuren bei und liefert zum anderen Anhaltspunkte, um das soziale Gefüge der fiktiven Welt zu rekonstruieren.

2. **Habitus des Protagonisten:** Die Auswertung verschiedener im Text genannter Kindheits- und Jugenderlebnisse veranlassen den Interpreten, dem Protagonisten einen »Habitus der Distanziertheit« zuzuschreiben (ebd., 216), der Ulrich eine ironische oder wenig ernsthafte Einstellung zur Welt einnehmen lässt und ihn als Intellektuellen kennzeichnet. Genauigkeit und Reflexion stellen für die Figur hohe Werte dar. Daneben weist sie aber ebenfalls, wie andere Figuren des Romans auch, eine Sehnsucht nach »Übereinstimmung und Geborgenheit« auf (ebd., 220). Beide sozialen Bedingungen – Ausstattung mit Kapital in verschiedenen Formen und Habitus – ermöglichen erst die geistige Eigenständigkeit des Protagonisten. Sie versetzen ihn in die Lage, »eigene Gravität zu entwickeln und sich den Kräften des Macht-Feldes zu widersetzen, ihnen zumindest nicht widerstandslos zu erliegen« (ebd., 221).

3. **»Selbstobjektivierung« und Feldposition des Autors:** Die Haltung des Autors Musil zu seinem Protagonisten ist, so Wolf, ambivalent. Ulrich ist »ein zu überwindendes Gegenbild« Musils, »aber zugleich auch ein *Wunschbild* der eigenen Selbstwahrnehmung« (ebd., 222; Hervorhebung im Original), was mit der auf verschiedenen Ebenen

nachweisbaren »Homologie« (ebd., 228) zwischen Autor und Protagonist begründet wird. An dieser Stelle der Interpretation wechselt Wolf das Verfahren und wendet die oben erläuterte zweite Methode an, die der Positionsanalyse. Er wertet Musils Äußerungen zum Ziel seines Schreibens und zu anderen literarischen Richtungen seiner Zeit aus und stellt einen »›zweifachen Bruch‹ mit den gegensätzlichen etablierten Positionen im literarischen Feld« fest (ebd., 225), mit der »metaphysischen Spiritualität« (ebd.) der Expressionisten und Neoklassizisten einerseits und dem ›objektiven‹ Registrieren des Naturalismus und der Neuen Sachlichkeit andererseits. Im kritischen Durchgang durch weitere etablierte Positionen im zeitgenössischen literarischen Feld vervielfacht sich dieser Bruch, und aus diesen Distinktionen, die Musil vornimmt, ergibt sich sein spezifisches ›Programm‹, »seine ästhetisch distinkte ›Erzeugungsformel‹« für den Roman (ebd., 226). Literatur gilt Musil »als kritisch-analytisches Erkenntnisinstrument« (ebd., 229).

Kritik

Interpretationen literarischer Texte nach dem Muster einer Sozioanalyse beziehen, wie das Beispiel zeigt, als Kontextinformationen biographische Daten zu den gesellschaftlichen Bedingungen ein, unter denen der Autor des untersuchten Textes gelebt hat, sowie alle Informationen zum Literaturbetrieb seiner Zeit: zu den Poetiken anderer Autoren, zur Rezeption des Textes, zum symbolischen Kapital von Verlagen oder literarischen Zeitschriften und vieles mehr. Da sie sich mit Hilfe dieses Kontextmaterials sowohl der Interpretation der fiktiven Welt als auch der Analyse der Autorstrategien widmen, bestehen sie aus zwei Komponenten. Unter beiden Aspekten wirft der Versuch, Bourdieus Theorie für die Interpretation literarischer Texte zu nutzen, Probleme auf:

- **Interpretation der fiktiven Welt:** Unter diesem Aspekt zählen die Sozioanalysen zu den symptomatischen Interpretationen. Sie richten sich auf den Themenbereich des Sozialen und dessen Gestaltung im literarischen Text. Gegen das Verfahren, die fiktive Welt eines Textes mit Hilfe Bourdieu'scher Kategorien wie ›Kapital‹ und ›Habitus‹ zu strukturieren, lassen sich allerdings dieselben Einwände wie z.B. gegen marxistische Interpretationen anführen, die Grundkonzepte des Marxismus zur Beschreibung literarischer Texte heranziehen. Weil hier die fiktive Welt ›genau wie‹ die realen sozialen Verhältnisse behandelt wird, greift bei diesem Vorgehen der Vorteil der gelungenen Vermittlung von Gesellschaft und Literatur, der Bourdieus Theorie des literarischen Feldes auszeichnet, gerade nicht.
- **Autorstrategien:** Der Nachweis der ›Selbstobjektivierung‹ des Autors bzw. der Homologie zwischen Autor und Protagonist muss sich einerseits gegen verkürzende Parallelisierungen nach biographistischem Muster absichern und darf andererseits nicht mit allzu schlichten psychologischen Annahmen über das Verhältnis von Autor bzw. Autorbewusstsein und literarischer Produktion arbeiten.

Diese Probleme vermeiden die klarer operationalisierbaren Ansätze, welche die Position des Autors im literarischen Feld seiner Zeit rekonstruieren und von dort aus

Erklärungen für die Themen und die Machart des Textes gewinnen. Sie nutzen auch den Vorteil des Ansatzes, Literarisches und Soziales ohne Reduktionismus aufeinander beziehen zu können.

Das Wichtigste in Kürze

Bourdieus Theorie des literarischen Feldes ist eine soziologische Theorie, die **Literatur als ›soziale Tatsache‹** auffasst und beschreibt. Die Annahme, dass sich in einem literarischen Text unter anderem der **Habitus** seines Autors manifestiert, weist Literatur als wesentlich soziales Phänomen aus.

Das literarische Feld bildet ein dynamisches, antagonistisch angelegtes Kräftefeld, das sich durch **relative Autonomie** auszeichnet und in dem verschiedene Akteure um möglichst vorteilhafte Positionen kämpfen.

Literatur als gesellschaftliches Phänomen lässt sich nach Bourdieu mit Hilfe zweier Verfahren analysieren: mit der **Sozioanalyse der Figuren** und der **Positionsanalyse des Textes bzw. seines Autors**.

Literatur

Beilein, Matthias: *86 und die Folgen. Robert Schindel, Robert Menasse und Doron Rabinovici im literarischen Feld Österreichs*. Berlin 2008.
Bourdieu, Pierre: Strukturalismus und soziologische Wissenschaftstheorie. In: P.B.: *Zur Soziologie der symbolischen Formen*. Frankfurt a.M. 1974, 7-41.
Bourdieu, Pierre: Künstlerische Konzeption und intellektuelles Kräftefeld. In: P.B.: *Zur Soziologie der symbolischen Formen*. Frankfurt a.M. 1974, 75-124 (= 1974a).
Bourdieu, Pierre: *Die feinen Unterschiede*. Frankfurt a.M. 1982 (frz. 1979).
Bourdieu, Pierre: *Sozialer Raum und ›Klassen‹*. Frankfurt a.M. 1985 (frz. 1984).
Bourdieu, Pierre: *Sozialer Sinn. Kritik der theoretischen Vernunft*. Frankfurt a.M. 1993.
Bourdieu, Pierre: Das literarische Feld. In: Louis Pinto/Franz Schultheis (Hg.): *Streifzüge durch das literarische Feld*. Konstanz 1997, 33-147 (frz. 1991).
Bourdieu, Pierre: *Die Regeln der Kunst. Genese und Struktur des literarischen Feldes*. Frankfurt a.M. 1999 (frz. 1992).
Dörner, Andreas/Ludgera Vogt: *Literatursoziologie. Literatur, Gesellschaft, Politische Kultur*. Opladen 1994.
Jannidis, Fotis: »Unser moderner Dichter« – Thomas Manns *Buddenbrooks. Verfall einer Familie* (1901). In: Matthias Luserke/Monika Lippke (Hg.): *Romane der Moderne*. Berlin/New York 2008, 47-72.
Joch, Markus/Norbert Christian Wolf (Hg.): *Text und Feld. Bourdieu in der literaturwissenschaftlichen Praxis*. Tübingen 2005.
Meizoz, Jérome: Die *posture* und das literarische Feld. Rousseau, Céline, Ajar, Houellebecq. In: Joch/Wolf 2005, 177-188.
Schneider, Jost: *Sozialgeschichte des Lesens. Zur historischen Entwicklung und sozialen Differenzierung der literarischen Kommunikation in Deutschland*. Berlin/New York 2004.

Wolf, Norbert Christian: Robert Musil als Analytiker Robert Musils. Zum *Mann ohne Eigenschaften*. In: Joch/Wolf 2005, 207-229.

Weitere Lektüreempfehlung

Jurt, Joseph: *Das literarische Feld. Das Konzept Pierre Bourdieus in Theorie und Praxis.* Darmstadt 1995.
Der Verfasser stellt nicht nur Bourdieus Theorie ebenso konzise wie gut verständlich dar, sondern gibt auch einen Überblick über die vielfältigen literarhistorischen Studien, die mit Bezug auf diese Theorie entstanden sind.

10. Feministische Literaturwissenschaft und *Gender Studies*

10.1 Einleitung

Feministische Literaturwissenschaft und *Gender Studies* sind zwei Varianten literaturwissenschaftlicher Geschlechterforschung; sie untersuchen literarische Texte und Bedingungen literarischer Kommunikation mit Hilfe der Kategorie ›Geschlecht‹. Die beiden Richtungen lassen sich nicht trennscharf gegeneinander abgrenzen. Durchgesetzt hat sich eine historische Unterscheidung zwischen beiden, denn ihre Entstehung und ihr jeweils dominierendes wissenschaftliches Anliegen können relativ klar rekonstruiert werden. In der Zuordnung konkreter Studien gerade der neueren Zeit zeigen sich jedoch die Probleme der Begriffe: Dieselben Arbeiten werden manchmal als Beispiel für feministische Literaturwissenschaft, manchmal als typisch für *Gender Studies* angeführt.

Die **feministische Literaturwissenschaft** hat sich im Zusammenhang der internationalen ›Frauenbewegung‹ in den 1970er Jahren gebildet. Vereinzelte Vorläuferinnen einer feministischen Position gibt es schon in den 1940er Jahren (de Beauvoir 1951), eine umfassende gesellschaftspolitisch relevante feministische Bewegung entsteht aber erst dreißig Jahre später. Im Zuge dieser Bewegung wird der Feminismus in den westlichen Kulturen auch zu einer akademischen Institution: In den USA kann er ab den 1970er Jahren als institutionalisiert gelten, in Deutschland, nach einigen Durchsetzungskämpfen, ab den 1980er Jahren. Der **literaturwissenschaftliche Feminismus** ist als Reaktion auf und Kritik an jeder Form bisheriger Literaturwissenschaft als einer männlich geprägten Wissenschaft entstanden, in der Frauen gleich mehrfach ausgegrenzt werden: als Figuren im Text, als Autorinnen und als Wissenschaftlerinnen. Feministische Literaturwissenschaftlerinnen legen die ideologischen Voraussetzungen offen, die zu diesen Ausgrenzungen führen, und schlagen zugleich neue Fragerichtungen und Analysekategorien vor, die das bisher Randständige in den Mittelpunkt der Untersuchungen stellen. Einen guten Überblick über feministische Positionen in der Literaturwissenschaft der 1960er bis in die 1990er Jahre bietet Maggie Humms Monographie *A Reader's Guide to Contemporary Feminist Literary Criticism* (1994).

›*Gender Studies*‹ ist eine Sammelbezeichnung für Forschungsansätze unterschiedlicher theoretischer Ausrichtung, die sich mit dem Problem der Geschlechterdifferenzen und der kulturellen Konstruktion von ›Geschlecht‹ befassen. Seit den 1980er Jahren werden entsprechende Forschungen auf verschiedenen Gebieten des Wissens vorgenommen, z.B. in der Soziologie, der Geschichtsschreibung, der Sprachwissenschaft und der Philosophie (einen neueren Überblick bieten z.B. Braun/Stephan 2006; vgl. auch Kroll 2002). Die literaturwissenschaftlichen *Gender Studies* (nur dieser Bereich wird im Folgenden betrachtet) entwickeln sich aus dem literaturwissenschaftlichen Feminismus. Ein wichtiger Ausgangspunkt der *Gender Studies* liegt in dem Bestreben, nicht nur ›das Männliche‹ (implizit in traditioneller Literaturwissenschaft) oder ›das Weibliche‹

(dezidiert in feministischer Literaturwissenschaft) ins Zentrum der Forschungen zu stellen, sondern die **Kategorie des kulturell konstruierten Geschlechts** umfassend zu untersuchen. Vertreter der *Gender Studies* wollen essentialistische Vorannahmen vermeiden und lehnen daher sowohl die Auffassung ab, es gebe ›das Weibliche‹ und ›das Männliche‹ als Entitäten, als auch die Annahme wesentlicher Gemeinsamkeiten von Frauen, und ebenso weisen sie die damit oft einhergehenden vorgängigen Wertungen zurück. Zu den *Gender Studies* zählen Forschungsrichtungen mit unterschiedlichen Schwerpunkten, so die **Men's Studies**, die **Queer Studies** und die **Women's Studies**, wie feministische Forschungen auch bezeichnet werden. Sie alle unterscheiden sich durch den Fokus ihrer Fragestellungen und den Bezug auf Referenzwerke, nicht aber durch jeweils spezifische theoretische Grundlagen voneinander.

Im Folgenden wird der Hauptakzent auf den Gemeinsamkeiten dieser ausdifferenzierten Forschungsrichtung liegen, und ›Gender Studies‹ wird als Sammelbegriff verwendet, der auch feministische Ansätze umfasst. Wo das Spezifische gerade feministischer Fragestellungen in den Blick zu nehmen ist, wird dies kenntlich gemacht.

10.2 Bezugstheorien und Terminologie

*Gender*theoretische Ansätze im weiten Sinne beziehen sich auf **unterschiedliche Rahmentheorien**: Sie nutzen sozialgeschichtliche, ideologiekritische, psychoanalytische und poststrukturalistische Theorien und erweitern deren begriffliches Arsenal. An den **Bestimmungen des ihnen gemeinsamen zentralen Begriffs ›Geschlecht‹** lassen sich charakteristische Differenzen zeigen, die auf diese verschiedenen Bezugnahmen zurückgehen. Zu unterscheiden sind vier Verwendungsweisen, die zugleich auch die Studien prägen, in denen der Begriff eingesetzt wird.

1. Biologisches Geschlecht: Zum einen kann **Geschlecht als biologische Größe** (›*sex*‹) verstanden werden, die auf die ›natürlichen‹, etwa anatomischen und hormonellen Unterschiede zwischen Männern und Frauen zielt. Bezugstheorien sind biologische oder auch anthropologische Theorien, in denen spezifisch männliche bzw. spezifisch weibliche Eigenschaften von Lebewesen festgeschrieben werden. Auf diese als essenziell aufgefassten Unterschiede werden kulturelle Differenzen zwischen den Geschlechtern zurückgeführt, die aufgrund dieser biologischen Verankerung als ebenso natürlich wie invariabel gelten. Die so entstehenden Stereotypen ›des Männlichen‹ und ›des Weiblichen‹ werden zugleich mit Wertungen belegt, die ebenfalls eine sehr lange Tradition haben. Die Jahrhunderte geltende Annahme von der physischen und moralischen Minderwertigkeit der Frauen bildet ein Beispiel hierfür, das schon 1949 Simone de Beauvoir in ihrem Werk *Das andere Geschlecht* pointiert herausgearbeitet hat (de Beauvoir 1951, z.B. 10). Wegen dieser Auswirkungen – wegen des Festschreibens kultureller Differenzen und der hierarchischen Wertungen – ist die Annahme biologischer Unterschiede von feministischer Seite stark kritisiert worden. In einem klassifikatorischen Sinne kann auf diese Verwendungsweise des Begriffs allerdings nicht verzichtet werden: Wenn untersucht werden soll, warum nur so wenige Texte weiblicher Autoren kanonisiert worden sind, oder gefragt wird, ob es einen Unterschied im Lesen von

Frauen und Männern gibt, muss der erste Zugang über das biologische Geschlecht gesucht werden.

2. **Soziales Geschlecht:** Zum anderen wird ›Geschlecht‹ als **soziales und kulturelles Konstrukt** (›*gender*‹) verstanden, das sich auf die gesellschaftliche Kodierung von ›Weiblichkeit‹ und ›Männlichkeit‹ bezieht. Hier geht es nicht darum, die biologischen Grundlagen von Männlichkeit und Weiblichkeit zu identifizieren, sondern es geht um eine Rekonstruktion der kulturellen Muster, die als ›männlich‹ oder ›weiblich‹ etabliert bzw. wahrgenommen werden. In dieser Verwendungsweise steht der Begriff neben anderen Kategorien, mit denen soziale Strukturen erfasst werden, z.B. die ethnische oder klassenmäßige Zugehörigkeit (vgl. Rubin 1975). Diese Begriffsverwendung herrscht in Untersuchungen vor, in denen die Geschlechtsrollen, die geschlechtsspezifische Sozialisation oder die symbolisch vermittelten *gender*-Muster in allen Arten von Texten erforscht werden (z.B. Bovenschen 1979). Unter feministischer Perspektive spielt die Kategorie des sozialen Geschlechts eine wichtige Rolle für die Frage nach der Ausbildung einer weiblichen Identität.

Wie auch das biologische Geschlechtskonzept ist ›*gender*‹ oft **polar angelegt** und wird ebenso oft **mit klaren Wertungen** verwendet, die das eine Geschlecht als wertvoller oder wichtiger als das andere markieren. Was aber unter ›männlich‹ oder ›weiblich‹ verstanden wird und welche wertenden Konnotationen mit den Begriffen verbunden werden, kann **historisch und kulturell variieren**. So können Zuschreibungen ›männlich‹ und ›weiblich‹ als Endpunkte eines abgestuften Kontinuums oder als komplementär verstanden werden. Dieser *gender*-Begriff spielt in soziologischen bzw. sozialgeschichtlichen Theorien und Kulturtheorien eine wichtige Rolle. Vor allem ideologiekritische Ansätze verwenden ihn, wenn sie etwa nach den impliziten Hierarchien und Machtmechanismen fragen, die mit den *gender*-Mustern transportiert werden.

3. **Geschlecht als rhetorische Größe:** Die polare Anlage des *gender*-Konzepts ist ein Ausgangspunkt der Kritik, die zur dritten Verwendungsweise führt: Geschlecht ist hier eine rhetorische Kategorie. Ihre wichtigsten Rahmentheorien sind Foucaults Diskursanalyse, die Dekonstruktion und die Psychoanalyse in der Variante Lacans (s. dazu Kap. 7.2, 7.3 und 5.2). Poststrukturalistische Theoretikerinnen lehnen das binäre Schema ab, das mit der Zuschreibung ›männlich versus weiblich‹ reproduziert wird, und sie kritisieren die Annahme einer weiblichen Identität, um die es ideologiekritisch argumentierenden Feministinnen immer wieder gegangen ist. ›Männlichkeit‹ und ›Weiblichkeit‹ gelten in den Arbeiten dieser Richtung als rhetorische und damit **rein sprachliche Kategorien**, nicht als biologische oder soziologische Größen mit personalem Bezug.

Grundlegende Annahme ist, dass die durch Sprache vermittelte **symbolische Ordnung** »phallogozentrisch« sei. Dieser zusammengesetzte Begriff

- enthält zum einen den Ausdruck ›**logozentrisch**‹, mit dem Jacques Derrida das Prinzip abendländischen Denkens bezeichnet, den Bezug auf einen als ›ursprünglich‹ angenommenen *logos* und seine Folgen, das Denken in binären Oppositionen und Hierarchien (s. dazu ausführlicher Kap. 7.3).
- spielt zum anderen auf den Begriff des »**Phallozentrismus**« an. Mit diesem Begriff hat Derrida die Position Jacques Lacans kritisiert, vor allem den ›zentralen‹ Stellenwert, den der Phallus als »privilegierte[r] Signifikant« in Lacans Modell einnimmt

(Lacan 1975, 128; zu Derridas Kritik vgl. Derrida 1987, bes. 259-265). Lacan ist der Auffassung, dass der Phallus (in einem semiotischen Sinne als kulturelles Konstrukt zu verstehen) die Funktion des primären kulturellen Signifikanten innehabe und damit ein Zentrum bilde, auf das die gesamte symbolische Ordnung bezogen sei (s. Kap. 5.2). In diesem ›phallozentristischen‹ Modell kann allein der Mann den Status eines Subjekts innehaben, während der Frau der Status eines Objekts bleibt: »des Objekts der Repräsentation, des Diskurses, des Begehrens« (Irigaray 1980, 169).

Der Ausdruck ›phallogozentrisch‹ kombiniert beide Begriffe und dient als Bezeichnung für die ›männliche‹ Prägung der abendländischen Kultur, die binär strukturiert und hierarchisch angelegt ist und in der ›das Weibliche‹ keinen Ort hat. Mit dem Begriff ›Weiblichkeit‹ wird dabei keine feste Größe, keine »Identität« bezeichnet, sondern nur ein »*Effekt* kultureller, symbolischer Anordnungen« (Menke 1992, 436; Hervorhebung im Original).

4. **Geschlecht als variable Zuschreibungskategorie:** Nicht trennscharf von der dritten Variante zu unterscheiden ist die im Rahmen der *Queer Theory* vertretene Annahme, dass schon **das biologische Geschlecht konstruiert** und als Effekt diskursiver Prozesse aufzufassen sei. Von dieser Position aus wird eine Einsicht abgelehnt, die als wichtige Errungenschaft des Feminismus breit akzeptiert ist, nämlich die Annahme, es lasse sich klar und sinnvoll zwischen ›sex‹ und ›gender‹ unterscheiden. Diese grundlegende Kritik am ›sex-/gender-System‹ beruht auf einer These, die in der feministischen Diskussion zuerst von Monique Wittig, am prominentesten aber von Judith Butler (1991) verfochten worden ist, auf der These eben, dass bereits das biologische Geschlecht, das vor aller Kultur den Unterschied zwischen Männern und Frauen zu bedingen scheint, eine Konstruktion sei. Wie ›gender‹ bilde auch ›sex‹ ein Kontinuum aus Fremd- und Selbstzuschreibungen, die kulturell verfügbar seien und zu unterschiedlichen Zeiten wie auch in unterschiedlichen Kontexten variieren können. Die Kategorie ›sex‹ geht damit in der Kategorie ›gender‹ auf bzw. ›sex‹ erweist sich als von ›gender‹ geprägt, denn hinter dem ›performierten‹ Geschlecht, so die Annahme, gibt es keine zugrunde liegende, es bedingende Identität, die in anatomischen Merkmalen fixiert ist (vgl. Butler 1991, 22ff.). Bezugstheorien sind, wie in der Variante (3), die Dekonstruktion und Michel Foucaults diskursgeschichtliche Untersuchungen zur Sexualität, darüber hinaus neuere biologische Ansätze (vgl. dazu besonders die Beiträge der Herausgeberinnen in Ebeling/Schmitz 2006).

Wichtig ist in dieser Auffassung von Geschlecht der Begriff der **Performativität**. Da die Bipolarität der Geschlechterkategorie in unserer Sprache verfestigt ist, erscheint sie ›natürlich‹ und wird im Sprechen unvermeidlich immer wieder reproduziert (›Heteronormativität‹). Durch den Vollzug von Sprechakten wird, so Butler, die geschlechtliche Identität von Personen performativ konstituiert: Indem die Sprache ein Ausweichen aus der Heteronormativität nicht zulässt und wir zwangsweise die zweigeschlechtlichen Normen immer wieder ›zitieren‹, legen wir im Sprechen geschlechtliche Identität fest (vgl. Butler 1991, 46, 49, 58f. u.ö.).

In Einführungen in den literaturwissenschaftlichen Feminismus oder in die *Gender Studies* wird zwischen den ideologiekritisch argumentierenden und den psychoanalytisch-poststrukturalistischen Ansätzen des Feminismus bzw. der *Gender Studies* unterschieden. Welcher Richtung eine Untersuchung zuzuordnen ist, wird unter anderem darüber entschieden, ob sie die Kategorie ›Geschlecht‹ im Sinne von (2) oder von (3) bzw. (4) verwendet (z.B. Lindhoff 2003, VII-XIII). Die jeweilige **Gebrauchsweise des Konzepts ›Geschlecht‹** dient also als **Differenzmerkmal** zwischen den beiden Richtungen, von denen die ideologiekritische idealtypischerweise auch ein politisches bzw. sozialkritisches Anliegen verfolgt, während die poststrukturalistische auf Sprache und eine Kritik ihrer Verwendungen zielt. Als Anhaltspunkt ist diese klare Aufteilung sicherlich sinnvoll; jedoch ist eine trennscharfe Zuordnung der Positionen schon seit Mitte der 1980er Jahre nicht immer möglich: So kann die erkenntnisskeptische und identitätskritische Haltung der Dekonstruktion durchaus übernommen werden, zugleich aber im Sinne des *gender*-Konzepts (2) nach den gesellschaftlichen Subjekten gefragt werden (z.B. de Lauretis 1987, auch Butler 1991).

10.3 Ziele der Richtung und Verwendung literaturwissenschaftlicher Grundbegriffe: Autor, literarischer Text, Leser/Leserin, Interpretieren

Die **Ziele** literaturwissenschaftlicher Forschungen im Rahmen der weit gefassten *Gender Studies* entfalten ein **breites Spektrum**. Sie liegen
1. in der Erforschung und Aufwertung von Autorinnen und einzelner ihrer Texte (dazu z.B. Keck/Günter 2001),
2. in der Untersuchung stereotyper Muster von ›Männlichkeit‹ bzw. ›Weiblichkeit‹ und ihrer Konstruktionsprinzipien in literarischen Texten,
3. im spezielleren Erforschen und Aufwerten ›weiblicher‹ Themen in kanonisierten Texten männlicher Autoren (z.B. Millett 1970),
4. im Erforschen und Aufwerten der Traditionen (z.B. Showalter 1977; Gilbert/Gubar 1979) und Strategien ›weiblichen Schreibens‹ (z.B. Cixous 1975) und ›weiblichen Lesens‹ (z.B. Schweickart 1986),
5. im Um- und Neuschreiben der Literaturgeschichte nach dem Maßstab einer Tradition weiblicher Autorschaft (für die englische Literaturgeschichte Schabert 1997; für die deutsche Gnüg/Möhrmann 1998),
6. im Erforschen von Mechanismen der Kanonbildung und der Gründe für den weitgehenden Ausschluss von Autorinnen (z.B. Robinson 1986; v. Heydebrand/Winko 1994),
7. in der Kritik an der ›männlich‹ oder ›phallogozentrisch‹ genannten Praxis der Literaturwissenschaft und im Versuch, neue Verfahren des Umgangs mit Texten dagegen zu setzen (z.B. Felman 1981).

Da die verschiedenen Ansätze sich auf unterschiedliche Rahmentheorien berufen und deren Begriffe verwenden, weichen auch ihre Auffassungen von **literaturwissenschaftlichen Grundbegriffen** voneinander ab. Sie tun dies nach Maßgabe der Bezugstheorie, so dass auf die entsprechenden Abschnitte dieses Bandes verwiesen und die Darstellung hier knapp gehalten werden kann (s. vor allem Kap. 5, 7.2, 7.3, 9.2, 9.3 und 11.3).

1. Autor: Vor allem sozialgeschichtlich ausgerichtete feministische Positionen und dekonstruktivistische Ansätze unterscheiden sich in ihrem Verständnis des Autorbegriffs. So kann eine Feministin mit ideologiekritischem Anliegen dem poststrukturalistischen Diktum »Wen kümmert's, wer spricht?« (Foucault 1988, 31) nicht zustimmen, ohne ihre Ziele aus dem Auge zu verlieren, und muss daher einen stärkeren Autorbegriff verwenden. Sie muss ein Subjekt annehmen, dem Handlungen und die Konstitution von Sinn zugeschrieben werden können. Ohne ein Konzept von Autorschaft, das innerhalb des ›*sex-gender*-Systems‹ argumentiert und die biologische wie auch soziale Geschlechtszugehörigkeit des Verfassers oder der Verfasserin eines Textes berücksichtigt, können zumindest die Ziele (1) bis (5) nicht oder in einem nur eingeschränkten Sinne erreicht werden. Dabei wird in neueren Arbeiten, die ein Konzept ›weiblicher Autorschaft‹ entwerfen, die Annahme authentischer *gender*spezifischer Erfahrungen vermieden und die Autorschaft als soziale Praxis aufgefasst, die den Bezug »auf die Autorinstanz als weibliche« erlaubt (Rinnert 2001, 19).

Eine starke Affinität haben feministische und *gender*theoretische Positionen zu einem **psychoanalytisch fundierten Autorkonzept**. Angesichts der Tatsache, dass sowohl Freud als auch Lacan wichtige Bausteine ihrer Modelle am Beispiel des männlichen Kindes gewinnen, mag diese Nähe verwundern. Die Beziehung feministischer und *gender*theoretischer Ansätze zu den ›Vätern‹ der Psychoanalyse ist allerdings ambivalent und zum Teil sehr kritisch (dazu genauer Lindhoff 2003, zur Freud-Kritik: 57-66; zur Lacan-Kritik: 67-90). Als für die eigene Modellbildung attraktiv werden bestimmte Instanzen und Denkfiguren der Psychoanalyse aufgefasst, etwa die Instanz des Unbewussten, die Denkfiguren des Verdrängens und Verschiebens eigentlicher Impulse des Handelns oder der strukturellen Analogie zwischen Sprache und Unbewusstem. Abgelehnt werden die bei beiden Theoretikern dominierenden männlichen Sichtweisen auf die psychischen Mechanismen; bei Freud ist es vor allem das Konzept des Penisneids, bei Lacan sind es die Annahmen einer patriarchalen Prägung der symbolischen Ordnung wie auch der Kopplung von geschlechtlicher Orientierung und symbolischer Ordnung, das bzw. die kritisiert werden. Ihnen werden feministische Modifikationen psychoanalytischer Ansätze entgegengehalten, die zunächst einmal die ›blinden Flecke‹ in den Modellen Freuds oder Lacans identifizieren und diese dann mit anderen, ›Weiblichkeit‹ einschließenden Phänomenbeschreibungen und -erklärungen ausgleichen. Für den verwendeten Autorbegriff ist entscheidend, dass wie in traditionellen psychoanalytischen Arbeiten von psychischen Mechanismen des Verdrängens und Verschiebens von Bedeutung ausgegangen wird, die sich aufdecken lassen. Lesarten literarischer Texte ›hinter dem Rücken‹ des empirischen Autors bzw. der empirischen Autorin bzw. ›unter der Oberfläche‹ des explizit Gesagten finden sich demnach häufig in den Untersuchungen dieser Richtung.

2. Literarischer Text: Die Auffassungen vom literarischen Text unterscheiden sich in *gender*theoretischen Ansätzen ebenfalls signifikant. Unter sozialgeschichtlicher Perspektive gilt die Repräsentation historischer Sachverhalte als eine wichtige Funktion literarischer Texte. Zu diesen sozialgeschichtlich rekonstruierbaren Sachverhalten gehören die zeit- und kulturtypischen Weiblichkeits- und Männlichkeitsbilder, nach denen die Figuren im Text gestaltet sind bzw. die sie ausdrücken. Sie verweisen zugleich auf die Vorstellungen, die die Verfasserin bzw. der Verfasser von weiblicher oder männlicher Identität haben. Der Text kann als ›Spiegel‹ vorhandener Ordnungen aufgefasst werden, allen voran der patriarchalischen Ordnung und der sie bedingenden Machtverhältnisse. Ordnungen und Machtverhältnisse werden in der fiktiven Welt des Textes demnach einfach reproduziert, teilweise aber auch kritisiert oder – z.B. in einer utopischen Variante – modifiziert. Literarische Texte können die realhistorischen Geschlechterverhältnisse also sowohl wiedergeben, indem sie das Wissen über sie für den Aufbau der fiktiven Welt nutzen, als auch auf implizite oder explizite Weise kommentieren.

Weder diese Repräsentationsleistung noch die Abbildfunktion können einem literarischen Text in poststrukturalistischer Sichtweise zugeschrieben werden. Der Bezugstheorie entsprechend gelten literarische Texte als Einheiten, in denen sich zeitgenössische Diskurse und Praktiken überlagern und die darauf hin untersucht werden können, welche Diskurse und Dispositive (d.h. nach Foucault komplex vernetzte, machtstrategisch bestimmte Konstellationen aus Elementen, die zu einem Diskurs gehören, und nicht-diskursiven Praktiken; s. Kap. 7.2.2) in ihnen wirksam sind. Wenn es in den Arbeiten dieser Richtung um **patriarchale Strukturen** in den Texten geht, dann in erster Linie **als Modus des Sprechens**, nicht als Ausdruck sozialer Verhältnisse. Literarische Texte verhalten sich in je unterschiedlicher Weise zur symbolischen Ordnung, so die leitende Annahme. Fraglich ist, in welchem Maße Texte überhaupt von dieser Ordnung abweichen können, die immerhin Sprechen, Denken und Kommunikation in einer Kultur bestimmt. Gibt es literarische Texte, die der patriarchalen Prägung der Sprache und ihren Ausschlussmechanismen Widerstand leisten?

Hier kommt das **Konzept des ›weiblichen Schreibens‹** (*écriture féminine*) zum Tragen. Es wurde zuerst von Hélène Cixous in *Le Rire de la Méduse* (1975) entworfen und ist in der feministischen Debatte recht unterschiedlich verwendet worden. Zum einen meint ›weibliches Schreiben‹ eine Art Manifestation körpergebundener und somit Frauen vorbehaltener Erfahrungen im (nicht nur) literarischen Text (z.B. bei Elaine Showalter), zum anderen wird eine rhetorische Strategie der Unterwanderung darunter verstanden: Weibliches Schreiben in diesem Sinne versucht die ›phallogozentrischen‹ Vorgaben der männlich geprägten symbolischen Ordnung, in der es gefangen ist, durch bestimmte Strategien zu unterlaufen. In den entsprechenden Texten wird nicht linear erzählt, sie sind nicht abgeschlossen, bleiben also offen oder fragmentarisch, sind oft bewusst mehrdeutig und Sinn verweigernd angelegt, spielen mit Sprache, betonen ihre eigene Materialität und überschreiten die Gattungsgrenzen. Diese Art des Schreibens, so etwa Cixous, verweigert sich den Vorgaben logozentrischen Denkens und Sprechens in der abendländischen Kultur, findet sich aber nicht allein in Texten weiblicher Autoren (eine ausführliche Darstellung zur *écriture féminine* bei Osinski 1998, 151-167).

> **Zur Normativität von Textbegriffen**
> Ob es sinnvoll ist, Textmerkmale wie Offenheit, Fragmentarität, programmatische Vieldeutigkeit u.a. ›weiblich‹ zu nennen, sei dahingestellt; in der Diskussion der *Gender Studies* ist das Konzept der *écriture féminine* umstritten). Festzuhalten ist hier jedoch, dass die Debatte um Besonderheiten des weiblichen Schreibens auf eine meist implizit bleibende Funktion literaturwissenschaftlicher

> Textbegriffe aufmerksam macht: auf ihre Normativität. Sie dienen nicht allein zur Identifikation beispielsweise einer Erzählung als literarisch, sondern auch zu ihrer Wertung, weil sie in aller Regel unausgesprochene Vorstellungen von der sprachlichen und formalen Beschaffenheit ›guter‹ literarischer Texte enthalten. Auf der Folie eines Textbegriffs, der einem Konzept weiblichen Schreibens verpflichtet ist, werden andere literarische Texte für wertvoll gehalten als im Kontext einer traditionellen Auffassung von Literatur: allen voran (sprach-)experimentelle Texte, etwa solche Marlen Haushofers, Unica Zürns oder Elfriede Jelineks, aber auch James Joyces und Jean Genets.

3. **Leser/Leserin:** Der Kategorie des Lesers bzw. der Leserin wird in den verschiedenen Richtungen der *Gender Studies* eine unterschiedlich konturierte, aber gleichermaßen wichtige Funktion zugeschrieben. Um die Ziele (3), (5) und (6) zu erreichen, muss ein Konzept des Lesens entwickelt werden. In der Modellierung des Lesens führen die verschiedenen *gender*-Konzepte zu unterschiedlichen Auffassungen vom Leseakt und seinem Ergebnis. Unter ›Lesen‹ wird zweierlei verstanden:
- **Die elementare Umgangsform mit Literatur**, die kognitive Verarbeitung textueller Informationen durch ›Normalleser‹.
- **Das professionelle Umgehen mit literarischen Texten durch Literaturwissenschaftler.** Diese Auffassung des Lesens wird vor allem im Kontext einer poststrukturalistisch fundierten Auffassung der Lektüre als Gegenmodell zur hermeneutischen Interpretation (s. Kap. 7.3.3) diskutiert. Überlegungen zur *gender*-Prägung des ›Normallesens‹ betreffen so auch das professionelle Lesen.

Da das Lesen als kognitive Verarbeitung von Information durch Überzeugungen und sozialisierte Muster der Weltwahrnehmung und -deutung ebenso bestimmt wird wie durch situative und institutionelle Faktoren, spielen in das Lesen literarischer Texte auch Überzeugungen von der Differenz der Geschlechter, Annahmen von spezifisch ›Weiblichem‹ oder typisch ›Männlichem‹ hinein. Ebenso können die realhistorischen Bedingungen, unter denen gelesen wird, das Resultat des Lesens, das ›Verstehen‹ bzw. die jeweilige Auffassung vom Gelesenen, beeinflussen. Weil bis ins 20. Jahrhundert hinein Männer und Frauen über unterschiedliche Bildungsvoraussetzungen verfügten, musste sich das Lesen beider Geschlechter nicht nur in einem materialen Sinne, in Bezug auf die Lesestoffe, sondern auch in Bezug auf das Verständnis des Gelesenen unterscheiden.

Historische Leserforschung hat ergeben, dass die Annahmen über typische Geschlechtermerkmale, die zu einer bestimmten Zeit als ›natürlich‹ gelten, auch die normativen Vorstellungen vom richtigen Lesen und Verstehen literarischer Texte prägen (z.B. Schön 1990, 26ff. und 32f.). Ähnliches haben **feministische Untersuchungen** gezeigt, die das Ideal einer ›angemessenen Lektüre‹ literarischer Texte in den akademischen Bildungsinstitutionen einer kritischen Prüfung unterzogen haben. Wenn Interpreten ihren Fokus auf die scheinbar allgemeinmenschlichen, humanistischen Ideale legen, die sie in den Werken der kanonisierten Literatur wiederfinden, dann werden damit keine *gender*-neutralen Werte in den Texten rekonstruiert. Vielmehr werden diese Merkmale zum einen in dezisionistischen interpretatorischen Akten zu den wesentlichen erklärt, keineswegs aber ›gefunden‹, und zum anderen handelt es sich um Werte, die durch historisch bedingte patriarchale Perspektiven und Interessen bestimmt sind (dazu z.B. Schor 1992, 223 und 228f.). Um diese ›männlichen‹ Sichtweisen auf Literatur zu vermeiden und den traditionellen Blick auf die Texte zu erweitern, haben Literaturwissenschaftlerinnen versucht, in bewusster Rollendistanz zu lesen und zu deuten (dazu Culler 1988, 49-62). Diese Distanz zur vorgegebenen akademischen Rolle manifestiert sich im Versuch, **programmatisch ›wie eine Frau‹ zu lesen**. Auf diese Weise soll ein noch nicht etablierter ›weiblicher‹ Typ des Lesens gefunden und erprobt werden, der die Erfahrungsräume von Frauen entschieden mit berücksichtigt. In der Interpretation und Wertung literarischer Texte manifestiert sich ein entsprechendes feministisches Bewusstsein in der Konzentration auf die bis dahin ›übersehenen‹ Text- bzw. Autorstrategien, die Frauen marginalisieren oder ausschließen (z.B. Fetterley 1978; Kolodny 1980; Weigel 1989). In der sogenannten ›**Gynokritik**‹ werden die traditionellen Wertungen umgekehrt: Es ist jetzt das ›weibliche‹ Lesen (wie auch das ›weibliche‹ Schreiben), das als privilegiert angesehen wird, weil es, so die Annahme, umfassender, weniger restriktiv und subversiv ist (Beispiele bei Showalter 1977 und Gilbert/Gubar 1979).

Eine abweichende Konzeption des Lesens bzw. der Lektüre vertreten – ihrer Rahmentheorie wie auch ihrem Geschlechterkonzept (3) entsprechend – dekonstruktivistisch argumentierende Theoretikerinnen. Für sie kann es nicht um das Durchsetzen einer anderen Bedeutungsrekonstruktion gehen, die zu besseren Verstehensergebnissen als die traditionellen Interpretationen kommt. Sie zielen demnach nicht auf die Ablösung einer an männlichen Wahrnehmungen und Wertungen ausgerichteten Interpretation durch eine unter weiblichen Vorzeichen stehende Lesart. Vielmehr kommen die sprachkritischen und bedeutungsskeptischen Annahmen dieser Richtung zum Tragen, die zu radikaleren Lösungen führen. Da Texte keine festen Bedeutungen transportieren und sich in ihnen prinzipiell keine Identitäten manifestieren können, wir es vielmehr ausschließlich mit rhetorischen Kategorien zu tun haben, muss es stets **um ein Dekuvrieren rhetorischer Strategien im Prozess des Lesens** gehen. So verstandenes »weibliches Lesen« versucht, »die Maske der Wahrheit, hinter der der Phallozentrismus seine Fiktionen versteckt, als Maske zu entlarven« (Vinken 1992, 17). Zu diesem Zweck fragt es in erster Linie nach den eingesetzten Kategorisierungen und deren vorgängigen Wertungen, die im Akt dekonstruktiver Lektüre aufgedeckt werden. Auch in Arbeiten dieser Richtung kommt gelegentlich das normative Argument der Angemessenheit zum Tragen. So kann das als weiblich bezeichnete (professionelle) Lesen den literarischen Texten »gerechter« werden, weil es deren »selbst-dekonstruktive[m]« Charakter entspricht (ebd., 18).

4. Interpretieren: Da in Arbeiten der *Gender Studies* – mit Ausnahme der empirischen Untersuchungen (z.B. die Beiträge in Groeben/Hurrelmann 2004) – wie gesehen unter ›Lesen‹ in aller Regel auch das professionelle Lesen im akademischen Rahmen und die Artikulation seiner Ergebnisse im erläuternden oder deutenden Text verstanden wird, sind in den vorangegangenen Ausführungen bereits Annahmen über das Interpretieren zur Sprache gekommen. Sie sollen im folgenden Abschnitt zusammengefasst und an einem Beispiel illustriert werden.

10.4 Methoden der Textinterpretation

Wie gesehen, fallen unter die Sammelbezeichnung ›Gender Studies‹ verschiedene Ansätze, die unterschiedliche Zielsetzungen haben und entsprechend **differierende Fragen stellen** und **unterschiedliche Methoden des Umgangs mit literarischen Texten** bevorzugen. Vorab ist zu betonen, dass weder der Feminismus noch die *Gender Studies* eigenständige Interpretationskonzeptionen entwickelt haben. Nicht die methodischen Annahmen über das angemessene Verfahren, literarische Texte zu interpretieren, unterscheiden sie von anderen Theorien, sondern die Art der zugelassenen bzw. für relevant erachteten Fragestellungen. Es lassen sich idealtypisch eine thematisch-ideologiekritische, eine interpretationskritische und eine generell wissenschaftsskeptische Richtung von einander unterscheiden.

1. Eine ideologiekritische Richtung, die vornehmlich thematisch orientiert ist, konzentriert sich auf **weibliche oder männliche Charaktere in literarischen Texten**, auf **Frauen- und Männerbilder** in Einzeltexten, im Werk einzelner Autorinnen und Autoren oder in bestimmten Epochen. Sie zielt zum einen darauf ab, Erkenntnisse über diese vielfach mit Stereotypen arbeitenden geschlechtsspezifischen Bilder zu erwerben, zum anderen will sie – mit feministischem Impetus – Strategien im Text aufzeigen, die Frauen und weibliche Erfahrung ausgrenzen oder sie mythisieren und damit zugleich immunisieren. Diese Fixierungen und Mythisierungen treffen allerdings auch, wie die neueren ›Men's Studies‹ zeigen (z.B. Erhart/Herrmann 1997), die männlichen Figuren, insofern sie den Beschränkungen kultureller Männlichkeitsmuster unterworfen sind. Ideologiekritisch ist die Argumentation dieser Richtung in dem Sinne, dass die ›männliche‹ Ideologie entlarvt wird, die den nur vermeintlich geschlechtsneutralen Werten in den literarischen Texten zugrunde liegt. Hinter dem scheinbar allgemeinmenschlichen Ideal eines universalen Humanismus etwa, das den kanonisierten literarischen Texten traditionellerweise zugeschrieben wird, werden patriarchalische Machtinteressen aufgedeckt. Allerdings bleibt die Interpretation nicht immer beim Aufzeigen der unterdrückenden Wirkung solcher Muster stehen. In Untersuchungen zu einem Weiblichkeitsmythos wie der *femme fatale* etwa kann zugleich das subversive Potenzial solcher Bilder ermittelt werden, die die ›gefährliche‹ Sexualität der Frau nicht nur pathologisieren und in einem ästhetischen Bereich immunisieren, sondern eben auch bildlich verfügbar halten.

Der Fokus der Interpretationen dieser Richtung liegt auf dem **Verhältnis des Textes zu patriarchalen Strukturen und Machtmechanismen der Gesellschaft bzw. Kultur**, die im literarischen Text auf verschiedene Weise zum Ausdruck kommen können. Leitende Fragestellungen lauten etwa: Wie gestaltet der Text die Geschlechterverhältnisse? Reproduziert, reflektiert und/oder kritisiert er seine patriarchalen Entstehungsbedingungen? Auch die Frage, auf welche Weise sich in Texten weiblicher Autoren überhaupt Subjektivität konstituiere, zählt hierzu. Um Fragen wie die exemplarisch genannten beantworten zu können, wird zum einen nach entsprechenden thematischen Textmerkmalen gesucht, die in der Verwendung von Motiven oder Problemfeldern, in der Figurenzeichnung und der Handlungsführung gefunden werden und deren sprachliche wie bildliche Gestaltung untersucht wird. Zum anderen werden bestimmte gesellschafts- und kulturgeschichtliche Kontexte bevorzugt berücksichtigt, vor allem Informationen über die soziale Situation von Frauen zur Entstehungszeit der untersuchten Texte; über die Entstehungs- und Distributionsbedingungen für Literatur und deren Auswirkungen für die Verfasser literarischer Texte wie auch für ihre Möglichkeiten der Textgestaltung; schließlich über die Sprache einer Zeit und deren interne Mechanismen von Einschluss und Ausgrenzung insbesondere des ›Weiblichen‹.

2. **Eine auf die Veränderung literaturwissenschaftlicher Praxis ausgerichtete Variante** untersucht die sozialen und politischen Voraussetzungen bisheriger Lektüre- und Interpretationsstrategien der traditionellen Literaturwissenschaft und stellt sie in Frage. Sie versucht nachzuweisen, dass die in traditioneller Literaturwissenschaft für geschlechtsneutral gehaltenen Interpretationen tatsächlich männlich determiniert sind. Damit kann zum einen gemeint sein, dass die Interpreten einseitig Textmerkmale für zentral ausgeben bzw. ausblenden, die in der symbolischen Ordnung als ›männlich‹ bzw. ›weiblich‹ eingestuft werden; oder, zum anderen und grundsätzlicher, dass die Interpreten die männlich geprägte symbolische Ordnung in ihren Fragestellungen oder den Kategorien, unter denen sie die Texte deuten, reproduzieren. Diese Richtung zielt darauf ab, die **Verzerrungen und Fehlinterpretationen traditioneller Interpretationen zu korrigieren**. Durch gezieltes Fokussieren der bislang vernachlässigten Textmerkmale und durch neue Kontextualisierungen im Sinne von Richtung (1) werden Interpretationen erstellt, die den Texten angemessener sein sollen als die kritisierten Fehldeutungen. Im Rahmen dieser Variante können rezeptionsästhetische, ideologiekritische, psychologische oder auch dekonstruktivistische Argumente verwendet werden.

3. **Vertreterinnen einer generell wissenschafts- und methodenkritischen Richtung** argumentieren noch prinzipieller und gehen davon aus, dass schon die Rationalitäts- und Abstraktionsforderungen an Wissenschaft auf ›männlicher‹ Ideologie beruhen. Sie untersuchen Begriffe, Methoden und Zielsetzungen der Literaturwissenschaft auf ihre implizite Aufgabe hin, männliche Herrschaft zu festigen. In diesem Rahmen wird sowohl diskurskritisch als auch dekonstruktivistisch argumentiert. In dekonstruktivistischer Argumentation werden Begrifflichkeit und Verfahrensweisen traditioneller Literaturwissenschaft abgelehnt, weil sie als ›phallogozentrisch‹ gelten. Auch wenn diese Richtung stets auf eine **Kritik der Wissenschaft** zielt und nicht in erster Linie über die literarischen Texte spricht, kann es ihr doch zugleich um diese Texte gehen. Dies kann im Topos von der subversiven Kraft literarischer Texte begründet sein, die in der Vereinnahmung durch traditionelle Literaturwissenschaft neutralisiert werde, aber auch im programmatischen Verzicht auf die Unterscheidung zwischen Objekt- und Metasprache (s. Kap. 7.2.7). Auch hier spielt die Annahme eine Rolle, dass der eigene Ansatz der sprachlichen Verfasstheit literarischer Texte angemessener sei als das Vorgehen auf der Grundlage etwa einer hermeneutischen oder strukturalistischen Literaturtheorie.

10.5 Beispielinterpretation

Aus der Fülle von Interpretationen soll hier ein Beispiel für einen *gender*theoretisch und psychoanalytisch argumentierenden Ansatz erläutert werden, die Studie von Astrid Lange-Kirchheim »En-gendering Kafka« (Lange-Kirchheim 2002). Die Autorin geht von der These aus, »dass Kafka die in den großen abendländischen Erzählungen verschwiegene Geschlechterdifferenz zu seinem Thema macht« (ebd., 115), und will eben diese These in einer Untersuchung der Kategorien von Raum und Geschlecht in Franz Kafkas Romanfragment *Das Schloß* belegen. Ergänzend nimmt sie an, dass Kafka, anders als seine Zeitgenossen, so etwa Freud oder seine Schüler, Mythenkritik betrieb, indem er z.B. gewohnte Sprechweisen umkehrte oder die ›Logik der Signifikanten‹ aufdeckte und dadurch das Willkürliche scheinbar feststehender Bedeutungen sichtbar machte (vgl. ebd., 116f.). Beide Thesen zusammenführend, versucht Lange-Kirchheim nachzuweisen, dass Kafka mit Hilfe der Räume, die er in *Das Schloß* gestaltet, »**Entwürfe von Männlichkeit und Weiblichkeit […] inszeniert und entlarvend exponiert**« (ebd., 117, Hervorhebung T.K./S.W.).

Um diese Interpretationshypothese zu belegen, untersucht die Interpretin zunächst, wie die Raumbeschreibungen bzw. -benennungen im Text konnotiert sind. Kafka nutzt, so der Befund, die traditionelle Zuordnung von Räumlichkeit und Weiblichkeit, die Freud aufgezeigt und affirmiert hat und die unser Sprechen kennzeichne. Zwar entwirft Kafka also in seinem Romanfragment »die mythische Struktur der abendländischen Meistererzählungen vom männlich-penetrierenden Kolonisator des ›weiblich‹ konnotierten Raumes« (ebd., 119), jedoch verfolgt er damit, so Lange-Kirchheim, **eine ironisierende und travestierende Absicht**.

Neben der Analyse von Romanpassagen bezieht die Autorin immer wieder auch **die eigene Rahmentheorie** in ihre Interpretation mit ein, so dass Objekt- und Metaebene ineinander übergehen: »Die Travestie erstreckt sich […] auch […] auf die Theoriebildungen zur Subjektkonstitution, wie sie z.B. Lacan in der Nachfolge Freuds unternommen hat« (ebd., 120). Legitimiert wird diese Parallelisierung durch den Hinweis darauf, dass Kafka und Lacan eine ähnliche Metaphorik verwenden: Lacan illustriert in seinem bekanntesten Text zum Spiegelstadium (s. Kap. 5.2.2) die Ich-Bildung mit der Topographie zweier Kampffelder und dem Bild der »Suche nach dem erhabenen und fernen inneren Schloß« (ebd.); bei Kafka ist das Schloss Ziel der intensiven und beschwerlichen Suche des Protagonisten. Analogien wie diese dienen der Interpretin nicht nur als Beleg für ihre Bedeutungszuschreibungen – auch Kafka gestaltet ihrer Auffassung nach einen Prozess der Ich-Bildung –, sondern führen darüber hinaus ihre Argumentation weiter. So schließt an die eben zusammengefasste Passage direkt eine knappe Darstellung der »psychischen Provinzen« bei Freud und die Zuordnung von ›Körperregionen‹ zu den Instanzen des Über-Ich und des Es an. Indem sie Landschafts- und Körperbildlichkeit mit dem »Geschlechtersymbolismus« verbindet (ebd., 121), kommt Lange-Kirchheim zu den Gruppierungen ›Schloss/Ratio/Ich und Über-Ich/Mann‹ versus ›Dorf/Unterleib/Es/Frau‹.

Diese traditionellen oppositionellen Reihen vorausgesetzt, kann die Autorin die These aufstellen, dass Kafka »über Freud und Lacan hinaus[geht]«, da »er *das* Drama des Kampfes (!) um *die* Ich-Bildung als eines von beschränkter Geltung, nämlich als ein *männliches*, ausweist« (ebd.; alle Hervorhebungen im Original). Die **Oppositionen**, die ganz im Sinne Freuds, Lacans und unserer binär strukturierten Alltagssprache sind, werden in *Das Schloß* nicht aufrechterhalten, sondern **subvertiert**: In der Beschreibung der Architektur des Schlosses etwa werden die männlich-phallischen Elemente von den weiblich-waagerechten bzw. -niedrigen Bestandteilen modifiziert, zum Teil sogar dominiert, so dass das Weibliche hier bildlich das Männliche unterwandert und es ›kontaminiert‹. Da sich dieser Prozess im Blick des Protagonisten vollzieht, zeigt sich an ihm, so die These, **das Zerfallen des männlichen Subjekts** (ebd., 122). Weitere Beispiele für das Aufheben scheinbarer Oppositionen im Roman belegen nicht allein die These von der ›Kontamination‹ durch das Weibliche, sondern machen zugleich das textuelle Verfahren Kafkas deutlich: Er vollzieht ein »dekonstruktive[s] Verfahren *avant la lettre*« (ebd., 128), wenn er anhand der Verwendungsweise des Wortes ›kennen‹ im Roman Tabuisierungen und ausschließende Rituale der westlichen Kultur enthüllt und kritisiert.

> Kafka dekonstruiert den Phall-logo-zentrismus, indem er an der tradierten Doppelsinnigkeit des Wortes ›erkennen‹ sowohl das Männliche des Logos wie auch das Mann-männliche des Begehrens sichtbar macht. (Ebd., 129)

Charakteristisch an dieser Interpretation sind:
- die **ausgeprägte psychoanalytische, poststrukturalistische und *gender*theoretische Terminologie** und die Voraussetzung entsprechender Rahmenannahmen;
- der **partielle Verzicht auf eine Trennung der Objekt- und Metaebene** in der Analyse: Die eingesetzte Bezugstheorie kann als Kontext des untersuchten literarischen Textes fungieren; entsprechend haben z.B. Aussagen über die Bildlichkeit im literarischen Text und Aussagen über die Metaphorik der eingesetzten Bezugstheorie denselben Status in der Interpretation;
- das Bestreben, **den** (geschätzten) **Autor als Vorläufer der eigenen Theorie auszuweisen**: Kafka wird hier als dekonstruktiver *Gender*theoretiker »*avant la lettre*« dargestellt (ebd., 122), ohne dass die Interpretin zugleich ein autorintentionalistisches Konzept vertritt.
- **die impliziten Wertungen** der Interpretin: Das Subvertieren binärer Oppositionen wird als fraglos positiv unterstellt.

Im Rahmen des gewählten Ansatzes sind die Merkmale dieser Interpretation gerechtfertigt; kritisiert werden können sie allenfalls von einer abweichenden theoretischen Position aus. Problematisch ist allerdings die (für die positive Wertung des Autors unerlässliche) Unterstellung einer Absicht auf Seiten Kafkas. Diese Annahme ist mit den subjektkritischen Elementen der poststrukturalistischen Bezugstheorie nicht ohne Weiteres vereinbar.

> **Das Wichtigste in Kürze**
>
> Für feministische Literaturwissenschaft und *Gender Studies* steht die **Kategorie ›Geschlecht‹** im Mittelpunkt ihrer Modellierungen von Literatur und den Bedingungen literarischer Kommunikation. Feministische Ansätze sind bereits in den 1970er Jahren entstanden; ›Gender Studies‹ sind der umfassendere Ansatz.

In den verschiedenen Ansätzen wird mit **vier Bedeutungsvarianten von ›Geschlecht‹** gearbeitet:
- als biologische Größe (›*sex*‹)
- als soziokulturelles Konstrukt (›*gender*‹)
- als rhetorische Größe
- als variable Kategorie der Selbst- und Fremdzuschreibung (›*performing gender*‹).

Zu den vielfältigen Zielen feministischer und gender*theoretischer Literaturwissenschaft zählt neben der **Analyse stereotyper Muster von ›Weiblichkeit‹ bzw. ›Männlichkeit‹** und ihrer Konstruktionsprinzipien in literarischen Texten auch die **Erforschung der geschlechterdifferenziellen literarischen Traditionen**, vor allem der Traditionen und Strategien ›weiblichen Schreibens‹ und ›weiblichen Lesens‹.

Literatur

Beauvoir, Simone de: *Das andere Geschlecht. Sitte und Sexus der Frau*. Reinbek 1951 (frz. 1949).
Bovenschen, Silvia: *Die imaginierte Weiblichkeit. Exemplarische Untersuchungen zu kulturgeschichtlichen und literarischen Präsentationsformen des Weiblichen*. Frankfurt a.M. 1979.
Braun, Christina v./Inge Stephan (Hg.): *Gender-Studien. Eine Einführung*. Stuttgart ²2006.
Butler, Judith: *Das Unbehagen der Geschlechter*. Frankfurt a.M. 1991 (am. 1990).
Cixous, Hélène: *Le Rire de la Méduse*. Paris 1975.
Culler, Jonathan: *Dekonstruktion. Derrida und die poststrukturalistische Literaturtheorie*. Reinbek 1988 (am. 1982).
Derrida, Jacques: Der Facteur der Wahrheit. In: J.D.: *Die Postkarte von Sokrates bis Freud und jenseits*. 2. Bd. Berlin 1987, 183-281 (frz. 1980).
Ebeling, Smilla/Sigrid Schmitz (Hg.): *Geschlechterforschung und Naturwissenschaften. Einführung in ein komplexes Wechselspiel*. Wiesbaden 2006.
Erhart, Walter/Britta Herrmann (Hg.): *Wann ist der Mann ein Mann? Zur Geschichte der Männlichkeit*. Stuttgart 1997.
Felman, Shoshana: Rereading Femininity. In: *Yale French Studies* 62 (1981), 19-44.
Fetterly, Judith: *The Resisting Reader. A Feminist Approach to American Fiction*. Bloomington 1978.
Foucault, Michel: Was ist ein Autor? In: M.F.: *Schriften zur Literatur* (1962-1969). Frankfurt a.M. 1988, 7-31 (frz. 1969).
Gilbert, Sandra M./Susan Gubar: *The Madwoman in the Attic: The Woman Writer and the Nineteenth-Century Literary Imagination*. New Haven 1979.
Gnüg, Hiltrud/Renate Möhrmann (Hg.): *Frauen Literatur Geschichte*. Stuttgart/Weimar ²1998.
Groeben, Norbert/Bettina Hurrelmann (Hg.): *Geschlecht und Lesen, Mediennutzung*. Frankfurt a.M. u.a. 2004.
Heydebrand, Renate v./Simone Winko: Geschlechterdifferenz und literarischer Kanon.

Historische Beobachtungen und systematische Überlegungen. In: *Internationales Archiv für Sozialgeschichte der deutschen Literatur* 19/2 (1994), 96-172.
Humm, Maggie: *A Reader's Guide to Contemporary Feminist Literary Criticism.* New York u.a. 1994.
Irigaray, Luce: *Speculum. Spiegel des anderen Geschlechts.* Frankfurt a.M. 1980 (frz. 1974).
Keck, Annette/Manuela Günter: Weibliche Autorschaft und Literaturgeschichte: Ein Forschungsbericht. In: *Internationales Archiv für Sozialgeschichte der deutschen Literatur* 26/2 (2001), 201–233.
Kolodny, Annette: A Map for Rereading: Or, Gender and the Interpretation of Literary Texts. In: *New Literary History* 11 (1980), 451-467.
Lacan, Jacques: Die Bedeutung des Phallus. In: J. L.: *Schriften II.* Olten 1975, 119-132 (frz. 1958).
Lange-Kirchheim, Astrid: En-gendering Kafka. Raum und Geschlecht in Franz Kafkas Romanfragment *Das Schloß.* In: Elisabeth Cheauré u.a. (Hg.): *Geschlechterkonstruktionen in Sprache, Literatur und Gesellschaft.* Freiburg i.Br. 2002, 113-136.
Lauretis, Teresa de: *Technologies of Gender: Essays on Theory, Film, and Fiction.* Bloomington 1987.
Menke, Bettine: Verstellt – der Ort der ›Frau‹. Ein Nachwort. In: Vinken 1992, 436-476.
Millett, Kate: *Sexus und Herrschaft.* München 1971 (am. 1970).
Rinnert, Andrea: *Körper, Weiblichkeit, Autorschaft. Eine Inspektion feministischer Literaturtheorien.* Königstein 2001.
Robinson, Lillian S.: Treason Our Text. Feminist Challenges to the Literary Canon. In: Elaine Showalter (Hg.): *The New Feminist Criticism. Essays on Women, Literature, and Theory.* New York 1986, 105–121.
Rubin, Gayle: The Traffic in Women. Notes on the Political Economy of Sex. In: Rayna R. Reiter (Hg.): *Toward an Anthropology of Women.* New York/London 1975, 157–200.
Schabert, Ina: *Englische Literaturgeschichte. Eine neue Darstellung aus der Sicht der Geschlechterforschung.* Stuttgart 1997.
Schön, Erich: Weibliches Lesen: Romanleserinnen im späten 18. Jahrhundert. In: Helga Gallas/Magdalene Heuser (Hg.): *Untersuchungen zum Roman von Frauen um 1800.* Tübingen 1990, 20-40.
Schor, Naomi: Dieser Essentialismus, der keiner ist. Irigaray begreifen. In: Vinken 1992, 219-246 (am. 1989).
Schweickart, Patrocinio P.: Reading Ourselves: Toward a Feminist Theory of Reading. In: Flynn, Elizabeth A./Patrocinio P. Schweickart (Hg.): *Gender and Reading.* Baltimore 1986, 31-61.
Showalter, Elaine: *A Literature of Their Own: British Women Novelists from Brontë to Lessing.* Princeton, N.Y. 1977.
Vinken, Barbara (Hg.): *Dekonstruktiver Feminismus. Literaturwissenschaft in Amerika.* Frankfurt a.M. 1992.
Vinken, Barbara: Dekonstruktiver Feminismus. Eine Einführung. In: Vinken 1992, 7-29.
Weigel, Sigrid: *Die Stimme der Medusa. Schreibweisen in der Gegenwartsliteratur von Frauen.* Reinbek 1989.

Weitere Lektüreempfehlungen

Kroll, Renate (Hg.): *Metzler Lexikon Gender Studies/Geschlechterforschung. Ansätze – Personen – Grundbegriffe.* Stuttgart/Weimar 2002.

Der Band gibt einen guten Einblick in die kulturelle, soziale und politische Entwicklung der Geschlechterforschung. Er umfasst Forschungen aus den Bereichen Women's Studies, Men's Studies und Queer Studies.

Lindhoff, Lena: *Einführung in die feministische Literaturtheorie.* Stuttgart u.a. ²2003.

Die Verfasserin gibt einen kenntnisreichen Überblick über Entwicklungen der internationalen feministischen Literaturtheorie. Dargestellt werden die politisch orientierte und sozio-historisch argumentierende Richtung des Feminismus, das Verhältnis von Feminismus und Psychoanalyse sowie die poststrukturalistische Variante des Feminismus, vor allem die Modelle von Lacan, Derrida, Kristeva, Cixous und Irigaray.

Osinski, Jutta: *Einführung in die feministische Literaturwissenschaft.* Berlin 1998.

Die Verfasserin nimmt in ihrem klar strukturierten Überblick über die Tendenzen feministischer Literaturwissenschaft eine problemgeschichtliche und eine systematische Perspektive ein. Im »Versuch einer Systematik« erarbeitet die Verfasserin grundlegende Orientierungen und Schlüsselbegriffe feministischer Ansätze und skizziert die ihnen zugrunde liegenden kultur- und sprachkritischen Modelle.

11. Kulturwissenschaftliche Ansätze

11.1 Begriffsklärungen

Kulturwissenschaftliche Ansätze in den Geisteswissenschaften wurden bereits um 1900 entwickelt. Wichtige Beispiele sind Heinrich Rickerts wertphilosophische Begründung der Kulturwissenschaft, Karl Lamprechts kulturgeschichtliche und Georg Simmels kulturphilosophische Forschungen, Ernst Cassirers *Philosophie der symbolischen Formen* (1923-1929) und nicht zuletzt Max Webers Untersuchungen zum Zusammenhang von ökonomisch und religiös geprägten ›Lebensformen‹. Von ihrer Fragestellung und methodischen Ausrichtung her sind diese Arbeiten sehr unterschiedlich, jedoch charakterisiert sie alle das programmatische Bestreben, über die Fächergrenzen hinauszugehen und **Artefakte, Theorien oder Symbole, aber auch Alltagspraktiken durch Rückbezug auf die ›Kultur‹ zu erklären**, aus der sie entstanden sind. Bereits die Verfasser dieser frühen Texte verfolgen neben anderen Zielen ein kulturkritisches Anliegen, und schon sie problematisieren den bis heute umstrittenen Kulturbegriff.

Erst in den 1970er Jahren werden die Varianten von Kulturwissenschaft entwickelt, die heute mit diesem Begriff bezeichnet werden. Was der Begriff allerdings genau meint, ist nach wie vor unklar. Das Spektrum der Bedeutungen von ›Kulturwissenschaft‹ ist ebenso weit und uneinheitlich wie die Bedeutungen des Begriffs ›Kultur‹ (vgl. dazu ausführlich Eagleton 2000, Kap. 1). Es ist mehrfach darauf hingewiesen worden, dass es sinnvoll ist, zwischen einer Verwendung des Begriffs im Singular und im Plural zu unterscheiden (z.B. Böhme/Matussek/Müller 2000, 33; Nünning/Nünning ²2008, 5).

- **Kulturwissenschaft:** Die Verwendung im Singular hat meist eine programmatische Implikation und zielt auf ein den Einzeldisziplinen übergeordnetes Fach namens ›Kulturwissenschaft‹ (vgl. Böhme/Matussek/Müller 2000, 208), das eine Fülle von Gegenständen und Verfahrensweisen integrieren muss oder als eine Art Metadisziplin die Forschungen der zahlreichen Einzelfächer, die sich in irgendeiner Weise mit Kultur befassen, zu reflektieren und miteinander zu verbinden hat (vgl. Böhme/Scherpe 1996, 12f.). Gegen ein solches ›Superfach‹ wurde angeführt, dass es wegen der Heterogenität seiner Gegenstände und Methoden sowie der fehlenden Einbindung in eine Fachtradition über keine einheitlichen wissenschaftlichen Standards verfüge und notwendigerweise zum Dilettantismus tendiere. Die Bedenken wurden u.a. als innovationsfeindlich zurückgewiesen, und es sind Vorschläge zur Grundlegung ›der‹ Kulturwissenschaft vorgelegt und entsprechende Studiengänge eingerichtet worden (vgl. Böhme/Matussek/Müller 2000).
- **›Kulturwissenschaften‹** dagegen wird meist als Sammelbezeichnung verwendet, die vielerorts die traditionelle Bezeichnung ›Geisteswissenschaften‹ abgelöst hat. Damit werden die betreffenden Fächer allerdings nicht nur umbenannt, sondern auch intern sowie in ihrem Verhältnis zueinander neu bestimmt. Ihre Gemeinsamkeit wird nicht mehr in der Verpflichtung auf die Homogenität suggerierende Kategorie ›Geist‹ gesehen, sondern in der Erforschung vielfältiger kultureller Phänomene

oder Praktiken (worunter im Einzelnen recht Unterschiedliches verstanden werden kann) und in der transdiziplinären Öffnung für Ergebnisse und Fragestellungen benachbarter Disziplinen mit ähnlichen Untersuchungsgegenständen. Mit dieser Öffnung geht oftmals eine Neukonzeption von Wissenschaft einher, die mit als ›szientistisch‹ kritisierten Forschungstraditionen bricht. In den einzelnen Wissenschaften führt dies z.B. dazu, sich von der Suche nach allgemeinen Gesetzen oder Strukturmodellen des Forschungsgegenstandes abzuwenden und stattdessen kleinteiligere Untersuchungen von Fallbeispielen vorzunehmen und diese zu interpretieren (vgl. z.B. Bachmann-Medick 2006, 59, 62, 79f. u.ö.). Im Anschluss an poststrukturalistische Wissenschaftskritik werden in diesem Zusammenhang herkömmliche wissenschaftstheoretische Maßstäbe abgelehnt. Kritisiert werden z.B. die Forderungen nach der Wahrheitsbezogenheit wissenschaftlicher Aussagen, der Konsistenz von Theorien und Präzision in der Begriffsbildung; ihnen entgegengesetzt werden Wahrheitsrelativismus, ein Primat der Praxis gegenüber der Theoriebildung und die Verwendung möglichst weiter Konzepte.

Die »Transformation« (Böhme/Scherpe 1996, 9) der Geistes- in die Kulturwissenschaften ist Resultat interner und durchaus noch andauernder Richtungskämpfe in den einzelnen Fächern. So ist es in vielen Einzelwissenschaften keineswegs Konsens, dass die eigene Disziplin als Kulturwissenschaft angemessen bezeichnet sei, was zugleich etwas über die methodische Orientierung der Forscher aussagt, die dies bestreiten. Forschungspolitisch betrachtet, hat sich jedoch in den 1990er/2000er Jahren im deutschsprachigen Raum ein ›cultural turn‹, eine ›kulturalistische Wende‹ vollzogen. Mit ihr hat sich die Selbstwahrnehmung der meisten geisteswissenschaftlichen Fächer als Kulturwissenschaften durchgesetzt, was sich nicht zuletzt institutionell in Umbenennungen von Instituten oder Fachbereichen an Universitäten zeigt. Mit der kulturwissenschaftlichen Orientierung in den Einzelfächern geht eine Umwertung der Disziplinen einher: Die Rolle von ›Leitwissenschaften‹, von besonders einflussreichen Wissenschaften, an deren Ergebnissen und Verfahren sich mehrere andere Disziplinen orientieren, wird Fächern zugeschrieben, die bis dahin etwa hinter der Philosophie oder Soziologie zurückstanden, vor allem der Kulturanthropologie und Ethnologie (vgl. dazu Scherpe 2001, 13, 15).

Problematisch an der sinnvollen Unterscheidung zwischen der Singular- und der Plural-Verwendung von ›Kulturwissenschaft‹ ist, dass sie mit dem zumeist genutzten Adjektiv ›kulturwissenschaftlich‹ verschwindet, bei dem nicht klar ist, ob es mit dem Anspruch eines neuen integrativen Faches oder im bescheideneren Sinne als thematische und methodische Neuorientierung der Einzelwissenschaften zu verstehen ist.

Terminologische Probleme
Ein prinzipielles Problem der Debatte liegt – wenig überraschend – darin, dass von unterschiedlichen Auffassungen des Begriffs ›Kulturwissenschaft‹ her argumentiert wird. Ein Beispiel aus einer Einführung: Wenn einerseits eine Perspektive für die Philologien darin gesehen wird, »kulturwissenschaftliche Themenstellungen zu integrieren und mit bestehenden methodologischen Verfahren zu vernetzen« (Schößler

> 2006, VII), und zugleich vorgeschlagen wird, »die Kulturwissenschaften [...] an literaturwissenschaftliche Verfahren« anzuschließen (ebd.), wird im selben Atemzug von zwei unterschiedlichen Auffassungen nicht nur von Kulturwissenschaft, sondern auch vom Verhältnis zwischen Literatur- und Kulturwissenschaft ausgegangen: ›Kulturwissenschaft‹ ist hier die Bezeichnung sowohl für eine thematische Klammer zwischen verschiedenen Disziplinen als auch für ein nicht näher bezeichnetes Ensemble von Wissenschaften; die Literaturwissenschaft gehört offenbar doch (noch) nicht zu diesem Ensemble, mit Hilfe ihrer genuinen literaturwissenschaftlichen Verfahren aber lassen sich diese anderen Wissenschaften mit ihr verbinden. Vorausgesetzt wird hier,
> - dass es ein hinreichend klares Verständnis davon gebe, welches denn diese Kulturwissenschaften seien, die die Literaturwissenschaft an ihre etablierten Vorgehensweisen anschließen solle;
> - dass Literaturwissenschaft das Privileg der Methodenvorgabe habe.
>
> Keine dieser Voraussetzungen scheint ohne Weiteres zuzutreffen. Damit bleiben in Aussagen wie dieser (hier nur stellvertretend zitierten) die Auffassung von ›Literaturwissenschaft als Kulturwissenschaft‹ und das Verhältnis der beiden zueinander nach wie vor theoretisch unbestimmt.

Die **deutschsprachige Germanistik** hat sich erst recht spät in die Diskussion um Status, Reichweite und Bestimmung der Kulturwissenschaften eingemischt. Bezeichnenderweise war es mit Klaus P. Hansen ein Amerikanist, der 1993 den »stille[n] Paradigmenwechsel in den Geisteswissenschaften« verkündete. So zumindest lautet der Untertitel des Sammelbandes (Hansen 1993), der aus der Sicht von Einzelwissenschaften wie Volkskunde, Romanistik, Geschichtswissenschaft und Soziologie eben diesen Wandel dokumentieren sollte. Vergleichbare Projekte von germanistischer Seite folgten erst ab 1996, mit einigen beschreibenden und vielen grundsätzlichen Beiträgen (z.B. Böhme/Scherpe 1996; Glaser/Luserke 1996; Bachmann-Medick 1996). Vorläuferbände entstanden im Kontext der Forschungen zum kulturellen Gedächtnis (z.B. Assmann/Harth 1991). Es setzte eine öffentliche Debatte ein, die nicht mehr ›still‹ genannt werden kann und in der unter anderem bestritten wurde, dass mit einer kulturwissenschaftlichen Orientierung ein Paradigmenwechsel in den Geisteswissenschaften vollzogen werde (vgl. z.B. die Kritik an der kulturwissenschaftlichen ›Körpergeschichte‹, zusammenfassend Stiening 2002). Das Spektrum der Auffassungen, wie das **Verhältnis von Kultur- und Literaturwissenschaft** einzuschätzen sei, war von Beginn der Debatte an recht breit. Es erstreckte sich von der weit reichenden Forderung, Literaturwissenschaft müsse als Disziplin umstrukturiert und als Kulturwissenschaft neu fundiert werden, über die moderatere Forderung, Literaturwissenschaft habe sich kulturwissenschaftlichen Fragestellungen und Verfahren zu öffnen, bis hin zur abwiegelnden These, dass Literaturwissenschaftler schon lange kulturgeschichtliche Kontexte berücksichtigen und die Situation unnötig dramatisiert werde.

Die Debatte wurde lebhaft und stark polarisierend geführt, wie die Kontroverse zwischen Walter Haug und Gerhart von Graevenitz zeigt, die 1999 im renommierten Fachorgan *Deutsche Vierteljahrsschrift für Literaturwissenschaft und Geistesgeschichte* ausgetragen wurde. Die Vehemenz der Diskussion ergab sich auch daraus, dass sie eng mit der Frage nach der ›Identität‹ des Faches Literaturwissenschaft verbunden wurde: Es ging nicht allein um Sachprobleme, die sich nur durch eine Ausweitung des disziplinären Blickwinkels auf allgemeine kulturelle Phänomene lösen lassen, sondern auch um das Selbstverständnis der Disziplin – die Legitimität und Kompetenz von Literaturgeschichte im Zeichen kulturgeschichtlicher Erweiterung – und um das akademische Überleben der Literaturwissenschaft in einer Zeit, in der ihr Gegenstand zunehmend an gesellschaftlicher Geltung verliert (vgl. den Problemaufriss in Barner 1997; zusammenfassend Schönert 1999).

Im deutschsprachigen Raum werden heute viele Positionen vertreten, die der kulturwissenschaftlich orientierten Literaturwissenschaft zuzurechnen sind. Sie gehen vor allem auf angloamerikanische Ansätze zurück, die die kulturalistische Wende schon in den frühen 1980er Jahren und weniger kontrovers vollzogen haben. Zu nennen sind hier der *New Historicism*, die *Cultural Studies*, die neueren *Gender Studies* (s. Kap. 10) und die *Postcolonial Studies*. Verbunden werden sie in der deutschsprachigen Literaturwissenschaft mit Forschungen im Umkreis der sogenannten literarischen Anthropologie (s. Kap. 15), der Medienkulturtheorien (s. Kap. 12) und der Theorien des kulturellen Gedächtnisses. Auffällig ist zum einen, dass diese Richtungen sich in Themenfeldern situieren, die in den verschiedenen Ländern jeweils öffentlich diskutiert werden und moralisch aufgeladenen sind, im angloamerikanischen Bereich etwa die *Postcolonial Studies*, im deutschsprachigen Bereich die Forschungen zum kulturellen Gedächtnis (vgl. dazu auch Erll 2003, 156f.). Zum anderen zeigt sich, dass das Set der Bezugstheorien zwar sehr breit ist, aber zugleich eine Art Pool bildet, auf den die verschiedenen Ansätze zurückgreifen, so dass die Unterschiede zwischen ihnen meist weniger in der theoretischen Fundierung als vielmehr in den Fragestellungen und der konkreten thematischen Ausrichtung liegen. Im Folgenden sollen der *New Historicism* als Beispiel für einen besonders einflussreichen einzelnen Ansatz dargestellt (11.2) und im Anschluss daran die mit dem Sammelbegriff ›kulturwissenschaftlich orientierte Literaturwissenschaft‹ bezeichnete, vielfältige Richtung erläutert werden, vor allem mit Blick auf ihre Gemeinsamkeiten (11.3).

Literatur

Assmann, Aleida/Dietrich Harth (Hg.): *Kultur als Lebenswelt und Monument*. Frankfurt a.M. 1991.
Bachmann-Medick, Doris (Hg.): *Kultur als Text. Die anthropologische Wende in der Literaturwissenschaft*. Frankfurt a.M. 1996.
Bachmann-Medick, Doris: *Cultural Turns. Neuorientierungen in den Kulturwissenschaften*. Reinbek bei Hamburg 2006.
Barner, Wilfried: Kommt der Literaturwissenschaft ihr Gegenstand abhanden? Vorüberlegungen zu einer Diskussion. In: *Jahrbuch der Deutschen Schillergesellschaft* 41 (1997), 1-8.
Böhme, Hartmut/Klaus R. Scherpe (Hg.): *Literatur und Kulturwissenschaften. Positionen, Theorien, Modelle*. Reinbek bei Hamburg 1996.
Böhme, Hartmut/Peter Matussek/Lothar Müller: *Orientierung Kulturwissenschaft. Was sie kann, was sie will*. Reinbek bei Hamburg 2000.

Erll, Astrid: Kollektives Gedächtnis und Erinnerungskulturen. In: Nünning/Nünning ²2008, 156-185.
Glaser, Renate/Matthias Luserke (Hg.): *Literaturwissenschaft – Kulturwissenschaft. Positionen, Themen, Perspektiven*. Opladen 1996.
Graevenitz, Gerhart v.: Literaturwissenschaft und Kulturwissenschaften. Eine Erwiderung. In: *Deutsche Vierteljahrsschrift für Geistesgeschichte* 73 (1999), 94-115.
Haug, Walter: Literaturwissenschaft als Kulturwissenschaft? In: *Deutsche Vierteljahrsschrift für Literaturwissenschaft und Geistesgeschichte* 73 (1999), 69-93.
Hansen, Klaus P.: *Kulturbegriff und Methode. Der stille Paradigmenwechsel in den Geisteswissenschaften*. Tübingen 1993.
Hohendahl, Peter U./Rüdiger Steinlein (Hg.): *Kulturwissenschaften, Cultural Studies. Beiträge zur Erprobung eines umstrittenen literaturwissenschaftlichen Paradigmas*. Berlin 2001.
Nünning, Ansgar/Vera Nünning (Hg.): *Einführung in die Kulturwissenschaften*. Stuttgart/ Weimar ²2008.
Nünning, Vera/Ansgar Nünning: Kulturwissenschaften: Eine multiperspektivische Einführung in einen interdisziplinären Zusammenhang. In: Nünning/Nünning ²2008, 1-18.
Scherpe, Klaus R.: Kanon – Text – Medium. Kulturwissenschaftliche Motivationen für die Literaturwissenschaft. In: Hohendahl/Steinlein 2001, 9-26.
Schönert, Jörg: ›Kultur‹ und ›Medien‹ als Erweiterungen zum Gegenstandsbereich der Germanistik in den 90er Jahren. In: Bodo Lecke (Hg.): *Literatur und Medien in Studium und Deutschunterricht*. Frankfurt a.M. u.a. 1999, 43-64.
Schößler, Franziska: *Literaturwissenschaft als Kulturwissenschaft. Eine Einführung*. Unter Mitarbeit von Christine Bähr. Tübingen 2006.
Stiening, Gideon: Innovation als Rückschritt. Warum das Neue der sogenannten ›Körpergeschichte‹ ein Rückschritt für die Literaturwissenschaften ist. In: Hartmut Kugler (Hg.): *www.germanistik2001.de. Vorträge des Erlanger Germanistentags 2001*. Bd. 2. Bielefeld 2002, 957–979.

11.2 New Historicism

11.2.1 Einleitung

Als eine Weiterentwicklung der literaturwissenschaftlichen Diskursanalyse in Richtung auf eine Kulturanalyse kann der *New Historicism* angesehen werden, der sich in der zweiten Hälfte der 1980er Jahre vor allem an den amerikanischen Universitäten etabliert hat. Er reagiert auf eine Praxis des wissenschaftlichen Umgangs mit Literatur, die die akademische Situation in den USA seit den 1970er Jahren beherrschte. Diese speiste sich aus gleich zwei Fachtraditionen, die zwar aus sehr unterschiedlichen Theoriezusammenhängen resultieren, sich jedoch im weitgehenden Verzicht auf eine historische Kontextualisierung literarischer Texte trafen: aus dem werkzentrierten *New Criticism* (s. Kap. 3.4), der an den amerikanischen Universitäten seit den 1930er Jahren besonders einflussreich war, und aus der ahistorisch kontextualisierenden Variante der Dekonstruktion (*Yale School*), die sich an den amerikanischen Universitäten stärker durchgesetzt hatte als in Europa (s. Kap. 7.3). Es entstand ein **Bedürfnis nach historischen Forschungen** an literarischen Texten, die, so die Selbstbeschreibungen, **auf** der Höhe poststrukturalistischer Theoriebildung argumentieren und zugleich die Geschichtlichkeit der Texte begründet berücksichtigen sollten (vgl. Isernhagen 1999). Der »alte Historismus« (Greenblatt 1990a, 92) konnte diesen Bedingungen nicht genügen. Als typisch für ihn sehen die Neohistoristen traditionelle Einflussforschung und Quellenstudien an, die vor allem autorintentionalistische Bezüge registrieren; beides entspricht nicht den theoretischen Prämissen der sich herausbildenden neuen Richtung.

Als ihre Gründungsdokumente gelten **Stephen Greenblatts** Studien zur englischen Renaissance, und ein besonders wichtiges Publikationsforum bildet die schon 1983 gegründete Zeitschrift *Representations*. Der *New Historicism* zielt von Anfang an auf die literaturwissenschaftliche Praxis. Die theoretisch-programmatischen Beiträge Greenblatts und anderer liefern den praktischen Studien Überlegungen nach, die vor allem die Beziehung von Text, Gesellschaft und Kultur sowie das Verhältnis des *New Historicism* zur Diskursanalyse und zur in den USA besonders wirksamen marxistischen Literaturwissenschaft beleuchten, aber sie entwerfen keine zusammenhängende, in sich schlüssige Theorie. Der programmatische Eklektizismus dieser Richtung wird von ihren Befürwortern als Offenheit, von ihren Kritikern als Inkonsistenz bewertet. Er spiegelt sich nicht zuletzt in der Tatsache wider, dass die theoretische Zuordnung des *New Historicism* sehr heterogen ausfällt (vgl. Montrose 1995, 66.).

Gründe für die **deutschsprachige Literaturwissenschaft**, den *New Historicism* als eine besonders anregende neue Richtung zu begrüßen, lagen nicht in erster Linie in dessen Rückkehr zu einer dezidierten Historisierung von Literatur; denn eine geschichtlich kontextualisierende Umgangsweise mit literarischen Texten wurde in der deutschsprachigen Literaturwissenschaft kaum je aufgegeben. Gerade wegen dieses historisierenden Zugangs war er aber für die deutschsprachige Forschung anschlussfähiger als etwa die Dekonstruktion. Als wichtige Gründe für seine Attraktivität dürften zwei Komponenten des Ansatzes zu veranschlagen sein, die es erlauben, die Grenzen herkömmlicher philologischer Praxis weiter zu fassen: Zum einen wird im *New Historicism* das Spektrum der Texte, die in eine Interpretation einbezogen werden können, programmatisch erweitert, und zum anderen wird eine Lizenz zur argumentativ eher lockeren Verbindung zwischen Text und Kontext gewährt. Auf diese Weise kann eines der schwierigsten Probleme der Literaturwissenschaft entschärft werden: das ›**Text-Kontext-Problem**‹. Es umfasst die Fragen, auf welche Weise sich die Verbindung eines literarischen Textes mit einem Bezugsdatum (z.B. mit einem geschichtlichen Ereignis oder einem anderen Text) plausibilisieren lässt und wie die Wahl eines Kontexts als relevant begründet werden kann. Wenn die Maßstäbe für Plausibilität gelockert werden, wird dieses Problem leichter handhabbar: Es geht im *New Historicism* weder um nachgewiesenen Einfluss noch um dokumentierbare, etwa explizit behauptete Relevanz; solche als problematisch angesehenen starken Verbindungen werden ersetzt durch mögliche Beziehungen, für deren Plausibilisierung neue Strategien eingesetzt werden, etwa die der ›dichten Beschreibung‹ oder der rahmenden Anekdote (s.u.).

11.2.2 Bezugstheorien

Der *New Historicism* bezieht sich in erster Linie auf die **Diskursanalyse Foucaults** (s. Kap. 7.2) und auf die **neuere Kulturanthropologie und Ethnologie**, vor allem die Forschungen Clifford Geertz' (z.B. Geertz 1973 und 1987).

Im Mittelpunkt der ethnologischen Bezugstheorie steht die Annahme, **Kultur sei als Text aufzufassen**. Im Anschluss zum einen an hermeneutische Ansätze, zum anderen an semiotische Theorien modelliert Geertz das Beobachten und Erklären ›fremder Kulturen‹ neu. Er überträgt mit seiner Auffassung von der Kultur als Text Verfahrensweisen, die bis dato als spezifisch für die interpretierenden Textwissenschaften angesehen wurden, auf ein als ›Beobachtungswissenschaft‹ geltendes Fach und stellt so einen Brückenschlag zwischen methodologisch unterschiedlichen Disziplinen her. Entsprechend benennt Geertz den Gegenstand der Ethnographie als »eine geschichtete Hierarchie bedeutungsvoller Strukturen«, in deren Rahmen kulturelle Praktiken verschiedenster Art erst ermöglicht werden (Geertz 1987, 12) und die es zu verstehen gilt. Dieses Verstehen wiederum analogisiert er mit dem Begreifen einer textuellen Äußerung, etwa eines Sprichworts, eines Witzes oder eines Gedichts (Geertz 1987, 309). Wenn die Ethnologie ihren Gegenstand so bestimmt, dann erhalten literaturwissenschaftliche Verfahren des Umgangs mit literarischen Texten auch ethnologische Relevanz, wie umgekehrt ethnologische Methoden, sich den fremden Gegenstand zu erschließen, von literaturwissenschaftlichen Forschungen genutzt werden können (dazu Bachmann-Medick 1996, 22-26). Beide partizipieren an einer umfassenden **Kulturhermeneutik**. Für die Vertreter des *New Historicism* liegt der Vorteil einer solchen Auffassung darin, eine hermeneutische Position des Verstehen-Wollens einnehmen zu können; sie erlaubt dem Beobachter, mögliche Bedeutungen zu entdecken, die die Zeitgenossen wegen ihrer zu großen Nähe zum Phänomen nicht sehen konnten (Gallagher/Greenblatt 2000, 8). Das entsprechende Verfahren, das die Vertreter des *New Historicism* im Anschluss an Geertz propagieren, ist das der »dichten Beschreibung« (»thick description«).

Geertz sieht in der **dichten Beschreibung** die Methode, mit deren Hilfe das anvisierte Verstehen der fremden Kulturen näherungsweise erreicht werden kann. Es ist ein Verfahren, das stets vom Einzelfall ausgeht und daher auch nur zu Generalisierungen kommen kann, die in dessen Rahmen bleiben (Geertz 1987, 37). Dieses Verfahren besteht darin, nicht allein möglichst viele Informationen über ein zu verstehendes Phänomen – etwa ein Ritual in einer unbekannten Kultur – zu sammeln, sondern es so zu interpretieren, dass seine Bedeutung in Bezug auf seine kulturelle Umgebung erkennbar wird. ›Bedeutung‹ ist hier in dreifacher Weise zu verstehen: als Relevanz, als semantische und als pragmatische Bedeutung. Der Interpret des unbekannten Phänomens hat seinen Gegenstand und dessen kulturelle Bezüge möglichst detailliert zu beschreiben, darf aber dabei nicht allein an der Oberfläche der wahrnehmbaren Phänomene bleiben, sondern muss zudem nach möglichen vom Augenschein abweichenden Intentionen oder verborgenen Motiven suchen, um der Komplexität seines Objekts gerecht zu werden (vgl. das illustrative Beispiel der Zwinkerer in Geertz 1987, 10ff.). Zugleich ist es entscheidend, dass sich der Interpret dabei stets des Konstruktionscharakters seiner Zuschreibungen bewusst ist. Die »dichte« Beschreibung, so die Annahme, ist der einfachen darin überlegen, dass sie den zu beschreibenden Handlungen ihren Ort in einem Netzwerk von Intentionen und kulturellen Bedeutungen geben kann (vgl. Gallagher/Greenblatt 2000, 21).

Aus den Bezugnahmen auf die Diskursanalyse und die neuere Ethnologie resultieren **zwei grundlegende theoretische Annahmen des** *New Historicism* (dazu Baßler 1995, 9-13):

- Die **Geschichtlichkeit von Texten** ist zu berücksichtigen, wenn man sie für die Gegenwart erschließen und verständlich machen will.
- **Geschichte** ist **als Text** aufzufassen. Sie unterliegt den Vertextungsstrategien der Historiker. Diese rekonstruieren in ihren Untersuchungen nicht ›die historische Wahrheit‹ vergangener Ereignisse oder Situationen, sondern sie verbinden einzelne Fakten unter Zuhilfenahme einer narrativen Grundstruktur zu einem sinnvollen Zusammenhang. Gegenüber den narrativen Mustern solcher auf die Stiftung von Einheit, Kontinuität und Sinn zielenden ›großen Erzählungen‹ (auch ›Metaerzählungen‹) haben poststrukturalistische Theoretiker wie Jean-François Lyotard und Historiker wie Hayden White Bedenken formuliert: Die Muster verschleiern, dass Geschichte nicht rekonstruiert werden kann, sondern stets konstruiert werden muss. Zusammenhänge zwischen der Fülle einzelner Informationen über historische Fakten herzustellen, bedeutet immer einen dezisionistischen, willkürlichen Akt der Sinnstiftung, dessen sich Historiker bewusst sein müssen. Dieses Bewusstsein vorausgesetzt, können Vertreter des *New Historicism* auch von der ›Rekonstruktion‹ eines kulturellen Musters oder eines Diskurses sprechen (z.B. Baßler 1995, 21).

Über die Bezugnahmen auf die Diskursanalyse und Kulturanthropologie bzw. Ethnologie hinaus finden sich bei den verschiedenen Vertretern des *New Historicism* unterschiedlich starke Bezüge zu ihrer gemeinsamen Herkunftstheorie, zur **marxistischen Literaturwissenschaft** (s. Kap. 9.2). Bei Greenblatt ist diese marxistische Komponente nicht mehr stark ausgeprägt; Catherine Gallagher und er formulieren als eine wichtige Leistung des *New Historicism* sogar die allmähliche Ablösung der Ideologiekritik durch die Diskursanalyse (Gallagher/Greenblatt 2000, 17). Louis A. Montrose dagegen sieht eine auf Kritik zielende marxistische Orientierung als vereinbar mit einem diskursanalytischen Verfahren an. Dabei geht es selbstverständlich weder um ein schlichtes Modell der Widerspiegelung gesellschaftlicher Verhältnisse im literarischen Text noch um eine Restitution der »klassische[n] Großerzählung des Marxismus« (Montrose 1995, 68). Vielmehr wird die Annahme eines wechselseitigen Bedingungsverhältnisses von Literatur und Gesellschaft neohistoristisch formuliert als »Wechselspiel kulturspezifischer diskursiver Praktiken« in Literatur und Gesellschaft (ebd., 73). Dieses Wechselspiel zu analysieren und dabei zugleich mit zu reflektieren, dass die eigene Position Teil der diskursiven Praktiken ist, gilt als Aufgabe der neuen Literaturwissenschaft. Deren wissenschaftliche Praxis konstituiere auf diese Weise »einen fortgesetzten Dialog zwischen einer *Poetik* und einer *Politik* der Kultur« (ebd.; Hervorhebungen im Original).

Von den marxistisch-ideologiekritischen Theoremen werden also die – wenn auch anders konzipierte – Annahme vom **Wechselverhältnis zwischen Literatur und Gesellschaft** sowie die Forderung übernommen, die eigene **Standortgebundenheit** prinzipiell mit zu reflektieren. Darüber hinaus spielt ein – allerdings dynamisiertes – **Ideologiekonzept** eine wichtige Rolle: Die Ausbildung einer »ideologischen Dominanz« in einer bestimmten Zeit wird als höchst komplexer Prozess des Zusammenwirkens von individuellen und kollektiven Faktoren (Interessen, Standpunkte, Repräsentationen) auf Seiten der Produzenten, Rezipienten und Instanzen der Vermittlung von Literatur verstanden (ebd., 70f.). Ideologie ist somit als Bestandteil jedes literarischen Textes anzunehmen, jedoch als eine instabile und inkohärente Größe.

11.2.3 Ziele des *New Historicism* und Grundbegriffe: Literatur, Autor, Bedeutung, Kontext

Wichtige **Ziele** des *New Historicism* werden im Editorial der Zeitschrift *Representations* formuliert (vgl. http://www.representations.org/vision_editors.php), deren Name Programm ist:

> *Representations* seeks to transform and enrich the understanding of cultures. Our central interests lie in the symbolic dimensions of social practice and the social dimensions of artistic practice. Cultures are built out of representations. Their making is, fundamentally, a communal activity. Even in the special realm we call art, representation is a communal activity, inseparable from collective motives, attitudes, and judgments.

Zentral ist in diesem Zitat der Begriff der **Repräsentation**. Die symbolische Ordnung einer Kultur besteht aus solchen kollektiven Repräsentationen, die als Ergebnis gemeinsamer kultureller Tätigkeiten gelten; ihre Analyse ist das wichtigste Anliegen neohistoristischer Forschungen. Mit ihnen werden Modus und Ausprägung erfasst, in denen sich z.B. Institutionen und gesellschaftliche Machtstrukturen in symbolischen Einheiten wie Sprache, Kunst oder Ritualen zu einer bestimmten Zeit in einer bestimmten Kultur manifestieren. Ein solches Ziel kann nur als ›konzertierte Aktion‹ verschiedener Fächer erreicht werden, weshalb der Ansatz des *New Historicism* wesentlich inter-, vor allem aber **transdisziplinär** ist. Traditionelle Fächergrenzen sollen überschritten werden: Wenn Historiker, Philosophen, Soziologen, Psychologen, Anthropologen und Kunstwissenschaftler das Ziel teilen, Repräsentationen in sehr unterschiedlichen Bereichen der Kultur zu analysieren, können sie auf diese Weise Gemeinsamkeiten entdecken, die für disziplinär beschränkte Studien nicht zugänglich sind.

Repräsentation
Die Funktion der Repräsentation wird bereits in der Antike, etwa bei Aristoteles, der Kunst zugeordnet, und nach einem verbreiteten Alltagsverständnis repräsentiert ein Kunstwerk die Wirklichkeit (Mimesisfunktion). Die **Repräsentationsbeziehung** wird als **dreistellig** aufgefasst (dazu Mitchell 1995, 12): Repräsentation ist die (ersetzende) Darstellung einer Sache/Person durch eine andere Sache/Person für eine (wahrnehmende) Person. In dieser semiotischen Relation sind zwei Typen der Beziehung enthalten, deren Verhältnis zueinander unterschiedlich gewichtet sein kann:
- **a steht für b** (Stellvertreterfunktion)
- **a verweist auf b** (Referenzfunktion)

11. Kulturwissenschaftliche Ansätze

> Es gibt viele Realisierungen dieser formalen Repräsentationsbeziehungen, die jeweils kulturell bestimmt werden. Repräsentation im ästhetischen Sinne ist an materiale Reproduktion gebunden (z.B. Kopie eines Originals), an Ähnlichkeiten zwischen dem repräsentierten und dem repräsentierenden Objekt (z.B. Schauspieler und sein Double) oder an arbiträre Kodes (z.B. Darstellung einer Krone repräsentiert das Königshaus). In jedem Fall gilt: Was als Repräsentation anerkannt wird, ist kulturell variabel.
> Neben der **ästhetisch-semiotischen Variante** der Repräsentation gibt es seit ca. 300 Jahren eine wichtige **politische Variante**: In der repräsentativen Demokratie etwa werden einzelne Entscheidungen bekanntlich nicht vom Volk selbst, sondern von dessen gewähltem Stellvertreter, dem Parlament, getroffen. Hier lautet die Stellvertreterfunktion nicht ›a steht für b‹, sondern
> - ›a handelt für b‹ (vgl. ebd., 11).
>
> Beide Varianten der Repräsentation hängen, neueren Theorien zufolge, eng miteinander zusammen, so dass **die Analyse ästhetischer Repräsentation** etwa in fiktionalen Werken **nicht von politischen oder ideologischen Fragen getrennt werden kann**: »one might argue, in fact, that representation is precisely the point where these questions are most likely to enter the literary work« (ebd., 15). Repräsentationsbeziehungen gelten nach dieser Auffassung gewissermaßen als das Einfallstor für Geschichte in den literarischen Text, und als solche stehen sie im Zentrum neohistoristischen Interesses. Welcher Art der Zusammenhang zwischen den beiden Verwendungen von ›Repräsentation‹ genau ist, bleibt allerdings weiterhin nachzuweisen.

Die genannten Bezugstheorien und das skizzierte Ziel der Kulturanalyse prägen die Auffassung von **literaturwissenschaftlichen Grundbegriffen**.

1. Literatur wird im *New Historicism* nicht als autonom angesehen, sondern als ein sprachliches Produkt unter anderen aufgefasst, als ein kontingentes Resultat historischer sozialer, und psychischer Faktoren (vgl. Kaes 1995, 256; Greenblatt 1990, 9f.). Als solches ist sie eng an die Realität ihrer Zeit gebunden. Gesellschaftliche Kräfte repräsentieren sich auch in literarischen Texten und werden zugleich von diesem Modus der Repräsentation mit gestaltet. Diese Wechselwirkung, auch ›Austauschbeziehung‹ genannt, erkannt zu haben und in ihren Analysen zu berücksichtigen, gilt den Vertretern dieser Richtung als besonderes Verdienst (Greenblatt 1997). Charakteristisch für den *New Historicism* ist dementsprechend eine ›energetische‹ Sicht auf die Texte, auf literarische wie nicht-literarische gleichermaßen: Die Texte verfügen, so Greenblatt, über eine bestimmte »Resonanz«, worunter er die »Macht« eines Werkes (oder einer Werkkonstellation) versteht,

> über seine formalen Grenzen hinaus in eine umfassendere Welt hineinzuwirken und im Betrachter jene komplexen, dynamischen Kulturkräfte heraufzubeschwören, denen es ursprünglich entstammt und als deren [...] Repräsentant es vom Betrachter angesehen werden kann (Greenblatt 1991, 15).

Literarischen und nicht-literarischen Texten werden hier prinzipiell die gleichen Eigenschaften und gleiches Potenzial zugeschrieben; darüber hinaus unterscheiden *New Historicists* literarische Texte aber in zweifacher Weise von nicht-literarischen:

- **Produkte bestimmter kultureller Praktiken:** Literarische Texte sind zwar sprachliche Produkte wie andere auch, jedoch entstehen sie aus speziellen »kulturellen Praktiken«, die sie mit einer besonderen »ästhetische[n] Macht« ausstatten, starke Wirkungen auszulösen (Greenblatt 1990, 11). Der für die traditionelle Literaturwissenschaft wichtige »Eindruck ästhetischer Autonomie« (ebd.) wird als Effekt dieser Praktiken verstanden, dessen Entstehungsbedingungen es zu erklären gilt (zur Annahme der Autonomie von Literatur vgl. Kap. 3.4). Neben dieser weiten und deskriptiven Auffassung von Literatur als einer Gruppe von Texten, die nach speziellen kulturellen Praktiken hervorgebracht und aufgenommen wird, findet sich ein engerer, normativer Literaturbegriff, der sich nicht ohne Weiteres aus den theoretischen Voraussetzungen des *New Historicism* ergibt:
- **Produkte von besonderem Wert:** Literatur in diesem Sinne wird ein besonders starker »potentiell subversive[r] Bedeutungsüberschuß« zugeschrieben, der sie von anderen Formen sprachlicher Kommunikation positiv abhebt (Kaes 1995, 255). Sie weist damit – zumindest unter bestimmten Umständen – besonders wertvolle Eigenschaften auf. Schon Greenblatts zentrales Anliegen, die ›großen Texte‹ Shakespeares durch geeignete historische Rekonstruktionen wieder ›zum Sprechen‹ zu bringen, legt die Höherwertung bestimmter literarischer Texte nahe (Greenblatt 1990, 7).

2. **Autor:** Entsprechend doppelt kodiert ist auch die Auffassung vom Autor. Mit Foucault gelten Autoren literarischer Texte im *New Historicism* zwar nicht mehr als ›autonome Schöpfersubjekte‹, sondern als dezentrierte Subjekte, deren Texte von den diskursiven bzw. intertextuellen Zusammenhängen bestimmt werden, in denen sie entstehen (s. Kap. 7.2.3). Dieser Autorbegriff herrscht im *New Historicism* vor; zugleich aber gibt es auch eine emphatische Auffassung vom Autor. Sie zeigt sich darin, dass Autoren – zumindest den ›großen‹ unter ihnen – besondere Fähigkeiten zugeschrieben werden, die in ihrer Kultur fließende »soziale Energie« in ihren Texten zu bündeln (Gallagher/Greenblatt 2000, 12f.).

3. **Bedeutung:** Das in hermeneutischen Ansätzen wichtige Konzept der Bedeutungsrekonstruktion, das in der Dekonstruktion in Verruf geraten war, spielt für den *New Historicism* wieder eine wichtige Rolle, die jedoch anders gelagert ist als in hermeneutischen Ansätzen. Ziel ist es nicht, die oder eine Gesamtbedeutung eines literarischen Textes zu rekonstruieren, sondern bestimmte Bedeutungsaspekte eines Textes zu erhellen. Gallagher und Greenblatt führen als Vorzug einer neohistoristischen Interpretation an, dass die Interpreten wegen ihrer historisch distanzierten Position Bedeutungen entdecken können, die den zeitgenössischen Autoren nicht zugänglich gewesen sind (ebd., 8). Nur auf den ersten Blick wird hier das Modell des hermeneutischen Besserverstehens angesprochen. Tatsächlich geht es nicht um Besserverstehen, sondern um ›**Andersverstehen**‹ oder um ›**Mehrverstehen**‹. ›Verstehen‹ meint hier dezidiert nicht, dass gegebener Sinn ›gefunden‹ wird; Sinn wird vielmehr bewusst gestiftet, er wird auf der Grundlage des einbezogenen historischen Materials ›gemacht‹

(dazu Baßler 1995, 18). Neuheit und Vielfalt zugeschriebener Bedeutungen bilden in Interpretationen des *New Historicism* einen hohen Wert.

4. **Kontext:** Der *New Historicism* zählt zu den kontextorientierten Ansätzen. Er stellt einzelne literarische Texte in den Kontext anderer zeitgenössischer Texte, in dem sie erst ihre Besonderheit zeigen bzw. neue und interessante Aspekte ihrer Einbindung in eine komplexe historische Situation erkennbar machen (vgl. Baßler 2005, 21). Das ›Aufladen‹ eines Textes mit ›sozialer Energie‹ erfolgt durch eben diese Strategie der geeigneten Kontextualisierung. Unter dem Begriff ›Kontext‹ ist im Rahmen des *New Historicism* also immer ein intertextueller Kontext zu verstehen (s. Kap. 7.4.), der aus Dokumenten verschiedenster Art (vom literarischen Text über die Gerichtsakte bis zum medizinischen Traktat) bestehen kann. Auch die sozialen Praktiken, zu denen Literatur in Beziehung gesetzt wird, sind allein über Texte erschließbar. Zugleich wird der untersuchte Text als Kontext anderer Texte gesehen und wirkt also seinerseits ›energetisch‹ auf diese ein.

11.2.4 Methode des Umgangs mit literarischen Texten

Die Verfahrensweisen des *New Historicism* im Umgang mit literarischen Texten lassen sich nicht trennscharf von denen der Diskursanalyse unterscheiden. Dennoch können einige Spezifika benannt werden.

Vertreter des *New Historicism* gehen von einem **interpretationspraktischen Problem** aus, das sich in der Frage zusammenfassen lässt: Wie gelingt es der Literaturwissenschaft, literarische Texte der Vergangenheit so zu beschreiben, dass sie wieder ›lebendig‹ werden? In anderer Formulierung: Wie kann die Literaturwissenschaft das erfassen, was sowohl **die Besonderheit der Texte** als auch **das für ihre Zeit Typische** ausmacht, den Rezipienten wegen ihrer zeitlichen und kulturellen Differenz zu den Texten aber nicht mehr erkennbar, geschweige denn erfahrbar ist? Greenblatt stellt sich dieses Problem in der Beschäftigung mit den ›großen‹ Texten der englischen Renaissance, vor allem den Dramen Shakespeares. Sein (metaphorisch formuliertes) Ziel besteht darin, ihre »Stimme« wieder ›hörbar‹ zu machen bzw. ihren »Textspuren« mit Hilfe geeigneter historischer Rekonstruktionen (im oben erläuterten Sinne) nachzugehen (vgl. Greenblatt 1990, 7). Erreicht werden kann dieses Ziel nach Greenblatt nicht dadurch, dass historische Fakten gesammelt werden, um sich ›der‹ historischen Wahrheit anzunähern; eine solche Annahme widerspricht, wie oben skizziert, der diskurstheoretisch bestimmten Geschichtsauffassung des *New Historicism*. Stattdessen werden verschiedene Verfahrensweisen kombiniert:

- *Close reading:* Der ›dichten Beschreibung‹ der Ethnologie entspricht zum einen ein genaues Lesen der Texte, ein ›*close reading*‹, wie es sowohl für die *New Critics* als auch für die Dekonstruktivisten charakteristisch ist (s. Kap. 3.4 und 7.3). Wie die Letzteren fragen die *New Historicists* bevorzugt nach den Textstellen, die sich nicht in eine traditionelle, Sinn rekonstruierende Interpretation integrieren lassen, sondern widerständig sind und z.B. Brüche im Text anzeigen. Auch sie konzentrieren sich also auf einzelne Passagen, die für ihre Fragestellung aussagekräftig sind.
- **Kontextualisierung:** Zum anderen gehört zur ›dichten Beschreibung‹, wie oben an-

gesprochen, vor allem die Kontextualisierung des untersuchten Textes. Allerdings wird wiederum keine (wie auch immer zu leistende) Rekonstruktion eines Gesamtkontextes angestrebt, sondern es geht darum, »einzelne Diskursfäden in verschiedene Regionen des historisch-kulturellen Gewebes« zu verfolgen (Baßler 1995, 19). Die auf diese Weise hergestellten einzelnen Verbindungen erscheinen aus hermeneutischer Sicht beliebig; aus der Sicht des *New Historicism* jedoch sagen sie etwas Wesentliches über den Text aus, indem sie etwa seine Verflechtung mit dem Repräsentationsgefüge seiner Zeit erhellen.

Ein charakteristisches Verfahren der *New Historicists* liegt in der Wahl einer **Anekdote** als Ausgangspunkt der historischen Kontextualisierung. Anekdoten erzählen einen besonderen Fall, ein hervorgehobenes einzelnes Vorkommnis aus einer Fülle von Ereignissen. Diese kontingente Erzählung erfüllt gleich mehrere wichtige Funktionen:

- **Konstruktivität:** Die Anekdote hält – eben wegen ihrer Kontingenz – den konstruktiven Akt der Interpretationsarbeit präsent.
- **Repräsentativität:** Zugleich erhebt der *New Historicism* für die Anekdoten aber einen repräsentativen Anspruch: Aus der unüberschaubaren Menge möglicher historischer Erzählungen wird eine besondere ausgewählt, weil sie zum literarischen Bezugstext ›passt‹ und für Zeit und Kultur Typisches zeigen kann (Greenblatt 1980, 6; Baßler 1995, 19).
- **Hervorrufen von ›Staunen‹:** Als einen beabsichtigten Wirkungsmechanismus, den er zugleich dem Text zuschreibt, postuliert Greenblatt das »Staunen« (Greenblatt 1991, 15). Dem Text oder Textausschnitt soll es gelingen, »den Betrachter aus seiner Bahn zu werfen, ihm ein markantes Gefühl von Einzigartigkeit zu vermitteln, eine Ergriffenheit in ihm zu provozieren« (ebd.). Diesen ›Irritationseffekt‹, der erforderlich ist, um übliche Wahrnehmungs- und Deutungsmuster aufzubrechen, kann gerade die gut gewählte Anekdote erzielen (vgl. auch Baßler 2005, 44f.).
- **Verbindung von Literatur und Alltag:** Zudem lenken Anekdoten den Blick des Interpreten auf außerliterarische Bereiche, so dass der enge Zusammenhang zwischen Literarischem und Nichtliterarischem, ›Alltäglichem‹, und zugleich die Grenze des Literarischen deutlich werden (vgl. Greenblatt 1997).
- **Dynamisierung und Aufwertung der Kontexte:** Schließlich fordern Anekdoten die Aufmerksamkeit des Interpreten in dem Sinne, dass er nicht auf vermeintlich gesichertes Wissen zurückgreifen und dieses als »beständige[n] Hintergrund« (Greenblatt 1990a, 93) eines literarischen Textes einsetzen kann, um den Text zu erklären. Vielmehr muss er die Zusammenhänge zwischen Anekdote und literarischem Text erst herstellen und damit beiden Texten verstärkte Aufmerksamkeit widmen: Abgelegene Texte der Alltagskultur oder einer esoterischen Kultur werden wieder zugänglich gemacht, und ihre Bedeutung wird durch den Bezug auf kanonisierte Werke der Hochliteratur sichtbar (vgl. Gallagher/Greenblatt 2000, 47). Zugleich werden diese Werke wieder in eine Beziehung mit Texten ihrer Entstehungszeit gebracht, was eine neue Sichtweise auch der kanonischen Texte ermöglicht.

Diese neue Sichtweise ist es, auf die es den *New Historicists* in erster Linie ankommt. Sie bringt das, was Greenblatt als ›**lebendigere**‹ **Auffassung der ›großen‹ Texte** versteht. Die Anekdote ermöglicht den Zugang zum Alltäglichen, zur »sphere of practice that even in its most awkward and inept articulations makes a claim on the truth that is denied to the most eloquent of literary texts« (ebd., 48). Indem der *New Historicism* die Beziehung zwischen Anekdote und literarischem Text herstellt, zeigt er anschaulich, dass Literatur über bestimmte repräsentative Muster in ihre Kultur eingebunden ist und durch sie zugleich ihr Potenzial entfalten kann, starke ästhetische Wirkungen ›über die Zeiten hinweg‹ zu erzielen. Dieses Potenzial, auch »soziale Energie« (»social energy«, Greenblatt 1990, 12f.) genannt, können, so Greenblatt, herkömmliche Ansätze nicht erkennen.

Das besondere Verfahren, mit literarischen und nicht-literarischen Texten umzugehen, wird pointiert ausgedrückt in einer anderen Bezeichnung, die für den *New Historicism* verwendet wird: **Kulturpoetik** (»poetics of culture«, Greenblatt 1980, 5). Diese Bezeichnung impliziert die Annahme, dass Kultur als Text aufzufassen sei, und deutet zugleich die Art und Weise an, in der diese Kultur untersucht wird: Sie wird, so Moritz Baßler, mit rhetorischen Mitteln ›konstruiert‹: »Anekdote, Chiasmus, Synekdoche, Parallelismen – die geschichtspoietische Verknüpfung, die der *New Historicism* vornimmt, ist, als Vertextung, immer an literarische bzw. rhetorische Grundmuster gebunden« (Baßler 1995, 19). Mit diesen Mitteln analysiert der *New Historicism* als Kulturpoetik kulturelle Praktiken, als deren eine die Literatur aufgefasst wird, und die Beziehungen dieser Praktiken zueinander. Er betont so »jene konstitutiven Textualisierungen«, welche die herkömmliche Literaturgeschichtsschreibung stets ausgeblendet hat (Montrose 1995, 73). Zugleich macht der Begriff ›Kulturpoetik‹ deutlich, dass es den Neohistoristen auf den Modus der Darstellung, in dem sie über ihre Gegenstände schreiben, besonders ankommt. Angesichts der Fülle möglicher Kontextualisierungen brauchen sie »Mut zur Auswahl und zur Kunst der Darstellung« (Baßler 1995, 18). Die Vertextung des hergestellten Sinnes ist die »eigentliche Leistung« des *New Historicism* (ebd.).

> **Neohistoristische Literaturgeschichtsschreibung**
> Zielsetzung und Verfahrensweise des *New Historicism* haben nicht nur Konsequenzen für das Erscheinungsbild von Einzeluntersuchungen literarischer Texte (s. Kap. 10.2.5); auch die **Literaturgeschichten** sehen anders aus. Aus theoretischen Gründen ist auf den narrativen Zusammenhang einer historischen ›Metaerzählung‹ zu verzichten, wie sie, so die These, in herkömmlichen Literaturgeschichten eher unreflektiert verwendet wird. Es muss also ein anderes Ordnungsverfahren gefunden werden, das die ›große Erzählung‹ ersetzt. In David E. Wellberys *A New History of German Literature* wird eine solche alternative Präsentationsform erprobt. Der Geschichtlichkeit des Textes soll durch das chronologische Anordnungsprinzip Rechnung getragen werden; zugleich geht es darum, die besondere Präsenz der (zu ergänzen ist: ›großen‹) Literatur so zu vermitteln, dass sie ›erfahrbar‹ wird (vgl. Wellbery 2004, XVII): Es werden ca. zweihundert Essays nach Jahreszahlen angeordnet, und als Kriterium der Anordnung wird in der Regel das Erscheinungsdatum des literarischen Textes, der im Essay besprochen wird, gewählt. Anstelle einer Kohärenz suggerierenden Darstellungsweise findet sich also eine große Anzahl einzelner Artikel zu ›wichtigen Texten‹ der Literaturgeschichte. Innerhalb der einzelnen Essays werden allerdings – kaum überraschend – narrative Zusammenhänge hergestellt.

11.2.5 Beispielinterpretation

Noch immer exemplarisch für die interpretatorische Praxis des *New Historicism* sind **Stephen Greenblatts** oft zitierte **Shakespeare-Studien.** In *Shakespeare und die Exorzisten* (Greenblatt 1990a) führt Greenblatt sein Verfahren in einer Analyse zweier Texte vor, die in enger Beziehung zueinander stehen, Samuel Harsnetts Abhandlung *A Declaration of Egregious Popish Imposture* (*Eine Bekanntmachung unerhörter papistischer Betrügereien*) von 1603 und Shakespeares Drama *King Lear*, das 1606 uraufgeführt wurde. Dass Shakespeare in der Entstehungszeit von *King Lear* Harsnetts *Declaration* gelesen hat, ist seit langem bekannt, und die sprachlichen Übernahmen sind von der Quellenforschung sorgfältig aufgezeichnet worden. Nicht gesehen wurde aber, so Greenblatt, welche Bedeutung den Beziehungen zwischen beiden Texten eigentlich zukommt: Sie »erlauben uns einen ungewohnt klaren und genauen Blick auf den institutionellen Austausch von sozialer Energie« (ebd., 92). Beide Texte, so die These, werden von zeitgenössischen »institutionellen Strategien« (ebd., 93) bestimmt, die ihnen ihre Aktualität wie auch ihre Gemeinsamkeit sichern. Diese Strategien sind zentriert um die »Definition des Sakralen« in einer Zeit des Werteumbruchs (ebd.).

Um diese These zu belegen, analysiert Greenblatt zunächst ausführlich die **Abhandlung des Geistlichen.** Sie soll die Position der anglikanischen Kirche stärken, indem sie am Beispiel spektakulärer Fälle einen Typ charismatischer Veranstaltungen der katholischen Kirche als Betrug entlarvt: den öffentlichen Exorzismus (ebd., 95). Greenblatt gibt die Argumentation des Textes wieder, erläutert dessen Strategie, seine Wirkungsabsicht und die tatsächliche Wirkung auf die soziale Praxis, und er bettet ihn unter Einbeziehung auch anderer zeitgenössischer Abhandlungen und Augenzeugenberichte in die Debatte ein, die um 1600 über Verlauf, Ursachen, Wesen und Berechtigung von Teufelsaustreibungen geführt wurde. Dabei werden erheblich mehr Informationen und Zitate eingebracht, als für die Gewinnung der abschließenden Einsicht erforderlich ist. So erfahren die Leser etwas über die Wirkung von Exorzismen in Aix-en-Provence (ebd., 94), die vieldeutigen Geräusche, die Besessene angeblich machen (ebd., 100), und sie bekommen ausführliche Zitate aus Harsnetts *Declaration*, etwa Auszüge aus einer Schilderung der betrügerischen Praxis eines Exorzisten (ebd., 98f.), sowie referierende Beschreibungen vergleichbarer Fälle (ebd., 104).

Durch diese für das Argumentationsgerüst der Analyse dysfunktional wirkende Informationsfülle entsteht **ein anschauliches Bild**, das die zeitgenössische Praxis des Exorzismus in verschiedenen Facetten erscheinen lässt: vom Entsetzen der Gläubigen über die einstudierten Gesten des ›gekauften‹ Studenten bis hin zu den eifernden Abhandlungen der Theologen verschiedener Konfessionen, denen es um die Wahrung ihrer Macht geht. Erheblich knapper lässt sich die Strategie benennen, die Harsnett einschlägt, um die populäre Praxis der katholischen Kirche zu desavouieren: Er **parallelisiert den Exorzismus mit einer Theaterinszenierung** und weist ihn damit als »Possenspiel« (ebd., 108) und Betrügerei aus. Damit profanisiert er diese Praxis und teilt zugleich mit, »daß der Katholizismus ›die Schaubühne des Papstes‹ sei« (ebd., 109). Obwohl er die üblichen theaterkritischen Topoi verwendet, nutzt er doch zugleich die Institution Theater, ohne deren Existenz seine Strategie nicht erfolgreich sein könnte.

Vor dieser Folie betrachtet Greenblatt **Shakespeares Einstellung zum Exorzismus.** Dass Besessenheit und deren Austreibung Betrug sind, weiß der Elisabethanische Autor schon seit seiner ersten Komödie. Wenn er in *King Lear* mit der Figur des Edgar bzw. Tom nicht nur den Exorzismus darstellt, sondern darüber hinaus auch einige Wendungen aus Harsnetts Text übernimmt, dann hat das, so Greenblatt, die Funktion, »die Zuschauer an die deutliche Doppelbödigkeit des Stücks zu erinnern: seine Geschichtlichkeit und zugleich seine Aktualität« (ebd., 112). Greenblatt geht in seiner Analyse der Tragödie in **zwei Schritten** vor:

- Er weist die **Parallelität der Exorzismus-Darstellungen** in der Abhandlung des Geistlichen und in der Tragödie nach und kommt zu der Einsicht, dass die Beziehung zwischen *King Lear* und der *Declaration* die einer »Wiederholung« ist; diese **Wiederholung** deutet »auf einen unterhalb der sichtbaren Oberfläche liegenden institutionellen Austausch« hin (ebd., 115):

    Die offizielle Kirche entlarvt die wirkungsvollen Mechanismen eines unerwünschten und gefährlichen Charismas und übereignet sie den Schauspielern; die Schauspieler revanchieren sich, indem sie den Vorwurf bestätigen, der diese Mechanismen der Theatralik und damit des Betrugs bezichtigt. (Ebd.)

- Zugleich aber verweist Greenblatt auf einen **Unterschied** zwischen beiden Darstellungsmodi, aus dem er interpretatorisches Kapital schlagen kann: Im Stück ist es der moralisch integre Edgar, der die Rolle des Besessenen spielen muss; nur sie ermöglicht ihm das Überleben. So kommt es zu einer **Umwertung** des Dargestellten (ebd., 115f.), die dem »offiziellen Wertesystem« (ebd., 117) widerspricht.

Shakespeares Tragödie erhält so ein deutlich subversives Potenzial, das sich auch in einer weiteren Eigenheit offenbart, die zum Aspekt der ›Umwertung‹ gehört. Greenblatt erläutert sie mit Bezug auf die (unterstellte) Wirkung auf die Zuschauer:

- Im Stück dominiert die Trostlosigkeit, eine Folge der ›stummen Transzendenz‹: Die Figuren und mit ihnen »das gebannte Publikum« (ebd., 118) wünschen sich vergeblich ein Zeichen, dass das Leiden auf der Bühne einen Sinn haben und dass es zu einer »universellen Erlösung« kommen möge (ebd., 119), etwa dergestalt, dass die unschuldige Cordelia doch nicht sterben müsse. Eine solche Erlösung aber gehöre ins Repertoire mittelalterlicher Stücke, um die Auferstehung Christi zu demonstrieren; bei Shakespeare sei sie nicht zu finden. Dennoch provoziert das Stück, so Greenblatt, diesen Wunsch, und dieser gleicht strukturell dem »Traum vom geglückten Exorzismus« (ebd., 120). Shakespeare rechnet damit auf der **Ebene der ›Psychodynamik‹ seiner Zuschauer** mit einer ritualisierten Praxis, die von offizieller Seite bekämpft wird: »In diesem Sinn rekonstruiert Shakespeares Tragödie im Rahmen des Theaters das dämonische Prinzip, das Harsnett entmystifiziert hatte« (ebd., 121).

Charakteristisch für neohistoristische Interpretationen sind vor allem folgende Merkmale der vorgestellten Analyse:

- der Entwurf eines anschaulichen, ›lebendigen‹ Bildes, mit dem ein spezieller Bereich der Entstehungskultur literarischer Texte vor Augen geführt wird;
- die Fülle an detaillierter Information aus eben diesem Bereich, der aus der Sicht traditioneller Literaturwissenschaft oft eher randständig erscheint;
- das Ernstnehmen nicht-literarischer Texte, die einen historischen Eigenwert über ihren herkömmlichen Status als ›Hintergrundmaterial‹ hinaus bekommen;

- der Nachweis verdeckter ›Austauschbeziehungen‹ zwischen verschiedenen gesellschaftlichen Institutionen;
- die Berücksichtigung des Wirkungspotenzials nicht allein literarischer Texte.

Das Wichtigste in Kürze

Der *New Historicism* hat sich in der zweiten Hälfte der 1980er Jahre vor allem an amerikanischen Universitäten etabliert. Eines seiner Ziele liegt darin, mit Hilfe geeigneter Verfahren der Kontextualisierung **die Besonderheit der Texte** und zugleich **das für ihre Zeit Typische** anschaulich herauszustellen und wieder erfahrbar zu machen.

Er bezieht sich in erster Linie auf die **Diskursanalyse Foucaults** und auf die **neuere Kulturanthropologie und Ethnologie**, vor allem die Forschungen Clifford Geertz'.

Zentral sind die Annahmen, dass **Kultur als Text** aufzufassen sei und dass Literaturwissenschaft sowohl die Geschichtlichkeit von Texten als auch die **Geschichte als Text** zu berücksichtigen habe.

Literatur wird im *New Historicism* als nicht-autonomes, **kontingentes Resultat historischer sozialer und psychischer Faktoren** gesehen, das eng an die Realität seiner Zeit gebunden ist. Nach dieser Auffassung manifestieren sich gesellschaftliche Kräfte auch in literarischen Texten und werden zugleich von diesem **Modus der Repräsentation** mit gestaltet (›Austauschbeziehungen‹).

Literatur

Bachmann-Medick, Doris (Hg.): *Kultur als Text. Die anthropologische Wende in der Literaturwissenschaft.* Frankfurt a.M. 1996.
Baßler, Moritz (Hg.): *New Historicism. Literaturgeschichte als Poetik der Kultur.* Frankfurt a.M. 1995.
Gallagher, Catherine/Stephen Greenblatt: *Practicing New Historicism.* Chicago/London 2000.
Geertz, Clifford: *The Interpretation of Cultures.* New York 1973.
Geertz, Clifford: *Dichte Beschreibung. Beiträge zum Verstehen kultureller Systeme.* Frankfurt a.M. 1987.
Greenblatt, Stephen: *Renaissance Self-Fashioning: From More to Shakespeare.* Chicago 1980.
Greenblatt, Stephen: Einleitung. Die Zirkulation sozialer Energie. In: S. G.: *Verhandlungen mit Shakespeare. Innenansichten der englischen Renaissance.* Berlin 1990, 7-24, 155f. (engl. 1988).
Greenblatt, Stephen: Shakespeare und die Exorzisten. In: S. G.: *Verhandlungen mit Shakespeare. Innenansichten der englischen Renaissance.* Berlin 1990a, 92-122, 168-172 (engl. 1988).
Greenblatt, Stephen: *Schmutzige Riten. Betrachtungen zwischen Weltbildern.* Berlin 1991 (engl. 1990).

Greenblatt, Stephen: The Touch of the Real. In: *Representations* 59 (1997), 14-29.
Isernhagen, Hartwig: Amerikanische Kontexte des *New Historicism*. Eine Skizze. In: Jürg Glauser/Annegret Heitmann (Hg.): *Verhandlungen mit dem New Historicism. Das Text-Kontext-Problem in der Literaturwissenschaft*. Würzburg 1999, 173-192.
Kaes, Anton: New Historicism: Literaturgeschichte im Zeichen der Postmoderne? In: Baßler 1995, 251-267.
Mitchell, W.J.T.: Representation. In: Frank Lentricchia/Thomas McLaughlin (Hg.): *Critical terms for literary study*. Chicago ²1995, 11-22.
Montrose, Louis: Die Renaissance behaupten. Poetik und Politik der Kultur [1989]. In: Baßler 1995, 60-93.
Wellbery, David E. (Hg.): *A New History of German Literature*. Cambridge 2004.

Weitere Lektüreempfehlungen

Baßler, Moritz: *Die kulturpoetische Funktion und das Archiv. Eine literaturwissenschaftliche Text-Kontext-Theorie*. Tübingen 2005.
Die Monographie enthält eine kenntnisreiche, gut lesbare Darstellung des *New Historicism* (bes. Kap. 1) sowie eine ausführliche Diskussion des Text-Kontext-Problems.
Veeser, H. Aram (Hg.): *The New Historicism*. New York/London 1989.
Der schon ›klassisch‹ zu nennende Sammelband gibt eine gute Einführung und zugleich einen Überblick über verschiedene Ausrichtungen und Forschungsinteressen des *New Historicism*.

11.3 Kulturwissenschaftlich orientierte Literaturwissenschaft

11.3.1 Einführung

Was hier als ›kulturwissenschaftlich orientierte Literaturwissenschaft‹ bezeichnet wird, ist ein Ensemble literaturwissenschaftlicher Ansätze, die sich auf kulturwissenschaftliche Themen, Verfahren und Theorien beziehen. In einer groben Annäherung lassen sich als verbindende Momente sieben Annahmen anführen. Sie charakterisieren diese Richtung insgesamt, können aber in den einzelnen Ansätzen unterschiedlich dominant sein:

- **Weitgefasster Gegenstandsbereich:** Der Gegenstandsbereich kulturwissenschaftlicher Forschungen ist ebenso umfangreich wie heterogen. Tendenziell müssen sich Kulturhistoriker über alle kulturellen Phänomene gleichermaßen kompetent äußern können; das gilt auch für kulturwissenschaftlich arbeitende Literaturwissenschaftler. Das ohnehin breite Feld literaturwissenschaftlicher Untersuchungen expandiert mit dem Anspruch, alle kulturellen Kontexte als potenziell relevant einzubeziehen, um literarische Texte beschreiben, interpretieren oder erklären oder ihre Funktion in diesen Kontexten darstellen zu können. Zudem vertreten kulturwissenschaftlich orientierte Literaturwissenschaftler nicht selten die Auffassung, alle Textsorten (vom Alltagsdokument bis zur wissenschaftlichen Abhandlung) und zudem alle Arten kultureller Praktiken (vom religiösen Ritual bis zu Formen der Therapie psychisch Kranker) seien in den literaturwissenschaftlichen Gegenstandsbereich zu integrie-

ren. Sie können sich in ihren Texten mithin auf sehr unterschiedliche Gegenstände ›neben‹ Literatur beziehen.
- **Breites Spektrum an Bezugstheorien:** Nicht allein auf der Objektebene, sondern auch im Bereich der Theoriebildung findet eine signifikante Erweiterung statt: Alle Theorien, die zur Modellierung oder Erklärung kultureller Phänomene entwickelt worden sind oder die solche Phänomene neben anderen berücksichtigen, zählen zum Pool der potenziell auch für die Literaturwissenschaften relevanten Bezugstheorien. Der Pluralismus, wie er die Situation der Literaturtheorien insgesamt kennzeichnet (s. Kap. 2.3), scheint sich für diese einzelne Richtung noch einmal zu potenzieren: ›Kulturwissenschaftlich‹ genannte literaturwissenschaftliche Positionen können sich auf sehr unterschiedliche Theorien beziehen, die in verschiedenen disziplinären Zusammenhängen entstanden sind (s. dazu Kap. 11.3.2).
- **Poststrukturalistische Grundorientierung:** Die Vielfalt der Bezugstheorien wird auf einer poststrukturalistischen Basis zusammengeführt. Aus ihr folgt unter anderem die verbreitete, wenn auch nicht von allen geteilte Annahme der Kultur als Text. Wie schon für den *New Historicism* erläutert, gelten auch für die meisten Vertreter einer kulturwissenschaftlich orientierten Literaturwissenschaft erkenntnis- und subjektkritische Annahmen vor allem Foucaults als *state of the art* (s. Kap. 7.2), auf dem sie aufbauen. Der Stellenwert der Diskursanalyse unter den Bezugstheorien ist entsprechend hoch.
- **Transdisziplinarität:** Die Vielfalt der Bezugstheorien resultiert zum einen aus der Breite des Gegenstandbereichs, zum anderen aus der programmatischen Transdisziplinarität dieser Richtung. Die Grenzen des eigenen Faches werden überschritten, um einen doppelten Effekt zu erzielen: Zum einen werden neue Einsichten in die Gegenstände anderer Fächer gewonnen, wenn diese mit spezifisch literaturwissenschaftlichem Blick betrachtet werden. Dies gilt vor allem für Gegenstände, die bislang nicht für literaturwissenschaftlich relevant gehalten wurden, z.B. die Tätowierungspraxis einer Zeit. Zum anderen werden Verfahren anderer Disziplinen, etwa Victor Turners Ritualforschungen, für die Literaturwissenschaft nutzbar gemacht, wenn sie sich mit Gegenständen (im weiten Sinne) befassen, die auch in literarischen Texten thematisiert werden, oder wenn sie zu einer neuen Sicht auf die kulturelle Praktik ›Literatur‹ führen. Durch wechselseitige Bezugnahmen der Fächer aufeinander lassen sich also nicht allein etablierte, eingeschränkte Blickwinkel erweitern und bekannte Gegenstände auf neue Weise wahrnehmen, sondern es kommt auch zu ›Theorietransfers‹. Bekannte Beispiele dafür, dass literaturwissenschaftliche Konzepte von anderen Disziplinen adaptiert wurden, sind die Übernahme von Modellen des Fremdverstehens in die Kulturanthropologie und die Verwendung von Kategorien aus Poetiken und aus der neueren Narratologie in den Geschichtswissenschaften (vgl. z.B. White 1990).
- **Interkulturalität:** Darüber hinaus richten sich die Ansätze einer kulturwissenschaftlich orientierten Literaturwissenschaft gegen eine enge eurozentrische oder einseitig westlich geprägte Auffassung von Kulturen und öffnen sich programmatisch auch den – meist unterdrückten – Kulturen, die bislang nicht zur Sprache gekommen sind.
- **Kriterium der praktischen Fruchtbarkeit:** Konsens unter den Vertretern kulturwissenschaftlich orientierter Fächer ist, dass über den Wert der Kulturwissenschaften

nicht die Frage entscheide, ob sie über eine »theoretisch-stringente[] Konzeption« verfügen, sondern ob sie »am Material etwas leisten« können (Kittsteiner 2004, 22). Entsprechend werden Einwände gegen das Fehlen einer konsistenten theoretischen Grundlage mit Hinweis auf die praktische Fruchtbarkeit oder Produktivität der kulturwissenschaftlich orientierten Studien abgewiesen, die gerade als Effekt der Weite und der fehlenden Konsistenz der Ansätze betrachtet wird. Als Kriterien für die Produktivität einer kulturwissenschaftlichen Orientierung in der Literaturwissenschaft werden in der Regel ›Innovation der Interpretation bzw. Lektüre‹, damit zusammenhängend ›Interessantheit der Untersuchungsperspektive‹ sowie ›kulturkritisches Potenzial‹ angeführt (vgl. Schößler 2006, IX; Hohendahl/Steinlein 2001, 5; Scherpe 2001, 15f.). Seltener als etwa in sozialwissenschaftlichen Theorien wird auf den Zugewinn an Erkenntnis als Ziel hingewiesen. Repräsentativ ist der Hinweis Klaus R. Scherpes, nach dem es bei der kulturwissenschaftlichen Erweiterung der Literaturwissenschaft »um die Ermittlung neuer interkultureller und transdisziplinärer Untersuchungsfelder und Erkenntnisgegenstände« geht (ebd., 17). Im Mittelpunkt steht hier die Ausweitung der wissenschaftlichen Unternehmungen, die vor allem auf den Gewinn neuer Forschungsgebiete zielt. Zentrale wissenschaftliche Werte sind die **Weite** der Untersuchungsbereiche z.B. durch Überschreiten disziplinärer Grenzen, die **Neuartigkeit** von Sichtweisen z.B. durch das Einbeziehen bis dahin übersehener Kontexte und die **Interessantheit**. Mit diesen Kriterien werden Maßstäbe der Beurteilung wissenschaftlicher Leistung etabliert, die ihre Relativität nicht leugnen.
- **Selbstreflexion und kritischer Gestus:** Als weiteres verbindendes Moment ist eine ideologiekritische Grundeinstellung zu nennen, die sich auf die Untersuchungsgegenstände richtet, die eigene wissenschaftliche Position und ihre Bedingtheit aber nicht ausnimmt. Sie verbindet Selbstreflexion und kritischen Gestus und manifestiert sich z.B. in einem verbreiteten kulturkritischen Anliegen oder in wissenschaftskritischen Überlegungen.

11.3.2 Bezugstheorien und Rahmenannahmen

Für alle bislang dargestellten Literaturtheorien lassen sich relativ klar Bezugstheorien angeben, die in der Regel in anderen Einzeldisziplinen entwickelt und von der Literaturwissenschaft adaptiert worden sind. Im Fall der kulturwissenschaftlich orientierten Literaturwissenschaft gestaltet sich dieses Verhältnis etwas anders, weil es keine einheitliche Kulturwissenschaft gibt, die als eine solche Bezugstheorie fungieren könnte. Zwar gibt es z.B. auch nicht nur *eine* Gesellschaftstheorie, und die in Kapitel 9 als ›gesellschaftswissenschaftliche Literaturtheorien‹ bezeichneten Ansätze beziehen sich dementsprechend auf verschiedene soziologische Theorien. Dennoch liegt ein entscheidender Unterschied darin, dass es sich um Gesellschaftstheorien handelt, die in *einem* disziplinären Zusammenhang ausgearbeitet worden sind, während die meisten kulturwissenschaftlichen Bezugstheorien in verschiedenen Fächern erarbeitet worden sind. Für mehrere von ihnen ist zudem erst festzustellen, worin denn ihr kulturwissenschaftlicher Anteil liegt. Genannt werden z.B. Foucaults Diskursanalyse, Bourdieus Feldtheorie, Luhmanns Theorie sozialer Systeme, Freuds und Lacans Psychoanalyse,

*Gender*theorien usw. Sie alle enthalten Aussagen über kulturelle Phänomene und Mechanismen, mithin kulturtheoretische ›Bausteine‹, ohne jedoch selbst Kulturtheorien zu sein. Daneben gibt es Theorien, die in der Tat Kulturtheorien darstellen, vor allem aus der Ethnologie und der Kulturanthropologie. Auch sie werden als Bezugstheorien verwendet, allerdings selten ausschließlich, sondern in aller Regel in Kombination mit anderen Theorien.

Tatsächlich berufen sich Vertreter kulturwissenschaftlicher Ansätze in der Literaturwissenschaft auf Bezugstheorien, die sich beträchtlich voneinander unterscheiden. Sie lassen sich – wenn auch nicht trennscharf – in historiographische, soziologische, kulturanthropologische bzw. ethnologische, kultursemiotische und -psychologische Theorien gruppieren.

- **Historiographische Theorien:** Zu den neueren kulturgeschichtlichen Theorien (vgl. den Überblick bei Daniel 2003, bes. 194-198) gehört die auf Norbert Elias zurückgehende **Zivilisationstheorie**, die darauf zielt, die komplexen Strukturen und Mechanismen des »geschichtlichen Wandels« und des Prozesses der Zivilisation zu erfassen. Als bestimmendes Moment in diesem Prozess sieht Elias die »Verflechtungsordnung« an, die »fundamentale Verflechtung der einzelnen, menschlichen Pläne und Handlungen«, aus der – ungeplant und nicht intentional – Ordnung entsteht (Elias 1980, 314). Die Dynamik dieses Beziehungsgeflechts bedingt den zu erforschenden sozialen und kulturellen Wandel. Eine weitere wichtige historiographische Bezugstheorie bildet die im Umfeld der *Annales*-Schule entstandene **Mentalitätsgeschichte**. Als Gegenmodell z.B. zur Ereignisgeschichte fragt sie nach Einstellungen, Denkmustern und Gefühlen, deren Ausprägungen oder auch Konstellationen als typisch für die Kultur einer Epoche gelten können (z.B. Ariès 1960/1975). Dieser ersten Gruppe von Theorien lässt sich auch die **historische Diskursanalyse Foucaults** zuordnen. Sie spielt für die weitaus meisten kulturwissenschaftlichen Ansätze eine mehr oder minder prominente Rolle und bestimmt mit ihrer Auffassung von der Textualität der Geschichte, ihrer Erkenntnis- und Subjektkritik Argumentation und Design vieler kulturgeschichtlicher Studien (s. Kap. 7.2). Auch wenn der Kulturbegriff bei Foucault nicht im Zentrum steht, lassen sich seine Rekonstruktionen etwa zum Diskurs des Wahnsinns doch als kulturgeschichtliche Studien lesen, und entsprechend werden seine Konzepte, vor allem die des Diskurses, des Dispositivs und der Macht, auch als kulturtheoretische Begriffe verwendet.
- Auch **soziologische Theorien**, insofern sie Aussagen über das Verhältnis von Gesellschaft und Kultur enthalten, dienen als Referenzrahmen für kulturwissenschaftlich orientierte Literaturwissenschaftler (vgl. dazu Ort 2003, 25-35). So beziehen sich neuere kulturgeschichtliche Ansätze auf **kultursoziologische Modelle** Friedrich H. Tenbrucks, Alois Hahns und anderer, und darüber hinaus berufen sie sich auf **Bourdieus Feldtheorie** (s. Kap. 9.5) oder **Luhmanns Theorie sozialer Systeme** (s. Kap. 9.4). Auch neuere **wissenssoziologische Konzeptionen** sind hier zu nennen, die z.B. an Karl Mannheims Studien aus den 1920er und 1930er Jahren oder an das 1966 erschienene einflussreiche Werk von Peter L. Berger und Thomas Luckmann, *The Social Construction of Reality,* anschließen. Sie betonen die soziale bzw. kulturelle Bedingtheit von Wissen und modellieren den engen Zusammenhang von Wissen bzw. Denken und lebensweltlichen Voraussetzungen des Alltags. Als

durchgängig wichtige Bezugstheorie ist hier schließlich der **Marxismus** zu erwähnen (s. Kap. 9.2), auf den sich vor allem viele Vertreter der *Cultural Studies* berufen.
- Zu den **ethnologischen und kulturanthropologischen Theorien**, die kulturwissenschaftliche Ansätze heranziehen, zählt neben **Geertz' semiotischer Konzeption** der Kultur als Text (s. Kap. 11.2.2.) z.B. auch die **symbolische Anthropologie** in der Ausprägung Victor Turners. Turner fasst Kultur als dynamischen Prozess symbolischer und ritueller Praktiken auf, die es in ihren jeweiligen Entstehungssituationen zu analysieren gilt. Entscheidend für diese Analyse ist der Aspekt der ›Performanz‹: Kultur vollzieht sich in der Darstellung, sie ist nicht ›gegeben‹, sondern wird ständig neu inszeniert. Neben dem Symbol- und Ritualbegriff setzt Turner das Konzept der Liminalität – als Bezeichnung für die Übergangs- oder Schwellensituation in einem Ritual – zur Analyse kultureller Prozesse ein; für die Beschreibung kulturellen Wandels bzw. kultureller Entwicklung nutzt er die Kategorie des vierstufigen sozialen Dramas. Über die Theater- und Inszenierungsmetapher ist Turners Variante einer »performative[n] Kulturanthropologie« (Bachmann-Medick 2003, 91ff.) vor allem für literaturwissenschaftliche Ansätze interessant, die Literatur unter der Perspektive von Performativität betrachten. Neben weiteren ethnologischen Konzepten (vgl. ebd., 93-103) sind hier auch **archäologische Theorien** zu nennen, insofern sie Modelle über vergangene Kulturen aufstellen.
- **Semiotische Theorien:** Ernst Cassirers *Philosophie der symbolischen Formen* gilt als frühe kultursemiotische Theorie, in der Kultur bereits als Zusammenhang von bestimmten Zeichenkomplexen gesehen wird: weitere einflussreiche Kultursemiotiker sind Jurij Lotman und Roland Barthes (s. Kap. 4). Die **neuere Kultursemiotik** bestimmt Kulturen als Zeichensysteme, die ihrerseits Zeichensysteme enthalten (Posner 2003, 40, 47). Sie unterscheidet die Bestandteile »soziale Kultur« (durch Zeichenprozesse verbundene Individuen), »materiale Kultur« (Artefakte bzw. Texte) und »mentale Kultur« (konventionelle Kodes), die aber semiotisch miteinander verbunden sind (Posner 2003, 49-55; auch Posner 1991, 42). Gegenstand kulturwissenschaftlicher Analyse sind alle drei Komponenten – Artefakte, soziale und mentale Schemata – in ihrem Wechselspiel. In diesem Modell ist eine nicht-kulturbezogene Analyse von Gesellschaft nicht möglich: (Fast) alles ist Kultur, aber nicht alle Kultur ist Text.
- **Psychologische Theorien:** Auch in der Psychologie sind mehrere Konzeptionen zur Analyse kultureller Phänomene entwickelt worden. Unterschieden werden u.a. die **Kulturpsychologie**, die den Zusammenhang zwischen Kultur und menschlicher Psyche generell erforscht, und die **kulturvergleichende Psychologie**, die sich auf den Einfluss unterschiedlicher kultureller Bedingungen auf die Ausbildung der Psyche konzentriert (vgl. Kramer 2003, 225-235). Nicht diese empirisch vorgehenden Ansätze werden aber bevorzugt in der Literaturwissenschaft verwendet, sondern die **psychoanalytischen Spielarten** psychologischer Kulturkonzepte, etwa die Freuds und Lacans. Freud hat eine eigene Kulturtheorie entwickelt, die mit Begriffen seiner Tiefenpsychologie arbeitet (s. Kap. 5.1). In *Totem und Tabu* (1913) und *Das Unbehagen in der Kultur* (1930) skizziert er die Entstehung der Kultur aus dem Triebverzicht (z.B. Inzesttabu). Kultur sei nur unter der Bedingung möglich, dass der Einzelne seine Triebe kanalisiere, und die Vielfalt der kulturellen Leistungen sei keineswegs Selbstzweck, sondern Resultat des menschlichen Versuchs, sich gegen

die ›Natur‹ zu schützen. Auch Lacans Konzeption des Zusammenhangs von symbolischer Ordnung und Psyche (s. Kap. 5.2), verstanden als Modell von Kultur, wird als Bezugstheorie genutzt.

In konkreten literaturwissenschaftlichen Studien werden diese Theorien auch miteinander kombiniert. Legitimiert wird die Kombinatorik mit Bezug auf das oben erläuterte Kriterium der praktischen Fruchtbarkeit. Problematisch wird sie jedoch immer dann, wenn die gewählten Theorien wegen widerstreitender Grundannahmen nicht vereinbar sind oder wenn Begriffe übernommen werden, ohne den Argumentationszusammenhang in ihrer Herkunftstheorie zu beachten.

11.3.3 Exemplarische Schwerpunktbildungen und *Cultural Studies* als Sonderform

Charakteristisch für die kulturwissenschaftliche Richtung sind ihre **Dynamik** und ihre Tendenz zu immer neuen **Schwerpunktbildungen** (zu den unterschiedlichen Orientierungen, Fragestellungen und Verfahrensweisen in den Kulturwissenschaften vgl. Bachmann-Medick 2006). Dies scheint ein Effekt einerseits ihrer Weite – der Vielfalt der Bezugstheorien und der Transdisziplinarität – und andererseits ihres dezidiert kritischen Impetus zu sein, der die Absetzungsbewegung deutlich höher bewertet als die Kontinuität. Hier seien zwei dieser Schwerpunkte, die eine Fülle von Studien in der kulturwissenschaftlich orientierten Literaturwissenschaft generiert haben, exemplarisch skizziert: (1) die *Postcolonial Studies* und (2) Forschungen zur Performativität der Literatur. Die Auswahl ist beliebig und lässt andere nicht minder produktive Felder außer acht, z.B. die Forschungen
- zum kulturellen Gedächtnis und zu Erinnerungskulturen (vgl. die Einführung von Erll 2005);
- zur literarischen Anthropologie (s. Kap. 15);
- zur kultur- und mediengeschichtlichen Kategorie des Raums (vgl. das Vorwort in Dünne/Doetsch/Lüdeke 2004);
- zum ›pictorial turn‹ und dem Verhältnis von Wort und Bild (z.B. Rippl 2005);
- zur kulturellen Kategorie der Präsenz (z.B. Gumbrecht 2004).

Für ein vollständigeres Bild der verschiedenen Arbeitsfelder kulturwissenschaftlich orientierter Literaturwissenschaft sei auf einschlägige Einführungen verwiesen (z.B. Benthien/Velten 2002; Schößler 2006). Über diese exemplarischen Forschungsgebiete hinaus wird im Folgenden (3) eine Richtung kulturwissenschaftlicher Forschung dargestellt, die sich als eigenständige Sonderform entwickelt hat, die *Cultural Studies*.

1. *Postcolonial Studies***/Postkolonialismus:** Ziele, Verfahren und Bezugstheorien postkolonialer Studien entsprechen weitgehend denen der *Gender Studies* (s. Kap. 10), auch wenn sie sich in ihren zentralen Kategorien – ›race‹ und ›gender‹ – unterscheiden. In einigen neueren Arbeiten werden diese beiden Kategorien verbunden, z.B. in den Studien Gayatri Chakravorty Spivaks. Auch die *Postcolonial Studies* erhalten ihr Profil dadurch, dass sie themenspezifische Modifikationen vorliegender Theorien vornehmen (zu verschiedenen Positionen vgl. Ashcroft/Griffiths/Tiffin 1995). Der Beginn postkolonialer Studien wird mit Edward Saids *Orientalism* (1978) angesetzt. Im Anschluss an Foucault Diskursanalyse stellt Said den Orientalismus – die vielfältige Bezugnahme des Westens auf den Orient – als ein diskursives Phänomen dar, das sowohl zur Kontrolle als auch zur Aneignung des Fremden dient und das vor allem von Machtdenken und entsprechenden Strategien der Kolonialisierung bestimmt wird. Auch für literarische Texte gilt das **Machtgefüge von Herrschern und Beherrschten** als prägend. Studien im Gefolge Saids analysieren literarische Texte unter dieser Perspektive und zeigen die Ausgrenzungsmechanismen auf, mit denen aus der Sicht der in der Regel westlichen Machthaber die ›andere‹, fremde Kultur vereinnahmt bzw. marginalisiert wird. Sie verfolgen zugleich ein wissenschaftskritisches Anliegen (vgl. auch Schößler 2006, 141, 156).

Kritisch hat sich Homi K. Bhabha gegen die zu einfache klare Trennung von Herrschern und Beherrschten gewendet und ihr die Auffassung entgegengesetzt, dass beide Positionen gleichermaßen innerhalb des Machtdiskurses zu verorten seien (vgl. Bhabha 1994). Bhabha verbindet eine dekonstruktivistische Position (s. Kap. 7.3) mit einer psychoanalytischen im Anschluss an Lacan (s. Kap. 5.2). Auf dieser theoretischen Grundlage bestimmt er den für seine Konzeption besonders wichtigen Begriff der **Hybridität**. Er trägt dem Sachverhalt Rechnung, dass das ›Spiel der Differenzen‹ auch im scheinbar Homogenen wirksam ist, so in der wesentlich differenziell zu denkenden ›Identität‹ von Einzelnem und von Kulturen: Weder Kulturen noch Subjekte sind homogen; vielmehr sind sie durch dynamische und konfliktreiche Interaktionen verschiedener Repräsentationen etwa von Klassen, ethnischen Zugehörigkeiten und Geschlechtszuschreibungen gekennzeichnet. Damit ist das, was als fremd oder als ›das Andere‹ wahrgenommen wird, immer auch ein Element des Eigenen. Kulturen bestimmen sich durch Differenzierung nach außen und zugleich durch interne Differenzierungsprozesse, die auch den Einzelnen zum permanenten Aushandeln seiner Position in der Kultur zwingen. In literarischen Texten lassen sich, so die Annahme, Bestandteile verschiedener Kulturen nachweisen, da Literatur an unterschiedlichen kulturellen Bereichen partizipiert, und das Verhältnis dieser Elemente zueinander ist unter der Perspektive zu untersuchen, auf welche Weise und in welchen ›Mischungsverhältnissen‹ sie zur – gegebenenfalls problematischen – Identitätsbildung im Text beitragen.

Postkolonialistisch angelegte literaturwissenschaftliche Studien verbinden ein motiv- bzw. themengeschichtliches Vorgehen mit einem ideologiekritischen Anliegen, indem sie Texte wählen, die fremde Kulturen thematisieren, und in ihnen die Konstruktionen des Fremden und die gegebenenfalls ambivalente Verschränkung von ›Anderem‹ und ›Eigenem‹ untersuchen. Darüber hinaus wird aber auch beansprucht, die postkolonialistische Sichtweise auf jede Kultur anwenden zu können, so dass entsprechende Argumentationen sich auch in Studien zu literarischen Texten finden, in denen spezifische kolonialistische Konstellationen nicht vorkommen.

2. Konzepte der Performanz/Performativität: Die Begriffe ›Performanz‹, ›Performativität‹ und ›das Performative‹ sind in den letzten fünfzehn Jahren zu vielverwendeten Termini in kulturwissenschaftlich ausgerichteten Studien geworden. In der Literaturwissenschaft markieren sie eine Akzentverschiebung weg von der Annahme, Texte seien Träger von

Bedeutung, hin zu einer Position, die **Texte als kulturelle Ereignisse** auffasst und in ihnen vor allem **dynamische Prozesse** sieht: In und mit Texten werden nicht nur Aussagen gemacht, sondern zugleich auch Handlungen vollzogen.

Der Begriff ›*performative (utterance)*‹ kommt aus der Sprechakttheorie und wurde in den 1950er Jahren zuerst von John L. Austin zur Bezeichnung einer Äußerung verwendet, mit der man das, was ausgesagt wird, zugleich vollzieht. Ein oft zitiertes Beispiel ist das des Standesbeamten, der mit der Äußerung ›Hiermit erkläre ich euch zu Mann und Frau‹ eben den Akt der Eheschließung vollzieht, den er aussagt. In ebenso lockerem wie kritischem Anschluss an Austin und die Weiterentwicklung des Konzepts durch John R. Searle wurde der Performanz- bzw. Performativitätsbegriff in andere Disziplinen übernommen und für deren Fragestellungen fruchtbar gemacht, so in die poststrukturalistische Philosophie (z.B. durch Jacques Derrida), die *Gender*theorien (z.B. durch Judith Butler) und die Theaterwissenschaften (z.B. durch Erika Fischer-Lichte). Auch in der Anthropologie spielt der Begriff der *performance* seit den 1950er Jahren eine zunehmend wichtige Rolle (so bei Milton Singer und Victor Turner); er soll die kulturellen Einheiten bezeichnen, die keine Artefakte sind und dennoch eine Kultur charakterisieren: ihre ritualisierten und typisierten Handlungen. Die Konzepte ›Performanz‹ und ›Performativität‹ werden im Einzelnen jedoch uneinheitlich bestimmt. Allgemein gesprochen, bezeichnet ›Performanz‹ das Moment der Ausführung einer Handlung durch ein Subjekt, während ›Performativität‹ unpersönlicher gefasst wird und sich auf den Aspekt des Ereignisses bzw. den Handlungsaspekt in bestimmten kulturellen Prozessen bezieht. Kultur wird in den performativ orientierten Ansätzen demnach nicht in erster Linie als Text, sondern vornehmlich als Handlung verstanden. In literaturwissenschaftlichen Studien werden entsprechende Überlegungen auf Literatur angewendet, wobei wiederum Extension und Intension der beiden Begriffe schwanken.

Mit der Betonung des Handlungsaspekts erhält die **Theaterwissenschaft** eine besondere Bedeutung als kulturwissenschaftliche Bezugsdisziplin. Deren zentrale Begriffe der Performanz bzw. Performativität, der Theatralität und der Inszenierung werden mit Rekurs aufeinander bestimmt. So setzt sich für Erika Fischer-Lichte **Theatralität** aus den vier Faktoren der »Inszenierung« (als Modus, in dem Zeichen verwendet werden), der »Korporalität« (als Modus der Darstellung), der »Wahrnehmung« durch die Zuschauer und der »Aufführung/*Performance*« (als körperliche und stimmliche Darstellung vor Zuschauern und als »das ambivalente Zusammenspiel aller beteiligten Faktoren«) zusammen (Fischer-Lichte 2002, 299). Der Begriff ›Performativität‹ dagegen könne auf jeden einzelnen der Faktoren bezogen werden (vgl. ebd., 300). Wie das Konzept der Performativität wird auch das der Theatralität über die Institution Theater hinaus eingesetzt, um kulturelle Phänomene verschiedenster Art zu beschreiben. Entsprechendes gilt für die genannten einzelnen Faktoren. So kann die Komponente ›Inszenierung‹ zum Kriterium für das Vorliegen von Performanz werden, wenn sich »alle Äußerungen immer auch als Inszenierungen, das heißt *als Performances* betrachten lassen« (Wirth 2002, 39; Hervorhebung im Original). Der in der Theaterwissenschaft klar definierte Begriff der Inszenierung wird hier metaphorisch verwendet, verallgemeinert und auf bestimmte Aspekte von Texten übertragen. Auf dieser Basis kann auch das **Herstellen von Bedeutung** durch literarische Texte als ›Inszenierung‹ und damit **als Performanz** aufgefasst werden. Die leitende Frage in Untersuchungen dieser Richtung lautet nicht ›Was bedeutet der Text?‹, sondern ›Wie wird im Text Bedeutung hergestellt?‹ In anderen Studien wird der Performanzbegriff für die **Analyse von Ritualen** eingesetzt, die in literarischen Texten thematisiert werden oder in denen Literatur eine zu beschreibende Funktion einnimmt (vgl. die Beiträge in Haubrichs 2006).

3. *Cultural Studies*: Die aus den Sozialwissenschaften kommenden *Cultural Studies*, die sich seit den 1960er Jahren vor allem in England formierten, haben einen Sonderstatus inne. Obwohl sie sich desselben Leitbegriffs ›Kultur‹ bedienen, haben sie sich weitgehend unabhängig von den in diesem Kapitel behandelten Ansätzen entwickelt. Sie fanden ihren ersten institutionellen Rahmen im 1964 von Richard Hoggart gegründeten *Centre for Contemporary Cultural Studies* an der Universität Birmingham. Führende Theoretiker der *Cultural Studies* waren neben Hoggart Raymond Williams und Stuart Hall.

Cultural Studies untersuchen alle Arten von Medienprodukten, also nicht nur Literatur, und interessieren sich besonders für **populäre Medien**, z.B. Musik und Film. Im Unterschied zu den oftmals an einem Kanon der ›großen Werke‹ orientierten Richtungen neuerer Literaturtheorie machen sie Ernst mit einem weiten, nichtelitären und ›demokratischen‹ Kulturbegriff und behandeln dezidiert nicht nur ›hochkulturelle‹, sondern vor allem **massenkulturelle Phänomene**. Über einen solchen Minimalkonsens hinaus verfolgen Vertreter dieser vor allem in England und den USA weit verbreiteten und in sich ausdifferenzierten Richtung aber weder dieselben Ziele, noch beziehen sie sich auf dieselben Theorien (vgl. Jannidis 2000). Neben theoretischen Abhandlungen zum Kulturbegriff und Modellen des Zusammenhangs zwischen Kultur und Gesellschaft werden unter der Bezeichnung ›*Cultural Studies*‹ zahlreiche empirische Untersuchungen zur Populärkultur, zu ihrer Rezeption und Einbettung in kulturelle Praktiken hervorgebracht. Eine Gemeinsamkeit der *Cultural Studies* liegt jedoch darin, dass es ihnen in erster Linie nicht um die wissenschaftliche Neuigkeit ihrer Untersuchungsperspektiven geht, sondern um die politische Relevanz ihrer Studien. Dieses Anliegen verweist auf das **marxistische Erbe dieser Richtung**. Entstanden ist sie aus einer Kritik am marxistischen Basis-Überbau-Modell (s. Kap. 9.2.2), dessen ökonomischem Determinismus eine Gleichwertigkeit verschiedener – unter anderem kultureller – Einflussfaktoren entgegengesetzt wird. Eines der wichtigsten Ziele seit Bestehen der *Cultural Studies* liegt in der Aufwertung aller Formen von Kultur und ihrer Nutzer. Zwar nehmen auch viele Vertreter der *Cultural Studies* an, dass die Produkte der Kulturindustrie die Ideologie der Herrschenden vermitteln sollen. Während in den Schriften der Frankfurter Schule aber davon ausgegangen wurde, ›die Masse‹ sei der Manipulation durch die Medien weitestgehend wehrlos ausgeliefert, haben Vertreter der *Cultural Studies* wie John Fiske und Lawrence Grossberg schon früh die Kreativität und ›Eigenwilligkeit‹ der Mediennutzer betont (vgl. dazu Winter 1999).

Diese Betrachtungsweise hängt mit dem Kulturbegriff der *Cultural Studies* zusammen: Kultur wird nicht als Medium und Produkt eines – wie auch immer zustande gekommenen – Konsenses aufgefasst, sondern als gekennzeichnet vom **Dissens**, vom Aushandeln und vom Kampf um Bedeutungen. Kultur kann nach dieser Auffassung nur angemessen erforscht werden, wenn die jeweiligen Besonderheiten der kulturellen Objekte wie auch ihre Einbettung in soziale Praktiken mit Bezug auf gesellschaftliche, politische und ökonomische Zusammenhänge untersucht werden. Analysiert werden nicht nur das Entstehen von Artefakten, sondern auch ihre Form und vor allem die Art und Weise ihrer Rezeption und ›Aneignung‹. Dabei werden neben kanonischen Texten dezidiert auch nicht-kanonische Texte, alle Textsorten und insgesamt alle menschlichen Produkte als Teil der Kultur in die Untersuchungen einbezogen. Eine umfassende Rahmentheorie kann es, so Stuart Hall, für diese komplexe Aufgabe nicht geben, da »*sowohl* die Spezifität verschiedener Praktiken *als auch* die Formen der durch sie konstituierten Einheit zu reflektieren« sind (Hall 1999, 137; Hervorhebung im Original). Das Bemühen um eine Forschungspraxis, die die konkreten sozialen, historischen und materiellen Gegebenheiten nicht aus dem Blick verliert (vgl. Grossberg/Nelson/Treichler 1992, 6), ist kennzeichnend für die *Cultural Studies*. Mit Bezug auf diese Praxis wird ein ausgeprägter Eklektizismus im Umgang mit theoretischen Angeboten legitimiert, die je nach den Bedürfnissen der einzelnen Projekte gewählt und angewendet werden. Diese Projekte sind zumeist interdisziplinär angelegt, und das Überschreiten der akademischen Disziplingrenzen zur Trans- oder gar Gegendisziplinarität (vgl. ebd., 4) hat programmatischen Charakter.

Darüber hinaus ist die Assimilation neuer theoretischer Konzepte in den *Cultural Studies* von dem durchgängigen Bemühen geprägt, die Erkenntnis, dass kulturelle Objekte in soziale Praktiken eingebettet sind, stets selbst als soziale Praxis zu begreifen, deren Folgen mitzubedenken sind (vgl. Johnson 1999, 158). Von dieser Position aus wurden Annahmen strukturalistischer, semiotischer, poststrukturalistischer und feministischer Theorien in die *Cultural Studies* integriert. Dennoch scheinen zwei Charakteristika trotz dieser Theorieimporte wichtig zu bleiben: die Aufwertung historischer Akteure und die Einbeziehung sozialer und ökonomischer Kontexte, die gerade nicht nur als Text konzipiert werden.

> **Paradigmenwechsel –** *turns* **– neue Forschungsschwerpunkte?**
> Umstritten ist die Frage, wie die Dominanz kulturwissenschaftlicher Ansätze in der *scientific community* und die häufigen Neuorientierungen in diesen Ansätzen einzuschätzen seien. Häufig zu lesen ist die Auffassung, dass sich mit der kulturwissenschaftlichen Forschung ein **neues Wissenschaftsparadigma** in der Literaturwissenschaft durchgesetzt habe (z.B. Scherpe 2001, 17; Schößler 2006, IX). Dass der Begriff ›Paradigma‹ in seiner ebenso inflationären wie kriterienarmen literaturwissenschaftlichen Verwendung »kaum mehr kognitiven Gehalt besitzt und vornehmlich zur Proklamation von Überlegenheitsansprüchen eingesetzt wird«, hat bereits 1988 Hans-Harald Müller festgestellt (Müller 1988, 459f.). Seine berechtigte Kritik hat den Gebrauch des Begriffs im Fach allerdings nicht eingedämmt. Nach Thomas S. Kuhn, auf dessen Paradigma-Konzept die Redeweise zurückzuführen ist, haben Paradigmenwechsel in einer Wissenschaft den Status ›wissenschaftlicher Revolutionen‹. Sie führen – grob gesprochen – dazu, dass die vorherrschende Theorie (ihre Auffassung des Gegenstandes, der akzeptierten Fragestellungen und angemessenen Methoden) durch eine unvorhergesehene andere Theorie abgelöst wird und sich nicht allein die wissenschaftliche Praxis ändert, sondern auch das ihr entsprechende ›Weltbild‹ (vgl. Kuhn 1976, 123ff. Eine Rekombination bereits vorliegender Bezugstheorien und Methoden, wie sie die kulturwissenschaftlichen Ansätze auszeichnen, fällt nicht unter diesen Begriff. (Kuhn ist für sein Modell der Wissenschaftsentwicklung oft kritisiert worden und hat sich von seiner – wissenschaftstheoretisch umstrittenen – Variante des Paradigma-Begriffs distanziert.)

Um das Neue und Innovative der kulturwissenschaftlichen Richtung und ihrer Binnendifferenzierungen markieren zu können, wird des Öfteren der Begriff ›turn‹ verwendet. Zuerst wurde er für den Anfang des 20. Jahrhunderts einsetzenden, disziplinübergreifenden sog. ›*linguistic turn*‹ in den Geisteswissenschaften verwendet, in dessen Rahmen die Analyse sprachlicher Ausdrücke die Untersuchung empirischer Phänomene oder metaphysischer Universalien ablösen sollte. In neueren kulturwissenschaftlichen Untersuchungen wird ›*turn*‹ als schwächere und weniger voraussetzungsreiche Alternative zum Konzept des Paradigmenwechsels bevorzugt. Der Begriff benennt eine wissenschaftliche Neuorientierung, die daraus resultiert, dass ein neu entdecktes Forschungsfeld »von der Gegenstandsebene […] auf die Ebene von Analysekategorien und Konzepten ›umschlägt‹« (Bachmann-Medick 2006, 26). Das neue Untersuchungsfeld wird nicht mehr allein unter thematischem Fokus erforscht, sondern der Untersuchungsgegenstand (z.B. Rituale) wird zu einem Konzept der Analyse (z.B. ›Ritual‹), mit dessen Hilfe auch Phänomene in den Blick kommen, die vorher nicht unter dieser Perspektive wahrgenommen worden sind – z.B. der Ritualcharakter literarischer Texte. Die ursprünglichen Begriffe werden bei dieser Übertragung in aller Regel metaphorisiert und ausgeweitet, was sie erst übertragbar macht, worin aber auch die Gefahr einer beliebigen Anwendung liegt.

Der Status eines solchen *turn* wird auch für die ›kulturalistische Wende‹ beansprucht; ob jedoch die diversen neuen Forschungsschwerpunkte in den Kulturwissenschaften ›Wenden‹ in diesem Sinne darstellen, ist kontroverser. Ausschlaggebend für die qualitative Einschätzung neuer Theorien und Forschungsansätze kann nur eine wissenschaftsgeschichtliche Rekonstruktion sein, die Distanz zum untersuchten Phänomen nimmt, nicht aber die Selbstausrufung durch Vertreter der jeweils neuen Richtung: Wissenschaftler gewinnen dadurch, dass sie die eigene Position erkennbar profilieren und sich von ›traditionellen‹ Fragestellungen und Verfahren abgrenzen, Prestige im Wissenschaftsbetrieb, und auch im Kampf um knappe ökonomische Ressourcen ist es wichtig, innovatorisches Potenzial für sich zu reklamieren und Aufmerksamkeit zu bündeln (vgl. dazu Franck 1998, Kap. 1). Daher hat das Ausrufen eines *turns* ebenso wie das eines Paradigmenwechsels stets auch eine **wissenschaftsstrategische Bedeutung**. Mit der Weiterentwicklung der Wissenschaften erweisen sie sich oftmals weder als Wende noch als Revolution, sondern – selbst im Fall des *linguistic turn* – als **Erweiterung des wissenschaftlichen Arsenals an Theorien, Methoden und Begriffen**.

11.3.4 Ziele der Richtung und Verwendung literaturwissenschaftlicher Grundbegriffe: Literatur, Autor, Leser, Kontext

Die Verwendung literaturwissenschaftlicher Grundbegriffe variiert in den verschiedenen kulturwissenschaftlichen Ansätzen.

1. Literatur: Auch die kulturwissenschaftlich orientierte Literaturwissenschaft spricht sich vehement gegen die Annahme eines autonomen literarischen Kunstwerkes aus (vgl. Schößler 2006, IX). In aller Regel fasst sie ›Literatur in Verwendungssituationen‹ als ihren Gegenstand auf. Wie der Literaturbegriff aber jeweils bestimmt wird, variiert mit den verschiedenen Ausrichtungen. Das Potenzial zu einem kleinsten gemeinsamen Nenner hat Ansgar Nünnings Begriffserläuterung: Wenn Kultur als »Gesamtkomplex von Vorstellungen, Denkformen, Empfindungsweisen, Werten und Bedeutungen« verstanden wird, »der sich in Symbolsystemen materialisiert« (Nünning 1995, 179), dann lässt sich der Stellenwert der Literatur in diesem Komplex auf zweifache Weise bestimmen. Literatur wird einerseits aufgefasst als »eine der materialen Formen bzw. textuellen Medien, in denen sich das mentale Programm ›Kultur‹ niederschlägt« (ebd., 181); andererseits zeichnet sich diese Form bzw. dieses Medium aber auch durch spezifische Merkmale aus, durch »das spezifisch Literarische« der Texte, ihre »gattungs- und textspezifischen Ausdrucksformen« (ebd., 185 und 189).

Über eine solche formale Bestimmung hinaus werden je nach kulturwissenschaftlicher Ausrichtung unterschiedliche Aspekte von Literatur fokussiert.

- **Materialer Aspekt:** Im Anschluss an die Diskursanalyse Foucaults können die Materialität und Medialität von Literatur und die medialen Bedingungen ihrer Produktion sowie (seltener) Rezeption im Mittelpunkt des Interesses stehen. Hier treffen sich kultur- und medienwissenschaftlich orientierte Literaturwissenschaft (s. Kap. 12).
- **Semantischer Aspekt:** Es kann auf die Bedeutungsebene besonderer Wert gelegt und Literatur als ›fremder Text‹ aufgefasst werden, dessen Verstehen zum nur näherungsweise zu erreichenden Ziel wird; diesem Ziel kann man sich durch Interpretation z.B. nach kulturanthropologischem Muster nähern. Nach der Vorgabe eines performanztheoretisch bestimmten Literaturbegriffs kann Literatur als Ort der Inszenierung von Bedeutung verstanden werden. Zudem kann sie als Schnittpunkt kultureller Kodes betrachtet werden, die den einzelnen literarischen Text zu einem Dokument seiner Entstehungskultur machen und zugleich zu einem ihrer Bausteine.
- Ein **pragmatischer Aspekt** bildet, wie gesagt, die theoretische Voreinstellung eines kulturwissenschaftlichen Literaturbegriffs, die oft implizit bzw. ohne praktische Folgen für die konkrete Fragestellung bleibt. Dieser Aspekt kann aber untersuchungsleitend werden, wenn literarische Texte auch tatsächlich als kulturelle Praktiken, etwa in rituellen Zusammenhängen, analysiert werden.
- **Funktionaler Aspekt:** Ein Hauptakzent kann auch auf bestimmte Funktionen von Literatur gelegt werden. Unter postkolonialer Perspektive etwa wird Literatur zum einen selbst als Dokument von Stereotypen des Fremden aufgefasst, zum anderen wird ihr aber auch die besondere Leistung zugeschrieben, »die koloniale Situation erfahrbar zu machen und fremde Stimmen zu repräsentieren, die die herrschenden Ordnungen perforieren und die Ausschlüsse gegen die Hegemonie selbst wenden« (Schößler 2006, 156). Aus Sicht einer Variante der Anthropologie der Literatur gilt Literatur als eine den Wissenschaften gleichgeordnete Quelle zur Rekonstruktion kulturgeschichtlichen Wissens (s. Kap. 15.2). Literatur ist durch Austauschprozesse bzw. Prozesse wechselseitiger Beeinflussung mit (anderen) Diskursen oder Wissensformationen bestimmt.

Vor dem Hintergrund des bisher Gesagten dürfte ersichtlich sein, dass kulturwissenschaftlich orientierte Ansätze mit einem **weiten Literaturbegriff** arbeiten müssen. Wertende Einschränkungen wie das Ausgrenzen populärer oder trivialer Texte zugunsten einer bevorzugten ›Hochliteratur‹ passen nicht zum gewählten Rahmenkonzept.

2. Autor: Der diskursanalytischen Verpflichtung der meisten literaturwissenschaftlichen Untersuchungen dieser Richtung entsprechend, spielt die Autorinstanz eine eher marginale Rolle (s. Kap. 7.2.3). Postkolonialistische oder *gender*theoretische Arbeiten können insofern von dieser Voreinstellung abweichen, als die ideologische Ausrichtung des Autors gerade im Fokus des Interesses stehen kann.

3. Leser: Auch für die Leserinstanz wird kein eigenes theoretisches Konzept ausgebildet, da der Schwerpunkt der Untersuchungen auf textuellen und vor allem kontextuellen Aspekten liegt. Leser kommen überwiegend in dem allgemeinen Sinne in den Blick, als sie Bestandteil der kulturellen Konstellation sind, die es jeweils zu erforschen gilt; z.B. können sie als die Zielgruppe kultureller Reglementierungen einbezogen werden, die im Kontext pädagogischer Diskurse vorgenommen werden. Eine Ausnahme bilden die *Cultural Studies*, in denen es über solche allgemeinen Bezugnahmen auf Leser hinaus auch z.B. empirische Forschungen zum massenkulturellen Publikum gibt.

4. Kontext: Die jeweils verwendete Bezugstheorie gibt vor, wie der Begriff ›Kontext‹ zu fassen ist.
- **Extratextueller Kontext:** Im Rahmen marxistisch oder soziologisch ausgerichteter Kulturtheorien, aber auch in einigen Studien der historischen Anthropologie gilt als Kontext ein Set extratextueller Größen, etwa kulturelle Schemata der Wahrnehmung und Deutung von Wirklichkeit, die sich auch in literarischen Texten manifestieren. Hier übernimmt also – vereinfacht gesagt – ›die Kultur‹ die Funktion eines Kontextes, dem ein hohes Erklärungspotenzial für literarische Texte zugeschrieben wird. Von den bis dahin zur Interpretation literarischer Texte genutzten Bezugsgrößen unterscheidet er sich darin, dass er umfassender und damit auch schwerer zu konzeptualisieren ist. Umfassender ist er in dem Sinne, dass es nicht mehr bevorzugt Daten der Ereignis- oder Sozialgeschichte sind, die zur Erhellung literarischer Texte herangezogen werden, sondern auch Kenntnisse aus der Alltags- und der Mentalitätsgeschichte. Studien dieses Typs arbeiten also mit einem Kontextbegriff, der sich quantitativ, aber nicht qualitativ von den Konzepten vorangehender kontextorientierter Ansätze unterscheidet. Kultur ist ein ihrerseits zu rekonstruierendes komplexes Gebilde, das als beeinflussende ›Umwelt‹ auf einen literarischen Text einwirkt und in ihm seine Spuren hinterlässt. Zugleich wird sie durch literarische Texte mit konstituiert.
- **Intertextueller Kontext:** Wird dagegen betont, dass Kultur als Text zu verstehen sei, kann auch die Beziehung zwischen Text und Kontext nur als rein (inter-)textuelle aufgefasst werden (s. Kap. 7.4). Aus dieser Annahme werden unterschiedliche Folgerungen gezogen. Verbreitet ist die These, dass unter der Voraussetzung der universalen Textualität nicht allein die Relevanz, sondern auch die Zulässigkeit einer Text-Kontext-Unterscheidung verschwindet. Es gehe nicht mehr darum, Literatur mit Rekurs auf einen Kontext zu erschließen, der sie prägt, sondern um die Analyse multipler intertextueller Bezüge. Dabei können dieselben kulturellen Bereiche einbezogen werden wie unter der Annahme eines extratextuellen Kontexts, ihnen wird

jedoch ein anderer Status – eben ein Status als Text – zugeschrieben: Die Frage nach dem kulturellen Kontext, in dem ein literarischer Text entstanden ist und mit Bezug auf den er sich zumindest partiell erklären lässt, wird zur Frage nach seinem kulturellen Ko-Text (vgl. dazu auch Baßler 2005, Kap. II). Allerdings wird die Debatte darüber, wie weit die Metapher der Kultur als Text zu treiben ist (vgl. auch Scherpe 2001, 12), in der Regel nicht mit dem Ziel geführt, den Kontextbegriff zu klären, sondern verfolgt andere Anliegen. Vertreter einer stärker marxistisch oder soziologisch ausgerichteten Variante der *Cultural Studies* etwa sehen durch die poststrukturalistischen Positionen, die kein ›Außerhalb des Textes‹ mehr annehmen, ihren politischen Auftrag bedroht.

Unter Voraussetzung beider Auffassungen können, wie gesagt, dieselben Informationen zur kulturellen Kontextualisierung von Literatur dienen. **Das Spektrum der Kontexte, die für relevant gehalten werden, wird erheblich erweitert.** Die traditionelle Vorliebe für philosophische oder religiöse Bezugstheorien wird als zu eng angesehen; als potenziell relevant werden alle Bereiche der jeweils zeitgenössischen Wissenschaften einbezogen, mit einem seit Längerem deutlichen Akzent auf medizinisch-anthropologischem Wissen. Das Konzept des Wissens wird weit gefasst, so dass über den engeren Bereich des wissenschaftlichen Wissens hinaus auch das ›Wissen‹ einer Zeit zu rekonstruieren ist, das über kulturelle Praktiken tradiert wird, etwa in magischen Zeremonien, Praktiken des Aberglaubens oder auch Heilverfahren jenseits der akademisch anerkannten Medizin. In den Blick kommen zudem die bis dahin oft übergangenen Bezüge auf alltagsgeschichtliches Wissen, Informationen über zeitgenössische Alltagspraktiken wie Essensgebräuche oder Konventionen des Reisens und etablierte Formen der Mediennutzung, deren Gestaltungen in literarischen Texten analysiert werden. Unter diesen Voraussetzungen lässt sich etwa untersuchen, auf welche Weise die zeitgenössische Kleiderordnung den entsprechenden Elementen in einem konkreten Text Zeichenfunktion zukommen lasse; oder wie die Emotionskodes, die aus den Trauerritualen einer Kultur ableitbar sind, in einer Erzählung variiert werden und welches kritische Potenzial der Text gegenüber seinen kulturellen Bezugsgrößen entfaltet. Rituale und andere Typen kultureller Inszenierung werden aber nicht nur einbezogen, um entsprechende Textpassagen in literarischen Texten zu erläutern oder mit anderen Textpassagen zu verbinden, sondern sie werden zudem eingesetzt, um die Position der Literatur selbst in solchen Ritualen zu untersuchen (zum Konzept ›Ritual‹ vgl. Dücker 2007).

11.3.5 Ziele der Richtung und Methoden der Interpretation literarischer Texte

Die Ziele kulturwissenschaftlicher Ansätze in der Literaturwissenschaft sind ebenso unterschiedlich wie ihre Bezugstheorien. Grob lassen sie sich in drei Gruppen einteilen, die aufeinander aufbauen. Das allgemeine Ziel der Analyse literarischer Texte als kulturelle Produkte wird spezifiziert als

1. Aufzeigen von Wechselbeziehungen zwischen Texten und kulturellen Phänomenen verschiedener Art (z.B. Artefakte, kulturelle Praktiken, kognitive und emotionale

Schemata, Werte). Solche Beziehungen können als direkte Übernahmen konzipiert werden, aber auch als ebenso unbeabsichtigte wie unumgehbare Bezüge, und sie können über die gemeinsame Nutzung von Denkformen, Stereotypen, kollektiven Symbolen und anderem hergeleitet werden. Ihr Nachweis kann bereits Ziel der Studie sein oder kann den Zweck haben, literarische Themen oder Darstellungsweisen aus ihrer kulturellen Herkunft zu erklären oder einen oder mehrere literarische Texte symptomatisch zu interpretieren. Das Ziel kann aber auch sein, in Parallelführung von Wissenschaften und Literatur den Anteil beider an der kulturgeschichtlichen Entwicklung von Themen oder Medien nachzuzeichnen.

2. Aufdecken von Machtverhältnissen, die die Texte verschleiern. Ansätze, die dieses Ziel verfolgen, haben neben der historischen Rekonstruktion (1.) in der Regel eine ideologiekritische Absicht. Ein solches Anliegen kennzeichnet z.B. postkoloniale Studien im Anschluss an frühe Arbeiten Edward Saids. Sie zeigen textinterne ›imperialistische‹ Wertgefüge und Momente des Widerstands gegen sie auf und vollziehen mit dieser Bewegung schon selbst einen widerständigen Akt, insofern sie »das in die Lektüre hinein[nehmen], was einst gewaltsam aus den Texten ausgeschlossen wurde« (Fauser 2003, 37). Wie in den ideologiekritisch ausgerichteten *Gender Studies* geht es auch hier zugleich um eine Kritik am Kanon und an den Deutungsmustern der traditionellen Literaturwissenschaft.

3. Nachweis der strukturellen Notwendigkeit von Machtkonstellationen: Aufbauend auf der Analyse historischer Beziehungen (1.) und dem Aufzeigen verdeckter Machtkonstellationen (2.) legen Studien der dritten Gruppe dar, dass die aufgezeigten Unterdrückungsmechanismen in der herrschenden symbolischen Ordnung verankert und damit unvermeidbar sind. Diese These kann etwa mit Bezug auf Lacans strukturale Variante der Psychoanalyse (s. Kap. 5.2) begründet werden. Beispiele dafür bieten der postkolonialistische Ansatz Homi K. Bhabhas und poststrukturalistisch fundierte *Gender*theorien (s. Kap. 10.2).

Mit diesen unterschiedlichen Zielen gehen verschiedene Methoden des Umgangs mit literarischen Texten einher. Auch wenn die Interpretation oder Lektüre einzelner Texte längst nicht immer zu den Zielen kulturwissenschaftlicher Studien zählt, sagen sie doch etwas über die **Bedeutung von Texten oder Textpassagen** aus. Keiner der kulturwissenschaftlichen Ansätze hat jedoch eine eigenständige Interpretationstheorie entwickelt; vielmehr orientieren sie sich im wissenschaftlichen Umgang mit literarischen Texten in einem weiten Sinne entweder an hermeneutischen (s. Kap. 3.2 und 8) oder poststrukturalistischen, vor allem diskursanalytischen Grundannahmen (s. Kap. 7.2) oder folgen der strukturalen Psychoanalyse (s. Kap. 5.2). Diese Grundannahmen können je nach Zielsetzung in historisch rekonstruktiver, ideologiekritischer oder wissenschaftskritischer Absicht eingesetzt werden. Kombinationen mit strukturalistischen Verfahren der Textanalyse kommen ebenfalls vor (z.B. Baßler 2005).

Über dieses Interesse an Aussagen über einzelne literarische Texte hinaus richten sich die meisten kulturwissenschaftlichen Ansätze – ebenso wie die für sie maßgebliche Diskursanalyse – auf **umfassendere kulturgeschichtliche Zusammenhänge**, in denen Texte eine mehr oder minder prominente Rolle spielen können. Damit kommen nicht allein literarische Texte in ihren Blick, sondern auch die Bedingungen ihrer Verwendung, etwa ihre Rezeption oder Aneignung in lebenspraktischen Kontexten, ihr ritueller Einsatz, ihre Funktionalisierung für politische Interessen, ihr intermediales Zusammenwirken mit anderen Artefakten und vieles mehr. Um diese größeren Zusammenhänge zu untersuchen, werden die bereits genannten Verfahren aus den Bezugstheorien der Nachbardisziplinen, z.B. Kulturanthropologie, -soziologie oder -psychologie, sowie aus der Diskursanalyse übernommen. Es werden Beziehungen zwischen literarischen und nicht-literarischen Texten sowie übergreifenden kulturellen Phänomenen hergestellt, etwa zwischen den Institutionen der Ökonomie und entsprechenden Themen und Bildern in literarischen und wissenschaftlichen Texten des 18. Jahrhunderts. Die Plausibilität dieser Beziehungen kann in aller Regel nur über **Analogien** zwischen den untersuchten Phänomenen hergestellt werden.

Hermeneutische Verfahren in den Kulturwissenschaften
Wie in der Geschichtswissenschaft sind die **hermeneutischen Verfahren der Textinterpretation** nach ihrem Prestigeverlust durch (post-)strukturalistische Grundlagenkritik auch in der Literaturwissenschaft wieder **aufgewertet** worden, und zwar wegen ihres Anspruchs, ›fremden Sinn‹ verständlich machen zu können. Der ›Re-Import‹ erfolgte über die Ethnologie (vgl. Daniel 1997), die, wie oben skizziert, in ihrer Auffassung von ›Kultur als Text‹ hermeneutische Verfahren der Textwissenschaft als Lösung von Beschreibungs- und Verstehensproblemen angesehen hat. Wenn man kulturgeschichtliche Textinterpretation in einer ihrer Varianten als Erforschung und Rekonstruktion der Beziehung von Text und »Lebenswelt« vergangener Epochen auffasst (Hübinger 2000, 164f.), dann ist ein verstehenstheoretischer Ansatz kaum vermeidbar. Auch in der interkulturellen Literaturwissenschaft haben Theorien des Fremdverstehens Konjunktur (z.B. Hammerschmidt 1997).
Mit übernommen hat man allerdings die **Probleme**, die in der methodologischen Diskussion der Literaturwissenschaften der 1970er und frühen 1980er Jahre benannt, aber nicht gelöst worden sind, etwa das Problem der begründeten Wahl relevanter Kontexte, die Frage, wie sich eine operationalisierbare Beziehung zwischen Text und ›Umwelt‹ überzeugend modellieren lässt, und nicht zuletzt das Problem der Subjekt-Objekt-Konfundierung (s. Kap. 14.1.3). Diese stehen nach wie vor zur Lösung an, was unter veränderten Wissenschaftsbedingungen ein lohnendes Unternehmen wäre (einen in seiner Umsetzbarkeit noch zu diskutierenden Vorschlag, das Text/Kontext-Problem zu lösen, hat Baßler 2005 vorgelegt). Eine weitere Schwierigkeit liegt darin, dass die re-importierten hermeneutischen Verfahren zur Analyse von Texten und/oder kulturellen Praktiken nicht mit literaturwissenschaftlichen Positionen kompatibel sind, die im Zuge poststrukturalistischer Interpretationskritik programmatisch auf hermeneutische Basisannahmen verzichten. An dieser Inkompatibilität ändert auch die Tatsache nichts, dass die hermeneutischen Verfahren unter anderem Namen auftreten, etwa unter Geertz' Bezeichnung ›thick description‹. Wenn kulturgeschichtliche Forschungen z.B. im Umkreis der *New Cultural History* (programmatisch Hunt 1989) weder auf poststrukturalistische Thesen zu Semiose und Bedeutungsgenerierung noch auf

> hermeneutische Theorien des Fremdverstehens verzichten wollen, führt dies zu methodischen Inkonsistenzen, die in wissenschaftlichen Kontexten zumindest problematisch sind.

11.3.6 Beispielanalyse

Wenn hier aus dem breiten Feld kulturwissenschaftlicher Studien eine Beispielanalyse vorgestellt wird, dann kann damit nur eine Richtung dieser Ansätze exemplarisch beleuchtet werden. Mit Rüdiger Steinleins Untersuchung zur »Faszinationsgeschichte der Kindheit um 1800« wurde eine Studie ausgewählt, die als »Beitrag zu einer ›historischen Anthropologie‹ unter besonderer Berücksichtigung der ›Geschichte der Einbildungskraft und ihrer welterzeugenden Effekte‹« aufgefasst werden soll (Steinlein 2001, 116). Der Verfasser versteht das Vorkommen von Kindern in literarischen Texten und die Aussagen über sie als Inszenierungen und zugleich als Imaginationen von Kindheit und begründet so die kulturwissenschaftliche Relevanz seiner Studie:

> Auch *literarische* Kindheitsimaginationen und -inszenierungen sind ihrer Logik und ihrer Erscheinungsform nach symptomatische Effekte eines weitläufigen kultursemiotischen Diskursfeldes, der auf ihm sich vollziehenden Generierung, Organisation wie Umorganisation von kulturellen Wissensbeständen, von Anschauungen, Be-Deutungen usw. (Ebd., Hervorhebung im Original)

Ausgehend von dem Befund, dass Kinder seit der Antike bis ins beginnende 18. Jahrhundert nur selten und an wenig prominenter Position in literarischen Texten vorkommen, fragt er nach dem Grund für den »Kindheitsenthusiasmus« (ebd., 117) der Romantik. Um seine leitende Frage zu beantworten, skizziert er zunächst das Gegenbild, die seit der Antike vorherrschende Auffassung von der Kindheit als defizitärem Übergangsstadium zum Erwachsensein. Ihm stehen die im 18. Jahrhundert zu findenden literarischen Kindheitsdarstellungen gegenüber, die diesem Lebensabschnitt einen zunehmend wichtigen Stellenwert zuweisen: von der »Formierungsphase des späteren Charakters« (ebd., 120) etwa bei Gellert über die ›natürliche‹ Existenzform bei Rousseau bis zur Utopie der Kindheit bei den Romantikern. Diesen deutlichen Wandel führt Steinlein zunächst auf institutionelle, sozial- und symbolgeschichtliche Gründe zurück – erstaunlicherweise ohne Bezug auf kulturgeschichtliche Studien wie die von Ariès (1960/1975):

- **Institutionell** etabliert sich die Pädagogik gegen Ende des 18. Jahrhunderts. Sie erst macht Kindheit zu einem Problem und begründet damit ihre »›Diskursivierung‹« im Sinne Foucaults (ebd., 118). Kindheit wird zu einem »Objekt von verschiedenen neuen Wissensdiskursen« (ebd.).
- **Sozialgeschichtlich** ist die »Ausdifferenzierung« der modernen Gesellschaft als wichtiger Faktor zu veranschlagen, da die Sozialisation nicht mehr ›naturwüchsig‹ erfolgt (ebd., 121). So erfordert die zunehmende Rollenvielfalt des modernen Individuums neue Kompetenzen, für die neue Ressourcen erschlossen werden müs-

sen: Der Stellenwert von Kindheit muss neu verhandelt werden; die Bedingungen formuliert das erstarkende Bürgertum.
- **Symbolgeschichtlich** betrachtet, fordert die neue Situation ein integratives und wirksames Bild. Diese Funktion übernimmt das Symbol des Kindes, das zugleich als »Versprechen auf eine bessere, menschlichere Zukunft« und »Verkörperung von ›Natur‹« gilt (ebd.).

Nach einer Betrachtung von ästhetikgeschichtlich relevanten Texten Herders und Schillers, anhand derer Steinlein die »ästhetische Faszination« am Kind erläutert, werden exemplarisch literarische Texte der Frühromantiker einbezogen. Sie alle entwerfen ein ideales Bild der Kindheit als »schöpferischer« und »poetischer Zustand«, in dem die moderne Entfremdung aufgehoben ist, und kulminieren in der »Kindheitshymnik« Hölderlins (ebd., 124).

Im letzten Drittel des Aufsatzes ergänzt Steinlein seine Faszinationsgeschichte der Kindheit um eine wichtige Komponente, um den **psychologischen Aspekt der Kindheitsimaginationen**. Er ermöglicht ihm einen Blick hinter die vordergründigen ›Botschaften‹ der Bilder. In den Imaginationen der Kindheit sieht Steinlein »die literarästhetische (imagologische) Spur des bürgerlichen Unbewussten als – männliches – Imaginäres« (ebd., 126). Mit Bezug auf andere kulturgeschichtliche Studien psychohistorischer Ausrichtung stellt er einen Wandel in der Kodierung der Familienkonstellationen fest: Während in der frühen Aufklärung die Familie »im Zeichen eines paternalen Zentrums« steht (ebd., 125) und der Vater als Autoritätsfigur fungiert, wandelt sich dieser bestimmende Kode zu einem »maternalen« (ebd., 126), dem das kindliche Subjekt zugeordnet wird. Das ihm zugeschriebene Ideal ist das der »*verkörperte[n] Seele*« (ebd., Hervorhebung im Original). Es ist »sensitiv-divinatorisch ausgerichtet und beruht auf der Idee der selbstoptimierenden Bildung, deren Ermöglichungsgrund mütterliche (organische) Schöpfungspotenzen bilden« (ebd., 126f.). Insofern literarische Texte diese so komplexen und konfliktreichen Imaginationen von Kindheit gestalten, sind sie dem pädagogischen Diskurs ihrer Zeit voraus, der immer noch spätaufklärerische Ziele verfolgt (vgl. ebd., 127).

Im Durchgang durch weitere Diskurse der Zeit (»Verschriftlichungs- und Alphabetisierungsdiskurs«, ebd., 126) zeigt sich, dass Kinderfiguren in der Literatur der Romantik multifunktional eingesetzt werden: »als Zentren der Subversion des Alltäglichen« (ebd., 128) sowie als Verkörperung eines Widerstandes gegen die Aufklärung; und insofern sie zu den Rezipienten der in der Lesesuchtdebatte kritisierten Romane gehören, erhalten sie zudem die kulturgeschichtliche Funktion, den neuen Lesemodus zu realisieren: Sie entwickeln sich »von der Buchstabiermaschine zum phantasierenden Textrezipienten (Fiktionsrealisierer)« (ebd., 129), dem zugleich eigene Textproduktion attestiert wird. So erscheint am Ende des Beitrags **das Kind als eine universale »Rettungsphantasie«**, die sich »gegen die Zerrissenheit aller Zustände um 1800« richtet (ebd., 130) – von der Französischen Revolution bis zur funktionalen Ausdifferenzierung der Gesellschaft.

Charakteristisch für die vorgestellte Variante einer kulturwissenschaftlich argumentierenden literarischen Anthropologie sind folgende Punkte:
- Foucaults Diskursanalyse wird als zentrale Bezugstheorie verwendet und mit einem tiefenpsychologischen Ansatz verbunden.

- Es geht nicht um die Interpretation einzelner literarischer Texte, sondern es werden kulturgeschichtliche Muster in mehreren literarischen Texten gleichen Typs aufgezeigt. Damit soll eine Einsicht in kulturgeschichtliche Konstellationen bzw. Entwicklungen formuliert und zugleich etwas Relevantes über die literarischen Texte ausgesagt werden.
- Literarische und wissenschaftliche (hier: pädagogische) Texte werden gleichermaßen als Informationsquellen für historisches Wissen über den Menschen betrachtet und untersucht. In die Untersuchung wird auch – ebenfalls für beide Textgruppen – die Machart der Texte, vor allem die verwendeten Bilder einbezogen.
- Der Untersuchungsgegenstand wird als Konstellation mehrerer kulturgeschichtlich relevanter Diskurse aufgefasst, deren Einbeziehung die Komplexität des Gegenstandes steigert.
- Die so gewonnenen Einsichten werden auf zugrundeliegende Antriebe oder Motivationen hin befragt, die an der ›Oberfläche‹ der Texte nicht sichtbar sind und für deren Rekonstruktion ein tiefenpsychologisches Modell vorausgesetzt werden muss.
- Eines der häufig erzielten Ergebnisse liegt in der Einsicht, dass die literarischen Texte den wissenschaftlichen überlegen sind, insofern sie den gemeinsamen Gegenstand auf komplexere Weise behandeln und/oder zukünftige Entwicklungen der Wissenschaft bereits vorwegnehmen (s. Kap. 15).

Das Wichtigste in Kürze

Die kulturwissenschaftlich orientierte Literaturwissenschaft ist eine **verbreitete und vielfältige Richtung** unter den neueren Literaturtheorien, zu der Ansätze mit unterschiedlichen Zielsetzungen und Verfahrensweisen zählen.

Gemeinsam ist diesen Ansätzen eine **weite Auffassung des Gegenstandes ›Literatur‹**, ein besonders **breites Spektrum an Bezugstheorien** (vom Marxismus bis zur Kulturanthropologie) bei gleichzeitiger poststrukturalistischer Grundorientierung, eine ausgeprägte **Transdisziplinarität** und **Interkulturalität**, das **Primat der praktischen Fruchtbarkeit** gegenüber der theoretischen Konsistenz sowie eine **wissenschafts- und kulturkritische Einstellung**.

Im Zentrum des Interesses kulturwissenschaftlicher Ansätze stehen **übergreifende kulturgeschichtliche Zusammenhänge**, in denen **literarische Texte als Produkte kultureller Praktiken** eine zu analysierende Rolle spielen.

Literatur

Ariès, Philippe: *Geschichte der Kindheit*. München/Wien 1975 (frz. 1960).
Ashcroft, Bill/Gareth Griffiths/Helen Tiffin (Hg.): *The Post-Colonial Studies Reader*. London 1995.
Bachmann-Medick, Doris (Hg.): *Kultur als Text. Die anthropologische Wende in der Literaturwissenschaft*. Frankfurt a.M. 1996.

Bachmann-Medick, Doris: *Cultural Turns. Neuorientierungen in den Kulturwissenschaften.* Reinbek bei Hamburg 2006.
Bachmann-Medick, Doris: Kulturanthropologie. In: Nünning/Nünning ²2008, 86-107.
Baßler, Moritz: *Die kulturpoetische Funktion und das Archiv. Eine literaturwissenschaftliche Text-Kontext-Theorie.* Tübingen 2005.
Benthien, Claudia/Hans Rudolf Velten (Hg.): *Germanistik als Kulturwissenschaft. Eine Einführung in neue Theoriekonzepte.* Reinbek bei Hamburg 2002.
Bhabha, Homi K.: *The Location of Culture.* London/New York 1994.
Bromley, Roger/Udo Göttlich/Carsten Winter (Hg.): *Cultural Studies. Grundlagentexte zur Einführung.* Lüneburg 1999.
Daniel, Ute: Clio unter Kulturschock. Zu den aktuellen Debatten der Geschichtswissenschaft. In: *Geschichte in Wissenschaft und Unterricht* 48 (1997), 195-219, 259-278.
Daniel, Ute: Kulturgeschichte. In: Nünning/Nünning ²2008, 186-204.
Dücker, Burckhard: *Rituale. Formen – Funktionen – Geschichte. Eine Einführung in die Ritualwissenschaft.* Stuttgart/Weimar: Metzler 2007.
Dünne, Jörg/Hermann Doetsch/Roger Lüdeke (Hg.): *Von Pilgerwegen, Schriftspuren und Blickpunkten. Raumpraktiken in medienhistorischer Perspektive.* Würzburg 2004.
Eagleton, Terry: *The Idea of Culture.* Oxford 2000.
Elias, Norbert: *Über den Prozeß der Zivilisation. Soziogenetische und psychogenetische Untersuchungen.* Bd. 2. Frankfurt a.M. ⁷1980.
Erll, Astrid: *Kollektives Gedächtnis und Erinnerungskulturen. Eine Einführung.* Stuttgart/Weimar 2005.
Fauser, Markus: *Einführung in die Kulturwissenschaft.* Darmstadt 2003.
Fischer-Lichte, Erika: Grenzgänge und Tauschhandel. Auf dem Weg zu einer performativen Kultur. In: Wirth 2002, 277-300.
Franck, Georg: *Ökonomie der Aufmerksamkeit. Ein Entwurf.* München 1998.
Grossberg, Lawrence/Cary Nelson/Paula Treichler (Hg.): *Cultural Studies.* New York u.a. 1992.
Gumbrecht, Hans Ulrich: *Diesseits der Hermeneutik. Über die Produktion von Präsenz.* Frankfurt a.M. 2004.
Hall, Stuart: Cultural Studies. Zwei Paradigmen. In: Bromley/Göttlich/Winter 1999, 113-138 (engl. 1980).
Hammerschmidt, Annette C.: *Fremdverstehen. Interkulturelle Hermeneutik zwischen Eigenem und Fremden.* München 1997.
Hansen, Klaus P.: *Kulturbegriff und Methode. Der stille Paradigmenwechsel in den Geisteswissenschaften.* Tübingen 1993.
Haubrichs, Wolfgang (Hg.): *Ritual und Literatur. Zeitschrift für Literaturwissenschaft und Linguistik* 144 (2006).
Hohendahl, Peter U./Rüdiger Steinlein (Hg.): *Kulturwissenschaften, Cultural Studies. Beiträge zur Erprobung eines umstrittenen literaturwissenschaftlichen Paradigmas.* Berlin 2001.
Hübinger, Gangolf: Die ›Rückkehr‹ der Kulturgeschichte. In: Christoph Cornelißen (Hg.): *Geschichtswissenschaften. Eine Einführung.* Frankfurt a.M. 2000, 162-177.
Hunt, Lynn (Hg.): *The New Cultural History.* Berkeley 1989.
Jannidis, Fotis: Literarisches Wissen und Cultural Studies. In: Martin Huber/Gerhard Lauer (Hg.): *Nach der Sozialgeschichte. Konzepte für eine Literaturwissenschaft zwischen Historischer Anthropologie, Kulturgeschichte und Medientheorie.* Tübingen 2000, 335-357.
Johnson, Richard: Was sind eigentlich Cultural Studies? In: Bromley/Göttlich/Winter 1999, 139-188 (engl. 1983).

Kittsteiner, Heinz Dieter (Hg.): *Was sind Kulturwissenschaften? 13 Antworten.* München 2004.

Kramer, Jürgen: Kulturpsychologie und Psychoanalyse als Kulturtheorie. In: Nünning/Nünning ²2008, 225-247.

Kuhn, Thomas S.: *Die Struktur wissenschaftlicher Revolutionen.* 2., revidierte und um das Postskriptum von 1969 ergänzte Aufl. Frankfurt a.M. 1976.

Müller, Hans-Harald: Wissenschaftsgeschichte und Rezeptionsforschung. Ein kritischer Essay über den (vorerst) letzten Versuch, die Literaturwissenschaft von Grund auf neu zu gestalten. In: Jörg Schönert/Harro Segeberg (Hg.): *Polyperspektivik in der literarischen Moderne. Studien zur Theorie, Geschichte und Wirkung der Literatur.* Frankfurt a.M. u.a. 1988, 452-479.

Nünning, Ansgar: Literatur, Mentalität und kulturelles Gedächtnis: Grundriß, Leitbegriffe und Perspektiven einer anglistischen Kulturwissenschaft. In: Ders. (Hg.): *Literaturwissenschaftliche Theorien, Modelle und Methoden. Eine Einführung.* Trier 1995, 173-197.

Ort, Claus-Michael: Kulturbegriffe und Kulturtheorien. In: Nünning/Nünning ²2008, 19-38.

Posner, Roland: Kultur als Zeichensystem. Zur semiotischen Explikation kulturwissenschaftlicher Grundbegriffe. In: Assmann/Harth 1991, 37-74.

Posner, Roland: Kultursemiotik. In: Nünning/Nünning ²2008, 39-72.

Rippl, Gabriele: *Beschreibungs-Kunst. Zur intermedialen Poetik angloamerikanischer Ikon-Texte (1880-2000).* München 2005.

Said, Edward W.: *Orientalism.* New York 1978.

Scherpe, Klaus R.: Kanon – Text – Medium. Kulturwissenschaftliche Motivationen für die Literaturwissenschaft. In: Hohendahl/Steinlein 2001, 9-26.

Schößler, Franziska: *Literaturwissenschaft als Kulturwissenschaft. Eine Einführung.* Unter Mitarbeit von Christine Bähr. Tübingen 2006.

Steinlein, Rüdiger: »Die Kindheit ist der Augenblick Gottes.« Faszinationsgeschichte der Kindheit um 1800 als kulturwissenschaftlicher Diskurs. In: Peter U. Hohendahl/R.S. (Hg.): *Kulturwissenschaften, Cultural Studies. Beiträge zur Erprobung eines umstrittenen literaturwissenschaftlichen Paradigmas.* Berlin 2001, 115-131.

White, Hayden: *Die Bedeutung der Form. Erzählstrukturen in der Geschichtsschreibung.* Frankfurt a.M. 1990 (am. 1987).

Winter, Rainer: Spielräume des Vergnügens und der Interpretation. Cultural Studies und die kritische Analyse des Populären. In: Jan Engelmann (Hg.): *Die kleinen Unterschiede. Der Cultural Studies-Reader.* Frankfurt a.M./New York 1999, 35-48.

Wirth, Uwe (Hg.): *Performanz. Zwischen Sprachphilosophie und Kulturwissenschaften.* Frankfurt a.M. 2002.

Weitere Lektüreempfehlungen

Moebius, Stephan/Dirk Quadflieg (Hg.): *Kultur. Theorien der Gegenwart.* Wiesbaden 2006.
Der Sammelband enthält zahlreiche Beiträge zu aktuellen Kulturtheorien und gibt so einen breit gefächerten Überblick über die verschiedensten Ansätze in zahlreichen Disziplinen.

Nünning, Ansgar/Vera Nünning (Hg.): *Einführung in die Kulturwissenschaften.* Stuttgart/Weimar ²2008.
Der Band bietet gut recherchierte Beiträge zu allen kulturwissenschaftlichen Bezugstheorien und Forschungsfeldern, die vor allem für die literaturwissenschaftliche Debatte von Interesse sind.

12. Medienwissenschaftliche Ansätze

12.1 Einleitung

Einen Überblick über medienwissenschaftliche Ansätze in der Literaturwissenschaft zu geben, ist zum einen schwieriger als eine Skizze der kulturwissenschaftlichen Ansätze, weil einige der Positionen noch weniger klar sind und den Namen gebenden Begriff ›Medien‹ programmatisch unscharf verwenden – genauer gesagt als polyseme Bezeichnung tatsächlich unterschiedlicher Forschungsgegenstände. Zum anderen ist der Verbreitungsgrad dieser vielfältigen Richtung aber kleiner: Die besondere Differenzierung medientheoretischer Positionen in der Literaturwissenschaft ist vor allem ein deutschsprachiges Phänomen.

In den 1970er Jahren kamen Medien (in einem technischen Sinne) zunehmend ins Blickfeld der germanistischen Literaturwissenschaft. So begrüßte Helmut Kreuzer die **Erweiterung des Literaturbegriffs** seit den späten 1960er Jahren (s. Kap. 9.3.3) und plädierte dafür, nicht allein gedruckte Literatur zum Gegenstand der Literaturwissenschaft zu zählen, sondern auch die im 20. Jahrhundert immer wichtiger werdenden literarischen Produkte in den audiovisuellen Medien, z.B. das Hörspiel und die Literaturverfilmung (vgl. Kreuzer 1975, 73ff.). Die Forschungen im Fach wurden – wenn auch keineswegs flächendeckend – auf populäre Lesestoffe, Kino- und Fernsehfilme ausgeweitet. Wie in der Debatte um die kulturwissenschaftliche Orientierung der Literaturwissenschaft (s. Kap. 11.1) wurden wichtige Argumente aus den gesellschaftlichen und kulturellen Veränderungen im 20. Jahrhundert gewonnen: ›Die Medien‹ (im Sinne der Massenmedien) haben als gesellschaftliche Größe stetig an Bedeutung zugenommen; ihre Funktion, die Wahrnehmung der Wirklichkeit zu lenken, wird zu einer wichtigen Größe in der weiteren Debatte, in deren Zusammenhang der Begriff der ›Mediengesellschaft‹ geprägt wird (vgl. dazu Merten 2005). Literatur steht in Konkurrenz mit den audiovisuellen und später den elektronischen Medienprodukten und verliert spätestens in der zweiten Hälfte des 20. Jahrhunderts ihren Status als (hoch-)kulturelle Orientierungsgröße. Aus dieser Situation wird die Forderung nach einer Revision der traditionellen Literaturwissenschaft abgeleitet (vgl. z.B. Kreuzer 1975, 75; Kremer 2004, 23f.). Die Anpassung des Faches an eine veränderte gesellschaftliche Situation lässt sich zugleich als Versuch auffassen, den Folgen, die der Bedeutungsverlust der Literatur für die Literaturwissenschaft nach sich ziehen kann, dadurch zu begegnen, dass der Gegenstand des Faches und seine Verfahren gewissermaßen aktualisiert werden.

Institutionell betrachtet, ist eine Entwicklung in Richtung auf eine Differenzierung und Professionalisierung der mit ›Medien‹ befassten Fächer festzustellen. In den 1970er Jahren (und vereinzelt früher) nahmen sich traditionell fachwissenschaftlich ausgebildete Forscher die neuen Gegenstände vor, untersuchten z.B. kineastisch interessierte Germanisten oder Anglisten ›auch‹ Filme, was als ebenso notwendiges wie »riskante[s] Dilettieren« eingestuft wurde (Kreuzer 1977, XV). Die Literaturwissenschaft konkurrierte in der Erforschung von Massenmedien vor allem mit den meist stärker soziologisch orientierten Fächern der Publizistik und der Kommunikationswissenschaft und der sich als akademische Disziplin langsam etablierenden Filmwissenschaft. In den 1980er Jahren wurden vielerorts Medien-Schwerpunkte oder -Abteilungen in den traditionellen Fächern wie der Germanistik und Anglistik eingerichtet, aus denen sich mittlerweile an mehreren Standorten eigene Institute für Medienwissenschaften entwickelt haben. Parallel dazu sind medienwissenschaftliche Institute aus kommunikationswissenschaftlichen oder publizistischen Einrichtungen und als Neugründungen entstanden. Neben dieser Entwicklung zur Differenzierung ist aber auch eine Tendenz zur transdisziplinären Integration festzustellen: Unter Voraussetzung eines weiten Medienbegriffs (s. Kap. 12.2) können sich medienwissenschaftliche Ansätze ihre Untersuchungsgegenstände über die Fächergrenzen hinweg suchen, wenn sie sich etwa als Ziel setzen, »sich so gut mit dem Ursprung des Christentums wie auch mit den kulturellen Konsequenzen des Internets [zu] befassen, aber auch mit Schrift, Druck, Kunst, Literatur, Transportsystemen, Archivierungstechniken, politischen Organisationen oder Institutionen« (Debray 2003, U 4, vgl. auch ebd., 185-208).

Medien und Kultur: Da die Aufnahme einer medienwissenschaftlichen Perspektive in den Literaturwissenschaften in den ersten Jahren mit einer Erweiterung des Literaturbegriffs einherging, der auch die Produkte der Unterhaltungsmedien einbezog, bedurfte es einer Klärung des Verhältnisses von ›Medien‹ und ›Kultur‹: Das teilweise immer noch normative, enge Verständnis von ›Kultur‹ als Synonym für ›hohe‹ oder ›elitäre Kultur‹ musste zu dem weiten, eher ›demokratisch‹ konnotierten Medienbegriff in Beziehung gesetzt werden (Faulstich 1991a, 7f.). Provokativ wurde die Medientheorie als »Herzstück jeglicher Kulturtheorie« ausgerufen (ebd., 10), Kultur als »kreativer Umgang mit den Medien zum Zweck der Konstruktion von Wirklichkeit« bestimmt (ebd.). In einer Zusammenführung beider Konzepte wurde zu Beginn der 1990er Jahre vorgeschlagen, die Literaturwissenschaft – wie andere Geisteswissenschaften auch – als »Medienkulturwissenschaft« zu modellieren (Schmidt 1991, 47). Dieses Modell existiert in unterschiedlichen Varianten, die jeweils ›die Medien‹ (in abweichenden Bedeutungen) als wichtiges oder auch zentrales kulturelles Phänomen konzipieren, und wird mit unterschiedlich weiten Forderungen verbunden: Beispielsweise kann der Medientheorie und Mediengeschichte ein wichtiger Stellenwert im prinzipiell philologisch ausgerichteten literaturwissenschaftlichen Studium eingeräumt werden (vgl. Schönert 1996, 196ff.), oder es kann gefordert werden, dass »ausnahmslos *alle* literaturwissenschaftlichen Fragestellungen« eine medienkulturwissenschaftliche Perspektive zu berücksichtigen haben (Schmidt 2000, 357; Hervorbebung im Original); Literaturwissenschaft kann als ein medienkulturwissenschaftlich orientiertes Fach unter anderen aufgefasst werden oder als gegenstandsspezifischer Teilbereich einer kulturwissenschaftlichen Disziplin namens ›Medienkulturwissenschaft‹ (vgl. dazu Bohnenkamp/Schneider 2005, 43f.). Die Debatte, ob und in welchem Sinne die Literaturwissenschaft als Medienwissenschaft aufzufassen sei, verläuft demnach in ähnlichen Grenzziehungen wie die Debatte über das Verhältnis von Literatur- und Kulturwissenschaft (s. Kap. 11.1), wurde aber weniger vehement geführt. Dennoch sind die Ansprüche medienwissenschaftlich orientierter Literaturwissenschaftler nicht minder grundlegend und die Polarisierung ist groß. Zu Recht fordert Heinz Hiebler mehr Versuche des Ausgleichs zwischen den »mittlerweile eingenommenen Extrempositionen von konservativen Philologen einerseits und revolutionären Medienwissenschaftlern andererseits« (Hiebler 2004, 1).

12.2 Bezugstheorien

Der Begriff ›Medium‹ ist noch schillernder als der Kulturbegriff. Seine systematische Mehrdeutigkeit und seine Verwendungsvielfalt sind häufig festgestellt, beklagt, aber auch als Chance begrüßt worden. Es wurde mittlerweile eine Reihe von Klassifizierungen vorgelegt, die die begriffliche Vielfalt ordnen sollen und dabei unterschiedliche Kriterien anlegen. **Drei Typen von Medienbegriffen** werden besonders häufig unterschieden:

1. **Enge, technische Medienbegriffe:** Ein verbreiteter Medienbegriff bestimmt Medien nach den **Techniken oder Hilfsmitteln**, die erforderlich sind, um diese Medien produzieren oder rezipieren zu können. Er ordnet die Medien zugleich nach ihrer historischen Abfolge und der zunehmenden Wichtigkeit technischer Voraussetzungen: Mit Harry Pross werden »primäre Medien« von »sekundären« und »tertiären« unterschieden (Pross 1972, 127f.). Primäre Medien wie Stimme oder Mimik benötigen im Normalfall keine Hilfsmittel, um hervorgebracht und rezipiert zu werden; sekundäre wie Schrift oder Buchdruck brauchen Techniken zu ihrer Produktion, und die tertiären Medien wie Fernsehen oder Internet können ohne technische Geräte weder produziert noch rezipiert werden.

Ein zweiter technischer Medienbegriff unterscheidet zudem die **Funktionen**, die Medien erfüllen: Medien können technische Speichermittel sein (z.B. die Daten-Diskette), technische Übertragungs- oder Verbreitungsmittel (z.B. Rundfunk, TV) und Kommunikationsmittel (z.B. Telefon). In jedem dieser Fälle handelt es sich zugleich um Trägermedien für physikalische Vorgänge bzw. für Botschaften.

Diese engeren Medienkonzepte werden meistens in den institutionalisierten Medienwissenschaften und in Forschungen zu Einzelmedien verwendet. Ausgehend von ihnen sind mediengeschichtliche Forschungen entstanden, die wichtige Einsichten für die Literaturgeschichte erbracht haben (z.B. Ong 1987; Giesecke 1991).

2. **Weite (relationale, universale) Medienbegriffe:** Als ›Medium‹ kann im umfassendsten Sinne alles bezeichnet werden, was eine **Vermittlungsleistung** übernehmen kann (lat. *medium*: Mittel, Vermittlung). So verstanden, gibt es fast nichts, das nicht Medium sein kann. In etwas spezifischeren Varianten wird diese Vermittlungsleistung an ein Trägerobjekt und/oder an Kommunikation gebunden (vgl. dazu den Überblick bei Leschke 2003, 12-18). Theorien, die mit solchen weiten Konzepten arbeiten, tendieren dazu, ›Medium‹ zu einer universalen Kategorie zu machen und/oder Festlegungen zu vermeiden. Beispiele für weitgefasste Medienbegriffe finden sich
- in den Werken des wohl bekanntesten Medientheoretikers Marshall McLuhan: McLuhan fasst Medien als Werkzeuge auf, als »Ausweitungen unserer Körperorgane und unseres Nervensystems« (McLuhan 1970, 94 und öfter), so dass für ihn auch Stühle und Straßen zu Medien werden;
- im Rahmen verschiedener medienphilosophischer und -ästhetischer Positionen;
- in Konzeptionen, die den menschlichen Körper als Medium bzw. als ›mediatisiert‹ (d.h. zum Medium geworden bzw. gemacht) auffassen; den Rahmen bildet eine allgemeine Zeichentheorie, in der der Körper des Menschen als konstruierter Vermittler von Bedeutung bestimmt wird (vgl. Leeker 1998);
- in der Systemtheorie, deren spezifischer Medienbegriff sowohl eine weite Extension

als auch eine relationale Komponente aufweist (s.u.). In der Literaturwissenschaft ist auf der Grundlage dieses Konzepts eine Reihe systematischer und historischer Studien hervorgebracht worden (vgl. dazu z.B. Ort 1991; Reinfandt 2001; Jahraus 2003).

3. Der **strukturelle oder semiotische Medienbegriff** ist elementarer. Der Begriff ›Medium‹ wird als zeichenbasiert und kommunikationsorientiert bestimmt und bezeichnet den »semiotischen Modus der Zeichenvermittlung« (Hess-Lüttich/Schmauks 1997, 3489).

Es dürfte deutlich sein, dass die hier angewendeten Unterscheidungskriterien weder trennscharf sind, noch auf einer Ebene liegen. Auch verhalten sich nicht alle unterschiedenen Medienbegriffe komplementär zueinander. Zu Recht geht Rainer Leschke davon aus, dass es sich bei den weiten medienphilosophischen und den engeren medientechnischen Begriffen »schlicht um verschiedene Termini [handelt], die bestenfalls wenig miteinander zu tun haben« (Leschke 2003, 18).

Der ebenfalls häufig verwendete Begriff der **Medialität** richtet sich in seinen Bedeutungen nach dem jeweils vertretenen Medienkonzept. Darüber hinaus wird er in mindestens zwei Varianten gebraucht: Wird von der ›Medialität‹ eines Objekts (im weiten Sinne) gesprochen, dann kann damit die Eigenschaft des Objekts bezeichnet werden, ein Medium zu sein, aber auch die Eigenschaft, durch Medien bestimmt zu sein.

> **Probleme des Medienbegriffs**
> Problematisch am Medienbegriff ist nicht, dass er in diversen Bedeutungen verwendet werden kann, sondern vielmehr die Tatsache, dass diese Bedeutungen in vielen Verwendungszusammenhängen nicht klar voneinander unterschieden und nicht z.B. durch spezifizierende Zusätze markiert werden. Stattdessen werden die Begriffe ›Medium‹, ›Medien‹ ebenso wie ›Medialität‹ und vor allem ›medial‹ oftmals in ein und derselben wissenschaftlichen Abhandlung in verschiedenen Bedeutungen eingesetzt, ohne dass auf einen Bedeutungswechsel hingewiesen wird. Genau genommen heißt dieses bewusste In-Kauf-Nehmen der Mehrdeutigkeit, dass Leser nicht wirklich wissen, was der Autor gerade behauptet – und im schlimmsten Fall Autoren sich nicht darüber klar sind, was genau sie eigentlich sagen. Dies gilt keineswegs für alle medientheoretischen oder -historischen Studien, jedoch für diejenigen, in denen der Medienbegriff so verallgemeinert und metaphorisiert wird, dass er jede Genauigkeit und jedes distinktive Potenzial verliert (zur Kritik vgl. z.B. Ort 1991, 59). Gerade in Forderungen nach einer umfassenden Neukonzeption der Literaturwissenschaft werden oftmals solche unscharfen Medienbegriffe herangezogen und mit einer entsprechend hohen Begründungslast versehen, die ihnen nicht angemessen ist.

Da es so unterschiedliche Auffassungen vom Medienbegriff gibt, wundert es nicht, dass auch die Fragen, was eine Medientheorie sei und welche Theorien als Medientheorien bezeichnet werden können, recht unterschiedlich beantwortet werden. Ein Ausdruck dieser Situation ist die Tatsache, dass in manchen Kompendien, die einen Überblick über medienwissenschaftliche Ansätze geben, Heterogenes ohne systematische Unterscheidungen nebeneinander gestellt wird (vgl. Weber 2003, 30-45): explizite Medientheorien (z.B. »Techniktheorien«), medientheoretische Bausteine anderer Theorien (z.B. »Systemtheorien«) und solche Komplexe anderer Theorien, deren medientheoretisches Potenzial erst erschlossen werden muss (etwa »Feministische Medientheorien« und »Psychoanalytische Medientheorien«). Die aufgeführten Theorien unterschieden sich zudem in ihrem wissenschaftlichen Anspruch und werden dazu eingesetzt, Medien zu beschreiben, zu erklären oder auch zu kritisieren.

Von den diversen Bezugstheorien und medienkritischen Reflexionen, auf die sich medientheoretisch orientierte Literaturwissenschaftler stützen, seien hier nur einige besonders oft genannte kurz erläutert.

1. **Diskursanalyse:** Schon mit seinem Konzept der Aussage (frz. *énoncé*) betont Michel Foucault den Aspekt der **Materialität**. Ihn interessiert vor allem die Aussage als Vorkommnis bzw. ›materiales Ereignis‹ unter kontingenten Bedingungen, weniger aber ihr Inhalt (s. Kap. 7.2.2). Entsprechend fokussiert er in seinen Analysen historischer Diskurse auch auf deren ›Materialität‹, worunter wiederum Unterschiedliches zu verstehen ist: das Material der Zeichenträger, die Beschaffenheit und Kontingenz der Rede, Stofflichkeit u.a. (vgl. dazu den interdisziplinären Sammelband Gumbrecht/Pfeiffer 1988). Im Anschluss an Foucault weisen auch diskursanalytisch orientierte Literaturwissenschaftler der Materialität und Medialität von Literatur einen besonders hohen Stellenwert zu: Nicht die Bedeutungen literarischer Texte, sondern ihre materiale Beschaffenheit und die Tatsachen ihrer Präsentation (Schrift, Publikationsmedium u.a.) rücken ins Zentrum literaturwissenschaftlicher Studien (z.B. Kittler 1985). Diese lassen sich damit sowohl einer ›medienorientierten Literaturwissenschaft‹ zurechnen als auch der literaturwissenschaftlichen Diskursanalyse (s. Kap. 7.2).

Mit Bezug auf die Diskursanalyse wird zudem der **Begriff des Dispositivs** medientheoretisch verwendet. Foucault fasst darunter eine machtstrategisch bestimmte Konstellation aus Elementen, die zu einem Diskurs gehören (Wissen), und nicht-diskursiven Praktiken, aber auch Monumenten, z.B. Gebäude bzw. Arten des Bauens u.a. Er bestimmt ein Dispositiv als

> ein entschieden heterogenes Ensemble, das Diskurse, Institutionen, architektonische Einrichtungen, reglementierende Entscheidungen, Gesetze, administrative Maßnahmen, wissenschaftliche Aussagen, philosophische, moralische oder philanthropische Lehrsätze, kurz: Gesagtes ebensowohl wie Ungesagtes umfasst. Soweit die Elemente des Dispositivs. Das Dispositiv ist das Netz, das zwischen diesen Elementen geknüpft ist. (Foucault 1978, 119f.)

Der Begriff des Dispositivs ermöglicht Foucault, sprachliche und nicht-sprachliche Phänomene zusammenzufassen und als Manifestation von Machtverhältnissen zu sehen. Dispositive haben die Funktion, die Auffassung von Normalität und Anomalität zu regeln und damit auch die ›Wahrnehmung‹ von Gegenständen (in einem weiten Sinne) zu bestimmen. Mit Bezug auf diese Wahrnehmungskomponente wird der Begriff von einigen Medientheoretikern aufgenommen und dabei oftmals enger, aber auch klarer operationalisierbar gefasst. In einer Lesart dieses Begriffs organisieren ›Mediendispositive‹ die Wahrnehmungsweise der Menschen in einer Kultur, ohne dass diesen der Mechanismus bewusst wäre (vgl. Hickethier 2003, 187). Konkret wird z.B. unter dem »Kino-Dispositiv« eine bestimmte Konstellation von medienspezifischer, kinematographischer Technik, deren Bedingungen und den Zuschauern verstanden, deren Wahrnehmung durch die Technik geprägt wird (ebd., 187ff.).

2. **Systemtheorie:** Wie in Kapitel 9.4 erwähnt, beruft sich eine Gruppe medienwissenschaftlich orientierter Literaturwissenschaftler auf Niklas Luhmann. Sie nimmt vor allem die differenztheoretische Grundlage von Luhmanns Systemtheorie, weniger ihre soziologischen Ziele auf und knüpft an seinen Medienbegriff an (s. Kap. 9.4.2). Luhmann bestimmt Medien in der Differenz zu einer Form. Ein Medium ›existiert‹ in diesem Sinne nicht als sichtbare oder übertragbare Einheit, sondern als ungeordneter Zusammenhang von ›Elementen‹ oder ›Material‹ (Klang, Licht, Geld, Recht usw.), der unter bestimmten Bedingungen und zu bestimmten Zwecken strukturiert und damit zu einer – stets veränderlichen – Form werden kann. Sprache als Medium beispielsweise nutzt ihre lexikalischen Elemente, um Sätze zu formen; ihre Funktion liegt in der Verbindung von psychischen und sozialen Systemen. Eine herausragende Rolle für soziale Systeme übernehmen die symbolisch generalisierten Kommunikationsmedien, deren Leistung in ihrer kommunikativen Funktion liegt. Sie sind auf je spezifische Weise kodiert und ermöglichen Anschlusskommunikation.

Das Medienkonzept der Systemtheorie wird auf unterschiedliche Weise für literaturwissenschaftliche Zwecke eingesetzt. Es dient als Baustein für eine Neukonzeption der Literaturtheorie (z.B. Jahraus 2004) und als integrative Orientierungsgröße »für eine interdisziplinär abgesicherte Neubestimmung des Verhältnisses von Literatur- und Medienwissenschaft« (Ort 1991, 52). Unter dieser Perspektive wird das Sozialsystem ›Literatur‹ (s. Kap. 9.3) zum einen als eines von mehreren »Mediensystemen« betrachtet (ebd.), zum anderen kann es »nach *medienspezifischen Subsystemen*« untergliedert werden (ebd., 65; Hervorhebung im Original). Literaturwissenschaftliche Studien dieser Ausrichtung können als Beispiele für medienorientierte oder auch für systemtheoretische Literaturwissenschaft gelten (s. Kap. 9.4; zusammenfassend zur Bedeutung von Luhmanns Systemtheorie für die medienorientierte Literaturwissenschaft vgl. Reinfandt 2001, 107-110).

3. Als **Medientheorien im engeren Sinne** können Theorien gelten, deren Hauptanliegen die Beschreibung und Erklärung von Kommunikationsmitteln, ihrer Beschaffenheit, Herkunft und Nutzung sowie ihrer kulturellen Voraussetzungen und Folgen ist. Solche Theorien wurden für einzelne Medien, von Medien bestimmte Institutionen (z.B. Presse) und Medien im Allgemeinen vorgelegt (vgl. auch Rusch 2002, 252f.). Das Spektrum dieser Gruppe der Bezugstheorien ist also sehr breit und die Abgrenzung zur Medienphilosophie keineswegs eindeutig. Im Folgenden beschränken wir uns auf zwei Beispiele, die in der literaturwissenschaftlichen Debatte besonders oft angeführt werden, die Forschungen zur Oralität und Literalität und Walter Benjamins medientheoretische Reflexionen.

- Den Studien der **Oralitäts- und Literalitätsforschung** wird große Bedeutung für die Literaturwissenschaft zugeschrieben. Sie weisen darauf hin, dass eine der wesentlichen und lange Zeit nicht reflektierten Voraussetzungen der heutigen westlichen Kultur die Schrift ist, und bilden Theorien über die kognitiven Veränderungen und den Mentalitätswandel, die bzw. den der Übergang von einer durch Oralität geprägten Kultur zu einer Schriftkultur bewirkt hat.

Zu den wichtigsten Arbeiten auf diesem Gebiet zählen die Studien des britischen Ethnologen Jack Goody, der in den 1970er und 1980er Jahren im Zuge seiner Forschungen zu afrikanischen Stammesgesellschaften unter anderem das Verhältnis von oraler Tradition und jüngerer Schriftkultur untersucht hat (vgl. z.B. Goody 1981). Er stellt die These auf, dass literale Kulturen mindestens drei Begleiterscheinungen haben: Die Fähigkeit zur Abstraktion und kausalem Denken entwickelt sich; die sozialen und situativen Kontexte von Äußerungen verlieren an Bedeutung; die Funktion des menschlichen Gedächtnisses als kollektive Institution der Speicherung von Wissen wird vom geschriebenen Text übernommen. Ähnlich entwickelt Walter Ong – aufbauend auf empirischen Studien Milman Parrys und Eric Havelocks zur ›Oral Poetry‹ bzw. zu Kommunikationsformen im antiken Griechenland – eine Theorie über das Verhältnis von oraler und literaler Kommunikation (Ong 1987). Für ihn wirken sich die unterschiedlichen kommunikativen Bedingungen auch auf die Mentalität der Menschen aus; so korreliere die Notwendigkeit häufiger Wiederholung von Gesagtem in mündlichen Kulturen mit einer eher konservativen Haltung (dazu auch Kloock/Spahr 2000, 245f.). Als gesichert gilt die Annahme, dass das alphabetische Schriftsystem nicht allein Struktur und Mechanismen der kulturellen Überlieferung verändert hat, sondern auch die Wahrnehmung von Welt und das Denken. Ausführlich hat Michael Giesecke solche Zusammenhänge zwischen der Einführung einer neuen Medientechnik – dem Buchdruck – und den Veränderungen der frühneuzeitlichen Gesellschaft untersucht, die sie bewirkt (vgl. Giesecke 1991).

Die Forschungen zur Oralität und Literalität haben als theoretischen Ertrag die Einsicht in den engen Zusammenhang von kulturellem Leitmedium und menschlichem Denken bzw. Wahrnehmen erbracht und sind daher besonders für die literarische Anthropologie (s. Kap. 15) von Bedeutung. Zugleich sind diese Studien geeignet, Licht auf das Verhältnis von Mediengeschichte und Medientheorie zu werfen. Aus den mediengeschichtlich rekonstruierten ›Daten‹ werden Thesen darüber aufgestellt, unter welchen kulturellen Bedingungen das jeweils untersuchte neue Medium entstehen und sich verbreiten konnte, welche Folgen es für die Gesellschaft bzw. Kultur zeitigte, deren Gegebenheiten es ermöglicht haben und zu deren Wandel es beitrug. Aus diesen Thesen wird ein Modell für den prinzipiellen Zusammenhang von Medien und Kultur gebildet, das zur Erklärung (und teilweise zur Vorhersage) von Medienentwicklungen dient. Die medientheoretischen Debatten verlaufen gewissermaßen an den Entwicklungslinien der Mediengeschichte entlang und können neue Konzepte der Medienhistoriographie generieren; Michael Gieseckes Konzeption einer koevolutiven Mediengeschichte ist ein Beispiel dafür (vgl. Giesecke 2002). Medientheoretischer Gewinn wird darüber hinaus aus dem Nachweis gezogen, dass die zeitgenössischen Debatten über die jeweils neuen Medien strukturell sehr ähnlich sind.

- **Walter Benjamin** ist einer der meistzitierten Autoren mit medientheoretischem Potenzial. Seine in den 1930er Jahren erschienenen Arbeiten und vor allem seine Schrift »Das Kunstwerk im Zeitalter seiner technischen Reproduzierbarkeit« (1936) zählen zu den Vorläufern der späteren Medientheorie (vgl. Böhme/Matussek/

Müller 2000, 180f.; Kloock/Spahr 2000, 17f.). Aktueller Ausgangspunkt Benjamins ist eine mediengeschichtliche Entwicklung, der er sowohl ästhetische als auch politische Konsequenzen zuschreibt: Die Tatsache, dass die Techniken der Fotografie und des Films Kunstwerke reproduzierbar machen, erschüttert, so Benjamin, das Echtheitskriterium traditioneller Kunstkonzeptionen und verändert zugleich »die gesamte soziale Funktion der Kunst« (Benjamin 1977, 145). Sie verschiebt sich von einer »Fundierung aufs Ritual« zu einer »Fundierung auf Politik« (ebd.). Zugleich verliert die Kunst unter den Bedingungen ihrer technischen Reproduzierbarkeit ihre »Aura« (ebd., 142). Dieser für Benjamins Konzeption ebenso wichtige wie mehrdeutige Begriff zielt auf einen Zusammenhang von unvermittelt scheinender Präsenz eines Kunstwerks und dem Eindruck seiner »Ferne« (ebd.), der dem Kunstwerk eine einmalige, dem Alltäglichen enthobene Position zugesteht (vgl. ebd., 141). Diese Position verliert es mit dem Bedürfnis »der gegenwärtigen Massen«, sich Objekte möglichst nahe zu bringen und das Einmalige stets in einer Vielzahl zu reproduzieren (ebd., 142). Diesem Bedürfnis entspricht eine Wahrnehmung, die einen starken »›Sinn für das Gleichartige in der Welt‹« hat und ihm entsprechend die Realität gestaltet: »Die Ausrichtung der Realität auf die Massen und der Massen auf sie ist ein Vorgang von unbegrenzter Tragweite für das Denken wie für die Anschauung« (ebd., 143). Der Kinofilm als paradigmatisch reproduzierbares Medium erscheint daher als die fortschrittlichste moderne Kunstform, die auch eine »progressive gesellschaftliche Funktion« übernehmen kann (Böhme/Matussek/Müller 2000, 181).

Ohne auf Benjamins marxistisch fundierte Argumentation (s. Kap. 9.2.2) im Einzelnen eingehen zu können, sei hier nur hervorgehoben, warum seine Überlegungen als *medientheoretisch* relevant betrachtet werden: Er wendet zum einen ein Erklärungsmuster an, das sich verallgemeinern lässt: Er schließt von der Beschaffenheit eines Mediums (des Films) auf seine soziale und kulturelle Funktion (z.B. Benjamin 1977, 158f.) und setzt die Annahme dieser Folgerungsbeziehung zugleich dazu ein, Voraussagen über Veränderungen des »menschlichen Wahrnehmungsapparat[es]« (ebd., 167) und künftige Entwicklungen der Medien zu machen (vgl. ebd., 161). Zum anderen zieht er dabei Kategorien heran, die spätere Medientheoretiker aufgenommen haben, vor allem den Begriff der Aura.

4. Medienphilosophie: Eine einheitliche Bestimmung des Begriffs ›Medienphilosophie‹ sucht man vergeblich. Nach Frank Hartmann stellen medienphilosophische Ansätze übergeordnete Fragen nach der »*Veränderung kultureller Codes (und damit einer möglichen neuen Anthropologie)*« und schließen dabei an philosophische Positionen an, die »die grundsätzliche *Mediatisiertheit* des menschlichen Daseins« unter verschiedenen Perspektiven analysiert haben (Hartmann 2003a, 295; Hervorhebungen im Original). Selbst diese Bestimmung ist noch zu weit für klare Abgrenzungen z.B. zu Medientheorien, benennt aber zwei charakteristische Fragestellungen dieser Ansätze.

Die neueren medienphilosophischen Positionen arbeiten sowohl mit eng- als auch mit weitgefassten Medienbegriffen. Sie zeichnen sich unter anderem dadurch aus, dass sie allgemeine Eigenschaften der audiovisuellen und vor allem der neuen Medien, hier besonders ihre Digitalität und Technizität, als Ausgangspunkt für Reflexionen über Veränderungen kultureller Basisannahmen und literaturtheoretischer Prämissen heranziehen (z.B. Landow 1997, 2f., 91ff. u.ö.). Es finden sich weitreichende Aussagen über die kulturelle und anthropologische Bedeutung von Medien. Integriert werden diese Überlegungen oftmals in kultur- oder medientheoretische Plädoyers, die teils mit kultur- bzw. medienkritischer Stoßrichtung (z.B. Jean-François Lyotard, Paul Virilio, Jean Baudrillard), teils mit medienemphatischem Impetus formuliert werden (z.B. Vilém Flusser, Norbert Bolz). Von den in der Literaturwissenschaft des Öfteren zitierten medienphilosophischen Positionen seien hier Jean Baudrillard, Vilém Flusser und die Richtung der ›Mediologie‹ knapp vorgestellt.

- **Jean Baudrillard** vertritt eine sowohl marxistisch als auch poststrukturalistisch inspirierte medien- und kulturkritische Position, die die Annahme von der Unhintergehbarkeit der Sprache auf Medien überträgt: Jedes Wissen und jede Vorstellung von der Wirklichkeit sind demnach von Medien abhängig. Wir können nach Baudrillard weder Medienkritik in einem strengen Sinne treiben, noch über Medien theoretisieren, weil wir uns dabei notwendigerweise der Medien bedienen, zu denen wir in eine kritische oder Theoriebildung ermöglichende Distanz treten müssten. Daher lehnt Baudrillard auch marxistisch orientierte Medientheorien, z.B. die Hans Magnus Enzensbergers, als zu einfach ab, die in den modernen Medien – verkürzt gesagt – eine subversive Möglichkeit sehen, ›die Massen‹ zu emanzipieren und die Produktionsverhältnisse zu revolutionieren. Anders als eine technische Auffassung von ›Distributionsmedien‹ suggeriert, geben diese Medien Nachrichten nicht nur weiter, sondern sind, so Baudrillard, schon durch ihre Form und den Prozess des Weitergebens in die Ideologie dieser Nachrichten verstrickt. Sie prägen den Übermittlungsprozess durch ein bestimmtes gesellschaftliches Verhältnis: ein »Verhältnis der Abstraktheit, der Abtrennung und Abschaffung des Tauschs« (Baudrillard 1978, 90). In und mit den (allerdings unvermeidlichen) Medien könne keine Kommunikation stattfinden, sondern nur ihre Simulation, ebenso wie die durch Medien vermittelte Wirklichkeit immer simulierte Realität sei (vgl. ebd., auch 91).
- In **Vilém Flussers** medientheoretischen Arbeiten nehmen seine Überlegungen zum Verhältnis von Schrift bzw. Text und Bild breiten Raum ein. Sein Modell der Kulturgeschichte, deren fünf Entwicklungsstufen er mit Bezug auf Prozesse des Medienwandels erklärt, bezieht sich in zentralen Bausteinen auf dieses Verhältnis. Schrift richtet sich, so Flusser, nach dem Prinzip der Linearität, das mit den digitalen Medien durch den Binärkode abgelöst worden sei. In dem von diesem Kode hervorgebrachten ›technischen Bildern‹ sieht Flusser die Zukunft; ›lineare Medien‹ dagegen, zu denen er außer Schriftprodukten wie Literatur auch Radio und den Film zählt, werden bis zu ihrem Verschwinden stetig an Bedeutung verlieren. Auch Flusser nimmt an, dass die jeweiligen ›Leitmedien‹ einer Kultur in direkter Wechselwirkung mit deren dominierenden Denkweisen und Darstellungsmustern stehen, und verbindet seine mediengeschichtlichen Rekonstruktionen einerseits mit anthropologischen sowie medienontologischen Anliegen (eine kritische Darstellung findet sich bei Leschke 2003, 273-285) und überführt sie andererseits in kulturgeschichtliche Prognosen. Flusser versteht seinen eigenen Ansatz als »Kommunikologie«, als Lehre von der menschlichen Kommunikation (Flusser 1996).
- Die **Mediologie** ist eine medienphilosophische Spielart. Als ›Mediologie‹ wird ein von Régis Debray entworfenes kultur- und medienwissenschaftliches Programm bezeichnet, das mit einem dezidiert weiten Medienbegriff arbeitet und sich vor allem mit dem »Verhältnis von symbolischen Welten, physikalischer Wirklichkeit

und den vielschichtigen Prozessen der Übertragung oder Übermittlung« befasst (Hartmann 2003, 17). Es geht der Mediologie nicht um Medien im technischen Sinne, sondern um »Medialität«, worunter meist verschiedenartige Prozesse der Übertragung, der »kulturellen Transmission« verstanden werden (ebd., 92; vgl. auch Debray 2003, 9-18), die z.B. körperlich, technisch oder institutionell vor sich gehen können. Dabei interessiert sie sich weniger für die Frage, was übertragen wird, als vielmehr dafür, wie, unter welchen Bedingungen und mit welchen Konsequenzen die Transmission vor sich geht. Vertreter dieser Richtung nehmen einen relevanten Zusammenhang zwischen solchen Verfahren der Übertragung und den Denk- und Handlungsmustern einer Kultur an. Ihren Untersuchungsgegenstand fassen sie ebenso weit wie ihre Konzepte: »Genauer gesagt bilden Glaubenssysteme, symbolische Ordnungen, Kanäle und Schaltungen ein materiales Ensemble, jenes *mediale Milieu*, in dem Gedanken zur Wirkung kommen und das sie gleichzeitig erst zulässt« (Hartmann 2003, 100, mit Bezug auf Debray; Hervorhebung im Original). Diese materialen bzw. medialen ›Ensembles‹ gilt es zu analysieren, weil sie erst die Gedanken ermöglichen: Was beispielsweise in einem literarischen Text ausgesagt wird, wird, so die Annahme, von den Bedingungen der (Druck-)Schrift und des gesamten literarischen Distributionssystems, dem Konzept der Autorschaft, den Lesern und anderem mehr bestimmt (vgl. ebd.).

12.3 Grundbegriffe: Literatur, Autor, Leser, Kontext

Die Auswirkungen, die medientheoretische Voraussetzungen für die Bestimmung literaturwissenschaftlicher Grundbegriffe haben, sind – wenig überraschend – nicht einheitlich. Ob etablierte Konzepte erweitert oder neue gefordert werden, hängt zum einen mit dem verwendeten Medienbegriff zusammen. Zum anderen ist der programmatische Anspruch ausschlaggebend, der an die Aufnahme medienanalytischer oder -geschichtlicher Verfahren und Begriffe in das literaturwissenschaftliche Arsenal gestellt wird. Sie kann als Ergänzung dieses Arsenals um eine wichtige, bislang vernachlässigte Perspektive aufgefasst werden oder Anlass zur Forderung nach einer Neukonzeption des Faches geben. Tendenziell plädieren Vertreter weiter Medienbegriffe für radikalere terminologische Konsequenzen, während viele Vertreter technischer Medienkonzepte Begriffe eher modifizieren, vor allem aber neue Fragestellungen in die literaturwissenschaftliche Praxis einführen. Verbindet sich ein technischer Medienbegriff mit einer emphatischen Perspektive disziplinären Wandels, so werden ebenfalls radikalere Folgen gefordert. Charakteristisch hierfür ist Norbert Bolz' Kritik am Autorbegriff:

> Während sich die Vertreter der alteuropäischen Kultur ans Buchstäbliche der Literatur, an Diskursgewalten wie Autorschaft und Copyright und an Fetische wie Kreativität klammern, operiert man unter Medienbedingungen längst formal-numerisch und algorithmengeleitet. ›Hypermedien‹ brauchen keinen Autor, und Datenprocessing macht Genie schlicht überflüssig. (Bolz 1994, 48)

Die Bedingungen der aktuellen Entwicklung technischer Medien (bzw. die Berücksichtigung dieser Bedingungen) werden als *state of the art* angesehen, aus dem – in normativer Wendung – ein bestimmter Umgang mit (literatur-)wissenschaftlichen Konzepten abgeleitet wird. In diesem Sinne ›fortschrittliche‹ Wissenschaft soll mathematisch-technische Kriterien anwenden, die charakteristisch für eine technische Medienanalyse sind, und die die ›alten‹ Konzepte überflüssig machen. Diese Position schließt an poststrukturalistischer Kritik des Subjekt- und Autorbegriffs an (s. Kap. 7.2.3 und 7.3.3) und sieht eine Bestätigung dieser Kritik in den Entwicklungen der neuen Medien.

Neben solchen weitreichenden Forderungen stehen Begriffsverwendungen, die bereits etablierte literaturtheoretische Termini übernehmen. Die verschiedenen Ansätze medientheoretisch orientierter Literaturwissenschaft arbeiten also mit recht unterschiedlich bestimmten literaturwissenschaftlichen Grundbegriffen.

1. Literatur: Entsprechend lautet auch die Antwort auf die viel diskutierte Frage, ob Literatur als Medium aufzufassen sei, je nach vorausgesetztem Medienbegriff ›ja‹ oder ›nein‹. **Im technischen Sinne ist Literatur selbst kein Medium**, sondern nutzt Medien. Sie ist an spezifische Speicher- und Verbreitungsmittel gebunden und konkurriert mit Kunstformen, die andere Speicher- und Verbreitungsmittel verwenden. Beide Aspekte hat die traditionelle Literaturwissenschaft in der Regel ausgeblendet, und sie stehen ebensowenig im Fokus anderer Literaturtheorien: Für sie sind die schriftbasierte ›Medialität‹ und die ›Materialität‹ der Literatur vernachlässigenswerte Momente literarischer Texte. Für medientheoretisch orientierte Ansätze werden sie dagegen zu den wichtigsten Merkmalen. Zumindest aber erhält die Schriftlichkeit in der Bestimmung von ›Literatur‹ einen hohen Stellenwert, der den medientheoretisch informierten Literaturbegriff von anderen unterscheidet (vgl. z.B. Schmidt 2000, 330). Welche möglichen Effekte materiale Eigenschaften literarischer Texte für ihre Bedeutungskonstitution haben, ist im Zuge dieser Neuakzentuierung des Literaturbegriffs des Öfteren untersucht worden (vgl. z.B. Gumbrecht/Pfeiffer 1988).

Systemtheoretisch betrachtet ist Literatur jedoch **ein Medium**, ein »Medium der Realitätskonstruktion« und zugleich ein »Medium sozialer Kommunikation und Interaktion« (Ort 1991, 53). Für diese Auffassung der Literatur als Medium ist die relationale Komponente des Medienbegriffs entscheidend: »Literatur ist Medium, weil sie zwei Seiten eröffnet und diese aufeinander bezieht, z.B. Zeichen einerseits, Kommunikation andererseits« (Jahraus 2004, 194). Literatur als Medium in diesem Sinne zu bezeichnen, heißt zunächst einmal nur, ihr die formale Leistung zuzuschreiben, zwischen A und B zu vermitteln. Dabei kann für ›A‹ und ›B‹ Unterschiedliches eingesetzt werden, und ›B‹ kann auch das Gegenteil von ›A‹ bezeichnen: »Kommunikation und Zeichen, Text und Interpretation, Interpretierbarkeit und Uninterpretierbarkeit, Sozialsystem und Symbolsystem« (ebd.). Etwas spezifischer gefasst ist Literatur nach dieser Auffassung ein Medium, das »Bewußtsein und Kommunikation« strukturell koppelt und dabei »Sinn« hervorbringt (ebd., 200; zu Luhmanns Verständnis von ›Sinn‹ s. Kap. 9.4.2). Dabei hat die Schrift (mithin ein Medium auch im technischen Sinne) eine formende Funktion: Zu ihren Bedingungen zählt die Abkopplung von Produktions- und Rezeptionssituation, was den produzierten Sinn problematischer werden lässt, als es etwa in einem mündlichen Gespräch der Fall wäre. Der Ausgleich für dieses Defizit in der Erzeugung von Sinn wird im literarischen Text hergestellt: Literarische Texte prozessieren »intern« Sinn und werden selbst zur Hervorbringung von Sinn herangezogen (ebd., 203).

2. Autor: Medienorientierte Ansätze haben keine neue Bestimmung des Autorbegriffs vorgelegt. Welche Rolle die Autorinstanz spielt, variiert mit der theoretischen Orientierung. Aus Sicht primär medienhistorisch orientierter Literaturwissenschaftler kann die Art und Weise aufschlussreich sein, mit der einzelne Autoren die mediengeschichtlichen Voraussetzungen, unter denen sie schreiben, im Text konkretisieren; hier kann die Autorinstanz eine distinktive Funktion einnehmen, etwa in medienhistorischen Studien mit autorphilologischem Anliegen (z.B. Hiebler 2003). Für Vertreter einer diskursanalytischen Position dagegen hat sie keine untersuchungsrelevante, geschweige denn bedeutungskonstitutive Funktion (s. Kap. 7.2.3). Aus der Sicht dieser Theorie wurde in der frühen Debatte um die literarischen Hypertexte (Hyperfiktionen) das Hypertextprinzip als Bestätigung des Barthes'schen Diktums vom ›Tod des Autors‹ in der Moderne verstanden und noch einmal betont, dass diese Kategorie literaturtheoretisch obsolet sei (vgl. Landow 1997, 91f.). Mit Hinweis auf die Praxis der Produktion und Rezeption literarischer Hypertexte wurde diese Folgerung aber als unzutreffend zurückgewiesen: Autoren von Hyperfiktionen können die Lektüre ihrer Leser in noch stärkerem Maße lenken, als dies in nicht-digitaler, linearer Literatur der Fall ist (vgl. dazu Simanowski 2001).

3. Leser: Auch für die Instanz des Lesers wird kein eigenes theoretisches Konzept formuliert, sondern es werden Positionen aus anderen Theorien übernommen. Zum einen wird die Kategorie ›Leser‹ gegenüber der des Autors aufgewertet, ohne selbst Gegenstand der Forschung zu sein. Vielmehr wird das Lesen als kulturelle Praktik zum Ausgangspunkt unterschiedlich ausgerichteter Reflexionen genommen. Beispielsweise kann das Lesen im Anschluss an einen systemtheoretischen Medienbegriff als Tätigkeit aufgefasst werden, »in der das literarische Medium Form gewinnt« (Kremer 2004, 81); in diesem Fall lassen sich – dies auch auf der Linie diskursanalytischer Überlegungen – die Vielfalt von Wahrnehmungsweisen und die multiple Kontingenz von Bedeutungszuschreibungen feststellen (vgl. ebd., Kap. IX).

Zum anderen gibt es aber auch eine umfangreiche historische Leserforschung (z.B. Schön 1993) und empirische Forschungen zum Lesen (z.B. Meutsch 1987), die zu den mediengeschichtlichen Studien gezählt werden können. Sie arbeiten mit klarer operationalisierbaren Lesermodellen (zum empirischen Leserkonzept s. Kap. 14.1.3) und haben zahlreiche wichtige Erkenntnisse über den Umgang realer Leser mit Literatur im ›Medium Buch‹ erbracht. Ob diese Studien zu den Medien- oder zu den Rezeptionsforschungen gerechnet werden (s. Kap. 6 und 14.1), ist keine Frage der Verfahren – es werden in jedem Fall Rezeptionszeugnisse ausgewertet oder empirische Erhebungen durchgeführt –, sondern hängt von den leitenden Zielen der Untersuchung ab.

4. Kontext: Literaturwissenschaft als Medienwissenschaft zählt zu den kontextorientierten Ansätzen. Mediengeschichtliche Kontexte sind einzubeziehen, um zum einen die technischen Medien der Speicherung, Übertragung und Aufführung von Literatur untersuchen und zum anderen die »sozialorganisatorischen Produktions-, Rezeptions-, Distributions- und Verarbeitungsbedingungen *literarischer Wirklichkeitskonstruktionen*« (Ort 1991, 52; Hervorhebung im Original) analysieren zu können, die zum Gegenstandsbereich einer so verstandenen Literaturwissenschaft zählen. Wie im Fall der kulturwissenschaftlichen Ansätze wird das Spektrum relevanter Kontexte dem Themenbereich entsprechend erweitert, und auch hier ist festzustellen, dass viele der berücksichtigten Kontexte in traditionellen Untersuchungen, z.B. autorphilologischen Arbeiten hermeneutischer Provenienz, bereits vereinzelt beachtet worden sind. In medientheoretisch orientierten Studien kommen sie nun aber programmatisch und – je nach Ansatz – mit anderem Erkenntnisziel in den Blick. Einbezogen werden sowohl die Vielfalt der Medien im technischen Sinne (vom Buchdruck über die Fotografie und die Techniken der Telekommunikation bis zum Internet) als auch die kulturellen Institutionen ihrer Verbreitung und Sozialisation (z.B. Alphabetisierungsmaßnahmen). Dazu können diverse Kontexte kommen, die über metaphorische Verwendungen von ›schreiben‹ und ›Schrift‹ anschließbar sind, und Kontexte, die auf der Basis historischer Kenntnisse des Entstehungsumfeldes von Medien für interessant gehalten werden, z.B. Informationen zur Kriegstechnik (vgl. z.B. Kittler 1986, 149), deren Einbeziehung etwa mit Hinweisen darauf gerechtfertigt wird, dass Medien generell kriegsrelevant sind, eine Vorform des Internet im militärischen Kontext entwickelt worden ist u.a. Unter Voraussetzung weiter Medienbegriffe werden die direkten Bezüge zu technischen Medien noch weniger zwingend und es können alle die Kontextinformationen rekonstruiert werden, die z.B. etwas mit »ontosemiologische[n] Leitmedien« zu tun haben, etwa das christliche Abendmahl oder Geld (Hörisch 1999, 15). Auch medientheoretische Ansätze können den Begriff ›Kontext‹ extratextuellen Bezugsgrößen zuordnen oder ihn intertextuell bzw. intermedial bestimmen (s. Kap. 12.4, Punkt 2).

12.4 Ziele medienorientierter Literaturwissenschaft und Methoden der Textinterpretation

Die Ziele der medienwissenschaftlich orientierten Literaturwissenschaft und die ihnen entsprechenden Verfahren lassen sich in zwei Gruppen zusammenfassen:

1. Analyse der Thematisierung von Medien: Zum einen werden literarische Texte in thematischer Hinsicht daraufhin untersucht, wie sie technische Medien zur Sprache bringen, ihre Probleme reflektieren oder in der fiktiven Welt das Verhältnis von Weltwahrnehmung und den dargestellten technischen Hilfsmitteln der Wahrnehmung gestalten (vgl. dazu z.B. Karpenstein-Eßbach 1998, 16). Entsprechende Studien gehen vor allem motivgeschichtlich vor und rekonstruieren z.B. die literarischen Thematisierungen von optischen Apparaten, etwa dem Fernrohr oder Mikroskop, oder die Behandlung von Fotografie, Radio oder Zeitungen in Romanen des 19. oder 20. Jahrhunderts. Sie kontextualisieren die behandelten literarischen Texte mediengeschichtlich, stellen aber andere Fragen als die Untersuchungen der zweiten Gruppe. Sie achten z.B. darauf, wie der Text die einbezogenen Medien darstellt, ob und wie er mediale Prozesse explizit reflektiert und welche Aufschlüsse er über die Kommunikationsmedien seiner Zeit gibt. Dabei wird nach strukturell oder thematisch einschlägigen Textmerkmalen gesucht, die mit mediengeschichtlichen Informationen korreliert werden.

2. Analyse der Materialität bzw. Medialität literarischer Texte: Das zweite, folgenreiche Ziel medienwissenschaftlich orientierter Ansätze liegt darin, literarische Texte als mediale Phänomene zu untersuchen: die Bedingungen, unter denen sie im Zusammenhang der medienhistorischen Entwicklung entstanden sind, und ihre Funktionalisierung der eingesetzten Medien für die Konstruktion von Wirklichkeit (vgl. Hiebler 2004, 166). Die Verfahren, mit denen dieses Ziel erreicht werden soll, können zum einen darin bestehen, den untersuchten Text in den Kontext medienhistorischer Informationen zum Material des Textes, zu seiner technischen Erscheinungsform usw. zu stellen und Beziehungen zwischen ihnen zu plausibilisieren. Gezeigt werden soll auf diese Weise, dass die technischen Medien wie Schrift und Buchdruck auf das Herstellen und Verarbeiten von Informationen im literarischen Text einwirken (vgl. Kittler 1995). Darüber hinaus kann aber auch eine »Interdependenz von technischer Medialität und Semiose« angenommen werden (Koschorke 2003, 11), die nachzuweisen hat, dass nicht einseitig »die mediale Apparatur« auf die Informationserzeugung der Texte wirkt, sondern dass diese Medien selbst als Ergebnisse kommunikativer Prozesse aufzufassen sind (ebd.). Die Methoden werden von den jeweiligen Theorien vorgegeben; dies ist auch dann der Fall, wenn die Normen für die Analyseverfahren aus der Literatur selbst ›abgeleitet‹ werden: Die Annahme, dass bestimmte literarische Texte »Standards« vorgeben, »hinter die eine medientheoretische Reflexion der (literarischen) Schrift nicht zurückfallen darf« (Kremer 2004, 22), ist nur unter Voraussetzung einer medientheoretischen Fragestellung (und eines emphatischen Literaturbegriffs) plausibel.

Unter dem Aspekt der Konzentration auf die Materialität bzw. Medialität von Texten kann Literaturgeschichte als Mediengeschichte mit unterschiedlich weitreichenden Ansprüchen vertreten werden, die auf Komplementarität bzw. auf Substitution zielen:

- Vertreter eines **Komplementaritätsmodells** verstehen ihren Ansatz als Erweiterung oder Ergänzung anderer literaturwissenschaftlicher Verfahrensweisen. Hier kann man der Auffassung sein, dass die bislang vernachlässigte Medienperspektive eine wünschenswerte oder eine notwendige Komplettierung anderer Herangehensweisen sei. In jedem Fall wird das eigene Vorgehen als vereinbar mit anderen Verfahren angesehen: Informationen über materiale und mediale Eigenschaften literarischer Texte bzw. entsprechend bestimmte Produktions- und Rezeptionsbedingungen vermehren das Wissen über literarische Texte und tragen dazu bei, sie besser zu verstehen.
Als komplementär zu traditionelleren Verfahren der Analyse und Interpretation literarischer Texte werden in der Regel auch Untersuchungen zu Phänomenen der **Intermedialität** in ihren verschiedenen Varianten betrachtet, vor allem zum Medienwechsel und zu intermedialen Bezügen (vgl. Rajewsky 2002, Kap. 2.4). Unter ›Medienwechsel‹ wird die Transformation eines in einem Medium (im technischen Sinne) fixierten Produkts in ein anderes, als unterschiedlich wahrgenommenes Medium verstanden (vgl. genauer ebd., 19, 22ff.). Das bislang am besten erforschte Beispiel für Medienwechsel sind Literaturverfilmungen, aber auch Umsetzungen literarischer Texte in Hörspiele, Comics oder andere nicht primär textuelle Medienprodukte zählen dazu. Für literaturwissenschaftliche Studien besonders interessante Typen **intermedialer Bezüge** liegen vor, wenn literarische Texte Darstellungsformen aus anderen Medien übernehmen bzw. simulieren (z.B. ›filmisches Schreiben‹) oder wenn literarische Gestaltungsweisen in andere Medien übertragen werden (z.B. die Übernahme literarischer Genrekonventionen in Filme). Intermediale Bezüge in diesem Sinne bestehen zwischen einem konkreten Medienprodukt – z.B. einem literarischen Text – und einem »medialen System«,

dem dieses Produkt nicht angehört (ebd., 25, 72ff.), z.B. der Malerei oder dem Film.
- Im Rahmen des **Substitutionsmodells** werden andere Verfahren der Analyse und Interpretation literarischer Texte durch medienwissenschaftlich vorgehende Analysen ersetzt. Wenn in den entsprechenden Studien das ›Gemachtsein‹ der Texte, ihre materiale Gestalt und/oder die technischen Voraussetzungen ihrer Produktion im Mittelpunkt stehen, dann sollen damit keine Bausteine für eine vollständigere Deutung literarischer Texte geliefert werden, sondern es soll ein neues literaturwissenschaftliches Programm umgesetzt werden, das für zeitgemäßer und den Gegenständen angemessener gehalten wird als andere Ansätze.

Ein Beispiel dafür ist Friedrich A. Kittlers einflussreiche Monographie *Aufschreibesysteme 1800/1900* (zuerst 1985). Unter ›Aufschreibesystemen‹ versteht der Autor unter anderem »das Netzwerk von Techniken und Institutionen [...], die einer gegebenen Kultur die Adressierung, Speicherung und Verarbeitung relevanter Daten erlauben« (Kittler 1995, 519). Es geht ihm um den Nachweis, in welchen »Regelkreise[n] von Sendern, Kanälen und Empfängern« (ebd., 520) Literatur steht, also um die medialen Bedingungen ihrer Produktion, ihres Zirkulierens und ihrer Rezeption. Rekonstruiert werden sollen die »Momentaufnahmen« (ebd.) der technischen Bedingungen, unter denen literarische Texte entstanden sind, und die Folgen dieser Bedingungen für die anderen ›Einheiten im Regelkreis‹. Damit geht diese Variante medientheoretisch informierter Literaturwissenschaft, so Kittler, noch über die Diskursanalyse hinaus:

> Spätestens seit der zweiten industriellen Revolution mit ihrer Automatisierung von Informationsflüssen erschöpft eine Analyse nur von Diskursen die Macht- und Wissensformen noch nicht. Archäologen der Gegenwart müssen auch Datenspeicherung, -übertragung und -berechnung in technischen Medien zur Kenntnis nehmen. (Kittler 1995, 519)

Gefordert wird, die Untersuchungsperspektive vor allem um die medientechnischen Voraussetzungen der Produktion von Kulturprodukten zu erweitern, und zwar aus Gründen der Zeitgemäßheit und Gegenstandsadäquatheit: Literaturgeschichte ohne diese Perspektive zu betreiben, heißt, Literatur zu verfehlen. In Bezug auf hermeneutische Ansätze der Literaturwissenschaft läuft dieser Ansatz auf Substitution hinaus; in Bezug auf diskursanalytische Fragestellungen dagegen ist er komplementär (s. dazu Kap. 7.2.4).

12.5 Beispielinterpretation

Als Beispiel für eine mediengeschichtliche Analyse nach dem Komplementaritätsmodell, die sowohl nach der Bedeutung technischer Medien für Literatur und literarische Kommunikation fragt, als auch auf der Grundlage eines systemtheoretischen Medienbegriffs Beziehungen zwischen Medium und Form untersucht, wird im Folgenden Claudia Stockingers Interpretation von Theodor Storms Novelle *Immensee* vorgestellt.

Die Novelle ist in verschiedenen Fassungen erschienen, deren Unterschiede die Verfasserin auf eine mehrdimensionale **Politik der Leserbindung durch den Autor** zurückführt (Stockinger 2006, 287f.). Um dies zu zeigen, geht sie in vier Schritten vor und untersucht Storms Poetik und ihre Umsetzung in den verschiedenen Fassungen der Novelle (1), die Haltung des Autors zu den zeitgenössischen Konkurrenzmedien (2), den programmatischen Einsatz von Illustrationen (3) und Storms Strategie der Leserbindung als Verfahren der Darstellung (4).

1. »**Realismus der Aussparung**«: Im Vergleich der ersten Ausgabe der Novelle von 1849, die im *Volksbuch auf das Jahr 1850 für die Herzogthümer Schleswig, Holstein und Lauenburg nebst Kalender* erscheint, mit der Buchfassung von 1851 lassen sich aussagekräftige Änderungen aufzeigen, die die Verfasserin medienhistorisch und mit Bezug auf Storms Poetik deutet. So zeichnet sich die frühe Fassung durch hohe Explizitheit, ausführliche Handlungsmotivation und eine allgegenwärtige auktoriale Erzählinstanz sowie durch die Tatsache aus, dass sie an den jeweiligen Kapitel-Enden Spannungsbögen aufbaut, die die Leser »bei der Stange« halten (ebd., 292). Solches Erzählen entspricht dem Publikationsorgan dieser ersten Ausgabe, das auf schnellen »Lesekonsum und Innovationsinteresse« seiner Rezipienten zielt (ebd.). Wenn Storm in der Überarbeitung für die Buchausgabe die expliziten »Zusammenhänge ausdünnt« (ebd., 295), auf lückenlose Motivation und Spannungsbögen verzichtet und die Kapitelverbindungen abschwächt (ebd., 296), dann setzt er auf einen anderen Lesemodus: auf die ebenso aktive wie zeitintensive Wiederholungslektüre, die Zusammenhänge selbst herstellt, Reflexionsfähigkeit erfordert und »Raum für die Entfaltung des Interpretations- und Einfühlungsvermögens« des Lesers bietet (ebd., 295). Storms Technik der »Aussparung« ersetzt eine ausführliche Gestaltung der fiktiven Welt »durch die Evokation von Stimmung« (ebd., 298) und realisiert damit ein Verfahren, das der Autor in seinen Überlegungen zur Lyrik als »›eigentliche Aufgabe des lyrischen Dichters‹« (ebd., 290) postuliert.

2. **Stellung zur Medienkonkurrenz:** Zugleich lässt sich Storms »Realismus der Aussparung«, so Stockinger, als eine Antwort auf die Herausforderungen der Literatur durch neue visuelle Medien verstehen, die im 19. Jahrhundert in Konkurrenz zur schriftbasierten Kunst treten, vor allem als Antwort auf die Fotografie (vgl. ebd., 298). Die Novelle versucht gar nicht erst so zu tun, als könne sie Wirklichkeit so abbilden, wie sie ist, sondern stellt sie (programmgemäß) so dar, wie sie sein sollte (vgl. ebd., 301).

3. **Einsatz von Illustrationen:** Am Beispiel der beiden illustrierten *Immensee*-Ausgaben von 1857 und 1887 verdeutlicht die Verfasserin Storms »Medienpolitik« (ebd., 302) unter einem neuen Aspekt. Zwar wirken die Illustrationen insofern gegenläufig zur Aussparungstechnik, als sie bestimmte Szenen der Novelle vereindeutigen. Jedoch haben sie neben der Aufgabe, »das Textverständnis [zu] fördern«, auch die Funktionen, ein intensiveres Leseerlebnis zu ermöglichen und »die ›Liebe‹ zwischen Autor, Text und Leser auf Dauer [zu] stellen« (ebd., 303). Diese letzte Funktion belegt die Verfasserin exemplarisch: So wird die Zuneigung zwischen den Protagonisten Reinhardt und Elisabeth, die Reinhardt im Text nicht in Worte fassen kann, in der Illustration bildlich fixiert und den Lesern vor Augen geführt. In eben dieser Weise ist »das grundlegende Einverständnis zwischen Leser, Autor und Erzählung [...] der sprachlichen Kommunikation entzogen« und »verstetigt« (ebd., 304). Dass der Leser die »Rolle des

Liebenden« übernehmen soll, macht, so Stockinger, zudem die Tatsache deutlich, dass Einband und Frontispiz der Ausgabe von 1857 den Leser mit eben dem Landschaftsbild ins Buch geleiten, das der Protagonist vor seinem Wiedersehen mit der Geliebten erblickt (vgl. ebd.).

4. ›Liebe‹ als Verfahren der Darstellung: Storms Selbsteinschätzung, dass seine Novelle von »der Atmosphäre der Liebe erfüllt« sei (ebd., 286, 306), sieht die Interpretin nicht nur in thematischer Hinsicht, sondern auch in Bezug auf das »Darstellungs*verfahren*« (ebd., 314; Hervorhebung im Original) als zutreffend an. Sie fasst in diesem Abschnitt des Beitrags ›Liebe‹, ›Romantik‹ und ›Poesie‹ bzw. ›Lyrik‹ als Medien im Sinne Luhmanns auf und setzt sie zur Erläuterung interner Textstrukturen sowie verschiedener Vertextungsverfahren des Autors ein (vgl. ebd., 308-314). So zeigt sich z.B., dass die Gedichte, die in der Novelle vorkommen, außer der thematischen eine funktionale Bedeutung haben: Mit Hilfe spezifisch lyrischer Mittel lassen sich die ansonsten nicht zugänglichen »Innenwelten« der Figuren ausdrücken (ebd., 314) und »Stimmungen« evozieren (ebd., 310), und damit führt die Novelle zugleich »die Macht der Poesie als ein das ganze Leben durchdringendes Kommunikationsmedium« vor (ebd.).

Storms Vorstellung einer »omnipräsenten Poesie« (ebd., 291), die das Leben ständig begleitet, lässt sich in dieser Interpretation unter verschiedenen Aspekten nachweisen: Sie ist in der Wahl des Mediums ›Taschenbuch‹, das der Leser überall hin mitnehmen kann und mit dem die Novelle ein großer Verkaufserfolg wird, ebenso greifbar wie in den auf dauerhafte Bindung der Leser zielenden, textuellen Darstellungsverfahren, dem »erzählerische[n] Programm« (ebd., 306) der Novelle.

Charakteristisch für medienwissenschaftlich orientierte Deutungen literarischer Texte, die dem Komplementaritätsmodell zuzuordnen sind und unter anderem ein autorphilologisches Anliegen verfolgen, sind
- die Einbeziehung mediengeschichtlicher Sachverhalte (hier: der Publikationsmedien und der zeitgenössischen Medienkonkurrenz) und die Frage nach deren Konsequenzen für Thema und Form der Texte;
- die Einbeziehung der Leser: Hier werden sowohl Rezeptionszeugnisse ausgewertet, die Aufschluss über tatsächliche Leseerfahrungen geben, als auch etablierte Annahmen lesergeschichtlicher Forschungen einbezogen, z.B. das Wissen über die unterschiedlichen Lesemodi der Einmal- und der Wiederholungslektüre;
- die Verwendung unterschiedlich weiter Medienbegriffe, um verschiedene Aspekte des untersuchten Phänomens zu erfassen. Im Interpretationsbeispiel wird der Übergang von einem technischen zu einem systemtheoretischen Medienbegriff mit abweichender Extension und Intension markiert.

Das Wichtigste in Kürze

In der medientheoretisch orientierten Literaturwissenschaft werden zahlreiche unterschiedliche Ansätze vertreten. Sie lassen sich grob einteilen
- nach den **Medienbegriffen**, die sie verwenden; es dominieren enge, technische und weite, universale oder systemtheoretische Medienbegriffe;

- nach dem **innovatorischen Potenzial**, das sie der Berücksichtigung von Medien für Literaturwissenschaft zuschreiben: Das Spektrum reicht von der Auffassung, die ›traditionelle‹, hermeneutisch verfahrende Literaturwissenschaft durch Einbeziehen der Medienperspektive zu ergänzen (Besser-Verstehen der Texte durch Einbeziehen der Medienperspektive), bis zur Forderung nach einer Neukonzeption der Literaturwissenschaft im Zeichen einer Medienorientierung, die sich in die neueren hermeneutikkritischen Positionen einreiht.

Literatur wird untersucht
- nach ihrer Thematisierung von Medien (meist im technischen Sinne);
- nach der Materialität und Medialität ihrer Texte im jeweiligen Entstehungszusammenhang.

Literatur

Baudrillard, Jean: Requiem für die Medien [frz. 1972]. In: J.B.: *Kool Killer oder Der Aufstand der Zeichen*. Berlin 1978, 83-118.
Benjamin, Walter: Das Kunstwerk im Zeitalter seiner technischen Reproduzierbarkeit. In: W.B.: *Illuminationen. Ausgewählte Schriften*. Frankfurt a.M. 1977, 136-169.
Böhme, Hartmut/Peter Matussek/Lothar Müller: *Orientierung Kulturwissenschaft. Was sie kann, was sie will*. Reinbek bei Hamburg 2000.
Bohnenkamp, Björn/Irmela Schneider: Medienkulturwissenschaft. In: Claudia Liebrand/ I.S./B.B./Laura Frahm (Hg.): *Einführung in die Medienkulturwissenschaft*. Münster 2005, 35-48.
Bolz, Norbert: Neue Medien. In: *Information Philosophie* 1 (1994), 48-55.
Debray, Régis: *Einführung in die Mediologie*. Bern 2003 (frz. 1999).
Faulstisch, Werner (Hg.): *Medien und Kultur. Beiträge zu einem interdisziplinären Symposium der Universität Lüneburg* (LiLi. Zeitschrift für Literaturwissenschaft und Linguistik, Beiheft 16). Göttingen 1991.
Faulstisch, Werner: Einführung. In: Faulstich 1991, 7-15 (1991a).
Flusser, Vilém: *Kommunikologie*. Mannheim u.a. 1996.
Foucault, Michel: *Dispositive der Macht. Über Sexualität, Wissen und Wahrheit*. Berlin 1978.
Giesecke, Michael: *Der Buchdruck in der frühen Neuzeit. Eine historische Fallstudie über die Durchsetzung neuer Informations- und Kommunikationstechnologien*. Frankfurt a.M. 1991.
Giesecke, Michael: *Von den Mythen der Buchkultur zu den Visionen der Informationsgesellschaft. Trendforschungen zur kulturellen Medienökologie*. Frankfurt a.M. 2002.
Goody, Jack (Hg.): *Literalität in traditionalen Gesellschaften*. Frankfurt a.M. 1981 (engl. 1969).
Gumbrecht, Hans Ulrich/K. Ludwig Pfeiffer (Hg.): *Materialität der Kommunikation*. Frankfurt a.M. 1988.
Hartmann, Frank: *Mediologie. Ansätze einer Medientheorie der Kulturwissenschaften*. Wien 2003.
Hartmann, Frank: Medienphilosophische Theorien. In: Weber 2003, 294-324 (2003a).
Hess-Lüttich, Ernest W.B./Dagmar Schmauks: Multimediale Kommunikation. In: Roland Posner/Klaus Robering/Thomas A. Sebeok (Hg.): *Semiotik. Ein Handbuch zu den zeichentheoretischen Grundlagen von Natur und Kultur*. Berlin 1997, 3487-3503.

Hiebler, Heinz: Literaturwissenschaft als Medienkulturwissenschaft. Zur Profilierung der medienorientierten Literaturwissenschaft am Beispiel Hugo von Hofmannsthals. In: *Kakanien Revisited* (03.03.2004), 1-31 (http://www.kakanien.ac.at/beitr/theorie/HHiebler1.pdf, 07.08.2008).
Hiebler, Heinz: Medienorientierte Literaturinterpretation. In: Ansgar Nünning (Hg.): *Grundbegriffe der Literaturtheorie*. Stuttgart/Weimar 2004, 166-169.
Hörisch, Jochen: *Ende der Vorstellung. Die Poesie der Medien*. Frankfurt a.M. 1999.
Jahraus, Oliver: *Literatur als Medium. Sinnkonstitution und Subjekterfahrung zwischen Bewußtsein und Kommunikation*. Weilerswist 2003.
Jahraus, Oliver: *Literaturtheorie. Theoretische und methodische Grundlagen der Literaturwissenschaft*. Tübingen/Basel 2004.
Karpenstein-Eßbach, Christa: Medien als Gegenstand der Literaturwissenschaft. Affären jenseits des Schönen. In: Julika Griem (Hg.): *Bildschirmfiktionen. Interferenzen zwischen Literatur und neuen Medien*. Tübingen 1998, 13-32.
Kloock, Daniela/Angela Spahr: *Medientheorien. Eine Einführung*. München ²2000.
Kittler, Friedrich A.: *Grammophon – Film – Typewriter*. Berlin 1986.
Kittler, Friedrich A.: *Aufschreibesysteme 1800/1900*. ³1995.
Koschorke, Albrecht: *Körperströme und Schriftverkehr. Mediologie des 18. Jahrhunderts*. München 2003.
Kremer, Detlef: *Literaturwissenschaft als Medientheorie*. Münster 2004.
Kreuzer, Helmut: *Veränderungen des Literaturbegriffs. Fünf Beiträge zu aktuellen Problemen der Literaturwissenschaft*. Göttingen 1975.
Kreuzer, Helmut (Hg.): *Literaturwissenschaft - Medienwissenschaft*. Heidelberg 1977.
Landow, George P.: *Hypertext 2.0. The Convergence of Contemporary Critical Theory and Technology*. Baltimore/London 1997.
Leeker, Martina: Der Körper des Schauspielers/Performers als ein Medium. Oder: Von der Ambivalenz des Theatralen. In: Sibylle Krämer (Hg.): *Über Medien. Geistes- und kulturwissenschaftliche Perspektiven*. Berlin 1998, 20-35.
Leschke, Rainer: *Einführung in die Medientheorie*. München 2003.
McLuhan, Marshall: *Die magischen Kanäle*. Frankfurt a.M. 1970 (am. 1964).
Merten, Klaus: Zur Ausdifferenzierung der Mediengesellschaft. Wirklichkeitsmanagement als Suche nach Wahrheit. In: Klaus Arnold/Christoph Neuberger (Hg.): *Alte Medien – neue Medien. Theorieperspektiven, Medienprofile, Einsatzfelder*. Wiesbaden 2005, 21-39.
Meutsch, Dietrich: *Literatur verstehen. Eine empirische Studie*. Braunschweig 1987.
Ong, Walter J.: *Oralität und Literalität. Die Technologisierung des Wortes*. Opladen 1987 (am. 1982).
Ort, Claus-Michael: Literaturwissenschaft als Medienwissenschaft. Einige systemtheoretische und literaturgeschichtliche Stichworte. In: Faulstich 1991, 51-61.
Pross, Harry: *Medienforschung. Film, Funk, Presse, Fernsehen*. Darmstadt 1972.
Rajewsky, Irina O.: *Intermedialität*. Tübingen/Basel 2002.
Reinfandt, Christoph: Systemtheorie und Literatur. Teil IV. Systemtheoretische Überlegungen zur kulturwissenschaftlichen Neuorientierung der Literaturwissenschaften. In: *Internationales Archiv für Sozialgeschichte der deutschen Literatur* 26/1 (2001), 88-118.
Rusch, Gebhard: Medientheorie. In: Helmut Schanze (Hg.): *Metzler Lexikon Medientheorie/Medienwissenschaft. Ansätze – Personen – Grundbegriffe*. Stuttgart/Weimar 2002, 252-255.
Schmidt, Siegfried J.: Medien, Kultur: Medienkultur. In: Faulstich 1991, 30-50.
Schmidt, Siegfried J.: *Kalte Faszination. Medien – Kultur – Wissenschaft in der Mediengesellschaft*. Weilerswist 2000.

Schön, Erich: *Der Verlust der Sinnlichkeit oder die Verwandlungen des Lesers. Mentalitätswandel um 1800*. Stuttgart 1993.

Schönert, Jörg: Literaturwissenschaft – Kulturwissenschaft – Medienkulturwissenschaft: Probleme der Wissenschaftsentwicklung. In: Renate Glaser/Matthias Luserke (Hg.): *Literaturwissenschaft – Kulturwissenschaft. Positionen, Themen, Perspektiven*. Opladen 1996, 192-208.

Simanowski, Roberto: Autorschaften in digitalen Medien. Eine Einleitung. In: R.S./Heinz Ludwig Arnold (Hg.): *Digitale Literatur*. München 2001, 3-21.

Stockinger, Claudia: Storms »Immensee« und die Liebe der Leser. Medienhistorische Überlegungen zur literarischen Kommunikation im 19. Jahrhundert. In: *Jahrbuch der deutschen Schillergesellschaft* 50 (2006), 286-315.

Weber, Stefan (Hg.): *Theorie der Medien. Von der Kulturkritik bis zum Konstruktivismus*. Konstanz 2003.

Weitere Lektüreempfehlung

Hickethier, Knut: *Einführung in die Medienwissenschaft*. Stuttgart/Weimar 2003.

Der Verfasser stellt Grundbegriffe und Modelle der Medienwissenschaft dar, führt in wichtige Konzepte wie das des Mediendispositivs und der Öffentlichkeit ein, erläutert einzelne Medien im technischen Sinne (Film, Fernsehen, Radio und Computer) und skizziert mit der Medienanalyse, -geschichte und -theorie drei Typen wissenschaftlicher Beschäftigung mit Medien.

13. Analytische Literaturtheorie

13.1 Einleitung

Als ›analytisch‹ wird eine von der analytischen Philosophie und Wissenschaftstheorie beeinflusste literaturtheoretische Strömung bezeichnet, zu deren Gegenständen und Zielen insbesondere die Analyse und Explikation literaturtheoretischer Begriffe (etwa ›Literatur‹, ›Fiktion‹) und die Untersuchung unserer Umgangsweisen mit Literatur (etwa Beschreiben, Interpretieren, Werten) gehören. Die analytische Literaturtheorie ist also zum einen eine **Theorie der Literatur,** insofern sie Begriffe und Methoden untersucht, die unseren Zugriff auf und unseren Umgang mit Literatur bestimmen. Zum anderen ist sie eine **Theorie der Literaturtheorie,** insofern literaturtheoretische Methoden selbst Forschungsgegenstand sind.

Untersuchungen beiden Typs können **in deskriptiver und in präskriptiver Absicht** durchgeführt werden: Im ersten Fall geht es darum, die literaturwissenschaftliche oder literaturtheoretische Praxis möglichst genau zu beschreiben und zu erklären; im zweiten Fall ist eine solche Beschreibung und Erklärung mit einer Kritik sowie konstruktiven Vorschlägen für eine Veränderung der Praxis, d.h. beispielsweise einem Plädoyer für die Aufgabe oder Modifikation eines Begriffs, verbunden.

Mit der **analytischen Philosophie und Wissenschaftstheorie** verbindet die analytische Literaturtheorie zunächst das Projekt der Begriffsexplikation und ein Interesse an einem besseren Verständnis der Forschungspraxis. Das Spezifische der *analytischen* Philosophie liegt nicht in einer besonderen Methode, die bei der Untersuchung eingeschlagen würde. Analytische Philosophen und analytische Literaturwissenschaftler bemühen sich vielmehr – unabhängig davon, welche Methoden sie anwenden – um eine bestimmte Zugriffsweise auf ihre Gegenstände: Alle Darstellungen sollten so klar wie möglich formuliert und so gut wie möglich begründet sein. Diese Forderungen mögen banal klingen und für eine selbstverständliche Minimalbedingung der Wissenschaftlichkeit gehalten werden. Letzterem würden analytische Literaturtheoretiker zustimmen, dabei jedoch darauf verweisen, dass sie weder in literaturtheoretischen Arbeiten noch in der literaturwissenschaftlichen Praxis immer beachtet werden und daher nicht als banal abgetan werden können.

Der Ausdruck ›analytische Literaturwissenschaft‹ findet programmatisch erstmals 1984 im Titel eines Sammelbandes Verwendung (Finke/Schmidt 1984). Untersuchungen, die der Sache nach der analytischen Literaturwissenschaft zugeordnet werden können, hat es jedoch schon früher gegeben, und zwar insbesondere im Diskussionszusammenhang der analytischen Ästhetik, die sich oft mit literaturtheoretischen Fragestellungen auseinandergesetzt hat (als frühe Rückschau vgl. Isenberg 1987). Zur heutigen analytischen Literaturtheorie sind eine Vielzahl einzelner Studien zu rechnen, die teils im institutionellen Rahmen der Philosophie, teils in dem der Literaturwissenschaften hervorgebracht werden. Um herauszustreichen, dass es sich bei der analytischen Literaturtheorie nicht um eine (von bestimmten Methoden oder

Doktrinen bestimmte) Schule handelt, sondern dass ihr Charakteristikum vielmehr in einer bestimmten Zugriffsweise auf literaturtheoretische Sachfragen liegt, könnte man auch von einer analytisch ausgerichteten Literaturtheorie sprechen.

Insbesondere dank ihres Bemühens um die Formulierung und Einhaltung von Standards der Wissenschaftlichkeit stehen viele Arbeiten der Formalisten und Strukturalisten der analytischen Literaturtheorie nahe (s. Kap. 3.3 und 4). Eine explizite Bezugnahme auf die analytische Philosophie und Wissenschaftstheorie findet sich in programmatischen Entwürfen der Empirischen Literaturwissenschaft (Schmidt 1990 sowie bereits Schmidt 1975; s. Kap. 14.1).

Da andere Einführungen in die neuere Literaturtheorie keine oder nur sporadische Informationen über die analytische Literaturwissenschaft enthalten, wird diese Richtung hier etwas ausführlicher vorgestellt. Dieses Vorgehen liegt auch aus einem weiteren Grund nahe, der einleitend (s. Kap. 1 u. 2) bereits angesprochen wurde: Insofern die Rekonstruktion der in der vorliegenden Einführung versammelten Ansätze analytischen Verfahren folgt, dienen die anschließenden Ausführungen auch dazu, einschlägige wissenschaftliche Grundannahmen offenzulegen und zu erläutern.

13.2 Bezugstheorien und Rahmenannahmen

Die wichtigste **Bezugsgröße der analytischen Literaturtheorie ist die analytische Philosophie**. Deren Ursprünge werden oft in den logischen und sprachphilosophischen Arbeiten u.a. Gottlob Freges, Ludwig Wittgensteins, Bertrand Russells oder G.E. Moores gesehen, und sie wird, weil ihre Hauptvertreter als Folge des Zweiten Weltkrieges vor allem in Großbritannien und den USA lehrten, oft der sogenannten ›Kontinentalen Philosophie‹ entgegengesetzt, zu der beispielsweise die Phänomenologie, der Existenzialismus oder die Philosophische Hermeneutik gerechnet werden. Diese Einteilung hat den Vorzug der Einfachheit und Übersichtlichkeit und mag daher als erste Orientierung akzeptabel sein; sie beschreibt jedoch die heutige analytische Philosophie nur unzureichend und verschleiert darüber hinaus die Tatsache, dass die analytisch-philosophische Tradition bis in die Antike, namentlich bis zu Sokrates, zurückreicht (vgl. Meixner 1999). Die heutige analytische Philosophie ist weder auf bestimmte Gegenstandsbereiche (etwa Logik und Sprachphilosophie) noch auf bestimmte Doktrinen (etwa Spielarten des Naturalismus oder Positivismus) oder Methoden (etwa bestimmte Formen der Begriffsanalyse) festgelegt – insofern ist die Bezeichnung ›sprachanalytische Philosophie‹ irreführend, weil sie suggeriert, untersucht werde nur die Sprache. Analytische Philosophen arbeiten in allen philosophischen Disziplinen, etwa der Ethik, Ästhetik oder Erkenntnistheorie, und sie wenden sich ihren Untersuchungsgegenständen mit verschiedensten Methoden zu. Was die Untersuchungen eint, ist eine bestimmte Zugriffsweise auf philosophische Sachfragen, die erstens in einem Bemühen um größtmögliche **Klarheit der Darstellung** besteht und zweitens in der Auffassung zum Ausdruck kommt, dass philosophische Meinungen stets nur so gut sind wie die Gründe, die sie stützen (vgl. Føllesdal 1997). Philosophische Abhandlungen stellen demnach keine Verkettung bloßer Versicherungen dar, sondern sie versuchen, die **Wohlbegründetheit oder Vernünftigkeit** philosophischer

Auffassungen darzulegen (vgl. Stegmüller 1973, 5-7; Stewart/Blocker 2001, insbes. Kap. 4).

Die **analytische Wissenschaftstheorie** untersucht aus einer Meta-Perspektive Modelle und Methoden der Wissenschaften. Dies ist zunächst einmal ein rein deskriptives (beschreibendes) Projekt. In einer präskriptiven Variante versucht sie, Richtlinien für eine gelingende wissenschaftliche Praxis zu ermitteln.

Die Bezugstheorien und Rahmenannahmen der analytischen Literaturtheorie unterscheiden sich von denen anderer literaturtheoretischer Ansätze insofern, als sie zum Teil auf einer **Meta-Ebene** liegen: Die analytische Philosophie und Wissenschaftstheorie stellt der Literaturtheorie in diesem Fall keine inhaltlichen Auffassungen – beispielsweise zum Aufbau der Gesellschaft (s. Kap. 9) oder zur Struktur der Sprache (s. Kap. 4) – zur Verfügung; vielmehr werden formale Modelle und Kriterien untersucht, begründet und bereitgestellt, die zur Rekonstruktion und Klärung (Verbesserung) der literaturwissenschaftlichen Praxis dienen sollen. Zwei Aufgabenfelder, auf denen für die Literaturtheorie besonders fruchtbare Ergebnisse erzielt wurden, sind (1) die **Begriffsbildung** sowie (2) die **Argumentationsanalyse**:

1. **Begriffsbildung:** Begriffe sind, unter Funktionsaspekten gesehen, Instrumente, mit denen wir bestimmte Aspekte der Wirklichkeit herausgreifen und als unter einen Begriff fallend charakterisieren. Ein wichtiges Anliegen der Literaturtheorie besteht darin, solche Begriffe zu untersuchen und bereitzustellen, mit denen sich Aspekte der literarischen Kommunikation auf sinnvolle Weise identifizieren, zusammenfassen und diskutieren lassen. Ein Teil dieser Begrifflichkeit entstammt unserer Alltagssprache, für weitere Begriffe gilt, dass sie – gemäß den Erfordernissen spezieller Untersuchungsanliegen – als Fachausdrücke eingeführt wurden. Die Wissenschaftstheorie unterscheidet **drei verschiedene Weisen der Bestimmung von Begriffen** (vgl. Pawłowski 1980):

- **Lexikalische Definitionen** bilden die faktische Begriffsverwendung einer bestimmten Sprachgemeinschaft ab. (Es spielt dabei keine Rolle, ob alltags- oder fachsprachliche Begriffe erfasst werden.) So kann man beispielsweise untersuchen, wie der Ausdruck ›Literatur‹ im Deutschen der Gegenwart gebraucht wird.
- Mit **stipulativen Definitionen** werden neue Begriffe eingeführt. Wer eine Begriffsverwendung stipuliert, schlägt vor, einen bestimmten Ausdruck künftig in dieser und jener Weise zu verwenden. Etwaige bisherige Verwendungsweisen spielen dabei keine Rolle – mit einer stipulativen Definition wird ein neuer Begriff geprägt. Für die Literaturtheorie wichtige Beispiele wären etwa der von Foucault geprägte Begriff ›Diskurs‹ oder Genettes Begriff der Diegese.
- **Explikationen** stellen eine Mischform aus lexikalischen und stipulativen Definitionen dar. Es handelt sich um die literaturtheoretisch fruchtbarste Form der Begriffsbestimmung, die darin besteht, dass ein bereits gebrauchter Begriff aufgegriffen und bestimmten Anforderungen gemäß neu bestimmt wird. Ein Beispiel wäre hier der Begriff der Fiktion: Er ist alltagssprachlich geläufig, jedoch mehrdeutig (ambig) und unpräzise. Ein literaturtheoretisches Explikationsverfahren könnte darauf zielen, diesen Begriff für die Literaturwissenschaft fruchtbar zu machen, indem er disambiguiert und hinreichend präzisiert wird, so dass nur noch literarische Fiktionen unter ihn fallen und er diese auf informative Weise charakterisiert.

Lexikalische und stipulative Definitionen sowie Explikationen können unterschiedliche Formen annehmen. Präzise Begriffsbestimmungen haben die Form von **Äquivalenzrelationen**: Sie geben an, dass ein Gegenstand (G) genau dann unter den fraglichen Begriff (B) fällt, wenn er eine bestimmte Menge von Eigenschaften (E) aufweist (›G ist genau dann ein B, wenn G die Eigenschaften E_1, E_2, ... E_n erfüllt‹). Bei diesen Eigenschaften handelt es sich um notwendige und zusammen hinreichende Bedingungen dafür, dass ein Gegenstand unter den fraglichen Begriff fällt.

Gelungene Begriffsbestimmungen müssen bestimmte Kriterien erfüllen. Zu den wichtigsten **Kriterien für Explikationen** gehören die folgenden (vgl. ausführlicher Danneberg 1989):

- Die Explikation muss **formal korrekt** sein (sie darf also beispielsweise keine Widersprüche enthalten und sie darf nicht zirkulär sein).
- Die Explikation muss **nützlich** sein. Der explizierte Begriff muss im Rahmen einer bestimmten Theorie eine bestimmte Stelle einnehmen oder im Rahmen eines Forschungsprogramms möglichst unkompliziert anwendbar sein.
- Die Explikation muss **hinreichend präzise** sein. Zumindest für zentrale oder paradigmatische Elemente eines Gegenstandsbereichs muss klar sein, ob sie unter den explizierten Begriff fallen oder nicht und aufgrund welcher Merkmale sie dies tun.

Es ist ein verbreitetes Missverständnis zu glauben, dass Begriffe vollkommen trennscharf oder präzise sein müssen, um nützlich oder ›wissenschaftlich‹ zu sein. In vermutlichen allen Bereichen der Literaturtheorie genügt es jedoch, wenn die verwendeten Begriffe hinreichend präzise sind, und wenn man vor allem Rechenschaft darüber ablegen kann, wie der Begriff zu verstehen ist und was unter ihn fällt (vgl. Gabriel 1989). Die Präzision eines Begriffs sollte, allgemein gesprochen, den Bedürfnissen der Literaturtheorie angepasst werden. Exaktheitsansprüche, wie sie in bestimmten Bereichen der Physik oder Mathematik angemessen sein mögen, würden in der Literaturwissenschaft zu Reduktionen führen.

> **Eine Explikation des Fiktionalitätsbegriffs**
>
> Als Beispiel für ein literaturtheoretisches Explikationsverfahren kann die Bestimmung des Fiktionalitätsbegriffs gelten, die Peter Lamarque und Stein Haugom Olsen vorgelegt haben (vgl. Lamarque/Olsen 1994, Kap. 2). Ausgangspunkt ihrer Überlegungen ist die Beobachtung, dass innerhalb der Literaturwissenschaft und Philosophie sehr unterschiedliche Vorstellungen darüber kursieren, welche Eigenschaften für die Fiktionalität eines literarischen Textes verantwortlich sind; entsprechend uneinheitlich sind die Verwendungsweisen der Ausdrücke ›fiktional‹ und ›fiktiv‹.
>
> Lamarque und Olsen verwerfen Begriffsbestimmungen, die Fiktionalität primär als semantisches, stilistisches oder auch ontologisches Merkmal von Texten verstanden wissen wollen: Weder die Beziehung zwischen Text und Welt, noch stilistische Aspekte oder der ontologische Status dessen, wovon in fiktionalen Texten die Rede ist, sind geeignet, fiktionale Texte von nicht-fiktionalen abzugrenzen. Stattdessen nehmen Lamarque und Olsen eine ›institutionelle‹ Explikation vor: Ein Text ist demnach genau dann fiktional, wenn er mit der Absicht produziert

> wurde, auf eine bestimmte Weise aufgenommen zu werden. Dieser fiktionsspezifische Umgang mit Texten ist konventionalisiert und zeichnet sich unter anderem dadurch aus, dass man in eine intensive imaginative und emotionale Auseinandersetzung mit dem Text eintritt, dabei aber darauf verzichtet anzunehmen, der Autor des Textes habe etwas behaupten wollen oder lege sich beispielsweise auf die Wahrheit des in seinem Text Gesagten fest. Entscheidend für die Fiktionalität des Textes ist gemäß dem ›institutionellen‹ Ansatz ein System von Konventionen oder Regeln, die sowohl Autoren als auch Lesern bekannt sind: Der Autor kann die fragliche Absicht nur dann haben, wenn er weiß, dass seine Leser an der Fiktionalitätsinstitution partizipieren und über ein entsprechendes Konventions- bzw. Regelwissen verfügen.

2. **Argumentationsanalyse:** Die Analyse von Argumentationen gehört neben der Begriffsbildung zu den Kernbestandteilen der analytischen Literaturtheorie. Untersucht wird hier, auf welche Weise Literaturwissenschaftler zu ihren Erkenntnissen gelangen – oder genauer: wie für diese Erkenntnisse in wissenschaftlichen Texten argumentiert wird und welche Formen die damit verbundenen Begründungen annehmen. Ein **Argument** ist zunächst einmal alles, was ein Sprecher einsetzt, um die Wahrheit oder Richtigkeit einer Auffassung zu etablieren. Entsprechend unterschiedliche Formen können – je nach den Inhalten der in Rede stehenden Auffassungen und sonstigen Kontextbedingungen – Argumente annehmen. Wer beispielsweise nachweisen möchte, dass ein bestimmtes Gedicht Goethes ein bestimmtes Gattungsschema erfüllt, wird anders argumentieren als jemand, der eine bestimmte Interpretationshypothese über dieses Gedicht etablieren möchte.

Ein **allgemeines Schema der Argumentationsanalyse**, das mit dem Anspruch verbunden ist, zumindest eine große Anzahl von Argumenten abzubilden bzw. zu deren Rekonstruktion und Überprüfung geeignet zu sein, stammt von Stephen Toulmin (vgl. Toulmin 2003, insbes. Kap. 3). In seinen Grundzügen sieht es aus wie folgt:

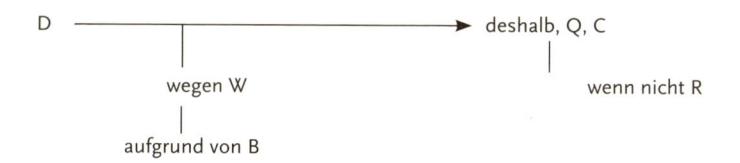

```
D ─────────────────────▶ deshalb, Q, C
        │                        │
     wegen W                 wenn nicht R
        │
  aufgrund von B
```

Das Schema besagt, dass eine Schlussfolgerung (C) aus bestimmten Daten (D) folgt, wenn es eine durch bestimmte »backings« (B) gestützte Schlussregel (W) gibt, wobei die Schlussfolgerung erstens gegebenenfalls nur mit einer bestimmten Wahrscheinlichkeit folgt, was durch einen Modaloperator (Q) angezeigt wird, und zweitens gegebenenfalls bestimmte Ausnahmen (R) geltend gemacht werden müssen. Anhand des Schemas kann man sich verständlich machen, ob oder in welchem Grade beispielsweise eine Interpretationshypothese über einen literarischen Text als argumentativ gestützt und damit als begründet angesehen werden kann. Man kann anhand des Schemas fragen, aufgrund welcher Schlussregel bestimmte textuelle und sonstige Befunde zum Schluss auf die Hypothese herangezogen werden, wie es um die Stützung der Schlussregel bestellt ist, mit welcher Wahrscheinlichkeit der Schluss gilt und ob Ausnahmen zu bedenken sind. Auf diese Weise kann man versuchen, die in der Praxis oftmals nicht explizite argumentative Struktur von Interpretationen transparent zu machen – wobei an dieser Stelle offen bleiben muss, ob sich dieses Rekonstruktionsverfahren in hinreichend vielen Fällen anwenden lässt, um als sinnvoll und fruchtbar gelten zu können (zur Kritik an entsprechenden Versuchen vgl. Anz/Stark 1977).

13.3 Grundbegriffe: Literatur, Interpretation

1. **Literatur:** Begriffsbestimmungen stellen eine Möglichkeit dar, auf einen bestimmten Typ von Was-ist-Fragen zu antworten. Die Frage ›Was ist Literatur?‹ kann man dementsprechend mit einer Bestimmung des Literaturbegriffs beantworten (vgl. Köppe 2006). Innerhalb der analytischen Literaturtheorie herrscht keine Einigkeit darüber, wie der Literaturbegriff zu bestimmen sei. Was entsprechende Untersuchungen eint, ist vor allem ein Bewusstsein für begriffslogische Sachverhalte: So wird aus der analytischen Philosophie die Einsicht übernommen, dass nicht alle Begriffe dieselbe logische Struktur haben und auf dieselbe Weise definiert werden können. Die Auffassung, dass unterschiedliche Begriffe eine unterschiedliche ›Logik‹ haben können, findet in den folgenden zwei Beispielen für Bestimmungen des Literaturbegriffs ihren Ausdruck. Dargestellt werden die Auffassungen, dass ›Literatur‹ ein sogenannter **Familienähnlichkeitsbegriff** (Beispiel 1) oder ein sogenannter **institutioneller Begriff** (Beispiel 2) ist.
- **Beispiel 1:** Auf Ludwig Wittgenstein geht das **Konzept des Familienähnlichkeitsbegriffs** zurück. Hier geht man davon aus, dass sich manche Begriffe nicht durch die Angabe notwendiger und zusammen hinreichender Bedingungen definieren lassen (vgl. Hirsch 2006). Übertragen auf den Literaturbegriff bedeutet dies, dass es kein Set von Eigenschaften gibt, die allen literarischen Texten und nur diesen gemeinsam wären. Literatur gibt es, anders gesagt, in zu vielen Formen und Spielarten, als dass sich eine ›Essenz‹ des Literarischen würde ausmachen lassen. Wenn es keine notwendigen und hinreichenden Bedingungen für Literatur gibt, so heißt das allerdings noch nicht, dass der Begriff unnütz wäre oder dass wir mit ihm nicht in sinnvoller Weise umgehen könnten. Vertreter des Familienähnlichkeitskonzeptes weisen darauf hin, dass es
  - eine (unabgeschlossene) **Liste von Merkmalen** gibt, die vielen, nicht jedoch allen literarischen Texten zukommen, beispielsweise Fiktionalität oder eine ästhetisch anspruchsvolle sprachliche Gestaltung; und dass
  - zwischen den einzelnen Exemplaren der Gattung Literatur diverse, oftmals vermittelte **Ähnlichkeitsbeziehungen** bestehen. Das heißt: Ein Gedicht des Symbolismus hat vielleicht mit einem historischen Roman nicht viele (nichttriviale) Eigenschaften gemeinsam, die in einer Definition von ›Literatur‹ auftauchen könnten und geeignet wären, beide Texte als Mitglieder derselben Klasse ›Literatur‹ auszuweisen. Die Familienähnlichkeit zwischen beiden Texten könnte sich jedoch etwa darin zeigen, dass das lyrische Gedicht mit einem epischen Gedicht einiges gemeinsam hat, im epischen Gedicht historische Stoffe und narrative Muster vorkommen können, und diese Merkmale wiederum auch für den historischen Roman zentral sind.

Wenn wir einen Text als literarisches Werk einstufen, so haben wir Vertretern des Familienähnlichkeitskonzeptes zufolge meist paradigmatische Fälle literarischer Werke vor Augen – etwa Shakespeares *Hamlet*, Thomas Manns *Buddenbrooks* oder Friedrich Hebbels *Herbstbild* – und beurteilen dann, ob der vorliegende Text den paradigmatischen hinreichend ähnlich ist, d.h. ob er hinreichend viele Eigenschaften mit zumindest einem der paradigmatischen Fälle gemeinsam hat. Dabei kann es vorkommen, dass wir zu keinem Ergebnis kommen: Der fragliche Text scheint uns dann nicht ähnlich (aber auch nicht unähnlich) genug zu sein, und wir bestimmen ihn als einen **Grenzfall**, der weder klar zur Literatur hinzugehört noch klarer Weise keine Literatur ist.

- **Beispiel 2:** Der **institutionelle Literaturbegriff** ist eine Reaktion auf das Familienähnlichkeitskonzept. Er beruht auf der Auffassung, dass die definitorischen Merkmale nicht auf Seiten der literarischen Werke selbst, sondern vielmehr auf Seiten eines bestimmten Umgangs mit Literatur gesucht werden müssen (vgl. Olsen 2006). Hinter dieser Auffassung steht der Gedanke, dass in einer Gesellschaft meist konventionell geregelt ist, wie man mit literarischen im Unterschied zu nicht-literarischen Texten umzugehen hat: Wir lesen und interpretieren literarische Werke in aller Regel anders als pragmatische Texte, und wir können davon ausgehen, dass zumindest viele Texte mit der Absicht hervorgebracht wurden, wie literarische Texte rezipiert zu werden. Entsprechend verschiebt sich die Aufgabe, die mit einer Definition des Literaturbegriffs verbunden ist, von der Beschreibung literarischer Werke selbst zu einer Beschreibung der Regeln und Konventionen, denen der Umgang mit literarischen Werken unterworfen ist. Literatur gibt es demnach nur insofern, als es die Institution Literatur – also ein **sozial verankertes System von Regeln und Konventionen**, denen gemäß Texte produziert und rezipiert werden – gibt. Der Literaturbegriff ist demnach ebenso ein institutioneller Begriff, wie es beispielsweise der Begriff des Schachspiels ist: Um zu erklären, was Schach ist, muss man die Regeln des Schachspiels erklären (und es genügt nicht, das Aussehen der Figuren zu charakterisieren). Entsprechend muss man, um zu erklären, was Literatur ist, die Regeln und Konventionen erklären, die unseren Umgang mit Literatur bestimmen.

> **Kritik des institutionellen Literaturbegriffs**
> Problematisch an der institutionslogischen Bestimmung des Literaturbegriffs ist unter anderem, dass literarische Werke auf sehr unterschiedliche Weisen behandelt werden. Wenn von ›den Regeln oder Konventionen des Umgangs mit Literatur‹ die Rede ist, so suggeriert dies, dass es ein eng umgrenztes und klar begrenztes Repertoire von angemessenen Umgangsweisen gibt. Die Plausibilität der institutionellen Bestimmung des Literaturbegriffs dürfte daher nicht zuletzt davon abhängen, ob es gelingt, Konventionen und Regeln ausfindig zu machen, die einerseits spezifisch genug sind, so dass anhand dieser Regeln literarische Texte von nicht-literarischen unterschieden werden können, und die andererseits mit den diversen legitimen Umgangsweisen kompatibel sind, die unseren faktischen Umgang mit Literatur bestimmen.
> Zwei Vorschläge für Kandidaten solcher Konventionen sind aus der Empirischen Literaturwissenschaft hervorgegangen (s. Kap. 14.1). Nach Siegfried J. Schmidt

> sind für den Umgang mit literarischen Texten einerseits die **Ästhetikkonvention** und andererseits die **Polyvalenzkonvention** einschlägig. Diese Konventionen besagen im Wesentlichen, dass literarische Texte mehrdeutig sind bzw. auf verschiedene Weise rezipiert werden können und dass sie außerhalb pragmatischer Handlungszusammenhänge produziert und rezipiert werden (vgl. Schmidt 1990; zum Konzept der Rezeptionskonventionen vgl. Baxter 1983; zur Polyvalenzkonvention vgl. Jannidis 2003).
>
> Der hier einschlägige Begriff der Institution darf im Übrigen nicht mit soziologischen Institutionsbegriffen verwechselt werden. Vertreter einer institutionslogischen Bestimmung des Literaturbegriffs beziehen sich mit ›Institution‹ auf ein System von Regeln und Konventionen, die zum geteilten Wissen der Mitglieder einer bestimmten Gesellschaft gehören. Nicht im Blick sind dagegen beispielsweise die Größen des literarischen Marktes, des Buchhandels, literarischer Gruppen oder Gesellschaften usw., d.h. Einrichtungen und Größen, die über das Verhalten und Wissen von Personen hinausgehen.

Die genannten Beispiele machen deutlich, dass innerhalb der analytischen Literaturtheorie keine Einigkeit darüber herrscht, wie der Literaturbegriff bestimmt werden sollte. Einigkeit besteht vielmehr darüber, wie Auseinandersetzungen über Begriffsbestimmungen geführt werden sollten – nämlich gemäß den ›Spielregeln‹ der in Kapitel 13.2 erörterten Definitionslehre und überdies möglichst klar und argumentativ.

2. Interpretation: Ein ähnliches Bild bietet sich in Bezug auf den Begriff der Interpretation. So etwas wie *die* Interpretation eines literarischen Textes gibt es nach Auffassung analytischer Literaturtheoretiker nicht. ›Interpretation‹ ist, bezogen auf literarische Texte, vielmehr ein Sammelbegriff, der eine Vielzahl unterschiedlicher Tätigkeiten unter sich begreift (s. Kap. 13.4). Gemeinsam ist diesen Tätigkeiten gleichwohl Folgendes: Das Interpretieren – was immer man im Einzelnen darunter versteht – ist ein zielgerichteter und bewusster Vorgang, bei dem Überlegungen, Entscheidungen und Begründungen eine Rolle spielen und der insofern vom unmittelbaren Verstehen verschieden ist, das sich einstellt, wenn wir ein Wort oder einen Satz verstehen, ohne nachdenken zu müssen:

> [A]n interpretation is required [ ] when we do not quite understand what we see or read, when an action, text or picture is too complex to be grasped, appears to be incoherent, contains gaps or ›Unbestimmtheitsstellen‹, is ambiguous, has to be supplemented in one way or other to make sense. (Hermerén 1983, 141)

Es ist diese Eigenschaft des Interpretierens, die das Erfordernis einer **Interpretationsmethodologie** begründet. Denn wo es im Rahmen eines bewussten Überlegungsprozesses einen Entscheidungsspielraum gibt, kann man, wenn man sich nicht völlig willkürlich entscheiden will, nach Gründen für die eine oder andere Option suchen. Was immer mit der Interpretation eines literarischen Textes im Einzelnen verbunden ist – es handelt sich jedenfalls um einen Vorgang des Aufstellens von Hypothesen über den Untersuchungsgegenstand, die es anschließend zu überprüfen und zu begründen gilt (s. ausführlicher Kapitel 8.4).

Auch der Begriff der **Bedeutung eines literarischen Textes** kann sehr unterschiedlich aufgefasst werden. Wenn man das Feststellen oder Erheben der Bedeutung eines literarischen Textes als formales Ziel der Interpretation bestimmt, dann gibt es ebenso viele verschiedene Bedeutungskonzeptionen, wie es Interpretationsweisen oder -verfahren gibt, und es wird die Forderung verständlich, dass jede Interpretation eine Spezifikation der zugrunde liegenden Bedeutungskonzeption enthalten (oder zumindest erlauben) sollte.

Typische **Ziele des Interpretierens** sind die Erklärung der spezifischen Gestalt eines Textes unter Rückgriff auf die Absichten des Autors (s. Kap. 8), der Nachweis eines einheitlichen Strukturprinzips des Textes als eines sekundären semiotischen Systems (s. Kap. 4), die Erläuterung der Bedingungen, die der Wirkungsgeschichte des Textes zugrunde liegen (s. Kap. 5), die Erklärung der ›Problemlage‹ des literarischen Textes mit Bezug auf zeitgenössische soziale oder kulturelle Faktoren (s. Kap. 9 und 11) oder auch die Absicht, einem Rezipienten den Weg zu einer optimalen ästhetischen Wertschätzung des Werkes zu ebnen (vgl. Goldman 1995, 102 u.ö.). Wichtig ist, dass erst die Wahl einer Bedeutungskonzeption bzw. des Ziels der Interpretation festlegt, wie der Interpret zu verfahren hat und welche Standards an seine Interpretation angelegt werden können. Das Interpretieren – wie immer man es des Näheren versteht – ist insofern eine interessegeleitete Aktivität, und einzelne Interpretationen können nur relativ zu einem bestimmten Interesse oder Ziel beurteilt werden (vgl. Stout 1986).

> **Wie viele plausible Interpretationsziele gibt es?**
> Offen ist die Frage, inwiefern die genannten (sowie weitere) Ziele des Interpretierens miteinander kombiniert werden können. Einige Ziele scheinen problemlos miteinander vereinbar zu sein. So kann man beispielsweise argumentieren, dass sich eine optimale ästhetische Wertschätzung eines literarischen Textes zumindest in vielen Fällen realisieren lässt, *indem* man rekonstruiert, was der Autor mit dem Werk hat zu verstehen geben wollen. Die Rekonstruktion der semantischen Intentionen des Autors ließe sich insofern als Spezifikation des übergeordneten Ziels der Maximierung der ästhetischen Wertschätzung des Werkes verstehen (für weitere Ziele von Interpretationen vgl. Hermerén 1983, insbes. 144f.).
> Ein weiteres Problem wird durch die Frage aufgeworfen, ob sich alle Ziele des Interpretierens sinnvoller Weise als das Erheben der Bedeutung des literarischen Textes bezeichnen lassen. Insbesondere Vertreter intentionalistischer Interpretationsprogramme argumentieren, dass dies auf eine unerwünschte Ausweitung (und Entleerung) des Bedeutungsbegriffs hinausliefe (s. Kap. 8). Wenn diese Argumentation überzeugend ist, so liegt es nahe, den Bedeutungsbegriff für bestimmte Interpretationsziele zu reservieren und den Interpretationsbegriff ebenfalls entsprechend enger zu fassen. Nicht jede Tätigkeit im Umgang mit Literatur sollte demnach ›Interpretation‹ genannt werden, sondern nur solche, die auf einer plausiblen Bedeutungskonzeption beruhen.

Im Rahmen der analytisch ausgerichteten Literaturtheorie sind neben dem Literatur-, Interpretations- oder Bedeutungsbegriff eine Vielzahl weiterer literaturtheoretischer

Grundbegriffe und -probleme untersucht worden – unter ihnen ›Fiktionalität‹ (vgl. Gabriel 1975; Zipfel 2001; s. Kap. 13.2), ›literarische Wertung‹ (vgl. Heydebrand/ Winko 1996), der Autorbegriff (vgl. Jannidis u.a. 1999) oder die Emotionalität der Literaturrezeption (vgl. Yanal 1999). Die Vielfalt der Untersuchungsrichtungen unterstützt zum einen die These, dass die analytische Literaturtheorie nicht durch eine bestimmte Methodologie oder inhaltliche Doktrin, sondern vielmehr lediglich durch eine bestimmte Zugriffsweise auf ihren Gegenstand bestimmt ist. Zum anderen zeigt sich – beispielsweise in Untersuchungen zur Emotionalität der Literaturrezeption oder zur Fiktionalität – die interdisziplinäre Anschlussfähigkeit der analytischen Literaturtheorie insbesondere in Hinblick auf die Kognitionswissenschaften und die Psychologie (vgl. Robinson 2005; Currie/Ravenscroft 2002).

13.4 Rekonstruktion der Textinterpretation

Im Rahmen der analytischen Literaturtheorie gibt es verschiedene Versuche, die literaturwissenschaftliche Interpretationspraxis erstens darzustellen und zweitens Gelingensbedingungen für die Tätigkeiten zu formulieren, die diese Praxis konstituieren. Dabei handelt es sich allerdings lediglich um formale Beschreibungen der Tätigkeiten, die man beim Interpretieren ausführt, sowie der Gelingensbedingungen solcher Tätigkeiten. Es fehlen dagegen inhaltliche Festlegungen beispielsweise zu den Zielen der Interpretation oder zur Kontextwahl, wie sie für andere literaturtheoretische Ansätze charakteristisch sind. (So haben beispielsweise ›klassische‹ psychoanalytische Interpretationen das Ziel, die Gestalt eines Textes durch Rückgriff auf Autordispositionen zu erklären und als relevanter Kontext wird die Biographie des Autors herangezogen.) Solche inhaltlichen Bestimmungen können problemlos in eine analytischen Standards entsprechende Interpretation integriert bzw. mit dieser kombiniert werden.

Zwei **Vorschläge zur analytischen Rekonstruktion der Interpretationspraxis** sollen hier exemplarisch dargestellt werden:

1. Werner Strube unterscheidet drei verschiedene Tätigkeiten, aus denen eine Textinterpretation besteht: das (fachsprachliche) **Beschreiben**, das **Auslegen** und das **Deuten** (Strube 1992). Jede dieser Tätigkeiten erfasst bestimmte Aspekte des literarischen Textes und unterliegt bestimmten Gelingensbedingungen:

- Die **fachsprachliche Beschreibung** erfasst Elemente der Textoberfläche, also beispielsweise stilistische Besonderheiten. Eine solche Beschreibung sollte erstens **zweckmäßig** sein: Man sollte nur solche Aspekte des Textes beschreiben, die im Rahmen weiterer Interpretationsschritte Verwendung finden bzw. für die weitere Interpretation fruchtbar sind. Weiterhin müssen Beschreibungen empirisch **richtig** und **relevant** sein, wobei letzteres meint, dass die Beschreibung in einer bestimmten Literaturtheorie fundiert ist und deren Begrifflichkeit voraussetzt.
- Im Rahmen der **Auslegung des Textes** stellt der Interpret Hypothesen zur Erklärung der im Rahmen der fachsprachlichen Beschreibung erhobenen Textdaten auf. Diese Hypothesen müssen erstens **plausibel**, d.h. in der Textbeschreibung begründet

und zur Erklärung der Textdaten geeignet, sein. Zweitens müssen die Hypothesen **historisch stimmig** sein: Man sollte nur solche Hypothesen zur Erklärungen der Textdaten heranziehen, die der Autor selbst im Auge gehabt haben könnte.

- Die **Deutung** ist der dritte Aspekt der Interpretation. Auf dieser Stufe kombiniert der Interpret die im Rahmen der Auslegung aufgestellten Hypothesen und fügt sie zu einer Gesamtdeutung zusammen. Eine solche Deutung sollte erstens **umfassend** sein und alle Auslegungshypothesen unter sich vereinen. Ein literarischer Text besteht aus verschiedenen sprachlichen Ebenen (der semantischen, syntaktischen, phonetischen, usw.), und die Deutung sollte nach Möglichkeit alle auffälligen oder relevanten Befunde dieser Ebenen vereinen: Der Interpret sollte zu allen diesen Befunden etwas zu sagen haben. Zweitens sollte die Deutungshypothese **integrativ** sein: Sie soll in Bezug auf die Auslegungshypothesen einen integrierenden (zusammenfügenden) und erklärenden Charakter haben. Drittens soll die Deutungshypothese **spezifisch genug** sein. Sie soll den besonderen Charakter des vorliegenden Textes erhellen und darf nicht so allgemein sein, dass sie mit gleichem Recht auf mehrere verschiedene Texte angewandt werden könnte.

Diese **systematische Beschreibung** verschiedener mit einer Interpretation verbundener Tätigkeiten darf nicht mit einer Chronologie des Interpretationsvorgangs verwechselt werden: Der tatsächliche Interpretationsvorgang beinhaltet zwar Tätigkeiten des genannten Typs, diese Tätigkeiten können jedoch in unterschiedlicher Reihenfolge ausgeführt werden. So dürfte sich beispielsweise die fachsprachliche Beschreibung meist an die Bildung erster Auslegungshypothesen anschließen, denn nur so kann das für die Beschreibung wichtige Kriterium der Zweckmäßigkeit beachtet werden.

Deutlich wird ferner die **Kompatibilität des genannten Interpretationsverfahrens** mit den spezifischen Anliegen unterschiedlicher literaturtheoretischer Ansätze. Man kann etwa davon ausgehen, dass auch ein nach dem Muster der Psychoanalyse vorgehender Interpret die Tätigkeiten des Beschreibens, Auslegens und Deutens ausführt; allerdings wird er zusätzlich spezifische Rahmenannahmen und Bezugstheorien, etwa zur Struktur und Funktionsweise des Unbewussten, hinzuziehen, die die Identität seines Ansatzes ausmachen (s. Kap. 5.1). Das hier skizzierte Interpretationsverfahren lässt sich letztlich als in einem allgemeinen Sinne hermeneutisch beschreiben: Es handelt sich um eine Methodenlehre des Verstehens, die das Interpretieren von Texten als einen formalen Bedingungen unterworfenen Prozess der Bildung und Überprüfung von Hypothesen beschreibt.

> **Interpretationsstandards**
> Die angeführten Gelingensbedingungen für Interpretationshandlungen könnten um weitere ergänzt werden (s. Kap. 8). Für die meisten **Kriterien** gilt, dass sie **graduierbar** sind: Eine Hypothese kann beispielsweise mehr oder weniger plausibel und mehr oder weniger integrativ sein. Dabei wird deutlich, dass die Kriterien nicht auf eine binäre Beurteilung von Interpretationen – etwa nach dem Muster ›wahr oder falsch‹ – angelegt sind. Interpretationshypothesen können nach vielen verschiedenen Gesichtspunkten beurteilt werden, und jedes Urteil über eine Interpretationshypothese muss als relativ zum jeweils herangezogenen

Kriterium verstanden werden. Entsprechend kann es etwa vorkommen, dass eine Interpretationshypothese gelungen in Hinblick auf ihre Umfassendheit, dabei jedoch weniger gelungen in Hinblick auf ihre Spezifik ist (zu diesen Punkten vgl. Strube 1992, 200-205).
Zu den Aufgaben der Wissenschaftstheorie gehört eine nähere **Erläuterung** der genannten **Gelingensbedingungen**. So muss beispielsweise präzisiert werden, was es mit dem Kriterium der Plausibilität auf sich hat, d.h. wann man von einer Interpretationshypothese sagen kann, sie erkläre einen bestimmten Datenbefund. Eine Möglichkeit, den hier einschlägigen Begriff der **Erklärung** zu bestimmen, wird durch den Hermeneutischen Intentionalismus bereitgestellt: Intentionale Erklärungen weisen einen bestimmten Datenbefund als sinnvoll aus, indem sie auf die mit der Auswahl und Komposition der Daten verbundenen Absichten des Urhebers verweisen (s. Kap. 8). Eine alternative Bestimmung des Erklärungsbegriffs würde die einschlägigen Erklärungen als funktionale bestimmen. Solche Erklärungen weisen einen bestimmten Datenbefund als sinnvoll aus, indem sie dessen Funktion anzeigen; so kann man beispielsweise das spezifische metrische Schema eines Gedichts erklären, indem man auf den unterstreichenden Effekt hinweist, den das Schema in Bezug auf semantische Aspekte des Gedichts hat (zu funktionalen Erklärungen vgl. Scholz 2002; zum Erklärungsbegriff in den Geisteswissenschaften vgl. auch Salmon 1989).

2. Eine **alternative Rekonstruktion der Interpretationspraxis** hat Monroe C. Beardsley vorgeschlagen (vgl. Beardsley 1981, insbes. Kap. IX). Nach Beardsley besteht das Interpretieren eines literarischen Textes typischerweise aus drei Komponenten, die er als *Erklärung* (*explication*), *Aufhellung* (*elucidation*) und *Interpretation* (*interpretation*) bezeichnet. Es handelt sich hierbei jeweils um Fachausdrücke, mit denen Folgendes gemeint ist:
- Die **Erklärung** (*explication*) als ein erster Schritt der Interpretation richtet sich auf einzelne Wörter oder Wortgruppen und versucht, deren Sinn in ihrem jeweiligen Kontext zu erschließen. So kann man bei der Lektüre eines literarischen Textes beispielsweise auf eine Metapher stoßen, deren spezifischen Bedeutungsreichtum im Rahmen des Textes man sich verständlich machen muss.
- Die **Aufhellung** (*elucidation*) betrifft dagegen die dargestellte (fiktive) Welt eines fiktionalen literarischen Textes. Nicht alles, was in einer fiktiven Welt der Fall ist, wird ausdrücklich im literarischen Text benannt. Ob Hamlet in Shakespeares Drama verrückt ist oder nicht, was die wirklichen Motive Raskolnikows in Dostojewskis *Schuld und Sühne* sind oder wie Antigones Charakter beschrieben werden sollte, wird nicht ausdrücklich gesagt: Der Text des jeweiligen Werkes gibt uns nur Hinweise auf die entsprechenden fiktiven Sachverhalte, und es ist ein typisches Anliegen der Interpretation, dass man sich in Bezug auf diese Sachverhalte Klarheit verschafft (vgl. ebd., 242). Im Rahmen der analytischen Literaturtheorie wurden verschiedene Prinzipien diskutiert, anhand derer man auf nicht explizit genannte fiktive Sachverhalte schließen kann (vgl. Walton 1990, Kap. 4). Die beiden wichtigsten Prinzipien sind das **Realitäts-Prinzip** (*Reality Principle*) und das **Prinzip der wechselseitigen Überzeugung** (*Mutual Belief Principle*):

- Das **Realitäts-Prinzip** besagt (in einer möglichst allgemeinen Formulierung), dass in einer fiktiven Welt genau die Dinge der Fall sind, die auch in der uns bekannten Wirklichkeit der Fall sind, es sei denn, der Text des literarischen Werkes widerspricht dieser Annahme ausdrücklich. So können wir beispielsweise davon ausgehen, dass eine Person, die sich wie der Protagonist in Shakespeares *Hamlet* benimmt, in der Wirklichkeit nicht für verrückt, sondern vielmehr für kühl berechnend gehalten würde, und Entsprechendes würden wir gemäß dem Realitäts-Prinzip auch für die fiktive Welt annehmen.
- Das **Prinzip der wechselseitigen Überzeugung** besagt dagegen, dass in einer fiktiven Welt genau die Dinge der Fall sind, von denen die intendierte Leserschaft des literarischen Werkes nach Überzeugung des Autors annehmen würde, dass sie in der fiktiven Welt der Fall sind. Entsprechend könnten wir beispielsweise nicht davon ausgehen, dass Hamlet in der fiktiven Welt des Dramas unter einem Ödipuskomplex leidet, weil Shakespeare gewiss nicht der Auffassung gewesen ist, seine intendierte Leserschaft würde diese Annahme bilden.

Beide Prinzipien scheinen sich in Bezug auf bestimmte literarische Texte zu bewähren, führen jedoch in Bezug auf andere Fälle zu unplausiblen Annahmen – und außerdem fehlt ein klares Kriterium dafür, wann man sich nach welchem Kriterium zu richten hat. Kendall Walton kommt daher zu dem Schluss, dass der Rechtfertigung von Annahmen über nicht explizit genannte fiktive Sachverhalte (»implications«) kein einheitliches Prinzip zugrunde liegt:

> Implications seem not to be governed by any simple or systematic principle or set of principles, but by a complicated and shifting and often competing array of understandings, precedents, local conventions, saliences. Sharply divergent principles, answering to different needs, are at work in different cases, and it seems unlikely that there are any very general or systematic meta-principles for determining which is applicable when. Experience and knowledge of the arts, of society, and of the world will sharpen the critic's skills. But in the end he must feel his way. (Ebd., 169)

- Den Begriff ›**Interpretation**‹ reserviert Beardsley für eine spezifische Operation im Umgang mit Literatur – nämlich die Feststellung des Themas und der These(n) des jeweiligen Werkes. Ein **Thema** lässt sich meist in Form einer abstrakten Phrase zum Ausdruck bringen; so kann man etwa sagen, Tolstois *Anna Karenina* handele von der Komplexität menschlicher Partnerschaftsbeziehungen im Rahmen verschiedener Lebensentwürfe, oder Kleists *Das Erdbeben in Chili* thematisiere die Gegenüberstellung individueller und gesellschaftlicher Moralvorstellungen. Eine **These** stellt eine Präzisierung des thematischen Gehalts eines Werkes dar; so ließe sich etwa sagen, dass *Das Erdbeben in Chili* stelle die These einer Unversöhnlichkeit individueller und gesellschaftlicher Moralvorstellungen auf.

Was Beardsley unter ›Interpretation‹ versteht, ist mit Strubes Begriff der Deutung vereinbar: Aussagen über das Thema oder die These(n) eines literarischen Textes haben den Status von Hypothesen, die jeweils bestimmten Gelingensbedingungen unterliegen bzw. anhand der entsprechenden Kriterien überprüft werden können. Umgekehrt lassen sich die Momente der Erklärung (*explication*) und Aufhellung (*elucidation*) mit einer Interpretation im Sinne Strubes verbinden bzw. können als Bestandteile einer solchen Interpretation angesehen werden: Um Auslegungs- und

Deutungshypothesen aufstellen zu können, muss man sich verständlich machen, was in der fiktiven Welt eines fiktionalen literarischen Textes der Fall ist (*elucidation*), und man muss auch komplizierte oder dunkle Stellen des Textes verstanden haben (*explication*).

13.5 Beispielinterpretation

Als Beispiel kann hier Werner Strubes Rekonstruktion einer Interpretation von Goethes Gedicht *Ein Gleiches* (»Über allen Gipfeln ist Ruh«) zugrunde gelegt werden (vgl. Strube 1992 sowie ausführlicher Strube 1993, Kap. 5 u. 6).

Ein Gleiches

Über allen Gipfeln
Ist Ruh,
In allen Wipfeln
Spürest du
Kaum einen Hauch;
Die Vögelein schweigen im Walde.
Warte nur, balde
Ruhest du auch.

Aus: Johann Wolfgang von Goethe: *Gedichte und Epen I*. Hg. v. Erich Trunz. München 1996, 142 (= Goethes Werke. Hamburger Ausgabe, Bd. 1).

Eine fachsprachliche Beschreibung des Gedichts kann zunächst eine Reihe von Ausdrücken identifizieren, mit denen Dinge oder Personen bezeichnet werden, deren Ruhe bzw. Stillewerden zum Ausdruck gebracht wird: »Gipfel«, »Wipfel«, »Vögelein«, »du«. (Strukturalistisch gesprochen bilden diese Ausdrücke eine paradigmatische Klasse, s. Kap. 3.3.2 und 4.2). Die Abfolge der bezeichneten Dinge oder Personen legt die Hypothese nahe, dass es sich um ein (aufsteigendes) Stufenschema handelt: Zunächst werden unbelebte Bestandteile der Natur, anschließend Pflanzen und Tiere sowie schließlich der Mensch benannt.

Dieser Befund kann mit weiteren Auslegungshypothesen (etwa zur Lexik, Phonetik oder Syntax) kombiniert werden und gestattet sodann die folgende (integrative) Deutung: Im Gedicht kommt einerseits der Zusammenhang (oder die Kontinuität) von Natur und Mensch zum Ausdruck; andererseits wird durch die direkte Ansprache des Menschen (»Warte nur«) sowie durch die zeitliche Verzögerung seines Stillewerdens (»balde«) die Verschiedenheit von Natur und Mensch verdeutlicht:

> In Goethes Gedicht sind Mensch und Natur einerseits einander entgegengesetzt: Der Mensch ruht noch *nicht*. Anderseits bilden Mensch und Natur aber eine Einheit: Der Mensch steht in *einer* Reihe mit den Naturbereichen bzw. den anderen Elementen des Kosmos. Er weiß ›definitiv‹, daß in naher Zukunft auch er sterben wird. – Goethes Gedicht bringt also die Einheit in der Verschiedenheit von Mensch und Natur zum Ausdruck. (Strube 1992, 193; Hervorhebung im Original)

Diese Deutung erhebt den Anspruch, **umfassend** zu sein und wesentliche Aspekte des Gedichts zu berücksichtigen; ferner seien die einzelnen Hypothesen **plausibel** und **historisch stimmig**. Deutlich wird überdies der einem **Stufenschema** folgende Aufbau der Interpretation: Deutungshypothesen lassen sich anhand von Auslegungshypothesen begründen, die sich wiederum anhand der Textbasis belegen lassen müssen. Auf diese Weise sollen die einzelnen Interpretationsschritte überprüfbar (und kritisierbar) und die Interpretation als ganze rational nachvollziehbar sein.

In der Terminologie Beardsleys ließe sich ›das Verhältnis von Natur und Mensch‹ als Thema des Gedichts angeben, und als These, dass das Verhältnis von Mensch und Natur durch eine ›Einheit in der Verschiedenheit‹ gekennzeichnet ist. Eine ›Erklärung‹ (*explication* im Sinne einer Erläuterung komplizierter Textstellen) ist dagegen ebenso wenig erforderlich wie eine Aufhellung (*elucidation*) der dargestellten (fiktiven) Welt. Die Struktur des Gedichts ist in dieser Hinsicht betont einfach – ein Sachverhalt, der übrigens auch zu den bemerkenswerten Befunden gehört und als eine Auslegungshypothese in eine umfassende und integrative Deutung einbezogen werden sollte.

> **Das Wichtigste in Kürze**
>
> Als ›analytisch‹ wird eine von der **analytischen Philosophie und Wissenschaftstheorie** beeinflusste literaturtheoretische Strömung bezeichnet.
>
> Wichtigste Merkmale von Arbeiten, die einer analytisch ausgerichteten Literaturtheorie zugehören, sind ein Bemühen um **Klarheit der Darstellung** sowie die **argumentative Begründung** vertretener Auffassungen.
>
> Von Seiten der analytischen Philosophie und Wissenschaftstheorie werden insbesondere Rahmenannahmen zur **Struktur und Definition von Begriffen** sowie Modelle der **Argumentationsanalyse** adaptiert.
>
> Weite Teile der analytischen Literaturtheorie bemühen sich um eine **Rekonstruktion** der literaturwissenschaftlichen Praxis und operieren gegenüber anderen Literaturtheorien insofern auf einer **Metaebene**. Aus der Rekonstruktion dieser Praxis werden gleichwohl auch Auffassungen über plausible Ziele, Verfahren und Standards der Praxis entwickelt.
>
> Zu den **Grundbegriffen**, die von einer analytisch ausgerichteten Literaturtheorie bearbeitet werden, gehören u.a. der Literatur-, Interpretations- und Bedeutungsbegriff. Einigkeit besteht dabei nicht hinsichtlich der inhaltlichen Konturen bestimmter Begriffsbestimmungen, sondern vielmehr hinsichtlich der **definitorischen Verfahren und Standards**, an denen diese sich zu orientieren haben.
>
> Im Rahmen der Rekonstruktion von Interpretationen werden **Gelingensbedingungen** für verschiedene **Handlungstypen** formuliert, aus denen die Tätigkeit des Interpretierens besteht. Ein Hauptziel des Interpretierens besteht im Aufstellen von Hypothesen über die Bedeutung eines literarischen Textes.

Literatur

Anz, Thomas/Michael Stark: Literaturwissenschaftliches Interpretieren als regelgeleitetes Verhalten. Kritische Anmerkungen zu einem wissenschaftstheoretischen Projekt. In: *Deutsche Vierteljahrsschrift für Literaturwissenschaft und Geistesgeschichte* 51 (1977), 272-299.
Baxter, Brian: Conventions and Art. In: *British Journal of Aesthetics* 23 (1983), 319-332.
Beardsley, Monroe C.: *Aesthetics. Problems in the Philosophy of Criticism*. Indianapolis/Cambridge ²1981.
Carroll, Noël: Introduction. In: Noël Carroll (Hg.): *Theories of Art Today*. Madison 2000, 3-24.
Currie, Gregory/Ian Ravenscroft: *Recreative Minds. Imagination in Philosophy and Psychology*. Oxford 2002.
Danneberg, Lutz: Zwischen Innovation und Tradition. Begriffsbildung und Begriffsentwicklung als Explikation. In: Wagenknecht 1989, 50-68.
Finke, Peter/Siegfried J. Schmidt (Hg.): *Analytische Literaturwissenschaft*. Braunschweig u.a. 1984.
Føllesdal, Dagfin: Analytic Philosophy: What Is It and Why Should One Engage in It? In: Hans-Johann Glock (Hg.): *The Rise of Analytic Philosophy*. Oxford/Malden 1997, 1-16.
Gabriel, Gottfried: *Fiktion und Wahrheit. Eine semantische Theorie der Literatur*. Stuttgart-Bad Cannstatt 1975.
Gabriel, Gottfried: Wie klar und deutlich soll eine literaturwissenschaftliche Terminologie sein? In: Wagenknecht 1989, 24-34.
Goldman, Alan H.: *Aesthetic Value*. Boulder/Oxford 1995.
Gottschalk, Jürn/Tilmann Köppe (Hg.): *Was ist Literatur?* Paderborn 2006.
Hermerén, Göran: Interpretation: Types and Criteria. In: *Grazer philosophische Studien* 19 (1983), 131-161.
Heydebrand, Renate von/Simone Winko: *Einführung in die Wertung von Literatur. Systematik – Geschichte – Legitimation*. Paderborn u.a. 1996.
Hirsch, Eric Donald: Was ist *nicht* Literatur? In: Gottschalk/Köppe 2006, 62-71.
Isenberg, Arnold: Analytical Philosophy and the Study of Art [1950]. In: *The Journal of Aesthetics and Art Criticism* 46 (1987), 124-136.
Jannidis, Fotis: Polyvalenz – Konvention – Autonomie. In: Fotis Jannidis u.a. (Hg.): *Regeln der Bedeutung. Zur Theorie der Bedeutung literarischer Texte*. Berlin/New York 2003, 305-328.
Jannidis, Fotis u.a. (Hg.): *Rückkehr des Autors. Zur Erneuerung eines umstrittenen Begriffs*. Tübingen 1999.
Köppe, Tilmann: ›Was ist Literatur?‹ Bemerkungen zur Bedeutung der Fragestellung. In: Gottschalk/Köppe 2006, 155-174.
Lamarque, Peter/Stein Haugom Olsen: *Truth, Fiction, and Literature. A Philosophical Perspective*. Oxford 1994.
Meixner, Uwe: Die Zentralität der analytischen Methode für die Philosophie, insbesondere die der Antike. In: U.M./Albert Newen (Hg.): *Philosophiegeschichte und logische Analyse, Bd. 2: Antike Philosophie. Mit einem Schwerpunkt zum Meisterargument*. Paderborn 1999, 25–36.
Olsen, Stein Haugom: Wie man ein literarisches Werk definiert. In: Gottschalk/Köppe 2006, 72-89.
Pawłowski, Tadeusz: *Begriffsbildung und Definition*. Berlin/New York 1980.
Robinson, Jenefer: *Deeper Than Reason. Emotion and Its Role in Literature, Music, and Art*. Oxford 2005.

Salmon, Merrilee H.: Explanation in the Social Sciences. In: Philip Kitcher/Wesley C. Salmon (Hg.): *Scientific Explanation*. Minneapolis 1989, 384-409.
Schmidt, Siegfried J.: *Literaturwissenschaft als argumentierende Wissenschaft*. München 1975.
Schmidt, Siegfried J.: *Grundriß der Empirischen Literaturwissenschaft* [1980]. Frankfurt a.M. 1990.
Scholz, Oliver: Was heißt es, ein Artefakt zu verstehen? In: Mark Siebel (Hg.): *Kommunikatives Verstehen*. Leipzig 2002, 220-239.
Stegmüller, Wolfgang: *Probleme und Resultate der Wissenschaftstheorie und Analytischen Philosophie. Bd. IV: Personelle und Statistische Wahrscheinlichkeit. Erster Halbbd.* Berlin/Heidelberg/New York 1973.
Stewart, David/H. Gene Blocker: *Fundamentals of Philosophy*. Upper Saddle River (NJ) ^{5}2001.
Stout, Jeffrey: The Relativity of Interpretation. In: *The Monist* 69 (1986), 103-118.
Strube, Werner: Über Kriterien der Beurteilung von Textinterpretationen. In: Lutz Danneberg/Friedrich Vollhardt (Hg.): *Vom Umgang mit Literatur und Literaturgeschichte*. Stuttgart 1992, 185-209.
Strube, Werner: *Analytische Philosophie der Literaturwissenschaft. Untersuchungen zur literaturwissenschaftlichen Definition, Klassifikation, Interpretation und Textbewertung*, Paderborn u.a. 1993.
Toulmin, Stephen E.: *The Uses of Argument* [1958]. Cambridge u.a. 2003.
Wagenknecht, Christian (Hg.): *Zur Terminologie der Literaturwissenschaft. Akten des IX. Germanistischen Symposions der Deutschen Forschungsgemeinschaft Würzburg 1986.* Stuttgart 1989.
Walton, Kendall L.: *Mimesis as Make-Believe. On the Foundations of the Representational Arts.* Cambridge/London 1990.
Yanal, Robert J.: *Paradoxes of Emotion and Fiction.* University Park 1999.
Zipfel, Frank: *Fiktion, Fiktivität, Fiktionalität. Analysen zur Fiktion in der Literatur und zum Fiktionsbegriff in der Literaturwissenschaft.* Berlin 2001.

Weitere Lektüreempfehlungen

Danneberg, Lutz/Hans-Harald Müller: Verwissenschaftlichung der Literaturwissenschaft. Ansprüche, Strategien, Resultate. In: *Zeitschrift für allgemeine Wissenschaftstheorie* X/1 (1979), 162-191.
  Eine frühe Analyse deskriptiver und präskriptiver Ansätze einer Verwissenschaftlichung der Literaturwissenschaft, gekoppelt mit einem eigenen Vorschlag, welche Richtung eine Verwissenschaftlichung nehmen könnte.
Fricke, Harald: *Die Sprache der Literaturwissenschaft. Textanalytische und philosophische Untersuchungen.* München 1977.
  Eine analytische Untersuchung der literaturwissenschaftlichen Praxis mit Vorschlägen zu ihrer Verbesserung.
Lamarque, Peter: Criticism, Aesthetics and Analytic Philosophy. In: Christa Knellwolf/Christopher Norris (Hg.): *The Cambridge History of Literary Criticism. Vol. 9: Twentieth-Century Historical, Philosophical and Psychological Perspectives.* Cambridge 2001, 323-334 u. 449-451.
  Eine Übersicht über Einflüsse der analytischen Ästhetik auf bestimmte Problembereiche der Literaturtheorie; diskutiert werden u.a. Definitionen des Literaturbegriffs, der

Zusammenhang von Literatur und Wahrheit sowie Probleme der Interpretations- und Bedeutungstheorie.

Levinson, Jerrold (Hg.): *The Oxford Handbook of Aesthetics*. Oxford 2003.
Umfassendes Handbuch zu Grundproblemen der analytischen Ästhetik.

14. Empirische und kognitionswissenschaftliche Ansätze

14.1 Empirische Literaturwissenschaft

14.1.1 Einleitung

Die Empirische Literaturwissenschaft verfolgt das Ziel, auf literaturwissenschaftliche Fragen mit **erfahrungswissenschaftlichen (empirischen) Methoden** zu antworten. In Deutschland ist sie als eine eigene Forschungsrichtung aus dem Methodenstreit der 1970er Jahre hervorgegangen. Dabei stand der Gedanke im Vordergrund, der Literaturwissenschaft ein **wissenschaftstheoretisch durchdachtes Fundament** zu geben, ihre Verfahren und Ergebnisse dem Anspruch der Nachvollziehbarkeit und Nachprüfbarkeit zu unterstellen und der ethisch-politischen Forderung eines gesellschaftlichen Nutzens gerecht zu werden.

Das Hauptanliegen der Empirischen Literaturwissenschaft besteht darin, faktische Prozesse sowohl der Produktion als auch der Rezeption von Literatur zu untersuchen. Über diese Prozesse lagen in der Literaturwissenschaft bis dahin kaum gesicherte Erkenntnisse vor, da sich die Forscher meist mit introspektiv gewonnenen Annahmen begnügten, deren empirische Verallgemeinerbarkeit fragwürdig ist. Die Empirische Literaturwissenschaft nimmt das Anliegen der Rezeptionsästhetik auf, den Leser als ein zentrales Moment von Textkonstitution und Interpretation zu berücksichtigen (s. Kap. 6), und radikalisiert es: Dem Gedanken, dass man zwischen richtigen und falschen Interpretationen unterscheiden kann, indem man sich auf Textmerkmale bezieht, wird ebenso eine Absage erteilt wie der Suche nach einer Interpretationstheorie, die Methoden und Standards des Interpretierens zur Verfügung stellt.

Als die zwei wichtigsten theoretisch-methodisch konturierten Spielarten haben sich in Deutschland die ›Siegener Schule‹ um Siegfried J. Schmidt sowie die ›Heidelberger Schule‹ um Norbert Groeben entwickelt. Über den deutschen Sprachraum hinaus fungiert die Internationale Gesellschaft für Empirische Literaturwissenschaft (IGEL) als Dachorganisation, ein wichtiges Publikationsorgan ist die Zeitschrift *Poetics – Journal of Empirical Research on Culture, the Media and the Arts*, die 1971 gegründet wurde.

Der Empirischen Literaturwissenschaft vergleichbare Anliegen verfolgen insbesondere die im englischsprachigen Raum vorherrschenden *Cognitive Poetics*; im Unterschied zur Empirischen Literaturwissenschaft entstammen die wichtigsten Bezugstheorien der *Cognitive Poetics* den neueren Kognitionswissenschaften (s. Kap. 14.2).

14.1.2 Bezugstheorien und Rahmenannahmen

Die wichtigsten allgemeinen Rahmenannahmen der Empirischen Literaturwissenschaft gehen aus einem bestimmten **Wissenschaftskonzept** hervor; da die Empirische Literaturwissenschaft dezidiert interdisziplinär ausgerichtet ist, kommen, je nach

Spielart des Ansatzes und behandeltem Teilproblem, verschiedene spezifischere und mit diesem Wissenschaftskonzept vereinbare Bezugstheorien u.a. aus der **Philosophie, der Psychologie und der Soziologie** hinzu:

Naturwissenschaftliches Wissenschaftskonzept: Vertreter der Empirischen Literaturwissenschaft orientieren sich explizit an Grundannahmen und Postulaten einer naturwissenschaftlichen Wissenschaftstheorie. Die wichtigsten wissenschaftstheoretischen Grundwerte, die diesem Konzept entsprechen, lauten: Empirizität, Theoretizität und Relevanz/Applikabilität. Das heißt: Wissenschaftliche Aussagen sollen empirisch überprüfbar sein (Empirizität); die Theorie selbst soll erstens strukturell wohlgeformt und zweitens einer bestimmten Wissenschaftskonzeption zugeordnet sein, aus der u.a. hervorgeht, welche Normen wissenschaftlichen Handelns und welche Fachsprachen und Modellvorstellungen angemessen sind (Theoretizität); schließlich sollen die wissenschaftlichen Untersuchungen wissenschaftsintern relevante Probleme behandeln und gesellschaftlich vermittelbar sein (Relevanz/Applikabilität).

Weitere Bezugstheorien: Aus verschiedenen Nachbardisziplinen werden überdies weitere, spezifischere Bezugstheorien übernommen. Für die Siegener Schule gilt das insbesondere für den Radikalen Konstruktivismus (vgl. Schmidt 1987), während für die Heidelberger Schule kognitions-, sprach- und literaturpsychologische Bezugstheorien wichtig wurden. Es handelt sich dabei einerseits um Rahmenannahmen zur Methodologie psychologischer Studien und andererseits um Ergebnisse von Einzelstudien zu den fraglichen Bereichen (vgl. Groeben 1982; Groeben/Vorderer 1988). Weitere Einflüsse entstammen u.a. der Philosophie der natürlichen Sprache (Wittgenstein, Searle, Austin), der Textlinguistik, der sozialpsychologischen Handlungstheorie sowie der soziologischen Systemtheorie (vgl. zu dieser Auflistung Barsch/Rusch/Viehoff 1994, 11; zum Systemkonzept der Siegener Schule vgl. Jäger 1994).

> **Der Radikale Konstruktivismus**
> Der Radikale Konstruktivismus ist eine erkenntnistheoretische Position, die in den 1970er Jahren im Rahmen interdisziplinärer Forschungen entwickelt worden ist. Sie basiert auf Hypothesen über die Funktionsweise des menschlichen Gehirns und läuft auf die Annahme hinaus, dass unser Wissen von uns selbst und der uns umgebenden Welt auf Konstruktionsleistungen des Gehirns beruht (zum Modell autopoietischer Systeme s. Kap. 9.4.2). ›Radikal‹ ist diese Position unter anderem insofern, als angenommen wird, dass man nicht davon sprechen könne, menschliche Erkenntnisse seien ein Abbild einer uns umgebenden Wirklichkeit. Die Welt, wie wir sie zu kennen meinen, entsteht buchstäblich erst in unseren Köpfen; dass wir unsere Wirklichkeit als gemeinsam geteilte erleben, beruht darauf, dass diese kognitive Konstruktion von Welt nach parallelen Mustern geschieht. Siegfried J. Schmidt leitet aus den Annahmen des Radikalen Konstruktivismus Folgerungen für eine Empirische Literaturwissenschaft ab. Was für die Wirklichkeitswahrnehmung allgemein gelte, sei ebenso für die Konzeption von Kommunikation und unser Verständnis von Literatur einschlägig: Textuelle und sonstige Informationen werden demnach nicht übermittelt bzw. ausgetauscht, sondern den eigenständigen Gesetzmäßigkeiten des Gehirns gemäß konstruiert. Das Gehirn empfängt nur Stimuli, Informationen konstru-

iert es selbst. Entsprechend müsse man ernst nehmen, dass literarische Texte im Kopf einzelner Rezipienten unterschiedliche Repräsentationen hervorriefen, und dass Interpretationskonflikte daher nicht mit Rekurs auf eine vermeintlich objektive Textbasis entschieden werden könnten (vgl. Schmidt 1987a, 64ff.).

14.1.3 Grundbegriffe: Literatur, Interpretation, Leser und Kontext

Die Empirische Literaturwissenschaft wartet mit einer umfassenden Neukonzipierung sowohl der Gegenstände der traditionellen Literaturwissenschaft als auch der Aufgaben der Literaturwissenschaft selbst auf. Verdeutlicht werden kann dies anhand des Literaturbegriffs sowie der Kritik der traditionellen Interpretation:

1. Literatur: Das Konzept eines autonomen literarischen Werkes, das in sich geschlossen, Träger einer bestimmten Bedeutung und Gegenstand einer vornehmlich interpretierenden Literaturwissenschaft ist, wird im Rahmen der Empirischen Literaturwissenschaft abgelehnt. Der traditionelle Literaturbegriff wird durch ein neues, komplexes Konzept ersetzt: Unterschieden wird zwischen dem Text als Material (dem ›Textformular‹ oder der ›Kommunikatbasis‹) und dem ›Kommunikat‹, d.h. dem Bedeutung tragenden, ›konkretisierten‹ Text, der erst im Bewusstsein von Lesern entsteht und individuell höchst unterschiedliche Konturen annehmen kann. Folglich gibt es nicht *den* literarischen Text, der Träger einer bestimmten Bedeutung ist, sondern nur eine Kommunikatbasis, der ein Rezipient in einer bestimmten Kommunikationssituation eine Bedeutung zuordnet. Dabei kann diese Bedeutungszuordnung unterschiedlich konzipiert werden: Während die Siegener Schule um Siegfried J. Schmidt auf der erkenntnistheoretischen Grundlage des Radikalen Konstruktivismus argumentiert, kognitive Systeme seien operational und informationell geschlossen und Texten komme bei der Bedeutungskonstitution lediglich die Funktion von Auslösern zu, schreiben Anhänger der Heidelberger Schule dem Text ein größeres Gewicht für die Bedeutungskonstitution zu; Texten wird ein bestimmtes Wirkungs*potenzial* zugesprochen, das im Rezeptionsprozess in unterschiedlichen Ausmaßen realisiert werden kann.

›Literarizität‹ ist keine Eigenschaft, die einem Text aufgrund bestimmter immanenter Merkmale zukommt, sondern ist vielmehr von bestimmten Umgangsweisen mit dem Text abhängig. Das heißt: Nicht Texten wird das Prädikat ›literarisch‹ zugesprochen, sondern vielmehr bestimmten Weisen, Texte zu behandeln; jeder Text kann unter bestimmten Umständen als literarischer Text rezipiert werden. Als spezifisch literarisch gilt nach Siegfried J. Schmidt die Rezeption von Texten nach der ›Ästhetik-‹ und der ›Polyvalenzkonvention‹. Die **Ästhetikkonvention** legt die Teilnehmer an literarischer Kommunikation auf die in der jeweiligen Kommunikationsgemeinschaft geltenden ästhetischen Normen fest. Eine zentrale Rolle im Literatursystem (seit dem 18. Jahrhundert) spielt die Norm, dass Autoren frei von der Verpflichtung sind, in ihren Texten die Wahrheit zu sagen oder Kriterien praktischer Nützlichkeit gerecht zu werden. Die **Polyvalenzkonvention** befreit Autoren von der Verpflichtung auf möglichst eindeutig auslegbare Aussagen und berechtigt Leser dazu, voneinander abweichende Bedeutungszuschreibungen vorzunehmen (vgl. Schmidt 1991, 174ff., 197ff.). Mit dieser Konzeption des Literaturbegriffs werden Versuche obsolet, notwendige und zusammen hinreichende textimmanente Merkmale für ›Literarizität‹ zu identifizieren. Zu den Forschungsaufgaben der Empirischen Literaturwissenschaft gehören vielmehr beispielsweise die Erläuterung des Begriffs der Konvention, die Rekonstruktion der Genese einschlägiger Konventionen sowie die empirische Überprüfung derzeit geltender Konventionen (vgl. Schmidt 1992).

2. Interpretation: Im Rahmen der Empirischen Literaturwissenschaft wird das Interpretieren literarischer Texte aus dem Tätigkeitsbereich von Literaturwissenschaftlern ausgeschlossen. Angeführt werden dafür unter anderem die folgenden Gründe (vgl. Schmidt 1979; Spree 1995, Kap. 3):

- Aufgabe der Wissenschaft ist es, die Bereiche der literarischen Kommunikation zu beobachten, anstatt an ihnen teilzunehmen; traditionelle Interpretationen werden dagegen stets aus einer Teilnehmerperspektive vorgenommen.
- Bisherige Interpretationen werden wissenschaftlichen Standards der Klarheit und argumentativen Sorgfalt in der Regel nicht gerecht.
- Klassische Interpretationshandlungen, die etwa als das Bestimmen der Bedeutung eines Textes konzipiert werden, können nicht wissenschaftlichen Standards gemäß durchgeführt, und ihre Ergebnisse, die Interpretationen, können nicht als wahr oder falsch ausgezeichnet werden. Dies liegt daran, dass jeder Interpret auf der Basis eines eigenen Kommunikats argumentiert, das von keinem anderen Leser geteilt werden kann, und an der damit verbundenen Unzugänglichkeit einer gemeinsamen objektiven Textbasis (»Subjekt-Objekt-Konfundierung«, vgl. Groeben 1972, 197 u.ö.).
- Der Bedarf an Interpretationen, insofern ein solcher besteht, kann durch literaturkritische Abhandlungen gedeckt werden.
- Die Konzentration auf das Interpretieren führt zu einer Verengung des tatsächlich möglichen und gesellschaftlich wünschbaren Forschungsspektrums der Literaturwissenschaft.

3. Leser und Kontext: Aufgabe der Empirischen Literaturwissenschaft ist es, die Bedingungen und Mechanismen des Umgangs mit Literatur – der **Verhaltensweisen, die Teilnehmer an der literarischen Kommunikation an den Tag legen** – zu erforschen. Entsprechend zentral sind die Größen des Lesers sowie des Kontexts. Siegfried J. Schmidt unterscheidet im programmatischen *Grundriß der Empirischen Literaturwissenschaft* vier ›Handlungsrollen‹, die den ›gesellschaftlichen Handlungsbereich‹ der Literatur konstituieren, nämlich deren Produktion, Vermittlung, Rezeption und Verarbeitung (vgl. Schmidt 1991, 27). An die Stelle der Interpretation soll u.a. die (empirische) **literaturgeschichtliche, literaturpsychologische, literatursoziologische** und **literaturdidaktische Untersuchung** gesetzt werden. Dabei werden zum Teil Fragestellungen der traditionellen Literaturwissenschaft aufgenommen und unter den Bedingungen der Empirischen Literaturwissenschaft neu formuliert und bearbeitet.

Nicht selten wählen empirische Literaturwissenschaftler **Texte der Trivial- oder Unterhaltungsliteratur** als Untersuchungsobjekte, denn solche Texte sind erstens ein wichtiger Bestandteil des gesellschaftlichen Handlungsbereichs ›Literatur‹, zweitens eignen sie sich dank ihrer geringeren Komplexität oftmals besser als Bestandteile von

Experimenten, in denen nach Möglichkeit alle relevanten experimentellen Parameter kontrolliert werden müssen. In Bezug auf ihren Gegenstandsbereich vertritt die Empirische Literaturwissenschaft insofern einen ›erweiterten‹ Literaturbegriff.

> **Die Empirische Literaturwissenschaft – ein Paradigmenwechsel?**
> Die Empirische Literaturwissenschaft ist in den 1970er Jahren mit dem programmatischen Anspruch einer konsequenten und umfassenden Erneuerung der Literaturwissenschaft auf den Plan getreten. Mit diesem Anspruch ist sie gescheitert: Zu einer Verdrängung nicht-empirischer theoretisch-methodischer Richtungen ist es nicht gekommen. Gegenwärtig werden solche Hegemonieansprüche vielmehr eher von der traditionellen Literaturwissenschaft erhoben. Tatsächlich werden empirische Verfahren neben bzw. zusätzlich zu traditionellen literaturwissenschaftlichen Methoden angewandt; zahlenmäßig sind sie deutlich in der Minderheit und von der traditionellen Literaturwissenschaft werden sie oftmals nicht beachtet, auch wenn beide sich zum Teil mit denselben Phänomenen befassen.
> Vorgeworfen wird der Empirischen Literaturwissenschaft von Seiten anderer Richtungen unter anderem, ihr Theorieaufwand sei zu hoch und stehe insbesondere in keinem vernünftigen Verhältnis zur Trivialität ihrer Ergebnisse; sie vernachlässige traditionelle literaturwissenschaftliche Fragestellungen und sei eine Unterabteilung der Soziologie, die kaum relevante Aussagen zum literarischen Text als solchem treffe; oder die historische Dimension der Literatur lasse sich mit empirischen Mitteln nicht erforschen. Eine weitere Form von Kritik kann als Ansatz-intern bezeichnet werden und betrifft u.a. die Konzeption zentraler theoretischer Begriffe, die Richtigkeit und Einschlägigkeit bestimmter Rahmentheorien (u.a. des Radikalen Konstruktivismus) oder etwa Probleme experimenteller Verfahren (vgl. ausführlich Schmidt 1984; Barsch/Rusch/Viehoff 1994).

14.1.4 Anwendungen

Welche Verfahren im Rahmen der Empirischen Literaturwissenschaft angewendet werden, hängt vom Untersuchungsgegenstand sowie von den gewählten Untersuchungsmethoden ab:
- **Untersuchungen des Faktors ›Text‹** bedienen sich statistischer und linguistischer Verfahren der Textbeschreibung. Entscheidend ist für solche Verfahren, dass sie sich tatsächlich *nur* auf den Text – ohne Rückgriff auf Verstehensoperationen durch einen Rezipienten – konzentrieren. Bedeutungszuschreibungen durch Leser werden im Rahmen der Untersuchung ausdrücklich ausgeklammert. Anwendbar sind solche Verfahren daher nur auf sprachlich manifeste Aspekte von Texten, also beispielsweise die lexikalische, grammatische oder syntaktische Ebene. Die semantische Ebene eines Textes konstituiert sich dagegen erst im Bewusstsein des Lesers und fällt daher in den Bereich der Untersuchung von Rezeptionsweisen.
- **Untersuchungen der Rezipientenrolle** basieren auf verschiedenen Verfahren, die

zum großen der Teil der (**empirischen**) **Soziologie und Psychologie** entstammen. Solche Untersuchungen nehmen oft die Form eines Experiments an, an dem mehrere Versuchspersonen beteiligt sind. Auf diese Weise sollen Ergebnisse erzielt werden, die sich nicht nur auf die persönlichen Erfahrungen eines einzelnen Forschers stützen – dies ist ein an traditionelle hermeneutische Verfahren der Textinterpretation gerichteter Vorwurf –, sondern die auf einer hinreichend breiten Datenbasis beruhen und, etwa durch die Wiederholung des Experiments, überprüfbar sind. Grundsätzlich soll gelten, dass der wissenschaftliche Beobachter der literarischen Kommunikation vom Teilnehmer an dieser Kommunikation streng zu unterscheiden ist. **Experimente** beinhalten u.a. die Formulierung von Ausgangshypothesen, die durch das Experiment gestützt oder widerlegt werden sollen; eine genaue Planung und Beschreibung des Versuchsablaufs; außerdem (oft) Kontrolldurchgänge, die dem Ausschluss von Störfaktoren dienen. An ihrem Ende steht eine Auswertung, in der die experimentellen Rohdaten mit Hilfe statistischer Verfahren bearbeitet und auf die Ausgangshypothese bezogen werden.

Die Untersuchung von Aspekten der Rezipientenrolle soll nachstehend durch zwei Beispiele zum literarischen Texten zugeschriebenen **Verfremdungseffekt** (1) und zu den **kognitiven Effekten der Rezeption** (2) illustriert werden:

1. **Literarische Verfremdung:** Willie van Peer (1986) untersucht die bereits im Formalismus und frühen Strukturalismus vertretene These, dass die poetische Sprache durch Strategien der Abweichung von der Normalsprache gekennzeichnet sei; durch entsprechende Strategien werde ein ›Verfremdungseffekt‹, englisch *foregrounding*, hervorgerufen, der die Rezeption poetischer Texte beeinflusse (s. Kap. 3.3). Diese These hat van Peer seiner Rezeptionsstudie zugrunde gelegt. Zunächst wurden die Beispieltexte auf Abweichungs- und Verfremdungsstrategien hin untersucht, es wurden erwartbare Rezeptionstendenzen formuliert und schließlich unter Verwendung mehrerer Verfahren (u.a. *memory test, underlining test, ranking test*) Rezeptionserhebungen durchgeführt. Dabei zeigte sich, dass die Textverarbeitungen der Versuchspersonen tatsächlich fast immer erwartungsgemäß verliefen. Nicht bestätigt wurde mit der Untersuchung allerdings die These, *foregrounding* könne als rein *textimmanentes* Merkmal von ›Literarizität‹ gelten; vielmehr nimmt van Peer an, dass Textmerkmale erst in Kombination mit literarischen Textverarbeitungsstrategien die genannten Effekte zeitigen:

> Foregrounding, then, is not a category indicating ›essentials‹ of literariness in an absolute or material sense: it is not so much the text itself that ›contains‹ elements of literariness, but rather that specific devices, i.e. those that (perhaps among others) have been described by the theory of foregrounding act as cues to the reader in the process of literary communication. (van Peer 1986, 185)

2. **Kognitive Effekte der Rezeption:** Markus Appel (2005) untersucht den Einfluss fiktionaler Texte auf Überzeugungen, die Leser in Bezug auf die Wirklichkeit haben. 87 Versuchspersonen wurden mit einem kurzen Text konfrontiert, anschließend wurde der Überzeugungswandel mittels eines Fragebogenverfahrens erhoben. Appel kommt zu dem Schluss, dass Leser in der Tat Annahmen, die sie in fiktionalen Kontexten antreffen, in ihren Überzeugungsbestand aufnehmen und über längere Zeitspannen hin-

weg behalten. Dabei spielt offenbar keine Rolle, ob die Leser einen besonders kritischen Lektüremodus an den Tag legten oder nicht. Die Studie zeigt insofern, dass die Verarbeitung fiktionaler literarischer Werke keineswegs vom auf die Welt bezogenen Überzeugungssystem entkoppelt ist, und sie legt nahe, dass fiktionalen Texten entnommene Informationen nicht auf grundsätzlich andere Weise kognitiv verarbeitet werden als faktualen Texten entnommene Informationen. Die Studie leistet insofern einen Beitrag zur Rezeptionsforschung und zur Bestimmung der (kognitiven) Funktionen von Literatur.

Das Wichtigste in Kürze

Die Empirische Literaturwissenschaft verfolgt das Ziel, auf literaturwissenschaftliche Fragestellungen mit **erfahrungswissenschaftlichen (empirischen) Methoden** zu antworten.

Zur Hauptaufgabe der Literaturwissenschaft wird die **empirische Untersuchung der Verhaltensweisen** erklärt, die Teilnehmer an der literarischen Kommunikation an den Tag legen. Abgelöst wird damit die Interpretation als das Hauptanliegen der Literaturwissenschaft.

Die Empirische Literaturwissenschaft arbeitet **interdisziplinär** und greift insbesondere auf **soziologische und psychologische Methoden und Erkenntnisse** zurück.

Literarische Texte zeichnen sich gegenüber anderen Texten nicht durch besondere sprachliche (manifeste) Merkmale aus; ein **Text wird vielmehr erst durch seinen Platz in einer durch Konventionen bestimmten sozialen Praxis ›literarisch‹**.

Literatur

Appel, Markus: *Realität durch Fiktionen. Rezeptionserleben, Medienkompetenz und Überzeugungsänderungen.* Berlin 2005.
Barsch, Achim/Gebhard Rusch/Reinhold Viehoff (Hg.): *Empirische Literaturwissenschaft in der Diskussion.* Frankfurt a.M. 1994.
Norbert Groeben: *Literaturpsychologie. Literaturwissenschaft zwischen Hermeneutik und Empirie.* Stuttgart 1972.
Groeben, Norbert: *Leserpsychologie: Textverständnis – Textverständlichkeit.* Münster 1982.
Groeben, Norbert/Peter Vorderer: *Leserpsychologie: Lesemotivation – Lektürewirkung.* Münster 1988.
Jäger, Georg: Systemtheorie und Literatur. Teil I. Der Systembegriff der Empirischen Literaturwissenschaft. In: *Internationales Archiv für Sozialgeschichte der Deutschen Literatur* 19/1 (1994), 95-125.
Peer, Willie van: *Stylistics and Psychology. Investigations of Foregrounding.* London u.a. 1986.

Schmidt, Siegfried J.: »Bekämpfen Sie das häßliche Laster der Interpretation! Bekämpfen Sie das noch häßlichere Laster der richtigen Interpretation!« In: *Amsterdamer Beiträge zur neueren Germanistik* 8 (1979), 279-309.
Schmidt, Siegfried J.: Empirische Literaturwissenschaft in der Kritik. In: *Siegener Periodicum zur Internationalen Empirischen Literaturwissenschaft (SPIEL)* 3. Jg. (1984), 291-332.
Schmidt, Siegfried J. (Hg.): *Der Diskurs des Radikalen Konstruktivismus.* Frankfurt a.M. 1987.
Schmidt, Siegfried J.: Der Radikale Konstruktivismus: Ein neues Paradigma im interdisziplinären Diskurs. In: S.J.S. (Hg.): *Der Diskurs des Radikalen Konstruktivismus.* Frankfurt a.M. 1987, 11-88 (=1987a).
Schmidt, Siegfried J.: *Grundriß der Empirischen Literaturwissenschaft* [1980]. Frankfurt a.M. 1991.
Schmidt, Siegfried J.: Conventions and Literary Systems. In: Mette Hjort (Hg.): *Rules and Conventions. Literature, Philosophy, Social Theory.* Baltimore u.a. 1992, 215-249 u. 332.
Spree, Axel: *Kritik der Interpretation. Analytische Untersuchungen zu interpretationskritischen Literaturtheorien.* Paderborn u.a. 1995.

Weitere Lektüreempfehlungen

Schmidt, Siegfried J.: Interpretation: Sacred Cow or Necessity? In: *Poetics* 12 (1983), 239-258.
Kritik an der Interpretation als einem der Hauptanliegen der ›traditionellen‹ Literaturwissenschaft.
Winko, Simone: Verstehen literarischer Texte versus literarisches Verstehen von Texten? Zur Relevanz kognitionspsychologischer Verstehensforschung für das hermeneutische Paradigma der Literaturwissenschaft. In: *Deutsche Vierteljahrsschrift für Literaturwissenschaft und Geistesgeschichte* 69 (1995), 1-27.
Untersuchung der Frage, inwieweit eine hermeneutisch orientierte Interpretationspraxis von empirischen Untersuchungen profitieren kann.

14.2 *Cognitive Poetics*

14.2.1 Einleitung

›Cognitive Poetics‹ ist eine Sammelbezeichnung für literaturwissenschaftliche Untersuchungen, die eine **Bezugnahme auf kognitionswissenschaftliche Methoden und Erkenntnisse** in den Mittelpunkt ihrer Forschungsanliegen stellen. Unter einen weit verstandenen Begriff von *Cognitive Poetics* fallen alle Untersuchungen, die sich auf kognitionswissenschaftliche Modelle oder Forschungsergebnisse stützen und diese auf literarische Texte oder auf den Umgang mit solchen Texten beziehen. In einem engeren Sinne (und ursprünglich) wird unter ›Cognitive Poetics‹ eine von kognitionspsychologischen Modellen ausgehende Analyse von Lyrik-Texten verstanden (vgl. einzelne Beiträge in Tsur 1992); ›Cognitive Poetics‹ ist dann ein gattungsspezifischer Komplementärbegriff zu ›*Cognitive Narratology*‹ (vgl. Zerweck 2002). Wir verwenden den Begriff in der heute vorherrschenden, weit verstandenen Bedeutung.

Das allgemeine Ziel des Untersuchungsansatzes besteht darin, eine **systematische Erklärung des Zusammenspiels der Struktur und Wirkung literarischer Texte** zu liefern. Den Ergebnissen der Kognitiven Linguistik sowie allgemein den Kognitionswissenschaften wird dabei das größte systematische Erklärungspotenzial zugebilligt. Zentrale Aspekte der Struktur und Wirkung von Literatur lassen sich demnach erklären, indem man Modelle insbesondere der Psychologie der Wahrnehmung, der Sprach-, Informations- oder Textverarbeitung heranzieht (vgl. Richardson/Steen 2002). Diese Forschungen repräsentieren den derzeitigen Stand der Kognitionswissenschaft und gelten als methodologisch avanciert, vor allem wegen ihrer naturwissenschaftlichen Fundierung: *Cognitive Poetics* »offers a grounding of critical theory in a philosophical position that is scientific in the modern sense: aiming for an account of natural phenomena (like reading) that represent our current best understanding while always being open to falsifiability and better explanation« (Stockwell 2002, 59). Der Umgang mit Literatur wird damit eingeordnet in umfassendere Modelle einer kognitionspsychologisch grundierten Anthropologie.

In ihrer **interdisziplinären Orientierung** auch an empirischen Untersuchungsverfahren und -ergebnissen ähneln die *Cognitive Poetics* der Empirischen Literaturwissenschaft (s. Kap. 14.1). Beide Forschungsrichtungen haben sich jedoch zum einen in relativ eigenständigen Traditionen entwickelt. Arbeiten, die den *Cognitive Poetics* zugerechnet werden können, sind im deutschsprachigen Raum bislang nur selten anzutreffen (vgl. die umfassende Bibliographie in Stockwell 2002). Zum anderen unterscheiden sich beide Forschungsrichtungen typischerweise in ihren Erklärungsanliegen und -mustern: Während die Empirische Literaturwissenschaft sozialwissenschaftliche empirische Verfahren anwendet, um die tatsächlichen Rezeptionsweisen von Lesern zu erheben, geht es in vielen Arbeiten der *Cognitive Poetics* darum, eine kognitionspsychologisch gestützte Erklärung der Wirkung spezifischer Textmerkmale zu geben. Solche Erklärungen berufen sich auf die Ergebnisse der empirisch verfahrenden Psychologie; die eigentliche Erklärungsarbeit und Modellbildung, die im Rahmen der *Cognitive Poetics* geleistet wird, ist jedoch ›theoretisch‹ und nicht empirisch.

Einer von Ralph Müller vorgeschlagenen **Typologie** folgend kann man verschiedene Ausprägungen der *Cognitive Poetics* danach unterscheiden, welche interdisziplinären Anleihen sie machen (z.B. Kognitive Linguistik oder Psychologie), welchem Gegenstand das Untersuchungsinteresse gilt (z.B. stilistischen Phänomenen oder dem Interpretationsverhalten) und welche methodische Ausrichtung die Untersuchung hat (quantitative/empirische oder qualitative Methoden). Konsequente Forschungsüberblicke, die ein solches Ordnungsschema verwenden, liegen bis jetzt noch nicht vor.

14.2.2 Bezugstheorien und Rahmenannahmen

Bezugstheorien der *Cognitive Poetics* sind neben dem Strukturalismus (s. Kap. 4), der Textlinguistik oder Stilistik insbesondere eine kognitionswissenschaftlich ausgerichtete **Psychologie** und **Linguistik**:

1. **Psychologische Erklärungen** eines beobachteten Verhaltens (beispielsweise, dass sich Leser bei der Lektüre emotional engagieren) können unterschiedliche Formen annehmen bzw. aus unterschiedlichen Stufen bestehen (vgl. Fodor 1965):

- **Funktionale Erklärungen:** Ein erster Erklärungstyp besteht in einer funktionalen Charakterisierung mentaler Prozesse, die einem beobachteten Verhalten zugrunde liegen. Eine solche Erklärung besteht in der hypothetischen Annahme psychologischer Mechanismen, die geeignet sind, in Abhängigkeit von bestimmten (etwa sprachlichen) Stimuli das beobachtete Verhalten hervorzubringen. Typischer Weise werden dabei verschiedene kognitive Teilfähigkeiten unterschieden, und es werden die Reihenfolge der kognitiven Prozesse sowie ihr Zusammenhang mit anderen Prozessen bzw. Fähigkeiten dargestellt (vgl. Schröder 1999, 685). Das Ergebnis einer solchen Darstellung ist ein theoretisches Modell der Prozesse, das den angenommenen Verlauf der Informationsverarbeitung erkennen lässt. Das Besondere einer *funktionalen* Beschreibung ist ein Vokabular, das sich auf die Funktionen der jeweils in Rede stehenden Prozesse bezieht; eine sehr allgemeine Funktion ist die Verarbeitung bzw. Transformation von Informationen, ein konkreteres Beispiel ist das Zusammenspiel von Vorstellungen und Überzeugungen, das unsere Lektüre fiktionaler Texte prägt (für ein Beispiel s. Kap. 14.2.3).
- **Instantiierungserklärungen:** Ein anderer, kategorial verschiedener Erklärungstyp zielt darauf ab, die neurobiologischen Mechanismen zu identifizieren, die den von einem funktionalen Modell beschriebenen Prozessen zugrunde liegen. Erklärt wird hier nicht mehr, wie die einzelnen postulierten psychologischen Mechanismen funktionieren (d.h. auf welche Weise z.B. Informationen prozessiert und transformiert werden), sondern wie diese Mechanismen instantiiert, d.h. biologisch verankert, sind und kausal interagieren. Solche Erklärungen können mit unterschiedlichen philosophischen Ansprüchen verbunden werden: Man kann einerseits davon ausgehen, dass unseren geistigen Prozessen neurobiologische Korrelate entsprechen müssen, und diese Korrelate zu identifizieren versuchen. Diese Position ist mit verschiedenen Theorien des Zusammenhangs zwischen Geist und Körper vereinbar – und auch damit, dass verschiedene Beschreibungsebenen kognitiver Prozesse nebeneinander bestehen. Andererseits kann man neurobiologische Mechanismen in der Absicht untersuchen, die überkommene Rede von geistigen Prozessen zu vermeiden und sie durch eine naturwissenschaftliche Sprache zu ersetzen. Ein solches Projekt befindet sich erst in den Anfängen, und es ist mit beträchtlichen Schwierigkeiten verbunden (vgl. Bieri 1992, 65f. u.ö.).
- **Genetische Erklärungen:** Ein dritter psychologischer Erklärungstyp, der ebenfalls im Rahmen der *Cognitive Poetics* in Anspruch genommen werden kann, identifiziert die Voraussetzungen bestimmter kognitiver Fähigkeiten bzw. die Bedingungen ihres Erwerbs. Es handelt sich um genetische Erklärungen unterschiedlichen Typs. Sie können sich etwa auf die Entwicklung der kognitiven Fähigkeiten einzelner Personen beziehen oder auch in kulturspezifischer oder evolutionärer Perspektive angelegt sein. In diesem Sinne wird beispielsweise argumentiert, dass wir zum Verständnis geistiger Phänomene stets auf Metaphern zurückgreifen, die aus dem (weit verstandenen) Bereich des ›Körpers‹ stammen (vgl. McGlone 2007).

Die Suche nach psychologischen Erklärungen gleich welchen Typs ist durch folgende Hintergrundannahme der *Cognitive Poetics* motiviert: Sprachliche Äußerungen – und also auch literarische Texte – können nicht als autonome Gebilde verstanden werden. Sie sind vielmehr wie alle menschlichen Lebensäußerungen letztlich Funktionen einer bestimmten biologischen Ausstattung und von dieser her zu verstehen. Zugrunde liegt dieser Auffassung oftmals letztlich eine **Ablehnung der traditionellen Dichotomie von Geist und Körper**:

> The traditional dominant view in western philosophy has regarded reason as a product exclusively of the mind, and the rational mind has been treated as being separate from the material body. Cognitive science calls this distinction into question, arguing [...] that reason (as well as perception, emotion, belief and intuition) are literally embodied – inextricably founded in our bodily interaction and experience with the world. (Stockwell 2002, 27)

Angegeben wird mit dieser Auffassung allerdings lediglich eine Forschungstendenz: Wie genau das Verhältnis von Geist und Körper zu verstehen ist, bleibt zu präzisieren. Ansätze einer solchen Präzisierung könnten etwa besagen, dass geistige Phänomene stets mit körperlichen einhergehen bzw. dass kein geistiger Vorgang ohne einen körperlichen Vorgang ablaufen kann, oder dass geistige Vorgänge von körperlichen (kausal) abhängen (vgl. Beckermann 2001).

2. Kognitive Linguistik: Einflussreiche Rahmenannahmen der *Cognitive Poetics* entstammen der kognitivistisch ausgerichteten Linguistik. Gemeinsam ist den verschiedenen Spielarten dieser interdisziplinär angelegten Forschungsrichtung, dass sprachliche Strukturen auf der Basis allgemeiner kognitiver Vermögen erklärt werden müssen; abgelehnt wird dagegen die Annahme der Existenz eines eigenständigen sprachlichen Wissens bzw. Sprachvermögens, das eigenen Prinzipien gehorcht. Sprachliche Phänomene müssen, anders gesagt, auf der Basis (bzw. in Übereinstimmung mit) einer allgemeinen Theorie Kognitiver Leistungen erklärt werden. Zu den bisherigen Forschungsbereichen der Kognitiven Linguistik gehören u.a. die Mechanismen sprachlicher Kategorisierungen (u.a. Metaphern, Polysemie, mentale Schemata), die Verbindungen zwischen Syntax und Semantik oder die zwischen Sprechen und Denken, sowie die körperlichen und sozialen Ursprünge von Kategorienschemata.

Die sogenannte **Schema-Theorie** ist ein Beispiel für ein bereits etabliertes und wirkungsvolles kognitives Beschreibungsinstrumentarium (vgl. Schneider 2000, 39-51; Stockwell 2002, Kap. 6). Die Wissensbestände einer Person sind demnach in bestimmter Weise gruppiert: *Frames* umfassen zusammengehörige Wissensbestände, die eher statisch angeordnet sind, also beispielsweise Wissen darüber, was für Gegenstände normalerweise in einem Restaurant anzutreffen sind. *Scripts* dagegen sind eher prozessual organisiert und betreffen Vorgänge, also beispielsweise Wissen darüber, wie ein Restaurantbesuch abläuft. *Frames* und *scripts* werden von Lesern bei der Lektüre gleichsam als Vorlagen in Anschlag gebracht, in die aufgenommene Textdaten eingesetzt werden. Anhand der Schema-Theorie kann man beispielsweise erklären, weshalb Leser einen anscheinend hoch fragmentarischen und kaum zusammenhängenden Textbestandteil (›Er betrat den Raum und bestellte ein Schnitzel‹) als kohärente Situationsbeschreibung verstehen können oder weshalb ein und derselbe Text in Abhängigkeit von individuell oder kulturell verschiedenen *frames* und *scripts* sehr unterschiedlich aufgenommen und ›verstanden‹ werden kann; letzteres kann daran liegen, dass dieselben Textdaten in unterschiedliche Schemata eingesetzt werden.

Als ein weiteres Beispiel für die Adaption kognitiv-linguistischer Theorien im Rahmen der kognitiven Literaturtheorie kann die **blending theory** genannt werden, der zufolge neue sprachliche Bedeutungen durch eine Überblendung verschiedener mentaler Modelle geschaffen werden. Im Rahmen der *Cognitive Poetics* wird dieses Konzept auf die Modellierung mentaler Räume allgemein übertragen und für ein besseres Verständnis mentaler Lektüreprozesse fruchtbar gemacht (vgl. Toolan/Weber 2005, 111f.).

Den meisten kognitionswissenschaftlichen Theorien liegt – oft unausgesprochen – die Annahme zugrunde, dass es sich bei den erforschten kognitiven Mechanismen um allgemeine Formen menschlicher Informationsverarbeitung handelt. Eine Richtung, die evolutionäre Psychologie, hat dies explizit zum Forschungsprogramm erhoben. Sie geht von der These aus, dass die Informationsverarbeitung wie auch das Sozialverhalten des Menschen sich im wesentlichen seiner Adaption an eine spezifische prähistorische Umwelt verdankt und auf diese Weise erklärt werden kann (vgl. Barkow/Tooby/Cosmides 1992). Kennzeichnend für diese Position ist die Annahme einer ›Koevolution‹ von Natur und Kultur, einer gegenseitigen Beeinflussung von biologischer und kultureller Evolution. Aufbauend auf dieser Annahme haben seit dem Ende der 1990er Jahre eine Reihe von Literaturwissenschaftlern Theorien über die Funktion von Literatur als Adaption entworfen (vgl. z.B. Eibl 2004; s. Kap. 15), und einige haben dieses Programm auch für Einzelinterpretationen fruchtbar zu machen versucht (vgl. die Aufsätze in Gottschall/Wilson 2005). Allerdings ist gerade die Annahme von Universalien in den Kulturwissenschaften ausgesprochen kritisch aufgenommen worden.

14.2.3 Grundbegriffe: Literatur, Leser, Interpretation

Bisherige **Forschungsfelder der** *Cognitive Poetics* sind u.a. Elemente der Stilistik (u.a. Metapher, Metonymie, Allegorie, Symbolik), das Verstehen von Erzählungen, die Konstruktion mentaler Repräsentationen von Figuren oder fiktiven Welten, die Emotionalität der Literaturrezeption, die Analyse thematischer Strukturen oder allgemein der Bedeutungskonstruktion literarischer Texte. Zum Teil handelt es sich dabei um eine Wiederaufnahme und Neubeschreibung klassischer literaturwissenschaftlicher Forschungsanliegen, etwa zu den Mechanismen und Voraussetzungen des Verstehens literarischer Texte, die beispielsweise von Vertretern der Rezeptionsästhetik untersucht wurden (s. Kap. 6; sowie Hamilton/Schneider 2002; Steen/Gavins 2003, 5-9). Zum Teil eröffnen die spezifischen Untersuchungsparameter der *Cognitive Poetics* neue Arbeitsfelder – dies etwa im Bereich von affektiven oder verhaltensbezogenen Aspekten der Literaturrezeption, die von der traditionellen Literaturinterpretation in aller Regel ausgeblendet werden (für ein Beispiel s. Kap. 14.2.4).

1. Literatur: Zu den Grundsätzen der *Cognitive Poetics* gehört die Annahme, dass es keine spezifisch ›literarische‹ Sprachverwendung gibt. Wenn Texte als literarisch empfunden werden, so liegt das an ihrer Präsentation in einem bestimmten institutionellen Kontext sowie bestimmten, schematisierten Verarbeitungsmodi auf Seiten der Leser (vgl. Cook 1994, 1). Ergänzt werden kann dieses Modell allerdings auch durch die Benennung für Literatur typischer Texteigenschaften (vgl. Miall/Kuiken 1999). Gemeinsam ist diesen Bemühungen um eine Klärung des Literaturbegriffs, dass sie mit der Frage nach den allgemeinen kognitiven Funktionsprinzipien der Sprache beginnen.

Die Ergebnisse einer solchen Sprachtheorie können dann auch auf Texte angewendet werden, die im Allgemeinen als ›literarische‹ bezeichnet werden.

Angesichts dieser Grundhaltung wird verständlich, dass im Rahmen der *Cognitive Poetics* keine Kanonbildung stattfindet. Aus Sicht der *Cognitive Poetics* neigen viele traditionelle Literaturtheorien dazu, einerseits spezifische Annahmen der je eigenen Untersuchungsrichtung als für Literatur konstitutiv auszuweisen – so ist beispielsweise für den literarischen Text nach rezeptionsästhetischem Verständnis dessen ›Offenheit‹ konstitutiv (s. Kap. 6), während für die Dekonstruktion dem ›Spiel der Zeichen‹ diese Rolle zukommt (s. Kap. 7.3). Andererseits konzentrieren sich diese Ansätze dann vornehmlich auf die Analyse solcher Texte, an denen sich die postulierten konstitutiven Merkmale besonders wirkungsvoll demonstrieren lassen. Solche – bewussten oder unbewussten – Akte der Gegenstandsfestlegung und Kanonbildung werden im Rahmen der *Cognitive Poetics* vermieden. Gegenstand entsprechender Untersuchungen sind folglich prinzipiell alle literarischen Texte bzw. Bestandteile derselben.

2. Leser: Der Leser spielt in Untersuchungen der *Cognitive Poetics* immer eine wichtige Rolle. Literarische Werke werden stets – und je nach Perspektive – als Produkte oder Gegenstände geistiger Prozesse des Autors respektive Lesers gesehen. Lektüren haben generell einen persönlichen Zug, d.h. sie sind immer von den Erfahrungen und dem Hintergrundwissen individueller Leser geprägt. Im Rahmen der *Cognitive Poetics* wird dieser individuelle Aspekt der Lektüre betont. Vertreter der *Cognitive Poetics* versuchen, die Erwartbarkeit voneinander abweichender Lektüren zu beschreiben und zu erklären, indem sie auf individuelle kognitive Dispositionen und Voraussetzungen auf Seiten der Leser verweisen. Das heißt jedoch nicht, dass der Prozess der Lektüre nicht nach einem identifizierbaren Muster abliefe und sich nicht nach einem einheitlichen funktionalen Modell beschreiben ließe.

Zu den Problemen, die im Rahmen entsprechender leserbezogener Erklärungsmodelle behandelt werden, gehören etwa die Frage nach den Ursachen emotionaler Reaktionen auf fiktive Gegenstände, die ›Logik‹ imaginativer Ergänzungen fiktiver Welten oder das als *imaginative resistance* bekannte Problem, dass sich Leser bestimmte Dinge, von denen in einem fiktionalen literarischen Werk die Rede ist, nicht als Bestandteile fiktiver Welten vorstellen können. Veranschaulichen lassen sich diese Phänomene anhand von Shakespeares Drama *Hamlet*: Leser können beispielsweise Mitleid mit Ophelia haben, die dem Wahnsinn verfällt und ertrinkt, obwohl sie wissen, dass sie es mit einer fiktiven Figur zu tun haben und folglich in Wirklichkeit niemand wahnsinnig wird und stirbt. Das ist erklärungsbedürftig, insofern in anderen Kontexten die Annahme von der Existenz der Person eine Voraussetzung dafür ist, dass wir vernünftigerweise eine entsprechende Emotion entwickeln. Weiterhin nehmen Leser typischerweise an, dass es Gründe bzw. Ursachen für Hamlets Verhalten geben muss, obwohl diese Gründe im Drama nicht umfassend benannt werden; Leser ergänzen vielmehr die fiktive Welt um entsprechende, Gründe und Ursachen betreffende Sachverhalte. Und schließlich können Leser typischerweise nicht annehmen, dass es in der fiktiven Welt des Dramas moralisch richtig oder angemessen ist, wenn man jemanden umbringt, um seine eigenen Interessen zu befördern, d.h. es gibt bestimmte Grenzen dessen, was wir als fiktive Sachverhalte akzeptieren bzw. uns als Bestandteil der fiktiven Welt vorstellen können.

Ein kognitionspsychologischer Beschreibungsansatz, mit dem sich die genannten Fragen und Probleme sowohl vernetzen als auch beantworten lassen, besteht in der Postulierung eines mentalen Informationsverarbeitungssystems, das Vorstellungen (*pretenses*) in demselben *code* verarbeitet wie Überzeugungen (*beliefs*), weshalb es erstens zu inferenziellen Beziehungen zwischen Vorstellungen und Überzeugungen kommen kann und Vorstellungen zweitens ähnliche affektive und verhaltensbezogene Effekte hervorrufen können wie Überzeugungen (vgl. Nichols 2004). Auf diese Weise soll erklärt werden, wie es kommt, dass Überzeugungen, die wir in Bezug auf realweltliche Sachverhalte haben, Vorstellungen beeinflussen können, die wir anhand literarischer Texte ausbilden, und dass sich unsere Reaktionen auf vorgestellte (fiktive) Welten nicht notwendig von unseren Reaktionen auf die Wirklichkeit unterscheiden müssen. Am Beispiel *Hamlets*: Da unsere Vorstellungen über die Konturen der fiktiven Welt, die im Zuge der Lektüre hervorgerufen werden, in demselben *code* verarbeitet werden wie unsere Überzeugungen, die wir in Bezug auf realweltliche Sachverhalte haben, kann erstens auch die bloße Vorstellung, dass eine Person (Ophelia) ein bemitleidenswertes Schicksal erleidet, eine emotionale Reaktion hervorrufen; wir müssen also nicht überzeugt sein, dass eine wirkliche (d.h. nicht bloß vorgestellte) Person leidet, um Mitleid empfinden zu können. Zweitens erklärt die *single code* Hypothese, dass wir einerseits auf unsere anhand der Wirklichkeit gewonnenen Überzeugungen zurückgreifen, um fiktive Welten um fiktive Sachverhalte zu ergänzen, die in einem Text nicht explizit benannt werden, und dass wir andererseits durch unsere Überzeugungen daran gehindert werden können, fiktive Welten auf eine völlig beliebige Weise auszustatten.

Die Basis dieser Erklärung ist ein funktionales Modell des menschlichen Geistes, das bestimmte Mechanismen der Informationsverarbeitung postuliert. (Die Ebene der neurobiologischen Instantiierung der beteiligten kognitiven Fähigkeiten bzw. Prozesse wird hier dagegen ebenso wenig angesprochen wie die Frage nach der Genese der entsprechenden Fähigkeiten bzw. Dispositionen.) Zugleich handelt es sich um ein Beispiel dafür, dass im Rahmen der *Cognitive Poetics* Fragestellungen der traditionellen Literaturwissenschaft aufgegriffen werden. Dies gilt zum einen für allgemeine Fragen der literaturwissenschaftlichen Fiktionalitätstheorie; zum anderen wird das insbesondere im Rahmen der Rezeptionsästhetik thematisierte Problem der Ergänzung von ›Leerstellen‹ – die Tatsache, dass Leser beispielsweise fragmentarische Beschreibungen fiktiver Welten ergänzen – neu beschrieben und auf ein kognitionspsychologisches Modell zurückgeführt (s. Kap. 6).

Kognitive Modelle
Kognitive Modelle, die mentale Vorgänge (etwa der Bedeutungskonstitution oder des Umgangs mit Fiktionen) abbilden sollen, haben den **Status von Hypothesen**. Es handelt sich um anschauliche Darstellungen, mit denen abgebildet und verständlich gemacht werden soll, welche nicht-beobachtbaren Vorgänge beim Umgang mit Literatur ›im Kopf‹ ablaufen. Oft ist es so, dass zur Bestätigung der Modelle nur die (beobachtbaren) Daten herangezogen werden können, zu deren Erklärung die Modelle dienen sollen. So dient im oben angeführten Beispiel die Hypothese, dass Vorstellungen und Überzeugungen in demselben *code* verarbeitet werden, zur Erklärung der Tatsache, dass Überzeugungen Vorstellungen

beeinflussen können (und umgekehrt) und dass sich unsere Reaktionen auf vorgestellte (fiktive) Welten nicht notwendig von unseren Reaktionen auf die Wirklichkeit unterscheiden müssen. Will man die Hypothese bestätigen, so kann man jedoch offensichtlich nur eben diese Beobachtungen anführen (zu diese Problem vgl. McGlone 2007, 114f.). Diese Befunde kann man in drei Hinsichten problematisch finden:

1. **Wahl des Modells:** Das (hypothetische) mentale Modell ist zwar mit den beobachteten Daten kompatibel; dies dürfte jedoch auch für andere Modelle gelten. Wir haben es, mit anderen Worten, lediglich mit einem *möglichen* mentalen Modell zu tun, dem sich alternative Modelle an die Seite stellen ließen, die ebenfalls mit unseren Beobachtungen vereinbar sind.
2. **Bestätigungsgrad:** Solange ein mentales Modell nur durch die Daten gestützt werden kann, zu deren Erklärung es herangezogen (bzw. erfunden) wurde, besteht die Gefahr, dass es sich um eine *ad hoc*-Hypothese handelt. Um diesen Verdacht zu zerstreuen, müssen unabhängige Evidenzen für die Richtigkeit der Hypothese (des mentalen Modells) gefunden werden. Allgemein gilt, dass die Wahrscheinlichkeit der Wahrheit einer Hypothese steigt, wenn sich zeigen lässt, dass die Hypothese einer von den zu erklärenden Daten unabhängigen Bestätigung zugänglich ist.
3. **Erklärungswert:** Allgemein gesprochen haben Erklärungen oft die Funktion, ein unbekanntes oder unverstandenes Phänomen auf etwas Bekanntes oder bereits Verstandenes zurückzuführen. Nach diesem Schema funktionieren viele Erklärungen in den Naturwissenschaften: Es wird gezeigt, dass sich ein (unbekanntes) Phänomen als Instanz einer allgemeinen (bekannten) Gesetzmäßigkeit verstehen lässt. Problematisch an den Erklärungen, die im Rahmen der *Cognitive Poetics* aufgestellt werden, ist nun, dass man von mentalen Modellen, die nicht beobachtbar, sondern hypothetisch und stipuliert sind, kaum behaupten kann, es handele sich um in irgend einem Sinne hinreichend bekannte oder verstandene Phänomene. Vielmehr kann man hier den Eindruck haben, etwas Unverstandenes werde durch etwas ebenfalls Unverstandenes nur vermeintlich ›erklärt‹ (*ignotum per ignotum*).

Um diesen Schwierigkeiten zu entgehen, müssen die *Cognitive Poetics* vor allem Verfahren der – wenn möglich empirischen – Bestätigung ihrer Hypothesen entwickeln. Sowohl die Glaubwürdigkeit als auch die erklärende Kraft einer Hypothese steigen, wenn sich zeigen lässt, dass diese auf eine größere Menge beobachtbarer Daten zutrifft (bzw. von diesen nicht widerlegt wird) und dass sie zur zutreffenden Voraussage beobachtbarer Phänomene gebraucht werden kann.

3. **Interpretation:** In Bezug auf die Interpretation literarischer Texte verfahren Vertreter der *Cognitive Poetics* unterschiedlich. Wie in der Empirischen Literaturwissenschaft, wenn auch aus anderen Gründen, wird in der Regel keine Interpretationsmethodologie – also eine Lehre von den Verfahrensweisen und Standards des Interpretierens – entwickelt (vgl. aber Allington 2006, 124-126). Ergebnisse der *Cognitive Poetics*

können vielmehr im Wesentlichen in den folgenden drei Weisen im Rahmen von Interpretationen nutzbar gemacht werden:
- **Kombination mit anderen Verfahren:** Ergebnisse der *Cognitive Poetics* können im Dienste der Interpretationsmethode eines bestimmten literaturtheoretischen Ansatzes verwendet werden, d.h. sie können zur Untermauerung ansatzspezifischer Theoreme oder Analyseergebnisse herangezogen werden. So kann beispielsweise eine feministische Lektüre eines literarischen Textes durch Überlegungen zu den kognitiven Fundamenten der Selektion, Wahrnehmung und Verarbeitung geschlechtsspezifischer Schemata fundiert werden. Überdies lässt sich der bleibende Einfluss, den Lektüren auf die Wissensbestände von Lesern haben können, als Restrukturierung, Modifikation oder Ergänzung mentaler Schemata beschreiben (vgl. Narvaez 2001).
- **Analyse von Bedeutungszuschreibungen:** Individuelle oder kollektive Bedeutungszuschreibungen können mit den Mitteln der Kognitionswissenschaften analysiert werden. Das Ziel kann hier darin bestehen, in methodisch kontrollierter Weise verschiedene Komponenten oder Aspekte des Leseaktes zu beschreiben. Die *Cognitive Poetics* nehmen damit ein Anliegen der Rezeptionsästhetik auf (vgl. Toolan/Weber 2005, insbes. 108f.; Hamilton/Schneider 2002). Darüber hinaus können kognitionspsychologische Ansätze verwendet werden, um die Verfahren und Ergebnisse anderer Theorien zu analysieren und zu evaluieren (zu Letzterem vgl. Tsur 2002, 279).
- **Interpretationsheuristik:** Schließlich können Verfahren und Ergebnisse der *Cognitive Poetics* Interpretationen inspirieren. So legen beispielsweise Überlegungen zur mentalen Repräsentation von Figurenbeschreibungen (z.B. Schneider 2000) oder zur Theorie der Metapher (z.B. Hogan 2003, Kap. 4) nahe, Texte nach den sprachlichen Korrelaten der betreffenden kognitiven Phänomene zu untersuchen. Die Ergebnisse der *Cognitive Poetics* haben in diesem Fall also zumindest die Funktion einer Interpretationsheuristik (für ein Beispiel s. Kap. 14.2.4).

Vertreter der *Cognitive Poetics* betonen, dass ihre Forschungsrichtung nicht auf die Behandlung von Problemen der Bedeutungszuschreibung festgelegt ist. In der Fixierung der traditionellen Literaturwissenschaft auf die Interpretation literarischer Texte wird vielmehr eine Beschränkung gesehen, weshalb kognitive Analysen auch auf andere Elemente der literarischen Rezeption – etwa die Emotionalität der Literaturrezeption oder die ›Absorbtionskraft‹ von Lektüren – auszudehnen sind. Insgesamt befindet sich die Interpretationsmethodologie der *Cognitive Poetics* – wie viele weitere Bereiche ihrer Theoriebildung – noch in ihren Anfängen. Dies gilt jedenfalls für literaturwissenschaftliche Applikationen; in der Nachbardisziplin der Filmwissenschaft liegen bereits umfassendere Forschungen vor (vgl. Currie 1995).

> *Cognitive Poetics* vs. Methodenlehren des Verstehens?
> Lassen sich traditionelle hermeneutische Methodenlehren des Verstehens durch Theorien und Methoden der *Cognitive Poetics* ersetzen? – Diese Frage muss wohl verneint werden. Eine Methodenlehre des Verstehens spezifiziert Ziele, die man sich beim Interpretieren (Auslegen) eines literarischen Textes setzen kann, und sie benennt Verfahren, die man anwenden kann, um diese Ziele zu erreichen,

sowie Standards, die anzeigen, ob man die Ziele erreicht hat. Diese Bestandteile einer Methodenlehre des Verstehens betreffen den durch Normen angeleiteten, gegenstandsbezogenen Entscheidungs- und Handlungsspielraum einer Person: Spezifiziert wird, wonach man sich beim Auslegen eines Textes richten kann und sollte. Kognitionspsychologische Beschreibungen betreffen dagegen eine andere Ebene des Lese- oder Auslegungsvorgangs. Sie haben es nicht mit der Anleitung bewusster Entscheidungen und Handlungen einer Person zu tun, sondern vielmehr mit der mentalen Repräsentation dieser Vorgänge (oder, je nach Ansatz, mit weiteren psychologischen Aspekten). Solche Beschreibungen sind aus folgenden Gründen nicht mit einer Methodenlehre des Verstehens zu verwechseln:

1. **Normativität:** Unser Entscheiden und Handeln sind sozialen Normen verpflichtet, die offenbar nicht mit natürlichen Fakten verwechselt werden dürfen. Wenn man die Frage ›Was zählt als eine korrekte Interpretation?‹ beantworten will, muss man sich intersubjektiv geteilte Standards ansehen; Aussagen über die Funktionsweise unseres kognitiven Apparats – oder über andere ›natürliche Fakten‹, etwa unser Gehirn betreffend – helfen hier nicht weiter (vgl. grundlegend Bieri 1987, insbes. 139f.).

2. **Handlungssubjekte:** Das Interpretieren besteht aus Handlungen, die *Personen* ausüben; kognitive (Teil-)Systeme handeln nicht. Man kann eine richtige oder falsche Interpretationshypothese aufstellen, aber es macht keinen Sinn zu sagen, unser Gehirn habe sich dazu entschieden, ein falsches Script in Anschlag zu bringen. Dies zu sagen, wäre ein Kategorienfehler, der in der Übertragung von Ausdrücken (›entscheiden‹, ›falsch‹) in einen Bereich besteht, wo sie nicht am Platz sind. Richtige oder falsche Entscheidungen treffen Personen, die ihre Entscheidungen rechtfertigen können, nicht psychologische ›Teilsysteme‹ oder Gehirne (vgl. Bennett/Hacker 2003, Kap. 3).

3. **Handlungsanleitung:** Mentale Modelle verschiedener Aspekte des Leseaktes, wie sie im Rahmen der *Cognitive Poetics* aufgestellt werden, sind nicht geeignet, unsere Handlungen *anzuleiten*. Dass sich der Lektüreprozess beispielsweise als Aktivierung (oder Überblendung) verschiedener kognitiver Schemata beschreiben lässt, sagt nichts zu der Frage, wie man einen bestimmten Text verstehen muss, um ihn richtig zu verstehen. Ein kognitives Modell kann Aufschluss darüber geben, wie man sich die mentalen Vorgänge vorstellen kann, die bei der Interpretation ablaufen, aber es sagt mir nicht, wonach ich in einem Text suchen soll, wenn ich ihn interpretiere, oder woran ich erkenne, ob eine Interpretation gelungen ist. Mentale Prozesse können uns in unserem Entscheiden und Handeln nicht orientieren – sie sind eben ›im Kopf‹ und unserem Zugriff entzogen.

14.2.4 Anwendung

Da im Rahmen der *Cognitive Poetics* keine eigene Interpretationsmethodologie entwickelt wird, soll hier exemplarisch ein einzelnes Untersuchungsverfahren skizziert werden, das sich der **Erklärung bestimmter Varianten der emotionalen Reaktion auf (lyrische) Texte** widmet. Reuven Tsur geht davon aus, dass die Anwendung von Emotionsprädikaten (›traurig‹, ›freudig‹ usw.) auf literarische Texte auf einer strukturellen Analogie zwischen wahrgenommenen Texteigenschaften und Emotionen beruht (vgl. Tsur 2002, 282ff.). Wer von einem Gedicht sagt, es sei traurig, meint damit natürlich nicht, dass das Gedicht trauere, sondern vielmehr, dass es dank bestimmter sprachlicher Eigenschaften den Eindruck von Traurigkeit hervorrufe. Auch ist nicht (notwendig) gemeint, dass ein Leser des Gedichts traurig wird; vielmehr wird der Leser dazu veranlasst, das Gedicht als ›traurig‹ zu charakterisieren. Tsur führt als Beispiel die erste Strophe eines Gedichts von Hayim Lensky an, die (in englischer Übersetzung) folgendermaßen lautet:

> The day is setting over the lake,
> The fish have gone down to sleep in the depth,
> Birds have ceased from their chatter ...
> How sad is the rustling of the reeds!
> (Ebd., 283)

Um den Eindruck von Trauer/Traurigkeit hervorzurufen, ist nicht erforderlich, dass das Gedicht Trauer *benennt* – dies geschieht mit »sad« erst im letzten Vers – oder beispielsweise eine traurige Person beschreibt. Vielmehr genügt es, wenn im Rahmen des Gedichtes Sachverhalte beschrieben werden, aus denen Leser im Lektüreprozess abstrakte übergeordnete Kategorien (etwa ›Beruhigung‹ oder ›Nachlassen von Aktivität‹) ableiten. Dass ein solcher Kategorisierungsprozess stattfindet, ist im Rahmen psychologischer Untersuchen untermauert worden. Die Emotionspsychologie gibt sodann Aufschluss über die Analogie von Textstruktur und Emotion: So gehen Emotionen typischerweise mit einer Veränderung des ›Energielevels‹ einher – »increase (gladness, anger), or decrease of energy (sadness, depression, calm)« (ebd., 282). Außerdem ist für Emotionen eine ›diffuse Informationsprozessierung‹ typisch – »Diffuse information in a highly activated state that is less differentiated than conceptual information« (ebd.). Sowohl der Text als auch die Emotion geben zur Ableitung abstrakter Kategorien Anlass, die in beiden Fällen identisch sein können. Entsprechend ist im Falle von Trauer die übergeordnete Kategorie, die sich bereits aus den ersten Versen der ersten Strophe ableiten lässt, mit der Kategorie, die sich aus der Veränderung des für Trauer typischen Energielevels ableiten lässt, identisch: Sie lässt sich als ein ›Nachlassen von Aktivität‹ beschreiben. Darüber hinaus spiegelt die nicht explizite Benennung der emotionalen Qualität des Gedichts die für Emotionen typische diffuse Informationsprozessierung.

Die kognitionspsychologische Beschreibung der Struktur von Emotionen sowie der Textwahrnehmung und -verarbeitung liefert damit zum einen eine psychologische Erklärung der gängigen Praxis, literarischen Texten emotionale (›ästhetische‹) Eigenschaften zuzuschreiben. Zum anderen legt sie eine bestimmte Beschreibungsheuristik nahe (›Suche im Gedicht nach strukturellen Analogien zu Mechanismen der Informationsprozessierung‹ bzw. ›Suche nach Texteigenschaften, die subliminale Kategorisierungsprozesse steuern können‹). Eine solche Beschreibung kann dann in eine Interpretation eingehen. Die hier skizzierte Anwendung enthält mithin sowohl Elemente der Analyse von Bedeutungszuschreibungen als auch der Interpretationsheuristik (zur Unterscheidung s. Kap. 14.2.3).

Einen Vorzug der skizzierten Erklärungshypothese kann man schließlich darin sehen, dass sie auf verschiedenen Wegen (indirekt) falsifizierbar ist: einerseits durch genauere Beschreibungen des Textmaterials, andererseits durch psychologische Untersuchungen zur ›Natur‹ von Emotionen und zu Kategorisierungsprozessen.

Das Wichtigste in Kürze

›*Cognitive Poetics*‹ ist eine Sammelbezeichnung für literaturwissenschaftliche Ansätze, die eine **Bezugnahme auf kognitionswissenschaftliche Methoden und Erkenntnisse** in den Mittelpunkt ihrer Forschungsanliegen stellen.

Bezugstheorien sind insbesondere die **Kognitive Linguistik** sowie die **Kognitionspsychologie**.

Untersucht wird vor allem, welche **kognitiven Mechanismen der Rezeption von Texten zugrunde liegen**. Davon ausgehend können stilistische Aspekte literarischer Texte, Begrifflichkeiten der literaturwissenschaftlichen Textanalyse oder Verfahren der Textanalyse rekonstruiert werden.

Die Verfahren und Ergebnisse der *Cognitive Poetics* können Annahmen anderer literaturtheoretischer Ansätze fundieren oder präzisieren oder zu deren Kritik verwendet werden.

Literatur

Allington, Daniel: First Steps Towards a Rhetorical Psychology of Literary Interpretation. In: *Journal of Literary Semantics* 35 (2006), 123-144.
Barkow, Jerome/Leda Cosmides/John Tooby: *The Adapted Mind. Evolutionary Psychology and the Generation of Culture*. Oxford 1992.
Beckermann, Ansgar: *Analytische Einführung in die Philosophie des Geistes*. Berlin/New York ²2001.
Bennett, M.R./P.M.S. Hacker: *Philosophical Foundations of Neuroscience*. Malden, MA/Oxford 2003.
Bieri, Peter: Evolution, Erkenntnis und Kognition. In: Wilhelm Lütterfelds (Hg.): *Transzendentale oder evolutionäre Erkenntnistheorie?* Darmstadt 1987, 117-147.
Bieri, Peter: Generelle Einführung. In: P.B. (Hg.): *Analytische Philosophie der Erkenntnis*. Frankfurt a.M. ²1992, 9-72.
Cook, Guy: *Discourse and Literature. The Interplay of Form and Mind*. Oxford 1994.
Currie, Gregory: *Image and Mind. Film, Philosophy and Cognitive Science*. Cambridge 1995.
Eibl, Karl: *Animal Poeta. Bausteine einer biologischen Kultur- und Literaturtheorie*. Paderborn 2004.

Fodor, Jerry A.: Explanations in Psychology. In: Max Black (Hg.): *Philosophy in America*. London 1965, 161-179.
Gottschall, Jonathan/David Sloan Wilson (Hg.): *The Literary Animal. Evolution and the Nature of Narrative*. Evanston, Ill. 2005.
Hamilton, Craig A./Ralf Schneider: From Iser to Turner and Beyond: Reception Theory Meets Cognitive Criticism. In: *Style* 36 (2002), 640-658.
Hogan, Patrick Colm: *Cognitive Science, Literature, and the Arts. A Guide für Humanists*. New York/London 2003.
McGlone, Matthew S.: What Is the Explanatory Value of a Conceptual Metaphor? In: *Language & Communication* 27 (2007), 109-126.
Miall, David S./Don Kuiken: What is Literariness? Three Components of Literary Reading: In: *Discourse Processes* 28 (1999), 121-138.
Narvaez, Darcia: Moral Text Comprehension: Implications for Education and Research. In: *Journal of Moral Education* 30 (2001), 43-54.
Nichols, Shaun: Imagining and Believing: The Promise of a Single Code. In: *The Journal of Aesthetics and Art Criticism* 62 (2004), 129-139.
Richardson, Alan/Francis F. Steen (Hg.): *Poetics Today* 23 (2002), Sonderausgabe: Literature and the Cognitive Revolution.
Schneider, Ralf: *Grundriß zur kognitiven Theorie der Figurenrezeption am Beispiel des viktorianischen Romans*. Tübingen 2000.
Schröder, Jürgen: Kognition/Kognitionswissenschaft. In: Hans Jörg Sandkühler u.a. (Hg.): *Enzyklopädie Philosophie*. Hamburg 1999, Bd. 1, 684-694.
Semino, Elena/Jonathan Culpeper (Hg.): *Cognitive Stylistics. Language and Cognition in Text Analysis*. Amsterdam/Philadelphia 2002.
Steen, Gerard/Joanna Gavins: Contextualising Cognitive Poetics. In: J.G./G.S. (Hg.): *Cognitive Poetics in Practice*. London/New York 2003, 1-12.
Stockwell, Peter: *Cognitive Poetics. An Introduction*. London/New York 2002.
Toolan, Michael/Jean Jacques Weber: Introduction. In: *European Journal of English Studies* 9 (2005), 107-115.
Tsur, Reuven: *Toward a Theory of Cognitive Poetics*. Amsterdam u.a. 1992.
Tsur, Reuven: Aspects of Cognitive Poetics. In: Semino/Culpeper 2002, 279-318.
Zerweck, Bruno: Der *cognitive turn* in der Erzähltheorie: Kognitive und ›natürliche‹ Narratologie. In: Ansgar Nünning/Vera Nünning (Hg.): *Neue Ansätze in der Erzähltheorie*. Trier 2002, 219-242.

Weitere Lektüreempfehlungen

Harré, Rom: *Cognitive Science. A Philosophical Introduction*. London u.a. 2002.
 Übersichtliches und leicht verständliches Lehrbuch zum Thema, das u.a. philosophische Grundlagen, Methoden und Geschichte erläutert und exemplarische Beispieluntersuchungen enthält.
Steen, Gerard/Joanna Gavins (Hg.): *Cognitive Poetics in Practice*. London/New York 2003.
 Ergänzungsband zu Stockwell 2002 mit einer Sammlung von Einzelstudien zu unterschiedlichen Feldern der *Cognitive Poetics*.
European Journal of English Studies 9/2 (2005).
 Sonderheft der Zeitschrift *European Journal of English Studies* zum Thema *Cognitive Poetics*.

15. Anthropologie der Literatur

15.1 Einführung

›Anthropologie‹ bedeutet Lehre vom Menschen. In den Geisteswissenschaften wird diese oft mit der philosophischen Anthropologie identifiziert, zu deren bedeutendsten Vertretern Helmuth Plessner, Max Scheler und Arnold Gehlen gehören. Neben der Philosophie gibt es jedoch noch eine Vielzahl weiterer Disziplinen, in denen eine systematische Lehre vom Menschen entwickelt wird; entsprechend gibt es etwa auch eine biologische, theologische, ethnologische oder pädagogische Anthropologie, in denen jeweils bestimmte Aspekte des Menschseins in den Vordergrund rücken.

Literarische Texte stehen in vielfachen Bezügen zum menschlichen Leben, und Literaturwissenschaftler haben es sich immer wieder zur Aufgabe gemacht, die Natur dieser Bezüge zu benennen und zu spezifizieren. Dabei greift die Literaturwissenschaft *nolens volens* auf Annahmen über den Menschen zurück, deren systematischer Ort die Anthropologie ist. Studien, die sich unter der Überschrift einer ›Anthropologie der Literatur‹ oder auch einer ›literarischen Anthropologie‹ vereinen lassen, verfolgen meist eines der folgenden drei Untersuchungsziele:

1. Sie rekonstruieren anthropologische Themen in einzelnen literarischen Texten oder Gattungen;
2. sie untersuchen den Beitrag literarischer Texte zu einer Anthropologie;
3. sie suchen nach einer anthropologisch orientierten Erklärung für das Phänomen Literatur.

Deutlich wird hier, dass sich die Bezeichnungen ›literarisch‹ (›Literatur‹) und ›anthropologisch‹ (›Anthropologie‹) auf Unterschiedliches beziehen können: In Spielart (1) gehört der Inhalt literarischer Texte in das Themenfeld der Anthropologie, oder es geht um literarische Darstellungsformen anthropologischer Texte; in Spielart (2) markiert ›Anthropologie‹ ein Untersuchungsziel, das mit literarischen Mitteln betrieben werden kann; in Spielart (3) stellt die Anthropologie Rahmenannahmen zur Verfügung, die das Phänomen Literatur erklären sollen.

Unabhängig von der jeweiligen Spielart wird im Rahmen der Anthropologie der Literatur in aller Regel weder ein eigenständiger Literaturbegriff entwickelt, noch wird eine Antwort auf die Grundfragen vieler Literaturtheorien – etwa die Fragen nach einer Interpretationsmethode oder der Bestimmung von Autor-, Leser- oder Kontextbegriffen – gesucht. Vielmehr werden einzelne literarische Texte unter einer spezifischen Fragestellung untersucht, wobei unterschiedliche Methoden sowie die Begrifflichkeiten verschiedener theoretischer Ansätze zur Anwendung kommen können, oder es wird nach dem Stellenwert der Literatur innerhalb eines anthropologischen Ansatzes gefragt. Auf das übliche Kapitelschema kann daher im Folgenden verzichtet werden.

15.2 Anthropologisches Wissen in Literatur

Literarische Texte sind in aller Regel auf den Menschen und seine Erfahrung bezogen. Dies kann auf verschiedenste Weise geschehen: etwa, indem handelnde Figuren präsentiert bzw. anschaulich zur Darstellung gebracht werden, indem einzelne Personen oder die *conditio humana* thematisiert werden, oder auch in indirekter Weise, indem fiktive Sachverhalte aus einer Perspektive dargestellt werden, die Rückschlüsse auf den Menschen als Erzähler oder Beobachter erlaubt. Literatur und Anthropologie haben unter diesem Verständnis denselben *Gegenstand*, nämlich den Menschen. Dabei unterscheiden sich die literarische und die nicht-literarische (etwa philosophische) Anthropologie typischerweise in der Art und Weise der Behandlung dieses Gegenstands, indem sie ihn entweder mit literarischen Mitteln, etwa im Rahmen eines Romans oder Dramas, oder aber diskursiv, d.h. im Rahmen einer (wissenschaftlichen) Abhandlung, darstellen. Literaturwissenschaftliche Untersuchungen, die eine Anthropologie der Literatur in diesem Sinne betreiben, können daher zwei (kombinierbare) Untersuchungsziele haben:

- **Inhaltsbezogen:** Man kann untersuchen, welche historischen Annahmen über den Menschen in bestimmten Texten oder Textkorpora zum Ausdruck kommen und insofern an einer (Kultur-)Geschichte der Anthropologie arbeiten, die sich auf literarische Texte stützt.
- **Formbezogen:** Man kann die Darstellungs- und Ausdrucksformen der in Literatur behandelten anthropologischen Gegenstände untersuchen. Im Rahmen solcher Studien wird beispielsweise untersucht, welche narrativen Strategien verwendet werden, um fiktionale Repräsentationen von Figuren zu erzeugen, oder wie das Verhältnis von individuellen Figuren und allgemeinen, anthropologischen Aussagen realisiert und gestaltet ist.

Sowohl in der inhalts- wie auch in der formbezogenen Variante läuft diese Spielart einer Anthropologie der Literatur auf die Interpretation eines einzelnen Textes, auf die Untersuchung einer Textgattung (etwa des anthropologischen Romans) oder aber auf eine literatur- oder wissenschaftsgeschichtlich perspektivierte Darstellung größerer Zusammenhänge hinaus. Untersuchungen, die das anthropologische Wissen einer bestimmten Epoche oder Kultur rekonstruieren und sich dabei – oft nur unter anderem – auf literarische Texte beziehen, werden auch als **historische Anthropologie** bezeichnet (s. Kap. 11.3.6). Besonders gut erforscht ist hier das 18. Jahrhundert, in dem das Aufkommen einer neuen Anthropologie festgemacht wird, die den ›ganzen Menschen‹ als Körper- und Sinnenwesen, das »commercium mentis et corporis«, in den Blick bekommt; an der Darstellung dieser neuen Sicht auf den Menschen hatten literarische Texte einen bedeutenden Anteil (vgl. Pfotenhauer 1987; Barkhoff/Sagarra 1992; Schings 1994).

In jedem Fall ist eine solche Untersuchung mit vorliegenden Modellen und Methoden der Einzeltextanalyse kombinierbar. So kann man den anthropologischen Gehalt eines Textes beispielsweise im Rahmen einer strukturalistischen Textanalyse erschließen (s. Kap. 4) oder aber fragen, welche anthropologischen Auffassungen der Autor des Textes zu verstehen geben wollte (s. Kap. 8). Weiterhin kann die Untersuchung ideen- oder motivgeschichtlich vorgehen und mit den Mitteln der Einflussforschung erarbeiten, welche anthropologischen Auffassungen in den Text Eingang gefunden haben (vgl. Hermerén 1975), sie kann intertextuelle Bezüge zu anderen anthropologischen Texten herausarbeiten oder den ›anthropologischen Diskurs‹ einer Zeit zu rekonstruieren versuchen (s. Kap. 7.4 u. 7.2).

15.3 Literatur als Anthropologie

Die Tatsache, dass literarische Texte in aller Regel vom Menschen handeln, legt die Auffassung nahe, dass Literatur eine *Quelle* anthropologischen Wissens ist oder doch sein kann: »[N]arrative literature [...] constitutes without doubt the richest source of documentation about human life styles and the most advanced form of one's projection in time and space and of communicating with contemporary and future generations« (Poyatos 1988a, 4). Forscher, die dieser Annahme folgen, haben nicht nur ein kultur- oder wissenschaftshistorisches Interesse an anthropologischen Inhalten oder Darstellungsformen, sondern sie sind der Auffassung, dass einschlägige literarische Texte oder Gattungen unser aktuelles Wissen über den Menschen ergänzen und bereichern können. Literatur und nicht-literarische (ethnologische, philosophische, naturwissenschaftliche, oder allgemein akademische) Anthropologie haben mithin dasselbe Ziel: die Beförderung unseres Wissens vom Menschen. In dieser Spielart partizipiert die literarische Anthropologie an der bis in die Antike zurückreichenden Debatte um das Erkenntnispotenzial der Literatur. Die Frage, ob (fiktionale) Literatur als Quelle von Wissen oder Erkenntnis ernst genommen zu werden verdient, gehört zu den ältesten Streitfragen der Ästhetik. Viele Positionen, die zu dieser Frage eingenommen wurden und werden, lassen sich einer der drei folgenden Kategorien zuordnen:

- **Anti-Kognitivismus:** Vertreter eines Anti-Kognitivismus sprechen fiktionalen literarischen Texten ein Erkenntnispotenzial ab. Literarische Texte können demnach eine Reihe verschiedener Funktionen und Wirkungen haben, aber die Vermittlung von Wissen gehört nicht dazu. Entsprechend scharf wird die Grenze zwischen einer philosophischen oder wissenschaftlichen, auf die Gewinnung von Erkenntnis zielenden Anthropologie und der fiktionalen Thematisierung menschlicher Angelegenheiten in literarischen Texten gezogen. Vertreter des Anti-Kognitivismus würden folglich die Auffassung, dass sich anthropologisches *Wissen* in fiktionalen literarischen Texten befindet, ablehnen (vgl. Köppe 2007). Zur Begründung ihrer Position berufen sie sich unter anderem darauf, dass sich in literarischen Texten keine Argumente für die Richtigkeit anthropologischer Annahmen fänden; dass fiktionale Literatur *per definitionem* von (bloß) Erfundenem handele; und dass Autoren fiktionaler Literatur unaufrichtig sein dürften und folglich keine verlässlichen Informanten seien (vgl. Carroll 2002). Wenn literarischen Texten von Vertretern des Anti-Kognitivismus ein Beitrag zur Anthropologie zugestanden wird, so beschränkt sich dieser meist auf die Veranschaulichung oder Popularisierung eines Wissens, das sich anderen (z.B. naturwissenschaftlichen oder philosophischen) Quellen verdankt.
- **Schwacher Kognitivismus:** Vertreter eines schwachen Kognitivismus verteidigen demgegenüber das Erkenntnispotenzial fiktionaler Literatur und argumentieren, dass sich in literarischen Texten Bausteine einer Anthropologie identifizieren lassen.

In der Regel handelt es sich um nicht-systematische, implizite Annahmen über den Menschen, die sich identifizieren und oft auch systematisch darstellen lassen. Solche Annahmen haben den wissenschaftstheoretischen Status von mehr oder minder gut begründeten Hypothesen: Es handelt sich also nicht um (gesichertes) Wissen in einem strengen Sinne, sondern um Annahmen, die als Kandidaten für Wissen in Frage kommen bzw. die die Basis von Wissen abgeben können. Zwischen fiktionaler Literatur und wissenschaftlicher Anthropologie wird in dieser Spielart der literarischen Anthropologie kein scharfer Bruch gesehen. Vielmehr können wissenschaftliche und literarische Anthropologie das gemeinsame Ziel haben, unser Wissen vom Menschen zu vermehren (vgl. Winner 1988).

- **Starker Kognitivismus:** Vertreter eines starken Kognitivismus leugnen den Ausschließlichkeitsanspruch der wissenschaftlichen Anthropologie. Literatur ist nach dieser Auffassung eine vollwertige oder in bestimmten Hinsichten sogar überlegene Quelle von Wissen über den Menschen. So wird beispielsweise geltend gemacht, literarische Texte gewährten eine Innenperspektive auf anthropologische Sachverhalte, die der wissenschaftlich-theoretischen Darstellung fehle, ihnen gelänge die Darstellung des ›ganzen Menschen‹, nicht nur seiner Vernunftnatur (vgl. die Beiträge in Schings 1994), oder literarische Texte gewährten die beste, da umfassendste, Einsicht in das Spektrum menschlicher Fähigkeiten (vgl. Iser 1989, 262-284). Vertreter eines starken Kognitivismus wenden sich bisweilen gegen die als zu simpel und ›positivistisch‹ gebrandmarkte Auffassung, das anthropologische Potenzial literarischer Texte beschränke sich auf inhaltliche bzw. thematische Aspekte, also beispielsweise die Darstellung von Menschen auf der Handlungsebene. Wolfgang Iser untersucht in diesem Sinne die These, fiktionale Literatur sei »als Vergegenständlichung der Plastizität des Menschen notwendig« (Iser 1991, 14). Die besondere Leistung der Literatur soll sich mithin auf der grundsätzlichen Ebene des fiktionalen Darstellens zeigen. Zugleich macht Iser geltend, es handele sich beim Fingieren um ein menschliches Grundbedürfnis, das durch die Erschaffung von Fiktionen befriedigt werde; es handelt sich dabei um eine anthropologische Erklärung für das Phänomen ›Literatur‹ (s. Kap. 15.4). Gestützt wird die Auffassung von einer grundsätzlichen erkenntnistheoretischen Gleichberechtigung oder Überlegenheit der Literatur oftmals durch eine der zwei folgenden Annahmen (die einander paradoxerweise ausschließen): Auf der einen Seite steht eine generelle erkenntnistheoretische Skepsis, die auch vermeintlich ›wissenschaftliches‹ Wissen für letztlich literarisch-fiktional hält. Diese Auffassung begegnet oft im Kontext der postmodernen Rationalitätskritik (s. Kap. 7.1), und sie kann in extremen Formen mit dem Anti-Kognitivismus zusammenfallen. Auf der anderen Seite steht die Auffassung eines Pluralismus von Wissenstypen, in dem ›wissenschaftliches‹ und ›literarisches‹ Wissen komplementär nebeneinander stehen; das wissenschaftliche Wissen vom Menschen steht damit gleichberechtigt neben verschiedenen Formen eines ›literarischen‹ Wissens vom Menschen (vgl. Gabriel 1991).

Die Unterscheidung von Anti-Kognitivismus, schwachem Kognitivismus und starkem Kognitivismus betrifft in erster Linie die epistemologische Position der Forscher, die sich im Rahmen ihrer anthropologischen Untersuchungen auf literarische Texte beziehen. Sie lässt sich auch auf die Autoren anwenden, die in ihren literarischen Texten anthropologische Inhalte ›verhandeln‹. Handelt es sich dabei um Texte anderer Epochen, etwa des 18. Jahrhunderts, so gehört eine Rekonstruktion dieser historischen Auffassungen zum Aufgabenbereich der historischen Epistemologie.

15.4 Literatur in anthropologischer Perspektive

In einer dritten Spielart fragt eine literarische Anthropologie nach dem Stellenwert der Literatur innerhalb einer Anthropologie. Kunst und Literatur werden unter dieser Fragestellung als wichtige, den Menschen als solchen betreffende Phänomene aufgefasst, deren Existenz und Bedeutung vor dem Hintergrund einer umfassenderen Theorie vom Menschen bestimmt werden kann. Gesucht ist mithin eine anthropologische Erklärung für das Phänomen ›Literatur‹. Wer eine solche Erklärung unternimmt, argumentiert in der Regel vor dem Hintergrund bzw. aus dem Kontext einer spezifischen Anthropologie und legt dabei bestimmte Rahmenannahmen zugrunde. Entsprechend unterschiedlich fallen die jeweils in Anschlag gebrachten Erklärungsansätze aus. Hier seien exemplarisch die Kontexte der (klassischen) Psychoanalyse (1), einer allgemeinen philosophischen Ästhetik (2) sowie der Evolutionstheorie (3) unterschieden:

1. **Literatur in psychoanalytisch-anthropologischer Perspektive:** Für die Anthropologie der Psychoanalyse Freud'scher Prägung ist die Auffassung zentral, dass dem menschlichen Bewusstsein nicht alle Regungen der menschlichen Seele zugänglich sind (s. Kap. 5.1). Unter anderem gilt dies für die Ursachen oder Motive unseres Verhaltens: Nicht immer können wir uns im Klaren darüber sein, weshalb wir ein bestimmtes Verhalten an den Tag legen, bestimmte Wünsche ausbilden oder Handlungen ausführen. Die Beweggründe unserer Handlungen liegen in solchen Fällen in ›unbewussten‹ Seelenregionen, und sie haben ihren Ursprung oft in Erlebnissen der Kindheit, die unserem Erinnerungsvermögen nicht oder nicht mehr zugänglich sind. Vor diesem Hintergrund gibt Freud in seinem berühmten Vortrag »Der Dichter und das Phantasieren« (Freud 2000, Bd. 10, 171-179) die folgende anthropologische Erklärung für die Existenz der Literatur: Literarische Texte sind Resultate der Phantasietätigkeit ihrer Autoren. Sie verdanken sich dem (unbewussten) Versuch, einen verdrängten, d.h. dem Bewusstsein nicht zugänglichen Wunsch im Medium der Phantasie zu erfüllen; die Phantasie wiederum wird als Fortsetzung des kindlichen Spiels unter den Bedingungen des durch soziale Normen geprägten Erwachsenenalters aufgefasst. Das Phänomen ›Literatur‹ wird in dieser Perspektive in dreifacher Hinsicht erklärt: Erstens wird dargelegt, welchen Stellenwert das ›Dichten‹ im Rahmen der psychischen Entwicklung des Individuums (Ontogenese) einnimmt. Zweitens lässt sich die Entstehung eines konkreten dichterischen Textes erläutern, indem man nach den spezifischen Wünschen und weiteren psychischen Mechanismen fragt, die ihm zugrunde liegen. Drittens enthält Freuds Modell eine funktionale Erklärung für Literatur, insofern diese als ein Mittel zur Bewältigung psychischer Bedürfnisse gesehen wird.

2. **Literatur in philosophisch-anthropologischer Perspektive:** Da literarische Werke Artefakte sind, die in eine bestimmte Praxis der Produktion und Rezeption einge-

bunden sind, liegt es nahe, dass eine anthropologische Erklärung des Phänomens ›Literatur‹ den Zweck oder die Funktionen von Literatur für einzelne Personen oder größere soziale Gruppen zu bestimmen versucht. Über das Freud'sche Modell gehen diese Bestimmungen insofern hinaus, als sie Zwecke spezifizieren, zu deren Beförderung Literatur bewusst eingesetzt werden kann. Die philosophische Beschäftigung mit Kunst ist seit ihren Anfängen auch eine Beschäftigung mit den Funktionen von Kunst gewesen, und zwar nicht nur in erklärender, sondern vor allem auch in legitimatorischer Absicht: Es galt, die Kunst zu rechtfertigen, indem man auf ihre Funktionen und damit ihre Nützlichkeit verwies (vgl. Ellis 1974, Kap. 8). Die zeitgenössische philosophische Ästhetik unterscheidet eine Vielzahl verschiedener Funktionen von Kunst im Allgemeinen, die sich zum großen Teil auf literarische Texte im Besonderen übertragen lassen. Literarische Texte können unter anderem die folgenden Funktionen erfüllen (vgl. Schmücker 2001, 22-30):

- **Ästhetisches Vergnügen:** Literatur kann Gegenstand ästhetischen Vergnügens oder ästhetischer Erfahrungen sein (zum Begriff s. Kap. 3.4.2).
- **Kommunikation:** Literatur kann verschiedene kommunikative Funktionen erfüllen, also z.B. Empfindungen ausdrücken, zu etwas auffordern oder etwas konstatieren.
- **Verhaltensmodifikation:** Literatur kann Verhaltensweisen motivieren und beispielsweise eine reflexive Distanznahme zu lebensweltlichen Vollzügen initiieren oder therapeutisch wirksam sein.
- **Identitätsbildung:** Literatur kann Identitätsbildungsprozesse unterstützen und kultische oder Status indizierende Funktionen erfüllen.
- **Erkenntnisvermittlung:** Literatur kann ethische Einsichten oder sonstige Erkenntnisse vermitteln und zu Illustrations-, Dokumentations- oder Erinnerungszwecken dienen.
- **Gesellschaftskonstitution:** Literatur kann Geselligkeit konstituieren, ökonomisch bedeutsam sein und politische oder sonstige weltanschauliche Funktionen erfüllen.

Allen diesen Funktionen ist gemeinsam, dass sie für wertvoll gehalten werden können und damit einen Beitrag zu einer Erklärung leisten, weshalb die Praxis der Produktion und Rezeption von Kunst eine hohe Verbreitung und einen hohen Stellenwert hat. Es handelt sich um Funktionen, die von einzelnen Personen oder Personengruppen als Gründe für ihren Umgang mit Literatur angegeben werden können. Wie diese Funktionen realisiert werden können, muss im Rahmen von Einzeluntersuchungen geklärt werden.

3. Literatur in evolutionsbiologischer Perspektive: In einer möglichst einfachen Formulierung besagt die Evolutionstheorie, dass sich genetische Varianten unter den Individuen einer Art im Rahmen der Vererbung durchsetzen können, wenn sie die Überlebens- und Reproduktionsrate der Art begünstigen. Die ›natürliche Auslese‹ sorgt dafür, dass Individuen einer Art, die über einen bestimmten genetischen Vorteil verfügen, diesen genetischen Vorteil an mehr Nachkommen weitergeben können als ihre Artgenossen. Auf diese Weise kann sich eine bestimmte genetische Variante evolutionär verfestigen und damit zum Regelfall werden. Insofern auch Verhaltensdispositionen genetisch kodiert, vererbbar und der natürlichen Auslese unterworfen sind, kann man danach fragen, welcher evolutionärer Vorteil mit der Verhaltensdispositionen für eine Art verbunden ist. Unter der Voraussetzung, dass es sich bei der Produktion und Rezeption von Kunst und Literatur um solche Verhaltensdispositionen handelt, sind in der Forschung unter anderem die folgenden Thesen vorgetragen worden (vgl. Eibl 2007):

- **Nutzlosigkeit:** Kunst und Literatur können mit keinem evolutionären Vorteil verbunden werden; es handelt sich um in evolutionärer Perspektive nutzlose Beschäftigungen, die damit aus dem Erklärungsrahmen der Evolutionstheorie letztlich herausfallen.
- **Anzeigefunktion:** Ein ästhetisch ansprechendes Äußeres ist ein indirekter Hinweis auf die Überlebens- und Fortpflanzungsförderlichkeit von Artgenossen oder (allgemeiner) von Lebensumständen. So zeigt die Schönheit eines Individuums beispielsweise indirekt dessen Gesundheit und Fitness an, was wiederum dazu führt, dass es als Fortpflanzungspartner bevorzugt wird, die Schönheit eines Ortes zeigt seine Eignung als Aufenthaltsort an.
- **Handycap-Theorie:** Ein Individuum, das eine aufwändige ästhetische Fassade zur Schau stellt, bringt damit zum Ausdruck, über genügend Fitness-Ressourcen (selbst für ›überflüssige‹ ästhetische Eigenschaften oder Verhaltensweisen) zu verfügen, und präsentiert sich damit als Träger evolutionärer Vorteile.

Gegen diese Theorien ist eingewandt worden, dass sie sich nur mit mehr oder minder großen Abstrichen auf Kunstwerke im Allgemeinen und Literatur im Besonderen übertragen lassen. Ihr Erklärungspotenzial in Hinblick auf Kunst und Literatur gilt nicht zuletzt deshalb als gering, weil sie auf ›Schönheit‹ bzw. ein ansprechendes ästhetisches Äußeres fixiert sind und weder eine größere Bandbreite ästhetisch relevanter Eigenschaften (etwa das Erhabene oder Hässliche), noch die sprachliche bzw. semantische Dimension von Literatur in den Blick bekommen. Zudem wird die Rolle der Kultur bzw. kulturspezifischer Aspekte nicht berücksichtigt. Eine **weiter entwickelte evolutionsbiologische Literaturtheorie** fragt daher – in leicht veränderter Perspektive – danach, welche evolutionär erklärbaren Mechanismen Literatur nutzt bzw. auf welchen Mechanismen bestimmte Aspekte der Produktion, Struktur und Rezeption literarischer Werke beruhen. Aus evolutionsbiologischer Perspektive lässt sich beispielsweise eine Erklärung für das Vergnügen geben, dass Betrachter ästhetischer Objekte empfinden können (vgl. Tooby/Cosmides 2006). Diese Erklärung basiert auf der Unterscheidung zweier grundsätzlicher Modi, in denen ein Organismus operieren kann:

- Im **Funktionsmodus** legt der Organismus ein bestimmtes Verhalten zum Zweck der Problemlösung an den Tag; so dient die Nahrungssuche beispielsweise der Beseitigung von Hunger.
- Der **Organisationsmodus** dient demgegenüber dem Aufbau, der ›Instandhaltung‹ und dem Training des Organismus; dies ist erforderlich, um ein besseres Funktionieren im Funktionsmodus zu gewährleisten.

Während ein Organismus im Funktionsmodus durch die Lösung eines spezifischen Problems motiviert wird, erfüllt im Organisationsmodus die ästhetische Lust eine motivationale Funktion: Der Organismus wird durch eine ›Lustprämie‹ dazu gebracht, Aktivitäten der fraglichen Art auszuführen (vgl. Eibl 2004). Das Betrachten ästhetischer Gegenstände gehört in den Organisationsmodus und hat damit in evolutionärer

Perspektive denselben Zweck wie beispielsweise Spiele: Mit beidem verbinden wir keinen unmittelbaren Zweck, aber beides trainiert bestimmte Vermögen (beispielsweise die Gestaltwahrnehmung, die Interpretation von Situationen oder die Geschicklichkeit), die uns im Funktionsmodus zugute kommen können. Die Auseinandersetzung mit Kunst und Literatur ist damit nur auf den ersten Blick – wie es in der ästhetischen Tradition seit dem 18. Jahrhundert ein Topos ist – zwecklos. Auf den zweiten Blick offenbart sich ein evolutionärer Nutzen, der in Fitnesssteigerung durch den Ausbau von Fähigkeiten oder deren Training zu sehen ist.

Das Wichtigste in Kürze

Im Rahmen einer Anthropologie der Literatur können drei verschiedene Untersuchungsziele verfolgt werden: Die **Rekonstruktion anthropologischer Themen in literarischen Texten**, die Sondierung des **Beitrags literarischer Texte zu einer** (z.B. philosophischen oder ethnologischen) **Anthropologie** und die **Erklärung des Phänomens ›Literatur‹ im Rahmen einer Anthropologie**.

Der **Beitrag literarischer Texte zu einer Anthropologie** kann unterschiedlich konzipiert werden; ein mögliches Unterscheidungskriterium bietet die Frage, inwiefern literarische Texte eine eigene Form von **Wissen über den Menschen** bereitstellen können.

Erklärungen des Phänomens ›Literatur‹ können im Rahmen unterschiedlicher Anthropologien vorgenommen werden. Entsprechende Rahmenannahmen können z.B. der **Psychoanalyse**, der allgemeinen **Kunstphilosophie** oder der **Evolutionsbiologie** entnommen werden.

Literatur

Barkhoff, Jürgen/Eda Sagarra (Hg.): *Anthropologie und Literatur um 1800*. München 1992.
Carroll, Noël: The Wheel of Virtue: Art, Literature, and Moral Knowledge. In: *The Journal of Aesthetics and Art Criticism* 60 (2002), 3-26.
Eibl, Karl: Adaptationen im Lustmodus. Ein übersehener Evolutionsfaktor. In: Rüdiger Zymner/Manfred Engel (Hg.): *Anthropologie der Literatur. Poetogene Strukturen und ästhetisch-soziale Handlungsfelder*. Paderborn 2004, 30-48.
Eibl, Karl: Naturwissenschaft. In: Thomas Anz (Hg.): *Handbuch Literaturwissenschaft*. Bd. 2: *Methoden und Theorien*. Stuttgart/Weimar 2007, 486-495.
Ellis, John M.: *The Theory of Literary Criticism. A Logical Analysis*. Berkeley/Los Angeles/London 1974.
Freud, Sigmund: *Studienausgabe*. 10 Bde. mit Ergänzungsband. Hg. von Alexander Mitscherlich/Angela Richards/James Strachey. Frankfurt a.M. 2000.
Gabriel, Gottfried: *Zwischen Logik und Literatur. Erkenntnisformen von Dichtung, Philosophie und Wissenschaft*. Stuttgart 1991.
Hermerén, Göran: *Influence in Art and Literature*. Princeton 1975.
Köppe, Tilmann: Vom Wissen *in* Literatur. In: *Zeitschrift für Germanistik* 17 (2007), 398-410.

Iser, Wolfgang: *Prospecting. From Reader Response to Literary Anthropology.* Baltimore 1989.
Iser, Wolfgang: *Das Fiktive und das Imaginäre. Perspektiven literarischer Anthropologie.* Frankfurt a.M. 1991.
Pfotenhauer, Helmut: *Literarische Anthropologie. Selbstbiographien und ihre Geschichte – am Leitfaden des Leibes.* Stuttgart 1987.
Poyatos, Fernando (Hg.): *Literary Anthropology. A New Interdisciplinary Approach to People, Signs and Literature.* Amsterdam/Philadelphia 1988.
Poyatos, Fernando: Literary Anthropology. Toward a New Interdisciplinary Area. In: Poyatos 1988, 3-49 (Poyatos 1988a).
Schings, Hans-Jürgen (Hg.): *Der ganze Mensch. Anthropologie und Literatur im 18. Jahrhundert.* Stuttgart/Weimar 1994.
Schmücker, Reinold: Funktionen von Kunst. In: Bernd Kleimann/R.S. (Hg.): *Wozu Kunst? Die Frage nach ihrer Funktion.* Darmstadt 2001, 13-33.
Tooby, John/Lea Cosmides: Schönheit und mentale Fitness. Auf dem Weg zu einer evolutionären Ästhetik. In: Uta Klein/Steffanie Metzger/Katja Mellmann (Hg.): *Heuristiken der Literaturwissenschaft. Disziplinexterne Perspektiven auf Literatur.* Paderborn 2006, 217-244.
Winner, Thomas G.: Literature as a Source for Anthropological Research. The Case of Jaroslav Hašek's *Good Soldier Švejk.* In: Poyatos 1988, 51-62.

Personenregister

A
Adorno, Theodor W.   151, 152, 154, 156, 157, 164
Appel, Markus   298f.
Ariès, Philippe   250
Aristoteles   225
Augustin, John L.   20
Austin, John L.   241, 294

B
Bachtin, Michail   128, 129
Barthes, Roland   36, 49, 102, 104, 119, 120, 125, 136, 238, 266
Baßler, Moritz   230
Baudelaire, Charles   192
Baudrillard, Jean   263
Bauer, Felice   124
Beardsley, Monroe C.   44f., 287, 289
Beauvoir, Simone de   202
Benjamin, Walter   152, 157, 260, 261, 262
Berger, Peter L.   237
Betti, Emilio   21
Bhabha, Homi K.   240, 248
Boeckh, August   21
Bolz, Norbert   263, 264
Bourdieu, Pierre   150, 165, 171, 189-199, 236, 237
Brecht, Bertolt   32, 60, 61, 144ff.
Brooks, Cleanth   39, 45
Bühler, Karl   37
Bürger, Peter   156, 165
Butler, Judith   204, 241

C
Cassirer, Ernst   217, 238
Cixous, Hélène   207

D
Danneberg, Lutz   13
Debray, Régis   263
De Man, Paul   114

Derrida, Jacques   97, 113-120, 126, 175, 203, 241
Dilthey, Wilhelm   20, 21, 52
Dostojewski, Fjodor Michailowitsch   286

E
Eagleton, Terry   152, 154f.
Eco, Umberto   47, 50, 51
Eibl, Karl   171, 172
Èjchenbaum, Boris   30, 32, 34
Elias, Norbert   237
Ellis, John M.   116
Empson, William   39, 45
Engels, Friedrich   151-154, 159
Enzensberger, Hans Magnus   263
Erhart Walter   19

F
Fischer-Lichte, Erika   241
Fiske, John   242
Flaubert, Gustave   106, 192, 195
Flusser, Vilém   263
Foucault, Michel   78, 97, 98-103, 106, 108-111, 113, 120, 136, 171, 203, 204, 207, 223, 227, 233, 235ff., 240, 245, 250f., 259, 277
Frank, Manfred   21
Frege, Gottlob   276
Freud, Sigmund   19, 64-83, 125, 150, 153, 206, 212, 213, 236, 238, 317, 318

G
Gadamer, Hans-Georg   10, 20, 25-29, 92, 133, 158
Gallagher, Catherine   224, 227
Geertz, Clifford   223, 233, 238, 249
Gehlen, Arnold   313
Gellert, Christian Fürchtegott   250
Genet, Jean   208
Genette, Gérard   55, 56, 57, 130, 277
George, Stefan   194

Giesecke, Michael   261
Gleim, Betty   107
Goethe, Johann Wolfgang   141, 160, 161, 186f., 279, 288
Goldmann, Lucien   156
Goody, Jack   261
Graevenitz, Gerhart von   219
Gramsci, Antonio   152
Greenblatt, Stephen   221-232
Grice, Paul   133
Groeben, Norbert   293
Grossberg, Lawrence   242
Grübel, Rainer   60f.

H

Habermas, Jürgen   101, 158
Hahn, Alois   237
Hall, Stuart   242, 243
Hansen, Klaus P.   219
Harkness, Margaret   151
Harsnett, Samuel   231
Hartman, Geoffrey   114
Hartmann, Frank   262
Haug, Walter   219
Haushofer, Marlen   208
Havelock, Eric   261
Hebbel, Friedrich   281
Hegel, Georg Friedrich Wilhelm   19, 152, 158
Heidegger, Martin   20, 25, 114, 133
Herder, Johann Gottfried   149, 251
Hiebel, Hans H.   123ff.
Hiebler, Heinz   256
Hölderlin, Friedrich   251
Hoffmann, E.T.A.   93, 94
Hoggart, Richard   242
Holland, Norman   65
Homer   161
Horkheimer, Max   151, 153, 154, 157
Humm, Maggie   201
Husserl, Edmund   86f.

I

Ingarden, Roman   86
Iser, Wolfgang   85, 87-90, 95, 316

J

Jakobson, Roman   30, 36, 52, 53
Jameson, Fredric   152
Jauß, Hans Robert   27, 85, 92, 93
Jelinek, Elfriede   208
Joyce, James   208
Jung, Carl Gustav   65
Jurt, Josef   193

K

Kafka, Franz   123ff., 138, 212, 213
Kant, Immanuel   19, 40, 43
Kautsky, Minna   151
Kayser, Wolfgang   39
Kittler, Friedrich A.   106ff.
Kleist, Heinrich von   106ff.
Kreuzer, Helmut   255
Kristeva, Julia   128, 129
Kuhn, Thomas S.   7, 243

L

Lacan, Jacques   65, 76-83, 97, 109, 113, 125, 203, 204, 206, 212, 213, 236, 238, 240, 248
Lamarque, Peter   278f.
Lamprecht, Karl   217
Lange-Kirchheim, Astrid   212f.
Lassalle, Ferdinand   151
Lensky, Hayim   310
Leschke, Rainer   258
Lessing, Gotthold Ephraim   7, 171ff.
Lifschitz, Michail   152
Link, Jürgen   110
Lotman, Jurij M.   36, 59, 238
Luckmann, Thomas   237
Luhmann, Niklas   10, 150, 165, 171, 175-187, 189, 236, 237, 260, 271
Lukács, Georg   151, 152, 158-161, 164
Luther, Martin   20
Lyotard, Jean-François   171, 224, 263

M

Mann, Thomas   141, 281
Mannheim, Karl   237
Marx, Karl   150-155, 159, 164
Maturana, Humberto   176, 178
McLuhan, Marshall   257

Mehring, Franz 152, 158
Miller, J. Hillis 114
Mörike, Eduard 41
Montrose, Louis A. 224
Moore, G.E. 276
Müller, Hans-Harald 144ff., 243
Müller, Ralph 301
Mukařovský, Jan 36, 37
Musil, Robert 197, 198

N

Nietzsche, Friedrich 114
Nünning, Ansgar 245

O

Olsen, Stein Haugom 278f.
Ong, Walter 261
Origines 20
Ossian 161

P

Parry, Milman 261
Parson, Talcott 165f., 179
Peirce, Charles Sanders 47, 48
Perutz, Leo 145
Pietzcker, Carl 68
Plessner, Helmuth 313
Plumpe, Gerhard 182, 183
Poe, Edgar Allan 82, 83
Popper, Karl R. 15
Prangel, Matthias 185
Pross, Harry 257

R

Ransom, John C. 39
Rickert, Heinrich 217
Ricœur, Paul 21
Rousseau, Jean-Jacques 250
Russell, Bertrand 276

S

Said, Edward 240, 248
Sanders, Hans 165
Saussure, Ferdinand de 35, 36, 47-51, 76, 83, 114, 115
Scheler, Max 313
Scherpe, Klaus R. 236

Schiller, Friedrich 7, 149, 151, 251
Schleiermacher, Friedrich 20, 21-25
Schmidt, Siegfried J. 281f., 293-295, 296
Schönau, Walter 71, 81
Searle, John R. 241, 294
Shakespeare, William 64, 73, 74, 227, 228, 231, 232, 281, 286, 287, 305
Showalter, Elaine 207
Simmel, Georg 217
Singer, Milton 241
Šklovskij, Viktor 30, 31, 33, 37, 53
Sneed, Joseph D. 7
Spivak, Gayatri Chakravorty 239
Sokrates 276
Staël, Anne Louise Germaine de 149
Staiger, Emil 39, 41, 42
Steinlein, Rüdiger 250, 251
Stockinger, Claudia 269f.
Storm, Theodor 269f.
Strube, Werner 284f., 287-289
Szondi, Peter 21

T

Tenbruck, Friedrich H. 237
Titzmann, Michael 54, 58f., 101
Tolstoi, Lev Nikolaevič 31, 287
Tomaševskij, Boris 30
Toulmin, Stephen 279f.
Tsur, Reuven 310
Turner, Victor 235, 238, 241
Tynjanov, Jurij 30-33

V

Van Peer, Willie 298
Varela, Francisco 178

Virilio, Paul 263
Voßkamp, Wilhelm 165

W

Wagner, Richard 124
Walton, Kendall L. 57, 286
Weber, Max 217
Wegmann, Nikolaus 109
Wellbery, David E. 230
Werber, Niels 182, 183
White, Hayden 171, 224

Willems, Marianne 186, 187
Williams, Raymond 152, 242
Wimsatt, William K. 39, 44f.
Wittgenstein, Ludwig 276, 280, 294
Wittig, Monique 204

Wolf, Norbert Christian 197f.

Z
Zürn, Unica 208

Lehrbücher und Einführungen im Verlag J.B. Metzler

Kultur- und Medienwissenschaften

Ansgar Nünning/
Vera Nünning (Hrsg.)
Einführung in die Kulturwissenschaften
Theoretische Grundlagen – Ansätze – Perspektiven
2008, XV, 392 S., kartoniert,
ISBN 978-3-476-02237-0
Euro 19,95

Hans-Jürgen Lüsebrink
Interkulturelle Kommunikation
Interaktion, Fremdwahrnehmung, Kulturtransfer
2005, X, 211 S., 17 Abb.,
11 Tabellen, kartoniert
ISBN 978-3-476-01989-9
Euro 19,95

Christina von Braun/
Inge Stephan (Hrsg.)
Gender-Studien
Eine Einführung
2., aktualisierte Auflage 2006
VII, 405 S., kartoniert
ISBN 978-3-476-02143-4
Euro 19,95

Knut Hickethier
Einführung in die Medienwissenschaft
2003, XIII, 394 S., 22 s/w Abb.,
kartoniert
ISBN 978-3-476-01882-3
Euro 24,95

Literaturwissenschaft

Benedikt Jeßing/Ralph Köhnen
Einführung in die Neuere deutsche Literaturwissenschaft
2., aktualisierte und überarbeitete Auflage 2007
XI, 424 S., 39 Abb., kartoniert,
2-farbig
ISBN 978-3-476-02142-7
Euro 19,95

Silke Lahn/Jan Christoph Meister
Einführung in die Erzähltextanalyse
2008, XI, 309 S., Abb. und Grafiken
kartoniert, 2-farbig
ISBN 978-3-476-02226-4
Euro 19,95

Germanistik

Dorothea Klein
Mittelalter
Lehrbuch Germanistik
2006, IX, 318 S., 17 Abb., kartoniert
ISBN 978-3-476-01968-4
Euro 19,95

Dirk Niefanger
Barock
Lehrbuch Germanistik
2., überarbeitete und erweiterte
Auflage 2006
VIII, 294 S., 8 Abb., kartoniert
ISBN 978-3-476-02133-5
Euro 19,95

Peter-André Alt
Aufklärung
Lehrbuch Germanistik
3., durchgesehene Auflage 2007
IX, 348 S., kartoniert
ISBN 978-3-476-02236-3
Euro 19,95

Detlef Kremer
Romantik
Lehrbuch Germanistik
3., aktualisierte Auflage 2007
X, 342 S., kartoniert
ISBN 978-3-476-02176-2,
Euro 19,95

Hugo Aust
Realismus
Lehrbuch Germanistik
2006, XI, 356 S., kartoniert
ISBN 978-3-476-01864-9
Euro 19,95

Walter Fähnders
**Avantgarde und Moderne
1890 – 1933**
Lehrbuch Germanistik
1998, VII, 318 S., kartoniert
ISBN 978-978-3-476-01451-1
Euro 19,90